요한계시록 강해

보라! 내가 속히 오리라!

예수그리스도의 계시라

장춘(長春) 이 삼 조 목사

아이네오

보라! 내가 속히 오리라!

지은이 이 삼 조
펴낸이 나 상 만
만든이 권 은 주

발행처 도서출판 아이네오
주 소 서울시 관악구 국회단지 15길 3(1층 1호)
전 화 02) 3471-4526
등 록 2008. 11. 24. 제2020-000031호

인쇄 및 제본처 예림인쇄
1판 1쇄 만든 날 2020. 8. 15.
1판 1쇄 펴낸 날 2020. 8. 25.

값 19, 000원

요한계시록에 대한 잘못된 이해와 편견

목회 현장에서 필자(筆者)에게는 항상 부딪히는 의문이 하나 있습니다.

'나는 누구인가? 인생은 어디서 왔다가 어디로 가는가? 어떻게 사탄의 세력은 개인과 교회와 세상에 스며들어 역사하는가? 그들의 구체적인 전략과 전술은 무엇일까? 요한계시록(종말론)에 대해 우리는 어떻게 이해하고 있는가?'

많은 그리스도인들이 사탄과 종말과 요한계시록에 대해 제대로 알지 못합니다. 잘 알려고 하지도 않습니다.

필자가 보기에 분명히 그리스도인과 교회를 향한 사탄의 공격은 있고, 이로 인해 피해는 발생하고 있고, 세계 도처에서 종말의 징조는 일어나고 있는데 정작 그리스도인들은 그 사탄의 실체와 공격 방식과 종말에 대해서는 제대로 알지 못하고, 자신들이 사탄에게 당하는지도 모르는 체 당하면서 살고 있다는 것입니다.

물론 그리스도인들도 사탄과 귀신의 존재와 종말에 대해서는 인정을 합니다.
그들이 이 세상에서 악의 근원이 된다는 것도 지식적으로 알고 있습니다.
우리의 죄와 불순종 가운데 사탄의 세력이 관계하고 있으며, 종말의 시대에 나타나는 현상에 대해서도 성경을 통해서 인정을 합니다.

그러나 실제 삶에서는 사탄이 어떻게 우리를 공격하고 침투해 오는지, 그리고 종말의 시대에 나타나는 현상에 대해서 제대로 알지 못하고 또 관심도 없습니다.

물론 강단에서 요한계시록에 따른 사탄과 귀신, 그리고 종말에 대한 메시지가 없는 것은 아닙니다. 그러나 그런 메시지들은 때로는 부분적이며, 때로는 너무나 현실과 동떨어져 있으며, 매우 추상적입니다. 그냥 기도할 때나 신앙의 영역에서나 위협이 되지, 우리의 일반 삶에서 위협이 된다고는 생각하지 못합니다.

시중에 요한계시록에 대한 해설 책들이 없는 것도 아닙니다.

그러나 이러한 책들을 통해서 얻을 수 있는 요한계시록과 사탄과 종말에 대한 정보는 너무 단편적이거나 비현실적입니다.

그리스도인들은 성경을 통하여 이 세상의 죄와 악의 근원인 사탄과 종말론에 대해서 배울 때는 분명히 인정하고, 그들이 만든 세상의 고통에 대해서 머리로는 알고 있는데, 자신의 삶과 신앙과 현실에서 어떻게 구체적으로 역사하는지에 대해서는 알지 못하고, 또한 알려고 하지 않습니다.

요한계시록에 나타난 사탄의 존재와 종말에 대한 성도들의 입장은 크게 세 가지로 분류 됩니다.

첫째, 오직 '하나님만 보고 가자'는 사람들입니다.

이들은 "왜 굳이 사탄과 종말의 때를 알아야 하느냐?"고 말합니다.
물론 이들도 사탄의 존재에 대해서는 인정을 합니다.
때로는 요한계시록에 나타난 종말의 때에 대해 신경을 쓰기도 합니다.
하지만 "그냥 믿음으로 살면 되지 이에 대해 관심을 갖느냐?"고 반문합니다.
사탄과 종말에 대해 굳이 자세하게 공부할 필요성이 없다는 부류입니다.
"바른 길만 가면 되지 굳이 왜 잘못된 길을 가느냐?"고 말합니다.
"성령만 보며 살면 되지 왜 귀신과 종말을 생각하느냐?"고 말합니다.

그런데 이런 태도는 문제가 있습니다.
이런 태도의 문제는 다름 아니라 사탄이 하나님의 모습과 그리스도의 모습으로 오게 된다면 마땅히 맞설 대안이 없다는 점입니다.

만약에 사탄이 성령의 옷을 입고 우리에게 접근한다면 맞설 방법이 없습니다.

이런 태도는 사탄의 세력이 어떻게 오는지, 그들의 세력이 얼마나 간교한지 모르는 데서 오는 교만함의 결과입니다.

이런 그리스도인들이 쉽게 이단에 빠집니다.

더 나아가서 자신이 이단의 교주가 되기도 합니다.

어떤 이는 신비주의에 빠지기도 하고, 어떤 이는 영적 혼미함에 빠지게 됩니다.

둘째, 모든 사건과 사고를 요한계시록으로 연관시키는 사람들입니다.

'죄도 사탄 때문이고, 모든 질병도 사탄 때문이며, 종말의 현상'이라는 식입니다.

이들은 문제가 생기면 모든 원인을 귀신들에게서 찾고, 종말의 현상에서 찾고, 따라서 해결책도 귀신을 쫓아내는 '축사(逐邪)'에서 찾습니다.

이는 사단과 종말의 현상에 대해서 무시하는 태도만큼이나 위험한 것입니다.

이들의 이런 태도 역시 사탄과 종말에 대한 오해에서 비롯된 것입니다.

사탄과 종말의 현상을 너무 과대평가하는 것입니다.

실제로 사탄이 우리들에게 끼칠 수 있는 해(害)는 제한적입니다.

그들은 우리들에게 모든 것을 다할 수 없습니다.

사탄이 우리에게 역사하기 위해서는 어떤 수단과 방법을 동원해야만 합니다.

그런데 이러한 입장의 사람들은 사탄의 능력을 너무 과대평가합니다.

'우리들 삶의 모든 고통은 귀신들이 한 것'이라고 말합니다.

따라서 이 둘의 입장은 상극(相剋)입니다.

어쩌면 사탄과 종말에 너무 집착하다보니 사탄과 종말의 때를 무시하는 부류가 생겼고, 반대로 사탄과 종말의 때를 무시하기 때문에 사탄과 종말의 때에 너무 집착하는 부류가 생겼습니다.

그러나 둘 다 문제가 있습니다.

셋째, 요한계시록의 사건 사고에 대해서 무관심한 사람들입니다.

이들은 요한계시록에 나타난 사탄과 종말의 존재뿐 아니라 성령의 역사에 대해서도 무시하는 경향을 보입니다.

이런 사람들은 신령한 것에 대해 아예 관심이 없습니다.

당연히 성령의 수많은 역사에 대해서도 무관심하고, 사탄의 사악한 영적 사역과 종말의 시대에 나타나는 현상에 대해서도 무관심합니다.

귀신의 세력이나 종말의 때에 나타나는 현상은 영화에서나 등장하는 끔직한 모습을 하고, 초자연적 능력으로 사람들에게 다가오는 세력으로 인식합니다.

이에 그들은 '어디까지나 영화나 드라마에서 발생하는 일이지 자신의 삶에는 전혀 상관이 없다'는 식의 삶을 삽니다.

따라서 이들의 신앙생활은 매우 지적이고, 학문적입니다.

그들에게 사탄과 종말의 현상은 그들의 지식 안에서만 존재할 뿐입니다.

그렇다면 이러한 세 가지 태도의 문제점은 무엇입니까?

바로 '사탄의 세력과 종말의 현상에 대해서 제대로 알지 못한다'는 것입니다.

세 가지 입장 모두 요한계시록에서 말하는 사탄의 정체와 종말의 현상에 대해 제대로 알지 못한 데서 오는 잘못된 태도입니다.

필자는 48여 년간 목회하면서 목회 현장에서 사탄의 존재를 실제로 체험했습니다.

그 세력들이 얼마나 필자를 괴롭히며, 성도를 노략질하고, 교회를 흔드는지 뼈저리게 경험했고, 그들이 얼마나 거짓되고 간악한지 경험했습니다.

누구보다 교회에 충성했던 사람들이 한순간에 떨어져 나가고, 때로는 교회의 원수처럼 행동하는 것들을 보아왔습니다.

그들의 배후에 사탄의 세력이 있지 않고는 불가능한 일이었습니다.

이런 과정에서 선입관으로 알고 있던 사탄의 세력과 종말의 현상에 대한 지식이 얼마나 잘못되었는지 깨닫기도 했습니다.

이에 필자는 요한계시록에 나타난 사탄의 세력과 종말의 현상에 대한 무지로 인해 고통을 겪는 개인이나 사탄에게 이용당하는 분들에게 도움을 주기 위해서, 그리고 동일한 싸움을 하는 동료 목회자들에게 도움을 주고자 이 책을 저술하게 되었습니다.

이 책은 한평생 목회만을 해온 목사가 목회의 현장인 강단에서 외쳤던 메시지를 정리한 영적 싸움의 이론서입니다.

이에 필자는 이 책을 출판하면서 다음과 같은 목적이 이루어졌으면 좋겠다는 마음을 담아 구체적으로 기술해 보았습니다.

첫째, 요한계시록을 통하여 사탄과 종말의 현상에 대한 모든 것을 성경적으로 바로 밝혀내는 것입니다.

둘째, 이 책은 교회 안에 있는 성도들이 사탄과 종말의 현상으로부터 자신을 보호하고, 자신의 가정을 보호할 수 있도록, 때로는 귀신에게 사로잡힌 자들에게 도움이 될 수 있도록 사탄과 종말의 현상에 대해 정리하고 체계화된 자료를 제공힘에 있습니다.

셋째, 목회 현장에서 성도들을 돌보는 동료 목회자들에게 도움을 주기 위함입니다.

성경의 모든 예언과 계시는 요한계시록을 중심으로 하는 예수 그리스도의 재림을 향하고 있습니다.

종말에 대한 예언은 성경의 어떤 특정 부분에만 집중되어 나타난 것이 아닙니다. 신·구약 전반에 걸쳐 내재되어 흐르고 있습니다.

만약 역사의 종말이 없다면 성도의 신앙은 소망 없는 무의미한 신앙이 되고 말 것입니다. 왜냐하면 종말이 불신자에게는 심판과 멸망의 시작을 의미하지만 성도에게는 영원한 영광과 승리에로의 출발을 뜻하기 때문입니다.

모든 피조물의 심판 날인 종말을 통해서 인류의 궁극적인 소망인 새 하늘과 새 땅에서의 삶이 완성된다는 종말론적 희망은 기독교 역사 철학만이 제시할 수 있는 역설적 희망입니다.

하여 이 메시지는 철저하게 성경에 기초합니다.

성경 외적인 것은 크게 의미가 없습니다. 왜냐하면 성경 외적인 것들은 오히려 사탄의 거짓 작입이 들어가 있을 가능성이 많기 때문입니다.

성경 밖에서 만들어진 사탄의 이미지와 종말의 현상은 진짜가 아닌 사탄이 자신의 정체를 숨기려고 만든 이미지와 종말의 현상들이 많습니다.

잘못 알고 있는 것은 오히려 모르는 것보다 못한 것입니다.

그러므로 이 책은 오직 성경에만 기초해서, 요한계시록을 1장부터 22장까지를 성경의 정확한 해석에 기초해서 사탄과 종말의 현상을 통하여 영적 싸움과 승리의 비결에 대한 모든 것을 보여줄 것입니다.

그리하여 사탄과 종말의 현상에 대해 제대로 알지 못해서 피해를 당하는 일이 없도록, 그리고 사탄의 공격과 종말의 현상에 대해서 제대로 알고 대비할 수 있도록 함에 있습니다.

교회 현장은 무엇보다 영적 전쟁의 현장입니다.

성도들이 깨닫든지 깨닫지 못하든지 간에 모든 그리스도인들은 사탄의 공격을 받고 있으며, 종말의 현상에 대해서 질문을 받고 있습니다.

자신뿐만 아니라 가정과 교회에 대한 사탄의 공격을 받고 있습니다.

누구보다 사탄의 정체와 그 전략과 전술, 그리고 종말의 현상에 대해서 알아야 할 사람들이 바로 그리스도인들입니다.

이 책은 바로 이러한 그리스도인들을 위한 책입니다.

이 책이 요한계시록을 좀 더 이해하고자 하는 분들에게 도움이 되기를 바랍니다.

이 부족한 종이 48년의 목회 사역을 해 오는 동안 기도의 눈물과 가슴을 조이는 아픔을 안고 조력을 아끼지 않으신 사랑하는 아내의 고난의 수고와 사랑하는 딸들은 전자오르간 연주와 피아노 연주로 아비가 은퇴하는 그 날까지 목회를 돕고 헌신해 주었음을 감사합니다.

도서출판 아이네오 나상만 사장님께서 이 책의 출판을 허락하여 주심에 감사를 드립니다. 이 책이 세상을 깨우고, 비추며, 아름답게 하기를 기도합니다.

이 글을 읽은 모든 분들에게 하나님의 은혜(恩惠)와 사랑을 돌아보게 하고, 그 흔적 위에 하나님의 사랑과 은혜와 평강이 함께 하시기를 기원(祈願)합니다.

2020년 6월 10일
장춘(長春) 이 삼 조 목사

에덴에서 새 예루살렘까지의 路程

"인생은 어디서 왔다가 어디로 가는가?"

누구도 이 세상에 오고 싶어서 온 사람은 한 사람도 없습니다.
그리고 왔던 사람들은 그 누구도 이 세상에 더 이상 머물 수 없습니다.
본인의 의사와는 관계없이 어디론가 떠나가고 있습니다.
가는 길이란 왔던 그 순간부터 다시 떠나가고 있는 것입니다.

그런데 인생이 스스로 어디로 가야 하는지 알고 가는 사람이 없습니다.
사람들은 '종교'(宗敎)라는 신앙의 신념을 통해서 그 방법을 찾으려고 합니다.
그래서 인간이 찾아낸 것이 종교입니다.
그러나 사람들이 만들고 찾아낸 종교가 인생이 가야 할 길은 아닙니다.
길을 모르는 인간이 종교를 만들어서 '길'이라는 그 길은 아닌 것이지요.

그렇다면 길은 없는 것일까요?
그 길은 '성경'(聖經)만이 안내해 줍니다.

성경은 하나님의 계시입니다.
오직 하나님이 열어주신 유일하신 길입니다.

'기독교'(Christian)라는 말은 '그리스도'라는 뜻입니다.
그런데 사탄이 기독교 지도자들의 길을 헤매게 만들고 있습니다.
사탄은 할 수 있는 대로 생명의 길을 잃어버리게 만듭니다.
예수께서 이를 경계해 주셨습니다.

> "좁은 문으로 들어가라 멸망으로 인도하는 문은 크고 그 길이 넓어 그리로 들어가는 자가 많고 생명으로 인도하는 문은 좁고 길이 협착하여 찾는 자가 적음이라"(마 7:13-14)

기독교의 많은 지도자들까지도 넓고 편한 길을 찾아서 택하여 많은 신자들에게 지도해 주고 있고, 신자들 또한 그 편한 편을 택하기를 좋아합니다.
그러나 그 편한 길에서 안내자를 잃어버립니다.
넓고 편한 길을 따르다 보면 자신도 모르는 사이에 방황하는 거리를 헤매고 있는 것입니다.

우리는 넓고 편한 길을 찾는 쓸데없는 짓을 하지 말아야 할 것입니다.
기독교는 '좁고 협착한 길'로 가야 합니다.
그 길이 예수님을 따르는 길입니다.

> "내가 곧 길이요 진리요 생명이니 나로 말미암지 않고는 아버지께로 올 자가 없느니라"(요 14:6)

인생은 아버지 집으로 찾아가야 합니다. 하나님은 성경을 통하여 이 길을 가르쳐 주셨는데 이 길을 '복음의 진리'라고 합니다.

1. 인간은 처음 에덴동산에서부터 길을 잃었습니다.

길을 잃은 절망은 '죽음'이었습니다.

> "네가 흙으로 돌아갈 때까지 얼굴에 땀을 흘려야 먹을 것을 먹으리니 네가 그것에서 취함을 입었음이라 너는 흙이니 흙으로 돌아갈 것이니라"(창 3:19)

흙으로 돌아가는 인생은 그 길이 죽음이라는 의미입니다.

하나님은 새로운 '언약의 길'을 열어 주셨습니다.

죽어야 할 아담과 그 자손들에게 하나님은 죽음을 피할 수 있는 새로운 길을 열어 주셨습니다. 죽음의 나락으로 떨어져 가는 인간을 불쌍히 여기시는 하나님은 '영생(永生)'의 새로운 길을 열어 주셨습니다.

> "내가 너로 여자와 원수가 되게 하고 네 후손도 여자의 후손과 원수가 되게 하리니 여자의 후손은 네 머리를 상하게 할 것이요 너는 그의 발꿈치를 상하게 할 것이니라"(창 3:15)

바로 영원(永遠)한 언약(言約)의 길입니다. 이 언약이 성경 전체의 '키'(Key)입니다.

이 키(Key)를 잘못 사용하면 길을 찾을 수 없습니다.

문이 열리지 않기 때문입니다.

길은 여기서부터 출발을 합니다.

2. 언약의 키(Key)로 문을 열어야 합니다.

아담의 때에 언약하신 창세기 3장 15절은 요한계시록 12장 1절과 같은 키(Key)입니다. 여자가 등장하고, 그 여자는 한 아이를 해산하고, 그 아이는 나면서부터 위협당하기도 하고, 성장하고, 고난당하기도 하고, 찬란한 모습으로도 등장합니다.

> "하늘에 큰 이적이 보이니 해를 옷 입은 한 여자가 있는데 그 발아래에는 달이 있고 그 머리에는 열두 별의 관을 썼더라"(계 12:1)

처음부터 생명의 언약은 최후의 영원까지 한 줄기의 혈관을 따라 생명의 길이 흐르고 있습니다.

요한계시록 12장의 '여자'는 창세기 3장 15절에서 흐르는 '생명의 혈관'입니다.

여인이 낳는 아이는 '예수 그리스도'입니다.

그 안에는 교회를 상징하는 '복음(福音)'이 있습니다(사 50:1; 54:1; 호 2:1; 엡 5:32).

여자와 대결하여 싸우는 자 '용(龍)'(뱀)이 있습니다.

용을 '뱀'이라고 하였고, 또 '짐승'이라고 하기도 했는데, 이놈은 '사탄'입니다.

교회는 창세기 3장의 '여자'에게서부터 시작되었습니다.

신약은 구약에서 잉태되어 예수가 해산됨으로 구속의 역사가 성취되었습니다.

'예수'만이 키(Key)를 가지고 있습니다.

> "다윗의 열쇠를 가지신 이 곧 열면 닫을 사람이 없고 닫으면 열 사람이 없는
> 그가 이르시되 볼지어다. 내가 네 앞에 열린 문을 두었으되 능히 닫을 사람이
> 없으리라"(계 3:7-8)

창세기 3장의 여자의 '씨'는 요한계시록 12장의 여자의 '아들, 남자 아이'입니다.

그 여자에게서 그리스도가 나셨고, 교회가 세워졌습니다.

동시에 용이 등장하는데, 이놈은 사탄으로 교회와 투쟁하는 세력이 되었습니다.

사탄의 최상의 목적은 여자의 아들, 그 후손을 죽이는 데 있었습니다.

사탄은 하나님의 언약의 키(Key)를 탈취하려고 합니다.

3. 여자와 그 후손과 뱀과의 전쟁은 시작되었습니다.

뱀은 짐승입니다(창 3:1; 계 12:3).

이 짐승은 하나님이 처음 지으신 인간을 유혹했을 때 넘어지는 것을 보고 매우
흥미로웠습니다(창 3:6, 7).

사탄은 거기에서 그치지 않았습니다.

아담이 낳은 아들 '가인'을 지배했습니다.

아담이 이미 죄인 되었으므로(롬 5:12), 그가 처음 낳은 가인이 죄인 되었기에
사탄의 지배에서 벗어나지 못했습니다.

사탄은 가인을 통하여 결국 믿음의 사람 '아벨'을 살해하는 데 성공을 합니다.

이것이 사탄의 성공이라고 생각하였을까요?

그러나 하나님은 아담을 통하여 새로운 '씨'인 '셋'(창 4:25, 26)을 낳게 합니다.

셋은 '노아'라는 믿음의 후손을 얻게 합니다.

그런데 사탄은 셋의 후손들까지도 무너지게 하려고 온갖 술책을 사용합니다.

사탄의 술책은 지극히 현실적입니다.

노아의 후손들은 '셈'과 '함'과 '야벳'인데, 그들의 아들들과 가인의 딸들과 결혼하게 만들었습니다.

이것이 뱀인 사탄이 꾸민 교묘한 술책입니다.

'셋'의 가보를 파괴시킴으로 메시아에 관한 언약을 완전히 멸절시키려고 하는 것'이었습니다(창 6:1, 2; 6:12).

그렇다면 이것이 사탄의 승리일까요?

결코 그렇지 않습니다.

하나님은 셋의 후손 중에서 여호와를 경외하는 당대에 완전한 사람 '노아'의 가정을 세웠습니다(창 6:9).

하나님은 한 번 언약하신 약속을 지속시키셨습니다.

4. 홍수의 멸망으로부터 아브라함의 씨 야곱에까지

노아 시대에 인간 세상의 현실은 참으로 비참했습니다.

"하나님이 보신즉 땅이 부패하였으니 이는 땅에서 모든 혈육 있는 자의 행위가 부패함이었더라"(창 6:12)

짐승인 사탄이 유혹한 결과입니다.

사탄이 '여자의 씨, 아이를 죽이기 위해서' 인간을 유혹한 결과 인간 세상이 이토록 패괴하게 되었고 결국은 멸망한 것입니다.

사탄은 절대로 하나님이 언약하신 계획을 바꿀 수 없습니다.

여자의 후손인 '메시아'에 대한 언약'은 '아브라함에게서 이삭이 출생하게 하신 것'입니다(창 12:2; 15:13; 17:4, 5; 18:10; 21:1-3).

아브라함의 아들 '이삭'은 '예수 그리스도의 표상'이 되었습니다(창 22:16, 17).

이삭은 '리브가'를 통하여 그의 혈통에서 '야곱'을 낳습니다.

사탄은 야곱을 에서의 손에 의해 죽이려고 합니다.

그러나 야곱은 살아서 돌아오고, 그의 몸에서 예수의 조상 '유다'를 낳게 됩니다.

5. 야곱과 그의 후손 모세와 광야의 유다 백성

참으로 드라마틱(Dramatic)합니다.
뱀인 사탄도 결코 물러서지 않고 여인 앞에서 유대 민족을 계속 공격합니다.

하나님께서는 그의 택하신 백성들을 언약하신 대로 애굽에서 구출해 내셨습니다.
그런데 사탄은 백성들로 하여금 광야에서 하나님을 부인하게 만들고, 금으로 송아지 우상을 만들고 섬기게 하므로 사탄이 목적을 달성하는 것 같이 여기게 합니다(출 32:30-35).

하나님은 한 사람 '모세'로 하여금 하나님의 집에서 충성을 다하여 하나님과 유다 백성들과의 사이에서 중재자가 되게 하셨습니다(히 3:2).
하나님은 모세를 세우시고 그로 하여금 기도하며 중보하게 하시고 이를 거절하지 않으셨습니다.
'모세의 중보기도'는 '예수 그리스도의 모형'입니다.
하나님의 언약은 그의 택한 백성들을 인도하시는 데 반드시 지켜 주셨습니다.

6. 유다 지파에서 그리스도의 조상 다윗에 이르기까지

하나님은 야곱에게서 한 지파를 택하셨습니다.
"규(홀)가 유다를 떠나지 아니하며 통치자의 지팡이가 그 발 사이에서 떠나지 아니하기를 실로가 오시기까지 이르리니 그에게 모든 백성이 복종하리로다"(창 49:10)라고 했는데, '유다'를 택했습니다(마 1:2, 3).

하나님은 유다 지파에서 한 가정을 택했습니다.
"내가 너를 베들레헴 사람 이새에게로 보내리니 이는 내가 그의 아들 중에서 한 왕을 보았느니라"(삼상 16:1)

이새는 그의 막내아들 '다윗'을 사무엘 선지자 앞에 데리고 왔습니다.
하나님은 "이가 그니 일어나 기름을 부으라"(삼상 16:12)고 하셨습니다.

사탄 또한 포기하지 않습니다.

사탄은 '다윗을 죽이면 된다'는 계책을 세우고. 사울 왕을 통해 다윗을 블레셋 전쟁에서 블레셋 사람들의 손에 죽게 하려고 했으나(삼상 18:25), 하나님은 그 전쟁에서 다윗이 승리하게 하셨습니다. 그 후에도 사탄은 포기하지 않고 여호와께서 부리시는 악령이 사울에게 접하게 하여, 사울이 단창으로 다윗을 벽에 박으려 하였으나 사울의 창은 벽에 박히고, 다윗은 그 밤에 도피합니다(삼상 19:9-10).

그러나 '용'인 짐승이나 사탄이 승리할 수 있을까요?
절대로 그렇게 될 수 없습니다.

> "주께서 이르시되 나는 내가 택한 자와 언약을 맺으며 내 종 다윗에게 맹세하기를 내가 네 자손을 영원히 견고히 하며 네 왕위를 대대에 세우리라 하셨나이다"(시 89:3, 4, 35)

이새의 아들, 다윗의 씨는 여인의 아들이며 그리스도이십니다.
하나님은 구약의 때에도 메시아에 대한 자신의 언약을 지키고 보호하셨습니다.

7. 다윗의 자손은 끊어질 것인가?

사탄이 다윗의 왕가에 침입하여 역사함으로 유다 지파의 다윗 혈통이 끊어질 위기를 당합니다.
유다 나라 '아하시야 왕'과 많은 귀족들과 왕족들이 죽음에 이르게 되었습니다.
아하시야의 어머니 '아달랴'는 이세벨의 딸이었는데, 유다의 권력을 장악하기 위해서 다윗의 후손들을 진멸할 계책을 꾸몄습니다(왕하 11:1, 2).

사탄은 다윗 후손 왕가가 진멸을 당한다면 메시야가 다윗의 후손에서 합법적으로 탄생하는 것이 불가능하게 되고, 하나님의 언약의 계획이 실패로 막을 내릴 것을 알기 때문입니다.
아하시야 왕은 죽임을 당하였으나 그의 어린 아들 '요아스'는 피난하여 그의 유모가 숨어서 6년 동안이나 양육하여(왕하 11:3), 다윗의 후손 요아스는 왕관을 쓰게 되었으며(왕하 12:1), 결국 하나님의 언약은 보존되었습니다.
용인 사탄이 아무리 방해를 할지라도 '예수 그리스도는 다윗의 혈통으로 보호를 받는다'는 것을 잊어서는 안 됩니다.

8. 사탄의 역사로 유다 왕 아하스가 공격을 당합니다.

북방 이스라엘과 '앗수르'가 연합하여 유다를 침략합니다.

그들의 목적은 메시아에 대한 언약과 그 소망에 관련된 다윗의 가문을 멸하는 데 있었습니다.

남방 유다의 왕 '아하스'가 가나안의 모든 우상들을 도입하여 숭배합니다.

바알 우상을 만들었고, 어린 자녀들을 몰록 신에게 불살라 바치는 우상 종교를 따랐습니다. 다윗의 가문이 망하는 위기의 순간이 다가왔습니다(대하 28:1-4).

아하스 왕은 다메섹 우상의 제단을 본떠다가 예루살렘 성전의 놋 제단을 우상의 제단에 두었으며, 성전의 기명들을 뜯어내고 성전의 예배를 폐쇄하고, 유다 각 성읍에 산당을 세워 다른 신에게 분향하여 그의 조상들의 하나님 여호와를 진노하게 했던 것입니다(대하 28:24, 25).

여호와 하나님은 '이사야 선지자'를 통하여 아하스 왕에게 경고합니다.

> "너는 삼가며 조용하라 르신과 아람과 르말리야의 아들이 심히 노할지라도 이들은 연기 나는 두 부지깽이 그루터기에 불과하니 두려워하지 말며 낙심하지 말라"(사 7:4)

그러나 아하스 왕은 그 약속을 받아들이지 않았습니다.

창세기 3장 15절의 사탄은 용의주도하여 스스로 승리할 것이라고 생각합니다.

그러나 사탄은 기뻐서 웃지만, 그 웃음은 절대로 기쁨이 될 수 없습니다.

승리는 하나님의 변하지 않는 언약에 있습니다.

> "그러므로 주께서 친히 징조를 너희에게 주실 것이라 보라 처녀가 잉태하여 아들을 낳을 것이요 그의 이름을 임마누엘이라 하리라"(사 7:14)

'임마누엘은 다윗의 가문에서 탄생하고 말리라'는 언약을 재확인해 주셨습니다.

9. 유다인들이 다시 구원을 받은 부림절

유다 백성들은 바벨론의 포로가 되고 산산이 흩어져 멸망의 위기를 당합니다.

'아하수에로 왕' 때에 유다인들은 살아남을 길이 없었습니다.

사탄은 '하만'을 허수인으로 세워 유다 백성들을 남김없이 멸할 음모를 꾸밉니다.

아하수에로 왕은 "열두째 달 곧 아달월 십삼일 하루 동안에 모든 유다인을 젊은이 늙은이 어린이 여인들을 막론하고 죽이고 도륙하고 진멸하고 또 그 재산을 탈취하라"(에 3:13)고 전국에 선포합니다.

이에 왕후인 '에스더'는 유다인으로서 '죽으면 죽으리라'는 결심으로 유다인들과 함께 삼일 주야를 금식하며 기도합니다(에 4:16).

그 결과 온 유다인들은 죽을 위기에서 구원을 얻습니다(에 8:15-17).

사탄은 '아달월 십삼일'을 유다 백성들의 멸망일로 규정하였으나 하나님은 이 날이 '유다인들이 구원의 날'이 되게 하셨고, 이 날을 기념하여 아달월 14일과 15일을 '부림일'이라고 해서 이 날 이후 '부림절'을 지키게 된 것입니다(에 9:18-19).

10. 에스더의 시대로부터 베들레헴에서 탄생한 그리스도 때까지

하나님의 언약이 성취되는 최후의 역사는 유대 땅 베들레헴에서 이루어집니다.

"베들레헴 에브라다야 너는 유다 족속 중에 작을지라도 이스라엘을 다스릴 자가 네게서 내게로 나올 것이라 그의 근본은 상고에, 영원에 있느니라"(미 5:2)

이 언약은 재확인되고, 반드시 이루어졌습니다.

"또 유대 땅 베들레헴아 너는 유대 고을 중에서 가장 작지 아니하도다 네게서 한 다스리는 자가 나와서 내 백성 이스라엘의 목자가 되리라"(마 2:6)

옛 언약이 성취되었는데, '예수 그리스도가 탄생하신 것'입니다.

예수께서 베들레헴에서 탄생하신 것은 용의 어떤 방해에도 그 세력을 물리치신 하나님의 승리이십니다.

예수 그리스도는 구속의 역사를 다 이루셨습니다(요 19:30).

그리고 하나님의 보좌 우편에 앉으셨습니다(계 5:7).

창세기 3장 15절의 '뱀'은 요한계시록 12장의 '용'입니다.

사탄이요 마귀입니다.

여자의 '씨' 후손은 '그리스도'입니다.

그리스도는 교회를 세웠습니다.

에덴동산에서 그리스도(교회)와 뱀과의 전쟁이 시작되었습니다.

그러나 결국은 예수 그리스도(교회)께서 승리하셨습니다.

이는 하나님의 언약의 승리입니다.

예수 그리스도는 '알파와 오메가요 이제도 계시고 전에도 계시고 장차 오실 분이시며 전능하신 분'(계 1:8)이십니다.

예수 그리스도는 하나님이 언약하신 '다윗의 뿌리'이십니다.

그의 자손입니다.

'광명한 새벽 별'입니다.

"보라 내가 속히 오리니 내가 줄 상이 내게 있어 각 사람에게 그가 행한 대로 갚아 주리라"(계 22:12)

예수 그리스도는 반드시 오시고 속히 오실 것입니다.

우리는 우리 주 예수 그리스도를 기다리는 것입니다.

목 차 Contents

· · · · ·
돌아보기와 둘러보기

요한계시록의 주제는 '예수 그리스도의 계시'입니다.

예수님께서는 속히 될 일들을 성도들에게 알게 하실 목적으로 사도 요한에게 계시하시고 기록하게 하셨습니다.

이 목적을 구체적으로 열거하면, 박해 아래 있는 성도들에게 용기를 주고, 거짓 스승들을 경계하고 멀리하도록 하며, 역사의 주권자 되시는 하나님을 알게 하고, 예수 그리스도는 당시에 성도들이 믿고 있는 바로 그런 분임을 보여주기 위함입니다.

요한계시록은 특별히 이 땅에 그리스도의 통치가 실현되는 것을 반대하고 거부하는 수많은 시도가 사탄에 의해서 반복되고 증가할 것을 강조함으로써 결국 악의 세력이 전멸되고 그리스도의 영원한 왕국이 성취될 것을 선언합니다.

요한계시록이 의도하는 바에 대해서는 이 책을 전체적으로 어떻게 해석하느냐에 좌우됩니다. 그러나 한 가지 분명한 것은 그리스도와 성도들을 향해 대항하는 모든 세력들에게 그리스도가 궁극적으로는 승리하신다는 것을 확신시키기 위해서 이 책이 쓰였다는 사실입니다.

우리는 요한계시록에서 강조하는 것처럼 그리스도의 재림과 심판이 있을 것을 확신하며, 항상 그리스도인답게 겸손하고 진실한 삶을 살아야 합니다. 왜냐하면 우리는 그리스도의 재림과 심판이 언제 있을지 전혀 모르기 때문입니다.

요한계시록은 크게 세 부분으로 나눠집니다.

1-3장은 '명령', 4-19장은 '심판', 20-22장은 '영광'입니다.

하늘의 환상-땅의 환난-오심, 심판관-심판의 세 주가-새 하늘과 새 땅입니다.

신·구약성경 마지막에 수록된 계시록은 성경 전체의 대 결론이라 할 만합니다.

성경은 과거의 사건이나 당시의 사건을 기록한 책들이 대부분이며 미래의 일들을 다룬 책들이 있으나 계시록은 주로 앞으로 임할 일들을 예언함으로써 오고 오는 세대들로 하여금 영적 각성을 갖고 그리스도의 재림을 준비하게 하는 한편, 과거에 주어진 예언을 완전히 성취하는 미래를 예시하는 것입니다.

요한계시록은 사도 요한 당시 실재했던 소아시아의 일곱 교회에 보낸 편지로서 점점 심해져 가는 로마 제국의 기독교 박해를 견뎌낼 것을 촉구하고 있습니다.

그럼에도 불구하고 요한계시록의 더 큰 가치와 효용성은 사도 요한이 본 '과거의 일'(1장)과 '현재의 일'(2-3장), 그리고 장차 일어날 일(4-22장), 즉 종말에 일어날 일을 예언함으로써 성도들로 하여금 종말에 임할 가공할 박해 가운데서도 낙심하지 않고 그리스도의 재림을 준비하게 하는 데 있습니다.

요한계시록 1장은 하나님 우편의 보좌에 앉으신 예수님께서 사도 요한에게 자신을 계시해 주시는 말씀입니다.

2-3장까지의 중심 주제는 '일곱 교회에 보내는 편지'입니다.

이 편지는 예수님께서 금 촛대 사이에 거니시면서 말씀하시는 내용입니다.

- 1장은 예수 그리스도께서 일곱 금 촛대 사이를 거니시면서 사도 요한에게 일곱 교회에 편지를 보내도록 지시를 내리시는 계시입니다.

- 2장과 3장은 예수 그리스도의 지시를 받은 사도 요한이 일곱 교회에 써 보낸 편지입니다.

여기서 '일곱'이라는 숫자는 완전을 상징하는 숫자입니다.

일곱의 완전수는 예수님께서 재림하시며 왕국이 이루어지는 세상 끝 날까지 그 어느 시대, 그 어떤 곳을 막론하고 주님이 세우신 전체적인 교회를 예표합니다.

이와 같은 형태(type)는 역사적으로 특정한 시대만을 말하는 것은 아닙니다.

예수 그리스도께서 재림하실 때까지의 지상의 전체적인 교회들의 형태를 말씀합니다. 1장 5절에서 그리스도께서 초림하실 때로부터 1장 7절에는 그리스도께서 재림하실 때까지의 전 세대를 포함하여 말씀합니다.

제1장 예수 그리스도의 계시

- **주제성구** "예수 그리스도의 계시라 이는 하나님이 그에게 주사 반드시 속히 일어날 일들을 그 종들에게 보이시려고 그의 천사를 그 종 요한에게 보내어 알게 하신 것이라"(1절)
- **주제찬송** ♫ 270장 변찮는 주님의 사랑과 ∥ ♪ 520장 듣는 사람마다 복음 전하여

서론

요한계시록의 근원은 하나님이십니다. 이 책의 성격은 예언적이며, 요한계시록은 수수께끼나 숨겨진 내용이 아니요, 성도들의 믿음을 굳게 하며, 밝은 소망을 갖게 하는 데 있습니다.

본 장에는 본서의 명칭, 출처, 기록의 동기 등이 밝혀져 있으며, 정식 명칭을 '예수 그리스도의 계시'라고 밝히고 있습니다. 여기 '계시'란 '막을 열고 그 속에 감춰진 것을 드러내 보여 준다'는 뜻이며, 현재와 미래를 다스리는 하나님이 간직하고 있던 미래의 비밀입니다. 요한이 본 이상은 먼저 일곱 금 촛대이고, 그 사이에 다니시는 분은 인자와 같으신 이, 즉 그리스도이십니다. 그리고 그의 모습은 매우 위엄스럽고 지극히 숭고하고 장엄하였는데, 그것은 제사장적인 위엄과 왕으로서의 존귀를 갖추고 계셨기 때문입니다.

본론

머리말(1-3절)

요한계시록은 주님이 사랑하시던 제자 요한이 계시를 받아서 기록한 책입니다. 하나님께서는 말씀을 듣고, 읽고, 지키는 자가 복이 있다고 하셨습니다. 요한은 하나님의 말씀과 위대하신 예수 그리스도를 다 증거하셨습니다. 이것은 하나님의 계획이십니다. 그런데 이 계시의 말씀을 듣고, 읽는 자, 전하는 자, 지키는 자, 순종하는 자는 복을 받습니다. 하나님의 말씀은 믿는 자 속에서만 역사하십니다. 하나님께서는 미래에 대하여 모든 것을 아십니다. 모든 일이 하나님의 손에서 계획되었기 때문입니다. 이 사실을 바로 알고 있다면 미래에 대해서 두려워 할 필요가 없습니다. 하나님께서는 주님을 돋보이게 하셨습니다. 그래서 모든 사람이 주님에 대해서 바로 알기를 원하십니다.

축복과 인사(4-8절)

요한은 아시아에 있는 일곱 교회에 이 편지를 보냅니다. 여기 '일곱 교회'는 '전 세계의 모든 세대를 통하여 존재하는 주님의 교회'를 가리킵니다. 그리고 성도들에게 예수 그리스도로 말미암아 은혜와 평강이 있기를 축원합니다. 주님은 과거·현재·미래에도 계시며, 충성된 증인이며, 부활하신 분이십니다. 우리를 사랑하여 구원해 주시고, 하나님을 위하여 거룩한 나라와 제사장으로 삼아 주셨고, 구름을 타고 심판주로 오시는 알파와 오메가가 되시는 전능하신 분이십니다. 우리를 죄에서 구원하신 주님께서 다시 오시는 것은 하나님의 나라를 완전히 이루시기 위해서입니다. 그 때에 주님의 죄 사함의 은혜와 주신 사명을 거절한 자와 세상을 사랑했던 자들은 심판 때에 애곡하게 됩니다.

그리스도에 관한 계시(9-20절)

복음이 퍼지는 것을 막기 위해 로마 정부는 요한을 밧모 섬으로 유배시켰지만, 그가 성령에 감동되어 주의 계시를 보고, 듣고, 적어서 교회에 전하는 것을 막을 수 없었습니다. 요한은 비록 혼자 있는 몸이었지만 주의 날을 기억했고, 성령님께서는 그를 감동시키셨으며, 우리 주님께서는 그에게 말씀을 들려 주시며, 그것을 적어서 여러 교회에 보내도록 하셨습니다. 요한에게 말씀하신 주님은 교회들 사이에 서 계신 분으로 그 모습이 너무 영광스러워서 요한은 두려움에 넘어질 수밖에 없었습니다. 모든 것을 드러내시는 그의 능력과 그의 권위를 나타내셨습니다. 그는 교회를 주관하시는 분이시고 말씀의 근원이시며 하나님의 본체의 형상으로서, 항상 살아계셔서 이 세상을 통치하는 분이십니다.

결론

아시아의 일곱 교회를 향한 메시지입니다. 고난 중에 있는 교회는 추하고 무능하고 낙심할 수밖에 없습니다. 그런데 영광중에 계신 예수께서 함께 하셔서 죽어야 할 우리를 돌보십니다. 창에 찔리셨던 그분의 손이 새 힘을 주시고, "두려워 말라"고 확신에 찬 말씀을 하십니다. 주님은 처음과 나중이요, 죽음에서 승리를 이루시고, 영원토록 살아계시는 분이십니다. 살아계신 주님의 능력을 믿는 사람은 고난 중에도 두려움 없이, 더욱 충성하여, 복음을 전할 수 있습니다.

- **장명가** "밧모 섬 축복의 주의 날 요한이 묵시를 받았네 · 읽고 듣고 행하는 자는 주 앞에 복 있는 자로다 주님이 오신다 흰 예복 입고 주 맞으라 · 주님이 오신다 등불을 켜들고 맞으라"(♪ 270장 변찮는 주님의 사랑과)

종말을 대비하는 계시의 말씀
(요한계시록 1:1-3)

·····

"예수 그리스도의 계시라 이는 하나님이 그에게 주사 반드시 속히 일어날 일들을 그 종들에게 보이시려고 그의 천사를 그 종 요한에게 보내어 알게 하신 것이라 요한은 하나님의 말씀과 예수 그리스도의 증거 곧 자기가 본 것을 다 증언하였느니라. 이 예언의 말씀을 읽는 자와 듣는 자와 그 가운데에 기록한 것을 지키는 자는 복이 있나니 때가 가까움이라"

요한계시록은 성경 중에 맨 마지막 책입니다.
말씀의 머리말에 "예수 그리스도의 계시라"고 합니다.
이를 히여 '요한계시록'이라 합니다.

'계시'(啓示)라는 말은 '아포칼뤼프시스'(Ἀποκάλυψις)라고 합니다.
'계시'(The Revelation)라는 말은 '드러내다', '나타내다'는 뜻으로 '가렸던 것을 보게 열어주었다'는 말입니다.
'감추어두었던 것을 볼 수 있게 하는 것'을 '계시'라고 합니다.
그런데 사람의 힘이나 방법으로는 감추어진 것을 드러낼 수 없고, 닫힌 것을 볼 수 있는 것이 아닙니다.
사람으로서는 할 수 없는데 하나님께서만 보게 해 주시는 것입니다.
그러므로 사람이 스스로 할 수 없는 것을 하나님께서 하게 해 주시는 것입니다.

옛날에는 결혼식을 할 때 신부 집으로 신랑이 장가를 오면 그 날 신부 집에서 혼인식을 거행했습니다.
그 혼인식은 아주 거대하게 했습니다.
그 마을 사람들뿐만 아닙니다.

이웃 마을 사람들까지도 초대되어서 삼일동안은 잔치를 했습니다.

그 혼인식을 하는 예식장에 신부가 두 사람의 도우미들에게 양팔을 부축받고 예식장으로 나오게 됩니다.

신부가 면사포로 얼굴을 가렸기 때문입니다.

혼인식을 올리는 시간 내내 신부는 얼굴을 내보이지 않습니다.

물론 옛날에는 결혼 기념사진도 촬영하지 못한 경우도 많았습니다.

아마도 사진사가 없었기 때문이 아닌가 싶습니다.

장가를 온 신랑이 그 보고 싶은 신부의 얼굴을 보고 싶어도 볼 수 없었습니다.

신랑이 신부의 얼굴을 볼 수 있는 시간은 그 날 늦은 밤 잠 자리에 들기 전에 신랑과 신부가 만나는 첫 시간이 이루어집니다.

신부는 신랑을 위하여 술상을 마련하여 신랑의 방에 들어가는데 이제는 얼굴을 가리지 않습니다. 낮에는 볼 수 없었는데 이제부터는 죽을 때까지 서로가 얼굴을 마주하며 평생을 살아가게 됩니다.

낮에는 볼 수 없었는데 사랑하는 첫 날 그 날 밤에는 그토록 보고 싶은 아름다운 신부의 얼굴을 볼 수 있고 만질 수 있고 사랑을 할 수 있습니다.

볼 수 없었던 것을 볼 수 있는 것을 '계시'라고 합니다.

오래 전 KBS 텔레비전 아침방송에서 잃어버린 가족을 찾는 프로가 있었습니다.

독일에 입양되었던 한 청년이 나와서 자신의 부모를 찾습니다.

자신의 이름도 모르고 부모의 이름도 모르고 자신의 고향도 모릅니다.

출생 후 7개월쯤 되었을 때 어느 집 대문간에 버려진 것을 누군가 발견하여 영아원에 데려다 주었는데 독일로 입양되어 갔습니다.

그 청년에게는 그 부모가 나타나서 "내가 너의 아빠요, 엄마다"라고 말해 주지 않으면 알 수 없는 것입니다.

요한계시록에서 하나님은 감추어진 것을 예수 그리스도에게 보여주셨습니다.

예수님께서는 천사들에게 주셨습니다.

천사들은 이 계시를 '사도 요한'에게 보여주었습니다.

이에 사도 요한은 이 계시를 교회들에게 보낸 것입니다.

'일곱 교회'는 '하나님의 전체적인 교회들'을 대표적으로 상징한 것이고, 우리 교회는 이 계시가 사도 요한을 통해 하나님께로부터 왔음을 알고 믿어야 합니다.

우리 사람은 누구나 다 영적으로 죄악 중에 버려진 존재입니다.

그래서 하나님의 감추어진 신비한 것을 보지도 못하고, 듣지도 못했던 것입니다.

그런데 하나님께서 "너는 내 아들이다."라고 말씀해 주시고 찾아주셔서 우리가 하나님 아버지를 알게 되었고, 찾게 된 것입니다.

이것을 '계시'(啟示)라고 합니다.

성경은 하나님께서 사랑하는 자기 사람들을 찾는 계시의 책입니다.

자기 사랑하는 자들을 찾기 위하여 기록된 책 한 권을 내어주셨습니다.

사람은 누구나 이 성경책을 읽거나 들음으로 하나님 아버지를 알게 되고, 우리의 영원한 고향을 찾을 수 있게 했습니다.

성경은 '죄악 세상에서 하나님을 알고 찾을 수 있게 하셨고, 동시에 이 세상의 마지막에 어떤 일이 일어나며, 이 세상이 어떻게 될 것인지'에 대해 말씀해 주십니다.

요한계시록은 '이 세상의 마지막 날에 일어날 일들을 자세하게 예언'해 주십니다.

요한계시록 1장 1-3절 말씀은 요한계시록의 총론이라고 할 수 있습니다.

네 가지를 말해 줍니다.

예수 그리스도께서 친히 말씀하신 것입니다.

성경은 요한계시록의 말씀을 기록하신 이기 '사도 요한'이라고 증거합니다.

사도 요한을 통해서 본서를 기록하게 하신 분은 '예수 그리스도'입니다.

이는 1절에 "예수 그리스도의 계시라"고 말씀하고 있기 때문입니다.

본서의 저자는 '예수님'이십니다.

예수님께서 말씀하신 것이며 하나님께서 예수 그리스도를 통해 주신 말씀입니다.

예수님이 누구신지에 대해 올바른 이해와 깨달음이 있어야 합니다.

예수 그리스도는 하나님의 말씀 그 자체입니다.

"태초에 말씀이 계시니라 이 말씀이 하나님과 함께 계셨으니 이 말씀은 곧 하나님이시니라 그가 태초에 하나님과 함께 계셨고 만물이 그로 말미암아 지은 바 되었으니 지은 것이 하나도 그가 없이는 된 것이 없느니라"(요 1:1 3)

"태초부터 있는 생명의 말씀에 관하여는 우리가 들은 바요 눈으로 본 바요 자세히 보고 우리의 손으로 만진 바라"(요일 1:1)

더 나아가 예수님께서는 "나를 본 자는 아버지를 보았다"(요 14:9)고 하십니다.

"내가 아버지 안에 거하고 아버지는 내 안에 계신 것을 네가 믿지 아니하느냐 내가 너희에게 이르는 말은 스스로 하는 것이 아니라 아버지께서 내 안에 계셔서 그의 일을 하시는 것이라"(요 14:10)

이러한 말씀들을 종합해 보면 '예수님은 하나님의 말씀이시며 하나님이 친히 나타내신 그 자신'(계 19:13)이라는 것을 깨닫게 합니다.
'예수님을 본 자는 하나님을 보았다'(요 14:9)고 합니다.
예수님께서는 친히 자신을 나타내 보이셨고, 친히 말씀하셨습니다.
예수님께서는 친히 가르치셨습니다.
그리고 친히 행하신 모든 일들을 성경으로 기록하게 하셨습니다.

성경은 하나님의 말씀이시며 예수님께서 친히 입으로 하신 말씀 그 자체입니다.
성경은 하나님의 음성입니다.
따라서 성경으로 귀가 열린 사람은 하나님의 음성을 듣게 됩니다.
성령이 귀를 열게 하셔서 음성을 듣게 하십니다.
반드시 속히 될 일을 말씀해 주신 것입니다.

그렇다면 예수님께서 하신 말씀이 어떤 내용입니까?

1절에 "하나님이 그에게 주사 반드시 속히 될 일을"이라고 했습니다.
여기서 '반드시 속히 될 일'이 무엇입니까?
'반드시'(δεῖ)는 '의무적으로 나타내는 것', '틀림없이 되어 질 일'이라는 뜻입니다.
'속히'(τάχος)라는 말은 '짧은 간격', '빠른 시간'이라는 뜻입니다.

그렇다면 이렇게 신속하게 이루어질 일들이 무엇입니까?
　　첫째는, 하나님께서 약속하신 일들입니다.
　　둘째는, 선지자들을 통하여 수없이 예언하신 말씀입니다.
　　셋째는, 예수님께서 직접 말씀하셨습니다.

그렇다면 이런 일들은 구체적으로 언제 일어날까요?

첫째는, 시간상으로 미래에 있을 일들입니다.

예수님께서 계시하시고 있는 시간은 그 현재입니다.

예수님이 말씀하신 이후로 일어날 일들입니다.

언제까지 일어날 것인가 하면 저 천국에서 있을 일들까지를 말씀하십니다.

둘째는, 재림을 기다리고 있는 성도들에게 일어날 일들입니다.

예수님께서 승천하신 이후에 초대교회 성도들은 예수님께서 '내가 곧 오리라'고 말씀하신 약속을 자신들이 살아 있는 동안에 오실 줄로 고대하고 믿었습니다.

예수 그리스도를 믿는 성도들은 항상 이 세상이 다하기 전에 예수님께서 재림하실 것이라는 믿음으로 살아야 합니다.

'내 생명이 다하기 전에 주님이 오시리라'는 믿음을 가지고 살아야 합니다.

그리해야 준비된 신앙을 가질 수 있습니다.

> "그러므로 깨어 있으라. 어느 날에 너희 주가 임할는지 너희가 알지 못함이니라."(마 24:42)

> "만일 일깨지 아니하면 내가 도둑 같이 이르리니 어느 때에 네게 이르는지 네가 알지 못하리라"(계 3:3)

우리는 예수님을 막연한 기다림이 아니라 준비된 믿음으로 기다려야 합니다.

셋째는, 하나님의 시간과 사람의 시간은 다릅니다.

우리 사람은 연약한 인간성을 가지고 있습니다.

그래서 불신하기도 합니다. 의심을 하기도 합니다. 인내가 부족합니다.

믿음이 흔들리기도 합니다.

주님께서 오신다고 했는데 아직 오시지 않습니다.

'곧 오리라'고 말씀하셨을 때 그 시각이 2천 년 전입니다.

그런데도 주님은 아직 오시지 않습니다.

필자는 초대교회 사역 현장을 돌아보면서 많은 것을 생각하게 되었습니다.

초대교회의 현장에서 믿음으로 살았던 사람들을 보십시오.

그 얼마나 뜨거운 열정을 가지고 살았습니까?

환난과 핍박을 당하나 주님을 부인하지 아니하고 믿음을 지키면서 살았습니다.

그러나 '오시리라'고 하신 주님은 그 때에도 오시지 않았습니다.

그 이후에도 오시지 않았습니다.

2천 년이 지난 지금도 아직 오시지 않고 오직 기다리게만 하십니다.

'왜 아직 오시지 않으실까?'

이런 생각을 하면서 '이는 어디까지나 내 생각이지 하나님의 뜻은 다르다'는 음성을 듣게 됩니다.

다음은 예수님께서 제자들에게 하신 말씀입니다.

"예루살렘을 떠나지 말고 내게서 들은 바 아버지께서 약속하신 것을 기다리라 요한은 물로 세례를 베풀었으나 너희는 몇 날이 못 되어 성령으로 세례를 받으리라"(행 1:4-5)

이 말씀을 들은 제자들은 '주님이 말씀하신 지금 이 순간'에 이런 일들이 일어날 것이라고 생각했습니다.

이에 제자들은 숨 가쁘게 재촉하듯 주님께 묻습니다.

"주께서 이스라엘 나라를 회복하심이 이 때니이까?"(행 1:6)

이에 주님은 다시 말씀하셨습니다.

"때와 시기는 아버지께서 자기의 권한에 두셨으니 너희가 알 바 아니라"(행 1:7)

주님이 말씀하신 시간은 사람의 시간으로 계산되는 것이 아닙니다.

"사랑하는 자들아 주께는 하루가 천 년 같고 천 년이 하루 같다는 이 한 가지를 잊지 말라"(벧후 3:8)

성경은 '왜 주님이 아직 오시지 않는지'에 대해서 이렇게 말씀하십니다.

"주의 약속은 어떤 이들이 더디다고 생각하는 것 같이 더딘 것이 아니라 오직 주께서는 너희를 대하여 오래 참으사 아무도 멸망하지 아니하고 다 회개하기에 이르기를 원하시느니라"(벧후 3:9)

그 이유는 '아직도 많은 사람들이 구원을 받아야 하고, 택한 백성들을 위하여 천국에 참으로 아름다운 곳을 많이 예비해 두셨기 때문'입니다.

사도 요한을 통하여 주신 말씀입니다.

주님으로부터 맨 처음으로 말씀을 받은 이는 사도 요한입니다.

요한계시록 1장 2절에 "요한은 하나님의 말씀과 예수 그리스도의 증거 곧 자기가 본 것을 다 증언하였느니라"고 말씀했습니다.

사도 요한은 예수님의 열두 제자 중에 제일 나이가 어린 제자였습니다.
그리고 가장 나중까지 산 증인입니다.

요한계시록은 사도 요한이 초대교회가 환난과 핍박을 받을 때 밧모 섬으로 유배를 당하여 토굴 속에서 기도하던 중에 예수 그리스도의 계시의 말씀을 받아 기록한 책입니다.
사도 요한은 자신이 받은 계시의 말씀을 기록했고, 이를 증거했습니다.
이는 오늘날까지 역사적으로 전해져 왔고, 주님 오실 때까지 증거될 것입니다.
사도 요한이 증거하는 것은 자신의 개인적인 사상이나 지식이나 종교적인 경험이 아니라, 예수 그리스도를 만났고, 그분이 말씀하시고, 명령하신 것입니다.
이 책의 말씀은 마지막 날에 일어날 일들을 기록한 예언의 말씀입니다.
이 예언(豫言)은 이 세상에서 일어날 일들을 자세하게 일러주신 말씀입니다.
이 예언은 인류 전체에게 주시는 하나님의 뜻을 알리는 것입니다.
이 예언의 말씀을 믿고 받아들이는 자들에게는 구원과 영생과 축복이 약속되어졌지만, 불신하고 믿지 아니하는 자들은 영원히 심판을 받아 멸망하게 될 것입니다.

이 예언의 말씀이 요구하는 것은 세 가지입니다.
　첫째는, 이 말씀을 읽어야 합니다.
　둘째는, 이 말씀을 들어야 합니다.
　셋째는, 이 말씀을 지켜야 합니다.

현대교회는 읽고 듣는 수준에서 그치는 정도라고 해도 과언이 아닙니다.
읽고 듣는 것만으로 족하지 않고, 지키는 것이 중요합니다.
행함으로 실천하는 것입니다.
하나님은 말씀을 행함으로 실천하기를 원하십니다. 그것은 곧 '믿음'입니다.

성경은 분명하게 "때가 가까움이라"고 말씀합니다.
해는 서산에 져 갑니다. 인생의 일을 마쳐야 할 때입니다.
그 후에는 심판(審判)의 결산(決算)이 있기 때문입니다.
요한복음 8장 51절에 "진실로 진실로 너희에게 이르노니 사람이 내 말을 지키면 영원히 죽음을 보지 아니하리라"고 말씀했습니다.
마지막 때에 계시되는 말씀입니다.

복 있는 사람
(요한계시록 1:1-3)

· · · · ·

"예수 그리스도의 계시라 이는 하나님이 그에게 주사 반드시 속히 일어날 일들을 그 종들에게 보이시려고 그의 천사를 그 종 요한에게 보내어 알게 하신 것이라 요한은 하나님의 말씀과 예수 그리스도의 증거 곧 자기가 본 것을 다 증언하였느니라 이 예언의 말씀을 읽는 자와 듣는 자와 그 가운데에 기록한 것을 지키는 자는 복이 있나니 때가 가까움이라"

사람들은 누구나 하루를 시작하면서 '오늘도 행운이 열리기를' 기대합니다.

나폴레옹이 전쟁터에서 우연히 풀밭에서 '네 잎 클로버'를 보았습니다.

그가 신기하게 생각하며 그 네 잎 클로버를 따기 위해서 허리를 숙이는 그 순간 총알 한 발이 그의 머리 위를 스치고 날아갔습니다.

그는 네 잎 클로버를 따기 위해 허리를 숙였기 때문에 목숨을 건졌습니다.

그 이후부터 네 잎 클로버는 '행운'을 상징하는 풀잎이 되었다고 합니다.

반면에 '세 잎 클로버'는 어떤 것입니까?

세 잎 클로버는 '행복'이라고 합니다.

행복을 상징하는 세 잎 클로버는 아주 흔합니다.

그러나 행운을 상징하는 네 잎 클로버는 찾기가 쉽지 않습니다.

네 잎 클로버는 세 잎 클로버의 돌연변이기 때문입니다.

그러다 보니 사람들은 행운의 네 잎 클로버를 따기 위해서 행복의 세 잎 클로버는 등한시하며 수도 없이 짓밟아버리는 것입니다.

사람들의 욕심은 끝이 없습니다. 행복 속에서 또 다른 행운을 찾습니다.

가까이에 있는 행복을 지나친 채 멀리 있는 행운만 찾으려고 합니다.

'지금 이곳에서'(Now Here) 행복을 못 찾는다면, '어디에서'(Anywhere) 만나는 그 어떤 행운도 의미가 없을 것입니다. 세 잎 클로버의 의미는 '지금 여기에 충실하라'는 외침이라는 것을 우리에게 주고 일깨워 줍니다.

우리가 세 잎 클로버처럼 지극히 평범한 존재라고 생각하십니까?

그럴지라도 괴로워하거나 슬퍼하지 마십시오.

만일 우리가 네 잎 클로버였다면, 이미 다른 사람들이 우리를 탐내서 우리의 허리를 잘라버렸을지도 모릅니다.

> 어떤 이의 조사에 의하면 90% 이상의 사람들이 막연한 행운을 찾아 헤매고, 5%정도의 사람들이 행복을 느끼기는 하지만 막상 실제로 행복을 누리며 사는 사람은 3%밖에 되지 않는다고 합니다.

성경은 '진정한 행복이 무엇이며, 이 진정한 행복이 어디에 있는지'를 분명하게 말씀해 주고, 또한 이 행복을 발견할 수 있도록 합니다.

그러므로 막연한 행운을 찾으려고 애쓰지 말고, '지금 여기 있는 행복'(Now Surrender Here)을 소유로 삼아야 할 것입니다.

지금 여기 있는 행복을 발견하십시오.

요한계시록의 특징 중에 가장 중요한 것은 '천국과 지옥을 보여주는 것'입니다.

'천국'(天國)에 대해서 4장 2절에 "하늘에 보좌를 베풀었고 그 보좌 위에 앉으신 이가 있었다"고 했고, 21장 1절에서는 '새 하늘과 새 땅'이라고 말씀했습니다.

구원받은 성도들은 천국 백성이요, 하나님의 자녀이며, 하나님의 권속입니다.

우리가 구원을 얻어서 천국으로 가는 티켓을 받았지만, 아직은 완전히 천국에 도달한 것은 아니며, 천국을 향하여 계속해서 여행을 하고 있습니다.

천국을 향해 가는 동안 실패가 없어야 합니다.

만일 가다가 실패하면 천국에 이르지 못하게 되고 말 것입니다.

천국에 가는 도중에 믿음을 저버리고, 믿음을 떠나면 실패하는 것입니다.

실패하면 영원히 천국에 이르지 못하고 마는 것입니다.

천국에 가지 못하면 오직 '지옥'(地獄)입니다.

요한계시록 20장 1-3절에 '무저갱(無底坑)이 있다'(9:1; 11:7; 20:1)고 했습니다.

이 '무저갱'은 '아비소스'(ἀβύσσου)라는 말로 '지옥'(of the bottomless pit)입니다.

'무저갱'은 '최후의 심판 때까지의 지옥'을 말합니다.

심판하신 후에 지옥은 '불 못'(20:14, 15)이라고 했는데, 마귀나 귀신들도 무저갱에 떨어지는 것을 두려워했습니다(눅 8:31).

그렇다면 '무저갱'에는 어떤 자들이 떨어집니까?

'하나님의 심판을 받는 자들'이 떨어집니다.

> "또 그들을 미혹하는 마귀가 불과 유황 못에 던져지니 거기는 그 짐승과 거짓
> 선지자도 있어 세세토록 밤낮 괴로움을 받으리라"(20:10)

하나님이 심판하여 구원에서 제하시면 마귀들이 그 지옥에 던진다고 했습니다.

마귀는 함께 심판을 받을 자들과 같이 지옥에 떨어지게 됩니다.

이처럼 요한계시록에서는 천국과 지옥을 분명하게 보여줍니다.

구원받은 사람은 천국을 가지만, 안심할 단계는 아니니 끝까지 잘 가야 합니다.

하나님은 구원받은 믿음의 성도들의 행적을 끝까지 지켜보십니다.

> "이는 그가 땅 끝까지 감찰하시며 온 천하를 살피시며"(욥 28:24)

> "끝까지 견디는 자는 구원을 얻으리라"(마 24:13)

구원받은 성도들이 천국에 이르도록 끝까지 잘 가려면 어떻게 해야 합니까?

요한계시록 1장 1-3절 말씀은 요한계시록의 총론입니다.

이 말씀 속에는 중요한 교훈 네 가지가 있습니다.

이는 '복 있는 성도'의 특징이라고도 할 수 있는 일입니다.

첫째는, 보아야 합니다.

사도 요한은 '계시'를 보았습니다.

"속히 일어날 일들을 보이시려고"(1절)라는 말씀에서 '보다'(δεῖξαι)라는 말씀을 유의해 보십시오.

믿음의 세계는 먼저 보는 것입니다. 믿으면 보이는 것입니다.

예수님을 보면서도 믿지 못하는 사람들이 있습니다.

그런가 하면, 보고 나서야 믿는 사람들이 있습니다.

하나님은 모든 생물을 만드실 때 보는 눈을 만들어 주셨습니다.

사람들에게 보는 눈은 더 특별합니다.

인간은 눈으로 지식을 갖추게 되고 지혜를 갖게 되기도 합니다.

다른 생물들은 눈이 있어도 문명과 문화를 발전시키지 못하지만, 인간들에게는 문명과 문화를 발전시키는 눈을 만들어 주신 것입니다.

우리 사람에게는 두 개의 눈이 있습니다.

얼굴에 붙어 있는 두 개의 눈이 있다는 것은 심오한 진리를 깨닫게 합니다.

사람의 얼굴에 똑같은 것 두 개씩을 가지고 있는데, 눈과 귀와 콧구멍입니다.

그런데 입은 하나입니다.

여기서 비밀(秘密)을 깨닫게 합니다.

눈이 두 개라는 것은 '보이는 눈'과 '보이지 않는 눈'이 있어야 한다는 것입니다.

보이는 것은 '육신의 눈'이요 보이지 않는 눈은 '영적인 눈'입니다.

귀도 '육체의 소리를 듣는 귀'가 있고, '영적인 음성을 듣는 귀'가 있습니다.

코도 '육신이 호흡하는 코'가 있는가 하면, 또한 '영적인 호흡을 할 수 있는 코'가 있는데, 이는 '기도를 통하여 하나님 앞에서 영적으로 호흡하는 깃'입니다.

이러한 육신의 기능 가운데 '영적으로 보는 눈', '영적으로 듣는 귀', '영적으로 호흡하는 기도의 코'가 훨씬 더 중요합니다. 그 이유는 '육신으로 사는 것이 최고의 삶이 아니라, 영적으로 살아야 최상의 삶을 사는 것이기 때문'입니다.

예수님은 "사람이 떡으로만 살 것이 아니요 하나님의 입으로부터 나오는 모든 말씀으로 살 것이라"(마 4:4)고 하셨습니다.

그렇다면 영적인 눈으로 무엇을 보아야 합니까?

하나님을 보아야 합니다.

> "태초부터 있는 생명의 말씀에 관하여는 우리가 들은 바요 눈으로 본 바요 자세히 보고 우리의 손으로 만진 바라"(요일 1:1)

'사도 요한'은 예수 그리스도를 보았을 때 하나님으로 보았습니다.

그러나 많은 사람들이 예수님을 보았으나 하나님으로 보지 못했습니다.

성령이 영적으로 눈을 뜨게 하지 않으면 하나님으로 볼 수 없습니다.

제자 중에 '빌립'이 "주여! 아버지를 우리에게 보여주옵소서!"(요 14:8)라고 했을 때 예수님은 "나를 본 자는 아버지를 보았다"(요 14:9)고 말씀하셨습니다.

성령을 받아야 영적인 눈을 뜨고, 하나님을 볼 수 있습니다.

오랫동안 교회 다니고 예수 믿는다고 해서 하나님을 보는 것은 아닙니다.

많은 사람들이 하나님이 계시는 것을 믿지 못합니다.

'보게 하시는 이'는 '성령'입니다.

성령은 예수 그리스도입니다.

그가 성령으로 오십니다.

그 예수님을 영접할 때 성령을 받는 것입니다.

성령이 눈을 뜨게 하시는데 성령의 임재를 구하고 성령을 받고 예수님을 보는 영적인 눈을 떠야 합니다.

요한계시록은 예수 그리스도의 계시입니다.

예수님은 하늘의 보좌에 앉으신 분이십니다.

하나님과 동등하시고 동일하신 분이십니다.

그런데 예수님은 세상에 사람으로 오신 분입니다.

하나님이 땅에 오실 때 예수님이시고, 하늘에 오르시면 하나님이십니다.

하나님께서 사람이 되셔서 역사 속에 오셨습니다.

이 신비를 '성육신'(聖肉身)이라고 합니다.

인간 구원 사역을 성취하시기 위해서 성자 아들 예수 그리스도로 오셨습니다.

예수님은 '십자가'(十字架)로 구원의 사역을 이루셨지만, 지금도 교회를 통하여 계속해서 구원 사역을 성취하시며 진행하고 계십니다.

우리는 교회를 통하여 예수 그리스도를 발견하고 바라보아야 합니다.

십자가에 달리신 예수 그리스도를 바라보아야 합니다.

이것이 '교회를 세우신 이유'입니다.

교회를 통하여 예수님을 전하고 십자가의 구속 사역을 전하고 예수님을 바라보고 믿게 하는 것입니다.

성경을 보며 그리스도를 바라보아야 합니다.

교회를 통하여 구원의 성취가 이루어지는 것을 보아야 합니다.

십자가에 피 흘려 달리신 예수님을 바라보는 영적인 눈이 떠져 있어야 합니다.

하나님의 일을 하는 사람을 보아야 합니다.

하나님의 일을 위하여 수종하는 이들 중에는 먼저 '천사들'이 있습니다.

하나님의 일을 거역하는 천사는 마귀가 되었고, 하나님의 일을 순종하며 기뻐하는 천사가 있습니다.

사도 요한은 천사의 인도를 받고, 그 계시를 받아 성경을 기록했습니다.

사도 요한은 천사의 도움을 받아 천국을 보았습니다.

땅에 속한 것들도 상세하게 보고 알 수 있었습니다.

어느 교회가 믿음의 일을 잘하고 칭찬받을 만한지, 어떤 성도가 믿음의 일을 잘하는지도 보았습니다.

어느 교회가 믿음의 일을 잘못하고 있는지도 보았습니다.

어떤 성도가 믿음의 일을 잘못하는지도 보았습니다.

그것이 '일곱 교회들에게 보내는 편지'입니다.

동시에 사도 요한은 천국도 보았고 지옥도 보았습니다.

새 하늘과 새 땅도 보았고, 옛것이 없어지는 것도 보았습니다.

여기서 우리는 한 가지 조심해야 할 것이 있습니다.

'사도 요한이 천국을 보았고, 지옥을 보았다'는 말씀을 빙자해서 '니도 천국을 갔다 오고 지옥도 보고 왔다'는 말을 한다면 그것은 잘못된 것입니다.

오직 성경말씀을 통해서 체험해야 합니다.

이제 우리는 사도들에 의해 기록된 계시를 통하여 볼 수 있어야 합니다.

기록된 성경을 통하여 영적인 세계를 더 확신히게 보아야 합니다.

영석으로 보는 눈이 떠져야 복이 있습니다.

둘째는, 읽어야 합니다.

3절에 "이 예언의 말씀을 읽는 자가 복이 있다"고 했습니다.

말씀을 읽는 것은 먹는 것과 같습니다.

하나님의 말씀은 영혼의 양식입니다.

"내 아들아 나의 법을 잊어버리지 말고 네 마음으로 나의 명령을 지키라"(잠 3:1)

"이것이 네 몸에 양약이 되어 네 골수를 윤택하게 하리라"(잠 3:8)

하나님의 말씀은 '양약'이라고 했습니다.

말씀을 맛있는 음식으로 비유했습니다.

"주의 말씀의 맛이 내게 어찌 그리 단지요 내 입에 꿀보다 더 다니이다"(시 119:103)

"네 배에는 쓰나 네 입에는 꿀 같이 달리라"(계 10:9)

꿀같이 맛이 있다는 것은 입으로 시인하는 것입니다.

"사람이 마음으로 믿어 의에 이르고 입으로 시인하여 구원에 이르느니라"(롬 10:10)

입으로 읽어야 맛을 알게 됩니다.

셋째는, 들어야 합니다.

'보고 읽고 또 들어야 복이 있는 사람'입니다.
완전한 교육은 시청각적이어야 합니다.
보고, 만지고, 느끼고, 체험되어야 하고, 보았으면 읽어야 합니다.
입으로 시인하는 것입니다.

읽었으면서 들어야 합니다.
우리 믿음의 행위에서 중요한 것은 '듣는 것'입니다.
잘 들어야 합니다.
겸손하게 들어야 합니다.
온유한 마음으로 들어야 합니다.
사모하는 마음으로 들어야 합니다.
목마른 사슴이 시냇물을 찾음같이 갈급해야 합니다.

3절에 "듣는 자들이 복이 있다"고 말씀했습니다.
'듣는다'는 것은 '하나님의 증거에 대해 듣는 것'입니다.
하나님께서는 말씀을 하셨습니다.
이에 모든 백성들은 이 말씀을 들어야 했습니다.
하나님께서 선지자들에게 말씀하신 것을 선지자들은 백성들에게 전했습니다.
하나님께서는 선지자와 사도들에게 하신 말씀을 세상 끝까지 전하게 했습니다.

어떤 사람이 하나님의 증인이 됩니까?
누가 전도를 잘하고 많이 합니까?
'말씀을 잘 듣는 성도들'입니다.

말씀을 알아들을 수 있는 귀가 열려야 합니다.
말씀은 전파되는데 들리지 않는 귀라면 불쌍한 것입니다.

잘 들어야 합니다.
듣는 사람이 은혜를 받는 것입니다.

넷째는, 잘 지켜야 합니다.

3절에 "그 가운데 기록한 것을 지키는 자들이 복이 있다"고 했습니다.

'지킨다'는 말은 '순종하는 것'입니다.

하나님의 말씀을 순종해야 합니다.

지키는 것은 순종입니다.

순종의 행위는 '그리스도의 증인'이 되는 것입니다.

말씀을 행하는 것입니다.

'지킨다'는 말은 "때가 가까움이라"(because the time is near)는 예언의 말씀을 읽고, 듣고, 지키는 믿음이 복이 있는 이유가 되는 것입니다.

현재적이면서도 종말론적인 뜻을 나타내는 것입니다.

노아가 방주를 만드는 것은 현재적이면서도 결과는 종말적인 믿음의 행위로 일관했음을 보는 것입니다.

노아가 방주를 만든 것과 같이 우리들의 믿음이 행위도 현재적이면서도 종말적인 시간에 이르러야 하고, 방주를 만드는 작업을 마치는 그 순간이 구원에 도달하는 종말이 되었음을 깨달아야 할 것입니다.

이것이 복이 있는 이유입니다.

왜냐하면 노아가 방주를 만드는 현재가 없었다면 종말의 그 순간 우리는 구원을 받지 못하게 되기 때문입니다.

우리가 예언의 말씀을 읽고, 듣고, 지키는 것은 방주를 짓듯이 교회생활을 하는 것입니다.

교회생활의 완성은 방주가 완성되는 시간이며 '그 때'는 예수 그리스도께서 재림하시는 순간이 될 것이기 때문입니다.

계시의 말씀이 주는 축복
(요한계시록 1:1-3)

• • • • •

"예수 그리스도의 계시라 이는 하나님이 그에게 주사 반드시 속히 일어날 일들을 그 종들에게 보이시려고 그의 천사를 그 종 요한에게 보내어 알게 하신 것이라 요한은 하나님의 말씀과 예수 그리스도의 증거 곧 자기가 본 것을 다 증언하였느니라 이 예언의 말씀을 읽는 자와 듣는 자와 그 가운데에 기록한 것을 지키는 자는 복이 있나니 때가 가까움이라"

30여 년 전만 해도 중국과 소련에서는 기독교에 대한 핍박이 무척 심했습니다. 소련에서 예수 믿는 자는 중학교 이상 진학하지 못하게 하고 시 외곽으로 추방했으며, 중국에서도 이와 같은 대 핍박이 극에 달했습니다.

공산주의 사상은 '하나님이 없다'고 못 박았고, 기독교 신자들은 재판 없이도 처형할 수 있었습니다.

이런 와중에도 기독교 복음은 없어지지 않았고, 복음은 계속 전해졌습니다.

이 때 한국에서는 기독교 라디오 방송이나 극동방송에서 전하는 복음이 전파를 타고 비자 없이 국경선을 자유롭게 넘어서 숨어 있는 그리스도인들에게 하나님의 메시지를 전해 주었으며, 기독교 방송에서는 설교도 하지만 성경을 낭독해 주는 프로그램이 진행되기도 했습니다.

중국에서 조선족 소년은 극동방송에서 낭독되는 성경말씀을 노트에 받아서 적었는데 신약성경을 완필한 것이 한국에 소개되고 화제가 되어 큰 감동을 주었습니다.

특히 지하의 이불 속에서 받아 적은 그 쪽지의 말씀으로 주일이면 예배를 드리는데 그것을 낭독하며 말씀을 전했다고 합니다.

그러나 지금은 러시아나 중국에 기독교 교회나 신학교가 세워져서 자유롭게 복음이 전파되는 시대가 열려 있습니다.

참으로 하나님의 말씀은 어떤 경우에도 저버릴 수 없고, 버림당할 수도 없고, 감추어질 수도 없고, 소멸될 수도 없습니다.

요한계시록은 사도 요한이 받은 계시를 기록했을 때 단 한 권뿐이었습니다.

때문에 이 말씀을 읽어주고 들려 줄 때 모든 사람들이 주님의 말씀을 듣고 받아서 은혜를 받았습니다.

조금 더 발전하여서는 이 말씀을 베껴서 다른 사람들에게 전해 주기도 했는데 이를 '사본'(寫本)이라고 합니다. 사도 요한은 아시아의 일곱 교회에 이 계시의 말씀을 보냈을 때 사본을 기록해서 보냈을 것입니다.

이 말씀이 얼마나 귀하고 위대한가를 다시금 깨닫습니다.

> "이 예언의 말씀을 읽는 자와 듣는 자와 그 가운데에 기록한 것을 지키는 자는 복이 있나니 때가 가까움이라"(계 1:3)

이 말씀에서 약속하신 것은 '복이 있다'는 것입니다.

어떤 축복인지 알고 싶고 누리고 싶은 간절한 욕망을 가집니다.

일곱 가지 축복을 발견할 수 있습니다.

1. 순종의 축복입니다.

요한계시록 1장 3절에 "이 예언의 말씀을 읽는 자와 듣는 자와 그 가운데에 기록한 것을 지키는 자는 복이 있나니 때가 가까움이라"고 말씀했습니다.

그렇다면 무엇을, 어떻게 순종해야 합니까?

세 가지를 말씀해 줍니다.

첫째는, 말씀을 읽어야 합니다.

성도들은 하나님이 우리에게 보내 주신 편지를 읽어야 합니다.

왜냐하면 아버지의 소식이기 때문입니다.

단순히 안부를 전하는 수준의 내용이 아닙니다.

'인간이 사느냐 죽느냐' 하는 문제를 해결해 주시는 유일한 소식을 전하는 소식입니다.

그래서 또 읽고 또 읽어야 합니다. 많이 읽어야 합니다.

읽으면 읽을수록 내게 오는 축복이 큽니다.

둘째는, 듣는 축복입니다.

읽기도 좋아해야 하지만 말씀 듣기를 기뻐해야 합니다.

읽고 들으면 일거양득이 됩니다.

말씀을 잘 듣는 성도들이 축복을 누립니다.

에녹이 말씀을 잘 들었고, 노아가 말씀을 잘 들었습니다.

아브라함이 말씀을 잘 들었고, 이삭과 야곱도 말씀을 잘 들었습니다.

다윗이나 솔로몬이 하나님의 말씀을 잘 들을 때 축복을 누렸습니다.

예수님의 열두 제자들 중에 가룟 유다를 제외하고 모든 제자들은 말씀을 잘 들었고, 주님의 사도들이 되었습니다.

> "내가 진실로 진실로 너희에게 이르노니 내 말을 듣고 또 나 보내신 이를 믿는 자는 영생을 얻었고 심판에 이르지 아니하나니 사망에서 생명으로 옮겼느니라 진실로 진실로 너희에게 이르노니 죽은 자들이 하나님의 아들의 음성을 들을 때가 오나니 곧 이 때라 듣는 자는 살아나리라"(요 5:24-25)

듣는 것이 중요합니다.

말씀을 잘 들어야 합니다.

셋째는, 지키는 자가 복이 있다고 했습니다.

'말씀을 듣고 행함이 없으면 죽은 믿음'(약 2:17)이라고 했습니다.

말씀을 읽고 듣고 지키는 자가 축복이 있습니다.

2. 영생의 축복입니다.

하나님의 말씀은 영혼의 양식입니다.

사람이 육체의 몸은 일용할 양식을 먹어야 살지만, 사람의 생명은 하나님의 말씀을 먹어야 삽니다.

> "귀 있는 자는 성령이 교회들에게 하시는 말씀을 들을지어다. 이기는 그에게는 내가 감추었던 만나를 주고 또 흰 돌을 줄 터인데 그 돌 위에 새 이름을 기록한 것이 있나니 받는 자 밖에는 그 이름을 알 사람이 없느니라"(계 2:17)

여기서 '만나를 주고'라고 했는데, 하나님의 생명의 말씀입니다.

그리고 '흰 돌 위에 새 이름을 기록한다.'는 말씀은 '영생을 얻은 자들의 이름을 기록하신다.'는 것입니다.

영생(永生)과 관련된 말씀이 또 약속되었습니다.

"그들이 보좌 앞과 네 생물과 장로들 앞에서 새 노래를 부르니 땅에서 속량함을 받은 십사만 사천 밖에는 능히 이 노래를 배울 자가 없더라"(계 14:3)

"또 내가 들으니 하늘에서 음성이 나서 이르되 기록하라 지금 이후로 주 안에서 죽는 자들은 복이 있도다 하시매 성령이 이르시되 그러하다 그들이 수고를 그치고 쉬리니 이는 그들의 행한 일이 따름이라 하시더라"(계 14:13)

이는 영생의 길을 얻는 말씀입니다.

우리가 온 천하를 다 얻는 권세와 권력과 재능이 있다고 할지라도 영생이 없으면 무슨 소용이 있습니까?

사람들은 세상에 속한 것을 많이 누리면 축복이라고 하는데 생명이 없는 자들에게는 아무런 소용이 없는 것들입니다.

영생을 얻는 것이 축복입니다.

3. 깨어 있는 정결한 삶의 축복입니다.

우리는 하나님의 언약의 말씀을 대할수록 깊고도 심오한 감격을 깨닫습니다.

"요한은 아시아에 있는 일곱 교회에 편지하노니 이제도 계시고 전에도 계셨고 장차 오실 이시며 그의 보좌 앞에 있는 일곱 영과"(계 1:4)

'장차 오실 이'를 약속하신 것입니다.

그리스도인은 기다림의 믿음으로 삽니다.

은혜를 받을 때를 기다립니다.

기도하고 응답받을 때를 기다립니다.

주님이 오실 날을 기다리는 것입니다.

기다리는 믿음으로 살아갈 때 기다림의 자세가 중요합니다

정처 없이 세월을 기다리는 것이 아닙니다. 요행을 기다리는 일도 아닙니다.

다시 오실 예수님을 기다립니다.

예수님의 약속하신 성령을 기다리는 것입니다.

은혜 받을 때를 기다리는데, 기다리는 자의 태도가 중요합니다.

"보라 내가 도둑 같이 오리니 누구든지 깨어 자기 옷을 지켜 벌거벗고 다니지
아니하며 자기의 부끄러움을 보이지 아니하는 자는 복이 있도다"(계 16:15)

"깨어 자기 옷을 지켜 벌거벗지 말라"고 했습니다.
정결하고 단정하고 깨어 있는 자세를 가지고 기다려야 합니다.

4. 천국의 축복입니다.

'그리스도인의 영원한 거처'가 있습니다.
'축복의 비중을 어디에 두느냐'를 깊이 생각하고 깨달아야 합니다.
성도들 가운데에도 축복의 비중을 현실에 두고 있는 사람들이 많습니다.
현실적으로 성공하고 출세하고 잘되고 돈 잘 벌어야 축복이라고 생각합니다.
물론 그리스도인이라고 해서 가난하게 살 필요는 없습니다.

"심령이 가난한 자가 되라"는 말씀은 문자 그대로 누구보다 가난하라는 의미가
아닙니다.
'영적으로 가난한 마음을 가지라'는 뜻입니다.
그리스도인들이 세상을 우선권을 가지고 사는 것이 전부가 아니라는 것입니다.

그리스도인들에게 우선권은 '천국'에 있습니다.
천국을 얻어야 합니다.
예수 그리스도의 복음은 처음도 천국이요, 마지막에도 천국을 중요시했습니다.
  "이 때부터 예수께서 비로소 전파하여 이르시되 회개하라 천국이 가까이 왔느
  니라"(마 4:17)
  "심령이 가난한 자는 복이 있나니 천국이 그들의 것임이라"(마 5:3)

마태복음 13장에서 여러 가지 비유를 들어 말씀하실 때 '천국의 비밀을 말한
다.'고 하셨습니다.
비유의 전체가 천국을 가르치시는 말씀이었습니다.
마태복음 24장과 25장은 천국에 관한 말씀입니다.
  "천사가 내게 말하기를 기록하라 어린 양의 혼인 잔치에 청함을 받은 자들은
  복이 있도다 하고 또 내게 말하되 이것은 하나님의 참되신 말씀이라"(계 19:9)

"너희는 마음에 근심하지 말라 하나님을 믿으니 또 나를 믿으라 내 아버지 집에 거할 곳이 많도다 그렇지 않으면 너희에게 일렀으리라 내가 너희를 위하여 거처를 예비하러 가노니 가서 너희를 위하여 거처를 예비하면 내가 다시 와서 너희를 내게로 영접하여 나 있는 곳에 너희도 있게 하리라"(요 14:1-3)

교회는 다니지만 천국에 가지 못하면 어떻게 되겠습니까?
천국에 가는 믿음이어야 합니다.
천국에 가는 축복을 누려야 합니다.

5. 부활의 축복입니다.

예수 믿고 믿음생활을 하면 실감이 나야 하는데 실감나지 않는 일이 있습니다.
그것은 영적으로만 생각한다는 것입니다.
육신의 몸이나 생활은 뒤로 하고 영적으로 영생을 얻는 것만 설명을 합니다.
그러나 반드시 그렇지만은 않습니다.
그리스도인에게 중요한 것은 '완전한 몸이 구원을 얻는 것'입니다.
영혼만 구원을 받고 몸은 버려지는 것이 아닙니다.

몸이 구원을 빋는다고 하는 것은 현재의 이 육체의 몸이 아닙니다.
이 육체의 몸은 흙에서 만들어진 존재요, 죄인의 존재입니다.
이 육체는 죽어야 하고, 버려야 합니다.
이 육체는 산다고 해도 늙고, 병들고, 고난을 당하고, 죽을 수밖에 없습니다.
그리스도인에게는 '믿음으로 얻는 새로운 몸'이 있습니다.

   "그런즉 누구든지 그리스도 안에 있으면 새로운 피조물이라 이전 것은 지나갔으니 보라 새것이 되었도다"(고후 5:17)

'새로운 피조물'이라고 했습니다. 옛 사람이 아닙니다.
이 새로운 피조물은 '예수 그리스도의 부활'의 신비 속에서 이루어진 것입니다.
예수님은 죽으셨으나 다시 부활하셨습니다.
예수님의 부활은 새로운 창조적인 역사입니다.
그리스도의 죽으심은 심판이며, 그의 부활은 새로운 창조의 역사입니다.

그리스도를 믿음으로 우리는 부활의 생명이 보증되었습니다.

예수님이 사심과 같이 우리도 새로운 몸으로 다시 살 것입니다.

> "이 첫째 부활에 참여하는 자들은 복이 있고 거룩하도다 둘째 사망이 그들을 다스리는 권세가 없고 도리어 그들이 하나님과 그리스도의 제사장이 되어 천 년 동안 그리스도와 더불어 왕 노릇 하리라"(계 20:6)

부활의 영광입니다.

6. 행함의 축복입니다.

믿음은 환상을 보는 것이나 공상을 생각하는 것이나 꿈을 꾸는 것이 아닙니다.

믿음은 하나님 말씀을 읽고, 듣고, 은혜 받으며 그 안에서 생활하는 삶입니다.

그러므로 그리스도인의 믿음생활에는 '행함'이 있어야 합니다.

예수님께서 바리새인들을 책망하신 이유는 '그들이 말로는 믿고 율법을 지킨다고 하면서 말씀을 순종하지 않았고, 실제로 행함이 없었기 때문'입니다.

> "보라 내가 속히 오리니 이 두루마리의 예언의 말씀을 지키는 자는 복이 있으리라"(계 22:7)

'말씀을 지키는 자'라는 말은 '믿음으로 행하는 믿음'입니다.

믿음으로 살면서 불평이 없어야 합니다.

원망이 없어야 합니다.

싫증이 없어야 합니다.

핑계가 없어야 합니다.

게으르지 말아야 합니다.

> "부지런하여 게으르지 말고 열심을 품고 주를 섬기라 소망 중에 즐거워하며 환난 중에 참으며 기도에 항상 힘쓰며 성도들의 쓸 것을 공급하며 손 대접하기를 힘쓰라"(롬 12:11-13)

행해지는 믿음을 가져야 합니다.

7. 믿음의 축복입니다.

'믿음이 있는가? 믿음이 없는가?'를 어떻게 말할 수 있습니까?
'사람이 어떻게 사람의 믿음을 평가하며 진단할 수 있느냐'고 합니다.
조심스러운 이야기입니다.
진심으로 그리스도를 믿는 성도면 믿음이 있는 삶을 보입니다.
물론 보이기 위한 믿음이 아닙니다.
그렇지만 믿음이 있기에 믿음 있는 모습이 보이는 것입니다.

그렇다면 어떤 믿음을 가져야 합니까?
'순교적인 믿음'을 가져야 합니다.

> "다섯째 인을 떼실 때에 내가 보니 하나님의 말씀과 그들이 가진 증거로 말미
> 암아 죽임을 당한 영혼들이 제단 아래에 있어 큰 소리로 불러 이르되 거룩하
> 고 참되신 대 주재여 땅에 거하는 자들을 심판하여 우리 피를 갚아 주지 아니
> 하시기를 어느 때까지 하시려 하나이까"(계 6:9-10)

끝까지 믿음을 지키며 순교를 당한 성도들입니다.
'순교'(殉敎)는 '어떤 경우에서도 예수 그리스도를 부인하지 않고 목숨을 버리기
까지 믿음을 지키는 것'을 말합니다.

작은 일 하나라도 원망하지 않고, 불평 없이 감사하는 마음으로 순종하는 것이
믿음입니다.
작은 것에 충성한 자는 큰 것에도 충성을 합니다.
그렇지만 작은 것에 충성하지 못하면 역시 큰 것에도 충성할 수 없습니다.

하나님이 소유하신 것은 '축복'(祝福) 뿐입니다.
하나님께서 '축복을 소유하신 목적'은 '하나님께서 선택하셔서 사랑하는 자녀로
삼으시고, 믿음으로 다가오는 성도들에게 부어 주시기 위한 것'입니다.
하나님의 손에 축복이 있음을 발견해야 합니다.
그리고 내 손을 내밀어 그것을 '내게 달라'고 하고 믿음으로 살 때 그 축복을
빌어서 누릴 수 있습니다.
하나님이 가지신 축복은 우리의 것입니다.
그 축복을 받아 누리도록 믿음으로 삽시다.

일곱 교회에 보내는 편지
(요한계시록 1:4-6)

· · · · ·

"요한은 아시아에 있는 일곱 교회에 편지하노니 이제도 계시고 전에도 계셨고 장차 오실 이시며 그의 보좌 앞에 있는 일곱 영과 또 충성된 증인으로 죽은 자들 가운데에서 먼저 나시고 땅의 임금들의 머리가 되신 예수 그리스도로 말미암아 은혜와 평강이 너희에게 있기를 원하노라 우리를 사랑하사 그의 피로 우리 죄에서 우리를 해방하시고 그의 아버지 하나님을 위하여 우리를 나라와 제사장으로 삼으신 그에게 영광과 능력이 세세토록 있기를 원하노라 아멘"

하나님은 계시의 말씀을 사도 요한에게 전하셨습니다.

소아시아의 일곱 교회들은 사도 요한으로부터 하나님의 계시의 말씀이 기록된 성경말씀을 받았습니다.

'소아시아 일곱 교회'는 '에베소 교회, 서머나 교회, 버가모 교회, 두아디라 교회, 사데 교회, 빌라델비아 교회, 라오디게아 교회'입니다.

그런데 이 일곱 교회 외에 다른 교회들이 없는 것이 아니었습니다.

'밀레도 교회, 아드라못데노 교회, 앗소 교회, 드로아 교회' 등이 있었습니다.

그렇다면 왜 일곱 교회에만 편지를 보내셨을까요?

일곱 교회만 하나님의 말씀을 받을만한 자격이 있기 때문이 아닙니다.

주님께서 일곱 교회에 계시하신 말씀을 보내신 것은 '일곱'이란 수에 초점을 두신 것입니다.

'일곱'이라는 수는 '하나님께서 사용하시는 상징적인 수' 중의 하나입니다.

예를 들면 '하나, 셋, 일곱, 일흔 번' 등의 수입니다.

이 홀수의 수를 상징적으로 사용하셨는데, '정결과 헌신'을 의미하기도 하는 수로 사용되었습니다.

하나님께서 천지를 창조하시고 일곱째 되는 날에는 안식하셨습니다.

사실은 '7일의 완성'이라고 할 수 있습니다.

여호수아가 여리고 성을 함락시킬 때에도 여리고 성을 7일 동안 돌게 했습니다.

6일은 매일 한 번씩 돌게 하시고, 7일째 되는 날에는 일곱 번을 돌게 하셨습니다. 마지막 7일째 일곱 번을 돌 때 여리고 성은 바다의 성난 파도에 모래성이 무너지듯 무너져서 여리고 성이 함락되고 말았습니다.

아람 나라에 '나아만'이 군대 장군이었는데 나병이 들어 죽게 되었습니다.

'나아만'이 이스라엘 선지자 '엘리사'에게 나병을 고침 받고자 하여 찾아왔을 때 엘리사는 나아만에게 '요단강에 가서 몸을 일곱 번 들어갔다 나오면 고침을 받을 것'이라고 했습니다(왕하 5:10, 14).

이렇게 '일곱'을 강조한 것은 '하나님의 언약의 표시'입니다.

하나님이 창조사역을 마치신 후 '제7일'을 '안식일'의 축복된 날로 정하셨습니다.

'구속 사역'을 의미하는 '유월절'을 '7일 동안' 지키게 하셨고, '7년마다 안식년'을 지키게 하셨습니다.

구약과 신약 성경의 계시가 사도 요한을 통하여 완성되면서 일곱 교회에 이 계시의 말씀을 편지의 내용으로 전하게 하신 것은 세상의 모든 교회를 대표하는 영적인 의미입니다.

현대교회는 이 일곱 교회 안에 들어있는 것입니다.

그렇다면 이 일곱 교회는 완전한 교회입니까?

여기에는 양면성이 있습니다.

먼저는 교회의 완전성입니다.

교회란 하나님의 집이요. 그리스도의 몸이기 때문에 완전한 것입니다.

그러나 동시에 불완전성이 있습니다.

그것은 지상에 있는 교회이기 때문입니다. 지상의 교회가 하나님의 나라를 의미하지만 아직 육신에 속하여 땅에 존재해 있기 때문에 불완전한 것입니다.

일곱 교회 중에 어떤 교회는 장점만 있고 결격사유가 없습니다.

그러나 어떤 교회는 장점이 있기는 하지만 단점도 있습니다.

주님께서 이 계시의 말씀을 보내는 이유는 장점이 되는 것은 칭찬하고 격려하며 더 굳건히 성장하고 성숙해 가기를 원하셨기 때문입니다.

교회의 목표는 완전한 성숙을 향해서 성장해 나가는 것이지만, 단점은 회개하며 보완하여 완전한 믿음으로 성장하기를 강력하게 권면하고 가르치는 것입니다.

교회는 하나님의 집이요 그리스도의 몸입니다.

모든 성도들은 그리스도의 몸의 각 지체들입니다.

그리스도의 몸으로서 완전하게 성장해 가야 합니다.

그렇다면 이 편지를 보내신 분이 누구입니까?

삼위일체(三位一體) 하나님이십니다.

이 편지의 내용은 사도 요한이 개인적인 의사로서 기록한 글이 아닙니다.

1장 1절 말씀에서 밝히셨습니다.

> "예수 그리스도의 계시라 이는 하나님이 그에게 주사 반드시 속히 일어날 일들을 그 종들에게 보이시려고 그의 천사를 그 종 요한에게 보내어 알게 하신 것이라"

요한에게 말씀을 계시하신 분은 예수 그리스도이십니다.

예수 그리스도는 이 세상에 '독생자'(獨生子)로 오셔서 우리 인간의 죄를 십자가에서 대속하여 죽으셨고, 죽은 자 가운데서 삼일 만에 부활하셨고, 다시 하나님의 우편으로 승천하셨습니다. 그는 심판을 하시기 위해서 다시 오실 분이십니다.

사도 요한은 하나님이 보내신 '메신저'(messenger)입니다.

요한이 자신을 메신저로 보내신 하나님을 삼위일체 하나님으로 소개합니다.

> "요한은 아시아에 있는 일곱 교회에 편지하노니 이제도 계시고 전에도 계셨고 장차 오실 이시며 그의 보좌 앞에 있는 일곱 영과"(계 1:4)

'이제도 계시고 전에도 계셨고 장차 오실 이'라고 하셨습니다.

삼위일체 되신 하나님을 말씀하십니다.

요한복음 1장 1-3절에서도 삼위일체 하나님을 말씀하셨습니다.

요한일서 1장 1-2절에서도 삼위일체 되신 하나님으로 말씀하셨습니다.

첫째는, 성부(聖父) 하나님이십니다.

'이제도 계시고'는 '에이미'(εἰμι)라는 말로 현재 능동태인데, '나는 ~이다', '나는 ~있다'라는 뜻입니다. 출애굽기 3장 14절에서 '모세'가 "이스라엘 백성들을 애굽으로 인도해 내라"는 하나님의 명령을 받고 하나님께 "바로가 '하나님이 누구냐?'고 하면 무엇이라고 대답해야 합니까?"라고 물었을 때 하나님께서는 "나는 스스로 있는 자니라"(I am That I am)고 대답하셨습니다.

스스로 계신 하나님은 과거나 현재나 미래를 초월하여 살아계신 분이십니다.
'이제도 계시고 전에도 계셨고 장차 오실 이'(계 1:8)이신 성부 하나님이십니다.

둘째는, 성령(聖靈) 하나님이십니다.

4절에 '그 보좌 앞에 일곱 영'이라고 말씀합니다.
'일곱' 즉, '7'이라는 수는 '완전수'이며, '성령의 역사'를 완전하게 나타내시는 의미이기 때문에 하나님의 영은 불완전함이 있을 수 없습니다.

요한계시록 1장에 '일곱'이라는 말이 기깅 많이 사용되었습니다.
'일곱 영'(4절), '일곱 교회'(11절), '일곱 금 촛대'(12절), '일곱별'(16절), '일곱별의 비밀'(20절), '일곱 교회 사자'(20절), '일곱 교회'(20절)입니다.
'일곱'이라는 말은 영적인 의미로 성령의 역사를 나타냅니다.
'일곱 영'은 '보좌 앞에 있었다'고 합니다.
여기서 '보좌'라는 말은 '하나님의 거룩한 성소'입니다.
'하나님만이 앉아 계시는 자리'입니다.

출애굽기에서는 "등잔 일곱을 만들어 그 위에 두어 앞을 비추게 하라"(출 25:37)고 하였습니다.
'일곱 영'은 '일곱 등불'로 이 '등불'은 '어두운 곳이 없도록 밝게 비추는 것입니다.
여기서 '빛'이라는 말씀을 잘 이해하고 깨달아야 합니다.

"주의 말씀은 내 발에 등이요 내 길에 빛이니이다"(시 119:105)

"나는 세상의 빛이니 나를 따르는 자는 어둠에 다니지 아니하고 생명의 빛을 얻으리라"(요 8:12)

빛은 어두움을 밝혀주고 인도하는 역할을 합니다.
빛은 성령의 역사입니다.

"보혜사 곧 아버지께서 내 이름으로 보내실 성령 그가 너희에게 모든 것을 가르치고 내가 너희에게 말한 모든 것을 생각나게 하리라"(요 14:26)

"그의 위에 여호와의 영 곧 지혜와 총명의 영이요 모략과 재능의 영이요 지식과 여호와를 경외하는 영이 강림하시리니"(사 11:2)

이는 성령의 역사를 말합니다.
성령은 몽학선생이 아니라 자발적이고 능동적이고 생명력의 역사를 나타내십니다.
이와 같은 성령은 지금 우리의 삶과 생명 안에 내주하셔서 행동하게 하십니다.
하나님의 성령의 역사는 시공간(視空間)을 초월한 능력의 역사입니다.

셋째는, 성자(聖子) 하나님이십니다.

요한계시록 1장 5절에서 말씀하십니다.
예수 그리스도는 '하나님의 독생(獨生)하신 아들'로 세상에 오신 분이십니다.
예수님은 '말씀이 육신이 되어 오셨고', 하나님을 '아버지'(요 1:14; 요 8:54)로 부르셨고, 동시에 '자신이 하나님 되심을 증거'(요 14:9)하셨으며, '나를 본 자는 아버지를 보았다'고 하셨습니다.

성자 예수 그리스도는 '충성된 증인'으로 사역을 행하시기 위해서 오셨습니다.
'마르투스'(μάρτυς)는 '증인'이라는 말로 '목격 또는 순교자'라는 뜻입니다.
예수님은 죽음을 통하여 우리 죄를 대속하시기 위해서 오셨습니다.
예수님의 십자가의 죽으심과 죽은 자 가운데서 다시 부활하신 역사가 살아계신 하나님이심을 증거해 주셨습니다. 하나님이시기 때문에 사람으로 나셨고, 십자가에 죽으실 수 있었고, 다시 살아나실 수 있었습니다.

이 삼위일체 되신 하나님께서 사도 요한에게 계시의 말씀을 주셔서 일곱 교회들에게 편지로 보내게 하셨습니다.
이 편지의 내용이 중요합니다.

"또 충성된 증인으로 죽은 자들 가운데에서 먼저 나시고 땅의 임금들의 머리가 되신 예수 그리스도로 말미암아 은혜와 평강이 너희에게 있기를 원하노라 우리를 사랑하사 그의 피로 우리 죄에서 우리를 해방하시고"(계 1:5)

여기에 세 가지 중요한 내용이 있습니다.

첫째는, 은혜와 평강입니다.

'은혜와 평강'이라는 말은 심리학적인 의미로는 '아름답다, 우아하다, 매력이 넘친다'는 뜻입니다.

창세기 1장에서 하나님께서 세상을 창조하시고 "보시기에 좋았더라"고 하셨고, 맨 마지막 날에는 "보시기에 심히 좋았더라"고 했습니다.

이때는 참으로 아름다운 세상이었습니다.

흠도 없고, 티도 없고, 주름 잡힌 것도 없었습니다.

성결하고 정숙하고 동정녀의 모습과 같이 고결하고 우아한 세상이었습니다.

그러나 세상은 이 아름다움을 지속시키지 못했습니다.

인간이 범죄하므로 하나님의 아름다움을 파괴하고 말았습니다.

인간의 죄에 의해서 순결함이 더러워졌고, 정결함은 부끄러워졌으며, 생명은 죽음에 이르고 말았습니다.

하나님의 무서운 심판을 받아야 할 세상이 되어 버리고 말았습니다.

그러나 하나님이 이 세상을 그대로 영원히 심판을 받게 하시지 않았고 은혜의 길을 열어 주셨습니다. 인간이 죄를 내속하실 계획을 가지셨고, 그 구원의 성취를 위하여 예수 그리스도를 보내셨습니다.

여기에 하나님의 은혜가 있고 평강의 길이 열리게 된 것입니다.

예수 그리스도의 소문과 그분의 이름이 있는 곳, 또한 예수 그리스도의 말씀을 받고 믿는 자들에게 은혜와 평강이 있습니다.

예수님은 제자들을 보내면서 "어느 집에 들어가든지 먼저 말하되 이 집이 평안할지어다 하라"(눅 10:5)고 하셨습니다.

이것이 '예수님이 세상에 오신 목적이며, 제자들을 보내신 목적'입니다.

> "평안을 너희에게 끼치노니 곧 나의 평안을 너희에게 주노라 내가 너희에게 주는 것은 세상이 주는 것과 같지 아니하니라 너희는 마음에 근심하지도 말고 두려워하지도 말라"(요 14:27)

우리가 하나님께 받은 위대한 선물이요 축복입니다.

이 '평안을 소유한다'는 것은 '하나님이 우리(나) 안에 주인이 되신다'는 것입니다.
주님은 내 마음의 성을 지켜주시고, 보호하시고, 인도하여 주십니다.

둘째는, 우리를 사랑하시는 일입니다.

"우리를 사랑하사"라는 말씀입니다.
'성경의 가장 위대한 주제'는 '사랑'입니다.
하나님은 사랑입니다.
사랑이 나오고 사랑이 비칩니다.
사랑하시기에 은혜를 베푸시고 평강을 주십니다.
사랑의 한 마디는 하나님 말씀 전체를 다 보여주십니다.

> "하나님이 세상을 이처럼 사랑하사 독생자를 주셨으니 이는 그를 믿는 자마다
> 멸망하지 않고 영생을 얻게 하려 하심이라"(요 3:16)

사랑하시기 때문에 모든 일을 다 이루어주십니다.

셋째는, 우리를 죄에서 해방하시는 일입니다.

우리 인간에게 무엇이 문제입니까?
현대인들은 많은 문제들을 안고 살아가고 있습니다.
어린 아이들이나 청소년들은 공부가 문제입니다.
청년은 진로가 문제입니다.
성인들은 직장과 돈이 문제이고, 가정과 건강이 문제가 됩니다.
이런 저런 일들로 근심과 걱정과 염려들이 쌓이고 쌓여서 문제가 됩니다.

그런데 실상 이런 것들보다 더 중요한 문제가 되는 것은 죄의 문제입니다.
죄가 있는 인간이기에 이기적입니다.
서로가 반목합니다.
시기하고 시비하고 증오합니다.
원망이 있고 다툼이 있습니다. 분쟁이 있고 분열이 있습니다.
이런 일들이 개인적이면서 가정에서 일어나는 일들입니다.

사회적으로 만연되어져 가고 있습니다.

이런 사회는 불의하고 부정하고 부패하고 타락해 갑니다.

인간의 마음에 죄가 있기 때문에 정의를 행하고 순결하게 사는 자들이 도리어 비난을 받고 야유를 받습니다.

그렇다면 어떻게 해결할 수 있습니까?

교육이나 정치적으로도 안 됩니다.

복지 제도나 문화적으로도 안 됩니다.

오직 예수 그리스도만이 해결하실 수 있습니다.

예수 그리스도께서 인간의 죄 문제를 해결하셨습니다.

예수 그리스도를 영접하고 믿음으로 죄에서 해방됩니다.

죄에서 해방될 때 양심의 자유를 얻습니다.

믿음으로 양심의 자유함을 얻을 때 사람이 변합니다.

개인적으로 한 사람이 변하면 가정이 변하고, 사회가 변합니다.

예수 그리스도는 거룩한 나라를 만들었습니다.

> "그의 아버지 하나님을 위하여 우리를 나라와 제사장으로 삼으신 그에게 영광
> 과 능력이 세세토록 있기를 원하노라 아멘"(계 1:6)

여기서 '우리를 나라와 제사장으로 삼았다'고 했습니다.

우리 한 사람 한 사람을 하나님의 나라로 만들고, 제사장으로 삼으셨습니다.

책임성 있는 거룩한 삶을 살 수 있게 했습니다.

하나님의 나라는 전쟁이 없고, 기근이 없고, 재앙도 없고, 가난도 괴로움도 없습니다. 분열과 분쟁이 없습니다.

오직 화평과 은혜만이 있을 뿐입니다.

우리가 받은 편지가 바로 이 복된 소식입니다.

이 계시의 편지로 인해서 마음이 열려야 합니다.

귀가 열려야 하고 눈이 열려야 합니다.

말씀을 마음에 믿어 구원에 이르고 은혜와 평강의 축복을 누릴 수 있습니다.

우리의 영광이신 그리스도
(요한계시록 1:7)

•••••

"볼지어다 그가 구름을 타고 오시리라 각 사람의 눈이 그를 보겠고 그를 찌른 자들도 볼 것이요 땅에 있는 모든 족속이 그로 말미암아 애곡하리니 그러하리라 아멘"

어린 시절에 섣달그믐이 되어가던 날 엄마가 시장을 가셨는데 해가 질 무렵이면 엄마가 그토록 기다려집니다.

왜냐하면 온종일 엄마를 못 보았으니 보고 싶기도 했지만 엄마가 양말과 고무신을 사 가지고 오신다고 했기 때문이지요.

어린 시절에는 시장에 갔다 오실 엄마를 기다리는 것보다 더 큰 소망은 없었습니다.

그런데 이제는 그러한 일이 거꾸로 되었습니다.

자식들은 모두 다 타향 객지로 각각 제 살길을 찾아서 나가 버리고, 황량하고 쓸쓸한 고향집을 지키는 어머니는 이제나 저제나 자식들이 오는 날만 손꼽아 기다리는 것입니다.

자식이 보고 싶어서 기다리는 어머니의 그 마음은 얼마나 애가 탔을까요?

'자식 셋을 키워보아야 부모 마음을 안다'는 말처럼 저 역시 이만큼 살다보니 옛말이 그른 말이 아닌 것을 알게 되었습니다.

이제야 철이 든 거지요.

아이들이 코앞에 살고 있고 이틀이 멀다 하고 오고가지만 하루만 보지 않고 한 이틀이 지나면 이들이 보고 싶어요.

이것이 기다리는 마음입니다.

요한계시록 1장 7절 말씀은 우리에게 '기다림'에 대해서 말씀하십니다.

예수님께서 '다시 오신다'고 하셨습니다.

성경 전체의 주제는 '예수님께서 다시 오신다'는 말씀입니다.

"볼지어다 그가 구름을 타고 오시리라 각 사람의 눈이 그를 보겠고 그를 찌른 자들도 볼 것이요 땅에 있는 모든 족속이 그로 말미암아 애곡하리니 그러하리라 아멘"(7절)

주님의 약속입니다.

'예수 그리스도께서 오신다'는 말씀은 성경 전체의 핵심이며 주제입니다.

'예수님이 다시 오신다'는 이 한 마디 말씀 때문에 성경이 기록되었습니다.

그만큼 예수님께서 오시는 사건에 대해 보장해 주시는 말씀입니다.

마태복음 10장 23절에서 "인자가 오리라"고 했고, 마태복음 24장은 전체가 예수님께서 다시 오실 것을 비유를 들어 말씀하셨는데 '밤에 든 도둑같이 오실 것'이니 "그러므로 깨어 있으라"(42절)고 했습니다.

누가복음 12장 40절에서는 "그러므로 너희도 준비하고 있으라 생각하지 않은 때에 인자가 오리라"했고, 21장 27절에서는 "그 때에 사람들이 인자가 구름을 타고 능력과 큰 영광으로 오는 것을 보리라"고 했으며, 요한복음 14장 3절에서는 "내가 다시 와서 너희를 내게로 영접하여 나 있는 곳에 너희도 있게 하리라"고 했습니다.

만일 '예수 그리스도께서 다시 오실 것'이라는 약속이 없다면 기독교는 존재할 이유가 없는 것입니다.

농부가 씨앗의 싹이 나지 않을 것이고 열매를 맺지 않을 것이라고 믿는다면 밭에 씨앗을 심지 않을 것입니다. 싹도 나지 아니하고 열매도 맺지 않을 것을 알면서도 밭에 씨앗을 심을 농부는 아무도 없습니다.

죽은 아들을 위하여 옷을 지어놓는 어머니는 없습니다.

죽은 자에 대한 기대를 가진다면 그 사람은 마음에 상처를 입은 병자일 것입니다.

이 세상에는 허다한 종교들이 있고, 많은 사람들이 그 종교들을 믿고 있습니다.

그 종교를 믿어서 복을 받겠다는 생각에서입니다.

그런데 그것을 알지 못해서 그런 것 아닙니다.

신명기 28장 64절에서 "알지 못하던 목석 우상을 섬기면 너를 이 땅 끝에서 저 끝까지 흩어버릴 것이라"고 했습니다.

사람들이 신상들을 섬기고 믿는다고 하지만 사실은 알지 못하고 행하는 것입니다.

사도행전 17장에 보면 아덴 사람들이 많은 신상들을 믿고 섬기는데 그들은 그 신상에 '알지 못하는 신'(23절)이라고 이름을 써 붙여 놓았다고 했습니다.

기독교는 예수님께서 다시 오실 것을 세 가지로 약속하셨습니다.

첫째, 예수님께서 사람의 아들로 오실 것이라고 하셨습니다. 그 약속하신 대로 동정녀 마리아의 몸에서 나셨습니다.

둘째, 예수님이 승천하신 후에 주님을 대신하여 성령으로 임하여 오실 것을 말씀하셨습니다. 사실 그대로 성령으로 임하여 오셨습니다.

셋째, 완전하신 영광의 몸을 입으시고 다시 재림하시리라 하셨습니다.

지금 우리는 성령 안에서 그 약속을 기다리는 믿음의 삶을 살고 있습니다.

'예수님께서 다시 오실 것'이라고 약속하신 일이 없다면 기독교는 존재할 이유가 없습니다.

오실 것이기 때문에 예수 그리스도를 믿고, 기다리는 것입니다.

'구름을 타고 오실 것'이라 하셨습니다.

'어떤 모습으로 오실지'를 말씀하셨는데, "구름을 타고 오시리라"고 하셨습니다.

예수님께서 초림을 하실 때는 동정녀(童貞女)의 몸에서 아이로 '성육신'(聖肉身)하여 탄생하셨습니다.

그러나 두 번째 오실 때는 '성령'으로 오실 것을 말씀하셨습니다.

그대로 약속을 지켜서 성령으로 임하여 오셔서 지금 우리와 함께 계십니다.

그런데 '완전한 몸'으로 오실 때는 '구름을 타고 오실 것'이라고 했습니다.

예수님께서는 "구름을 타고 오시리라"고 여러 차례 말씀하셨습니다.

그렇다면 구름을 타고 오시는 예수님은 어떤 모습입니까?

영광(榮光)으로 오십니다.

"그 때에 인자가 구름을 타고 큰 권능과 영광으로 오는 것을 사람들이 보리라"(막 13:26)

"이 말씀을 마치시고 그들이 보는데 올려져 가시니 구름이 그를 가리어 보이지 않게 하더라"(행 1:9)

"이르되 갈릴리 사람들아 어찌하여 서서 하늘을 쳐다보느냐 너희 가운데서 하늘로 올려지신 이 예수는 하늘로 가심을 본 그대로 오시리라 하였느니라"(행 1:11)

'구름이 가리어 보이지 않았다'는 말씀은 '구름을 타고 가셨다'는 의미가 됩니다.

그러므로 '다시 오실 때에도 가실 때 그대로 오신다'고 했습니다.

'구름을 타고 오신다'는 것은 '영광'을 상징합니다.

예수님께서 초림하실 때에는 육신으로는 쓸쓸하고, 고독하고, 비참한 모습으로 오셨기 때문에 누구하나 경외하거나 우러러 보지 않았습니다.

오직 성령의 인도함을 받은 동방박사들과 들에서 양 치는 목자들이 천사의 인도함을 따라 아기 예수께 경배하며 예물을 바쳤고, 영광을 돌렸습니다.

예수님은 십자가에서 고난을 받으시고 참혹하게 번제의 제물이 되셨습니다.

예수님은 이 목적을 위하여 오셨습니다.

이 십자가의 고난을 대속하기까지는 아무에게도 영광을 받으시지 않았습니다.

또한 영광 되게 보이시지도 않으셨습니다.

예수님께서 '마리아의 몸에서 잉태되어 마구간에서 나시고 십자가에 죽으시기까지'가 '제1막'입니다.

'제2막'은 '부활하시고 승천하시고 성령을 보내시기까지'입니다.

'제3막'은 '하나님의 우편에서 우리를 위하여 탄식하시며 기도하시나'(롬 8:26) 다시 구름을 타고 영광 가운데서 재림하시기 까지'입니다.

지금은 2막까지 무대 위에 올려져 있고, 3막을 숨 조이며 기다리고 있습니다.

예수님은 영광 가운데서 다시 오실 것이고, 영광 가운데 다시 오실 예수님을 맞이하는 우리 성도들도 영광스러운 존재들입니다.

신부가 신랑을 맞이하는 것은 신랑과 신부가 다 같이 영광된 것입니다.

우리가 예수 그리스도를 맞이하는 것은 영광스러운 신분으로 맞이하는 것입니다.

'볼 수 있게 오실 것'입니다.

"각 사람의 눈이 그를 보겠고"(계 1:7)

예수님께서 재림(再臨)하여 오실 때는 천지 창조 이후 지상에 출생했던 모든 인간이 그리스도의 재림의 모습을 보게 될 것입니다.

보는 자는 보고, 못 보는 자는 보지 못한다면 재림의 의미가 없습니다.

주님을 바라보는 이들 중에는 기쁨과 즐거움과 감격과 환호로 주님의 재림을 바라보면서 그 앞으로 가까이 다가서며 모이게 될 것입니다.

이들은 '창세전부터 구원받을 자들로 택하심을 받은 성도들'입니다.

이들은 무덤에서 부활하여 그 영광의 주님을 맞이하게 될 것입니다.

그러나 또 다른 불신앙자들은 '주님에게 심판을 받을 자들'입니다.

이들은 두려움과 무서움과 소스라치게 몸부림을 치며 떨고, 질린 모습으로 뒤로 물러서려고 할 것입니다.

사형장으로 이끌려 가는 죄수가 검사를 바라보는 마음과 같을 것입니다.

검사는 바로 죄수의 사형집행을 위하여 나왔기 때문입니다.

이들 중에는 주님을 박해했던 자들, 핍박했던 자들, 멸시했던 자들, 얼굴에 침을 뱉던 자들, 손등으로 때리던 자들, 비난하고 비방하던 자들, 욕하였던 자들, 저주하던 자들, 채찍질했던 자들, 창질하였던 자들, 십자가에 못을 박았던 자들도 있을 것인데, 이들 모두는 믿지 않았던 자들입니다.

예수님께서 재림하실 때는 가시적(可視的)으로 볼 수 있게 오십니다(살전 4:17).

보지 못했다는 자들이 아무도 없습니다.

다 볼 수 있게 오십니다.

이 약속은 보다 확실하고 분명한 역사적인 사건입니다.

예수님은 처녀의 몸에서 성육신하여 세상에 오셨고, 승천하신 후에는 성령으로 임하셔서 우리와 함께 하십니다.

그리고 실체의 모습으로 다시 오실 것입니다.

그렇게 오신 것은 우리와 인격적인 관계를 가지시기 위해서입니다.

예수 그리스도의 대속하신 십자가의 구속의 은혜를 믿고 구원받은 성도들은 아버지와 자녀의 관계로 하나님의 나라에서 가족을 이루게 하실 것입니다.

구원과 심판을 집행하시기 위해서 오십니다.

'주님이 오시는 그 날'은 '구원과 심판이 결정적으로 시행되는 날'입니다.

마태복음 25장에 보면 '재림 때의 주님이 무엇을 하실 것인지'에 대해서 말씀하셨는데, 31절에는 "인자가 자기 영광으로 모든 천사와 함께 올 때에 자기 영광의 보좌에 앉으리니"라고 하셨습니다.

'그 때에 목자가 양과 염소를 구별하듯 백성들을 구별한다'고 하셨습니다.

'구원받을 성도들' 곧 '오른편에 있는 자들'에게는 "창세로부터 너희를 위하여 예비한 나라를 상속 받으라"(34절)고 하셨습니다.

'심판받을 자들' 곧 '왼편에 있는 자들'에게는 "저주를 받을 자들아 나를 떠나 마귀와 그 사자들을 위하여 예비 된 영영한 불에 들어가라"(41절)고 하셨습니다.

믿는 자들은 구원을 받고 천국을 상속받게 될 것입니다.
그러나 믿지 아니하는 자들은 영원히 마귀들과 함께 멸망을 받게 될 것입니다.
구원을 받지 못하고 마귀와 함께 멸망할 자들은 주님이 재림하시는 그 날이 '애곡하는 날'이 될 것이고, 통곡하며 슬퍼하는 날이 될 것입니다.
그 애곡하는 이들 중에는 우리들의 가족들이 있을지 모릅니다.
친구들도 있을 것이고, 일가친척들도 있을 것입니다.

이제 우리는 어떻게 해야 합니까?
우리에게 전도의 사명을 주셨으니 그 날이 이르기 전에 전도의 사명을 다하여 예수 그리스도를 전하고 믿음을 가지게 해야 합니다.
먼저 믿은 '성도들'이 때를 얻든지 못 얻든지 반드시 감당해야 할 사명입니다.

'틀림없이 이루어질 일'입니다. '아멘'(ἀμήν)이라는 말씀입니다.
'하나님이 정하시고 선언하신 약속'은 '불변의 진리'입니다.
반드시 말씀하신 대로 이루어질 것입니다.
'말씀하신 대로 믿는 것이 믿음'입니다.

지금 온 세상은 온통 믿음의 사건으로 이루어져 있습니다.
해는 동쪽에서 솟아 낮을 주관하다가 서산 너머로 지면 밤이 됩니다.
밤하늘에는 별들이 빛나고 달이 빛을 발합니다.
그러다가 다시 아침 해가 떠오릅니다.
이대로 되는 것입니다. 그대로 되는 것을 믿는 것입니다.
땅에는 씨를 가진 것들이 싹을 내고, 꽃을 피우며 열매를 맺습니다.
이것도 진리입니다. 그대로 되는 것을 믿는 것입니다.

하나님은 살아계십니다.
다시 재림하실 것입니다.
구원과 심판을 집행하시기 위해서 다시 오실 것을 믿는 것입니다.
영광이신 그리스도를 영접하는 믿음을 가져야 합니다.

우리(나)의 하나님
(요한계시록 1:8)

• • • • •

"주 하나님이 이르시되 나는 알파와 오메가라 이제도 있고 전에도 있었고 장차 올 자요
전능한 자라 하시더라"

하나님은 어느 누구에 의해서 인증을 받거나 소개되시는 분이 아니십니다.
하나님은 스스로 살아계심을 증거하십니다.
세상이 하나님을 볼 수 있고 알게 하신 것이 크게 두 가지가 있습니다.

첫째는, 하나님께서 창조하신 세계를 통하여 보여주십니다.
"태초에 하나님이 천지를 창조하시니라"(창 1:1)고 하셨습니다.
우리가 살아가는 이 세계 '자연'(自然)은 하나님께서 지으신 '에덴'입니다.
인간에게 사탄의 유혹인 '죄'(罪)만 없다면 이 세상은 살기 좋은 아름다운 세상
그대로를 나타낼 것입니다.
인간을 제외하고 자연은 죄가 없습니다.
창조의 원리대로 존재하고 존속하고 있습니다.
참으로 위대하고 놀라운 세계입니다.
하나님만이 하실 수 있는 자연의 세계입니다.
자연은 하나님이 보여주시는 계시이기 때문에 자연을 통하여 하나님을 볼 수
있고 알게 됩니다.

둘째는, 계시의 말씀인 성경을 통해서 보여주시고 알게 하십니다.
이 계시는 자연의 계시보다 더 확실한 '하나님의 음성(音聲)'입니다.
이 계시는 하나님께서 사랑하셔서 택하신 성도들과 교통하고 사귐을 가지시는
언어입니다.

우리 믿는 성도들은 하나님이 하신 말씀을 듣고 그 말씀에 대해 응답할 수 있게 해 주셨습니다. 이 계시의 말씀 속에서 "나는 스스로 있는 자라(I am that I am)"(출 3:14)고 하셨습니다.

"주 하나님이 이르시되 나는 알파와 오메가라 이제도 있고 전에도 있었고 장차
올 자요 전능한 자라 하시더라"(계 1:8)

이 하나님은 누구십니까?

"나는 너희의 하나님 여호와이니라"(레 18:4), "너희 각 사람은 자기 이웃을 속이지 말고 네 하나님을 경외하라 나는 너희의 하나님 여호와이니라(the Lord your God)"(레 25:17)고 하셨습니다.

'너희'(your)는 누구입니까? 하나님이 택하신 성도들입니다.

우리가 하나님의 택하신 자들입니다. 하나님은 우리의 하나님이십니다.

우리의 하나님은 어떤 분이십니까?

하나님은 '절대 완전하신 분'이십니다.

"나는 알파와 오메가라 이제도 있고 전에도 있었고 장차 올 자요 전능한 자라"

여기서 '알파'("Άλφα)는 헬라 문자 알파벳의 첫 글자로 '처음'이라는 뜻입니다, '오메가'("Ω)는 'ㅣㅏ중, 끝'이라는 뜻입니다.

이에 "나는 알파와 오메가라"는 말씀은 '하나님은 처음이시며 끝이신데 모든 것을 다 가지신 분'이시며, '모든 것들이 다 하나님 안에 존재하는 것'을 의미합니다.

하나님 없이는 나도 없습니다. 하나님이 계심으로 내가 있습니다.

하나님이 없이는 세상의 어떤 것도 없습니다.

하나님이 계심으로 모든 것들이 존재하는 것입니다.

하나님은 '완전하신 분'이십니다.

하나님께서는 제3자에 의해서 완전하게 되신 분이 아닙니다.

"나는 그니 나는 처음이요 또 나는 마지막이라 과연 내 손이 땅의 기초를 정하
였고"(사 48:12-13)

"내 오른손이 하늘을 폈나니 내가 그들을 부르면 그것들이 일제히 서느니라"(사
48:13)

"나 곧 내가 말하였고 또 내가 그를 부르며 그를 인도하였나니 그 길이 형통하
리라"(사 48:15)

"너희는 내게 가까이 나아와 이것을 들으라 내가 처음부터 비밀히 말하지 아니하였나니 그것이 있을 때부터 내가 거기에 있었노라 하셨느니라 이제는 주 여호와께서 나와 그의 영을 보내셨느니라"(사 48:16)

하나님은 '절대 완전하신 분'이십니다.

나도 하나님 안에 있고, 여러분도 하나님 안에 있고, 세상의 모든 것들이 동시에 다 하나님 안에 있습니다.

그러니까 하나님이 없는 자에게는 그 어떤 것도 있을 수 없습니다.

비록 세상의 모든 것들이 스스로 있는 것 같이 여겨져도 하나님이 없는 자들에게는 아무것도 없는 것이고, 있다고 해도 무익한 것이 됩니다.

"곧 우리 구주 홀로 하나이신 하나님께 우리 주 예수 그리스도로 말미암아 영광과 위엄과 권력과 권세가 영원 전부터 이제와 영원토록 있을지어다 아멘"(유 1:25)

하나님은 '처음과 나중이신 분'이십니다.

"주 하나님이 이르시되 나는 알파와 오메가라 이제도 있고 전에도 있었고 장차 올 자요 전능한 자라 하시더라"(8절)

세상은 예수 그리스도께서 계심으로 처음부터 시작되었습니다.

"만물이 그로 말미암아 지은 바 되었으니 지은 것이 하나도 그가 없이는 된 것이 없느니라"(요 1:3)

예수 그리스도 없이는 세상에 아무것도 있을 수 없습니다.

예수 그리스도 안에서 모든 것들이 시작되었습니다.

그리고 '오메가'가 되십니다.

'마지막'이라는 뜻인데 문자 그대로 '끝'이라는 의미가 아닙니다.

'영원'(永遠)을 의미합니다.

마지막인 그분은 다시 처음으로 돌아가십니다.

처음이고 마지막이신 그리스도는 다시 처음이 되시는데 영원이 되십니다.

예수님은 마지막 그 날에 이 세상에 재림하시는데 우리를 처음으로 다시 돌아가게 하시고, 그 세계는 영원한 세계가 됩니다.

세상의 모든 것들의 가치는 '얼마나 존재하느냐'에 달려 있습니다.

세상에 있는 것들 중에는 가장 오래 존재해 있는 것들이 가치가 있는 것으로 인정받습니다.

오랫동안 존재해 있는 것들은 '골동품'이라 하여 값이 비쌉니다.

그렇지만 이 모든 것들이 아무리 오래 존재해 있던 것들이라 해도 다시는 볼 수 없고 필요하지 않는 것들이 되고 맙니다.

마치 사람의 육체와 같은 것이 되고 맙니다.

사람의 현재 이 육체는 다시 돌아올 수 없는 것으로 없어지고 마는 것입니다.

하나님은 마지막 날에 우리의 육체를 부활시키는 것이 아니라, 하나님의 나라에 새로운 자녀들의 몸으로 부활시키십니다.

부활되는 그 몸은 영원한 하나님의 나라에서 영원하게 됩니다.

그렇기 때문에 예수 그리스도 안에서 부활되는 우리의 존재가 가장 가치 있는 존재가 되는 것입니다. 예수 그리스도 안에서만 발견되는 새로운 몸이기에 가상 가치 있으며, 사랑스러운 것입니다.

처음과 나중이신 그리스도는 그 안에서 우리를 처음과 나중이 되게 하십니다.

"내가 그들에게 영생을 주노니 영원히 멸망하지 아니할 것이요 또 그들을 내 손에서 빼앗을 자가 없느니라 그들을 주신 내 아버지는 만물보다 크시매 아무 두 아버지 손에서 빼앗을 수 없느니라"(요 10:28, 29)

'예수 그리스도 안에서 얻어지는 생명'이며, '영원한 생명'입니다.

하나님은 '영원불변(永遠不變)하신 분'이십니다.

"주 하나님이 이르시되 나는 알파와 오메가라 이제도 있고 전에도 있었고 장차 올 자요 전능한 자라 하시더라"(8절)

예수님은 과거에도 계셨고, 지금 이 시간 현재에도 계시며, 미래에도 계시는 동일하신 분입니다.

"예수 그리스도는 어제나 오늘이나 영원토록 동일하시니라"(히 13:8)

지금 이 순간에도 그 어느 때와 똑같이 동일하시게 살아계시며, 똑같은 능력으로 행하십니다.

그리스도께서 영원불변하신 것은 '하나님의 속성'입니다.

첫째는, 약속이 변하지 않습니다.

하나님의 말씀 그 자체가 약속입니다.

> "내 언약을 깨뜨리지 아니하고 내 입술에서 낸 것은 변하지 아니하리로다"(시 89:34)

그는 말씀으로 우리를 이름으로 부르시고, 교제의 말씀을 하십니다.

우리에게 말씀을 듣게 하시며, 믿게 하시며, 신뢰하게 하시며, 따르게 하시며, 순종하게 하십니다.

둘째는, 능력이 변하지 않습니다.

하나님은 능력(能力)이십니다.

> "우리의 능력이 되시는 하나님을 향하여 기쁘게 노래하며 야곱의 하나님을 향하여 즐거이 소리칠지어다"(시 81:1)

하나님은 능력이신데, 우리를 위한 능력이라 하셨습니다.

하나님은 능력으로 애굽에서 백성들을 인도해 내시고, 광야에서 길을 인도해 내시고, 능력으로 적을 물리치셨으며, 능력으로 죄악에서 구원해 내셨습니다.

셋째는, 힘이 변하지 않습니다.

> "주께서 환상 중에 주의 성도들에게 말씀하여 이르시기를 내가 능력 있는 용사에게는 돕는 힘을 더하며 백성 중에서 택함 받은 자를 높였으되"(시 89:19)
> "하나님은 우리의 피난처시요 힘이시니 환난 중에 만날 큰 도움이시라"(시 46:1)
> "주 여호와는 나의 힘이시라 나의 발을 사슴과 같게 하사 나를 나의 높은 곳으로 다니게 하시리로다"(합 3:19)

성경에서 "하나님이 나의 힘이시라"는 말씀을 기억해 보십시오.

무궁무진(無窮無盡)합니다. 그 하나님의 힘은 변함이 없습니다.

넷째는, 사랑이 변하지 않습니다.

"하나님은 한 마디로 어떤 분이실까?"라는 질문에 한 마디로 대답한다면 "하나님은 사랑이십니다."라고 말하게 됩니다. 어느 면으로 보아도 '사랑'이십니다.

> "사랑하지 아니하는 자는 하나님을 알지 못하나니 이는 하나님은 사랑이심이라"(요일 4:8)

터키 이스탄불에 '성 소피아 성당'이 있습니다.

이 안에 예수님의 얼굴을 모자이크한 그림 한 폭이 걸려 있습니다.

저 좌측 끝에서 오른쪽 끝으로 걸음을 옮기면서 그림을 쳐다보면 그 그림은 언제나 나를 똑바로 바라봅니다.

아래서 보아도 그렇고 위에서 보아도 그렇습니다.

한 사람이 보아도, 열 사람이 보아도, 백 사람이 보아도 예수님의 눈빛은 각각 개인을 바라봅니다.

사람은 그렇지 않은데, 예수님의 그림은 입체적으로 모자이크가 되었기 때문에 그렇게 보이는 것입니다.

여러분이 나를 바라보십시오.

나를 바라보는 분을 내가 볼 때에만 나와 시선이 마주치지 않습니까?

아무리 여러분이 나를 바라보아도 내 눈이 보지 않으면 서로 마주칠 수 없습니다.

그런데 예수님의 얼굴은 그렇지 않습니다.

100이면 100사람, 1,000이면 1,000사람, 온 인류를 동시에 바라보고 마주치시는 것입니다.

하나님은 '사랑'이십니다.

사랑이 아니면 하나님이 아니십니다.

성도들에게 하나님은 사랑으로만 보이십니다.

사랑으로만 보이실 수 있는 믿음을 가진 성도가 되어야 합니다.

성령이 충만하면 하나님은 사랑으로만 보이십니다. 이 사랑이 변하지 않습니다.

사람의 경우도 그렇습니다. 사랑으로 보면 사랑하는 사람으로 보입니다.

성령 충만한 가운데 하나님이 주신 사랑의 마음이 있어야 합니다.

하나님은 '전능(全能)하신 분'이십니다.

"주 하나님이 이르시되 나는 알파와 오메가라 이제도 있고 전에도 있었고 장차 올 자요 전능한 자라 하시더라"(8절)

'전능한 자'라고 하셨습니다.

태초에 아무것도 없는 데서 세상을 창조하셨습니다.

없는 것을 있게 만드셨습니다.

할 수 없는 것을 할 수 있게 하십니다.

그리고 창조하신 세상을 다스리시며 통치하십니다.

우주 안에 있는 모든 만물들을 다스리십니다.

우주와 물질의 '원자·양자·중성자·전자'들을 모두 통제하시고 다스리십니다.

이 우주가 폭발할 때 죽을 자는 죽게 버려두시지만, 살릴 자는 살게 하십니다.

그것이 예수님께서 재림하시는 그 날에 있을 일입니다.

그러므로 우리가 죽고 사는 것은 하나님의 전능하심에 달려 있습니다.

우리가 자고 깨는 것이나 눕고 일어서는 것, 먹고 마시는 것이나 죽고 사는 것이 다 전능하신 하나님의 손에 달려 있는 것입니다.

하나님께서 하시는 일 외에는 아무것도 자랑할 것이 없습니다.

오직 전능하신 하나님의 손에 우리를 맡기는 믿음으로 살아야 합니다.

하나님 없이는 가진 것도 소용이 없고, 누리는 것도 소용이 없으며, 자랑하는 것들도 소용이 없습니다.

영국의 제임스 강에 고래가 올라왔습니다.

시민들이 모두 구경하려고 강가로 모여들었습니다.

환경을 사랑하는 사람들이 '고래를 살려야 한다'고 크레인으로 건져 올려서 바지선에 실어서 대서양 바다로 옮겨 주려고 싣고 가는 도중에 죽고 말았습니다.

인간들이 과학적인 방법으로 고래를 안전하고 무사하게 살려 주려고 노력했지만, 물을 떠난 고래는 그만 죽어버린 것입니다.

물고기는 물속에서만 살 수 있습니다.

물을 떠나면 죽습니다.

우리 사람은 하나님 안에서만 살 수 있습니다.

하나님을 떠나면 죽습니다.

하나님은 우리를 살리시는 분이십니다.

우리는 하나님을 믿어야 삽니다.

처음과 나중이시며 영원히 살아계신 우리 하나님이십니다.

주님과 교통하는 믿음
(요한계시록 1:9-11)

• • • • •

"나 요한은 너희 형제요 예수의 환난과 나라와 참음에 동참하는 자라 하나님의 말씀과 예수를 증언하였음으로 말미암아 밧모라 하는 섬에 있었더니 주의 날에 내가 성령에 감동되어 내 뒤에서 나는 나팔 소리 같은 큰 음성을 들으니 이르되 네가 보는 것을 두루마리에 써서 에베소, 서머나, 버가모, 두아디라, 사데, 빌라델비아, 라오디게아 등 일곱 교회에 보내라 하시기로"

성경을 읽는 중에 요한계시록 1장 9-20절 말씀을 대할 때 가장 흥분되는 한 장면을 발견하게 됩니다.

우리 '주님께서 사도 요한을 만나시고 교제하시며 교통하시는 장면'입니다.

하나님께서 일찍이 사도 요한을 특별한 곳으로 인도해 놓으셨습니다.

그것은 그 곳에서 하나님께서 친히 교제하시기 위함입니다.

그런데 주님과 사도 요한과의 단 둘의 만남만이 아닙니다.

주님이 사도 요한을 만나시는 이유는 '일곱 교회'를 위한 것입니다.

일곱 교회는 '온 인류 교회 전체'를 의미합니다.

그 가운데 바로 '나' 한 사람이 있는 것입니다.

사도 요한에게 주신 말씀은 일곱 교회에 보내시는 메시지인 동시에 곧 우리에게 주시는 말씀인 것입니다.

사도 요한은 예수 그리스도의 산 증인입니다.

사도 요한은 예수님의 열두 제사 중 한 사람으로서 가장 나이가 어렸습니다.

사도 요한은 열두 제자 중에서 가장 오랫동안 살아가면서 살아계신 하나님의 역사를 지상에서 보다 확실하게 체험했으며, 교회가 세워지는 것과 교회가 부흥하는 것, 사도들과 온 성도들이 열심히 전도하는 것을 보았습니다.

또한 사도 야고보가 칼에 목 베임을 당하여 순교하는 것을 비롯하여 스데반 집사의 순교와 수많은 성도들이 순교 당하는 것도 지켜볼 수밖에 없었습니다.

　　그런 와중에도 교회 성도들이 성령 충만하여 이방인 나라에도 복음을 선교하는 것을 보았으며, 하나님께서 계시하시는 말씀인 '성경을 최종적으로 완성'했습니다.

　　사도 요한은 자신을 자신 있게 소개합니다.

　　　"나 요한은 너희 형제요 예수의 환난과 나라와 참음에 동참하는 자라 하나님의
　　　말씀과 예수를 증언하였음으로 말미암아 밧모라 하는 섬에 있었더니"(9절)

첫째, 사도 요한은 하나님의 말씀의 증인입니다.

　　"하나님의 말씀과"

　　하나님의 음성을 듣고, 확실하게 하나님을 믿는 사람입니다.
　　믿는 자는 하나님의 음성을 듣습니다.
　　사도 요한은 계시의 말씀을 받았고, 그것을 기록한 사람입니다.
　　예나 지금이나 하나님의 말씀은 들려지는 것입니다.
　　그것은 들을 수 있는 준비가 되어 있는 사람만 들을 수 있습니다.
　　하나님의 말씀을 듣기 위해서 준비된 신앙을 가져야 합니다.

둘째, 사도 요한은 예수님의 증인입니다.

　　"예수를 증언하였음으로 말미암아"

　　사도 요한은 예수님을 만난 사람입니다.
　　예수님과 가까운 사람으로 제자가 된 사람입니다.
　　예수님을 확실하게 아는 사람입니다.
　　여기서 '안다'는 것은 '깊이 체험했다'는 뜻입니다.
　　'열 길 물속은 알아도 한 사람의 속을 알 수 없다'는 말이 있습니다.
　　그만큼 '사람을 알고 체험하는 것이 중요하다'는 뜻입니다.
　　사도 요한은 예수님의 제자로 부르심을 받았고, 그가 행하시는 기적을 보았고, 그가 요한 자신을 위하여 고난을 받으시고, 십자가에 피 흘려 죽으시고, 죽은 자 가운데서 다시 살아나시고, 하나님의 우편으로 승천하신 것을 보았습니다.

예수님께서 부탁하신 말씀을 듣고 그대로 살았습니다.

"오직 성령이 너희에게 임하시면 너희가 권능을 받고 예루살렘과 온 유대와 사마리아와 땅 끝까지 이르러 내 증인이 되리라"(행 1:8)고 하신 말씀을 듣고 예수님을 위한 증인으로 살았습니다.

셋째, 사도 요한은 예수님의 나라를 아는 사람입니다.

'예수님께서 세상에 오신 목적'이 있습니다.

제자들을 세우시고, 교회를 세우시고, 성령을 보내신 목적이 있습니다.

하나님의 말씀을 성경으로 기록하게 하시고 이 복음을 전파하신 목적이 있습니다.

그 목적은 바로 '하나님의 나라'입니다.

하나님의 말씀을 듣고, 예수님을 만나 보았고, 이적을 보고 기적을 체험하였을 지라도 하나님의 나라가 없다면 이 모든 것들이 다 소용없습니다.

하나님 나라 때문에 예수님을 세상에 보내셨고, 복음을 전파하게 하셨습니다.

예수님은 최초로 "회개하라 천국이 가까이 왔느니라"(마 4:17)고 증거하셨습니다.

말씀을 듣고 예수님을 아는 사람은 그의 나라를 알아야 합니다.

사도 요한은 하나님의 나라를 알았습니다.

넷째, 사도 요한은 예수님의 환난에 동참하는 사람입니다.

하나님의 나라를 증거하기 위해서는 반드시 사탄과의 전쟁을 치러야 합니다.

사탄의 세력은 인류의 백성들이 하나님의 나라를 향해서 나아가는 길을 막고 방해하는 적입니다.

사탄은 할 수만 있으면 하나님의 나라를 알지 못하게 만들고, 하나님 나라에 대한 복음을 듣지 못하게 할 뿐 아니라, 이미 예수님을 믿고 하나님의 나라를 향하여 나아가는 성도들에게까지 방해 공작을 펼치고 있습니다.

그래서 천국을 소망하며 믿음으로 나아가는 성도들은 어쩔 수 없이 사탄과 전쟁을 치를 수밖에 없으며, 그 전쟁은 지금까지도 매일 계속되고 있는 것입니다.

사탄의 세력은 성도들로 하여금 시련을 당하게 하고, 고통을 당하게 하기도 하고, 고난을 당하게 하고, 핍박을 받게 하기도 하고, 압박을 당하게도 하며, 실패하게도 하고, 시험을 당하여 흔들리게 하기도 합니다.

그러나 하나님의 나라를 소망하는 성도들은 이 환난을 이겨내야 합니다.

사도 요한은 이 환난을 이긴 성도 중에 한 분입니다.
그리스도인들은 믿음으로 이겨야 합니다.

"끝까지 견디는 자는 구원을 얻으리라"(마 24:13)

다섯째, 사도 요한은 모든 믿는 자들의 형제입니다.

"나 요한은 너희 형제"라고 했습니다.
'하나님의 선택을 받고 구원받은 모든 성도들'을 '형제'라고 했습니다.
사도 요한이 하나님을 믿는 것처럼 그리스도를 믿는 모든 성도들에게 형제라고
하므로 위로하며 용기를 가지게 하며 확신을 가지게 합니다.

여섯째, 사도 요한은 밧모 섬에 있었습니다.

세계 지도를 펴 보면 지중해에 '파트모스'(Πάτμῳ)라는 섬이 있는데, 현재는 많은
사람들이 살고 세계적인 관광지로 유명하지만, 예수님 당시에는 무인도였습니다.
로마 황제 도미시안은 기독교를 핍박하고 많은 그리스도인들을 학살했습니다.
사도 요한을 죽이기 위해서 무인도 파트모스 섬으로 유배를 보냈습니다.

파트모스는 비록 무인도이지만 천혜의 아름다운 곳이었습니다.
물이 풍성하였고, 아름다운 천연 동굴들이 있었고, 일기도 따뜻한 곳이었습니다.
비록 사도 요한이 인간들에게는 핍박을 받고 버림받아 밧모 섬으로 추방을 당
했지만, 하나님은 사도 요한에게 마지막 계시의 말씀을 주시고 이를 기록하게 하
기 위해서 하나님의 섭리로 이곳으로 인도하신 것입니다.

"주의 날에 내가 성령에 감동되어 내 뒤에서 나는 나팔 소리 같은 큰 음성을
들으니"(10절)

하나님은 언제 어디서든지 함께 계십니다.
평안할 때에도 함께 계시고, 괴로울 때에도 함께 계십니다.
무서울 때에도 함께 계시고, 두려운 일이 있을 때에도 함께 계십니다.
가난한 때에도 함께 계시며, 전쟁과 핍박을 받을 때에도 함께 계십니다.

사도 요한이 밧모 섬에 있을 때는 사탄의 세력에 의해서 핍박을 받을 때입니다.
그러나 이때가 하나님을 만나는 가장 위대한 기회가 되었습니다.

악의 세력은 대 환난의 핍박을 가했으나 하나님은 철통같이 사도 요한을 보호하시며 지키시며 함께 하시며 그에게 인류 최대의 소망이 되는 계시의 말씀을 주셨습니다.

밧모 섬은 요한이 하나님을 만나는 곳이며, 하나님이 인도해 주신 곳입니다. 하나님의 말씀을 받고, 최후의 계시인 성경을 기록한 곳입니다.

이렇게 사도 요한은 주님의 날에 체험을 한 사람입니다.

"주의 날에 내가 성령에 감동되어 내 뒤에서 나는 나팔 소리 같은 큰 음성을 들으니"(10절)

여기서 '주의 날'은 '죽은 자 가운데서 다시 부활하신 영광의 날'입니다. 이 날은 바로 '일곱 째 날'입니다. 하나님이 축복하셔서 인류에게 복이 되게 하신 날입니다.

"하나님이 그 일곱째 날을 복되게 하사 거룩하게 하셨으니 이는 하나님이 그 창조하시며 만드시던 모든 일을 마치시고 그 날에 안식하셨음이니라"(창 2:3)

'모세 율법'에는 이 날을 '안식일'(安息日)이라고 하셨습니다. '하나님이 모든 일을 마치시고 안식하셨기에 안식일이라 했습니다. 예수님은 자신이 이 안식일의 주인이라 하셨습니다.

"인자는 안식일의 주인이니라"(마 12:8)

그러니까 안식일의 의미는 '예수님 자신'이라는 뜻입니다. 안식일은 사람에게 '복'(福) 그 자체입니다. 예수님이 계시지 않으면 안식일의 의미가 없고, 인간에게 복도 없습니다. 예수님은 인간의 저주와 형벌을 담당하시고 십자가에 죽으셨습니다. 예수님이 죽으심으로 우리에게는 저주와 형벌이 없어졌습니다.

예수님께서 죽은 자 가운데서 다시 살아나심으로 인간이 저주와 형벌로부터 완전히 자유함을 얻는 축복을 얻게 되었으므로, 예수님께서 다시 살아나신 날이 부활의 날이며, 부활하신 이 날이 주의 날입니다. 이 날은 현대인의 월력에는 '일요일'이며, '한 주간의 첫 날'이 됩니다. '다시 살아나신 날'이 '인생의 첫 날'이 되고, 이 날을 '주일'이라 합니다.

사도 요한은 주의 날에 주님을 만나는 놀라운 체험을 하게 된 것입니다.
주님의 음성을 들었으며, 주님을 보았습니다.

주일은 복된 날, 구별된 날입니다.
육체의 욕망을 위해 일하는 날이 아닙니다.
주님께 영광을 돌리며 예배하는 날입니다.
주일을 주일 되게 할 때 은혜를 받는 체험을 가지게 됩니다.

이렇게 사도 요한은 하나님과 교제하는 사람이었습니다.
  "주의 날에 내가 성령에 감동되어 내 뒤에서 나는 나팔 소리 같은 큰 음성을
  들으니"(10절)

사도 요한의 '하나님을 만나는 영적 산 체험'을 보십시오.
  첫째, 주의 날에 성령의 감동을 받았습니다.
        성령과 깊은 교통과 교제가 있었으며, 성령의 충만한 역사가 있었습니다.
  둘째, 주님을 만났습니다.
  셋째, 주님의 음성을 들었습니다.
  넷째, 말씀을 천국을 보았습니다.
  다섯째, 보고 깨달은 것을 두루마리에 기록하라고 했습니다.
  여섯째, 기록한 편지를 일곱 교회들에게 보내라고 지시를 받았습니다.

사도 요한이 하나님을 만나서 교제하는 산 체험은 그 한 사람의 개인적인 체험이
아니기에 그가 받은 체험을 일곱 교회들에게 현장감 있게 전하고 알리게 했습니다.
  사도 요한에게 주신 메시지는 모든 교회들에게 주시는 메시지인 것입니다.

우리는 이 계시의 말씀을 통하여 사도 요한이 받는 은혜를 받을 수 있습니다.
  우리가 사도 요한은 아니지만 사도 요한과 교제하고 교통하시는 성부 하나님,
성자 예수님, 성령 하나님은 오늘도 우리와 교통하고 교제하십니다.
  우리를 만나주시고, 우리에게 말씀해 주시며, 우리와 함께 해 주십니다.
  성령이 우리에게 임하시며, 충만하시며, 함께 해 주십니다.

금 촛대 사이에서 만난 예수(1)
(요한계시록 1:12-16)

. . . . .

"몸을 돌이켜 나에게 말한 음성을 알아보려고 돌이킬 때에 일곱 금 촛대를 보았는데 촛대 사이에 인자 같은 이가 발에 끌리는 옷을 입고 가슴에 금띠를 띠고 그의 머리와 털의 희기가 흰 양털 같고 눈 같으며 그의 눈은 불꽃같고 그의 발은 풀무 불에 단련한 빛난 주석 같고 그의 음성은 많은 물소리와 같으며 그의 오른손에 일곱별이 있고 그의 입에서 좌우에 날선 검이 나오고 그 얼굴은 해가 힘 있게 비치는 것 같더라"

하나님께서는 선지자를 부르시고 세우셨으며, 열두 사도들도 세우셨습니다.

하나님께서는 선지자들과 사도들을 직접 부르셨고, 만나셨고, 말씀하셨습니다.

그 말씀의 내용은 '하나님을 온 인류에게 전하고 증거하라'는 것입니다.

선지자나 사노된 자격은 하나님께 직접 부르심을 받아서 선지자나 제자의 훈련을 받으면서 하나님을 만난 체험적인 사람들입니다.

요한이 사도된 데에는 특별한 체험적인 은혜가 있습니다.

첫째, '사도 요한'은 예수님께로부터 직접 제자로 부르심을 받아서 육체적으로나 영적으로 사도의 훈련을 3년 동안 받았으며, 사도의 사명을 받았습니다.

'사도'(Aπόστολος)라는 말은 '복음의 전권대사', '보냄을 받은 자'라는 뜻입니다.

마태복음 10장 1-7절을 보면 예수님께서는 열두 사도들을 택하시고, 사명을 주셔서 세상으로 보내시면서 "가면서 전파하여 말하되 천국이 가까이 왔다"(7절)고 하며 "복음을 전하라"고 하셨습니다.

"너희는 가서 모든 민족을 제자로 삼아 아버지와 아들과 성령의 이름으로 세례를 베풀고 내가 너희에게 분부한 모든 것을 가르쳐 지키게 하라 볼지어다 내가 세상 끝 날까지 너희와 항상 함께 있으리라 하시니라"(마 28:19-20)

둘째는, '사도 요한'은 부활의 예수님을 직접 만났습니다.

처음에 예수님의 부르심을 받았고 제자로 훈련을 받았다고 할지라도 부활하신 주님을 만나보지 못했다면 사도가 될 수 없습니다.

사도된 사람들은 부활하신 주님을 반드시 만나 본 사람들이라야 합니다.

요한은 부활하신 주님을 만나 보았기 때문에 사도가 될 수 있었습니다.

셋째, '사도 요한'은 하나님의 나라에 인도하심을 받아서 어린 양이시며 보좌에 앉은 왕이신 예수님을 만나 보았습니다.

사도 요한은 그 육체의 몸이 밧모 섬(Πάτμῳ)에 있었지만 그의 영혼은 하나님의 나라에 올림 받아서 주님을 직접 만났고, 그가 말씀하신 것을 직접 들었습니다.

땅에 계신 예수님만 아는 사도 요한이 아니라 하늘에 계신 예수님을 그 나라에서 직접 만나보았고 증거를 받았으며, 그의 사명을 받았습니다.

'완전한 사명자로서 증인이 된 사도가 기록한 성경'이 '요한계시록'입니다.

우리는 사도 요한이 받은 계시의 말씀을 통하여 보다 분명하고 확실한 예수님을 만나고 체험할 수 있는 믿음을 가지게 됩니다.

넷째, '사도 요한'은 주님의 음성을 들었습니다.

> "주 하나님이 이르시되 나는 알파와 오메가라 이제도 있고 전에도 있었고 장차 올 자요 전능한 자라 하시더라 … 이르되 네가 보는 것을 두루마리에 써서 에베소, 서머나, 버가모, 두아디라, 사데, 빌라델비아, 라오디게아 등 일곱 교회에 보내라 하시기로"(계 1:8, 11)

한 두 마디의 말씀을 들은 정도가 아닙니다.

그 들은 말씀을 "두루마리에 써서 기록하라"고 하셨습니다.

두루마리에 쓸 만큼 많고 방대한 내용의 말씀을 들었습니다.

사도 요한은 이 말씀을 주의 날에 들었습니다.

> "주의 날에 내가 성령에 감동되어 내 뒤에서 나는 나팔 소리 같은 큰 음성을 들으니"(10절)

그는 육체의 몸은 감추어져 있었고 영적으로 하나님의 계시 속으로 인도함을 받으면서 하나님의 나라를 보게 되었습니다.

사도 요한은 육체의 눈으로 본 것이 아니고, 육체의 귀로 들은 것이 아닙니다. 영적인 눈으로 보았고, 영적인 귀로 들었습니다.

현대 성도들도 언제나 영적인 눈으로 보아야 하고, 영적인 귀로 들어야 합니다.

다섯째, '사도 요한'은 일곱 금 촛대를 보았습니다.

"몸을 돌이켜 나에게 말한 음성을 알아보려고 돌이킬 때에 일곱 금 촛대를 보았는데"(12절)

사도 요한이 주님의 음성을 들었을 때 '누가, 어디서, 무슨 말씀을, 왜 하시는지' 알아보려고 몸을 돌이켰는데, 믿음의 사람이기에 즉시 민감한 반응을 보였습니다.

이와 같은 행동은 인격적인 행동이며 반응입니다.

신앙은 '내가 무엇을 들었는지, 내가 무엇을 보았는지, 내가 어떤 사람인지' 확인하는 것이 필요합니다.

그것을 확인하지 못하면 그리스도인이 될 수 없습니다.

사도 요한은 자신이 들은 말씀을 확인하기 위해서 몸을 움직여 돌아보았는데 일곱 금 촛대를 보았습니다.

'일곱 금 촛대'는 바로 '일곱 교회'(11절)입니다.

이 '일곱 교회'는 '인류의 전체 교회'를 상징하는 수입니다.

사도 요한이 계시의 말씀을 기록하여 보내야 할 교회들입니다.

일곱 촛대를 일곱 교회라고 말하는 교회는 화려하고 찬란하며 아름답습니다.

이 교회는 '하나님의 교회'이기 때문입니다.

현대 신학적으로 교회(敎會)는 두 유형이 있습니다.

'보이는 교회'와 '보이지 않는 교회'입니다.

먼저, 보이는 교회는 지상에서 볼 수 있는 교회들을 말합니다.

이런 교회들은 '불완선한 교회들'입니다. 보이는 교회는 구원을 받을 사람이 있는가 하면 구원을 받지 못한 사람들이 있기 때문에 불완전합니다.

보이는 교회 안의 불완전한 신자들을 구원받은 대열에 들어가게 하기 위해서 날마다 '목양'(牧羊)이 필요하기 때문에 현재 목회가 이 일을 이루어가야 합니다.

보이지 않는 교회는 '영적인 교회'입니다.

이미 구원받은 교회도 여기에 속하고, 앞으로 구원을 받아야 할 교회도 보이지 않는 교회에 속하는 것입니다.

성경에서 '일곱 금 촛대 교회'는 '보이지 않는 영적인 교회'에 속합니다.

말씀 그대로 찬란하고 화려하며, 아름답기 그지없는 교회입니다.

"네가 본 것은 내 오른손의 일곱별의 비밀과 또 일곱 금 촛대라 일곱별은 일곱 교회의 사자요 일곱 촛대는 일곱 교회니라"(1:20)

여섯째, '사도 요한'은 일곱 금 촛대 사이에 다니시는 예수님을 보았습니다.

"촛대 사이에 인자 같은 이가 발에 끌리는 옷을 입고 가슴에 금띠를 띠고"(13절)

사도 요한이 성령의 감동되는 음성을 듣고는 '누가, 어디서, 무슨 말씀을, 왜 하시는지' 알아보기 위해서 몸을 돌이켜서 보았는데, 일곱 금 촛대를 보았습니다.

그 금 촛대 사이에 주님이 계셨습니다.

금 촛대 사이에 계신 주님은 교회에 계셨다는 것입니다.

교회는 주님이 세우셨으니 주님의 교회요, 주님의 몸입니다.

"교회는 그의 몸이니 만물 안에서 만물을 충만하게 하시는 이의 충만함이니라"(엡 1:23)

'교회는 예수 그리스도의 몸'입니다.

일곱 금 촛대 사이에 계신 주님은 일곱 교회 가운데 계신 주님이십니다.

교회를 떠나지 아니하시고, 교회 안에 계시는 주님이십니다.

우리 교회는 금 촛대와 같이 찬란하고 화려한 주님의 교회입니다.

우리 교회 안에 주님이 계시다는 것을 잊지 말아야 할 것입니다.

이 말은 '주님은 생명'이시라는 의미입니다.

생명이신 주님이 교회 안에 계심으로 교회는 생명을 가진 교회입니다.

생명이 있는 교회는 생육하고, 번성하고, 땅에 충만하고, 땅을 정복합니다.

이는 교회가 이루어가야 할 사명입니다.

발에 끌리는 긴 옷을 입은 주님입니다.

"발에 끌리는 옷을 입고"(13절)

이 '옷'은 '세 가지 의미'를 말합니다.
예수님은 세 가지 직분의 사명자이십니다.
선지자와 제사장과 왕입니다.

주님은 선지자로서 선지자가 입어야 할 의복을 입으신 것입니다.

"여호와께서 자기 앞에 선 자들에게 명령하사 그 더러운 옷을 벗기라 하시고
또 여호수아에게 이르시되 내가 네 죄악을 제거하여 버렸으니 네게 아름다운
옷을 입히리라"(슥 3:4)

주님은 제사장으로서 제사장의 의복을 입으셨습니다.
제사장은 성소와 지성소에 들어갈 의복을 입어야 합니다.
출애굽기 28장 3, 4절에 "제사장은 제사장의 의복을 지어 입으라"고 했습니다.
현대교회에서 목회자로서 설교하시는 분은 선지자요, 제사장적 계승을 받은 것
이므로 의식적이기는 하지만 예배자로서 예복을 입어야 합니다.
예수님은 제사장으로서 예복을 입으셨습니다.
제사장적 의미를 보여주신 것입니다.

주님은 왕으로서 왕복을 입었습니다.

"왕께 아뢰되 왕께서 사람을 존귀하게 하시려면 왕께서 입으시는 왕복과 왕께
서 타시는 말과 머리에 쓰시는 왕관을 가져다가"(에 6:7, 8)

'왕(王)이 왕복과 왕관을 쓰신다'는 것은 지극히 상식적인 것입니다.
빌라도는 예수님의 머리에 왕복을 빙자한 의복과 면류관을 씌웠습니다.

"예수에게 자색 옷을 입히고 가시관을 엮어 씌우고"(막 15:17)

이 사건은 예수님을 왕으로 인정해서 소위 왕복을 입힌 것이며, 머리에는 금
면류관 대신에 가시로 관을 만들어서 면류관으로 대신 씌운 것입니다.
예수 그리스도는 '만물의 창조주'이시며 '만물의 통치자'시며 '만왕의 왕'이십니다.

예수 그리스도는 만왕의 왕으로서 의복을 입으셨고, 가슴에 금띠를 띠었습니다.

"가슴에 금띠를 띠고"

여기서 '금띠를 띠었다'는 것은 '가슴에 흉패를 단 금띠를 띠었다'는 것입니다.

예수님의 가슴에 띠어 있는 금띠는 '교회'요 '택하신 성도들'입니다.

금띠에는 택하신 성도들의 이름이 기록되어 있는데, '예수님의 가슴에는 교회와 성도들을 품고 있어서 교회와 성도들을 보호하시며 지키시는 것'을 의미합니다.

주님이 세우신 모든 교회와 택하신 모든 성도들은 주님의 가슴에 있습니다.

주님의 가슴에 품어 있는 한 버림을 당하거나 잃어버림을 당하지 않습니다.

사랑하는 사람이 어디에 있습니까?

사랑하는 사람은 가슴에 품고 있습니다.

비록 사랑하는 사람이 세상을 떠났을지라도 가슴에 남아 있는 것입니다.

부모는 자식을 가슴에 품고 있습니다.

하물며 우리 죄와 허물을 대속하여 십자가에 죽기까지 하신 예수님께서 택하신 성도인 우리를 가슴에 품고 있지 않으시겠습니까?

"볼지어다 내가 세상 끝 날까지 너희와 항상 함께 있으리라"(마 28:20)

"세상에 있는 자기 사람들을 사랑하시되 끝까지 사랑하시니라"(요 13:1)

"내가 너희를 고아와 같이 버려두지 아니하고 너희에게로 오리라"(요 14:18)

예수님은 우리를 당신의 가슴에 안고 죽으셨고, 주님은 죽은 자 가운데서 다시 살아나셨으니, 우리는 예수님의 가슴에서 다시 살아난 것입니다.

우리는 주님의 가슴에서 다시 살리신 금 같은 자녀들입니다.

이 놀라운 은혜를 잊지 말 것입니다.

금 촛대 사이에 찬란한 주님의 가슴에는 바로 주님의 사랑을 받는 내가 보호되고 있습니다.

금 촛대 사이에서 만난 예수(2)
(요한계시록 1:12-16)

·····

"몸을 돌이켜 나에게 말한 음성을 알아보려고 돌이킬 때에 일곱 금 촛대를 보았는데 촛대 사이에 인자 같은 이가 발에 끌리는 옷을 입고 가슴에 금띠를 띠고 그의 머리와 털의 희기가 흰 양털 같고 눈 같으며 그의 눈은 불꽃같고 그의 발은 풀무 불에 단련한 빛난 주석 같고 그의 음성은 많은 물소리와 같으며 그의 오른손에 일곱별이 있고 그의 입에서 좌우에 날선 검이 나오고 그 얼굴은 해가 힘 있게 비치는 것 같더라"

사도 요한은 천국에서 예수님을 만나 보았습니다.
예수님의 모습에서 네 가지를 보았습니다.
　첫째, 찬란한 의상을 갖추어 입으신 모습입니다.
　　　발에 끌리는 긴 옷을 입으셨고, 가슴에 금띠를 띠었습니다.
　둘째, 예수님의 실체의 모습을 보았습니다.
　셋째, 예수님이 소유하신 것입니다.
　넷째, 예수님의 용안(龍顔)입니다.

"그의 머리와 털의 희기가 흰 양털 같고 눈 같으며 그의 눈은 불꽃같고 그의 발은 풀무 불에 단련한 빛난 주석 같고 그의 음성은 많은 물소리와 같으며"(14-15절)

양털 같이 흰 머리를 가지셨습니다.
'양털 같이 희다'에서 흰 색깔은 '권위와 영광과 성결함과 순결'을 의미합니다.
이와 같은 속성은 일시적이거나 순간적이지 않고 영원한 것입니다.
'예수님은 영원하신 분'입니다.

베드로와 요한과 야고보가 예수님과 함께 산에 올라가서 기도하실 때에 예수님의 변화된 모습을 보았습니다.

"그들 앞에서 변형되사 그 얼굴이 해 같이 빛나며 옷이 빛과 같이 희어졌더라"(마 17:2)

"그 옷이 광채가 나며 세상에서 빨래하는 자가 그렇게 희게 할 수 없을 만큼 매우 희어졌더라"(막 9:3)

불꽃같으신 눈입니다.

'불꽃같다'는 말은 '날카롭게 공의롭다'는 뜻입니다.

사람들은 '범상한 사람은 눈을 보아 안다'고 합니다.

장차 어떻게 될 사람, 훌륭하게 될 사람은 '그 눈빛부터 다르다'고 평가합니다.

"하나님의 말씀은 살아 있고 활력이 있어 좌우에 날선 어떤 검보다도 예리하여 혼과 영과 및 관절과 골수를 찔러 쪼개기까지 하며 또 마음의 생각과 뜻을 판단하나니"(히 4:12)

사람이 몸 안에 병이 들어 있을 때 겉모습만을 보고 알 수 없습니다.

그래서 보다 더 확실하게 알 수 있는 방법을 씁니다.

몸의 피를 검사해서 알아내는 방법이 있고 X-Ray나 MRA 사진 촬영을 통해서 알아보는 방법도 있지만 정확하지는 않습니다. 육안으로 보는 것이 아니고 간접적으로 보는 것이기 때문에 때로는 오진이 있을 수 있습니다.

그러나 예수님의 눈은 정확합니다.

깊은 곳에 있는 것이나 멀리 떨어져 있는 것, 저 산 너머에 있는 것이라 할지라도 어디에 있든지 예수님은 확실하게 보십니다.

"그런즉 그들을 두려워하지 말라 감추인 것이 드러나지 않을 것이 없고 숨은 것이 알려지지 않을 것이 없느니라"(마 10:26)

우리는 믿는다고 하면 다 믿는 사람인 줄 압니다.

그렇지만 사실은 안 믿는 사람이 있고, 믿는 사람이 있습니다.

겉으로 보기에는 다 믿는 것 같은데 사실은 그 속에 믿음이 없거나 안 믿는 자들이 있습니다. 그래서 속아 넘어가는 것입니다.

이에 성경은 말씀합니다.

"사랑하는 자들아 영을 다 믿지 말고 오직 영들이 하나님께 속하였나 분별하라 많은 거짓 선지자가 세상에 나왔음이라"(요일 4:1)

영(靈)을 분별해야 합니다.

예수님은 믿는 자와 믿지 않는 자를 구별하십니다.

예수님의 말씀이나 마음, 지혜와 명철을 가지면 영을 분별하고 믿음을 판단할 수 있습니다. 예수님은 마지막 날 재림하실 때에 '불꽃같은 눈'으로 믿는 자와 믿지 않는 자를 심판하십니다.

'달련한 빛난 주석 같은 발'입니다.

'빛난 주석'은 '합금으로 만들어진 청동'과 같은 것이라고 이해될 수 있습니다.

'깨지지 않는 것, 어떤 것에도 부서지지 않는 것'입니다.

다니엘도 '힛데겔 강가'에서 이상을 보았습니다.

> "한 사람이 세마포 옷을 입었고 허리에는 우바스 순금 띠를 띠었더라. 또 그의 몸은 황옥 같고 그의 얼굴은 번갯빛 같고 그의 눈은 횃불 같고 그의 팔과 발은 빛난 놋과 같고 그의 말소리는 무리의 소리와 같더라."(단 10:5-6)

여기에서 '발은 빛난 놋과 같다'고 했습니다.

'만국을 다스리시는 승리의 주님'을 보여주신 것입니다. 원수 대적을 물리치시며 부서트리는 권세와 능력을 가지신 예수님을 보게 하셨습니다.

'세상을 정복하시는 예수님의 발'입니다.

여기서 세상을 정복하는 발은 '복음'(福音)입니다.

> "평안의 복음이 준비한 것으로 신을 신으라"(엡 6:15)

'복음'은 '세상을 정복하는 발'입니다.

> "너희는 가서 모든 민족을 제자로 삼아 아버지와 아들과 성령의 이름으로 세례를 베풀고 내가 너희에게 분부한 모든 것을 가르쳐 지키게 하라 볼지어다 내가 세상 끝 날까지 너희와 항상 함께 있으리라"(마 28:19, 20)

'복음'(福音)으로 '세상을 정복하라'고 하셨습니다.

우리의 믿음이 빛난 주석 같은 복음의 신발을 신어야 합니다.

세상을 정복하는 신발입니다.

승리의 신발입니다.

성공의 신발입니다.

음성은 맑은 물소리 같았습니다.

"그의 음성은 많은 물소리와 같으며"(15절)

위엄과 영광을 동시에 지니신 음성입니다.

죄인들에게는 두렵고 무서운 음성입니다.

죄 지은 아들은 아버지의 작은 기침소리에도 심장이 떨리고 무섭지만, 흠 없는 아들에게는 아버지의 작은 숨소리나 큰 소리는 항상 기쁘고 반가운 목소리입니다.

예수 그리스도의 음성은 죄인들에게는 두렵고 무서운 음성이 됩니다.

그리스도를 영접하지 못한 사람은 말 그대로 죄인이므로, 죄인인 불신자들은 바람 소리만 들어도 가슴이 떨리고, 뇌성 벼락 치는 소리에 오금이 저립니다.

죄 값으로 벌을 받을 것에 두려움을 가지기 때문입니다.

그러나 믿음의 성도들에게는 주님의 음성은 기쁨과 즐거움으로 위로가 됩니다.

다니엘은 이상 중에 주님의 음성을 듣고 얼굴을 땅에 대고 깊이 잠이 들었습니다.

그 때 한 손이 어루만졌는데 다니엘은 떨고 있었습니다.

그 때에 그분의 손이 다니엘을 땅에서 일으켰습니다.

"큰 은총을 받은 사람 다니엘아 내가 네게 이르는 말을 깨닫고 일어서라 내가 네게 보내심을 받았느니라"(단 10:11)고 말씀하시며 위로하고 축복하셨습니다.

예수님이 소유하신 것입니다.

"그의 오른손에 일곱별이 있고"(16절)

주님의 오른손에는 일곱별을 가지고 계셨습니다.

'오른손'은 '주님의 능력과 힘과 권세'를 상징합니다.

'주님이 계신 곳, 좌정하신 곳'을 '우편'(마 25:64)이라고 합니다.

'스데반'은 '주님이 우편에 앉으신 것을 보았다'(행 7:55)고 했고, 베드로전서 3장 22절에는 "그는 하늘에 오르사 하나님 우편에 계시니 천사들과 권세들과 능력들이 그에게 복종하느니라"고 했습니다.

'손에 있다'는 말은 '주님의 보호하심'을 말합니다.

주님의 손이 지켜주시고, 보호하시며, 도우시며, 안전하게 보전하십니다.

'오른손에 있는 일곱별'입니다.

'일곱별'은 '교회'입니다.

> "네가 본 것은 내 오른손의 일곱별의 비밀과 또 일곱 금 촛대라 일곱별은 일곱 교회의 사자요 일곱 **촛대는** 일곱 교회니라"(20절)

교회는 주님의 소유입니다.

우리 교회는 주님의 손에 있는 교회이며, 안전한 교회입니다.

온전한 교회이며, 생명의 교회이며, 영생의 교회입니다.

주님의 교회는 결코 무너지지 않고, 부흥하며 성장합니다.

이방인을 통해서가 아니라 교회 안의 불신 세력들을 동원해서 교회의 부흥과 성장을 방해하는 것이 사탄의 계략임을 잘 알고 있기 때문에 교회는 이러한 세력들에게 어느 정도 방해는 받지만 절대로 무너지지 않습니다.

예수님의 손에 있는 교회이기 때문입니다.

믿는 성도들이 주님의 손에 확실하게 보호되어 있는 한 무너지지 않습니다.

우리는 교회가 주님의 손에서 보호되고, 지켜지고, 인도되고, 성장하며 부흥하도록 성령의 능력을 입고 믿음으로 기도해야 합니다.

예수님의 얼굴입니다.

> "그의 오른손에 일곱별이 있고 그의 입에서 좌우에 날선 검이 나오고 그 얼굴은 해가 힘 있게 비치는 것 같더라"(16절)

다시 주님의 얼굴을 본 것을 증거합니다.

주님의 용안입니다.

입에서 '좌우에 날선 검'이 나왔는데, 이는 성경에서 자주 사용되는 말씀입니다.

'입에서 나오는 검'은 '구약과 신약의 말씀'이고, '율법과 복음의 말씀'입니다.

구약과 신약의 성경말씀은 주님의 입에서 나오신 말씀입니다.

예수님께서는 "사람이 떡으로만 살 것이 아니요 하나님의 입으로부터 나오는 모든 말씀으로 살 것이라"(마 4:4), "성령의 검 곧 하나님의 말씀을 가지라"(엡 6:17)고 말씀하셨습니다.

우리에게 주신 말씀은 '성령의 검'이고, 이 '검'은 곧 '하나님의 말씀'입니다.

'그 얼굴은 해가 힘 있게 비치는 것 같다'고 합니다.

예수 그리스도의 위엄과 영광과 존귀입니다.

예수님의 임재하심은 눈부시고, 찬란하게 빛이 납니다.

예수님은 영광의 모습으로 다시 오실 것입니다.

그때에 행한 대로 상벌하십니다.

믿는 자는 구원을 받고, 믿음으로 행한 자는 상급을 받습니다.

그러나 불신자는 멸망의 심판을 받습니다.

믿음으로 충성하지 못하는 자들은 부끄러운 구원에 이르게 될 것입니다.

영광과 존귀의 모습으로 오십니다.

믿음으로 주님을 영접하게 될 성도들은 주님과 함께 영광을 얻게 되고, 존귀하게 됩니다. 주님의 영광과 존귀는 주님의 택하신 성도들에게 면류관으로 씌워주심으로써 나타내실 것이니, 주님의 영광은 믿는 자의 몫입니다.

어두움의 세력들이 물러나게 됩니다.

  "우리가 그에게서 듣고 너희에게 전하는 소식은 이것이니 곧 하나님은 빛이시
   라 그에게는 어둠이 조금도 없으시다는 것이니라"(요일 1:5)

금 촛대 사이에 계신 주님은 지금 우리 교회 가운데, 우리 안에 계십니다.

우리는 주님의 손에 보호를 받습니다.

주님의 손으로 지켜 주십니다.

상한 마음을 치료하여 주십니다.

병든 몸을 고쳐 주십니다.

괴로움과 고통을 해결해 주십니다.

염려와 근심을 씻어버리십니다.

주님이 계신 곳에는 평강이 넘칩니다.

  "그 집에 들어가면서 평안하기를 빌라"(마 10:12)

주님을 영접하는 성도와 가정과 사업장에 이 평안이 넘칩니다.

내가 그리스도를 만났을 때
(요한계시록 1:17-20)

· · · · ·

"내가 볼 때에 그의 발 앞에 엎드러져 죽은 자 같이 되매 그가 오른손을 내게 얹고 이르시되 두려워하지 말라 나는 처음이요 마지막이니 곧 살아 있는 자라 내가 전에 죽었었노라 볼지어다 이제 세세토록 살아 있어 사망과 음부의 열쇠를 가졌노니 그러므로 네가 본 것과 지금 있는 일과 장차 될 일을 기록하라 네가 본 것은 내 오른손의 일곱별의 비밀과 또 일곱 금 촛대라 일곱별은 일곱 교회의 사자요 일곱 촛대는 일곱 교회니라"

초등학교를 다니는 한 소년이 있었는데 학교에 가기를 싫어했습니다.
학교생활이 재미가 없다는 것입니다.
이에 소년의 부모가 고민이 되어서 학교를 찾아가 선생님을 만나 왜 학교 가기를 싫어하는지 알아보았습니다.
이 아이가 학교 가기 싫은 이유는 단 한 가지였습니다.
1주일에 한 시간 있는 체육시간에 달리기를 하는데 이 소년은 항상 꼴찌를 합니다.
이 소년은 키도 작고 달리기에서 늘 꼴찌를 하니까 학교 가기가 싫어진 것입니다.
그것을 알고 난 부모님은 이 소년을 달래며 학교에 보내려고 애를 썼습니다.
어느 날은 이 소년이 학교에서 돌아오는데 너무나 기쁘고 좋아서 어쩔 줄을 몰라 하는 것입니다.
부모는 무슨 일이 있었는지 궁금했습니다.
이 소년은 상장하나를 받아왔는데 그 상장의 내용은 이런 것이었습니다.
　"위의 학생은 달리기 대회에서 누구보다 최선을 다해 뛰어 다른 학생의 모범
　　이 되었으므로 이 상장을 드립니다."

이 소년이 받아 온 상장은 1등을 한 학생에게 주는 것이 아니라 꼴찌를 했어도 열심히 한 학생을 칭찬하는 상이었습니다.
그때부터 이 아이는 학교생활에 흥미를 느끼고 되었고, 기쁜 마음으로 학교를 다니게 되었다는 이야기입니다.

영국의 '아이반호'로 유명한 시인 '월터 스콧'(Walter Scott)은 어린 시절에는 '멍청한 아이'로 놀림 받았습니다.

그러나 '스콧'은 문학에 관심이 있어서 좋은 시를 보면 열심히 외웠습니다.

그가 열 세 살 되었을 때 유명한 문필가들이 모이는 모임에서 시를 암송했습니다.

이때에 '스콧'이 시를 암송하는 것을 '로버트 번즈'라는 시인이 듣고 '스콧'에게 "꼬마야, 너는 장차 영국의 위대한 인물이 될 것이다."라고 칭찬을 해 주었습니다.

이 한 마디에 '스콧'은 인생이 바뀌었습니다.

'스콧'은 18세기에 영국이 자랑하는 시인이요, 소설가요, 법관이 되었습니다.

'사도 요한'이 이상 중에 천국에서 예수님을 만나게 되었을 때 땅 바닥에 엎드러져서 죽은 자처럼 되었습니다.

그때 주님은 그를 만져 주시고, 일으켜 주시고, 위로해 주셨습니다.

그가 해야 할 것을 일러 주시고, 놀라운 비전을 보여주셨습니다.

그 이후로 요한은 기독교 역사에 없어서는 안 될 위대한 사도가 된 것입니다.

우리는 이 말씀에서 '나는 누구인가?', '예수님은 누구신가?'를 알게 됩니다.

우리는 예수님과 나와의 관계를 아는 것이 나를 아는 것이며, 비전을 가지고 살아가는 소망이 있는 사람이 될 수 있습니다.

그렇다면 예수님 앞에서 나는 누구입니까?

"내가 볼 때에 그의 발 앞에 엎드러져 죽은 자 같이 되매 그가 오른손을 내게 얹고 이르시되 두려워하지 말라 나는 처음이요 마지막이니"(17절)

인간과 예수님과의 관계를 깨닫게 합니다.

사도 요한은 예수님을 보았습니다.

"내가 볼 때에"라는 말씀에서 '내가'는 '사도 요한 자신'을 말합니다.

사도 요한은 예수 그리스도의 제자요. 그의 종입니다(계 1:1).

요한은 예수님의 제자로 선발되어 예수님의 사랑을 받으며 훈련을 받았습니다.

요한은 예수님께서 승천하신 후에 모진 핍박과 박해를 받으면서도 그리스도의 복음을 전파하는 데 생명을 바칠 각오로 사역을 했습니다.

요한은 밧모 섬에 유배되어서 기도하던 가운데 이상 중에 천국으로 인도되었고, 하나님 우편에 계신 예수님을 만나보았습니다.

요한이 만난 예수님은 옛날 땅 위에서 사람으로 계실 때 그분이 아니셨습니다.
금빛 찬란한 옷을 입으셨고, 그 분의 머리는 흰 양털 같았습니다.
그 분의 눈은 불꽃같았고, 용안은 해가 비치는 것 같았습니다.
여기서 '하나님은 볼 수 있는 분일까?' 하는 궁금증이 풀리는 것 같습니다.
'하나님 나라에 가면 하나님은 어떤 분이신가?'를 알 수 있을 것 같습니다.

사도 요한은 예수님의 발아래 엎드려졌습니다.
'그의 발아래 엎드려져 죽은 자 같이 되었다'고 했습니다.
예수님의 위엄과 영광과 존귀하심 앞에서 반사적으로 취해지는 행동입니다.
온실 안의 식물이 뜨거운 태양을 보게 하면 숨이 죽어 쓰러집니다.
기센 바람이 불면 나무가 쓰러지고 뿌리가 뽑힙니다.
동물들은 사자의 기침 소리에 혼비백산을 합니다.

> 이사야는 성전에서 주님이 보좌에 앉으셨는데 천사들이 날개로 주님의 얼굴도 가리고 몸과 발까지도 다 가리고 서로 노래를 하며 "거룩하다 거룩하다 거룩하다 만군의 여호와여 그의 영광이 온 땅에 충만하도다"(사 6:3)라는 음성을 들었습니다.
> 이사야는 주님의 이 모습과 음성을 듣고는 죽은 자 같이 되었습니다(사 6:1-5).
> 베드로는 갈릴리 바다에서 예수님을 만나 주님이 깊은 데로 가서 그물을 내려 고기를 잡으라고 하셨을 때 말씀에 순종하여 그물을 내려 고기를 잡았는데 그물이 찢어지도록 잡게 되었습니다.
> 이 때 베드로는 "예수의 무릎 아래에 엎드려 이르되 주여 나를 떠나소서 나는 죄인이로소이다"(눅 5:8)라고 했습니다.
> 사울이 예수님을 핍박하고 기독교를 잔인하게 박해하는 자들의 앞잡이로서 다메섹으로 가는 도중에 홀연히 빛을 비추시는 주님이 나타나셨습니다.
> 이때 사울은 땅에 엎드려져서 앞을 보지 못하는 자가 되었고 하나님의 음성만을 듣는 자가 되었습니다(행 9:3-7).

주님 앞에서 죽은 자 같이 되어야 합니다.
주님을 뵈었을 때 반사적으로 일어나는 일이 죽은 자 같이 되어야 합니다.
내가 죽어야 살 수 있습니다. 내가 주님 앞에서 죽지 않으면 살아날 수 없습니다.

> "누구든지 제 목숨을 구원하고자 하면 잃을 것이요 누구든지 나를 위하여 제 목숨을 잃으면 찾으리라"(마 16:25)

주님 발아래 엎드려져 죽은 자가 된 것은 겸손한 자의 모습입니다.
내가 죽어야 합니다. 나의 옛 것은 다 죽고 다시 산 사람이 되어야 합니다.
내가 죽을 때 성령의 사람이 됩니다.

요한도 천국에서 주님을 만나고 음성을 들었을 때 그 발아래 엎드려졌습니다.
주님은 만왕의 왕이십니다.
나의 주인이시며 나의 생명의 주인이십니다.
그 주님에게 존귀와 영광과 경배를 드리는 것입니다.

요한이 주의 음성을 듣고 그 발아래 엎드렸을 때 주님은 위로하셨습니다.
    "그가 오른손을 내게 얹고 이르시되 두려워하지 말라 나는 처음이요 마지막이니"(17절)

우리는 여기서 세 가지를 깨닫습니다.

첫째는, 주님은 그 손으로 만져주십니다.
주님의 손은 창조의 손입니다. 세상을 창조하셨습니다.
주님의 손은 능력의 손입니다. 힘의 손입니다.
주님의 손은 치료의 손입니다. 보호의 손입니다. 지키시는 손입니다.
우리의 소유를 영원히 지켜 주십니다.

둘째는, 주님은 말씀으로 위로하십니다.
"두려워 말라"고 하셨습니다.
사람은 하나님을 만나지 못했을 때 두렵고 무섭습니다.
그렇기 때문에 하나님을 만나야 합니다.
'두려워하지 말라'고 하시는 말씀은 어떤 의미가 있습니까?
평안입니다. 기쁨입니다. 은혜입니다. 축복입니다.

셋째는, 주님의 영원성을 말씀해 주십니다.
"나는 처음과 나중이라"고 하셨습니다.
일시적이 아닙니다. 순간적이 아닙니다. 감정적이 아닙니다.
처음부터 최후의 그 날까지 보장되는 것입니다.
영원토록 함께 해 주실 것입니다.

요한이 주의 발아래 엎드렸을 때 주님은 소망의 비전을 보여주셨습니다.

> "곧 살아 있는 자라 내가 전에 죽었었노라 볼지어다 이제 세세토록 살아 있어 사망과 음부의 열쇠를 가졌노니 그러므로 네가 본 것과 지금 있는 일과 장차 될 일을 기록하라 네가 본 것은 내 오른손의 일곱별의 비밀과 또 일곱 금 촛대라 일곱별은 일곱 교회의 사자요 일곱 촛대는 일곱 교회니라"(18-20절)

먼저 요한은 살아계신 주님을 만났습니다.

> "곧 살아 있는 자라 내가 전에 죽었었노라"

예수님은 죽은 자 가운데서 다시 부활하신 분이십니다.
사도 요한은 이 사실을 너무나도 잘 압니다.
요한은 십자가에서 죽으심을 보았습니다. 무덤에 장사되는 것도 보았습니다.
사흘 만에 다시 부활하신 일도 보았습니다.
하나님의 우편으로 승천하신 일도 보았습니다.
이제는 다시 사신 주님과 영원히 함께 살게 될 것입니다.

하나님이 살아계시기에 우리가 그 안에서 영원히 사는 것입니다.
사망과 음부의 열쇠를 보여주셨습니다.

> "이제 세세토록 살아 있어 사망과 음부의 열쇠를 가졌노니"

예수님은 사망을 정복하셨습니다.
예수님 한 분이 죽으심으로 모든 사람이 다 죽은 것이고, 예수님 한 분이 다시 사심으로 모든 사람이 다시 산 것입니다.

> "사망아 너의 승리가 어디 있느냐 사망아 네가 쏘는 것이 어디 있느냐 사망이 쏘는 것은 죄요 죄의 권능은 율법이라"(고전 15:55, 56)

예수님은 부활하심으로 죽음을 정복하셨습니다.
그리스도 안에는 다시 죽는 자가 없습니다. 오직 이것은 믿음으로 되는 것입니다.

이에 주님은 사도 요한에게 막중한 사명을 다하게 하셨습니다.
"네가 본 것과 지금 있는 일과 장차 될 일을 기록하라"고 하신 것입니다.
성경 가운데 최후의 말씀이 되게 하신 것입니다.

이 성경말씀은 크게 세 가지입니다.

첫째는, '본 것들'입니다.
영광과 존귀를 받으실 예수님의 모습입니다.

둘째는, '이제 있는 일들'입니다.
예수님의 손에 일곱 교회들을 보게 하셨습니다.
현재 존재하는 교회를 통하여 예수님의 임재를 만나야 합니다.

셋째는, '장차 될 일들'입니다.
예수님께서 다시 재림하실 일들입니다.

주님은 완전한 교회를 보여주셨습니다.
　　교회는 예수님의 손에 있습니다.
　　목사의 손에 있는 것도 아니고, 장로의 손에 있는 것도 아닙니다.
　　어느 특정한 사람의 손에 있는 것이 아닙니다.

　　교회는 예수님의 손에 있고, 예수님의 교회입니다.

　　교회는 세상의 빛이요. 소금이어야 합니다.
　　세상에서 구원의 방주가 되어야 합니다.

　　교회가 보이면 예수님이 보여야 합니다.

교회는 주님의 손에 있습니다.
내가 교회입니다(I am the Church).
당신이 교회입니다(You are the Church).

주님은 교회 안에, 우리 안에 임재해 계십니다.

제2장   일곱 교회에 보낸 편지(1)

- **주제성구** "이기는 자와 끝까지 내 일을 지키는 그에게 만국을 다스리는 권세를 주리니, 그가 철장을 가지고 그들을 다스려 질그릇 깨뜨리는 것과 같이 하리라"(26-27절)
- **주제찬송** ♬ 336장 환난과 핍박 중에도 ‖ ♬ 318장 순교자의 흘린 피가 ‖ 596장 영광은 주님 홀로

서론

본 장은 일곱 교회 중 에베소, 서머나, 버가모, 두아디라 교회에 대한 기록입니다. 그리스도는 자신이 피 흘려 값 주고 사신 교회와 새 계약을 맺으셨습니다. 성도는 교회의 구성원으로서 그리스도에 대한 믿음이라는 매개체를 통하여 새 계약에 참여케 된 자들입니다. 그러므로 아시아 교회들을 향한 그리스도의 메시지는 곧 성도들에게 새 계약에 충실할 것을 촉구하는 경고와 권면이기도 합니다.
우리는 여기서 아래와 같은 몇 가지 동일한 점을 발견할 수 있습니다. 각 교회의 수신자들은 그 교회의 사자들이며, 그 내용은 다양하지만 발신자는 예수님이시며, 각 교회에 적절한 칭찬과 책망, 각 교회에 필요한 권면과 경고와 함께 이기는 자들에게 약속된 축복이 제시되어 있습니다.

본론

에베소 교회를 향한 메시지(1-7절)

에베소 교회는 칭찬할 곳이 있었습니다. 거짓 이단들을 시험하여 징계한 일은 교리적으로 흠이 없는 교회였다는 사실입니다. 이러한 모습은 현대의 교회들이 본받아야 할 모습입니다. 그러나 주님은 책망할 것이 있다고 하십니다. 그것은 거짓을 밝히려고 하다가 사랑을 잃어버린 것입니다. 사랑으로 용납하고 돌봐야 하는데, 서로를 믿지 못하고 의심하게 된 것입니다. 주님을 사랑하고 이웃을 사랑하는 사랑이 더욱 뜨거워져야 합니다. 그것은 회개를 통해서 가능합니다. 사랑이 식은 이 교회에서 사랑을 강조하시며, 주님께서는 그 사랑은 무분별한 사랑과는 구별됨을 분명히 하셨습니다. 특히 복음을 변질시키려고 하거나 예수님을 왜곡되게 전하는 사람들에게 분명한 태도를 취하는 것이 필요합니다.

서머나 교회를 향한 메시지(8-11절)

서머나 교회는 환난과 궁핍 속에서 스스로 위축되고 의기소침하여 낙망할 수밖에 없는 상황에 있었으나 주님 앞에는 부요한 가운데 있었습니다. 그들에게는 유대인의 훼방도 있었으나, 실제는 사탄의 계략이었습니다. 하나님께서는 우리들이 죽도록 충성하기를 원하고 계십니다. 만약 우리가 죽도록 충성을 하면 생명의 면류관을 우리들에게 주시겠다고 하셨습니다. 게으르지 말고 열심을 품고 주를 섬기며 나중에 하나님께 돌아갈 때를 준비하여야 할 것입니다. 우리 모든 인간은 반드시 주님께 돌아갈 것이기 때문입니다. 하나님께서는 성도들을 위하여 환난의 기간을 단축시키며, 감당할 수 있는 범위 내에서 환난을 허락하셨습니다. 이런 환난은 성도의 믿음을 단련시켰습니다.

버가모와 두아디라 교회를 향한 메시지(12-29절)

버가모 교회는 외적인 핍박이 있을 때 순교를 하면서 신앙의 절개를 지켰습니다. 외부적인 핍박으로 인하여 어려움이 엄습할 때 신앙이 변질되지 않는 것은 참으로 칭찬할 만한 복된 일입니다. 그러나 외부의 핍박을 이긴 교회가 내적으로 이단의 미혹에 빠지면 무너질 수밖에 없습니다. 이 교회의 어려움이 여기에 있었던 것입니다. 두아디라 교회는 얼핏 보기에는 문제가 없는 교회였습니다. 교인들의 모습을 볼 때 아주 바람직한 교회로 생각되었고 그래서 주님께서는 크게 칭찬하셨습니다. 그러나 그들은 당시 이방 종교의 영향을 받은 한 여자를 선지자로 용납하는 실수를 저질렀습니다. 하나님께서는 교회가 순결하게 보존되기를 원하십니다.

결론

이처럼 예수 그리스도께서는 소아시아에 흩어져 있는 각 교회들에 대해서 동일한 관심과 사랑을 보이고 계셨습니다. 그러나 그들 개 교회에 대한 칭찬과 책망과 충고와 권면은 모두 달랐습니다.
이러한 통일성과 다양성은 예수 그리스도에 대한 절대적 신뢰와 더불어 이 땅에 흩어져 있는 교회들이 과연 어떤 모습으로 살아가야 할지를 보여주는 지침이 됩니다. 신실하신 요한이 복음을 전하다가 유배당해 밧모 섬에 왔을 때 성령이 임하고 주님에 대한 환상을 보았습니다. 그렇다면 오늘도 복음을 위해서 수고하고 복음에 동참하는 자들에게 어려움과 고난도 있지만 그러나 하나님께서는 말씀대로 살려고 하는 자들에게는 하나님의 계시를 보여주시고 그 음성도 들려주십니다. 주님의 다양한 면도 보여주십니다.

- **장명가** "에베소 사랑을 잃었고 서머나 환난을 당한다 · 버가모 세속화 되었고 두아디라 이세벨 용납 · 주님이 오신다 흰 예복 입고 주 맞으라 · 주님이 오신다 등불을 켜들고 맞으라"(♪ 270장 변찮는 주님의 사랑과)

금 촛대 교회
(요한계시록 2:1)

· · · · ·

"에베소 교회의 사자에게 편지하라 오른손에 있는 일곱별을 붙잡고 일곱 금 촛대 사이를 거니시는 이가 이르시되"

일곱 교회의 주인이신 예수 그리스도께서 말씀하십니다.

"하나님 우편의 보좌에 계신 어린 양이시며, 만왕의 왕이시며, 만유의 주가 되시며, 죽으셨다가 다시 살아나셔서 우리의 구원의 주가 되시며, 교회의 머리시며, 교회의 주인인 예수 그리스도는 사도 요한에게 계시의 말씀을 전하시며 기록하라"(계 1:1-2)

"에베소 교회의 사자에게 편지하라 오른손에 있는 일곱별을 붙잡고 일곱 금 촛대 사이를 거니시는 이가 이르시되"(계 2:1)

주님은 일곱 교회의 주인이십니다.
요한계시록 1장 4절, 11절, 20절; 2장 1절은 맥락을 같이하는 말씀입니다.
"일곱별은 일곱 교회의 사자요. 일곱 금 촛대는 일곱 교회"라고 했습니다.
이 말씀에서 '교회'를 '금 촛대'라고 비유하신 의미를 알고 깨달아야 합니다.
주님은 일곱 교회 가운데 계셨고 주님의 손에는 일곱 교회를 가지셨고 그 가운데 다니고 계셨습니다.

'금 촛대'란 '황금의 불을 밝힌 교회'라는 뜻입니다.
'교회'를 '황금'으로 비유했는데, 왜 교회를 황금으로 상징했습니까?
이는 그냥 넘어가서는 안 될, 무엇인가 깊이 깨달아야 할 것이 있습니다.

이에 교회를 '황금의 촛대'(λυχνία ὁ χρύσεος; Gloden Lampstand)라고 하십니다.

첫째, '황금 촛대'는 제일 깨끗한 것입니다.

황금의 가치는 순금으로 기준을 삼습니다.

황금은 순금으로 통합니다.

'순금'(golden)은 '불순물이 없는 것'입니다.

어떤 오염도 없어야 순금이 됩니다.

교회를 금 촛대에 상징한 것은 '제일 깨끗하고 값진 것'이라는 뜻입니다.

교회는 사람들이 모인 공동체입니다.

이 공동체가 하나님이 택하여 세운 교회이기는 합니다만 자연히 사람들이 모인 곳이고 보면 아직 중생하지 못한 신자들이 많이 섞여 있기 마련입니다.

'교회'는 '보이는 교회'와 '보이지 않는 교회'로 구분이 됩니다.

'보이지 않는 교회'를 '무형교회'라고 합니다.

'영적인 교회'에 속한 것입니다.

순수하게 택한 백성들, 구원받은 백성들의 공동체로 '완전한 교회'를 의미합니다.

'보이는 교회'는 현재 지역교회를 포함한 '지상의 교회들'을 의미합니다.

이 지상의 교회들은 완전한 교회는 아닙니다.

땅 위의 교회에는 아직도 중생하지 못한 사람들이 신자노릇을 하고 있습니다.

종교놀이로 하나님의 자녀가 아니면서 하나님의 백성인양 자처합니다.

초대교회가 세워지면서 교회는 이런 양면성이 나타나게 되었습니다.

> "그 여자는 자주 빛과 붉은 빛 옷을 입고 금과 보석과 진주로 꾸미고 손에 금 잔을 가졌는데 가증한 물건과 그의 음행의 더러운 것들이 가득하더라"(계 17:4)

이것이 교회의 또 다른 모습입니다.

현재 교회가 세상으로부터 비난을 받고 욕을 먹는 일이 있습니다.

세상 사람들이 보기에는 교회는 다 선하고 깨끗하고 덕스러워야 하는데 그렇지 못한 일들이 보이기 때문입니다.

교회에는 어떤 세력들이 있습니까?

초대교회는 노예들이 교회에서 세력을 키워오고 있었습니다.

사회제도와 국가를 반대하는 세력들이 교회 안에 모이고 있었습니다.

음란한 세력들이 있었습니다.

물질적이고 물량주의의 성공을 주장하는 세력들이 있었습니다.

거짓과 비난과 원망과 분쟁과 다툼을 일으키는 세력들이 교회 안에 있었습니다.

'데포'(Depot)라는 사람은 이런 말을 했습니다.

> "새 모자를 쓰고 가서 안심할 곳이 교회다. 거기에는 많은 자리가 비어 있기 때문이다."

교회는 위선자들이나 도둑질하는 자들이나 죄인들이 안심할 수 있는 곳입니다.

교회는 선하고 깨끗하고 올바른 진리를 가르치는 곳입니다.

이보다 깨끗한 교회는 없습니다.

그러나 하나님이 세우시는 교회마다 마귀는 항상 작은 강단을 세웁니다.

교회 안에서 마귀의 세력들이 많이 있는 것을 발견할 수 있습니다.

이런 일들이 보이는 교회 안에 꼴불견으로 추한 모습을 나타내고 있습니다.

그런데 교회는 더러운 것들을 인내하면서 정하게 하는 능력을 가졌습니다.

마태복음 13장 24-30절에서 예수께서 '천국은 좋은 씨를 제 밭에 뿌린 사람 같음'을 비유를 들어 설명하신 내용입니다.

농부가 밭에 좋은 씨를 심었는데 심지도 않은 가라지가 났습니다.

그 가라지는 원수들, 사탄이 뿌린 것입니다.

그 상황을 본 집 주인의 종들이 묻습니다.

> "주여 밭에 좋은 씨를 뿌리지 아니하였나이까? 그런데 가라지가 어디서 생겼나이까? 그러면 우리가 가서 이것을 뽑기를 원하시나이까?"(마 13:27)

이에 집 주인은 말합니다.

> "가만 두라 가라지를 뽑다가 곡식까지 뽑을까 염려하노라 둘 다 추수 때까지 함께 자라게 두라 추수 때에 내가 추수꾼들에게 말하기를 가라지는 먼저 거두어 불사르게 단으로 묶고 곡식은 모아 내 곳간에 넣으라 하리라"(마 13:29-30)

'교회'(教會)는 가라지가 생겼다고 해서 망하지 않습니다.

교회를 곡식 중에 '알곡'으로 상징했습니다.

'샌드버그'(Sand Burg)는 교회에 대해서 이렇게 말했습니다.

> "교회가 말하는 위대한 평화, 너를 위해 있다. 고귀한 파이프오르간 소리, 사랑스러운 옛 단편이 홀로 거기에만 흐른다."

교회가 황금빛으로 빛나는 것은 이 교회가 주님의 손에 있기 때문입니다.
그런데 이 교회가 바로 '나'(I am)입니다.
'나'는 '황금빛 빛나는 교회'입니다(I am the Golden Church).
주님의 손에서 황금빛으로 빛나는 깨끗한 교회입니다.
황금빛 빛나는 교회는 세상을 정결하게 합니다.

둘째, '황금 촛대'는 가장 강한 능력입니다.

황금은 성질이 약한 것 같으나 가장 강한 것이 황금입니다.
그러므로 언제나 변하지 않습니다. 변하는 것은 약한 것이고, 힘이 없습니다.
아무리 강한 쇠라도 변하면 녹이 슬고, 녹이 슬면 아무런 쓸모가 없습니다.
재생산도 불가능합니다.
그러나 황금은 진흙 창에 빠져 있어도, 땅 속에 수천 년을 묻어두어도, 변하지
않고 줄어들지 않습니다. 항구적이고 영구적으로 존재하는 것입니다.
약한 것 같으나 강한 것이 황금인 것처럼 교회는 약한 것 같으나 강합니다.
강한 성질은 영원히 변하지 않습니다.

요한계시록 13장에서는 '사탄이 세력은 교회를 무너뜨리고 믿음이 없거나 약한
자들을 무너지게 하는 장면'을 보여주고 있습니다.
교회는 이와 같이 넘어지고 망하는 것 같이 보입니다.

> "그는 주 앞에서 자라나기를 연한 순 같고 마른 땅에서 나온 뿌리 같아서 고운 모양
> 도 없고 풍채도 없은즉 우리가 보기에 흠모할 만한 아름다운 것이 없도다"(사 53:2)

이는 그리스도를 예언한 말씀이며, 교회의 모습입니다.
교회는 세속적인 지위도 없고, 돈이 없고, 권세도 없습니다.
그래서 세속적 거센 폭풍에 쓰러지고, 넘어지고 꺼질 것 같고, 어느 때는 꺾일
것 같지만 교회가 다시 일어나는 힘이 있는 것은 죽은 자 가운데서 사망의 권세
를 깨뜨리시고 부활하신 주님이 교회의 주인이시며, 머리가 되시기 때문입니다.
사도 요한은 악한 세력의 박해를 받아 사지(死地)로 내쫓긴 망망대해 작은 밧모
섬, 미약한 곳에서 주님의 손에 있는 불멸의 교회, 팽창하는 교회를 보았습니다.
현대의 우리 교회는 바로 '주님의 손에 있는 황금'(Golden Church)입니다.

셋째, '황금 촛대'는 가장 위대하며 유일한 표준입니다.

왜 교회를 주님의 손에 있는 금 촛대라고 하셨습니까?
황금은 어느 시대든지 화폐의 기준이 됩니다.
고대 시대에는 화폐가 금과 은으로 통용되었습니다.
화폐는 인간 삶의 중심이 되어 왔으며, 인간 세상은 돈을 필요로 해왔습니다.

교회는 인류의 유일한 표준입니다.
돈은 없어도 되지만, 교회는 없으면 안 됩니다.
교회만이 인간의 중심이며 세상의 중심입니다.
교회를 인간의 중심을 삼고 세상의 중심을 삼으면 소망이 있습니다.
'중심'이란 말은 '정상'이라는 말입니다.

> "말일에 여호와의 전의 산이 모든 산꼭대기에 굳게 설 것이요 모든 작은 산 위에 뛰어나리니 만방이 그리로 모여들 것이라 많은 백성이 가며 이르기를 오라 우리가 여호와의 산에 오르며 야곱의 하나님의 전에 이르자 그가 그의 길을 우리에게 가르치실 것이라 우리가 그 길로 행하리라 하리니 이는 율법이 시온에서부터 나올 것이요 여호와의 말씀이 예루살렘에서부터 나올 것임이니라"(사 2:2-3)

이는 '이사야 선지자'가 '장차 세상의 중심에 세워질 교회'를 예언한 것입니다.
미국의 프린스턴 대학교의 총장이었던 우드로 윌슨(Woodrow Wilson, 1909) 박사는 이렇게 말합니다.

> "기독교회는 비록 박애의 중심일 뿐 아니라 정치, 철학, 교육의 중심이다.
> 생각하고 느끼는 인간 생활의 중심이다.
> 교회는 인간 세상의 중심이다. 교회가 있는 인간 세상은 밝은 세상이다.
> 그러나 교회가 없는 인간 세상은 어두움이며 지옥일 뿐인 것이다."

넷째, '황금 촛대'는 빛이 되는 것입니다.

금 촛대는 빛을 상징합니다.
모세가 하나님의 성막을 짓고 지성소에 일곱 금 등대를 세웠고 불을 밝혔습니다.
등대를 만드는 이유는 빛을 밝히기 위해서입니다(출 37:23-24).

성전에는 빛이 있어야 합니다. 이 빛은 예수 그리스도입니다.

예수 그리스도는 교회입니다. 그는 교회의 몸이요 머리가 되십니다.

"내가 곧 세상의 빛이니 나를 따르는 자는 어두움에 다니지 아니하고 생명의 빛을 얻으리라"(요 8:12)

예수님께서 제자들을 가르치실 때에 "너희는 세상의 빛이라"(마 5:14), "너희 빛이 사람 앞에 비치게 하라"(마 5:16)고 하셨습니다. '교회는 세상의 빛이 되라'는 말씀입니다. 빛은 어두움을 몰아냅니다. 여기서 '어두움'은 해가 지고 밤이 되는 것을 말하는 것이 아닙니다. 사회의 불의, 부정, 부패, 타락, 독재, 독재로 인한 억압, 폭력, 분쟁, 전쟁, 살인, 온갖 질병입니다. 실패하는 것들입니다. 망하는 것들입니다. 낙심되는 것들입니다. 절망하는 것들입니다. 이런 것들이 어두움입니다. 그런데 이 어두움을 몰아낼 수 있는 것은 '빛'입니다. 예수 그리스도는 교회를 통하여 빛을 발하게 했습니다.

원자력 발전소에서 전기 에너지를 발전합니다. 그 전기의 에너지를 어두운 각 지역으로 공급하여 보냅니다. 그 전원을 받는 곳은 밝고 환하게 불을 밝힙니다. 예수 그리스도는 생명의 빛을 각 교회들과 성도들에게 공급해 주십니다. 예수 그리스도는 생명의 빛이시며, 그분의 능력은 성령의 역사를 통하여 교회들에게 충만하게 공급됩니다.

일간지에 위성이 한반도를 찍은 사진이 게재되었습니다.

그 사진에 나타난 그림을 보면, 남한과 북한이 너무나 달랐습니다.

38선 이북 땅에는 평양과 원산과 개성 일부를 제외하고는 칠흑 같은 어두움이었으나, 남한 땅은 제주도까지 황금 빛 같이 환하게 밝은 모습이었습니다.

북한 땅에는 전기 에너지가 없어서 어두움 천지입니다.

우리가 성령을 받지 못하면 어두울 뿐입니다.

어둡다는 것은 희망이 없고, 기쁨이 없고, 은혜가 없음을 의미합니다.

그런데 성령을 받으면 소망이 넘칩니다. 기쁨과 즐거움과 은혜가 넘칩니다.

교회는 예수 그리스도의 생명의 능력이요 힘이 되신 성령을 받아야 합니다.

성령을 받아 빛을 발하는 교회가 되고 성도가 되어야 합니다.

예수 그리스도의 교회는 '인류의 빛'입니다.

다섯째, '황금 촛대'는 주님의 궁전입니다.

'오른손에 일곱별과 일곱 금 촛대를 가지신 이'가 어디에 계신 누구셨습니까?
'궁전의 보좌에 앉으신 분'(1:4), '만왕의 왕이시며, 만유의 주님'(1:13-15)이십니다.
바로 이 주님은 하늘의 궁전에 계신 우리 주 '예수 그리스도'이십니다.

교회당과 교회를 구별해야 합니다.
교회당과 교회는 다르기 때문입니다.
'교회당'(教會堂)은 '교회가 모이는 집'이고, '교회'(教會)는 '그리스도의 몸'입니다.
참된 교회는 영적인 교회로 무형교회라야 참 교회가 됩니다.

영적인 교회는 시간과 공간을 초월합니다.
주님의 교회는 어디서나 언제나 주님이 거기 계십니다.
주님이 계신 곳이 교회입니다. 주님이 계신 그 곳이 궁전입니다.
> 높은 산이 거친 들이 초막이나 궁궐이나 내주 예수 모신 곳이 그 어디나 하늘나라
> 할렐루야 찬양하세 내 모든 죄 사함 받고 주 예수와 동행하니 그 어디나 하늘나라

바로 금 촛대가 교회입니다. 금 촛대인 교회는 주님의 손에 있습니다.
교회에는 주님이 계십니다.
가난한 환경이라도, 병든 사람들의 집단이라도, 전쟁 중에 포로라도 거기에 교회가 세워진다면 주님은 그 곳에 계십니다.

주님이 계신 곳은 하나님의 나라 궁전입니다.
주님은 이 교회를 사랑합니다.
교회가 교회되어 가기 위해서 간곡한 마음으로 비밀의 말씀을 편지로 전합니다.
에베소 교회에 말씀합니다.
> "너희 처음 사랑을 생각하라. 처음 사랑의 소중함을 기억하라! 왜 그 처음 사랑을 버렸느냐? 처음 사랑을 찾으라!"

'처음 사랑을 회복할 것'을 간곡하게 부탁하는 편지를 보냈습니다.
지금 우리는 주님이 보낸 이 편지를 받아 읽고 말씀대로 행동해야 합니다.
교회가 교회되어 가는 것은 하나님을 사랑하는 사랑을 가져야 합니다.

에베소 교회! 첫 사랑을 회복하라!
(요한계시록 2:1-7)

. . . . .

"에베소 교회의 사자에게 편지하라 오른손에 있는 일곱별을 붙잡고 일곱 금 촛대 사이를 거니시는 이가 이르시되 내가 네 행위와 수고와 네 인내를 알고 또 악한 자들을 용납하지 아니한 것과 자칭 사도라 하되 아닌 자들을 시험하여 그의 거짓된 것을 네가 드러낸 것과 또 네가 참고 내 이름을 위하여 견디고 게으르지 아니한 것을 아노라 그러나 너를 책망할 것이 있나니 너의 처음 사랑을 버렸느니라 그러므로 어디서 떨어졌는지를 생각하고 회개하여 처음 행위를 가지라 만일 그리하지 아니하고 회개하지 아니하면 내가 네게 가서 네 촛대를 그 자리에서 옮기리라 오직 네게 이것이 있으니 네가 니골라 당의 행위를 미워하는도다 나도 이것을 미워하노라 귀 있는 자는 성령이 교회들에게 하시는 말씀을 들을지어다 이기는 그에게는 내가 하나님의 낙원에 있는 생명나무의 열매를 주어 먹게 하리라"

'요한계시록'은 주님이 사도 요한을 통해 지상의 모든 교회와 교회의 사자들에게 보내시는 말씀인데, '1장'의 내용은 '서론'이고, '2장부터'는 '일곱 교회에 보내시는 구체적인 말씀'을 남고 있습니다.

첫 번째 교회 '에베소 교회'와 그 사자에게 보내는 메시지입니다.

교회는 주님의 손에 있는 교회임을 강조했습니다.
그렇다면 '주님의 오른손에 있는 교회'가 의미하는 바는 무엇일까요?

첫째, 교회의 사역자들을 주님의 손에 붙잡고 계십니다.
주님의 손에 의해서 택함을 받았습니다. 양육을 받습니다. 현재의 위치에 있게 됩니다. 보호를 받습니다. 특별한 관계를 가집니다.
유용한 도구로 사용됩니다. 책임을 지십니다. 끝까지 지킵니다.

둘째, 주님은 교회 안에 계시는 분이십니다.
주님은 교회의 중심에 임재해 계십니다.
교회의 모든 것을 알고 계십니다. 모든 것을 보고 계십니다.

가르치시고 계십니다. 필요한 것들을 공급하여 주십니다.

인도하여 주시고 안내하여 주십니다. 어두움에서 빛이 되어 주십니다.

교회를 하나가 되게 하십니다. 교파도 없고, 교단도 없고, 장벽도 없습니다.

그러나 현대교회는 주님의 뜻에 어긋난 일들을 일삼고 있기에 현대교회가 성경을 바로 읽고 믿고 순종해야 한다는 것을 깨닫게 됩니다.

'에베소 교회'는 지상의 모든 교회들에게 '7분의 1의 모델'이 되는 셈입니다.

다시 말하면 주님은 '지상의 교회를 일곱 가지 모델로 보고 한 교회를 한 모델로 교훈'해 주십니다.

에베소 교회를 통하여 어떤 점을 보고 들으며 깨달으며 믿을 수 있습니까?

에베소 교회는 어떤 교회입니까?

소아시아에 있는 교회 중 하나입니다.

지상에 복음이 땅 끝을 향하여 전파될 시기에 '사도 바울'이 제2차 전도 때 처음으로 복음을 전했고(행 18:19-21), 그 후 3차 전도 때 2년 3개월 동안 목회를 하면서 전도하고 가르치며 세워진 교회입니다.

'브리스길라'와 '아굴라 부부'가 함께 아름다운 일꾼으로 사역에 동참했습니다.

그 후에 '디모데'가 목회했고, '사도 요한'도 이곳에서 목회했고, 역사가들에 의하면 '예수님의 어머니 마리아'도 이곳으로 와서 지내게 되었다고 합니다.

역사적으로 의미가 있는 교회 중에 한 교회입니다.

주님은 에베소 교회와 그 사자에게 보내는 말씀에서 칭찬을 받을만한 내용 다섯 가지를 말씀합니다.

"내가 네 행위와 수고와 네 인내를 알고 또 악한 자들을 용납하지 아니한 것과
자칭 사도라 하되 아닌 자들을 시험하여 그의 거짓된 것을 네가 드러낸 것과
또 네가 참고 내 이름을 위하여 견디고 게으르지 아니한 것을 아노라"(2-3절)

첫째, 에베소 교회는 주님을 위하여 수고를 많이 했습니다.

'네 행위와 수고와 인내'라는 말씀을 생각해 보십시오.

에베소 교회는 믿음이 있었습니다.

믿음은 말로만 믿는 것이 아니라 행함으로 실천되었습니다.

믿음이 있어야 합니다. 그 믿음은 행함이 따라야 합니다.

　"행함이 없는 믿음은 죽은 것이라"(약 2:17)

행함의 믿음은 수고하고 고생하는 일이 따릅니다. 땀을 흘리고 애쓰는 삶입니다.
물론 거기에는 불평이 없고 원망도 없어야 합니다.
서로 비난하고 비방하는 일이 없어야 합니다.
서로 미루는 것이 아니고 서로 먼저 짐을 지려는 자원하는 마음이 있어야 합니다.
희생과 헌신이 따르는 것입니다.

　"내가 증언하노니 그들이 힘대로 할 뿐 아니라 힘에 지나도록 자원하여"(고후 8:3)

　"너희 중에 있는 하나님의 양 무리를 치되 억지로 하지 말고 하나님의 뜻을 따
　라 자원함으로 하며 더러운 이득을 위하여 하지 말고 기꺼이 하며"(벧전 5:2)

믿음으로 행함은 누구에게 보이려는 것이니 칭찬받기 위해서가 아닙니다.
주님을 위하여 행하는 일이기 때문에 이미 받은 은혜를 깨닫고 감사하면서 봉
사하는 일입니다.

교회에는 적(敵)이 있습니다. 그것은 게으름입니다. 무기력한 것입니다.
서로 미루는 것입니다. 남의 탓만 하고 환경 탓만 하는 것입니다.
그러나 주님을 위한 믿음의 행위는 쓰러질 때까지 헌신하는 것입니다.
주님은 이렇게 '일하는 믿음의 사람이 되라'고 하셨습니다.

　"내가 주릴 때에 너희가 먹을 것을 주었고 목마를 때에 마시게 하였고 나그네
　되었을 때에 영접하였고 헐벗었을 때에 옷을 입혔고 병들었을 때에 돌보았고
　옥에 갇혔을 때에 와서 보았느니라"(마 25:35-36)

"우리가 선을 행하되 낙심하지 말지니 포기하지 아니하면 때가 이르매 거두리
라"(갈 6:9)고 했습니다. 사람인지라 힘들고 피곤할 수 있고 지칠 수 있습니다.
그러나 탈진상태에서도 포기하지 않는 것입니다.
에베소 교회는 이런 뜨거운 열정이 있어서 주님에게 칭찬받은 교회였습니다.

둘째는, 인내입니다.

주님을 섬기는 일에는 뜨거운 열정을 가지고 살아가야 한다는 것은 잘 압니다.
그렇게 살려고 하는데 이를 방해하는 세력이 있는데 '시험'(試驗)입니다.
믿음의 일을 하다가 낙심하는 것입니다.
그래서 포기하는 것입니다. 중단해 버리는 것입니다.
시험이 드는 것입니다. 원망하며 불평하는 것입니다.
이때에 넘어지는 사람이 많습니다.

무엇이 문제입니까?
인내가 부족합니다. 인내하는 것이 믿음입니다.
"너희에게 인내가 필요함은 너희가 하나님의 뜻을 행한 후에 약속하신 것을 받기 위함이라"(히 10:36)고 했습니다. 인내가 있어야 합니다.

셋째는, 악한 자들을 용납하지 아니한 것입니다.

'카쿠스'(κακοὺς)라는 말은 '악한 자'라는 뜻으로 '죄악으로 부정하고 부패하게 타락한 자들'이라는 뜻입니다. 죄는 오염이 되는 것입니다.
에베소 지방은 해안의 항구를 가진 상업도시이기 때문에 물질적으로 풍성한 곳이기도 했습니다. 거기다가 로마 세력이 깊이 새어 들어와 있었습니다.
거기다가 로마의 정치적 문화는 사람들을 타락하게 만드는 데 충분했습니다.
그럼에도 에베소 교회는 타락하고 부패한 악의 세력을 용납하지 않을 만큼 강하고 담대한 믿음을 지켰습니다.

넷째는, 이단자들을 분별하여 몰아냈습니다.

'거짓된 것들을 드러냈다'고 했습니다.
거짓 선지자들이 많았습니다.
그런데 에베소 교회는 그 거짓 설교자들을 분별할 줄 알았습니다.
소위 '영분별의 영'을 받았습니다(요일 4:1-3).

다섯째는, 주님의 이름을 위하여 참고 견디는 믿음입니다.

"또 네가 참고 내 이름을 위하여 견디고 게으르지 아니한 것을 아노라"(3절)

사람이 잘못된 삶이나 행위로 사람을 욕먹게 하는 일은 치명적인 일입니다.

부모가 자식에게 욕을 먹일 수도 있고, 자식이 부모에게 욕을 돌리게 하는 일이 있습니다. 형제가 형제에게 욕을 돌리게 할 수도 있습니다.

성도들 중에도 믿음이 없으면 주님께 욕을 돌리게 되는 경우가 생깁니다.

중생(重生)해야 합니다.

중생하면 말씀이 뿌리를 내리게 되고 말씀의 힘과 능력으로 어떤 시험에도 견디는 힘을 가질 수 있습니다.

에베소 교회는 이런 다섯 가지 장점으로 칭찬을 받는 교회가 되었습니다.

그런데 책망도 에베소 교회는 받았습니다.

"그러나 너를 책망할 것이 있나니 너의 처음 사랑을 버렸느니라"(4절)

칭찬받는 일이 많았지만 가장 중요한 '사랑'을 잃어버린 것이 치명적입니다.

다른 것들은 조금 부족해도 사랑이 흠 잡을 데 없다면 그것으로 족할 수 있지만, 모든 것을 다 가져도 사랑이 없으면 모두가 무익하기 때문에 책망 받습니다.

문제는 사랑을 잃어버린 것이 아니라 '사랑을 버렸기 때문'에 책망이 컸습니다.

예수 그리스도에 대한 마음을 잃어버린 것입니다.

그들의 마음에서 그리스도가 없어졌기 때문에 예수님 중심이 아닙니다.

따라서 교회생활을 하면서 불평과 원망이 있고, 신실한 순종이 없습니까?

교회 일을 하는 것이 기쁘지 않고, 짜증나고, 힘들고 부담이 됩니까?

이 같은 생각이나 행동은 '그 마음에 예수 그리스도가 없다'는 증거입니다.

부모를 버리는 사람은 그 마음에 부모가 없기 때문에 버리는 것입니다.

자식을 버리는 사람들도 그 마음에 자식이 없기 때문에 버립니다.

버린 사람들은 절대로 버린 자들을 찾지 않습니다.

그런데 버림을 당한 사람은 자신을 버린 자들을 눈물겹도록 찾습니다.

인간은 하나님을 버리고 다시는 찾으려고 하지 않습니다.

오히려 버림을 당한 하나님이 그 죄인인 사람을 찾고 찾습니다.

이것이 다른 점입니다.

성경은 버림을 당한 주님께서 주님의 사랑을 버린 에베소 교회를 찾고 찾으면서 '왜 주님의 사랑을 버렸느냐'고 책망을 하십니다.

주님의 사랑을 잃어버린 사람은 사랑을 하지 못합니다.

새 신자가 교회에서 뿌리를 내리지 못하는 이유는 사랑이 없기 때문입니다.

새로운 식구를 만났을 때에 사랑으로 맞이해야 합니다.

예수님께서 "새 계명을 너희에게 주노라"고 하셨습니다.

> "새 계명을 너희에게 주노니 서로 사랑하라 내가 너희를 사랑한 것 같이 너희
> 도 서로 사랑하라"(요 13:34)

서로 사랑하는 것이 무엇입니까?

예수님께서 열두 제자들의 발을 씻겨주셨습니다.

섬김입니다. 위하여 높이는 것입니다. 돌보는 것입니다. 진실한 사랑입니다.

사랑에는 화목이 있고, 친교가 있습니다.

핍박과 환난 중에서도 예수님을 부인하지 않으며, 교회를 부인하지 않습니다.

한 번 정한 믿음의 사랑을 버리지 않아야 합니다.

권면하는 말씀이 있습니다.

> "그러므로 어디서 떨어졌는지를 생각하고 회개하여 처음 행위를 가지라 만일 그리하지
> 아니하고 회개하지 아니하면 내가 네게 가서 네 촛대를 그 자리에서 옮기리라"(5절)

첫 번째는, 주님의 사랑을 저버린 것을 회개하라는 권면입니다.

'주님의 사랑을 왜, 무엇 때문에 저버리게 되었는지'를 돌아보고 회개하고 그 처음 사랑을 회복할 것을 권면합니다.

주님의 사랑을 생각하며, 왜 넘어졌는지 깨달아야 합니다.

둘째는, 회개(悔改)는 본심으로 돌아가는 것입니다.

그런데 현재의 그리스도인들은 그 사랑의 행위를 버리고 피해서 도망갑니다.

그 교회에서 떠나서, 그 교회 성도들을 안 보면 되는 줄로 생각합니다.

피해 가면 되었다고 생각합니다. 엄청난 잘못을 저지르고 있는 것입니다.

아담이 하나님의 사랑을 버리고 피해서 숨었고, 요나가 하나님의 사랑을 버리고 피해서 도망갔으나 그렇게 피해서 숨거나 도망친다고 해서 살아날 수 있는 것이 결코 아니었습니다. 주님은 그들을 찾아내시고 돌아서게 만들었습니다.

'베드로'는 주님을 배반하였다가 죄를 깨닫고 회개하고 돌아왔습니다.
'진정한 회개'는 '돌아오는 것'입니다.

셋째는, 처음에 사랑하며 결심했던 마음으로 살아야 합니다.
왜냐하면 주님이 항상 내 심령에 주인으로 계시기 때문입니다.

경고하는 말씀입니다.
　"오직 네게 이것이 있으니 네가 니골라 당의 행위를 미워하는도다 나도 이것을
　미워하노라"(6절)

'니골라'는 안디옥 사람으로 알려지고 있는데, 그리스도인이었습니다.
이 사람은 파벌을 형성하고 개인 야망을 위한 집단을 만들었습니다.
'교회를 해치는 집단'(이단 집단)이라고 보는 것이 합당합니다.
에베소 교회는 이런 집단을 용납하지 않았습니다.
앞으로 어떤 경우에라도 말씀을 폐하거나 말씀의 교회를 혼란하게 만드는 집단
을 경계해야 합니다.

요한계시록을 영해한다고 하며 말씀을 아전인수 격으로 해석하거나 적용하는
이들이 많은데, 이들은 지나친 말세론자들입니다.
우리는 항상 종말을 대비하는 믿음을 가져야 하지만, 종말론자가 되면 안 됩니다.
종말론자들은 종말론을 주장하여 기독교의 이름으로 주님의 재림을 시한적으로
못 박고, 이것을 미끼로 재물을 착취하여 개인의 탐심을 채우는 자들입니다.
성도들은 종말론자들을 경계해야 합니다.

약속의 말씀입니다.
　"귀 있는 자는 성령이 교회들에게 하시는 말씀을 들을지어다 이기는 그에게는
　내가 하나님의 낙원에 있는 생명나무의 열매를 주어 먹게 하리라"(7절)

그리스도인들 앞에는 대적자들이 있습니다.
정의 앞에는 불의가 있고, 정직 앞에는 부정이 있고, 진리 앞에는 거짓이 있는
데, 이것들이 대적하게 하고 있습니다.
이에 그리스도인은 믿음의 싸움을 싸워야 합니다.

"근신하라 깨어라 너희 대적 마귀가 우는 사자 같이 두루 다니며 삼킬 자를 찾
나니"(벧전 5:8)

마귀는 섣불리 달려들지 않습니다.

이 마귀 놈들은 항상 신자들을 이길 만반의 준비를 하고 달려들고 있습니다.

그러나 우리는 마귀를 대적할 믿음의 힘이 더 강해야 합니다.

그래서 이겨야 합니다.

그리스도인에게 패배란 있을 수 없습니다. 만일 우리에게 패배가 있었다면 죄
를 지은 일입니다. 마귀는 그 죄를 숨기게 하고, 죄를 죄로 인정하지 않게 하고,
죄를 회개하지 못하게 합니다. 그것은 마귀에게 패배하는 것입니다.

'마귀를 이기는 길은 죄를 시인하고 죄를 철저하게 회개하는 것'입니다.

죄를 회개하지 않은 '사울 왕'은 멸망하고 말았으나, 죄를 회개한 '다윗 왕'은
하나님의 사랑을 받았고, 자손이 길이길이 축복을 누렸습니다.

'가룟 유다'는 회개하지 않아서 제 곳으로 가는 멸망 길로 떨어졌으나, 죄를 회
개한 '베드로'는 주님의 사랑을 입은 최고의 사도가 되었습니다.

이기는 완전한 삶은 예수 그리스도 안에서 성령의 인도하심과 보호하심과 지키
심을 믿으며 살아가는 것입니다.

이렇게 승리한 사람이 누리는 위대한 축복이 있습니다.

"이기는 그에게는 내가 하나님의 낙원에 있는 생명나무의 열매를 주어 먹게 하리라"

하나님의 낙원에서 누리는 영광입니다.

하나님의 낙원은 하나님의 택한 교회들과 성도들을 위하여 예비한 천국입니다.

이 세상의 어떤 것으로도 비교할 수 없는 찬란한 곳입니다.

내가 누구입니까? 나는 황금교회입니다(I am the Golden Church).

하나님의 손에 있는 금빛 찬란한 교회이며, 성도입니다.

우리가 그 낙원을 누릴 것입니다.

생명나무가 풍성하고 넘쳐서 만족할 것입니다(시 23편; 계 22:2).

'먹게 하신다'는 것은 소유를 말하는 것으로 아버지의 것이 내 것입니다.

첫 사랑을 회복하는 교회와 성도가 누릴 수 있는 축복입니다.

서머나 교회! 생명의 면류관을 받으라!
(요한계시록 2:8-11)

• • • • •

"서머나 교회의 사자에게 편지하라 처음이며 마지막이요 죽었다가 살아나신 이가 이르시되 내가 네 환난과 궁핍을 알거니와 실상은 네가 부요한 자니라 자칭 유대인이라 하는 자들의 비방도 알거니와 실상은 유대인이 아니요 사탄의 회당이라 너는 장차 받을 고난을 두려워하지 말라 볼지어다 마귀가 장차 너희 가운데에서 몇 사람을 옥에 던져 시험을 받게 하리니 너희가 십 일 동안 환난을 받으리라 네가 죽도록 충성하라 그리하면 내가 생명의 관을 네게 주리라 귀 있는 자는 성령이 교회들에게 하시는 말씀을 들을지어다 이기는 자는 둘째 사망의 해를 받지 아니하리라"

교회는 하나님이 택하여 세우신 성도들의 거룩한 가족입니다.
그러므로 하나님의 교회입니다.
그러나 교회는 항상 안전하며 평안하며 즐거우며 축복만 넘치는 것은 아닙니다.
하나님의 교회이기에 사탄의 시험으로 인하여 핍박과 환난과 시련이 많습니다.
믿음이 온전하고 강하다고 해서 핍박이나 환난이 없는 것이 아닙니다.
믿음이 있으면 있는 대로 없으면 없는 대로 시험들이 있습니다.
사탄은 항상 하나님을 대항하여 대적하기 때문에 교회를 무너지게 하려고 합니다.

'서머나 교회'는 믿음이 흔들리거나 약점이 없었습니다.
그럼에도 불구하고 핍박과 환난이 있었습니다.

그렇다면 서머나 교회는 어떤 교회입니까?
서머나 교회는 소아시아 일곱 교회 중 가장 아름다운 도시에 있었습니다.
에베소로부터 80km 정도 떨어진 곳에 있는 항구도시입니다.
초대교회 당시에도 가장 아름다운 항구도시로 인구가 30만 명 정도였다고 합니다.
현재의 도시 이름은 '이즈미르'(Izmir)입니다.

'미르'(myrrh)라는 이름의 뜻은 '향료'라는 뜻입니다(시 45:8).

이 향료는 기름(출 30:23)을 만들거나, 시체에 사용되는 방부제(요 19:39)로 사용되기도 했고, 여성들의 성결을 위해서(에 2:12) 사용되기도 했고, 정신과 마음을 안정시키는 데(막 15:23)에도 사용되었다고 합니다.

그런데 성경은 '서머나'라는 이름을 사용했습니다.

'서머나'는 '쓰다'는 뜻입니다. 향료는 먹는 것은 아니지만 그것은 쓴 것입니다.

그래서 서머나 교회의 이름은 '쓰디쓴 슬픔, 고통, 핍박을 겪고 있는 교회'라는 점을 깨닫게 합니다.

서머나 교회는 제일주의 정신을 가진 사람들이었습니다.

'서머나'는 문화적으로 자부심이 강한 도시였습니다.

경제적으로 항구 상업지역으로 물질이 풍부한 도시였습니다.

정치적으로는 로마의 식민지로 로마의 지배를 받았습니다.

종교적으로는 로마 황제를 신으로 숭배하는 신앙을 가진 도시였습니다.

그래서 사람들은 정신적으로 허영이 깊이 배어 있었습니다.

아시아에서 제일가는 도시라고 자부하고 자만심이 강한 사람들이었다고 알려지고 있는 만큼 사람들은 각각 개인 자신이 누구보다 제일주의, 가장 높은 자리. 가장 큰 명성을 원했습니다.

도시민들의 정신과 사고가 그렇다면 교회도 다를 바가 없었을 것입니다.

이런 정신적 사고의 배경을 가지고 있는 교회에 주님이 말씀하시는 점이 의미심장함을 깨닫습니다.

"처음이며 마지막이요 죽었다가 살아나신 이가 이르시되"(8절)

"네가 죽도록 충성하라 그리하면 내가 생명의 관을 네게 주리라"(10절)

제일주의, 최고주의 정신을 가진 자들에게 "생명의 관을 주리라"고 하신 말씀은 그들의 심령골수를 살피시는 주님이심을 알게 하십니다.

서머나 교회는 큰 핍박을 받았습니다.

'서머나'라는 도시는 유대인들이 대부분이었습니다.

교회 안에도 유대교에서 회심한 사람들이 많았습니다.

그래서 너더욱 핍박이 가혹했던 것은 유대인들의 반발적인 핍박이었습니다.

지구상에서 사상적으로나 정치적으로 교회를 말살하려고 강하게 핍박을 가해 왔던 세력들은 교회를 잘 아는 무리들이었기 때문에 더욱더 어려운 것입니다.

'사도 바울'이 부르심을 받기 전에는 '사울'이라는 이름으로 유대교인이요, 자신이 하나님을 가장 잘 믿는 사람으로 자처해서 기독교를 핍박하는 데 선봉자가 되었으며, '스데반'을 돌로 쳐서 죽이는 데 앞잡이가 되었습니다.

소련 공산주의가 교회를 말살했는데 공산주의 창시자는 '마르크스'였습니다.
그는 본래 기독교인이었고, 신학을 공부한 사람이었습니다.
그는 이론적으로 하나님도 알고, 예수도 아는 자입니다.
북한 '김일성'도 한반도에서 마르크스의 제2인자로 공산주의자가 되었습니다.
1907년에 평양은 한국의 예루살렘이라 하였고, 대부흥운동이 일어났습니다.
그러나 공산화가 되면서 교회는 말살되어 없어지지 60여 년이 되었습니다.
북한의 공산주의 지도자는 어떤 사람입니까?
그는 외갓집이 기독교 집안이었고, 어린 시절에 교회를 다닌 사람이었음에도 공산주의자가 되어서 교회를 말살해 버리고 말았던 것입니다.

마귀는 교회 안의 신자들을 동원하여 교회를 해롭게 합니다.
마귀는 교회 안의 어떤 자들을 이용합니까?
마귀는 이론적으로 하나님도 알고 예수도 안다고 하지만 '영적으로 온전히 중생하지 못한 자들'을 이용하기 때문에 언제나 교회 밖에서 오는 시험이 아니라 '교회 안에서 일어나는 시험이나 박해가 더 무서운 것입니다.

최근에 서울의 모 교회 안에서 장로가 선동자가 되어서 목사를 고소·고발했고, 서울의 또 다른 교회가 교회 내부적으로 일어난 소동들로 시련을 당했으며, 또 다른 교회에서는 장로들이 저지른 일들 때문에 대란이 일어났습니다.

이 모든 교회들이 회중이 많이 모이는 교회들입니다.

사람이 많이 모이는 교회나 적게 모이는 교회나 시련이 있는 것은 사탄이 중생하지 못한 사람들을 이용해서 일어나게 하는 핍박입니다.

서머나 교회도 사실상 유대인들의 반발에서 비롯된 핍박을 받았다고 볼 때 '유대인들'은 '하나님을 알고 선지자도 알고 성경도 아는 자들'입니다.

예루살렘 교회도 유대인들에게 많은 핍박을 받았습니다.

서머나 교회는 핍박 받았지만 주님으로부터 칭찬만 받은 교회 중 하나입니다.

아무리 거센 환난이나 고난이 있어도 주님만을 사랑하는 믿음이 있기에 칭찬을 받는 교회가 되었습니다.

서머나 교회에 보내시는 주님의 메시지입니다.

> "서머나 교회의 사자에게 편지하라 처음이며 마지막이요 죽었다가 살아나신 이가 이르시되"(2:8)

서머나 교회에게 계시의 말씀을 주시는 분은 주님이십니다.

일곱 교회에 계시의 말씀을 보내시는 이는 '한 분'이신데 교회들마다 주님의 소개는 각기 다릅니다. '에베소 교회'에는 '오른손에 있는 일곱별을 붙잡고 일곱 금 촛대 사이를 거니시는 이'(1절)라고 했고, '서머나 교회'에는 '처음이며 마지막이요 죽었다가 살아나신 이'(8절)라고 했습니다.

강조하시는 두 가지를 깨닫게 하십니다.

첫째는, 그리스도는 처음이요 나중이신 분이십니다.

교회는 말할 수 없는 핍박을 겪고 있습니다.

박해자들은 '교회가 살고 죽는 것이 자신들의 손에 달려 있을 만큼의 힘과 능력과 권세가 주어졌음'을 앞세워서 핍박을 가합니다.

그러나 주님께서는 핍박 받는 교회를 보십니다.

교회를 돌아보시며 구원할 능력과 권세를 가지신 이로서 말씀하십니다.

> "내가 처음이요 나중이다"

최초로 말씀하시는 이가 주님이시고, 마지막으로 말씀하시는 이도 주님이십니다.

최고의 권세자이신 주님이시며, 최고의 권력자시며, 통치자이신 주님이십니다.

교회는 누구의 말을 들어야 합니까?

핍박자들의 말을 들을 것이 아니라, 주님의 말씀을 들어야 합니다.

주님의 말씀을 들으면 살고, 듣지 않으면 죽을 것입니다.

예루살렘 교회에 박해가 있을 때 박해자들은 '사도들'을 고문하고 옥에 가두고 사도 '야고보'를 칼로 목을 베어 죽였습니다(행 12:2).

'베드로'를 죽이기 위해서 감옥에 가두고 고문하며 말합니다(행 4:3).

"예수의 이름으로 말하지도 말고 가르치지도 말라"(행 4:18)고도 위협합니다.

그러나 베드로와 요한은 "하나님 앞에서 너희의 말을 듣는 것이 하나님의 말씀을 듣는 것보다 옳은가 판단하라 우리는 보고 들은 것을 말하지 아니할 수 없다"(행 4:19-20)고 했습니다.

죽고 사는 것은 죽었다가 살아나신 주님에게 달려 있는 것입니다.

둘째는, '죽었다가 살아나신 이'입니다.

'죽었다가 살아나신 이'는 '생명의 주인이시며, 생명을 주관하시는 주님'이십니다.

주님은 어느 누구에게도 죽임 당하실 분이 아닙니다.

사탄의 세력이 주님을 죽이려고 해도 주님이 죽으시니까 죽으신 것이지, 마귀가 죽여서 죽은 것은 아닙니다.

> "몸은 죽여도 영혼은 능히 죽이지 못하는 자들을 두려워하시 말고 오직 몸과 영혼을 능히 지옥에 멸하실 수 있는 이를 두려워하라 참새 두 마리가 한 앗사리온에 팔리지 않느냐 그러나 너희 아버지께서 허락하지 아니하시면 그 하나도 땅에 떨어지지 아니하리라"(마 10:28, 29)

십자가에 죽으신 예수님은 마귀가 죽여서 죽으신 것이 아닙니다.

우리의 죄와 허물을 대속해 주님이 십자가의 고난을 지시고 죽으신 것입니다.

예수님의 죽으심은 하나님께서 그렇게 정하신 것입니다.

> "내가 받은 것을 먼저 너희에게 전하였노니 이는 성경대로 그리스도께서 우리 죄를 위하여 죽으시고 장사 지낸 바 되셨다가 성경대로 사흘 만에 다시 살아나사"(고전 15:3, 4)

하나님의 생명은 죽으시는 법이 없습니다. 죽지 않는 생명입니다.

죽은 자의 하나님이 아니요 산 자의 하나님이십니다. 살아계신 하나님이십니다.

교회가 핍박을 받아 죽음에 이를지라도 두려워 할 필요 없습니다. 그리스도 안에서의 죽음이 아니며, 이니 그리스도께서 죽음의 문제를 해결하셨기 때문입니다.

따라서 그리스도 안에 있으면 죽지 않을 것입니다.

죽을지라도 살 것입니다.

핍박을 당하는 교회에게 칭찬을 하십니다.

　　•"내가 네 환난과 궁핍을 알거니와 실상은 네가 부요한 자니라 자칭 유대인이라
　　하는 자들의 비방도 알거니와 실상은 유대인이 아니요 사탄의 회당이라"(9절)

서머나 교회의 믿음을 보십시오.
서머나 교회는 환난과 핍박을 이겨 냅니다.
서머나 교회가 당하는 환난이 얼마나 극심했는지는 '폴리갑'의 순교를 보면 잘
알 수 있습니다.
　　'폴리갑'(Polykarp)은 사도 요한의 제자로서 서머나 교회를 목회한 감독이기도 합
니다. '폴리갑'은 서머나 교회에서 열두 번째로 순교를 당했습니다.
　　로마 가이사 황제 숭배를 거부하는 자들은 처형을 시켰습니다.
　　교회 감독인 '폴리갑'에게도 회유를 했습니다.
　　"가이사 황제를 '주'라고 한 번만 고백하면 살려 주겠다."고 했습니다.
　　그러나 '폴리갑'은 "내가 86년 동안 예수님을 섬겨오는 동안 주님은 나를 한 번
도 나를 부인한 일이 없으신데 내가 어찌 나의 주인이시며 나의 왕이신 주님을
부인하고 거부하겠는가?" 하고 거절했습니다.
　　그는 화형장으로 끌려가서 불에 던짐을 당했지만, 타지 않았다고 합니다.
　　그러나 칼로 목을 쳐서 태워 죽였다고 합니다.

'서머나 교회'는 '박해와 환난과 궁핍을 이겨낸 교회'로 주님께 칭찬받았습니다.
그리스도인이 된다는 것은 희생(犧牲)이었습니다.
유대교나 이방 종교에서 개종하여 그리스도인이 되었다는 이유로 직장이나 일
자리에서 쫓겨나기도 하고, 투옥되기도 하였고, 원형 경기장에 끌려 나가서 사나
운 짐승과 결투하고, 또는 불에 태워 죽임을 당했습니다.
또한 정치적 독재 세력이 교회를 박해하여 그리스도인들이 핍박당할 때는 그리
스도인들의 생활을 제재하기 때문에 생활이 궁핍해지고 가난할 수밖에 없습니다.

　　우리나라 경우를 보면 일본 식민지 치하에서나 공산주의 치하에서 기독교인들이
가장 어렵게 살았고, 군사독재 치하에서도 기독교인들이 설자리는 없었습니다.
　　그 때 많은 크리스천 교수들이나 목사님들이 감옥살이를 했습니다.
　　본인들은 말할 것도 없거니와 그의 가족들의 생활이 막막했습니다.

　　연세대학교 김○○ 교수님이 계셨습니다.

연세대학교 대학원에서 공부할 때 그 교수님이 다 해진 가방 하나를 들고 학생들이 공부하는 자리에 살며시 다가와서 앉으시고는 책 한 권을 꺼내 놓습니다.

저도 그 때 '하나님의 지하 운동'이라는 책 한 권을 샀습니다.

교수직을 박탈당하고 생계가 어려우니 어쩔 수 없이 그렇게 살았습니다.

그래도 주님을 부인할 수 없습니다.

인내하며 견디는 것이 믿음입니다.

가난할 때에도 믿음을 버리지 않고, 주님을 멀리하지 않는 믿음의 사람이 되어야 주님에게 인정을 받게 됩니다.

서머나 교회는 영적으로 부요한 교회입니다.

서머나 교회는 비록 환난을 당하고 궁핍해도 영적으로 부자였습니다.

'영적으로 부요한 증거'는 '주님을 사랑하는 사랑이 식지 않는 것'입니다.

주님을 사랑하는 마음이 식지 않을 때 성령의 풍성한 열매를 맺게 됩니다.

성령의 열매는 영적 부요를 증거해 줍니다.

'성령의 열매'는 '사랑'으로부터 시작합니다. '사랑과 희락과 화평'이며, '오래 참음과 자비와 양선'이며, '충성과 온유와 절제'의 열매입니다.

서머나 교회는 이처럼 영적으로 부요했습니다.

하나님으로 만족하기 때문입니다.

서머나 교회는 훼방(毁謗)을 견뎌냈습니다.

'훼방'은 '블라스페미안'(βλασφημίαν)이란 말로 '중상, 조롱, 악담'이라는 뜻입니다.

이는 핍박 중에서 가장 견디기 어려운 일입니다. 자칫하면 싸움으로 번지고, 법정 다툼으로까지 발전하면서 참으로 아픈 사건이 되기도 합니다.

강남의 모 교회 목사님은 수십 년 동안 중상과 악담에 휘말려 핍박받아왔지만, 일절 대꾸하지 않았습니다.

그 이유는 핍박받을 행동을 하지 않았기 때문입니다.

그래서 이겨 낸 것입니다.

중상하고 악담하는 자들이 제풀에 꺾이게 되고, 스스로 교회를 떠나갑니다.

서머나 교회가 훼방을 당했지만 그 일을 견뎌내는 믿음을 지켰습니다.

욕하는 사람이 더럽습니까? 욕먹는 사람이 더럽습니까?

서머나 교회는 욕먹을 행동을 하지 않았으니 욕하는 자들이 더러운 자들이요, 심판을 받을 자들이었습니다.

서머나 교회는 주님께 위로 받는 교회입니다.

"너는 장차 받을 고난을 두려워하지 말라 볼지어다 마귀가 장차 너희 가운데에서 몇 사람을 옥에 던져 시험을 받게 하리니 너희가 십 일 동안 환난을 받으리라 네가 죽도록 충성하라 그리하면 내가 생명의 관을 네게 주리라"(10절)

'교회는 지금까지 받아온 환난보다 더 크고 무서운 고난이 있을 것'이라고 하는데, 이것은 '사탄이 최악으로 발악하게 되어 몇 사람들이 감옥에 갇히게 되는 일이 생길 것'을 예언한 것입니다.

여기서 '10일 동안'은 '짧은 기간'을 의미합니다.

이는 '고난을 당하는 시간이 길지는 않다'는 것입니다.

'짧은 기간 동안만'이라고 말씀하시는 것은 고난에 대한 용기를 갖게 하시려는 하나님의 깊은 뜻이 담겨 있습니다.

고난을 받는 것은 벌이나 저주가 아니라, 하나님께서 허락하신 것입니다.

그러나 주님은 고난을 당하는 교회와 성도들을 잊지 않으십니다.

"고난을 두려워하지 말라"고 하신 이유는 '주님이 모르는 척하지 않으신다'는 의미이기도 하지만, '주님께서 이미 아시고 돌아보시며 가까이 찾아오셔서 고난의 풀무에서 구해 주실 것'을 말씀하신 것입니다.

서머나 교회에는 영원히 변치 않는 약속이 주어졌습니다.

"네가 죽도록 충성하라 그리하면 내가 생명의 관을 네게 주리라 귀 있는 자는 성령이 교회들에게 하시는 말씀을 들을지어다 이기는 자는 둘째 사망의 해를 받지 아니하리라"(10절 하-11절)

첫째는, "생명의 관을 주리라"는 것입니다.

여기서 '생명의 관'은 어떤 상급보다 제일이요, 최상의 상급입니다.

이 상급은 생명으로 그 어떤 것도 이 생명과 바꿀 수 없습니다.

한 강도가 돈 많은 부잣집에 들이닥쳤습니다.

강도는 부자 영감에게 "가지고 있는 돈을 다 내어 놓을 것이냐? 죽을 것이냐? 두 가지 중에 하나를 택하라"고 했습니다.

부자는 "돈을 절대로 내 줄 수 없다"고 하고는 돈을 자신의 몸에 동여매고 강도에게 "자! 나를 죽여라!"고 말했습니다.

그러자 강도는 그 부자 영감을 총으로 쏘아 죽이고 돈을 가지고 가버렸습니다.

참으로 어리석은 부자입니다.

이 땅에서 잃은 생명은 천국에 갈 수 없습니다.

그러나 이 땅에서 얻은 생명은 천국으로 갑니다.

천국에 간 생명은 땅에서 누릴 수 없었던 모든 영화와 영광을 누리게 됩니다.

'생명을 얻는 것'이 '면류관'입니다.

둘째는, "둘째 사망의 해를 받지 아니하리라"는 것입니다.

'죽음'에는 두 가지 단계가 있습니다.

'육신의 사망'과 '영혼의 죽음'입니다.

먼저 '육신의 사망'은 누구나 다 죽는 육체적인 죽음입니다.

그리스도인들에게 '첫째 죽음'은 '예수 안에서 이미 죽은 것'(갈 2:20)입니다.

'영혼의 죽음'은 '영혼이 지옥에 버려져 형벌의 저주를 받는 죽음'입니다.

믿지 않는 자들은 이 둘째 사망에 이르게 되지만, 그리스도인들은 믿음으로 영생을 얻어서 천국에 이르게 됩니다.

따라서 그리스도인에게는 이 죽음에 대한 두려움의 문제가 없습니다.

주님은 "생명의 관을 얻는 믿음을 가지라"고 하십니다.

'예수를 믿는다'는 이유로 환난을 당하거나 가난하게 되거나 훼방을 받거나 고난을 당해도 두려워하지 말고, '죽도록 충성을 다하는 믿음'을 지키는 것을 포기하지 말아야 합니다.

지금 우리 안에서 두 가지가 싸우고 있습니다.

육체 안에서 사탄의 미혹이 믿음을 저버리게 만들지만, 성령 안에서 믿음을 지키게 하는 능력이 역사합니다.

성령 안에서 믿음으로 생명의 면류관을 받아야 합니다.

죽도록 충성하는 믿음으로 살기를 원합니다.

버가모 교회! 회개하는 자가 받는 은혜
(요한계시록 2:12-17)

• • • • •

"버가모 교회의 사자에게 편지하라 좌우에 날선 검을 가지신 이가 이르시되 네가 어디에 사는지를 내가 아노니 거기는 사탄의 권좌가 있는 데라 네가 내 이름을 굳게 잡아서 내 충성된 증인 안디바가 너희 가운데 곧 사탄이 사는 곳에서 죽임을 당할 때에도 나를 믿는 믿음을 저버리지 아니하였도다 그러나 네게 두어 가지 책망할 것이 있나니 거기 네게 발람의 교훈을 지키는 자들이 있도다 발람이 발락을 가르쳐 이스라엘 자손 앞에 걸림돌을 놓아 우상의 제물을 먹게 하였고 또 행음하게 하였느니라 이와 같이 네게도 니골라 당의 교훈을 지키는 자들이 있도다 그러므로 회개하라 그리하지 아니하면 내가 네게 속히 가서 내 입의 검으로 그들과 싸우리라 귀 있는 자는 성령이 교회들에게 하시는 말씀을 들을지어다 이기는 그에게는 내가 감추었던 만나를 주고 또 흰 돌을 줄 터인데 그 돌 위에 새 이름을 기록한 것이 있나니 받는 자 밖에는 그 이름을 알 사람이 없느니라"

'하나님의 백성들'은 곧 '교회'입니다.
교회를 역사적으로 살펴보면 첫째는, 족장 시대 교회가 있었습니다.
'아담, 노아, 아브라함, 이삭, 야곱 …' 등은 족장 시대 교회들이었습니다.

둘째는, 광야 교회가 있었습니다.
이스라엘 백성들이 출애굽하여 가나안으로 가는 43년 광야에서의 교회입니다.

셋째는, 선지자 시대의 교회입니다.
가나안에 입국을 하고 하나님의 신정국가가 세워졌습니다.
중심인물은 '다윗 왕'입니다.
이 시대에는 시온 산성 혹은 예루살렘 성을 중심으로 세워진 교회입니다.
이 모든 시대의 교회들은 세대적으로 국한된 교회가 아닙니다.
이 모든 시대는 다음 예수 그리스도의 교회의 시대를 말해 주는 것입니다.

넷째는, 신약시대 교회입니다.
예수님이 오시고 성령이 강림하신 후에 세워진 교회입니다.

여기서 크게 두 가지를 정리합니다.

첫째는, 족장시대 교회, 광야 교회, 선지자 시대 교회는 신약시대 교회의 그림
자적인 것이고, 예수 그리스도 안에서 성취될 교회를 예언한 것입니다.

둘째는, 모든 시대의 교회는 예수 그리스도 안에서 하나요. 통일된 것입니다.

교회는 하나입니다.

교회는 그리스도의 몸이요. 교회의 머리는 예수 그리스도입니다.

몸의 지체들은 모든 교회 성도들입니다.

성경은 지상 교회를 대표하는 세 번째 유형의 교회를 보여주십니다.

'버가모 교회'는 소아시아에 있는 그 시대의 한 교회만을 말하지 않습니다.

온 인류 교회에 나타나는 장단점을 지적하신 말씀입니다.

장점은 계속이어 성장시켜 나가도록 하고, 단점은 완전히 새롭게 변화시켜서
참 교회로 성장해가도록 말씀하신 것입니다.

'버가모 교회'의 단점은 '교회가 세속적으로 부패해 가고 있다'는 것입니다.

족장 교회나 광야 교회나 선지자 시대 교회나 신약시대 현대교회나 공통점이
있는데 세속화하여 부패하여 가는 것입니다.

교회가 세속화하는 네 가지가 있습니다.

첫째는, 세속적 행사에 물들어서 세속적으로 따라가고 있습니다.

둘째는, 세속적 행사들을 교회와 성도의 가정으로 끌어들이는 것입니다.

셋째는, 회개하는 성령의 역사가 없어 회개 운동이 일어나지 않습니다.

넷째는, 세속적인 메시지 전파로 전락되어 거짓 설교가 넘쳐납니다.

버가모 교회는 세속적으로 빠르게 부패해 가는 교회의 모습을 보여줍니다.

현대교회도 이와 같은 모습이 있습니다.

세상에 두 개의 큰 강물이 흐릅니다.

세속적인 강과 교회의 강입니다.

문제는 교회의 강이 세게 흘러야 하는데 세속적 강이 급류기 디 빠릅니다.

빠르게 흐리는 세속적인 부패는 교회를 부패하게 합니다.

버가모 교회를 향한 주님의 말씀입니다.

"버가모 교회의 사자에게 편지하라 좌우에 날선 검을 가지신 이가 이르시되 네가 어디에 사는지를 내가 아노니 거기는 사탄의 권좌가 있는 데라 네가 내 이름을 굳게 잡아서 내 충성된 증인 안디바가 너희 가운데 곧 사탄이 사는 곳에서 죽임을 당할 때에도 나를 믿는 믿음을 저버리지 아니하였도다"(계 2:12-13)

'버가모'는 경치가 아름다운 도시입니다.
이런 도시에 사는 사람들은 스스로 자부심과 우월감을 갖게 됩니다.
우리 사회도 어떤 지역은 특정인들이라고 지명을 받는 사람들이 삽니다.
이런 사람들이 사는 지역은 땅값도, 집값도 다른 지역보다 10배가 더 비쌉니다.
그래서 특정인들이 사는 곳이라 합니다.
또한 문화의 도시입니다.
이런 사람들이 모여 살 때 문화가 발전합니다.
서울의 강남을 생각해 보십시오.
원래 강남은 백사장의 모래밭이었고, 산과 들이었습니다.
별 볼 일이 없는 곳이었지만, 특정인들이 모여 살면서 문화가 발전합니다.
그만큼 죄악도 깊어지고 하나님의 심판이 크다는 점도 있습니다.

'버가모'는 종교적으로 우상의 도시입니다.
'사탄의 위가 있는 곳'이라고 불리는 우상 숭배의 중심지입니다.
로마는 '버가모'를 아시아 지방의 수도로 정했습니다.
이곳에 '아스클레피오스 신당'을 세웠고, 뱀의 형상을 세워 숭배했으며, '제우스 신, 이방 신들과 황제 숭배의 중심지'가 되어 사탄의 무대로 만들었습니다.
'버가모 교회'가 바로 이런 세속적 환경에 처해 있었습니다.

우리 한국교회가 가장 부흥하며 성장했던 시대는 가장 어려웠던 때였습니다.
일제 강점기 핍박을 받고 궁핍할 때였습니다.
1907년 전후를 통하여 한국의 예루살렘이라 부를 수 있었던 평양을 중심으로 일어난 부흥 운동이었습니다.
군사 독재로 인권이 유린을 당하고 궁핍할 때인 1970-80년대였습니다.
이 시대에 한국의 기독교인의 수가 1,200만 명이라고 했습니다. 지금의 한국 사회는 그 위상이 선진국 대열에 들어섰으며, 세속적인 물결이 범람합니다.

단일민족이었던 나라가 어느새 혼혈 다민족 사회로 변했습니다.

그만큼 세속화 되어버린 것입니다. 이로 인하여 경제는 성장하고, 지적 수준은 성장했지만, 정신적으로는 세속화 되어서 타락의 길을 걷고 있습니다.

이런 틈새에 교회가 서 있는데 점점 교회가 세속화 되어가고 있습니다.

버가모 교회 같은 모습으로 나타나는 한국교회입니다.

주님이 버가모 교회에 말씀하십니다.

버가모 교회에 나타나시는 주님은 어떤 분으로 보이셨습니까?

12절과 13절 상반절에서 두 가지 모습을 보여주십니다.

첫째는, '좌우에 날선 검을 가지신 분'이십니다.

12절에 보면 '좌우에 날선 검'을 가지신 주님이십니다.

권위와 권세로 통치력을 가지신 능력을 말씀해 주십니다.

'날선 검'은 찔러 쪼개는 것입니다.

> "하나님의 말씀은 살아 있고 활력이 있어 좌우에 날선 어떤 검보다도 예리하여 혼과 영과 및 관절과 골수를 찔러 쪼개기까지 하며 또 마음의 생각과 뜻을 판단하나니"(히 4:12)

마음을 깊이 살피시기 위하여 마음을 쪼개시는 주님이십니다.

둘째는, '모든 것을 알고 계시는 분'이십니다.

13절에 "내가 아노니"라고 하십니다.

안과 밖을 다 아십니다. 처음과 나중을 다 아십니다.

어디서 무엇을 하는지도 아십니다.

마음의 생각도 다 아십니다.

불꽃같은 눈을 가지신 주님 앞에서는 어떤 일도, 어떤 것도 숨길 수 없습니다.

주님은 우리에게 대하여 다 알고 계십니다.

내 마음을 아시기에 마음으로 행동하는 모든 범하는 죄를 아십니다.

> "네가 내 이름을 굳게 잡아서 내 충성된 증인 안디바가 너희 가운데 곧 사탄이 사는 곳에서 죽임을 당할 때에도 나를 믿는 믿음을 저버리지 아니하였도다"(13절 하)

여기에는 세 가지 칭찬받을 일이 있습니다.

첫째는, 충성을 다하는 교회입니다.

'버가모 교회'는 세속적인 문화가 범람하기 때문에 믿음의 삶을 살기에는 좋은 환경이 아니었습니다.

경제적으로 부하고 넉넉해지면 쾌락을 좇고, 안락에 빠집니다.

믿는 자들도 세속적으로 변하기 때문에 그들의 믿음이 퇴보하게 되고, 예배가 마음으로부터 멀어져 가면서 기도가 없어집니다.

하나님을 전적으로 의지하는 신앙이 없어지고 맙니다.

그러나 '버가모 교회'는 주님의 이름을 굳게 붙잡았습니다. 황제 숭배와 갖가지 우상 숭배가 범람하고 세속적인 일들이 유혹했음에도 예수님의 이름을 붙잡고 놓지 않았습니다. 주님께 충성하는 믿음을 버리지 않았습니다.

둘째는, 순수성이 있었습니다.

'버가모 교회'는 진리를 따르며, 교리를 잘 지켰습니다.

주의 이름을 버리지 않고 굳게 붙잡는 믿음은 철저하게 말씀 중심의 신앙입니다.

말씀을 항상 연구하고, 제자 훈련을 쌓습니다. 그래서 진리를 지킵니다.

말씀을 따르는 신앙은 순수합니다.

셋째는, 핍박 중에서도 견고하게 서 가는 교회입니다.

'버가모 교회'의 대표적 인물은 '안디바'입니다.

'안디바'에 대해서는 더 이상 알려진 바가 없지만 순교자임을 밝혀 줍니다.

순교자가 있다는 것은 그만큼 핍박이 극심했다는 것입니다. 핍박을 당할 때도 믿음을 버리지 않고 견고하게 서 가는 교회는 참으로 자랑스럽고 아름답습니다.

'버가모 교회'는 이렇게 '칭찬을 받는 교회'입니다.

'버가모 교회'는 책망할 일도 있었습니다.

칭찬을 받는 좋은 점이 있었지만 안타깝게도 책망을 받는 일도 있었습니다.

> "그러나 네게 두어 가지 책망할 것이 있나니 거기 네게 발람의 교훈을 지키는 자들이 있도다 발람이 발락을 가르쳐 이스라엘 자손 앞에 걸림돌을 놓아 우상의 제물을 먹게 하였고 또 행음하게 하였느니라 이와 같이 네게도 니골라 당의 교훈을 지키는 자들이 있도다"(14, 15절)

책망할 일 두어 가지를 지적합니다.

첫째는, 세속적인 교회는 발람의 교훈을 따르는 죄가 들어와 있습니다.

말씀의 배경은 민수기 22장입니다.

이스라엘에 '발람' 선지자가 있었습니다.

이스라엘과 모압 사이의 전쟁에서 이스라엘이 승리했습니다.

패전한 모압 왕 '발락'이 '모압의 군대가 이스라엘 군대에 비하여 강함에도 불구하고 전쟁에서 패한 이유'를 알아보았더니, '이스라엘 군대가 승리하는 이유는 그 군대를 위하여 축복하며 기도하는 선지자가 있기 때문'이라는 것입니다.

모압 왕 발락은 이스라엘의 선지자 발람을 모압으로 데리고 와서 '이스라엘을 저주하고 모압을 축복'하도록 많은 금품의 뇌물을 주었습니다.

발람 선지자는 처음에는 거절했지만, 결국은 세 번째에 많은 금품의 유혹에 넘어가서 세속적인 물질에 팔려가는 결정적인 실수를 저지르고 말았습니다.

현대 세속적인 교회 상은 결국 '세속적인 미혹에 넘어지고 만다'는 것입니다.

둘째는, 세속적인 교회는 니골라 당의 교훈을 따르는 죄가 들어와 있습니다.

요한계시록 2장 5, 6절을 보면 '에베소 교회'가 '니골라 당의 유혹'을 받은 일이 있었으나 이를 물리치고 거절했습니다.

그러나 '버가모 교회'는 니골라 당의 유혹에서 이기지 못했습니다.

주님의 사랑의 말씀입니다.

"그러므로 회개하라 그리하지 아니하면 내가 네게 속히 가서 내 입의 검으로 그들과 싸우리라"(16절)

주님은 책망 받을 만한 죄책을 지적했습니다.

잘못된 일에 깊이 빠져 있는 것을 지적하고 책망했습니다.

그러나 책망을 하는 것이 목적이 아닙니다.

죄 된 것을 깨우쳐 주고, 책망 받을 만한 잘못된 행위를 회개하고 돌아서게 하시는 것이 주님의 위대하고 놀라운 사랑입니다.

주님의 언약의 축복의 말씀입니다.

"귀 있는 자는 성령이 교회들에게 하시는 말씀을 들을지어다 이기는 그에게는 내가 감추었던 만나를 주고 또 흰 돌을 줄 터인데 그 돌 위에 새 이름을 기록한 것이 있나니 받는 자 밖에는 그 이름을 알 사람이 없느니라" (17절)

주님은 용서(容恕)를 전제로 합니다.
죄를 용서합니다.
그 용서함을 수용하고 회개할 때 용서를 받습니다.
그러나 아무리 주님은 사랑이시며 용서하는 은혜로운 분이시지만 용서를 수용하지 않고 회개하지 않으면 용서 받을 수 없습니다.

용서를 믿고 회개하고 돌아오는 자에게 약속의 축복이 있습니다.

첫째는, 감추었던 만나를 주십니다.
하늘의 만나입니다.
생명의 떡입니다.
영생의 축복입니다.
만나를 먹어야 합니다.

둘째는, 새 이름이 기록된 흰 돌을 받게 될 것입니다.
새 이름을 얻습니다.
이 새 이름이 돌에 새겨질 것입니다.
이는 '영원성'을 의미합니다.

'흰 돌'은 '예수님'입니다.
예수 그리스도로 인하여 새로 새겨진 이름은 영원히 지워지지 않습니다.
믿음을 지키는 충성된 자는 영원한 아들의 신분을 얻게 되고, 상속자가 됩니다.
그러나 인간의 힘이나 의지나 능력으로 되는 것은 아닙니다.
'성령의 능력'으로 '언약의 축복'을 누리게 합니다.

두아디라 교회! 현재 믿음의 중요성
(요한계시록 2:18-29)

. . . . .

"두아디라 교회의 사자에게 편지하라 그 눈이 불꽃같고 그 발이 빛난 주석과 같은 하나님의 아들이 이르시되 내가 네 사업과 사랑과 믿음과 섬김과 인내를 아노니 네 나중 행위가 처음 것보다 많도다 그러나 네게 책망할 일이 있노라 자칭 선지자라 하는 여자 이세벨을 네가 용납함이니 그가 내 종들을 가르쳐 꾀어 행음하게 하고 우상의 제물을 먹게 하는도다 또 내가 그에게 회개할 기회를 주었으되 자기의 음행을 회개하고자 하지 아니하는도다 볼지어다 내가 그를 침상에 던질 터이요 또 그와 더불어 간음하는 자들도 만일 그의 행위를 회개하지 아니하면 큰 환난 가운데에 던지고 또 내가 사망으로 그의 자녀를 죽이리니 모든 교회가 나는 사람의 뜻과 마음을 살피는 자인 줄 알지라 내가 너희 각 사람의 행위대로 갚아 주리라 두아디라에 남아 있어 이 교훈을 받지 아니하고 소위 사탄의 깊은 것을 알지 못하는 너희에게 말하노니 다른 짐으로 너희에게 지울 것은 없노라 다만 너희에게 있는 것을 내가 올 때까지 굳게 잡으라 이기는 자와 끝까지 내 일을 지키는 그에게 만국을 다스리는 권세를 주리니 그가 철장을 가지고 그들을 다스려 질그릇 깨뜨리는 것과 같이 하리라 나도 내 아버지께 받은 것이 그러하니라 내가 또 그에게 새벽 별을 주리라 귀 있는 자는 성령이 교회들에게 하시는 말씀을 들을지어다"

소아시아 교회들 중에 네 번째 교회인 '두아디라 교회'에 보내는 메시지입니다.
두아디라 도시는 소아시아의 7대 도시 중에서 규모가 가장 작은 도시입니다.
이 메시지는 현대교회들의 상황을 미리 내다보며 경고하시는 말씀입니다.
이 메시지는 2천 년 후 현대교회가 어떤 삶에 당면하고 있을지를 보여 줍니다.
이러한 점에서 이 말씀은 참으로 무섭고도 두려운 마음을 금할 수가 없습니다.

그렇다면 두아디라 교회에 나타난 주님의 모습은 어떤 모습일까요?
18절에 '그 눈이 불꽃같고 그 발이 빛난 주석과 같은 하나님의 아들'이라고 하셨는데, 이 말씀이 '두아디라 교회의 사자에게 편지하시는 하나님의 아들이신 그리스도는 그 눈이 불꽃같고, 그 발이 빛난 주석 같으시다'라고 번역되었으면 더 이해하기가 쉽고 마음에 은혜가 빨리 닿겠다는 생각이 듭니다.

두아디라 교회에 메시지를 보내시는 이는 '위엄과 권세와 권위를 가지신 주님'
이시라는 것을 밝혀 주십니다.

첫째는, 하나님의 아들입니다.

세상에 하나님 아버지의 뜻을 이루어 주시고, 사랑을 베푸시는 아들입니다.

그는 우리에게 생명을 주시고, 구원을 성취해 주십니다.

그는 우리에게 하나님의 아들의 명분을 얻게 해 주셨고, 하나님의 아들로서 후
계자가 되게 해 주셨으며(롬 8:16, 17). 하나님의 아들이면서 동시에 하나님이십니다.

우리는 하나님의 아들이신 그리스도에 대해 어떤 태도를 가져야 합니까?

그리스도를 믿고, 따르고, 순종해야 합니다.

굳게 붙잡아야 하고, 사랑해야 합니다.

> "아무든지 나를 따라오려거든 자기를 부인하고 날마다 제 십자가를 지고 나를
> 따를 것이니라"(눅 9:23)

예수 그리스도를 놓치지 않아야 행복합니다.

둘째는, 그 눈이 불꽃같으십니다.

주님의 불꽃같은 눈은 현재에서 과거의 역사도 보시고, 현재의 모든 것들을 보
시고, 장래에 있을 사건도 이미 다 보시고 계십니다.

그분 앞에서는 숨길 수도 없고, 속일 수도 없습니다.

사람들이 어두운 곳에서 행하는 것도 보시고, 문을 닫고 안에서 행하시는 것도
보고 아시며, 밀실에서 은밀하게 행하는 모든 일들도 보고 아십니다. 거짓말하고,
속이고, 부도덕한 일을 저지르고, 술 취하고, 방탕한 것을 보고 아십니다.

주님의 불꽃같은 눈을 피할 수 없습니다.

셋째는, 발이 주석 같으십니다.

'주석'(朱錫)은 '놋쇠'입니다. '강력한 힘'을 가지신 것을 의미합니다.

주님은 다스리시며 심판하시는 능력과 권세를 가지신 분이십니다.

주님은 용서하시지만 타협은 하지 않으시고, 미지근한 것을 가장 싫어하십니다.

회개하는 자는 용서하시지만, 회개하지 않는 자는 밟아서 심판하십니다.

칭찬을 받는 일이 있습니다.

주님은 불꽃같으신 눈으로 교회가 어떤 믿음으로 살아가고 있는지 보셨습니다. '두아디라 교회'가 잘하고 있는 것을 보고 칭찬하십니다.

"내가 네 사업과 사랑과 믿음과 섬김과 인내를 아노니 네 나중 행위가 처음 것보다 많도다"(19절)

어떤 일을 칭찬합니까?

첫째는, 사업을 칭찬합니다.

'사업'(事業)은 '에르곤'(ἔργον)이라는 말로 '일하는 것, 수고하는 것'인데, '믿음으로 살면서 하나님의 일을 위해 땀 흘리고 고생과 수고를 게으르지 않았다'는 것입니다. '믿음생활'을 하는 그 자체가 주님의 사업입니다.

둘째는, 사랑을 칭찬합니다.

주님의 일을 하는 데 가장 중요한 동기는 '사랑'입니다.

사랑의 동기가 없으면 행복한 일이 될 수 없습니다.

사람이 언제, 어디서, 무슨 일을 하든지 사랑으로 해야 행복하고 결실이 좋습니다.

'육체적인 사랑'은 '에로스'(Eros)이며, '필리아'(Phila)이며, '스토르게'(Storge) 사랑이고, '주님을 위한 사랑'은 '아가페'(Agape)입니다.

육체의 사랑으로 주님의 일을 하는 것이 아니라, 주님의 사랑의 전기를 받아서 주님의 사랑으로 하는 것입니다. 이것이 아가페 사랑입니다.

주님의 사랑을 가질 때 어떤 경우에도 즐겁고 기쁘고 은혜가 넘칩니다.

셋째는, 믿음으로 합니다.

'믿음'(πίστις)이란 육체적인 자기의 의지로 하는 것이 아닙니다.

자신의 의지는 선한 일, 도덕적인 일, 자신의 공적을 자랑하고 칭찬을 받는 것을 전제로 하기 때문에 세속적입니다. 선한 일, 도덕적인 일은 자신이 작은 일 하나를 해 놓고 누군가 인정해 주기를 바라고, 상 받기를 기대합니다.

그래서 신문에 올리고 광고하는 것도 좋아하게 됩니다. 그러나 그리스도인이 믿음으로 하는 일은 '그리스도를 신뢰하는 믿음'으로 하는 것입니다.

넷째는, 섬김입니다.

'섬김'(διακονία)은 '직분을 맡아서 봉사하고 헌신하는 것'입니다.

예수 믿고 살아가는 생활은 섬김입니다. '예수님께서 세상에 오신 목적'은 '섬김을 받으려 함이 아니라 도리어 섬기려 함'(마 20:28)이라고 하셨습니다.

다섯째는, 인내입니다.

성공적인 일은 '인내(忍耐)'에서 결정됩니다.

인내가 없이는 아무 일도 할 수 없으며, 믿음으로 하는 일은 더더욱 인내하는 은사가 있어야 합니다.

부족하고 무능한 것이 문제가 아닙니다. 인내가 있으면 위대한 일을 이룰 수 있고, 인내가 없으면 아무리 능력이 있는 사람이라도 할 수 없는 것입니다.

두아디라 교회는 주님에게 이런 칭찬을 받을 수 있었습니다.

그만큼 믿음이 성장했다는 것을 증명합니다. 믿음은 성장을 해야 합니다.

개인의 믿음이 성장을 할 때 교회가 성장을 합니다.

교회는 성도들이 성장하는 믿음이 되도록 이끌어 가야 합니다.

두아디라 교회에는 책망 받을 일도 있습니다.

칭찬받는 일이 있다고 해서 그것으로만 만족하면 위험해집니다.

누구나 장단점이 있기 때문에 아무리 작아도 칭찬받을 일이 있는 것입니다.

칭찬받는 것으로 족할 수는 없습니다. 책망 받을 일도 생기기 때문입니다.

　"그러나 네게 책망할 일이 있노라 자칭 선지자라 하는 여자 이세벨을 네가 용납함이니 그가 내 종들을 가르쳐 꾀어 행음하게 하고 우상의 제물을 먹게 하는도다 또 내가 그에게 회개할 기회를 주었으되 자기의 음행을 회개하고자 하지 아니하는도다"(2:20-21)

크게 두 가지로 책망을 합니다.

칭찬받을 일도 많지만, 책망 받을 때 그것을 무시하거나 묻어 둘 수 없습니다.

하나님은 무한히 용서하시지만 책망도 하십니다.

그 책망은 벌을 내리기 위해서가 아니라 '회개하도록 하시기 위함'입니다.

아무리 큰 책망을 받을 일이라도 회개하면 용서하십니다.

'예수님께서 십자가를 지신 목적'이 여기에 있습니다.

그렇다면 두아디라 교회에 책망하는 것이 무엇입니까?

첫째는, 거짓 선지자를 용납하는 것입니다.
"자칭 선지자라 하는 여자 이세벨을 용납함이라"고 지적합니다.
이 말씀의 배경은 열왕기상 16장 30-33절입니다.
이스라엘 왕 '아합'은 시돈 왕 '엣바알'의 딸 '이세벨'을 아내로 삼았는데, 이방 여인 '이세벨'은 자신이 섬기던 바알 신상과 아세라 신상을 이스라엘에 도입하여 사마리아에 건축한 신전 안에 제단을 쌓으며 국교로 섬기게 했습니다.
그 결과 '아합 왕'은 여호와 하나님의 진노를 사게 되어 비참하게 망했습니다.

우리나라에도 그와 같은 교훈이 있습니다.
우리나라에도 정치권력을 가진 세력으로 우상 종교를 국교화 하듯 했습니다.
고구려와 조선 시대를 비롯하여 최근대사에 이르기까지 주도자 세력들이 한국을 우상의 종교 국가로 만들려고 한 결과 불행한 일들이 일어났습니다.

이러한 우상 종교를 초대교회에서 혼합적으로 받아들이고 있었습니다.
'두아디라 교회'에는 '거짓 선지자들을 용납하고 있다'고 책망합니다.
기독교는 혼합된 종교가 되어서는 안 됩니다.
하나님 한 분 외에는 어떤 것도 동시에 섬길 수 없습니다.

둘째는, 거짓 선지자의 교훈에 미혹되고 음행과 우상 숭배를 용납한 것입니다.
교회가 세속적인 것들과 혼합되고 있었습니다.
교회 안에 이런 거짓 교훈이 스며드는 경로가 있습니다.
윤리적이고 도덕적인 것을 이용하는 것입니다.
"종교는 다 좋은 것입니다. 좋은 말이지 않습니까? 그러니까 당신의 종교도 좋습니다. 그런 종교를 믿게 된 것을 축하합니다."
기독교의 이름으로 우상 종교 기념일에 축하장을 보내는 것,
현수막을 내걸어 주고, 직접 현장에 가서 그 행사에 참석하는 것,

바로 이것이 두아디라 교회가 책망을 받는 죄입니다.
이에 회개하지 않는 행위에 대한 경고가 있습니다.
잘되고 성공할 수도 있고, 패할 수도 있습니다.
주님의 말씀을 믿고 수용하면 성공할 수 있고, 거절하면 패할 수밖에 없습니다.

"볼지어다. 내가 그를 침상에 던질 터이요 또 그와 더불어 간음하는 자들도 만일 그의 행위를 회개하지 아니하면 큰 환난 가운데에 던지고 또 내가 사망으로 그의 자녀를 죽이리니 모든 교회가 나는 사람의 뜻과 마음을 살피는 자인 줄 알지라 내가 너희 각 사람의 행위대로 갚아 주리라"(22-23절)

주님은 불꽃같은 눈으로 교회나 성도들이 잘못하고 있는 죄를 보시고 책망합니다.
책망을 하는 이유는 죄를 회개하게 하기 위해서입니다.
주님이 책망할 때 죄인 줄 깨닫고 회개해야 합니다.
회개하면 용서하시지만, 회개하지 않으면 용서는 못 받고 심판을 받습니다.

그렇다면 용서받지 못한 자들은 어떻게 합니까?
'세 가지 형벌을 내릴 것'이라고 합니다.

첫째는, 침상에 던집니다.
'침상'(κλίνη)은 '밥상, 침대, 병상'인데, 말씀의 뜻은 '병상'을 의미합니다.
죄를 짓고 깨달았으면 회개하고, 다시는 그 죄에 빠지지 않아야 합니다.
그렇지 않으면 병이 들게 되고 심판하신다고 했습니다.

둘째는, 환난 가운데 던집니다.
환난은 고통과 괴로움과 무서운 일에 빠지게 하는 일입니다.
이세벨은 전쟁의 환난에서 멸망의 가문이 되었습니다.

셋째는, 자녀들을 죽입니다.
우상을 섬기는 자들의 후손들은 소망이 없습니다.
당대에는 잘 지내는지 모르지만 후대가 없습니다.
주님이 불꽃같으신 눈으로 보시며 책망하십니다.
따라서 이러한 죄를 책망을 받을 때 회개해야 합니다.

신실한 성도들에게 권면하십니다.
'그리스도인'이라 하는 '신자'는 '두 가지 유형'으로 분류됩니다.
'신실하지 못한 자들'과 '신실한 신자들'입니다.

"두아디라에 남아 있어 이 교훈을 받지 아니하고 소위 사탄의 깊은 것을 알지 못하는 너희에게 말하노니 다른 짐으로 너희에게 지울 것은 없노라 다만 너희에게 있는 것을 내가 올 때까지 굳게 잡으라"(24-25절)

'끝까지 견디는 믿음의 사람'이 되기를 권면합니다.

내 힘으로 살려고 할 때는 넘어지고 맙니다.

믿음은 내 의지로 되는 것이 아니라, 하나님의 은혜로 선물을 주신 것입니다.

이 믿음을 신뢰하고 따르는 것입니다.

'주님이 오시는 그 날까지 오직 믿음을 굳게 잡고 기다리라'고 하십니다.

교회에서 작은 일 하나도 감당하지 못해서 흔들리고 떠돈다면 어떻게 믿음의 사람이라고 할 수 있습니까?

"내가 올 때까지 굳게 잡으라"고 하셨습니다.

주님의 언약(言約)입니다.

그렇다면 주님은 어떤 분이십니까?

'신실하지 못하고 불신앙적인 신자들'에게는 '엄하고 위험스럽고 두렵고 무서운 분'으로 이해될 수 있겠지만, '믿는 자들'에게는 '은혜로운 분'이십니다.

그것은 언약에서 발견됩니다.

> "이기는 자와 끝까지 내 일을 지키는 그에게 만국을 다스리는 권세를 주리니 그가 철장을 가지고 그들을 다스려 질그릇 깨뜨리는 것과 같이 하리라 나도 내 아버지께 받은 것이 그러하니라 내가 또 그에게 새벽 별을 주리라 귀 있는 자는 성령이 교회들에게 하시는 말씀을 들을지어다"(26-29절)

여기서 '이기는 자'는 '승리자, 믿음으로 이긴 자, 믿음을 굳게 지킨 자'입니다.

이런 사람들은 '만국을 다스리는 권세'와 '광명의 별'을 받게 됩니다.

세상의 정복자가 되고, 밝은 세상이 된다는 것입니다.

여기서 '새벽빛'은 '그리스도의 부활'로 빛나는 생명을 소유한다는 것입니다.

예수 그리스도는 죄 사함의 빛이요. 구원의 빛이요, 생명의 빛입니다.

기독교는 현재에 믿음을 가지는 자만이 누리는 축복입니다.

과거에 믿음이 있었어도 지금 믿음이 없으면, 구원을 잃어버립니다.

현재의 믿음이 중요합니다. 현재 믿음을 굳게 잡아야 합니다.

제3장 일곱 교회에게 보낸 편지(2)

- **주제성구** "이기는 자는 이와 같이 흰 옷을 입을 것이요 내가 그 이름을 생명책에서 결코 지우지 아니하고 그 이름을 내 아버지 앞과 그의 천사들 앞에서 시인하리라"(5절)
- **주제찬송** ♬ 535장 주 예수 대문 밖에 ‖ ♬ 아침 햇살 비칠 때 찬란하듯이 주님 얼굴 대할 때

서론

아시아의 일곱 교회를 향한 그리스도의 메시지로서 각각의 행실에 따라 각 교회를 책망하며 칭찬하는 내용입니다. 특별히 사데와 라오디게아 교회는 극심한 영적 위기를 맞아 빈사(瀕死) 상태에 놓여 있었던 반면 두 교회의 중간에 위치해 있던 빌라델비아 교회는 예수 그리스도의 증인의 역할을 충실히 감당하고 있었습니다. 물론 본 장에 언급된 세 교회 모두는 예수의 이름과 복음을 믿고 있었습니다. 그런데 그들에게서 예수의 칭찬과 책망을 받게 된 기준을 찾는다면 그것은 그들의 행위였습니다. 즉, 그들은 입으로 또는 의식으로 '예수 그리스도를 주(主)라 시인하느냐 하지 않느냐'에 대한 문제가 아니라 그들의 삶을 통하여 '예수 그리스도가 발견되느냐 되지 않느냐'에 따라 칭찬과 책망이 결정되었습니다.

본론

사데 교회를 향한 메시지(1-6절)

주님은 사데 교회가 '살았다 하는 이름은 가졌으나 죽은 자'라고 말씀하십니다. 교회가 생명력이 시들해지고 예배나 경건의 형식만 남았음을 지적하신 말씀입니다. 주님은 타락한 교회에게 회개를 권고하십니다. 기회를 주시는 것입니다. 그러나 사데 교회에도 형식과 외식에 물들지 않은 사람들이 있었습니다. 즉 세상에 물들지 않고 그리스도의 사랑과 믿음을 지키며 도덕적으로 깨끗한 자들입니다. 주님은 '그들이 흰 옷을 입고 나와 함께 다닐 것'이라고 하십니다. 교회가 아무리 죽은 것 같이 느껴져도 절망할 필요는 없습니다. 하나님은 교회 안에 거룩한 소수를 남겨 놓으시기 때문입니다. 사데 교회에 옷을 더럽히지 않은 사람이 있었듯이, 오늘 내가 그런 사람이 되어야 합니다.

빌라델비아 교회를 향한 메시지(7-13절)

능력 면에서 다른 교회들에 비해 나을 것이 없었던 빌라델비아 교회가 어떤 다른 교회보다 많은 칭찬을 받은 것은 극심한 핍박 속에서도 주님의 이름을 배반하지 않고, 그의 말씀을 끝까지 지켰기 때문입니다. '빌라델비아'라는 뜻은 '형제의 사랑'이라는 뜻입니다. 빌라델비아 교회는 사랑을 가지고 전파했습니다. 초대교회의 고통과 아픔을 인내했습니다. 또한 적은 능력을 가지고도 하나님 말씀을 끝까지 지켰습니다. 면류관은 우승자에 주는 경기의 상입니다. 이 상은 보상입니다. 주님께서는 특히 그로 하여금 '기둥이 되게 하신다'고 하셨습니다. 이는 곧 성전의 기둥으로 하나님 나라의 영광된 모습을 보여주고 있습니다. 즉 하나님의 나라에 속한 자에게만 주는 은혜요 사랑이요 축복입니다.

라오디게아 교회를 향한 메시지(14-22절)

주님께서는 라오디게아 교회를 보시고 '아무런 자극을 주지 못하는 미지근한 물 같다'고 책망하셨습니다. 주님을 향한 뜨거운 열정, 인간적인 문제도 없이 그저 매일 매일을 무난하게 보내는 맥 빠진 모습 때문이었습니다. 큰 문제가 없으므로 좋게 평가할 수도 있을 것 같지만 주님께서는 이런 교회를 향해 "토하여 내치리라"고 경고하십니다. 또한 이 교회는 바리새주의적인 면을 나타내고 있습니다. 왜냐하면 오만과 편견, 그리고 자만은 의식적인 신앙에서 나오기 때문입니다.
충성되고 참된 종은 언제나 순종과 회개가 뒤따릅니다. 이런 일은 주님이 항상 원하시는 일입니다. 그러나 라오디게아 교회는 영적 빈곤이 찾아왔고, 영적 빈곤은 어두운 장막을 만들고 말았습니다.

결론

능력 면에서 다른 교회들에 비해 나을 것이 없었던 빌라델비아 교회가 어떤 다른 교회보다 많은 칭찬을 받은 것은 극심한 핍박 속에서도 그리스도의 이름을 배반하지 않고, 그의 말씀을 끝까지 지켰기 때문입니다. 인간적인 능력이 적다라도 하나님의 말씀대로 살기 원하는 그리스도인들이 있을 때 그 교회는 든든합니다. 이런 사람들이 하나님의 성전의 기둥이 되며 하나님 나라를 이루는 일꾼들이 됩니다.
마지막 날에 완성될 하나님의 성전, 하나님의 나라는 경제적인 부나 그럴듯한 계획이나 제도를 통해 세워지는 것이 아니라, 하나님께 헌신해서 하나님의 이름이 기록된 한 사람 한 사람, 곧 예수 그리스도께 대한 참된 신앙과 각자의 삶을 통해서 판가름 나게 될 것입니다.

- **장명가** "사데는 실상이 죽었고 빌라델비아 문 열렸네 · 라오디게아 미지근해 회개 문 열고 주 맞으라 주님이 오신다 흰 예복 입고 주 맞으라 · 주님이 오신다 등불을 켜들고 맞으라"(♪ 270장 변하는 주님의 사랑과)

사데 교회! 죽음보다 사는 것을 따르라!
(요한계시록 3:1-6)

. . . . .

"사데 교회의 사자에게 편지하라 하나님의 일곱 영과 일곱별을 가지신 이가 이르시되 내가 네 행위를 아노니 네가 살았다 하는 이름은 가졌으나 죽은 자로다 너는 일깨어 그 남은 바 죽게 된 것을 굳건하게 하라 내 하나님 앞에 네 행위의 온전한 것을 찾지 못하였노니 그러므로 네가 어떻게 받았으며 어떻게 들었는지 생각하고 지켜 회개하라 만일 일깨지 아니하면 내가 도둑 같이 이르리니 어느 때에 네게 이를는지 네가 알지 못하리라 그러나 사데에 그 옷을 더럽히지 아니한 자 몇 명이 네게 있어 흰 옷을 입고 나와 함께 다니리니 그들은 합당한 자인 연고라 이기는 자는 이와 같이 흰 옷을 입을 것이요 내가 그 이름을 생명책에서 결코 지우지 아니하고 그 이름을 내 아버지 앞과 그의 천사들 앞에서 시인하리라 귀 있는 자는 성령이 교회들에게 하시는 말씀을 들을지어다"

최근에 우리를 안타깝게 하는 가슴 아픈 사건이지만, 가족이 동반 자살하는 일이 여러 건 있었습니다. 살아갈 능력이 없으니까 죽음을 택했다는 것입니다.

그런데 우리가 이런 분들만 마음 아프게 생각할 수는 없습니다.

그리스도인들 중에서도 죽었거나, 죽어가는 사람들이 많이 있기 때문입니다.

그리스도인들이 죽어간다는 것은 믿음을 버리고 교회를 떠나는 것입니다.

교회를 떠난다는 뜻은 믿음을 버린다는 것입니다.

이들은 영적으로 자살을 한 것입니다.

그러고 보면 죽어가고 있는 그리스도인들이 많습니다.

믿음이 식고, 뒤로 퇴보하는 사람들도 있습니다.

이전에는 열심히 봉사하고 헌신하던 분들이 지금은 안 합니다.

예배도 잘 드리고 교회도 잘 나오던 사람들이 한 달에 한두 번 정도만 나옵니다.

저녁예배나 새벽기도에는 나오지도 않습니다.

영적으로 죽어가고 있는 모습입니다.

사데 교회는 소아시아 일곱 교회에 보내는 메시지 중 네 번째 교회입니다.
사데 교회는 바로 '죽어가는 교회의 모습 중에 한 모델'이 됩니다.
현대교회의 모습을 보게 됩니다.

사데 교회에 나타나 보이신 주님의 모습
사데 교회에 말씀하시는 예수님은 어떤 모습으로 나타나셨습니까?
'일곱 영과 일곱별을 가지신 이'라고 했습니다.
'일곱 영'이라는 말은 '완전한 생명'이라는 뜻으로 '하나님의 성령'입니다.
　　첫째는, 보혜사입니다(요 4:16).
　　　　　'돕는 자, 위로자, 보호자'입니다.
　　둘째는, 진리의 영입니다(요 14:17).
　　　　　하나님을 알아보는 영입니다.
　　셋째는, 예수님의 임재입니다(요 14:18-20).
　　　　　우리 안에 계십니다.
　　넷째는, 믿는 자 안에 살아계십니다(요 14:21-22).
　　다섯째, 우리 안에 거하시는 하나님입니다(요 14:22-24).
　　여섯째, 가르치시는 분입니다(요 14:25-26).
　　일곱째, 그리스도의 평강의 영입니다(요 14:27).

'일곱별'에 대해서는 요한계시록 1장 20절에서 말씀하셨습니다.
'교회의 사자'입니다.
주님은 '교회의 목회자를 붙들어 주고 계시다'는 뜻입니다.
목회자는 주님의 손에서 쓰임을 받는 사역자들입니다.
주님은 죽은 자를 살리시는 생명의 영을 가지신 분이십니다.
죽어가는 성도와 교회를 보시고 "내가 살리는 생명의 영이라"고 하십니다.
사데 교회에 보내는 책망하시는 메시지입니다.

　　"내가 네 행위를 아노니 네가 살았다 하는 이름은 가졌으나 죽은 자로다"(1절)

죽어가고 있는 것을 보시고 경고하십니다.
　죽어가는 것을 볼 때 속수무책인 경우가 있고, 또한 회생가능성이 있습니다.
　주님이 사데 교회를 '죽어가고 있다'고 경고하시는 이유는 '살아야 할 것을 강조하시는 말씀입니다.

그렇다면 어떤 점이 죽어가고 있습니까?

경건의 능력을 상실하면서 의식과 형식에 그치는 예배는 죽어가고 있습니다.

교회 안에 조직이 많아지면서 모든 일들이 전도에 초점이 맞추어져야 합니다.

그런데 전도의 열매가 없어지고 있습니다.

봉사하고 헌신하는 열심이 없습니다.

믿음생활은 '충성'(忠誠)인데, 충성이 없습니다.

'현대교회와 신자들의 모습'을 사데 교회에서 그대로 보이고 있습니다.

'교회가 죽어가는 가장 큰 원인'은 '말씀이 말씀 되지 못한 것'에 있습니다.

말씀이 생명력을 잃을 때 교회는 평강을 부르짖지만, 영적으로는 죽습니다.

은혜의 결과를 물량적인 축복으로 채우려고 하면 교회는 공동묘지가 될 것입니다.

주님의 권면의 명령입니다.

> "너는 일깨어 그 남은 바 죽게 된 것을 굳건하게 하라 내 하나님 앞에 네 행위
> 의 온전한 것을 찾지 못하였노니"(2절)

교통사고를 비롯해서 사고를 당하여 몸에서 피를 흘리는 환자들이 있습니다.

피를 많이 흘린 환자는 매우 위험합니다.

피를 흘리면 잠이 듭니다.

피를 흘린 상태에서 잠이 들면 죽을 위험이 있습니다.

그래서 이런 환자는 잠이 들지 않게 해야 합니다.

깨워 주어야 합니다.

잠이 들면 죽으니까 깨워 주어야 합니다.

교회가 죽어갈 때 살아날 수 있는 능력은 말씀이 살아 있어야 합니다.

믿음이 적으면 잠을 자는 것입니다.

정한 시간에 잠을 자야 할 때 자는 것과 믿음이 잠든 것은 다른 것입니다.

예배를 기뻐하지 않는 것은 잠든 것입니다.

말씀을 사모하지 못하고 멀리하는 사람은 잠자는 신앙인입니다.

기도생활을 못하는 것이 잠자는 신앙입니다.

믿음의 일에서 무관심하여 멀리 떨어져 있는 상태는 잠든 것입니다.

잠든 신앙은 깨어나야 합니다.
'자지 말고 깬 상태로 있으라'는 말입니다.
   "그러므로 깨어 있으라 어느 날에 너희 주가 임할는지 너희가 알지 못함이니라"(마 24:42)
   "그런즉 깨어 있으라 너희는 그 날과 그 때를 알지 못하느니라"(마 25:13)

또 '남은 것'이란 말씀은 '영 죽은 것은 아니라'는 뜻입니다.
한국교회가 죽어가고 한국교회 성도들이 죽어가고 있다고 하지만 영영 죽은 것이 아니라 남은 생명이 있습니다.
'회생가능성'이 있다는 것입니다.
왜냐하면 '그리스도의 성령이 떠나지 않았기 때문'입니다.

목회자가 교회 일은 하지 않고 허송세월을 보낸다면 죽어가고 있는 것입니다.
그러나 태도를 바꾸고 생각을 바꾸어서 개혁된 일을 하면 살아나게 됩니다.
은혜 생활이 가장 뜨거웠던 때의 열정으로 돌아가는 것이 살아나는 것입니다.
"초대교회로 돌아가자!"는 구호를 자주 외칩니다.
살아 있는 교회였던 초대교회의 모습으로 돌아가야 합니다.

경고(警告)의 메시지입니다.
   "그러므로 네가 어떻게 받았으며 어떻게 들었는지 생각하고 지켜 회개하라 만일 일깨지 아니하면 내가 도둑 같이 이르리니 어느 때에 네게 이를는지 네가 알지 못하리라"(3절)

이 말씀에서 네 가지 절대 조건을 제시하여 주십니다.
이대로 행하면 살 수 있고, 그렇지 않으면 죽게 될 것입니다.

무엇을 해야 합니까?
첫째는, 받은 은혜를 잊지 말아야 합니다.
   "네가 어떻게 받았으며 어떻게 들었는지 생각하고"

하나님의 은혜를 어떻게 받았으며, 어떻게 들었는지 생각해야 합니다.

둘째는, 처음 은혜 받았을 때를 기억해야 합니다.

처음 은혜를 받았을 때의 그 은혜를 회복하기 위해서 기도해야 합니다.

셋째는, 죽은 믿음을 회개해야 합니다.

'회개'(悔改)는 '지금 무엇이 잘못되고 있는지를 깨닫는 것'입니다.

마음이 굳고 둔해지면 잘못을 알면서도 회개하는 마음을 갖지 못하게 됩니다.

그렇다고 방치하면 영영 죽습니다.

회개의 영이 일어나도록 성령의 임재를 구하고, 회개의 마음이 열리도록 기도해야 합니다.

넷째는, 회개하지 않으면 영영 죽게 된다는 것입니다. 심판(審判)입니다.

"내가 도둑 같이 이르리니 어느 때에 네게 이를는지 네가 알지 못하리라"

이 지경까지 이르면 영영 소망이 없습니다.

주님의 언약의 메시지입니다.

"그러나 사데에 그 옷을 더럽히지 아니한 자 몇 명이 네게 있어 흰 옷을 입고 나와 함께 다니리니 그들은 합당한 자인 연고라 이기는 자는 이와 같이 흰 옷을 입을 것이요 내가 그 이름을 생명책에서 결코 지우지 아니하고 그 이름을 내 아버지 앞과 그의 천사들 앞에서 시인하리라 귀 있는 자는 성령이 교회들에게 하시는 말씀을 들을지어다"(4-6절)

다 죽은 자들은 아닙니다.

그들 중에는 믿음을 지키는 성도들이 있습니다.

첫째는, 믿음을 지키는 성도들이 있었습니다.

'옷을 더럽히지 아니하는 자들이 있다'고 합니다.

비록 소수이기는 하지만 이들이 '생명의 불씨'가 됩니다.

온 교회가 다 영적인 믿음으로 산다면 말할 것도 없지만 소수라 할지라도 생명이 있는 믿음이면 교회를 살리는 능력이 됩니다.

둘째는, 흰 옷 입은 성도들이 있습니다.

'흰 옷'은 '더럽지 않은 옷'입니다.

'더럽지 않다'는 것은 '죄가 없다'는 뜻입니다.

누가 이 흰 옷을 입을 수 있습니까?
예수님만이 흰 옷을 가지십니다.
예수님이 흰 옷을 입혀 주십니다.
예수 믿는 믿음이 흰 옷을 입는 것입니다.
'믿음으로 의(義)의 옷을 입는 것'입니다.

셋째는, 이름을 생명책(生命冊)에 기록하여 주십니다.
'책에 기록되었다'는 것은 '구원받을 자로 입적이 된 것'을 말합니다.
'생명책'은 '하나님 자신'입니다.
책에 기록된 것은 확실한 것처럼 구원받을 자는 하나님께서 기억하십니다.
종이책에 기록된 것은 소실되거나 지워질 수도 있습니다.
그러나 하나님께서 기억하고 계시는 것은 영원히 지워지지 않는 것입니다.

하나님이 기억하고 계시는 것은 생명책입니다.
부모가 자식의 이름을 책에 기록했다고 해서 자기 자식임을 압니까?
부모는 자식을 마음에 새겨두기 때문에 어떤 일이 있어도 지워지지 않습니다.
하물며 하나님은 택한 자녀들과 소유된 백성들을 영원히 기억하십니다.
다만 하나님은 산 자만 기억하시고, 죽은 자는 기억하지 않으십니다.

농부는 알곡만 골라내고 쭉정이는 무조건 쓸어서 불태웁니다.
하나님은 택한 자만 골라내고 나머지는 무조건 쓸어서 심판하십니다.

"일깨어 죽게 된 것을 다시 살리라"고 하십니다.
회개하고 돌아서면 살게 되는 것입니다.
어디서 잘못된 것이 없는지, 무엇이 잘못되었는지 회개하고 돌아서는, 살아있는
믿음이 됩시다.

빌라델비아 교회!
적은 능력으로 말씀을 지키라!
(요한계시록 3:7-13)

. . . . .

"빌라델비아 교회의 사자에게 편지하라 거룩하고 진실하사 다윗의 열쇠를 가지신 이 곧 열면 닫을 사람이 없고 닫으면 열 사람이 없는 그가 이르시되 볼지어다 내가 네 앞에 열린 문을 두었으되 능히 닫을 사람이 없으리라 내가 네 행위를 아노니 네가 작은 능력을 가지고서도 내 말을 지키며 내 이름을 배반하지 아니하였도다 보라 사탄의 회당 곧 자칭 유대인이라 하나 그렇지 아니하고 거짓말 하는 자들 중에서 몇을 네게 주어 그들로 와서 네 발 앞에 절 하게 하고 내가 너를 사랑하는 줄을 알게 하리라 네가 나의 인내의 말씀을 지켰은즉 내가 또한 너를 시켜 시험의 때를 면하게 하리니 이는 장차 온 세상에 임하여 땅에 거하는 자들 을 시험할 때라 내가 속히 오리니 네가 가진 것을 굳게 잡아 아무도 네 면류관을 빼앗지 못 하게 하라 이기는 자는 내 하나님 성전에 기둥이 되게 하리니 그가 결코 다시 나가지 아니 하리라 내가 하나님의 이름과 하나님의 성 곧 하늘에서 내 하나님께로부터 내려오는 새 예 루살렘의 이름과 나의 새 이름을 그이 위에 기록하리라 귀 있는 자는 성령이 교회들에게 하 시는 말씀을 들을지어다"

예수님께서 말씀하신 것을 보겠습니다.

"그 때에 두 사람이 밭에 있으매 한 사람은 데려가고 한 사람은 버려둠을 당할
것이요"(마 24:40)

여기서 '두 사람이 밭에 있다'는 것은 '한 식구'라는 의미입니다.
한 식구는 한 장소에서 같은 일을 하며 있습니다.
이 말씀을 교회에 적용합니다. '교회'를 의미합니다.
교회는 한 식구요, 권속입니다.
교회에는 믿는 사람만 있는 것처럼 보입니다.
그렇지만, 구원받을 사람이 있는가 하면 구원받지 못할 사람도 있습니다.
칭찬받을 사람이 있는가 하면 칭찬받지 못할 사람도 있습니다.

'빌라델비아 교회'는 '책망 받을 일이 전혀 없고, 칭찬만 받는 교회'입니다.
어떤 점에서 칭찬받을 수 있었습니까?
믿음이 살아있고, 충성하며, 삶의 초점을 그리스도께 맞추는 교회입니다.
예수 그리스도를 사역의 중심, 활동의 중심으로 삼는 교회입니다.
그리스도를 사랑하고, 서로 사랑하기를 가르치는 교회입니다.
'지상 교회는 빌라델비아 교회처럼 성장해야 할 것'을 보여주시는 말씀입니다.

빌라델비아 교회에 나타나신 주님께서 '거룩하고 진실하사 다윗의 열쇠를 가지신 이 곧 열면 닫을 사람이 없고 닫으면 열 사람이 없는 그'(7절)라고 했습니다.
여기에서 '예수 그리스도의 모습'을 '세 가지'로 묘사하고 있습니다.

첫째는, 그리스도는 거룩하십니다.
'거룩하심'은 하나님의 속성입니다.
예수 그리스도는 하나님이시며, 그 거룩하심이 하나님 되심을 말해 주십니다.
거룩하심은 '완전'을 의미합니다.
하나님 외에는 그 어느 존재도 거룩할 수 없습니다.
그런데 우리가 그리스도를 믿음으로 그 안에서 거룩함을 얻게 된 것입니다.
그래서 우리를 '성도'(ἅγιος)라고 합니다.
'그리스도 안에서 얻어지는 은혜'입니다.

둘째는, 다윗의 열쇠를 가지셨습니다.
다윗은 왕으로 왕궁에 거합니다.
왕실에 들어간다는 것은 쉬운 일이 아닙니다.
조선 시대 왕궁의 왕실에는 문 앞에 내시가 문을 지키고 있습니다.
내시가 문을 열어주어야 들어갈 수 있습니다.
현대 대통령 방에는 비서실이 있는데 비서실장이 문을 열어주어야 대통령 방으로 들어갈 수 있습니다. 그것이 바로 'key'입니다.
'다윗의 열쇠'는 '권세의 상징'입니다. 문을 열고 닫을 수 있는 권세입니다.
'예수 그리스도'만이 다윗의 열쇠를 가지셨습니다.
예수 그리스도는 지고의 능력과 권위를 가지신 분이십니다.
'이사야 선지자'는 "내가 또 다윗의 집의 열쇠를 그의 어깨에 두리니 그가 열면 닫을 자가 없겠고 닫으면 열 자가 없으리라"(사 22:22)고 했습니다.

이 말씀을 예수님께서 인용하셨고 응하게 하셨는데, "내가 천국 열쇠를 네게 주리니 네가 땅에서 무엇이든지 매면 하늘에서도 매일 것이요 네가 땅에서 무엇이든지 풀면 하늘에서도 풀리리라"(마 16:19)고 말씀하셨습니다.

셋째는, 문을 열고 닫을 수 있는 분입니다.
'천국 문의 열쇠'는 '예수 그리스도'만이 가지실 수 있으므로, 예수님만이 천국으로 들어갈 수 있는 문을 열 수도 있으시고, 닫을 수도 있으십니다.
'열쇠'는 '구원받을 자를 결정하는 권한'을 말합니다.
우리가 천국으로 가게 될 때에도 문을 열어주면 들어가고 열어주지 않으면 들어가지 못하는 것이 아니라, 들어가지 못할 사람은 아예 천국 문까지 갈 수도 없고, 곧바로 지옥으로 가버립니다. 그 어떤 시행착오도 없습니다.
구원이 결정된 사람은 천국으로 직행하게 되고, 이미 열린 문으로 들어갑니다.

한편 빌라델비아 교회가 오직 칭찬만 받은 것은 엄청나게 위대한 업적을 이루었기 때문이 아닙니다.
그렇다면 빌라델비아 교회는 어떤 일에서 칭찬을 받았습니까?

첫째는, 적은 능력의 행위입니다.
'빌라델비아 교회'는 믿음으로만 살기에 용이한 곳이 아닙니다.
믿음생활을 하기에 적합하거나 적절한 환경만은 아니었습니다.
우리 주변에서 믿음생활을 잘 할 수 있는 환경이 있다면 어떤 곳이겠습니까?
아마도 기도원이 아닐까 생각합니다.
기도원에서는 세상과 등지고 오직 찬송하고 기도하고 예배만 드리기 때문입니다.
그런데 반드시 그런 것만은 아닙니다.
도둑도 있고, 거짓말쟁이들이나 사기꾼들도 있습니다.
어디든지 시험 들지 않을 곳은 없는 것 같습니다.

빌라델비아 교회의 주변은 로마 제국의 지배를 받았습니다.
그래서인지 '빌라델비아'는 항상 사업가들이나 장사꾼들이나 로마 군인들이나 행락객들이나 여행자들로 북적대고, 분주하고 소란스러운 도시였습니다.
그래서 세속적이면서 믿음으로 살기에는 여러 가지 유혹들이 있었습니다.
믿음생활을 잘하기에는 적합하지 않은 곳이었습니다.

그러나 '빌라델비아 교회'는 유혹의 조건이 많은 여건 속에서도 그런 것들을 적절히 이용해서 그리스도의 복음을 전하는 데 능력을 나타내는 교회가 되었습니다. '적은 능력'이라는 말은 '교회의 규모가 작았다'는 것입니다.

성도의 수도 적었고, 재정도 빈약했음에도 복음을 전하는 데 놀라운 일을 이루어냈기 때문에 이런 점을 칭찬하셨습니다.

하나님의 복음전도는 작은 일에서부터 시작합니다.

"네 시작은 미약하였으나 네 나중은 심히 창대하리라"(욥 8:7)

"만일 너희에게 믿음이 겨자씨 한 알 만큼만 있어도 이 산을 명하여 여기서 저기로 옮겨지라 하면 옮겨질 것이요 또 너희가 못할 것이 없으리라"(마 17:20)

믿음으로 하나님의 일에 관심 가지고 행한다면 위대한 일을 해내는 것입니다.

그 방법으로 매월 1만원으로 전도책자 15권을 자신의 집 이웃의 열다섯 집에 기도하면서 전하는 일은 누구나 쉽게 실천할 수 있는 일은 아니지만, 관심을 갖고 실천에 옮긴다면 그 결과는 위대한 능력을 나타내는 일이 될 것입니다.

교인이 100명이면 1,500가정이나 1,500명에게 매월 전도를 하게 되는 셈입니다.

둘째는, 말씀을 지켰습니다.
빌라델비아 교회는 말씀을 지켰습니다.
"내 말을 지켰다"고 칭찬했습니다. 말씀을 순종하는 데 충실했습니다.
저는 20년 정도 말씀을 가르쳤고, 성도들은 20년 동안 말씀을 공부하고 지켰는데, 그 결실을 얻지 못한다면 얼마나 마음이 아프겠습니까?
말씀을 지키면 삽니다.

"사람이 내 말을 지키면 영원히 죽음을 보지 아니하리라"(요 8:51)

'말씀을 지켰다'는 것은 그 의미가 큽니다.

셋째는, 주님의 이름을 배반하지 않았습니다.
"내 이름을 배반하지 아니하였도다"(8절)

'배반'(背反)은 '알네오마이'(ἀρνέομαι)로 '부정하다, 거절하다, 거부하다'라는 뜻입니다.
빌라델비아 교회는 미약하고, 성도의 수효는 적었고, 부요하지 못했습니다.

그렇지만 빌라델비아 교회는 그리스도의 이름을 배반하지 않았습니다.
언제, 어디서나 예수 그리스도를 시인하는 믿음으로 살았습니다.

> "누구든지 사람 앞에서 나를 시인하면 인자도 하나님의 사자들 앞에서 그를 시인할 것이요"(눅 12:8)

> "아버지와 아들을 부인하는 그가 적그리스도니 아들을 부인하는 자에게는 또한 아버지가 없으되 아들을 시인하는 자에게는 아버지도 있느니라"(요일 2:22, 23)

그리스도를 시인하는 교회나 성도는 살아 있는 교회요, 살아있는 성도입니다.
살아 있는 증거는 무엇입니까?
첫째는, 복음전도와 선교에 마음을 가지는 것입니다.
둘째는, 그리스두의 말씀을 가지는 것입니다.
셋째는, 그리스도의 일에 즐거운 믿음으로 헌신하는 것입니다.

주일을 지키며, 예배를 기쁨으로 드리는 것입니다.
교회에서 진행되는 모든 일에 감사하는 믿음으로 참여하는 것입니다.

믿음의 삶을 살아가는 신앙생활을 잘할 수 있는 환경이나 조건이 모두 갖추어지는 것은 아닙니다.
신앙생활을 하다보면 많은 핍박과 환난과 시련과 시험들이 있을 수 있습니다.
조롱과 무시를 당하고, 놀림을 받기도 합니다.
속임과 이용을 당하기도 하고, 억울하고 분한 일을 당하기도 합니다.
가난하고, 병들어서 고통을 당하기도 합니다.
이럴 때 마음이 연약하여 흔들리기도 하며, 넘어질 수도 있습니다.
사탄은 호심탐탐 기회를 노리면서 쓰러뜨리려고 합니다.

그러나 넘어질지라도 다시 일어나야 합니다.
주님의 손을 붙잡고 일어나야 합니다.
주님을 의지하고, 신뢰해야 합니다.
우리 주님은 우리에게 끝까지 믿음을 지키기를 원하십니다.
믿음을 지키고 성장하여 성전의 기둥이 되는 성도가 되어야 합니다.

성전의 기둥이 되라!
(요한계시록 3:7-13)

• • • • •

"빌라델비아 교회의 사자에게 편지하라 거룩하고 진실하사 다윗의 열쇠를 가지신 이 곧 열면 닫을 사람이 없고 닫으면 열 사람이 없는 그가 이르시되 볼지어다 내가 네 앞에 열린 문을 두었으되 능히 닫을 사람이 없으리라 내가 네 행위를 아노니 네가 작은 능력을 가지고서도 내 말을 지키며 내 이름을 배반하지 아니하였도다 보라 사탄의 회당 곧 자칭 유대인이라 하나 그렇지 아니하고 거짓말 하는 자들 중에서 몇을 네게 주어 그들로 와서 네 발 앞에 절하게 하고 내가 너를 사랑하는 줄을 알게 하리라 네가 나의 인내의 말씀을 지켰은즉 내가 또한 너를 지켜 시험의 때를 면하게 하리니 이는 장차 온 세상에 임하여 땅에 거하는 자들을 시험할 때라 내가 속히 오리니 네가 가진 것을 굳게 잡아 아무도 네 면류관을 빼앗지 못하게 하라 이기는 자는 내 하나님 성전에 기둥이 되게 하리니 그가 결코 다시 나가지 아니하리라 내가 하나님의 이름과 하나님의 성 곧 하늘에서 내 하나님께로부터 내려오는 새 예루살렘의 이름과 나의 새 이름을 그이 위에 기록하리라 귀 있는 자는 성령이 교회들에게 하시는 말씀을 들을지어다"

사탄의 세력은 믿는 자를 넘어뜨리고 자기편에 서도록 하기 위해서 할 수 있는 모든 일들을 동원하지만, 믿음을 체험한 성도는 결코 넘어지지 않습니다.

바로 '빌라델비아 교회'가 그렇게 '강한 교회의 본'이 되었습니다.

'사탄의 계교에 넘어지지 않는 이유'는 '그리스도를 시인하는 확신 때문'입니다.

충성된 성도, 충성된 교회는 그리스도를 부인하지 않습니다.

'그리스도를 부인하지 않는다는 것'은 교회를 부인하지 않는 것입니다.

교회의 제도를 부인하지 않는 것이고, 교회의 사역을 부인하지 않는 것입니다.

교회의 일은 주님의 일이기 때문에 크거나 작은 것이거나 그 일을 즐거워 행하며 충성하는 것입니다.

성경은 '충성하는 교회와 성도들'에게 놀라운 은혜 중에 은혜가 더하는 것을 보여주십니다.

그렇다면 은혜(恩惠) 중 은혜(恩惠)가 무엇입니까?

열린 문입니다.

　"볼지어다 내가 네 앞에 열린 문을 두었으되 능히 닫을 사람이 없으리라"(8절 상)

'열린 문이 있다'는 것은 '출입구, 기회, 시기'를 의미합니다.
믿음으로 사는 길은 결코 헛되지 않습니다.

믿음이 없는 것이 문제입니다.
더 큰 문제는 믿음이 없으면서 믿음이 있는 척하는 것입니다.
또 더 큰 문제는 믿음의 약점을 아는 사람 앞에서는 숨기려고 하고, 모르는 사람들 앞에서 나타내려고 하는 것입니다.
그리스도인은 항상 그리스도 앞에서 산다는 것을 인식해야 합니다.
예수님 앞에서 그 얼굴을 맞대고 보며 사는 것이 믿음이라야 합니다.

　"그러므로 나의 사랑하는 자들아 너희가 나 있을 때뿐 아니라 더욱 지금 나 없
　을 때에도 항상 복종하여 두렵고 떨림으로 너희 구원을 이루라"(빌 2:12)

육신의 눈으로는 주님이 보이지 않는다고 생각할 수 있지만, 육신의 눈으로 주님이 보이는 것을 체험하는 영석 체험이 있어야 합니다.
'영적 체험'은 '성령의 임재'입니다.
성령을 받을 때 육신의 눈이 영적인 눈으로 변합니다.
예수님은 사역을 행하시기 전, 요단강에서 세례를 받으실 때 성령이 임재하시는 능력이 있었습니다. 영적 체험을 보여주신 것입니다.
그 후 주님은 모든 사람들을 대할 때에 '사랑'으로 대하셨습니다.

　"인자가 온 것은 섬김을 받으려 함이 아니라 도리어 섬기려 하고 자기 목숨을
　많은 사람의 대속물로 주려 함이니라"(마 20:28)

예수님께서는 사람들을 '섬김의 대상'으로 보셨습니다.
이 눈이 '성령의 눈'입니다.
성령을 받으면 육신의 눈에 성령의 안경이 씌워집니다.
사람을 볼 때 내가 섬길 사람으로 보이고, 어떤 일을 볼 때도 내가 기쁨으로 해야 할 일로 보입니다.

그것이 '문이 열린 기회'입니다. 기회는 지나가기 전에 포착해야 합니다.

문이 열린 것은 소망입니다.

> "보라 사탄의 회당 곧 자칭 유대인이라 하나 그렇지 아니하고 거짓말 하는 자들 중에서 몇을 네게 주어 그들로 와서 네 발 앞에 절하게 하고 내가 너를 사랑하는 줄을 알게 하리라"(9절)

지금까지 교회가 핍박을 받아왔습니다. 많은 순교자들이 있었습니다.
심지어는 그리스도를 부인하고 교회를 떠난 사람들이 많았습니다.
교회를 떠나는 사람들은 언제나 있고, 지금도 많습니다.

이유가 무엇입니까?
마음에 말씀이 들어가지 않는 사람들입니다. 순종하지 않는 사람들입니다.
변하지 않는 사람들입니다. 게으른 사람들입니다.
불평과 원망하는 사람들입니다. 물질적으로 인색한 사람들입니다.
'중생하지 못한 사람들'은 교회를 떠납니다. 주님이 보이지 않기 때문입니다.
영적으로 성령을 받은 성도는 사람을 보거나 일을 볼 때 천국의 일로 보입니다.
영적으로 눈이 떠진 사람은 '소망의 문'으로 들어갑니다.

사탄이 믿음의 사람 앞에 와서 무릎을 꿇습니다.
"거짓말하는 자들 중에서…네 발 앞에 절하게 하고"라는 말씀을 봅니다.
그리스도인들이 핍박을 받고, 박해를 받아 온갖 고초를 당하고, 멸시를 받고,
죽임을 당하는 것으로 막을 내리는 일이라면 너무나 원통하고 억울할 것입니다.
누가 핍박을 받고 예수를 믿겠습니까?

그리스도인이 받는 고난은 '잠시' 받는 것입니다.
잠시의 시간이 지나면 '그리스도인의 승리'가 있습니다.
핍박하고, 박해하고, 멸시하던 자들이 와서 무릎을 꿇을 것입니다.

> "잠시 후에는 악인이 없어지리니 네가 그 곳을 자세히 살필지라도 없으리로다"(시 37:10)
> "내가 잠시 너를 버렸으나 큰 긍휼로 너를 모을 것이요"(사 54:7)
> "너를 괴롭히던 자의 자손이 몸을 굽혀 네게 나아오며 너를 멸시하던 모든 자가 네 발 아래에 엎드려 너를 일컬어 여호와의 성읍이라, 이스라엘의 거룩한 이의 시온이라 하리라"(사 60:14)

"우리가 잠시 받는 환난의 경한 것이 지극히 크고 영원한 영광의 중한 것을 우리에게 이루게 함이니 우리가 주목하는 것은 보이는 것이 아니요 보이지 않는 것이니 보이는 것은 잠깐이요 보이지 않는 것은 영원함이라"(고후 4:17-18)

믿음의 성도는 반드시 명예를 회복할 때가 옵니다.
예수님은 십자가에 달려 고난을 받아 죽으셨지만 부활의 영광이 왔습니다.
'그리스도의 부활의 영광'은 '믿는 자들의 승리'입니다.
원수 앞에서 주님의 사랑을 받는 것을 보여주십니다.

"내가 너를 사랑하는 줄을 알게 하리라"(9절)

주님은 '성도'(聖徒)를 사랑하십니다.
정통자라고 고집하는 자를 사랑하는 것이 아닙니다.
자신이 의롭다고 주장하는 자가 사랑을 받는 것이 아닙니다.
문제는 잘못 믿으면서도 잘 믿는다고 주장하는 것입니다.
'잘 믿는다는 사람들'이 '교회에서 상처 받았다'고 하고, '목사에게 상처 받았다'고 하고, '어떤 교인들에게 상처를 받았다'고 주장합니다.
이런 사람들은 여러 가지 이유를 대면서 시시때때로 상처 받고 있다고 말하지만, 상처를 받는 것이 아니라 도리어 상처를 주고 다니는 사람들입니다.
이런 사람들은 주님의 사랑을 모르기 때문에 사랑을 받을 수 없는 것입니다.
믿음의 사람은 상처를 받아도 상처 받았다고 불평하거나 원망하지 않습니다.
묵묵히 믿음으로 살 뿐입니다.

'끝까지 믿음으로 사는 사람'이 주님의 사랑을 받습니다.
핍박하고 박해하던 원수 앞에서 주님의 사랑을 받는 것을 보여주십니다.

"주께서 내 원수의 목전에서 내게 상을 차려 주시고 기름을 내 머리에 부으셨으니 내 잔이 넘치나이다"(시 23:5)

그 날을 바라보는 '소망'(所望)이 있어야 합니다. 그런 믿음이 있어야 잠시 받는 고난의 날에 핍박과 박해를 당하지만, 참고 견딜 수 있습니다.
주님의 사랑받는 날을 소망하는 믿음의 사람이 되어야 합니다.

믿는 자에게는 주님의 약속이 있습니다.

첫째는, 시험을 이기게 하시고 시험의 때를 면하게 하십니다.
'믿음'은 내 힘으로 믿는 것이 아니라 '주님의 능력'입니다.

> "네가 나의 인내의 말씀을 지켰은즉 내가 또한 너를 지켜 시험의 때를 면하게
> 하리니 이는 장차 온 세상에 임하여 땅에 거하는 자들을 시험할 때라"(10절)

주님은 믿음을 주시고, 그 믿음을 지키는 능력을 주셔서 시험을 이기게 하십니다.
때로는 시험 당하나 이기게 하시고, 어느 때는 시험의 때가 지나가게 하십니다.

> "주께서 너희 마음을 인도하여 하나님의 사랑과 그리스도의 인내에 들어가게
> 하시기를 원하노라"(살후 3:5)

둘째는, 생명의 면류관을 주실 것입니다.

> "내가 속히 오리니 네가 가진 것을 굳게 잡아 아무도 네 면류관을 빼앗지 못하
> 게 하라"(11절)

"내가 속히 오리니"라고 했습니다. 주님은 '재림(再臨)의 날'을 약속하셨습니다.
새로운 세계요, 천국입니다. 영원한 안식처가 도래되는 날입니다.
예수님은 하나님 나라에서 오셨고, 그 곳으로 가셨으나, 다시 오실 것입니다.

> "네 가진 것을 굳게 잡으라"(11절)

믿음을 지킬 것입니다. 주님이 오실 그 날까지 지켜야 할 믿음입니다.

> "아무도 네 면류관을 빼앗지 못하게 하라"(11절)

"네가 죽도록 충성하라 그리하면 내가 생명의 관을 네게 주리라"(계 2:10)고 약속
하셨습니다.
믿음을 끝까지 지키는 자가 받을 것입니다.
믿음을 버리면 생명의 면류관을 빼앗길 것입니다.
'믿음'이라는 말은 '충성'이라는 의미입니다.

이기는 자에게 주는 상이 있습니다.

> "이기는 자는 내 하나님 성전에 기둥이 되게 하리니 그가 결코 다시 나가지 아
> 니하리라 내가 하나님의 이름과 하나님의 성 곧 하늘에서 내 하나님께로부터
> 내려오는 새 예루살렘의 이름과 나의 새 이름을 그이 위에 기록하리라"(12절)

다섯 가지를 말씀하셨습니다.

첫째는, 이기는 자는 성전의 기둥이 되게 하십니다.

여기서 기둥은 '지주'입니다.
힘이요 능력이 있어야 합니다.
교인은 있는데, 교회의 기둥이 될 사람이 없습니다.
누가 교회의 기둥 역할을 할 수 있습니까?
예수 믿고 교회 다니는 사람은 있는데, 교회에서 기둥이 될 사람이 없습니다.
기둥이 될 사람이 되어야 합니다.

둘째는, 그리스도 안에서 하나가 되는 것입니다.

"그가 결코 다시 나가지 아니하리라"는 말씀과 '열린 문'이라는 말씀을 연결하여 해석해야 할 말씀입니다.
열린 문으로 누가 들어왔습니까?
믿는 내가 그 안에 들어온 것입니다.
'믿음으로 열린 문으로 들어온 자'는 '다시는 나가지 않게' 됩니다.

셋째는, 하나님의 소유가 되는 것입니다.

"내 하나님의 이름과"라는 말씀은 '하나님의 이름을 받게 된다'는 것입니다.
'하나님의 이름을 주시는 것'은 '하나님의 소유'를 의미합니다.
'완전히 하나님께 속한 자'라는 뜻입니다.
아들이 아버지의 성을 따르는 것이 바로 아버지의 것이라는 뜻입니다.

넷째는, 하나님 나라의 시민이 되는 것입니다.

'새 예루살렘의 이름'을 얻을 것입니다.
'천국의 시민권'을 얻게 될 것입니다.
이전에는 세상에 이름을 빛냈습니다.

어느 식당에서 점심을 먹는데 주인이 '예수를 믿는데 친구들은 다 장로가 되었으나 자신은 밖의 일을 많이 하다 보니 아직은 교회 일꾼으로서의 역할을 못했지만 내년부터는 교회 일을 하려고 생각하고 있다'고 말합니다.

문제는 과거에 일을 많이 했다는 사람이요. 다음부터는 잘하겠다는 사람입니다.
과거에 잘한 것 소용이 없습니다.
다음부터 잘하겠다는 것도 나와는 관계가 없는 것입니다.
중요한 것은 '지금'입니다.
지금 해야 합니다.
왜 다음으로 미룹니까?
지금부터 하는 믿음이라야 합니다.

다섯째는, 주님의 새 이름을 얻는 것입니다.
　　"나의 새 이름을 그이 위에 기록하리라"(12절)

두 가지를 깨닫습니다.
첫째는, 현재의 성도라는 이름입니다.
둘째는, 미래에 있을 약속입니다.

'이름을 그이 위에 기록한다'는 것은 '주님만이 아시는 이름'입니다.
참 의미가 있는 말씀입니다.
구원의 생명을 얻는 자의 인격 속에는 하나님의 생명이 있다는 것입니다.
구원받은 성도 개인에게 하나님이 보인다는 것입니다.

그렇습니다.
우리가 생명의 면류관을 받을 때 그 속에 하나님의 이름이 보일 것입니다.
'영원한 하나님의 소유가 된다'는 뜻입니다.
지금 우리가 구원을 받았지만 아직 우리 안에 하나님의 새 이름은 새겨지지 않
았습니다.
구원이 완성되지 않았기 때문입니다.
구원의 완성은 천국 문에 들어섰을 때입니다.
믿음으로 살아서 '기둥 같은 신앙의 승리'가 있어야 합니다.

라오디게아 교회! 수치를 벗으라!
(요한계시록 3:14-18)

• • • • •

"라오디게아 교회의 사자에게 편지하라 아멘이시요 충성되고 참된 증인이시요 하나님의 창조의 근본이신 이가 이르시되 내가 네 행위를 아노니 네가 차지도 아니하고 뜨겁지도 아니하도다 네가 차든지 뜨겁든지 하기를 원하노라 네가 이같이 미지근하여 뜨겁지도 아니하고 차지도 아니하니 내 입에서 너를 토하여 버리리라 네가 말하기를 나는 부자라 부요하여 부족한 것이 없다 하나 네 곤고한 것과 가련한 것과 가난한 것과 눈 먼 것과 벌거벗은 것을 알지 못하는도다 내가 너를 권하노니 내게서 불로 연단한 금을 사서 부요하게 하고 흰 옷을 사서 입어 벌거벗은 수치를 보이지 않게 하고 안약을 사서 눈에 발라 보게 하라"

'라오디게아'는 정치적으로나 물질적으로나 번영한 도시였습니다.

모든 조건이 좋으면 좋을수록 하나님께 더욱 감사하고 믿음이 싱싱을 해야 하는데 도리어 믿음이 퇴보하는 것이 안타까운 일입니다.

'라오디게아 교회'가 그런 유형 중에 하나입니다.

라오디게아 교회는 소아시아 일곱 교회 중 영적 상태가 가장 좋지 안했습니다.

라오디게아 교회는 가장 부유한 도시 환경의 좋은 조건을 갖추고 있으면서도 영적으로 퇴보하는 교회였습니다.

라오디게아 교회는 처음부터 끝까지 칭찬받을 것이라고는 조금도 없었습니다.

예수님께서 가룟 유다에게 "차라리 나지 않았으면 좋을 뻔하였다"고 하신 말씀같이 '차라리 존재하지 않는 것이 나았을 교회도 있다'는 점입니다.

'라오디게아 교회'를 보면 현대 퇴보하고 퇴색하여 가는 교회와 신자들의 모습을 보는 것 같습니다.

라오디게아 교회에 나타나 보이신 주님!

'참된 증인이시요 하나님의 창조의 근본이신 이'(14절)라고 하십니다.

여기서 네 가지 단어로 표현하시는데 의미심장합니다.

첫째는, '아멘'(Ἀμήν)이신 주님이십니다.
'아멘'은 우리 성도들에게 귀에 익은 말씀입니다. '기도할 때나 기도를 끝낼 때, 진실한 것을 선언'할 때 사용되는 말씀입니다. '예수 그리스도는 아멘 그 자체'이십니다. 왜냐하면 진리(眞理)이시고 보장의 선언이시기 때문입니다.

둘째는, '충성되신'(πιστὸς) 분이십니다.
'충성'이란 '믿음 그 자체'를 의미합니다.
신실하시고, 충실하시며, 진실하심을 말씀해 주십니다.

셋째는, 참되신 주님이십니다.
'참'이라는 말은 헬라어 '알레디노스'(ἀληθινός)로, '진실, 진리'라는 뜻입니다.
'아멘, 충성, 참된' 이 세 단어는 의미가 같은 뜻을 나타내 주는 말씀입니다.

넷째는, 창조의 '근본'(ajrchv)이신 분입니다.
'근본'(ἀρχὴ)이라는 말은 '태초'(beginning)라는 뜻입니다.
예수 그리스도는 태초에 천지를 창조하신 하나님이십니다.
예수는 하나님과 동등하신 분이시며, 동일하신 분이시며, 세상을 창조하셨습니다.
더 나아가서는 세상을 심판하시고, 죄인을 구원하시는 분이십니다.
그러한 권세와 주권을 갖고 계신 주님께서 우리에게 성령으로 임재하시고, 지금 내 안에 내주하여 나의 삶 가운데 살아계십니다.

그렇다면 라오디게아 교회는 어떤 교회입니까?
라오디게아 교회를 보면 두렵고 떨리고 무서운 마음이 듭니다.
왜냐하면 라오디게아 교회는 주님의 마음에 맞지 않는 교회로 '칭찬할 만한 것은 털끝만큼도 없고 책망할 일만 있는 교회'라고 꾸짖으셨고, "내 입에서 너를 토하여 버리리라"(16절)고 경고하시는 말씀을 보기 때문입니다.

첫째는, 좋은 환경을 갖춘 도시에 있는 교회입니다.
'라오디게아'의 특징은 '내륙지방에 위치하여 교통이 좋다'는 것입니다.
관광지역으로 '히에라폴리스'(파묵칼레)라는 석회 온천이 있기도 합니다.

일명 '목화도시'라고도 했습니다.

공업도시로 특별히 의과대학도 있었으니, 물질적으로 부요한 도시였습니다.

이런 좋은 환경을 갖춘 도시에서 산다는 것은 시민 모두가 자랑스럽고 행복하다고 할 수 있습니다.

라오디게아 교회는 '사도 바울의 제자요 동역자'인 '에바브라'에 의해 세워진 교회로 알려졌습니다(골 4:13-16).

둘째는, 미지근한 교회입니다.

> "내가 네 행위를 아노니 네가 차지도 아니하고 뜨겁지도 아니하도다 네가 차든지 뜨겁든지 하기를 원하노라 네가 이같이 미지근하여 뜨겁지도 아니하고 차지도 아니하니 내 입에서 너를 토하여 버리리라"(15, 16절)

칭찬이라고는 전혀 받을 것이 없는 교회입니다.

아무리 잘못한 일이 많고 책망 받을 일이 있어도 한두 가지는 칭찬받을 만한 일이 있을 법노 한데 라오디게아 교회는 칭찬받을 만한 일이 전혀 없었습니다.

주님의 눈에는 그 모습이 미지근하게 보인 것입니다.

'미지근하다'(lukewarm)는 '클리아로스'(χλιαρὸς)라고 합니다.

이는 '따뜻하다'에서 유래된 말입니다.

'미지근하다'는 것은 '열의가 없다, 냉담하다, 마음이 내키지 않는다'는 뜻입니다.

어쩌면 '무관심한 태도'를 말합니다.

말씀을 들었는데 냉담합니다.

안내의 말씀을 들었는데 안 들은 척 합니다.

그 어떤 말도 '나와는 상관없다'고 생각하면서도 교회 나오고, 믿는다고 합니다.

은혜를 받고 축복을 받는다면 '아멘'은 할 텐데 전혀 반응이 없습니다.

누가 보아도 미지근한 것은 싫은 것입니다.

셋째는, 라오디게아 교회는 스스로 부자라고 자랑을 합니다.

17절에 "나는 부자라 부요하여 부족한 것이 없다"고 했습니다.

교인들 중에 이런 유형의 사람들이 많습니다.

자신들이 가진 것에 대해 스스로 '부자'(富者)라고 생각합니다.

직장을 자랑합니다.
자식들을 자랑합니다.
가정을 자랑합니다.
지위를 자랑합니다.

목회를 하다 보면 수많은 일들을 겪게 되지만 사는 형편이 조금씩 좋아지면서 처지가 달라졌다고 생각이 되는지 작은 교회보다는 조금이라도 더 큰 교회를 찾아 떠나는 교인들을 봅니다.

어떤 분은 교회를 떠나면서 '자신의 아이들의 결혼은 작은 교회가 아닌 큰 교회에 가서 시킬 것'이라고 말하기도 합니다.

'개구리 올챙이 시절 모른다'는 말이 실감이 나지요?

한마디로 교만한 것입니다.
교만은 하나님이 제일 싫어합니다.
교만하지 말아야 합니다.
주님이 보시기에 불쌍한 자들입니다.

> "네 곤고한 것과 가련한 것과 가난한 것과 눈 먼 것과 벌거벗은 것을 알지 못하는도다"(17절 하)

영적으로 곤고한 자들입니다.
영혼이 고통을 당합니다. 영적으로 보잘것없습니다.
영적으로 불쌍하게 보이는 신자들을 보았습니다.
'저 사람 불쌍하다'고 느껴지는 일이 있습니까?
그런데 문제는 자신이 불쌍하다는 것을 모르는 것입니다.

영적으로 가련한 자들입니다.
자신은 스스로 자랑하며 뽐낼지 모르지만 믿음의 눈으로 보면 가련하게 보입니다.
주님이 보실 때 천하게 보입니다.

영적으로 가난한 자들입니다.
자신은 부요하며 많은 것을 가졌다고 생각합니다.

그런데 믿음으로는 아무 일도 할 능력이 없습니다.
아무것도 하는 것이 없습니다.
오죽하면 아무 일도 못하겠습니까?
성전을 건축하는데 돈을 가지고 있으면서도 헌금을 못합니다.
돈은 없다고 하면서 집은 사고, 빌딩은 삽니다.
그런데 주님을 위해서는 아무 일도 못합니다.
영적으로 가난하기 때문입니다.

영적으로 눈이 먼 자들입니다.
사람이 불행하다고 생각하는 일이 있다면 앞을 보지 못하는 것입니다.
그러나 육신의 소경은 영적으로는 눈을 뜨고 소망을 가집니다.
그런데 육신의 눈을 떴지만 영적으로는 소경이 있습니다.
영적인 소경은 천국이 안 보이는 것입니다.
천국을 못 보고 교회를 다니면 무슨 소용이 있습니까?
천국은 발등에서부터 보아야 합니다.
교회생활에서 천국을 보고 천국의 일을 행하고 살아야 합니다.

   "주의 말씀은 내 발에 등이요 내 길에 빛이니이다"(시 119:105)
   "이같이 너희 빛이 사람 앞에 비치게 하여 그들로 너희 착한 행실을 보고 하늘
   에 계신 너희 아버지께 영광을 돌리게 하라"(마 5:16)

자신의 발등 앞에서 천국을 보지 못하면 멀리도 볼 수 없습니다.
그리스도인들은 발등 앞에서 멀리 볼 수 있어야 성공합니다.
장래를 보아야 합니다.
현재는 잘 나가고 성공하지만 미래가 없는 사람들이 있습니다.
영적으로 씨를 뿌리고 가꾸어야 할 일을 보지 못하기에 장래가 없는 것입니다.
씨를 뿌리지 않는 사람에게 열매를 거두는 미래는 결코 없습니다.

영적으로 벌거벗은 자들입니다.
질 좋은 가죽옷이 많습니다. 털옷이 풍성합니다. 고급비단 옷이 있습니다.
그런데 주님은 '벌거벗은 자들'이라고 경고하십니다.
'영적으로 벌거벗은 것'을 지적합니다.

믿음의 은혜로 의의 옷을 입어야 하는데, 그렇게 하지 못하고 있습니다.

신약성경에서 거지 '니사로'와 호화로이 살아가는 한 '부자 노인'을 봅니다.
부자인 사람은 비단옷과 맛있는 음식을 먹고 호화롭게 살아가고 있습니다.
그런데 그 집 대문간에는 거지 나사로가 병든 몸으로 살고 있습니다.
나사로의 몸이 상하여 상처가 나서 진물이 나고 냄새나는 그 상처를 개들이 젯
밥인 것처럼 핥아 먹었다고 합니다(눅 16:19-31).
부자 노인은 얼마나 자랑스럽고, 거지 나사로는 얼마나 불쌍했습니까?
그러나 종말 이후 내세에는 그 처지가 바뀌었습니다.
죽은 후에 나사로는 하나님 나라에서 하나님의 품에서 영화를 누리고 있습니다.
그런데 부자 노인은 죽은 후에 지옥에서 고통을 받고 심판을 받고 있습니다.

예수 믿고 은혜의 생활이 이 세상에서 부자 되고 성공하고 출세를 하며 영화를
누리는 것으로 착각하지 말아야 합니다.

믿음의 궁극적인 목표는 천국(天國)에 있습니다.
천국에서의 삶은 이 세상의 어떤 것으로도 비교할 수 없습니다.
우리가 이 땅에 사는 동안에도 천국의 삶을 살아가야 합니다.
예수님과 함께 하는 생활이기에 천국의 생활이 되는 것입니다.
그리고 또 한 가지 그리스도인의 현재 믿음생활에서 주님의 일을 하며 살아가
야 합니다.

라오디게아 교회 신자들처럼 '부자이고, 부족한 것이 없다'고 자랑하며, 교만하
게 살아가면서 영적으로 수치스러운 것을 깨닫지 못하는 것이야말로 얼마나 수치
스러운 일입니까?
이것을 모르고 산다는 것이 수치스럽고 부끄러운 일입니다.
주님은 '수치스러운 사람이 되지 말라'고 말씀하십니다.
현재도 그럴 뿐 아니라 미래에도 수치스러운 사람이 되지 않아야겠습니다.

절호의 기회를 잡아라!
(요한계시록 3:18-22)

• • • • •

"내가 너를 권하노니 내게서 불로 연단한 금을 사서 부요하게 하고 흰 옷을 사서 입어 벌 거벗은 수치를 보이지 않게 하고 안약을 사서 눈에 발라 보게 하라 무릇 내가 사랑하는 자를 책망해 징계하노니 그러므로 네가 열심을 내라 회개하라 볼지어다 내가 문 밖에 서 서 두드리노니 누구든지 내 음성을 듣고 문을 열면 내가 그에게로 들어가 그와 더불어 먹고 그는 나와 더불어 먹으리라 이기는 그에게는 내가 내 보좌에 함께 앉게 하여 주기 를 내가 이기고 아버지 보좌에 함께 앉은 것과 같이 하리라 귀 있는 자는 성령이 교회들 에게 하시는 말씀을 들을지어다"

소아시아 일곱 교회 가운데 '라오디게아 교회'는 칭찬을 받을만한 행위가 조금 도 없었습니다. 주님은 이 교회를 '미지근한 교회'라고 지적했습니다.

미지근한 교회의 내용이 어떻습니까?

'영적으로 곤고하고, 가련하고, 가난하고, 눈멀고, 벌거벗었다'고 했습니다.

이렇게 경고하시는 의미는 '현대교회들에게 어떻게 적용되어야 하는지 교훈'하시 기 위함이고, '현대 퇴보하는 교회와 성도들의 모습을 예고'해 주시기 위함입니다.

현대교회는 바로 라오디게아 교회 같은 모습을 보여주고 있습니다.

현대교회는 '부자'라고 합니다. '부요하여 부족한 것이 없다'고 자부합니다.

그러나 주님이 보실 때 가련하기 그지없습니다.

만일 이 모습 그대로 있으면 소망이 없어지고 말 것입니다.

그러나 주님은 현실적으로 소망이 없어 보이는 교회이기는 하지만 다시 한 번 회복의 기회를 주십니다.

수년 전에 세계 야구 선수권대회가 있었습니다.

한국은 일본을 두 번이나 대파했습니다.

그런데 이상한 게임 방법으로 인하여 한국과 일본이 3차 대결을 해서 이기는 자가 최종 승자가 되게 했습니다.

한국은 두 번 이기고 한 번 졌는데 일본이 우승팀이 되었습니다.

우리는 이것을 보면서 도저히 이해할 수 없는 법칙이라 마음 편하지 못한 것이 사실입니다.

미국은 이해 못할 법을 가지고 있습니다.

미국은 대통령 선거에서도 총 투표수에서는 이겨도 대의원의 수가 적으면 패자가 됩니다.

부시 대통령은 국민의 총투표에서는 표를 적게 얻었음에도 대의원의 수에서 승자가 된 것이 그 좋은 예입니다.

지난번 야구 게임에서 바로 이런 법을 적용한 것입니다.

우리 한국이 두 번을 이기고 한 번을 졌는데 완전히 패자가 되고, 일본이 승자가 된 것입니다.

여기서 한 가지 깨닫는 것은 이런 것이 '절호의 기회'라는 것입니다.

'두 번을 져도 마지막 판에 한 번만 이기면 승자가 되는 것'이 절호의 기회인 것입니다.

라오디게아 교회는 도저히 칭찬받을 일이라고는 전혀 없었음에도 주님은 절호의 기회를 주십니다.

그 기회가 무엇입니까?

최후의 권면입니다.

> "내가 너를 권하노니 내게서 불로 연단한 금을 사서 부요하게 하고 흰 옷을 사서 입어 벌거벗은 수치를 보이지 않게 하고 안약을 사서 눈에 발라 보게 하라"(18절)

주님이 다시 살 수 있는 기회를 주시는 권면의 말씀입니다.

'권면'(勸勉)은 '쉼불류오'(συμβουλεύω)라는 말로 '상담'(counsel)을 의미합니다.

'상담'이란 '이해시키고, 납득을 시키고, 긍정적인 사고를 불러일으켜서 그 의견을 수용하게 하는 것'입니다.

'좋은 결정이나 판단력을 가지게 하는 것'입니다.

이 내용을 세 가지로 말씀합니다.

첫째는, 영적인 부자가 되라고 합니다.

"내게서 불로 연단한 금을 사서 부요하게 하라"고 하십니다.

아주 값진 금을 사라고 합니다.

그런데 이 금은 아무 데서나 살 수 없는 것입니다.

어디서 사야 합니까? "내게서 사라"고 하십니다.

오직 주님에게서만 구할 수 있습니다.

그 금값으로 얼마나 지불해야 합니까? 값으로 계산될 수 없습니다.

그 값을 지불할 능력이 있습니까? 누구도 그 값을 지불할 능력이 없습니다.

그런데 어떻게 살 수 있습니까? 주님은 길 없는 것을 말씀하지 않습니다.

할 수 있는 길이 있기에 말씀하십니다.

> "너희 모든 목마른 자들아 물로 나아오라 돈 없는 자도 오라 너희는 와서 사 먹되 돈 없이, 값없이 와서 포도주와 젖을 사라 너희가 어찌하여 양식이 아닌 것을 위하여 은을 달아 주며 배부르게 하지 못할 것을 위하여 수고하느냐 내게 듣고 들을지어다 그리하면 너희가 좋은 것을 먹을 것이며 너희 자신들이 기름진 것으로 즐거움을 얻으리라"(사 55:1, 2)

이 말씀에서 '살 수 있는 원리'를 허락하셨습니다.

무엇으로 살 수 있는 자원을 얻을 수 있습니까?

"나를 청종하리"고 하십니다. 주님의 말씀입니다.

말씀을 듣고, 받고, 소유하고, 순종하면 됩니다.

'하나님의 말씀'으로 영적인 부자가 되고, 천국을 살 수 있습니다.

교회에서 작업하시던 어떤 집사님이 이런 이야기를 했습니다.

어느 날 전화가 왔는데 예쁜 여자의 목소리로 "사장님, 좋은 땅이 있는데 땅을 싼 값에 살 수 있으니 사십시오."라고 하더랍니다.

그래서 그 집사님이 말했다고 합니다.

"아, 그러세요? 고맙습니다. 그런데 제게는 땅이 아주 많습니다. 너무 좋은 땅이 너무 많아요. 우리 아버지가 땅을 많이 가지고 있는데 그것을 다 내게 물려 주셨거든요. 그래서 좋은 땅이 많답니다. 그 땅 조금 사십시오."

그랬더니 그 여자가 놀라워하고 부러워하면서 묻더랍니다.

"그 땅이 어디에 있는 땅입니까?"

그래서 집사님이 "예, 그 땅은 천국에 있습니다."라고 했다고 합니다.

영적인 부자가 되어야 합니다. 영적인 부를 누려야 합니다.
영적인 부자는 기쁨, 평화, 소망, 믿음, 확신, 행복, 은혜가 하나님께로부터 넘쳐나옵니다. 영적인 부자는 만족합니다.

둘째는, 영적인 옷을 입으라고 합니다.
"흰 옷을 사서 입어 벌거벗은 수치를 보이지 않게 하라"고 하셨습니다.
라오디게아 교인들은 어떤 사람들입니까? 하나님을 잘 믿는 사람들입니까?
분명히 이들은 교회 중에 하나입니다.
그들은 좋은 음식도 먹고, 좋은 옷도 입었고, 교회 행사도 열심히 했습니다.
어떤 사람들은 자신이 최고가는 믿음의 사람이라고 자랑하기도 합니다.
그런데 실제로 보니 조금은 한심합니다.

현대교회나 신자들 중에는 예수님의 옷을 입지 못한 분들이 많습니다.
스스로 기독교인이라 합니다. 세례를 받았다고 합니다.
장로의 직분도 받았고, 권사의 직분도 받았다고 자랑합니다.
무슨 교회 소속이라고도 자랑을 합니다.
예배드리는 예절도 잘 압니다.
주기도문이나 사도신경 암송(暗誦)도 잘합니다.
그런데 예수님의 옷을 입지 못했습니다.
예수님의 옷은 예수님을 본받는 것입니다.
예수님은 죽기까지 순종했습니다. 자신을 바쳤습니다.
'믿음의 옷'은 '자신을 바치는 삶'이 있어야 합니다.
'벌거벗었다'는 것은 '예수님을 잘못 믿는 것'을 지적하는 것입니다.

셋째는, 영적인 안약을 사서 눈에 바르라고 합니다.
"안약을 사서 눈에 발라 보게 하라"고 하셨습니다.
'라오디게아 교인들'은 스스로 자신들을 볼 때 '부요하여 부족한 것이 없는 사람들'이라고 자부합니다.
그들은 번창하는 축복들을 자랑하고 선한 행위를 자랑합니다.

자신의 지식, 지혜, 종교적인 행위들은 보고 자랑하지만 예수님은 보지 못합니다.
'교회는 다니지만 예수님을 못 보는 사람들'입니다.
예수님을 보아야 합니다. 영적인 눈을 뜨고 예수님을 보아야 합니다.

이에 예수님께서는 회개할 것을 촉구합니다.

> "무릇 내가 사랑하는 자를 책망해 징계하노니 그러므로 네가 열심을 내라 회개
> 하라"(19절)

주님은 라오디게아 교회를 대할 때 깊은 애정을 가지고 말씀하십니다.

첫째는, 사랑으로 책망을 합니다.
여기서 책망은 분노하는 마음이 아닙니다. 원수 같은 마음이 아닙니다.
주님은 '교회를 사랑하시기 때문에 책망'하시는 것입니다.
여기서 '사랑'이라는 단어는 아가페가 아닌 '필레오'(φιλέω), 우정의 사랑입니다.
친구의 사랑입니다. 따뜻하고 부드러운 사랑의 관계를 말합니다.
사람은 책망을 들을 때 무조건 거부반응을 보입니다. 잘못된 인식입니다.
책망을 수용할 수 있는 사람이 교양이 있습니다.
지혜롭고, 지적인 사람이 됩니다. 믿음이 있는 사람입니다.

둘째는, 열심을 내어야 합니다.
왜 열심을 내라고 하십니까? 미지근했기 때문입니다.
열심이 없었습니다. 성의가 없었습니다. 무관심합니다. 믿음이 없는 것입니다.
과거는 그랬을지라도 이제는 '열심을 가지라'고 하십니다.

셋째는, 회개하라고 합니다.
미지근한 태도에서 '회개하고 돌아서라'고 하십니다.
게으르고, 무관심하고, 미지근한 태도는 죄입니다.

예수님을 주인으로 영접해야 합니다.
우리를 부르시는 예수님의 말씀입니다.

> "볼지어다 내가 문 밖에 서서 두드리노니 누구든지 내 음성을 듣고 문을 열면
> 내가 그에게로 들어가 그와 더불어 먹고 그는 나와 더불어 먹으리라"(20절)

예수님께서는 문 밖에 서서 문을 두드리십니다.

우리는 이 음성을 듣고, 문을 열어야 합니다.

주님은 우리가 어떤 지경에 처해 있는지를 아십니다.

마음은 상했고, 몸은 병들었고, 생활은 극도로 가난하고, 소망과 꿈을 잃어버려서 앞길이 보이지 않습니다.

내 능력으로는 살 길을 모릅니다.

그래서 나를 위해 살아주시기 위하여 내 안에 들어오시기를 원하십니다.

이제 우리는 지체하지 말고 문을 열어야 합니다.

내가 문을 열지 않으면 주님은 들어오시지 않습니다.

그것이 내게 주신 '자유의지'입니다.

문을 열 수도 있고, 열지 않을 수도 있습니다.

그렇지만, 문을 열고 주님을 영접하면 내가 살고, 문을 열지 않으면 죽습니다.

우리가 주님을 영접한다는 것은 주님을 나의 주인으로 섬기는 것입니다.

나의 삶을 주님이 주관하시도록 맡기는 것입니다.

여기에는 내 주장이나 고집이 있을 수 없습니다.

우리의 모두를 주님께 맡기는 것입니다.

그러면 주님께서 주시는 최후의 약속이 있습니다.

> "이기는 그에게는 내가 내 보좌에 함께 앉게 하여 주기를 내가 이기고 아버지 보좌에 함께 앉은 것과 같이 하리라 귀 있는 자는 성령이 교회들에게 하시는 말씀을 들을지어다"(21, 22절)

이기는 자에게 주는 은혜입니다.

'이기는 자'는 '믿음으로 사는 자'라는 뜻입니다.

우리에게 믿음을 선물로 주셨습니다(엡 2:8).

이 믿음을 잘 지켜야 합니다. '믿음을 지키는 것이 이기는 것'입니다.

믿음을 지키는 자에게 주님과 함께 동등한 대우를 받게 하십니다.

그리스도의 권리, 권세, 영광, 특권을 함께 누릴 수 있는 절호의 기회를 얻을 수 있는 길을 주셨습니다.

· · · · ·
돌아보기와 둘러보기

지상에 세워진 교회는 어떤 곳인지 알아야 합니다.

궁극적으로 '교회'는 '하나님을 경배하며 찬양하며 영광을 돌리는 곳'입니다.

이것은 장차 '하나님의 나라에서 완전하게 시행되어야 할 예배를 위하여 훈련'하는 것입니다.

4장에서는 하나님의 나라의 영광스러운 보습을 보여줍니다.

영광의 보좌에 앉으신 이가 있고 그 앞에는 이십사 장로들이 흰 옷을 입고 면류관을 쓰고 예배를 드리는 광경을 보여줍니다.

특히 '이 후에 마땅히 될 일'(1절)에 대하여 모든 환난과 심판을 주관하실 하나님의 보좌에 대한 환상을 기록하고 있습니다. 즉 온 우주를 주관하고 다스리시는 하나님의 보좌의 환상을 우리에게 보여 주고, 시련과 환난 중에서도 우리의 시선이 만유의 주이신 하나님께 향하도록 합니다.

5장에는 우주와 그 가운데 있는 만물의 운명을 결정할 심판자이신 어린 양의 모습이 기록되어 있습니다.

어린 양의 오른손에는 일곱 인으로 봉해진 한 두루마리가 있습니다.

그리고 어린 양은 그 두루마리를 취하시고 찬양을 받으십니다.

그 때에 심판의 권한을 취하신 어린 양 앞에서 네 생물과 24장로가 찬양을 드리고, 이어서 천사들이 어린 양을 찬양합니다.

특히 5장에는 천지 만물이 성부와 성자에게 찬송을 바치는 내용이 언급되며, 네 생물이 아멘으로 화답하고 장로들이 엎드려 경배하는 내용으로 끝이 납니다.

6장에서는 어린 양이 그의 손에 봉인된 두루마리의 인을 하나씩 떼어내십니다. 일곱 인을 떼시겠다고 선언하시고 차례로 일곱 인까지를 다 떼어내십니다.

그러나 본장에서부터 전개되는 상황은 우리의 짧은 지식과 지혜로는 심히 이해하기 어려운 내용입니다. 따라서 우리는 하나님께 우리의 부족함을 고백하고 성령의 도우심을 간구해야 할 것입니다.

다만 우리는 이러한 현상을 통하여 믿지 않는 불신자들에게 일어나는 현상이 얼마나 무서운 것인지를 명심해야 합니다.

심판은 불신앙자에 대한 하나님의 심판입니다.

7장에서는 택하심을 받은 하나님의 백성들에게 내리시는 축복이 선언됩니다. '택하심을 받은 144,000의 성도들'입니다.

구원받은 성도들은 어린 양 앞에서 찬송과 영광과 지혜와 감사와 존귀와 권능이 하나님께 있음을 찬양합니다.

그리고 구원을 받은 성도들에게 무한 무궁하신 위로가 임하게 하십니다.

> "그들이 다시는 주리지도 아니하며 목마르지도 아니하고 해나 아무 뜨거운 기운에 상하지도 아니하리니 이는 보좌 가운데에 계신 어린 양이 그들의 목자가 되사 생명수 샘으로 인도하시고 하나님께서 그들의 눈에서 모든 눈물을 씻어 주실 것임이라"(계 7:16-17)

이 선언은 창조 이후 그리스도의 구속의 은총을 입은 모든 성도들에게 실현되는 승리의 모습입니다.

우리는 여기서 장차 성도들이 누리게 될 하나님 나라의 완전한 안식과 복락을 깨달을 수 있습니다.

비록 말세의 때를 당하여 성도에게 닥치는 환난이 크다 해도 그 후에 얻게 될 상급을 생각할 때 능히 견디어 낼 수 있는 것입니다.

제4장 하늘 보좌에 앉으신 하나님의 영광

■ 주제성구 "내가 곧 성령에 감동되었더니 보라 하늘에 보좌를 베풀었고 그 보좌 위에 앉으신 이가 있는데"(2절)
■ 주제찬송 ♬ 8장 거룩 거룩 거룩 전능하신 주님 ‖ ♬ 632장 주여 주여 우리를

서론

본 장에는 하늘나라에 대한 환상이 묘사되고 있습니다. 사도 요한의 시각이 지상 교회에서 하늘 문으로 옮겨진 것입니다. 요한은 이 환상에서 하나님의 보좌를 보았으며, 그 보좌를 둘러싼 생물들과 이십사 장로들을 보았습니다. 즉 사도 요한은 열린 하늘 문으로 하늘나라의 상징을 보고 있는 것입니다. 이처럼 본 장은 미래에 되어 질 사건의 주관자이신 하나님과 그 주위의 묘사로 꾸며져 있으며, 그 모든 일의 끝 날에 가서는 결국 하나님께서 영광 받으실 것이라는 사실을 밝혀 두고 있습니다. 이 모든 것은 하나님께서 우리를 향해서 계시하신 것들입니다.

본론

보좌에 앉으신 하나님의 영광(1-6절)

앞으로 일어날 일을 궁금해 하는 요한에게 제일 먼저 보여주신 것은 하나님의 영광스러운 모습이었습니다. 세상의 모든 아름다운 것들로 둘러싸여 있고, 이십사 장로들과 일곱 영, 네 생물들의 옹위를 받는 아주 영광스러운 모습이었습니다. 여기서 하나님이 '보좌에 앉아 계신다'고 하는 것은 '하나님이 온 우주를 통치하고 계심'을 말합니다. 보좌에 앉아 계신 하나님의 모습에서 나오는 백옥은 거룩하심을, 홍보석은 심판주 되심을, 녹보석 무지개는 위로의 약속을 말합니다. 그러기에 하나님은 거룩하신 분으로서 공의로 심판하시고 약속을 반드시 이루시는 분이십니다. 하나님이 앉아 계신 보좌로부터 나오는 번개와 음성과 뇌성은 하나님의 능력과 위엄을 지니신 하나님의 장엄한 현현을 나타냅니다.

쉬지 않고 찬송하는 네 생물들(7-9절)

보좌 주위의 네 생물은 밤낮 쉬지 않고 주님의 거룩하심과 영원하심을 찬양했습니다. 여기서 네 생물의 모양은 앞뒤에 눈이 가득하고, 여섯 날개가 있었습니다. 이들은 각각 사자(힘), 소(봉사), 사람(지혜), 독수리(민첩)와 같았습니다. 우리는 본문에서 하나님께서 앉아 계신 보좌가 우주의 중심인 것을 볼 수 있습니다. 모두가 하나님께서 앉아 계신 보좌를 중심으로 전개되는 것을 알 수 있습니다. 우리의 중심은 세상이 아닙니다. 하나님이 중심이고, 하나님의 보좌가 중심입니다. 성경이 말하는 우주나 지구나 태양이나 성좌도 하나님께서 중심이며, 하나님께서 계신 보좌가 중심입니다. 우리도 내 마음 내 뜻대로 살지 말고 하나님을 중심에 모시고 하나님 중심으로 생활해야 합니다.

면류관을 던지는 장로들(10-11절)

네 생물의 찬양에 이어 보좌 주위에 면류관을 쓰고 있던 이십사 장로는 면류관을 주님께 내어 던지며 그에게 영광을 돌리고, 그의 창조사역을 찬양합니다. 그들은 엎드려 경배하며, 승리의 면류관을 비쳤습니다. 또 창조주 하나님께 영광을 돌렸습니다. 그들은 영광, 존귀, 감사, 능력을 거룩하시고 영원하신 하나님께만 돌렸습니다. 우리도 하나님을 내 생활의 중심에 모시고, 높이며, 찬양과 영광을 돌려야 합니다. 하나님을 거룩하신 분으로, 전능하신 분으로, 영원하신 분으로 알 뿐만 아니라, 구원의 축복과 현재의 특권과 미래의 소망이 하나님의 큰 은혜임을 기억하고, 날마다 하나님의 영광과 존귀와 감사와 능력을 쉬지 않고 찬양해야 합니다. 하나님의 거룩하심과 전능하심과 영원하심을 찬양해야 합니다.

결론

앞으로 일어날 일을 알기 위해서는 무엇보다 지금 보좌 위에 앉아 계시는 주님의 모습을 아는 것이 중요합니다. 주님께서는 요한이 본 그대로의 모습으로 지금도 세상을 다스리시고, 우리를 내려다보십니다. 이제 우리가 할 일은 그 하나님을 만나는 일입니다. 그 영광을 체험하는 일입니다.

조용히 눈을 감고 이 영광의 주님을 상상해 보아야 합니다. 주님의 영광을 볼 때 그 찬송 소리도 들을 수 있어야 합니다. 그리고 똑같은 찬송 소리가 이 땅에 있는 교회와 성도들의 입에서 흘러 나와야 합니다. 사람은 누구나 세상에서 영광을 받기를 기대합니다.

세상에서뿐만 아니라 교회 안에서도 사람들로부터 영광을 받기를 원합니다. 그러나 성도들은 주님 앞에서 모든 영광을 그에게만 돌려야 합니다. 내 머리의 면류관을 그의 앞에 던져야 합니다.

■ 장명가 "영광의 하늘 문 열렸네 찬란한 그 보좌 보인다·네 영물 이십 사 장로들 찬송과 경배를 드리네 주님이 오신다 흰 예복 입고 주 맞으라·주님이 오신다 등불을 켜들고 맞으라"(♪ 270장 변찮는 주님의 사랑과)

천국의 이상(Image)
(요한계시록 4:1-5)

• • • • •

"이 일 후에 내가 보니 하늘에 열린 문이 있는데 내가 들은 바 처음에 내게 말하던 나팔 소리 같은 그 음성이 이르되 이리로 올라오라 이 후에 마땅히 일어날 일들을 내가 네게 보이리라 하시더라 내가 곧 성령에 감동되었더니 보라 하늘에 보좌를 베풀었고 그 보좌 위에 앉으신 이가 있는데 앉으신 이의 모양이 벽옥과 홍보석 같고 또 무지개가 있어 보좌에 둘렸는데 그 모양이 녹보석같더라 또 보좌에 둘려 이십사 보좌들이 있고 그 보좌들 위에 이십사 장로들이 흰 옷을 입고 머리에 금관을 쓰고 앉았더라 보좌로부터 번개와 음성과 우렛소리가 나고 보좌 앞에 켠 등불 일곱이 있으니 이는 하나님의 일곱 영이라"

사도 요한은 천국 문이 열린 것을 보았습니다.

예수님께서 천국에 대해 소개하셨고, 기회 있을 때마다 천국을 말씀하셨습니다.

사도 요한은 자신이 천국의 이상을 보았고, 본 그대로 말씀을 증거합니다.

천국에 대해 어떻게 말씀하시는지 믿음의 마음과 성령으로 기도하는 마음과 사모하는 소망의 마음을 가지고 말씀을 깊이 살펴보아야 합니다.

천국 문이 열렸습니다.

"이 일 후에 내가 보니 하늘에 열린 문이 있는데 내가 들은 바 처음에 내게 말하던 나팔 소리 같은 그 음성이 이르되 이리로 올라오라 이 후에 마땅히 일어날 일들을 내가 네게 보이리라 하시더라"(1절)

'하늘에 열린 문'이라고 했습니다.

'천국의 문, 천당으로 들어가는 문'입니다.

요한계시록에는 세 가지의 문을 소개했습니다.

첫째는, 복음전도를 하는 선교의 문입니다.

"내가 네 앞에 열린 문을 두었으되 능히 닫을 사람이 없으리라"(계 3:8)

이 문은 '빌라델비아 교회'에 하신 말씀으로 '복음을 전도하러 나가기 위해서 열어놓으신 문'이라고 하셨습니다.

> "오직 성령이 너희에게 임하시면 너희가 권능을 받고 예루살렘과 온 유대와 사마리아와 땅 끝까지 이르러 내 증인이 되리라"(행 1:8)

전도의 문을 열어놓으신 것을 말씀합니다.

둘째는, 참 그리스도인이 되는 마음의 문입니다.

> "볼지어다 내가 문 밖에 서서 두드리노니 누구든지 내 음성을 듣고 문을 열면 내가 그에게로 들어가 그와 더불어 먹고 그는 나와 더불어 먹으리라"(계 3:20)

'참 그리스도인이 되는 조건'이 있습니다.
성경을 공부해서 알고, 교회를 다닌다고 그리스도인이 되는 것이 아닙니다.
또한 교회의 행사를 행하고 안다고 해서 그리스도인이 되는 것도 아닙니다.
참 그리스도인은 '내 마음의 문을 열고 예수님을 영접해야' 될 수 있습니다.
그것이 믿음입니다.
그리스도께서 주관하시는 주인이 되도록 해야 합니다.

셋째는, 계시의 문입니다.
'계시'(啓示)는 '하나님께서 보여주시고자 하는 모든 것을 보는 문'입니다.

> "이 일 후에 내가 보니 하늘에 열린 문이 있는데 내가 들은 바 처음에 내게 말하던 나팔 소리 같은 그 음성이 이르되 이리로 올라오라 이 후에 마땅히 일어날 일들을 내가 네게 보이리라 하시더라"(계 4:1)

이 세 가지 문이 반드시 열려야 합니다.
두 가지 문은 이미 살펴보았고, 오늘은 세 번째 문에 대해서 말씀하십니다.
사도 요한이 열린 문을 본 것이 얼마나 중요한지를 깨닫게 합니다.

> "하늘에 열린 문이 있는데"

사도 요한은 하늘 문이 열려 있는 것을 보았습니다.
육신의 눈이 아닌, '성령의 감동된 영적인 눈'으로 보게 된 것입니다.
'성령의 감동'도 내가 할 수 있는 것이 아닙니다.

성령께서 요한으로 하여금 하늘의 열린 문을 볼 수 있도록 영적인 눈을 뜨게 하신 것입니다.

하나님의 성령은 에스겔 선지자에게 그발 강가에서 '하늘이 열리며 이상을 보게'(겔 1:1) 했고, 스데반도 하늘 문이 열리고 인자가 하나님 우편에 서 계시는 것을 보면서 돌로 치는 무리들에게 "보라 하늘이 열리고 인자가 하나님 우편에 서신 것을 보노라"(행 7:56)고 외쳤습니다.

스데반은 하늘이 열리고 보좌에 살아계신 예수님이 서 계신 것을 자신이 보면서 자신에게 돌을 던져서 치는 자들에게도 "보아야 한다!"고 외친 것입니다.

성령의 역사는 열린 하늘을 보게 하십니다.

예수님께서는 요단강에서 세례를 받으시고 물에서 나오실 때 '하늘이 열리고 성령이 비둘기 같이 임하시는 것'을 보여주셨습니다(마 3:16).

이 하늘 문을 여시는 분이 누구십니까?
이 문은 '천국 문'인데 '주님'이 여십니다.
'예수님'은 천국 문의 열쇠를 가지신 분이십니다.

> "다윗의 열쇠를 가지신 이 곧 열면 닫을 사람이 없고 닫으면 열 사람이 없는 그가 이르시되 볼지어다 내가 네 앞에 열린 문을 두었으되 능히 닫을 사람이 없으리라"(계 3:7, 8)

그 하늘 문이 열린 집 안에서 음성이 들렸습니다.

> "이리로 올라오라 이 후에 마땅히 일어날 일들을 내가 네게 보이리라"(계 4:1)

'보여주실 것이 있다'고 하셨습니다.
우리의 소망이 거기에 있습니다. 하나님의 집에 있는 것을 보는 것입니다.
'성령에 감동된 상태'에서 '환상'(幻想)을 보았습니다.
그 때에 육신의 눈으로 보는 물리적 환경과 의식은 정지되었습니다.
우리는 중요한 문제를 깨달아야 합니다.
육신의 눈으로는 더 이상 볼 수 없습니다.

성령으로 감동되었을 때 "이리로 올라오라 내가 네게 보여 줄 것이 있다"는 음성을 들어야 하는 신앙에 적응되어야 합니다.
우리의 귀가 열려야 합니다. 마음이 열려야 합니다.

그래서 그 음성을 듣고 믿고, 내 믿음의 문이 열려야 합니다.

'세 가지 문' 중에서 '마음의 문'은 각자 자신이 열어야 합니다.

이것은 우리의 선택에 맡기셨습니다. 문 두드리는 음성을 듣고 이유 여하를 막론하고 내가 문을 열고, 주님이 내 인격의 마음에 들어오시도록 영접해야 합니다.

다음 두 개의 문은 주님이 열어주셨습니다.

'복음전도의 문'도 주님이 열어주시고, '천국의 문'도 주님이 열어주셨습니다.

내게는 선택권이 없습니다. 천국의 문은 오직 주님만이 여십니다.

이 천국의 문은 항상 열려 있습니다. 누구든지 들어갈 수 있습니다.

다만 '예수 그리스도를 믿는 믿음의 표'를 가지고 들어가면 됩니다.

'믿는 자'만이 들어갈 수 있습니다.

열린 문을 보았습니다. 누가 보았습니까?

"내가 보니"라고 했습니다.

사도 요한이 계시로 눈을 뜨고 열린 문을 보았습니다.

'보다'(εἴδω)는 동사 직설법으로 과거와 동시에 현재성을 의미합니다.

과거에도 열린 문이었고, 현재도 열린 문이라는 것입니다.

'천국의 문이 열린 것을 본다'는 것은 중요한 의미입니다.

'열린 문'은 '은혜'(恩惠)입니다. '은총'(恩寵)입니다. '축복'(祝福)입니다.

은혜가 보입니다. 은총이 보입니다. 축복이 보입니다.

길을 가는데 금 덩어리가 길바닥에 떨어져 있습니다.

그것을 보고 주어야 합니까? 아니면 발로 걷어차 버리겠습니까?

점잖은 사람이나 빌 게이츠 같은 거부(巨富)라도 주울 것입니다.

그것이 욕심나서라기보다는 땅에 떨어져 있는 복이기 때문입니다.

하나님은 우리에게 축복의 문을 열어 놓으셨습니다.

그 은혜를 볼 수 있어야 합니다.

왜 천국을 못갑니까? 천국을 보지 못했기 때문입니다.

누가 천국에 갈 수 있습니까? 천국을 보았기 때문입니다.

'천국을 보는 사람'은 어떤 사람입니까? '성령으로 중생한 사람'입니다.

'사람이 거듭나면 하나님 나라를 볼 수 있고, 갈 수도 있다'(요 3:3, 5)고 하셨습니다.

성령을 받아야 거듭나고, 열린 천국 문을 볼 수 있습니다.

문 안에 보이는 천국의 영광입니다.
말씀에서 보이는 것을 자세히 관찰해 봅니다.

> "이 일 후에 내가 보니 하늘에 열린 문이 있는데 내가 들은 바 처음에 내게 말하던 나팔 소리 같은 그 음성이 이르되 이리로 올라오라 이 후에 마땅히 일어날 일들을 내가 네게 보이리라 하시더라 내가 곧 성령에 감동되었더니 보라 하늘에 보좌를 베풀었고 그 보좌 위에 앉으신 이가 있는데 앉으신 이의 모양이 벽옥과 홍보석 같고 또 무지개가 있어 보좌에 둘렸는데 그 모양이 녹보석 같더라"(계 4:1-3)

4장과 5장의 말씀을 한 편의 그림으로 관찰해 봅니다.

이 그림은 원형으로 되어 있는데 일곱 단계로 되어 있습니다.
첫째 중앙 중심은 보좌의 '벽옥'(4:3)입니다. 빛나는 백색 금강석입니다.
'하나님의 거룩하심'을 상징합니다. 성부 하나님의 보좌의 지리입니다.
둘째 중심은 '홍보석'(4:3)입니다.
피와 같은 붉은 홍보석은 '심판하시는 하나님의 성품'을 표상하는 상징입니다.
셋째 중심은 '무지개'(4:3)입니다.
'무지개'는 '언약의 표징'(창 9:13)입니다.
죄에 대해 하나님의 무서운 진노로 폭풍우가 지나고 하나님의 사녀들에게 세우신 은혜의 언약입니다.
넷째 중심은 '네 생물들'(4:6)입니다. 생물들은 '택함을 받은 성도들'을 상징합니다.
다섯째 중심은 '이십사 장로들'(4:4)입니다.
여섯째는, '수많은 천사들'(5:11)입니다.
일곱째는, '우주 안에 있는 모든 피조물들'이 둘려 있습니다(5:13).

말씀에서 그려지고 있는 '첫째와 둘째와 셋째의 위치'는 '보좌에 앉으신 성부 하나님'이시자 곧 '어린 양의 자리'를 보여줍니다.
'교회에 현존하시는 그리스도의 형편과 세상 끝에 일어날 상황'에 대해서 말씀해 주는 것입니다.

첫째는, 영광의 하나님입니다.
사도 요한은 음성을 듣습니다. '올라오라'는 말씀입니다.
올라가서 '보좌에 앉으신 이'를 보았습니다.

보좌에 앉으신 이는 '영광의 하나님'이십니다.

심판(審判)의 하나님이십니다.

　"옛 사람에게 말한바 살인하지 말라 누구든지 살인하면 심판을 받게 되리라 하였다는 것을 너희가 들었으나"(마 5:21)

　"예수께서 이르시되 내가 진실로 너희에게 이르노니 세상이 새롭게 되어 인자가 자기 영광의 보좌에 앉을 때에 나를 따르는 너희도 열두 보좌에 앉아 이스라엘 열두 지파를 심판하리라"(마 19:28)

진노(震怒)의 하나님이십니다.

　"아들을 믿는 자에게는 영생이 있고 아들에게 순종하지 아니하는 자는 영생을 보지 못하고 도리어 하나님의 진노가 그 위에 머물러 있느니라"(요 3:36)

영광(榮光)의 하나님이십니다.

　"하나님의 영광이 있어 그 성의 빛이 지극히 귀한 보석 같고 벽옥과 수정 같이 맑더라"(계 21:11)

하나님의 거룩하심을 보여주십니다.

자비(慈悲)하신 하나님이십니다.

　"내가 내 무지개를 구름 속에 두었나니 이것이 나와 세상 사이의 언약의 증거니라"(창 9:13)

'홍수 이후에 다시는 홍수로 세상을 심판하시지 않으시겠다'는 언약입니다.
자비하시고 거룩하신 하나님이십니다.

둘째는, 영광의 교회입니다.

　"또 보좌에 둘려 이십사 보좌들이 있고 그 보좌들 위에 이십사 장로들이 흰 옷을 입고 머리에 금관을 쓰고 앉았더라"(4절)

이 보좌를 둘러 있는 장로들은 성도들을 대표합니다.
'구약시대 열두 지파와 신약시대에 열두 사도'를 합하여 '이십사 장로들'이라고 합니다. 이들은 '택함을 받은 성도들의 대표들'입니다. '교회'를 의미합니다.
　이들은 주님의 보좌에 둘려 있었습니다.
　교회의 중심은 '예수 그리스도'입니다.

교회는 주님의 보좌 앞에 있는 것입니다.
그리고 모든 성도들은 '흰 옷'을 입었습니다.
예수 그리스도를 믿는 믿음의 옷입니다.
'믿음'은 '의(義)의 옷'을 의미하는 것입니다.

그리고 이들은 주님께 예배합니다.
충만한 하나님의 영입니다.
　"보좌로부터 번개와 음성과 우렛소리가 나고 보좌 앞에 켠 등불 일곱이 있으니
　　이는 하나님의 일곱 영이라"(5절)

'번개'는 '빛'입니다.
'하나님의 속성'을 언제나 빛으로 말씀하셨습니다.
'음성'(音聲)은 '인격적인 하나님의 언어'입니다.
하나님의 음성이 없다면 하나님과 우리와의 관계는 성립되지 않을 것입니다.
우리가 믿음을 가지는 것은 그의 말씀이 있기 때문입니다.
　"태초에 말씀으로 천지를 창조하셨다"

'뇌성'(雷聲)은 '하나님의 권위와 위험과 권세를 나타내는 것입니다.
뇌성은 음성과 빛이 동시에 일어납니다.
그만큼 빠르게 선포되는 것입니다.

우리는 여기서 한 가지 중요한 것을 반드시 확고하게 정립해야 합니다.
'보좌에 앉으신 이'가 누구신가 하는 것입니다.
이는 '성부 하나님이시오. 어린 양이신 예수 그리스도'이십니다.
이 보좌가 곧 하나님의 우편입니다.
　"내가 여호와를 항상 내 앞에 모심이여 그가 나의 오른쪽에 계시므로 내가 흔
　　들리지 아니하리로다"(시 16:8)
　"주께서 생명의 길을 내게 보이시리니 주의 앞에는 충만한 기쁨이 있고 주의
　　오른쪽에는 영원한 즐거움이 있나이다"(시 16:11)

예수께서는 친히 말씀하셨습니다(눅 22:69).
　"내가 너희에게 이르노니 이 후에 인자가 권능의 우편에 앉아 있는 것과 하늘
　　구름을 타고 오는 것을 너희가 보리라"(마 26:64)

베드로는 성령의 감동으로 설교할 때 "내가 네 원수로 네 발등상이 되게 하기까지 너는 내 우편에 앉아 있으라 하셨다"(행 2:35)고 그리스도의 보좌를 증거했습니다.

그러므로 '보좌의 위치'는 '성부 하나님의 자리'이시며 동시에 '어린 양이신 예수 그리스도의 보좌'입니다. 그런데 예수님이 부활 승천하신 이후 많은 이단자들이나 사이비한 자들이 출현하면서 '자기 자신이 어린 양이요. 재림 예수'라고 주장하여 많은 어리석은 신자들이 그 사이비한 자를 추종하고 있습니다.

보좌에 앉으신 주님은 재림하실 것입니다.

하나님의 임하심은 순식간이지만 수많은 세월 동안 예언하셨고, 가르치셨고, 깨우쳐 주셨고, 기다리셨습니다.

그러나 마지막 때에는 그 결정이 순식간에 나타날 것입니다.

"보좌 앞에 일곱 등불은 하나님의 일곱 영이라"고 하십니다.

'일곱 영'은 '완전수'를 의미하는 것으로 '충만'을 말하는 것입니다.

하나님의 성령은 충만하십니다.

기독교의 특징은 '성령의 충만'입니다.

하나님은 충만하신 영이십니다.

하나님이 부르시는 자에게 하나님의 영이 충만하십니다.

말씀이 있는 곳에 성령이 충만합니다.

믿음이 있는 곳에 성령의 충만이 있습니다.

하나님의 사역이 있는 곳에 성령의 충만이 있습니다.

기도가 있는 곳에 성령의 충만이 있습니다.

예배가 있는 곳에 성령이 있습니다.

성령이 충만한 곳에 성령의 은사가 충만합니다.

성령 충만이 있는 곳에 '천국'이 이루어집니다.

천국을 보는 영적인 믿음으로 성령의 충만을 받아야 합니다.

성령으로 충만한 천국의 삶을 살 수 있기를 바랍니다.

성령은 예수님께서 성령으로 임재하신 것입니다.

영광의 하나님
(요한계시록 4:6-11)

• • • • •

"보좌 앞에 수정과 같은 유리 바다가 있고 보좌 가운데와 보좌 주위에 네 생물이 있는데 앞뒤에 눈들이 가득하더라 그 첫째 생물은 사자 같고 그 둘째 생물은 송아지 같고 그 셋째 생물은 얼굴이 사람 같고 그 넷째 생물은 날아가는 독수리 같은데 네 생물은 각각 여섯 날개를 가졌고 그 안과 주위에는 눈들이 가득하더라 그들이 밤낮 쉬지 않고 이르기를 거룩하다 거룩하다 거룩하다 주 하나님 곧 전능하신 이여 전에도 계셨고 이제도 계시고 장차 오실 이시라 하고 그 생물들이 보좌에 앉으사 시세토록 살아 계시는 이에게 영광과 존귀와 감사를 돌릴 때에 이십사 장로들이 보좌에 앉으신 이 앞에 엎드려 세세토록 살아 계시는 이에게 경배하고 자기의 관을 보좌 앞에 드리며 이르되 우리 주 하나님이여 영광과 존귀와 권능을 받으시는 것이 합당하오니 주께서 만물을 지으신지라 만물이 주의 뜻대로 있었고 또 지으심을 받았나이다 하더라"

유럽 지방에 '어민'(ermine)이라는 동물이 있습니다.

'흰 담비'인 어민의 털은 순백색인데 순결하고 귀티가 나서 그 털로 귀족 법관들의 가운을 만들어 입습니다.

어민을 잡으려면 사냥개로 몰이를 해서 잡아야 하는데, 그 짐승이 사는 굴 입구에 더러운 것을 발라 두거나 더러운 것을 굴 입구에 두고 사방에서 쫓으면 이 어민은 자기 굴로 쫓겨 들어가다가 더러운 것이 있으면 그 더러운 것을 보고 굴로 들어가지 않고 돌아서서 사냥개와 맞서서 싸우다가 쓰러지게 된다고 합니다.

'자신의 순결을 더럽히고 사는 것보다는 차라리 순결을 보호하다가 죽는 것이 낫다'고 생각하는 이 동물이 사는 굴속은 얼마나 깨끗할까요?

나는 여기서 두 가지를 생각해 봅니다.

우리가 사는 세상이 그처럼 깨끗한 세상이면 얼마나 좋을까요?

이 깨끗한 곳에서 깨끗한 몸으로 살 수 있다면 참으로 행복하지 않겠습니까?

'셰익스피어'(William Shakespeare)는 '순결'(純潔)에 대해서 이렇게 말했습니다.

"일의 한 조각인 사람 얼마나 그 이성(理性)이 고상하며 그 형체, 그 움직임, 얼마나 감탄할만한가? 그 행동은 천사 같고, 그 이해는 신(神)들 같고, 세상의 아름다움 모든 짐승의 전형! 그러나 네게는 티끌이다. 사람은 나를 좋아하지 않고, 아니, 아니! 여자도 나를 싫어한다. 너의 옷까지도 나를 싫어하는 것 같다."

더러운 인간은 아무도 좋아하지 않는데 사람들은 왜 교회를 싫어합니까?
그 이유는 자신이 더러워졌기 때문입니다.
왜 세상으로부터 미움을 받고 있습니까?
세상과 같이 세속화 되어 명성을 얻으려고 하기 때문입니다.

우리 그리스도인은 순결한 자들이 살아가는 세계를 향해 순결을 보존하고 보호하며 진리를 보존하기 위해서 '어민'(ermine)처럼 죽을지라도 자신을 더럽히지 않고 살아가야 한다는 것을 깨닫게 됩니다.
이것이 순교자적인 순결이라 할 수 있는 것입니다.
성경은 바로 그런 깨끗한 세계에서 그 순결하고 깨끗한 몸으로 살아가는 세계가 있다는 것을 보여주십니다.

그렇다면 사도 요한은 어디서 무엇을 보았습니까?
'그가 본 세계와 그 곳에 계신 그 영광과 영화로우신 분'을 보았습니다.
새로운 세계입니다.
    "보좌 앞에 수정과 같은 유리 바다가 있고"(계 4:6)

'보좌'(寶座)는 '드로노스'(Θρόνου)라는 말로 임금이나 황제가 앉아서 업무를 수행하는 '옥좌 혹은 왕좌'(throne)를 말하는데, 그 보좌는 하늘에 있습니다(4:1, 2).
그리고 이 보좌는 인간 세상 어디에서도 볼 수 없습니다.
로마의 바티칸의 교황이 앉아있는 자리에도, 미국의 백악관에도, 영국의 버킹검 궁에도, 파리의 베르사유 궁전에도 아무리 찬란하고 화려하게 만든 왕의 자리라 해도 하늘에 있는 보좌는 없습니다.
오직 '하나님 나라'에만 있는 보좌입니다.
보좌는 인간이 만들 수 없고, 인간이 그 자리에 앉을 수도 없습니다.

'수정과 같은 유리 바다'가 있습니다. '수정'(水晶)은 보석의 일종입니다.
'하나님의 나라'는 '투명한 보석으로, 바다처럼 되어 있는 세상'입니다.

요즘 사람들은 건강을 위해서 찜질 사우나를 애용합니다.

사우나에는 보석 찜질방이 있지만, 땀만 흘릴 뿐이지 소용이 없습니다.

그러나 하나님의 나라는 찜질방 같은 곳이 아닙니다. 더럽지 않고 오염되지 않고 썩지 않고 깨끗하고 청결한 곳입니다. 더러워질 수 없고, 오염이 될 수도 없는 곳입니다. 그 이유는 '더러운 마음을 가진 사람들이 하나도 없기 때문'입니다.

더러움이 없는 세계는 평화를 누립니다. 하나님의 나라는 평화의 나라입니다.

미움도 없고, 원수도 없고, 싸움도 없고, 저주도 없고, 쇠함도 없고, 아픔도 없고, 죽는 일도 없습니다.

"네 생물이 있다"

'네 생물이 있다'는 말은 좌우 사방에 하나씩 네 개가 있다는 뜻이 아닙니다.

'넷'(4)이라는 말은 '텟사레스'(τέσσαρες)로, '생물들의 존재 방식'을 말합니다. 요한계시록의 계시의 말씀은 문자적으로 해석될 수 없습니다.

상징적으로 계시하신 말씀이기 때문에 원문의 의미를 잘 이해해야 합니다.

'네 생물이 보좌를 둘러싸고 있다'는 뜻입니다.

그 생물들에는 "눈이 가득하더라"(게모 γέμω, full)고 했습니다.

'보좌에 앉으신 왕을 사모하고 바라보는 눈'입니다.

6설의 말씀의 해답은 8절에서 보여주고 있음을 깨달을 수 있습니다.

"네 생물은 각각 여섯 날개를 가졌고 그 안과 주위에는 눈들이 가득하더라 그들이 밤낮 쉬지 않고 이르기를 거룩하다 거룩하다 거룩하다 주 하나님 곧 전능하신 이여 전에도 계셨고 이제도 계시고 장차 오실이시라 하고 그 생물들이 보좌에 앉으사 세세토록 살아 계시는 이에게 영광과 존귀와 감사를 돌릴 때에"(8-9절)라는 말씀은 '이십 사 장로들을 비롯하여 보좌에 앉으신 왕을 경배하는 이들의 눈'으로 묘사한 것으로 깨달을 수 있습니다.

생물들이 하는 일입니다.

> "그 첫째 생물은 사자 같고 그 둘째 생물은 송아지 같고 그 셋째 생물은 얼굴이 사람 같고 그 넷째 생물은 날아가는 독수리 같은데 네 생물은 각각 여섯 날개를 가졌고 그 안과 주위에는 눈들이 가득하더라 그들이 밤낮 쉬지 않고 이르기를 거룩하다 거룩하다 거룩하다 주 하나님 곧 전능하신 이여 전에도 계셨고 이제도 계시고 장차 오실 이시라 하고"(7, 8절)

첫째 생물은 '사자' 같습니다. '강한 지위나 위치'를 상징합니다.

둘째 생물은 '송아지' 같습니다. '힘'으로 일하는 것을 상징합니다.

셋째 생물은 '사람의 얼굴' 같습니다. '지혜와 지성'을 상징합니다.

넷째 생물은 '독수리' 같습니다. '민첩하게 수행함'을 상징합니다.

이 생물들은 괴물들이 아닙니다.

'하나님 보좌 앞에서 보좌에 앉으신 주님을 중심으로 경배하고, 섬기며, 봉사하고, 헌신하는 사역을 행하는 이들을 가르치는 성도들'을 말합니다.

8절에서 그 생물들이 무엇을 하는지 자세하게 말씀해 줍니다.

> "네 생물은 각각 여섯 날개를 가졌고 그 안과 주위에는 눈들이 가득하더라 그들이 밤낮 쉬지 않고 이르기를 거룩하다 거룩하다 거룩하다 주 하나님 곧 전능하신 이여 전에도 계셨고 이제도 계시고 장차 오실 이시라 하고"

여섯 날개가 있었습니다.

'여섯 날개가 있다'는 말은 그만큼 '자유롭고 능동적이며 민첩하게 활동한다'는 것입니다. '날개가 있다'는 것은 '한 자리에만 머물러 있는 것이 아니라, 어디서든지, 무슨 일이든지, 언제든지 구애 받지 않고 자유롭게 일하는 것'을 말합니다.

우리 성도들은 날개 달린 자가 되어야 합니다.

주님을 위하여, 주님의 교회를 위하여 있어야 할 시간에 있어야 합니다.

있어야 할 사람이 있어야 합니다. 일해야 할 사람이 있어야 합니다.

우리나라는 남북한으로 분단되어 있습니다.

사람은 남북으로 자유롭게 왕래할 수 없습니다.

그러나 날개가 달린 새들은 비자 없이 주인의 허락 없이 자유롭게 왕래를 합니다.

우리 성도들은 날개 달린 믿음의 성도가 되어야 합니다.

눈이 가득했습니다.

'눈이 가득했다'는 말은 '보아야 할 것을 보는 것'입니다.

볼 수 있는 것을 찾아야 합니다.

성경은 "너희가 눈이 있어도 보지 못하며 귀가 있어도 듣지 못하느냐 또 기억하지 못하느냐"(막 8:18)고 책망했습니다.

이 얼마나 무서운 책망입니까?

하나님께서 인간을 창조하실 때 '보라'고 눈을 만드셨고, '들으라'고 귀를 만드셨습니다. '보고 듣는다'는 것은 '지혜와 명철과 총명을 나타내는 것'을 의미합니다.

볼 것을 보고, 들을 것을 듣는다는 것은 지혜롭고 명철한 것입니다.

주님은 말씀하셨습니다.

"안약을 사서 눈에 발라 보게 하라"(계 3:18)

"귀 있는 자는 성령이 교회들에게 하시는 말씀을 들을지어다"(계 3:22)

그런데 못 보는 사람들이 있습니다. 못 듣는 사람들이 있습니다.

서울의 모 교회 목사님의 말씀입니다.

주일 예배를 마치고 성도들이 돌아가면 예배당 바닥에 주보가 떨어져서 밟히기도 하고, 다른 휴지들이 떨어져 있는데 목사님은 그것을 주워서 주보는 주보대로, 휴지는 휴지대로 깨끗이 치운다고 합니다. 그런데 그것을 보면서도 못 본 척 외면하는 부목사들에게 "이 사람들아! 내 눈에는 이런 것들이 보이는데 너희 눈에는 안 보이느냐? 발로 밟으면서도 치우지를 않는구나? 주보는 교회의 얼굴이나 같은 것인데 발로 이렇게 밟아서 되겠느냐?"며 꾸짖었다고 합니다.

성도들은 보는 눈이 있어야 하고, 듣는 귀가 있어야 합니다.

보아야 할 것은 보아야 하지만 보지 않아야 할 것은 보지 않아야 합니다.

들어야 할 것은 들어야 하지만 듣지 않아도 될 것은 듣지 않아야 합니다.

'보고 듣는다'는 것은 '해야 할 일을 잘해야 한다'는 것입니다.

밤낮 쉬지 않는다고 합니다.

이것이 그리스도인이 살아가는 참 삶의 모습인 것입니다.

그리스도인은 밤낮으로 쉼이 없습니다.

이것이 은혜의 삶입니다.

구원받은 성도들은 하나님을 찬양하고 경배하며 기도하는 일을 잠시라도 멈출 수 없고, 멈추어서도 안 됩니다. 그런데 때로는 얼마나 게으름을 피웁니까?

꾀를 부리고, 요령을 피우면 안 됩니다.

성도들은 삶 자체가 예배입니다.

찬양이며 경배입니다. 삶이 성실해야 하고 진실해야 합니다.

영광을 받으시는 하나님이십니다.

"이십사 장로들이 보좌에 앉으신 이 앞에 엎드려 세세토록 살아 계시는 이에게 경배하고 자기의 관을 보좌 앞에 드리며 이르되 우리 주 하나님이여 영광과 존귀와 권능을 받으시는 것이 합당하오니 주께서 만물을 지으신지라 만물이 주의 뜻대로 있었고 또 지으심을 받았나이다"(10-11절)

장로들이 무슨 일을 하고 있었는지 보여줍니다.
그 역할은 네 가지입니다.

첫째는, 복종하고 순종했습니다.
"장로들이 보좌에 앉으신 이 앞에 엎드렸다"고 합니다.
'복종(服從)과 순종(順從)'을 의미합니다.
성도들은 항상 엎드리는 겸손한 복종과 순종이 있어야 합니다.

둘째는, 하나님을 영원하신 분으로 경배를 드립니다.
하나님은 영원 전부터 계셨고 또 영원히 계시는 분이십니다.
그분은 우리에게 영생하는 생명도 주셨습니다.
이 생명을 하나님과 함께 영원하게 하십니다.
우리의 생명이 영원하신 것은 하나님께서 영원하시기 때문입니다.
하나님은 우리 안에 계시고, 우리는 하나님 앞에 거하게 하십니다(계 3:20).
하나님은 영원하신 분이십니다.

셋째는, 모든 영광을 하나님께 돌려 드립니다.
"자기의 관을 보좌 앞에 드리며"라고 합니다.
장로들이 쓴 관은 어디서 얻어 쓴 것입니까?
'주님이 씌워 주신 것'입니다(4:4).
이 관을 쓸 만한 일을 행한 업적도 없고 공로도 없습니다.
그런데 이 영광스러운 관을 씌워주신 것입니다.
그런데 이 장로들은 이 관을 벗어서 주님께 돌려 드렸습니다.
이 의미는 '모든 영광은 주님께 돌려 드린다'는 뜻입니다.

대학 졸업식 때 아들이나 딸들이 어머니에게 학사모를 씌워 드리는 모습을 종종 보게 됩니다. 남편이 공부하는 데 뒷바라지를 해 준 아내에게 영광을 돌리는 마음으로 아내에게 학위모를 씌워주기도 합니다.

어젯밤에 축구 경기가 끝나고 그라운드에서 네 사람의 선수들이 어깨 스크램을 짜고 기도하는 모습을 보았습니다. 승리하게 해주신 하나님께 기도하는 모습이었고, 승리의 영광을 하나님께 돌려 드리는 믿음의 모습을 보여주었습니다.

성경에서 사도 바울은 "나의 나 된 것은 하나님의 은혜라"고 했습니다.
잊지 말 것입니다.
하나님께 영광을 돌려야 합니다.

넷째는, 하나님께서 영광을 받으시는 것이 합당하다고 고백합니다.
장로들은 '만물을 지으신 이는 하나님'이라고 고백합니다.
하나님 없는 존재는 없습니다.
하나님이 계시기 때문에 세상의 모든 것들이 존재하는 것입니다.
만물을 보면서 하나님이 지으셨다고 믿는 마음이 얼마나 아름답고 귀합니까?
하나님께서 만물을 지으셨음을 믿고 인정할 때 자신의 존재 가치를 발견하게 되는 것입니다.
나의 존재 가치를 발견해야 합니다.
이 얼마나 귀한 존재입니까?

'만물을 지으셨기에 하나님이 영광을 받으셔야 한다'고 고백합니다.
여기에 나 자신의 존재 가치를 발견하는 진정한 믿음이 있습니다.
'나의 가치는 하나님 안에서 영광 받으시는 가치'입니다.
이처럼 귀하고 자랑스러운 존재입니다.
하나님께서 영광을 받으실 때 내가 하나님의 그 영광 안에서 빛나는 것입니다.

나의 믿음에서 하나님께 영광을 돌려야 합니다.
나의 삶에서 하나님께 영광을 돌려야 합니다.
우리 가정과 우리 교회에서 하나님께 영광을 돌려야 합니다.
우리 사회나 이 나라가 하나님께 영광을 돌려야 합니다.
이 세계가 하나님께 영광을 돌려야 합니다.
그런 믿음의 세상이 되도록 우리 성도들이 먼저 하나님께 영광을 돌리는 믿음으로 살아야 할 것입니다.

제5장 심판자이신 어린 양

■ **주제성구** "그 어린 양이 나아와서 보좌에 앉으신 이의 오른손에서 두루마리를 취하시니라"(7절)
■ **주제찬송** ♬ 200장 달고 오묘한 그 말씀 ‖ ♬ 77장 거룩하신 하나님

서론

본 장에서는 인봉된 두루마리를 펴실 수 있는 유일한 이가 어린 양이심을 설명하고 있으며, 그 어린 양에 대한 하늘 생물들의 찬양, 천사들의 경배, 그리고 모든 피조물들의 찬양이 기록되어 있습니다. 여기서 가장 강조되고 있는 것은 어린 양이 죄 없이 죽임을 당하셨기 때문에 경배와 찬양을 받기에 합당하시다는 사실입니다. 우리는 이상과 같은 내용을 지닌 본 장을 통해서 어린 양 곧 우리 주 예수 그리스도께서 장차 우주와 그 가운데 있는 모든 만물을 심판하시리라는 사실을 확신할 수 있습니다.

본론

일곱 인으로 봉한 두루마리(1-4절)

요한이 보니까 하나님께서는 오른손에 두루마리를 가지고 있었습니다. 이 두루마리는 일곱 인으로 인봉된 두루마리로 하나님의 불변하신 계획이 담겨져 있었습니다. 그런데 이 두루마리는 봉해져 있기 때문에 아직 계시되지도 않고 시행되지도 않았습니다. 또 이번에는 힘 있는 큰 천사를 보았습니다. 천사는 봉인된 두루마리를 뗄 사람이 천지간에 없다고 말했습니다. 봉한 두루마리는 분명히 떼어져야 합니다. 왜냐하면 그래야 하나님의 자녀가 시련 중에도 보호받게 되며, 성도를 핍박하는 세상이 심판을 받게 되며, 믿음으로 산 성도들의 최후 승리도 있으며, 신천신지도 장례의 유업도 있게 됩니다. 만약에 이 두루마리가 열리지 않으면 위의 이 모든 것도 없습니다. 그래서 요한은 봉인된 두루마리를 뗄 사람이 천지간에 없기에 울고 말았습니다.

봉인된 두루마리를 취하는 어린 양(5-7절)

하나님의 뜻을 알기 위해 봉인된 두루마리를 뗄 사람이 없어 요한이 크게 울고 있을 때 장로 중 하나가 한 분이 있다고 대답했습니다. 그는 유다 지파의 사자 다윗의 뿌리가 이것이라고 했습니다. 그가 그 두루마리의 일곱 인을 떼시리라고 했습니다. 또 요한이 보니까 보좌와 네 생물과 장로들 사이에 어린 양이 서 있었습니다. 어린 양은 일곱 뿔과 일곱 눈이 있었습니다. 어린 양이신 주님은 성령으로 능력을 갖게 되고 성령을 통하여 온 우주를 살피십니다. 이렇게 어린 양이신 주님이 봉해져 있는 두루마리를 펴고 인을 떼실 분이십니다. 그러기에 하나님께서는 자기 오른손에서 봉한 두루마리를 어린 양에게 주셨습니다. 이제 어린 양이신 주님은 하나님의 계획대로 우주를 통치할 권세를 얻게 되었습니다.

어린 양을 찬양하는 네 생물과 이십사 장로(8-14절)

예수님께서 두루마리를 받으시자 주위에 있던 생물들과 장로들이 찬양을 했고, 그들을 둘러 선 천사들이 찬양했으며, 나아가서 세상의 모든 만물들이 그를 찬양했습니다. 네 생물과 이십사 장로의 찬송은 다음과 같습니다. 일찍 죽임을 당하신 주님, 모든 나라들 가운데서 사람들을 자기 피로 사서 하나님께 드리신 그들로 나라와 제사장을 삼으셔서 땅에서 왕 노릇 하게 하신 주님을 찬양합니다. 그리고 천사들이 어린 양 주님에게 찬양합니다. 보좌와 생물들과 장로들을 둘러싼 수천과 수만의 천사들이 찬양합니다. 죽임을 당하신 어린 양, 능력과 부와 지혜와 힘과 존귀와 영광과 찬송을 받으시기에 합당하신 분이라고 찬양합니다. 또 자연만물이 주님을 찬양합니다. '보좌에 앉으신 이와 어린 양에게 찬송과 존귀와 영광과 능력을 세세토록 돌릴지어다'. 하나님의 영광과 그리스도의 구속을 찬양하는 것이 우리의 최대의 의무로 하나님이 가장 기뻐하시는 것입니다.

결론

이처럼 본 장은 심판의 권한을 지니신 어린 양이 보좌에 앉으신 하나님의 손에서 미래에 되어 질 비밀을 간직한 두루마리를 취하신다는 사실을 증거합니다. 이 세상의 역사는 하나님의 손에 달려 있습니다. 물론 전문가들이 앞으로의 역사를 예측할 수는 있습니다. 그러나 그들은 완전하게 알 수는 없고, 따라서 그것을 통제할 수는 더더욱 없습니다. 일곱 인으로 봉한 두루마리를 열어서 우리에게 역사를 통한 하나님의 섭리를 보여주실 수 있는 분은 예수 그리스도 뿐이십니다. 그는 사자와 같아서 사탄의 세력을 이기신 분이며, 동시에 어린 양처럼 대신 죽임을 당하신 분입니다. 그러므로 세상의 역사는 십자가에서 죽으시고 승리하신 예수 그리스도를 통해서만 알 수 있습니다.

■ **장명가** "죽음을 당하신 어린 양 인봉한 일곱 인 떼신다 · 천지와 만물도 화답해 존귀와 영광을 돌리네 주님이 오신다 흰 예복 입고 주 맞으라 · 주님이 오신다 등불을 켜들고 맞으라"(♪ 270장 변찮는 주님의 사랑과)

하나님의 손의 두루마리
(요한계시록 5:1-5)

. . . . .

"내가 보매 보좌에 앉으신 이의 오른손에 두루마리가 있으니 안팎으로 썼고 일곱 인으로 봉하였더라 또 보매 있는 천사가 큰 음성으로 외치기를 누가 그 두루마리를 펴며 그 인을 떼기에 합당하냐 하늘 위에나 땅 위에나 땅 아래에 능히 그 두루마리를 펴거나 보거나 할 자가 없더라 그 두루마리를 펴거나 보거나 하기에 합당한 자가 보이지 아니하기로 내가 크게 울었더니 장로 중의 한 사람이 내게 말하되 울지 말라 유대 지파의 사자 다윗의 뿌리가 이겼으니 ㄱ 두루마리와 그 일곱 인을 떼시리라 하더라"

사람은 '인격'(人格)이란 성품을 가지고 있습니다.
그 인격의 성품에는 감정이 담겨져 있고, 그 감정에는 눈물이 있습니다.
사람들은 어느 때, 왜 눈물을 흘립니까?

첫째는, 슬픈 일을 당했을 때 눈물을 흘립니다.
둘째는, 괴로움이나 고통을 당했을 때 눈물을 흘립니다.
셋째는, 죄를 뉘우치고 깨달았을 때 눈물을 흘립니다.
넷째는, 기쁨이 있을 때 눈물을 흘립니다.
다섯째는, 소원이 있을 때 눈물을 흘립니다.
여섯째는, 안타까운 일을 당했을 때 눈물을 흘립니다.

무지하고 알 수 없을 때 답답하고 당황해서 눈물을 흘립니다.
사람들은 누구나 이런 경험들을 가질 수 있었을 것입니다.
지금도 그런 처지를 경험하고 있을 수도 있습니다.

성경 말씀을 보면 사도 요한은 울었습니다.
그는 하나님이신 예수 그리스도를 만났고, 그의 음성을 들었으며, 그의 인도하심으로 천국에 가서 주님이 계신 영광스러운 영광의 모습도 보았습니다.

그런데 사도 요한이 울었던 이유는 '하나님의 손에 한 권의 두루마리가 들려 있었는데 그 두루마리를 펴 볼 수가 없었고, 그 내용이 무엇인지를 알 수 없었기 때문에 자신의 무지함으로 인하여 안타깝고 답답해서 울었던 것'입니다.

그런 눈물을 흘릴 때 주님은 그를 위로해 주시고 문제를 해결해 주셨습니다.

우리에게도 때로는 답답함이 있습니다.
문제를 해결하기 위해서는 문제를 끌어안고 눈물 흘리며 부르짖어야 합니다.
그것이 믿음입니다.
믿음으로 기도할 때 답답한 문제는 해결이 됩니다.
하나님의 손에 한 권의 두루마리가 있습니다.

> "내가 보매 보좌에 앉으신 이의 오른손에 두루마리가 있으니 안팎으로 썼고 일곱 인으로 봉하였더라"(1절)

사도 요한은 관찰력이 있었습니다. 영적인 눈을 떴습니다.

> "내가 보매"

그리스도인은 성령을 받은 성도가 되어서 영적으로 눈을 떠야 합니다.
눈을 뜨고 보아야 할 것을 보아야 합니다.
보아야 할 것을 보지 못하는 것은 불행입니다.

공부하는 학생은 공부하는 내용이 보여야 합니다.
사업을 경영하는 사람은 돈이 눈에 보여야 합니다.
'경영'(經營)이라는 것은 '보이는 것을 찾아서 따라가고, 그것을 붙잡는 것'입니다.
그것을 '돈 버는 것'이라고 합니다.
군인이 전쟁에서 적과 싸워서 이기려면 적의 동태를 잘 파악해야 합니다.
적의 움직임을 잘 알아야 합니다. 그래서 적진을 잘 관찰해야 합니다.
'知彼知己(지피지기)면 百戰百勝(백전백승)'이라는 말이 있습니다.
'적을 알고 나를 알면 백번 싸워서 백번 이긴다'는 말입니다.
알기 위해서는 관찰하는 것이 중요합니다.

사도 요한은 천국에서 하나님의 오른손에 있는 두루마리를 보았습니다.
그것 때문에 마음을 썼습니다. '저것이 무엇일까?' 마음이 끌립니다.

거기에 관심이 있습니다. 다른 데는 관심이 별로 없습니다.

이 세상에도 찬란하고 화려하고 아름다운 것들이 많고, 특별하게 볼 것도 많은데 하물며 하나님의 나라 천국은 어떻겠습니까?

세상일에는 관심이 없고, 오직 하나님의 오른손에 있는 두루마리에 관심이 있었습니다.

'하나님의 오른손에 있는 두루마리'라는 점입니다.

책이면 책꽂이에 꽂혀 있든지, 책상 위에 있듯이, 두루마리도 적당하게 있어야 할 곳이 얼마든지 있는데 '왜 하나님의 오른손에 들려 있느냐?'는 것입니다.

이것을 생각한 것입니다. 그 점을 깨달은 것이 무게가 있습니다.

그 두루마리에는 하나님의 계획하신 모든 일들이 다 기록되어 있습니다.

앞으로 무슨 일을 나타내실 것에 대해 어떤 일을 어느 때에 나타내실 것을 기록하신 두루마리입니다.

그런데 '그 일이 나타나실 때까지는 비밀'입니다.

우리는 한 가지 '하나님의 오른손에 두루마리가 들려 있는 것'을 깨닫습니다.

그것은 앞으로 하나님께서 하실 일을 계획하신 것을 수록한 것입니다.

하나님은 어떤 일이든지 즉흥적으로 하시지 않으십니다.

반드시 예정하시고 그 계획을 그 시기에 반드시 이루시는 분이십니다.

성공적인 사람도 경영에 대한 계획이 있어야 합니다.

계획이 없으면 소망이 없는 것입니다.

어느 직장이든지 비전이 있는 인재를 찾습니다.

'비전이 있다'는 말은 '계획을 가진 사람'이라는 말입니다.

성경은 "묵시가 없으면 백성이 방자히 행한다"(잠 29:18)고 말씀했습니다.

'묵시'(默示)는 꿈입니다.

꿈이 있어야 합니다. 계획이 있어야 합니다.

하나님께서도 계획하시고 그 일을 행하시는데 하물며 우리 인간이겠습니까?

하루를 여행해도 계획을 세운 스케줄이 있어야 시행착오가 없습니다.

계획이 있어야 결실을 얻습니다.

그렇다면 이 두루마리의 내용이 과연 무엇일까요?

아직은 비밀입니다.

"일곱 인으로 봉하였더라"고 했습니다.

그것을 열어보기 전에는 알 수 없기 때문에 비밀입니다.

두루마리가 하나님의 오른손에 있고, 봉해져 있는데 어떻게 알 수 있습니까?

원칙적으로 아무도 알 수 없는 내용입니다. 그래서 비밀입니다.

열 수 없으니까 볼 수 없고, 볼 수 없으니까 알 수 없습니다.

천사의 외치는 음성입니다.

> "또 보매 힘 있는 천사가 큰 음성으로 외치기를 누가 그 두루마리를 펴며 그 인을 떼기에 합당하냐 하나 하늘 위에나 땅 위에나 땅 아래에 능히 그 두루마리를 펴거나 보거나 할 자가 없더라"(2, 3절)

아주 힘 있는 천사가 있었습니다.

> 그 천사는 아주 큰 소리로 "누가 그 두루마리를 펴며 그 인을 떼기에 합당하냐?"고 외칩니다.
>
> '인(印)을 떼고 두루마리를 편다'는 말씀은 '하나님의 계획을 제시하신다'는 것입니다.
>
> 뿐만 아니라 '그 계획하신 바를 실행하신다'는 뜻입니다.
>
> 그런데 이 천사의 외침은 '하나님의 손에 있는 두루마리를 누가 감히 펼 수도 없고, 볼 수도 없다'는 뜻입니다.
>
> "하늘 위에나 땅 위에나 땅 아래에 능히 그 두루마리를 펴거나 보거나 할 자가 없더라"(3절)고 합니다.

하늘의 그 어떤 천사도 이 두루마리를 펼 수 없습니다.

땅 위에 있는 어떤 박학한 지식인이나 권력자라도 할 수 없고, 땅 아래 있는 자, 이미 죽은 자들 중에서 유명한 자들이 많고 많지만 그들을 깨워서 이 두루마리를 보여준다고 할지라도 이 두루마리를 펼 사람이 없습니다.

하나님의 뜻이고 계획하신 것은 하나님께서 나타나시기 전에는 그 누구도 할 수 없고, 알 수 없는 것입니다.

예수님께서 제자들에게 말씀하십니다.

"예루살렘을 떠나지 말고 내게서 들은 바 아버지께서 약속하신 것을 기다리라 요한은 물로 세례를 베풀었으나 너희는 몇 날이 못 되어 성령으로 세례를 받으리라"(행 1:4-5)

이에 제자들이 "주께서 이스라엘 나라를 회복하심이 이 때니이까?"(행 1:6)라고 물었습니다. 주님은 "때와 시기는 아버지께서 자기의 권한에 두셨으니 너희가 알 바 아니라"(행 1:7)고 대답하셨습니다.

인간은 하나님의 뜻과 계획을 모릅니다. 다만 믿을 뿐입니다.

'믿음으로 그 때를 기다리는 것'입니다.

기다리며 준비하며 준비하면서 기다리는 것입니다.

사도 요한은 울었습니다.

"그 두루마리를 펴거나 보거나 하기에 합당한 자가 보이지 아니하기로 내가 크게 울었더니"(4절)

사도 요한은 "크게 울었다"고 합니다. 이 눈물은 '회개의 울음'에 가까운 것입니다. 그 이유는 두 가지를 깨닫습니다.

첫째는, 하나님의 위대하심을 새롭게 보고 놀랐습니다.

사도 요한은 자신이 주님의 열두 제자 중 하나로 선발을 받아서 그의 가르침을 받았고, 사도로 인침을 받아 세상으로 보내져서 복음전도의 사역을 행하면서 하나님을 안다고 자부했으나, 천국에는 처음 가보았습니다.

땅 위에 살면서 '세상의 모든 만물이 하나님의 손으로 지으신 것들'이라는 것을 믿었고, 참으로 '하나님은 위대하시다'고 경외하며 경배하고, 찬양하며 높였습니다.

그런데 천국에 가서 하나님을 뵈옵고 그의 영광의 세계를 보니 '하나님 나라의 영광은 지금까지 땅에서 생각하던 하나님의 영광과는 비교할 수 없을 만큼 뛰어나고 위대하시다'는 것을 다시금 깨달은 것입니다.

우리 성도들의 믿음 수준은 다 같은 단계가 아닙니다.

믿음의 영적 수준은 깊이 체험할수록 깊고도 높고, 심오하고 놀라운 것입니다.

베드로는 "회개하고 돌이켜 너희 죄 없이 함을 받으라 이같이 하면 새롭게 되는 날이 주 앞으로부터 이를 것이요"(행 3:19)라고 했습니다.

은혜 받기 전의 믿음생활과 은혜 받고 나서의 믿음생활은 다릅니다.

사도 요한이 하나님의 나라에서 그 영광의 세계를 보고 그가 받은 충격은 목소리를 높여 울게 만들었습니다.

자신이 '하나님 앞에서 무가치하고 보잘것없는 존재'임을 깨닫고 울었습니다.

둘째는, 마지막 날에 일어날 일에 대한 비밀을 기록한 두루마리를 펴서 볼 수 없었기 때문에 울었습니다.

그만큼 하나님의 일에 대해 관심이 컸다는 것입니다.

그러나 이 두루마리의 비밀은 영원한 비밀은 아닙니다.

'봉인된 두루마리를 여시는 때가 있습니다.

요한계시록 6장 1절-8장 1절까지 보면 '일곱 인을 떼시는 장면'이 나옵니다.

그 때가 되기까지는 알 수 없는 비밀입니다. 이 봉인된 두루마리가 열리지 않는다면 그리스도인들은 환난과 시련 가운데서 보호받을 수 없고, 성도들을 박해하는 세상을 심판하는 일도 없을 것이고, 성도들의 최후의 승리도 없을 것입니다.

새 하늘과 새 땅도 없을 것이고, 하나님의 기업도 얻지 못할 것입니다.

그러나 '반드시 이 두루마리의 인을 떼실 이가 있다'고 하셨습니다.

주님의 위로하심이 있었습니다.

"장로 중의 한 사람이 내게 말하되 울지 말라 유대 지파의 사자 다윗의 뿌리가 이겼으니 그 두루마리와 그 일곱 인을 떼시리라 하더라"(5절)

이 말씀은 오래 전 이사야 선지자를 통하여 "이새의 줄기에서 한 싹이 나며 그 뿌리에서 한 가지가 나서 결실할 것이요"(사 11:1), "그 날에 이새의 뿌리에서 한 싹이 나서 만민의 기치로 설 것이요 열방이 그에게로 돌아오리니 그가 거한 곳이 영화로우리라"(사 11:10)고 예언하신 말씀이 응한 것입니다.

'이새의 줄기에서 한 싹이 나고 그 뿌리에서 한 싹이 난다'는 것은 '다윗의 뿌리인 예수 그리스도'를 예언하신 말씀입니다.

하나님의 오른손에 있는 두루마리의 내용이 무엇입니까?

이 두루마리의 내용은 앞으로 이 세상에서 일어날 일들, 마지막 때에 나타날 사건들의 기록입니다.

요한계시록 6장 1절-8장 1절까지 보면 하나님의 보좌에 앉으셨던 어린 양이 이 두루마리를 떼십니다.

> "장로 중의 한 사람이 내게 말하되 울지 말라 유대 지파의 사자 다윗의 뿌리가 이겼으니 그 두루마리와 그 일곱 인을 떼시리라 하더라"(5절)

'다윗의 뿌리에서 이기는 이'가 이 두루마리를 펴시고 여십니다.
'어린 양이신 예수 그리스도'이십니다.
그 두루마리의 내용은 요한계시록 6장 1절-22장 21절까지의 내용입니다.
이 내용은 '구원과 심판'을 말씀하신 것입니다.
예수 그리스도의 십자가의 대속을 믿음으로 구원 얻을 것을 말씀하십니다.
그러나 이 구속을 믿지 아니하는 자들은 영원히 심판을 받게 될 것입니다.
사도 요한은 이 사실을 깨닫고 나서 비로소 눈물을 닦습니다.
무엇인지 알았기에 위로가 되었습니다.
이 말씀이 주는 진리를 알아야 합니다.

첫째는, 하나님의 오른손에 있는 두루마리는 구원과 심판의 주권이 하나님의 손에 있다는 것입니다.
하나님이 살리면 살고, 죽이시면 죽습니다.
하나님은 살리시기를 원하십니다.
살리는 방법은 '전도하여 예수 그리스도를 믿고 영접하는 것'입니다.
우리에게 이런 '전도의 사명'이 있습니다.

둘째는, 하나님만이 존귀하시며 영화로우시며 경배의 대상이 되십니다.
우리는 겸손하고 온유함으로 영광의 하나님을 높여 찬양해야 합니다.

셋째는, 항상 주님의 말씀을 묵상하고 그 말씀이 약속대로 이루어지고 성취될 것을 믿음으로 기다려야 합니다.
하나님의 신실한 성도로서 영광을 돌려드리는 믿음으로 살아야 합니다.
하나님의 오른손에 있는 두루마리 말씀으로 인해 은혜 받고, 구원받고 싶습니다.

인류에게 소망을 주는 두루마리
(요한계시록 5:6-10)

• • • • •

"내가 또 보니 보좌와 네 생물과 장로들 사이에 한 어린 양이 서 있는데 일찍이 죽임을
당한 것 같더라 그에게 일곱 뿔과 일곱 눈이 있으니 이 눈들은 온 땅에 보내심을 받은
하나님의 일곱 영이더라 그 어린 양이 나아와서 보좌에 앉으신 이의 오른손에서 두루마
리를 취하시니라 그 두루마리를 취하시매 네 생물과 이십사 장로들이 그 어린 양 앞에
엎드려 각각 거문고와 향이 가득한 금 대접을 가졌으니 이 향은 성도의 기도들이라 그들
이 새 노래를 불러 이르되 두루마리를 가지시고 그 인봉을 떼기에 합당하시도다 일찍이
죽임을 당하사 각 족속과 방언과 백성과 나라 가운데에서 사람들을 피로 사서 하나님께
드리시고 그들로 우리 하나님 앞에서 나라와 제사장들을 삼으셨으니 그들이 땅에서 왕
노릇 하리로다 하더라"

우리가 믿는 '신앙의 대상'은 '하나님'이십니다.

일반 다른 종교인들의 믿음의 대상은 사람이거나 우상입니다.

사람이라고 말할 수도 없는 이미 죽어버린 사람들입니다.

불교의 석가도 죽었고, 유교의 공자도 죽었고, 회교의 마호메트도 죽었습니다.

그들은 도덕적이고 윤리적인 교훈으로 사람을 가르쳤으나 사람이 죽고 사는 문
제에는 전혀 관여하지 못했습니다.

'우상'(偶像)은 사람들의 불안 심리에서 돌이나 나무로 형상을 만들어 세우고 신
앙의 대상으로 삼은 것으로서 이것은 불에 타다 남은 막대기에 불과한 것입니다.

"그들의 신들을 불에 던졌사오나 그들은 신이 아니라 사람의 손으로 만든 것일
뿐이요 나무와 돌이라 그러므로 멸망을 당하였나이다"(사 37:19)

그러나 그리스도인들이 믿는 신앙의 대상은 하나님이십니다.

하나님은 어떤 분이십니까?

한 분이신데 삼위일체(三位一體)이십니다. 성부·성자·성령이십니다.

'성부'(聖父)는 '권한과 권세와 존재의 기원'이 되십니다.

성부 하나님이 없이는 우주의 어떤 것도 존재할 수 없습니다.

　"태초에 하나님이시고 하나님이 천지를 창조하셨습니다"

그러기에 존재의 기원이 되십니다.

그 하나님이 아버지가 되십니다.

그 아버지는 세상을 창조하시고, 섭리하시고, 보존하시며, 주관하십니다.

'성자'(聖子) 하나님'은 '인간을 죄악으로부터 구원하시기 위하여 동정녀의 몸에서 성령으로 잉태되어 완전하신 사람으로 나신 하나님이시며 아들'이십니다. 아들이신 그는 '예수'의 이름으로 오셨습니다. 그분은 우리 죄를 대속하여 십자가에 죽으시고 다시 부활하셔서 하나님의 본체의 자리로 승천하셨습니다(빌 2:6, 9).

'성령(聖靈) 하나님'은 영으로 임하셔서 선택한 성도들에게 생명으로 임하시고 영생을 얻게 하시며, 성도의 일상생활을 인도해 주시고, 지켜 주시고, 보호해 주시고, 함께 해 주시고, 모든 사탄의 악으로부터 지켜 주십니다(요 14:26; 16:13, 33).

이 하나님께서 인간에게 나타나실 때 때로는 현현(顯顯)하시고, 때로는 선지자들을 통해서 증거하시고, 성육신(聖肉身)하셔서 예수 그리스도로 세상에 오셨습니다.

이 기간은 '33년'이었으나, 지금은 성령으로 임하셔서 성도들과 함께 하십니다.

우리 성도들이 '하나님을 믿고 아는 것'은 '성령의 증거'를 통해서 확신합니다.

하나님께서 성령으로 임하셔서 우리와 함께 하시는 것은 확실한데, 우리가 하나님은 안다는 것은 어떤 면에서는 불완전합니다. 왜냐하면 '우리는 아직도 육신의 몸으로서 장차 없어질 이 땅에 존재해 있기 때문'입니다.

우리가 현재의 육체의 몸을 벗어나 영생의 나라에 들어가서야 확실하게 하나님을 알고 체험할 수 있습니다.

하나님을 어떻게 알 수 있습니까?

요한계시록 5:6-10절 말씀에서 이 비밀의 체험을 발견하게 됩니다.

사도 요한이 하나님께 대하여 알 수 있는 단계는 세 단계였습니다.

첫째는, 선지자들의 예언의 말씀을 통해서 하나님을 알고 확신할 수 있습니다.

'성경을 최초로 기록한 선지자'는 '모세'입니다.

하나님은 모세를 선지자로 부르셔서 '태초에 창조하신 사역에서부터 택한 백성들이 가나안 땅에 들어갈 때까지의 사역'을 기록하게 했습니다.

모세 이후에도 '여러 사사들과 선지자들'을 통하여 하나님의 사역하신 역사를 증거하게 했습니다.

과거의 사람들이나 현재의 사람들이나 장래에 있을 사람들도 이 선지자들의 예언을 통하여 하나님을 알고 믿고 확신하게 됩니다. '사도 요한'도 선지자들의 예언의 말씀을 통하여 하나님을 알고 믿고 확신할 수 있었습니다.

둘째는, 현재 예수 그리스도를 통해서 알고 믿고 확신했습니다.

'세례 요한'은 실체의 하나님을 육체적으로 영적으로 만난 체험을 했습니다.

요한은 예수님의 열두 제자 중 한 사람입니다.

'예수님'은 '하나님이시면서 동시에 사람'이셨습니다.

그러기에 요한은 하나님을 현재적으로 만난 사람입니다.

> "태초부터 있는 생명의 말씀에 관하여는 우리가 들은 바요 눈으로 본 바요 자세히 보고 우리의 손으로 만진 바라 이 생명이 나타내신바 된지라 이 영원한 생명을 우리가 보았고 증언하여 너희에게 전하노니 이는 아버지와 함께 계시다가 우리에게 나타내신바 된 이시니라 우리가 보고 들은 바를 너희에게도 전함은 너희로 우리와 사귐이 있게 하려 함이니 우리의 사귐은 아버지와 그의 아들 예수 그리스도와 더불어 누림이라"(요일 1:1-3)

'사도 요한'은 예수님께서 십자가에 죽으심과 죽은 자 가운데서 부활하심과 승천하신 것을 보았습니다. 승천하실 때 '성령을 보내실 것'을 약속하시고 '성령을 받으라'고 말씀하신 그 약속을 받았습니다. 성령의 충만한 은혜를 받고 이 계시록의 본서를 기록한 것입니다. 그러나 하나님을 알고 믿고 확신하지만 아직은 육체의 몸을 가진 자이기에 하나님에 대한 체험은 불완전합니다.

셋째는, 하나님께 대한 완전한 체험입니다.

사도 요한은 하나님의 나라에 가서 그 하나님의 영광의 보좌에 앉으신 이를 보았고, 그의 음성을 들었습니다. 사도 요한이 지금까지 알고 믿고 확신했던 하나님에 대한 체험과는 사뭇 다르고 놀라운 영광의 세계입니다.

사도 요한은 '하나님의 나라에서 영광을 받으시는 하나님이시며 아들이시며 어린 양이신 분으로 영광의 보좌에 앉으신 것'을 처음으로 보았습니다.

우리가 요한계시록을 읽기도 하고, 상고하기도 하고, 설교를 통해서 듣기도 하지만, 사도 요한이 보고 믿고 체험한 것만큼 감동적이지 못합니다.

그 이유는 우리는 '사도 요한과 같은 현자의 체험이 없기 때문'입니다.

그러나 한 가지 분명한 것은 사도 요한이 본 하나님의 나라와 그 곳에 계신 어린 양이신 예수님이 하나님의 영광을 취하여 계신 것을 본 것과 이 사건을 성경에 기록하신 것은 틀림없는 사실입니다.

사도 요한이 체험한 것을 내가 믿습니다.

우리는 이 사실을 믿어야 합니다.

이것이 '성령의 역사'입니다.

사도 요한은 '하나님을 알고 믿는 믿음'이 '완전한 확신의 단계'에 이트렀습니다.

사도 요한이 증기를 통해서 성령의 임재하신 은혜로 그 믿음을 가지고 흔들리지 않는 확신을 가져야 합니다.

사도 요한이 만난 하나님의 영광의 모습을 다시 '성령'으로 조명해 봅니다.

하나님의 어린 양이 두루마리를 취하셨습니다.

> "내가 또 보니 보좌와 네 생물과 장로들 사이에 한 어린 양이 서 있는데 일찍이 죽임을 당한 것 같더라 그에게 일곱 뿔과 일곱 눈이 있으니 이 눈들은 온 땅에 보내심을 받은 하나님의 일곱 영이더라 그 어린 양이 나아와서 보좌에 앉으신 이의 오른손에서 두루마리를 취하시니라"(6, 7절)

사도 요한이 하나님 앞에서 체험한 것입니다.

첫째는, 천국의 중심에 계신 예수 그리스도이십니다.

'하나님의 보좌 앞에 서 계신 어린 양'이라고 하셨습니다.

어린 양은 예수 그리스도이신데 '생물과 장로들 사이'에 계셨습니다.

'그리스도께서 중심이시며 관심'이시라는 뜻입니다.

모든 생물들과 장로들이 그리스도를 바라보고 있습니다.

이것은 그리스도께서 중심이 되신다는 뜻입니다.

예수님이 계시기에 천국이 되는 것입니다.

거기에는 기쁨과 즐거움이 있고, 감사와 찬송이 있고, 행복이 있습니다.

예수님이 계시지 않으면 지옥이 되지만, 예수님이 계시면 천국입니다.

둘째는, 일찍이 죽임을 당하신 예수 그리스도입니다.

사도 요한은 예수님께서 십자가에 달려 죽으신 것과 무덤에 장사 지낸 것을 보았습니다. 또한 어떤 죽음으로 왜 죽으셨는지를 보고 알았습니다.

그리고 그 죽으심의 결과는 어떤 것인지도 알았습니다.

'예수님의 죽으심'은 '나의 죄와 허물을 대속하신 죽음'입니다.

나의 영벌을 담당하시고, 나의 죄 값을 대신 지신 것입니다.

'그가 죽으심으로 내가 의인이 되고 하나님의 자녀가 된 것'입니다.

셋째는, 우주의 전지전능하신 예수 그리스도입니다.

세 단어를 생각합니다.

'일곱 뿔과 일곱 눈과 일곱 영'이라고 했습니다.

'뿔'은 '케르마'(κέρας)라는 말로 '힘, 능력(horn)'을 의미합니다.

그리고 '눈'은 '시공간성을 초월하신 것'입니다.

보이지 않는 곳이 없습니다. 이것이 '하나님의 눈'입니다.

감추고 숨길 수도 없고, 감추어진 것이 드러나지 않을 것이 없습니다.

그리고 '일곱 영'은 '우주에 충만한 하나님의 성령'입니다.

넷째는, 최고의 지혜자이신 예수 그리스도입니다.

'영'(靈)이라는 말은 '성령'(聖靈)이신데 '지혜와 지식'을 나타내는 말입니다.

하나님은 영이시기 때문에 알지 못하는 것이 없습니다.

모르는 것이 없습니다. 답답한 것이 없습니다.

"성령은 모든 것 곧 하나님의 깊은 것까지도 통달하시느니라"(고전 2:10)

다섯째는, 주권자이신 예수 그리스도이십니다.

요한계시록 5장 1, 4절에서 '보좌에 앉으신 이의 오른손에 들려 있는 두루마리를 펴거나 읽을 자가 없다'고 했는데, 7절에서 사도 요한이 '어린 양이 나아와서 보좌에 앉으신 이의 오른손에서 두루마리를 취하시는 것을 보았다'고 합니다.

이 '두루마리'는 '하나님의 비밀을 기록한 두루마리'인데 이것을 펴서 보고 말씀하실 이는 '어린 양이신 예수 그리스도'입니다.

이 두루마리에 기록된 모든 것을 시행하실 분이 예수 그리스도십니다.

'권세와 심판을 행하실 분'입니다.

어린 양 앞에서 경배합니다.

> "그 두루마리를 취하시매 네 생물과 이십사 장로들이 그 어린 양 앞에 엎드려 각각 거문고와 향이 가득한 금 대접을 가졌으니 이 향은 성도의 기도들이라"(8절)

'생물과 장로들'은 '모든 택한 성도들이 천국에 다 모인 무리들'입니다.

이 모든 성도들이 두루마리를 들고 있는 어린 양에게 어떻게 행하고 있습니까?

경배를 드립니다.

'경배'(敬拜)는 어떤 것입니까?

첫째는, 예배입니다.

하나님은 언제나 예배를 받으십니다.

둘째는, 감사입니다.

하나님 앞에 모인 성도들은 은혜를 받은 자들입니다.

은혜를 받은 자들에게서 쏟아지는 것은 감사입니다.

감사가 있는 사람은 은혜를 아는 자입니다.

감사가 없다면 은혜를 모르는 자들입니다.

은혜를 알기에 감사하는 것입니다.

셋째는, 기도입니다.

기도는 현재 이 땅에서도 합니다.

그렇지만, 천국의 하나님 보좌 앞에서도 어린 양이신 예수님 앞에 기도하는 것을 봅니다.

'기도는 향이라'고 했습니다.

구약성경에 제사를 드릴 때마다 "향기로운 제사라"고 했습니다.

'가인'은 향기로운 제사를 드리지 못해서 하나님께서 예배를 받지 않으셨지만, '아벨'은 향기로운 제사를 드림으로 하나님께서 받으셨습니다.

어린 양에게 드리는 찬양입니다.

"그들이 새 노래를 불러 이르되 두루마리를 가지시고 그 인봉을 떼기에 합당하시도다 일찍이 죽임을 당하사 각 족속과 방언과 백성과 나라 가운데에서 사람들을 피로 사서 하나님께 드리시고"(9절)

성도는 '찬양'(讚揚)을 합니다.

괴로워도 찬양하고, 슬퍼도 찬양하고, 힘들어도 찬양하고, 핍박을 받아도 찬양하고, 가난해도 찬양하고, 궁핍해도 찬양합니다.

찬양은 찬양하는 사람 자신을 위해서 하는 것이 아닙니다.

자신의 감정을 다스린다거나 자신이 위로를 받으려고 하는 것이 아닙니다.

자신이 은혜를 받기 위해서 하는 것도 아닙니다.

'오직 하나님께만 드리는 것'입니다.

왕(王)이신 이에게 영광을 돌립니다.

"그들로 우리 하나님 앞에서 나라와 제사장들을 삼으셨으니 그들이 땅에서 왕 노릇 하리로다"(10절)

하나님의 오른손에 두루마리를 펴서 그 두루마리에 기록된 것을 행하실 이는 만왕의 왕이신 예수 그리스도입니다.

택하신 자들을 위하여 십자가에 피 흘려 우리 죄를 대속해 죽으셨습니다.

어린 양의 피로 우리를 사서 하나님께 드렸습니다.

우리를 하나님의 나라의 제사장으로 삼았습니다(벧전 2:9).

하나님의 자녀들로 왕 노릇 하게 하셨습니다(고전 4:8; 딤후 2:12).

'어린 양의 손에 들린 두루마리'는 '세상의 빛'이시고, '힘이요. 능력'입니다.

눈 먼 자에게 빛이 되십니다.

병든 자에게 치료가 되십니다.

핍박을 받는 자에게 위로가 되시며, 대적에게 무기가 되시며, 답답한 자에게 소망이 되십니다.

예수님의 오른손의 두루마리는 '인류의 소망'입니다.

믿음의 본질은 예배
(요한계시록 5:11-14)

• • • • •

"내가 또 보고 들으매 보좌와 생물들과 장로들을 둘러 선 많은 천사의 음성이 있으니 그 수가 만만이요 천천이라 큰 음성으로 이르되 죽임을 당하신 어린 양은 능력과 부와 지혜 와 힘과 존귀와 영광과 찬송을 받으시기에 합당하도다 하더라 내가 또 들으니 하늘 위에 와 땅 위에와 땅 아래와 바다 위에와 또 그 가운데 모든 피조물이 이르되 보좌에 앉으신 이와 어린 양에게 찬송과 존귀와 영광과 권능을 세세토록 돌릴지어다 하니 네 생물이 이 르되 아멘 하고 장로들은 엎드려 경배하더라"

말씀을 상고하면서 먼저 7절 말씀을 살펴보아야 합니다.

"어린 양이 나아와서 보좌에 앉으신 이의 오른손에서 두루마리를 취하시니라"

'어린 양이신 그리스도께서 왕권을 취하시고 영광의 보좌에 앉으신 장면'입니다.
'하늘의 찬양대원들'은 '기쁨과 승리의 찬양'이 크게 울려 퍼지도록 부릅니다.
구원의 감격을 체험한 '장로들'이 '음악과 향'을 통해서 주님을 경배합니다.
'많은 천사들'이 찬양을 합니다.
왜냐하면 '구원의 놀라운 비밀을 알 수 있었기 때문'입니다.
또한 온 우주가 함께 어린 양이신 주님께 영광의 경배를 올립니다.

여기서 '태초에 하나님께서 천지를 창조하셨던 마지막 이유'를 알 수 있습니다.
태초에 천지를 창조하신 하나님은 에덴에 동산을 창설하시고 이와 같은 영광의 세계가 이루어지도록 하셨으나(사 43:21), 안타깝게도 하나님께 영광을 돌려야 할 아담과 하와가 사탄의 지배를 받고 죄악에 빠지게 되었고, 에덴의 동산에서 추방 을 당하고 말았던 것입니다.

사람에게 가장 행복한 것은 바로 '하나님을 향한 예배(禮拜)'입니다.

'예배를 드린다'는 것은 '하나님을 뵙고 만나고 그 하나님과 하나로 연합되는 것'입니다. 그리고 '예배드리는 자들'에게는 '하나님의 영이 임재'하셔서 평안과 기쁨이 넘치게 하십니다.

사람이 가진 보물은 하나님을 예배할 수 있는 믿음입니다.

어떤 일이 있어도 예배드리는 믿음의 보물을 빼앗길 수는 없습니다.

'믿음의 본질'은 '예배'입니다.

하나님께 예배하는 광경을 보십시오.

천사들의 예배입니다.

우리의 예배도 하나님께 드리는 예배가 되게 해야 합니다.

> "내가 또 보고 들으매 보좌와 생물들과 장로들을 둘러 선 많은 천사의 음성이 있으니 그 수가 만만이요 천천이라"(11절)

이 말씀은 다니엘 선지자를 통하여 예언하신 말씀입니다.

> "내가 보니 왕좌가 놓이고 옛적부터 항상 계신 이가 좌정하셨는데 그의 옷은 희기가 눈 같고 그의 머리털은 깨끗한 양의 털 같고 그의 보좌는 불꽃이요 그의 바퀴는 타오르는 불이며 불이 강처럼 흘러 그의 앞에서 나오며 그를 섬기는 자는 천천이요 그 앞에서 모셔 선 자는 만만이며 심판을 베푸는데 두루마리들이 펴 놓였더라"(단 7:9-10)

여기서 '보좌에 앉으시는 이'는 '살아계신 하나님'이시며 '예수 그리스도'이십니다.

'수종하는 자들'은 '천사들'입니다. 이는 '천사들의 역할'을 말해 줍니다.

주님의 보좌의 가장 가까이에서는 장로들이 주님을 경배합니다.

그리고 네 생물들이 둘러서서 주님께 경배를 드립니다.

천사들은 장로들과 생물들을 둘러서서 주님께 경배를 드리는 장면을 봅니다.

천사들의 위치와 역할이 구원받은 성도들보다 앞설 수는 없습니다.

천사들은 하나님을 섬기고 동시에 구원받은 성도들을 수종하는 사역을 행합니다.

> "모든 천사들은 섬기는 영으로서 구원받을 상속자들을 위하여 섬기라고 보내심이 아니냐"(히 1:14)

천사들이 보좌와 장로들과 생물들을 둘러서서 섬기는 장면은 참으로 장엄하면서도 아름답고 경이롭습니다.

천사들의 수요는 헤아릴 수 없이 많습니다.

"그 수가 만만이요 천천이라"고 했는데, 그 숫자를 말할 수 없을 만큼 '많은 무리들'이라는 것을 말해 줍니다.

구원받은 백성들의 예배입니다.

11절에서 '생물들과 장로들이 보좌에 앉으신 이에게 경배를 드리는 것'을 말씀했습니다. 이들은 구원받은 하나님의 백성들입니다.

'생물들'은 과연 어떤 존재를 말하는 것입니까?

문자대로 말하면 '생물'(生物)이란 '조온'(ζῷον)이라는 말로, '동물, 야수, 살아 있는 생명'이라는 여러 가지 뜻을 가진 말입니다.

이 중에서 '살아 있는 생명'이라는 말로 해석해야 합니다.

살아 있는 생명이란 당연히 '구원받은 생명들'을 말합니다.

어린 양의 보좌 앞에서 경배를 드리는데 마땅히 구원받은 백성들이 경배해야 당연한 것입니다. 아담 이후 최후의 심판 때까지 구원받은 성도들이 천사들과 함께 하나님께 경배 드리는 영광의 자리입니다.

생명 있는 존재는 '인격자'입니다.

예배를 받으시는 주님은 완전하신 인격자이십니다.

그러기에 주님께 예배드리는 자들도 인격자로서 예배를 드리는 것입니다.

예배를 드릴 때에 모든 악기를 사용하여 음악을 연주했습니다.

예배는 언제나 계시에 나타나 있는 현장의 사건입니다.

사람의 마음에 하나님을 경외하는 마음이 전해지게 되어 있습니다.

하나님께 있는 마음이며, 하나님 앞에 있는 마음입니다.

그 마음이 항상 사람들에게 전해졌습니다.

예배는 이 세상에 인간이 있기 전에도 하나님의 보좌 앞에서 천사들을 통하여 드려지고 있었습니다. 그 예배가 인간에게 전해진 것입니다.

예배는 하나님께 인격을 다하여 전적으로 바쳐지는 것입니다.

예수님께서도 예배에 대해 그 진실을 가르치셨습니다.

"네 마음을 다하며 목숨을 다하며 힘을 다하며 뜻을 다하여 주 너의 하나님을 사랑하고 또한 네 이웃을 네 자신 같이 사랑하라"(눅 10:27)

온 우주의 만물들의 예배입니다.

"내가 또 들으니 하늘 위에와 땅 위에와 땅 아래와 바다 위에와 또 그 가운데 모든 피조물이 이르되 보좌에 앉으신 이와 어린 양에게 찬송과 존귀와 영광과 권능을 세세토록 돌릴지어다 하니 네 생물이 이르되 아멘 하고 장로들은 엎드려 경배하더라"(13, 14절)

'하늘과 땅 바다에 있는 모든 만물들'이 하나님께 경배를 드리는 장면입니다.

이 세상은 하나님께서 지으신 만물들인데 '사탄과 인간'을 제외하고는 어떤 것도 타락하지 않았습니다. 온 우주의 모든 만물들은 하나님의 지으신 목적을 상실하지 않았고, 하나님을 경배하는 본질도 잃어버리지 않았습니다.

싹이 뜨고 꽃이 피고, 열매를 맺어야 할 때에 반드시 그 결실을 이루어내고, 생육하고 번식하는 것도 변함이 없는 자연의 세계가 그 확실한 증거입니다.

다만 자연에 변동이 생기는 인간이 자연을 훼손하는 행위로 인하여 자연이 훼손을 당하고 엄청난 재앙을 일으키는 것입니다.

인간이 불러일으키는 재앙은 인간 자신에게 불행을 초래합니다.

인간은 전쟁을 일으키지만, 그 전쟁의 승리자는 없습니다.

'오직 하나님만이 승리'하실 뿐입니다.

만물들은 변함없이 하나님께 영광을 돌리는 본질을 지킵니다. 싹이 트게 하고, 꽃이 피게 하고, 열매를 맺게 하는 것으로 하나님께 영광 돌리며 경배합니다.

생육하고 번식하는 것으로 하나님을 찬양하며 경배를 하는 것입니다.

예수 그리스도께 경배를 드리는 이유입니다.

"큰 음성으로 이르되 죽임을 당하신 어린 양은 능력과 부와 지혜와 힘과 존귀와 영광과 찬송을 받으시기에 합당하도다 하더라"(12절)

첫째, 우리 죄를 대속하시고 구원하여 주신 은혜입니다.

'죽임을 당하신 어린 양'은 '예수 그리스도'입니다.

예수님은 십자가에 달려 우리 죄와 허물을 대속하여 죽으셨으나, 죽은 자 가운데서 다시 살아나셨습니다.

대속과 부활의 영광을 찬양하고 경배합니다.

둘째, 그리스도의 능력을 찬양하며 경배합니다.

'능력'(能力)은 '창조의 능력, 구원의 능력, 영생의 능력'입니다.

그리스도의 능력이 지금 주님의 보좌 앞에 구원 얻은 자들을 모이게 했습니다.

주님의 능력으로 우리가 구원을 받고, 경배와 찬양을 드리는 것입니다.

셋째, 그리스도의 풍성함을 찬양하며 경배합니다.

주님은 '우주의 주인'이십니다.

우주에는 구원받은 성도들의 필요를 채워 줄 모든 것들이 풍성합니다.

보이는 것들이 무수하지만 우리가 아직 보지 못한 것들 중에도 우리가 필요로 하는 많은 것들이 있습니다.

사람은 '무엇을 먹을까 무엇을 마실까 무엇을 입을까'를 염려하지만, 주님은 "아무것도 염려하지 말라"고 하셨습니다. 우리 하나님은 '부자'(富者)입니다.

> 어제 어떤 여자 분에게서 전화가 왔습니다.
>
> '좋은 땅이 있으니 땅을 사라'고 장황하게 설명하는 것입니다.
>
> 그래서 제가 "그러십니까? 참 좋은 땅을 많이 가지셨군요. 그런데 내가 생각할 때 그 땅들은 다 쓸데없는 것들이군요. 내게는 진짜 참으로 좋은 땅이 있는데 좀 팔아주십시오. 내가 가진 땅은 얼마나 좋은지 순전히 보석으로 된 땅이지요. 땅 바닥은 순 황금이고요. 벽옥이고, 남보석, 옥수, 녹보석, 홍마노, 홍보석, 황옥, 녹옥, 담황옥, 비취옥, 청옥, 자수정으로 되었는데 엄청 많습니다."라고 했더니, "거기가 어딘데요?" 하면서 아주 의아해하는 것이었습니다.
>
> "그 땅, 우리 아버지 땅이에요. 조금 팔아주십시오. 돈을 한 푼도 안 받을 테니까요."
>
> "그 땅이 어디 있어요?"
>
> "그 땅은 천국이에요."라고 했습니다.

부요(富饒)의 사실을 아닙니까?

우리 아버지는 부유하십니다. 엄청 풍부하십니다.

> "나의 하나님이 그리스도 예수 안에서 영광 가운데 그 풍성한 대로 너희 모든 쓸 것을 채우시리라"(빌 4:19)

넷째, 그리스도의 지혜입니다.

예수 그리스도는 '전지전능'하십니다.

과거와 현재와 미래의 세계를 다 아십니다.

하늘에 있는 것이나 땅에 있는 것이나 땅 아래 있는 모든 것을 다 아십니다. 주님은 어떤 일이든지 다 행하십니다. 못하시는 일이 없으십니다.

"지혜와 의로움과 거룩함과 구원함이 되신다"(고전 1:30)

다섯째, 그리스도의 힘입니다.
하나님의 힘은 이 세상과 온 우주를 순식간에 티끌로 만들어버릴 수 있습니다.

"과연 태초로부터 나는 그이니 내 손에서 건질 자가 없도다 내가 행하리니 누가 막으리요"(사 43:13)

여섯째, 그리스도의 존귀입니다.
'존귀'(尊貴)는 '주님의 속성'이십니다. 만왕의 왕이시며 거룩하십니다.

일곱째는, 그리스도의 영광입니다.
하나님 자신이 영광이시며 영광을 받으시는 분이십니다.

여덟째, 그리스도께 찬양입니다.
왜 그리스도를 찬양해야 합니까?
주님은 하늘과 땅의 모든 축복을 가지셨고, 그 축복을 베푸십니다.
우리는 그의 축복을 받았습니다.
우리는 주님으로부터 받지 않은 것이 하나도 없습니다. 내가 존재하는 것 자체가 주님이 계시기 때문이고, 주님이 주신 축복이기 때문입니다.

택하심을 받은 성도가 주님께 예배드릴 수 있는 믿음을 가진 것이 축복입니다.
우리는 정한 한 시간에 의식적으로 드리는 예배만이 아니라 우리의 삶이 예배가 되어야 합니다.
어린 양이시며, 보좌에 앉으신 만왕의 왕이시며, 구원의 주님이시며, 생명의 주님이시며, 하나님이신 이에게 믿음으로 예배를 드리는 삶이 믿음이어야 합니다.
예배는 한 걸음에서 시작되고, 두 손을 모음으로 시작되고, 몸으로 무릎을 꿇음으로써 시작되고, 주일을 지키고, 정한 예배 시간을 소중히 지키고, 헌신하며 봉사하는 행위로 드리는 생활의 예배가 되어야 합니다.
믿음이 예배가 되고, 예배가 믿음이 되어야 합니다.

제6장 처음 여섯 인의 개봉

■ **주제성구** "이에 내가 보니 흰 말이 있는데 그 탄 자가 활을 가졌고 면류관을 받고 나아가서 이기고 또 이기려고 하더라"(2절)
■ **주제찬송** ♬ 492장 잠시 세상에 내가 살면서

서론

본 장은 요한이 본 계시로서 하나님께서 우리에게 합당한 믿음을 갖도록 도와줍니다. 마침내 인봉된 책을 떼어 나가는 어린 양과 각 인을 뗄 때 나타나는 현상들이 본 장에 기술되고 있습니다. 각 단계에서 나타나는 말은 네 마리로서 전쟁의 붉은 말, 기근의 검은 말, 죽음의 청황색 말, 그리고 승리의 흰 말 등이 본 장에 나타납니다. 그리스도께서 재림하시기 직전에 대 환난은 절정을 이루는데 이 시기를 특별히 '마지막 때'라고 부릅니다. 어린 양만이 최후의 완성을 향하여 나아가시는 자요, 모든 인간의 역사를 주관하시는 자임을 본 장은 계시합니다.

본론

넷째 인까지의 개봉에 대하여(1-8절)

일곱 인 중에 네 개의 인을 떼는 동안 여러 색깔의 말을 탄 사람들이 나타나서 이 세상에 나타날 네 가지 재앙을 보여주고 있습니다. 무력과 권력으로 다스리는 독재 권력, 무기를 가지고 서로 싸우는 전쟁, 자연 재해로 인해 생긴 기근, 이러한 재앙들로 인한 죽음이 바로 그것입니다.

첫째 인을 떼시는데 백마 탄 기사기 나옵니다. 흰 말이나 면류관은 다 같이 정복을 상징하며, 흰 말 탄 자는 승리의 왕이신 예수 그리스도입니다.

둘째 인을 떼시는데 붉은 말을 탄 자가 나왔습니다. 붉은 말과 큰 칼은 전쟁을 상징합니다. 붉은 말 탄 자는 하나님의 자녀들이 종교적 박해로 죽임을 당하고 희생되는 것을 나타냅니다. 셋째 인을 떼시는데 검은 말 탄 자가 나왔습니다. 검은 말은 기근, 곧 경제 곤란을 말합니다. 넷째 인을 떼시는데 청황색 말을 탄 자가 나왔습니다. 빈손으로 온 그는 사망과 음부를 데리고 왔습니다.

검(전쟁), 흉년(기근), 죽음(질병), 사나운 짐승은 전 인류가 당할 재난들입니다.

다섯째 인, 순교자의 헌신(9-11절)

다섯째 인은 순교자들의 호소입니다. 이제 사도 요한은 제단을 보게 되고 그 제단 아래서 무엇을 보았는데, 하나님의 말씀대로 살고 그 말씀을 전하다가 순교한 성도들이 하늘에서 하나님께 호소하는 모습을 보았습니다. 흰 두루마리는 의로운 옷이며, 이 옷은 그들이 입고 간 그들 자신의 의가 아니라 하나님이 입혀 주신 그리스도의 옷입니다. 하나님께서는 성도들의 시련을 모르는 것이 아닙니다. 하나님은 구원받을 백성의 수가 차기까지 심판을 미루십니다. 그러므로 희망을 갖고 기다려야 합니다. 잠시 동안이면 됩니다. 하나님이 자기 백성의 사정을 돌보고 계십니다.

여섯째 인, 어린 양의 진노(12-17절)

요한은 여섯째 인을 떼실 때 마지막 때에 일어날 엄청난 재난을 보았습니다. 이 장면은 주님께서 다시 오실 그 날이 분명히 있다는 것, 그 날은 모든 사람들이 보고 두려워하고 놀라게 될 것이라는 사실을 깨닫게 됩니다. 하나님의 진노는 전우주적입니다. 주님이 영광중에 다시 오실 때 전 우주가 궤멸 상태에 빠집니다. 왕으로부터 시작하여 종과 일반 백성에 이르기까지 주를 믿지 않는 모든 자들이 심판을 받습니다. 주님의 심판과 진노는 빈부귀천이 없습니다.

그리스도를 구세주로 믿지 않는 자는 그가 어떤 자라도 하나님의 진노를 피할 곳이 없습니다. 하나님의 진노는 참으로 무섭고 괴롭고 수치스럽습니다. 주님의 진노를 견디고 능히 설 자는 아무도 없습니다.

결론

대 환난에 대하여 말하고 있는 본 장에 기록된 사건들이 구체적으로 어느 때 일어나는지에 대해서는 정확히 알 수 없습니다. 우리는 이 마지막 때를 정확히 알 수 없지만 하나님께서는 분명히 그 때를 예정해 놓으셨으며, 그 때가 점점 다가오고 있다는 것을 믿어야 합니다. 요한이 보았던 이런 비극적인 장면들을 우리는 오늘날 세상에서 바라보고 있습니다. 이러한 재앙과 비극을 볼 때 안타까운 마음이 생기지만, 이것이 주님께서 미리 보여주신 세상의 정상적인 모습입니다. 그러므로 우리는 결코 실망하거나 포기하지 말고 세상을 주관하시는 주님이 이 일들 위에 함께 계심을 믿고 그를 신뢰하면서 더욱 주님을 의지해야 할 것입니다.

■ **장명가** "흰 말과 붉은 말 검은 말 청황색 말들이 나온다 · 순교자 수효가 다 찬 후 진노의 큰 날이 오도다 주님이 오신다 흰 예복 입고 주 맞으러 · 주님이 오신다 등불을 켜들고 맞으라"(♪ 270장 변찮는 주님의 사랑과)

그리스도의 승리(흰 말 탄자의 승리)
(요한계시록 6:1-2)

. . . . .

"내가 보매 어린 양이 일곱 인 중의 하나를 떼시는데 그 때에 내가 들으니 네 생물 중의
하나가 우렛소리 같이 말하되 오라 하기로 이에 내가 보니 흰 말이 있는데 그 탄 자가
활을 가졌고 면류관을 받고 나아가서 이기고 또 이기려고 하더라"

요한계시록 6장 말씀의 기록은 참으로 중요한 내용입니다.
이 내용을 바로 깨달아야 그리스도인의 삶을 자신 있게 살아갈 수 있습니다.
어린 양이신 그리스도께서 이 우주에 일어날 사건들이 기록된 하나님의 오른손
에 두루마리를 받아 펴셨으나 아직 이 두루마리의 내용을 읽지는 않으셨습니다.

'아직 읽지는 않으셨다'는 '두루마리의 내용을 공포하지 않으셨다'는 것입니다.
이는 '아직은 세상을 심판하실 종말의 날의 때가 아니라'는 의미입니다.
이 두루마리는 일곱 인으로 일곱 부분으로 봉해졌습니다.
매 권마다 나타나는 주인공입니다.

요한계시록 6장 1-2절에 첫째 인을 떼시는데 '흰 말을 타신 분'이 등장합니다.
이 '흰 말을 탄 이가 누구신가' 하는 것입니다.
성경을 해석하는 학자들의 견해는 두 파로 나누어집니다.
'흰 말 탄 자'가 '적그리스도'라고 말합니다.

그 이유는 '흰 말 탄 자가 활을 가졌다'는 것입니다.
그런데, '그리스도는 활을 가지는 분이 아니기 때문'이라고 합니다.
그러나 다른 학자들은 '흰 말을 타신 이'는 '그리스도'라고 합니다.
'활을 가졌다'는 당위성에 대해서도 성경적으로 입증되는 말씀이 있습니다.

제가 평생을 목회하면서 '이 성경을 성도들에게 어떻게 증거해야 올바른 목회자로서 사명을 다할 수 있는가'에 대해서 고민을 했습니다.

저는 오래 전에 신학대학원을 다니면서 '교회와 하나님의 나라'에 대해서나 '전 천년설과 무 천년설'에 대해서 고민을 했습니다.

공부하면서 하나의 문제를 나름대로 확신하게 되었습니다.

가르치는 교수들도 두 파로 구분되었습니다.

저는 '무 천년설'을 취하기로 했습니다.

'주님이 재림하신 후에 다시 천 년 생활이 있는 것이 아니고 주님이 재림하심으로 세상은 끝나고 천국으로 화하는 것이 무 천년설이다'(마 25:34).

그렇게 될 때 성경을 해석하는 데 오락가락하지 않게 되었습니다.

천년설을 주장한다면 성경을 해석하는 데 아주 큰 문제가 있다는 것을 깨닫게 되었습니다.

다음 20장에서 말씀을 다시 정리할 수 있지만 여기서 한 가지 지적한다면 '천년설'은 '예수님이 두 번 재림하시는 것'이 됩니다.

예수님의 초림은 동정녀 마리아의 몸에서 성령으로 잉태되어 오신 것이 처음이고, 부활 승천하실 때 다시 오실 것을 약속하셨는데, 그 때가 재림하실 때입니다.

성경에 '흰 말 탄 이가 그리스도'라고 확신하는 해석도 무리가 없습니다.

흰 말을 타신 이가 그리스도라는 확실한 증거입니다.

첫째는, 흰 말은 그리스도를 상징합니다.

'흰' 것이라는 말은 '류코스'(λευκός)인데 '빛'(white)을 의미합니다.

> "흰 옷 입은 두 천사가 예수의 시체 뉘었던 곳에 하나는 머리 편에, 하나는 발 편에 앉았더라"(요 20:12)

'교회에 빛으로 나타나신 이'는 '그리스도'이심을 발견했습니다.

그러므로 '흰 말 탄 자'는 적그리스도가 아닌 '빛이신 그리스도'이십니다.

둘째는, 말은 희다고 했는데 그리스도께서 사용하시는 도구입니다.

'흰 말'은 '거룩하고, 성스러운 것, 깨끗한 것'을 상징합니다.

성경에 흰 세마포, 흰 구름, 흰 보좌, 흰 돌 등을 소개한 것은 분명한 일입니다.

그러므로 흰 말을 탄 자가 마귀나 적그리스도가 될 수 없습니다.

흰 말을 탄 이가 면류관을 받습니다.
'면류관을 쓰신 이'는 '그리스도'입니다.
'면류관'(冕旒冠)은 크게 두 유형으로 분류됩니다.

첫째는, 그리스도께서 쓰시는 면류관입니다.
요한계시록 14장 14절에서 '흰 것'과 '금 면류관'을 동질적인 말씀으로 사용하고 있습니다.

둘째는, 믿음의 성도들이 믿음의 행위로 인하여 상급으로 받는 면류관입니다.
요한계시록 4장 4절에서 이십사 장로들이 흰 옷을 입고, 머리에 면류관을 썼으며, 요한계시록 2장 10절에서는 "네가 죽도록 충성하라 그리하면 내가 생명의 관을 네게 주리라"고 했습니다.
그러므로 성경에서 '면류관을 쓰신 이'는 적그리스도가 아니고 '하나님'이시며, 죽었다가 다시 살아나신 '예수 그리스도'이십니다.

또 한 가지는 "나가서 이기고 이기려고 하더라"는 말씀입니다.
'이기다'는 '니카오'(νικάω)라는 말로 '정복하다, 승리를 거두다'라는 뜻입니다.
이는 현재성을 의미합니다.
그리스도는 '현재 이기셨고 앞으로도 이기실 것'입니다.

그리스도는 이기는 분이시니, 믿는 성도들에게도 이기게 하십니다.
요한계시록 3장 21절과 요한계시록 5장 5절을 비교하여 보십시오.
"이기는 그에게는 내가 내 보좌에 함께 앉게 하여 주기를 내가 이기고 아버지 보좌에 함께 앉은 것과 같이 하리라"(3:21)
"장로 중의 한 사람이 내게 말하되 울지 말라 유대 지파의 사자 다윗의 뿌리가 이겼으니 그 두루마리와 그 일곱 인을 떼시리라 하더라"(5:5)

예수 그리스도는 승리하시는 분이십니다.
"세상에서는 너희가 환난을 당하나 담대하라 내가 세상을 이기었노라"(요 16:33)
"유대 지파의 사자 다윗의 뿌리가 이겼으니"(계 5:5)
"흰 말이 있는데 그 탄 자가‥나아가서 이기고 또 이기려고 하더라"(계 6:2)

이기시는 이는 그리스도이심을 부인할 수 없습니다.

셋째는, 흰 말을 타신 이가 그리스도라는 확신을 가질 수 있는 증거는 요한계시록 19장 11절과 요한계시록 6장 2절이 맥락을 같이 합니다.

"또 내가 하늘이 열린 것을 보니 보라 백마와 그것을 탄 자가 있으니 그 이름은 충신과 진실이라 그가 공의로 심판하며 싸우더라"(19:11)

이 말씀을 보면 서로 다른 분이라고 볼 수 없습니다.

예수님은 피 뿌린 옷을 입기도 하셨습니다(19:13).

이에 성경은 "하늘에 있는 군대들이 희고 깨끗한 세마포 옷을 입고 백마를 타고 그를 따르더라"(19:14)고 했습니다.

예수 그리스도는 지금도 승리하시며, 앞으로도 승리자가 되실 것입니다.

넷째는, 흰 말을 타신 이가 그리스도라는 증거는 요한계시록의 목적과 특징과 조화를 잘 이룹니다.

요한계시록 17장 14절과 6장 2절 말씀은 동질성을 설명해 줍니다.

다섯째는, 흰 말 타신 이가 그리스도시라는 증거는 마태복음 10장 34절과 요한계시록 6장 2절 말씀이 잘 조화가 됩니다.

어떤 이들은 "그리스도께서 어떻게 활을 가질 수 있느냐?"고 말합니다.

예수님은 제자들에게 "검을 가지라"고 말씀하셨습니다.

활과 검은 동질적인 무기입니다.

그리스도께서 가지신 무기는 '말씀의 무기'입니다.

"구원의 투구와 성령의 검 곧 하나님의 말씀을 가지라"(엡 6:17)

여섯째는, 흰 말을 타신 이가 활을 가지셨다는 것은 이미 성경에서 예언하신 말씀입니다.

"용사여 칼을 허리에 차고 왕의 영화와 위엄을 입으소서 왕은 진리와 온유와 공의를 위하여 왕의 위엄을 세우시고 병거에 오르소서 왕의 오른손이 왕에게 놀라운 일을 가르치리이다 왕의 화살은 날카로워 왕의 원수의 염통을 뚫으니 만민이 왕의 앞에 엎드러지는도다"(시 45:3-5)

'화살이 날카롭다'는 예언의 말씀은 '장차 오실 왕이신 그리스도'를 말씀합니다.

일곱째는, 예수님은 언제나 이기고 계십니다.

"이기고 또 이기려고 하더라"는 말씀은 '과거와 현재와 미래에 대해 승리하시는 이'를 가르치십니다.

그리스도는 과거에도 이기셨습니다.

현재도 이기고 계십니다.

또한 앞으로도 계속해서 이기실 분이십니다.

예수님은 우리의 삶을 지배하십니다.

우리를 떠나시거나 멀리하시지 않습니다.

그리스도는 사망의 권세를 깨뜨리시고 죽은 자 가운데서 다시 살아나셨습니다.

원수 마귀 세력을 완전히 물리치십니다.

'윌리엄 헨드릭슨'은 '마귀세력'을 '묶여 있는 개'에 비유했습니다.

사납고 무서운 개는 철 쇠사슬로 묶어서 매 두었습니다.

그런데 다른 사람들이 그 집에 들어오는 것을 보고 흥분해서 소리 지르고 뜁니다.

그런데 개가 묶여 있는데도 이 개 짖는 소리에 놀라고 무서워서 움직이지 못하는 사람들이 있습니다.

그러나 개가 묶여 있으니 무서워할 것이 없습니다.

사탄의 세력은 예수 그리스도에 의해 묶여 있습니다.

마귀의 소리는 개 짖는 소리와 같은 것입니다.

믿음으로 담대해야 마귀의 소리에 놀라지 않을 것입니다.

"세상에서는 너희가 환난을 당하나 담대하라 내가 세상을 이기었노라"(요 16:33)

예수님의 승리는 언제든지 현재 진행형입니다.

예수님의 승리는 믿는 자 나의 승리요. 우리의 승리며, 교회의 승리입니다.

주 안에서 고난을 이기라!(말 탄 자들의 승리)
(요한계시록 6:3-8)

. . . . .

"둘째 인을 떼실 때에 내가 들으니 둘째 생물이 말하되 오라 하니 이에 다른 붉은 말이 나오더라 그 탄 자가 허락을 받아 땅에서 화평을 제하여 버리며 서로 죽이게 하고 또 큰 칼을 받았더라 셋째 인을 떼실 때에 내가 들으니 셋째 생물이 말하되 오라 하기로 내가 보니 검은 말이 나오는데 그 탄 자가 손에 저울을 가졌더라 내가 네 생물 사이로부터 나는 듯한 음성을 들으니 이르되 한 데나리온에 밀 한 되요 한 데나리온에 보리 석 되로다 또 감람유와 포도주는 해치지 말라 하더라 넷째 인을 떼실 때에 내가 넷째 생물의 음성을 들으니 말하되 오라 하기로 내가 보매 청황색 말이 나오는데 그 탄 자의 이름은 사망이니 음부가 그 뒤를 따르더라 그들이 땅 사분의 일의 권세를 얻어 검과 흉년과 사망과 땅의 짐승들로써 죽이더라"

그리스도인에게는 '승리'(勝利)가 전제되어 있습니다.

그러나 그 승리가 이루어질 때까지는 많은 고난이 있습니다.

요한계시록 6장 1 2절에서 '흰 말을 탄 이'는 '승리하신 그리스도'이십니다.

그 승리가 이루어지기까지 그리스도께서는 고난을 받으셨습니다.

십자가에 죽기까지 고난을 당하셨습니다.

그리스도를 믿는 성도들도 구원에 이르는 승리는 보장되어 있지만, 그 성취가 이루어질 때까지는 많은 환난과 고난과 핍박이 따르게 됩니다.

구원은 단번에 받지만 아직은 천국에 이르지 못했습니다.

천국을 향하여 구원의 믿음을 지키고 이겨야 합니다.

요한계시록 6장 1-8절 말씀은 이미 '스가랴 선지자를 통하여 하신 말씀이 예수 그리스도에게 응한 것'입니다.

스가랴 6장 1-8절에서 스가랴 선지자가 이상을 본 것을 기록합니다.

"북쪽으로 나간 자들이 북쪽에서 내 영을 쉬게 하였느니라"(슥 6:8)고 하신 그 이상은 '최후의 승리'를 보여 준 것이고, '하나님 나라의 완성'을 의미합니다.

스가랴 3장 8절에 "이들은 예표의 사람들이라 내가 내 종 싹을 나게 하리라"고 하셨고, 6장 12-15절의 "스룹바벨이 여호와의 성전을 재건하리라"는 예언은 '메시야를 통하여 영원히 이루실 것'을 말씀하신 것입니다.

이 스가랴의 예언은 '요한계시록에서 완성되고 성취된 것'입니다.

계시록 6장 1-8절 말씀은 어떤 과정을 통해서 환난이 있는지를 예언해 주십니다.

그리스도인들이 붉은 말을 탄 자에게 환난과 핍박을 당합니다.

> "둘째 인을 떼실 때에 내가 들으니 둘째 생물이 말하되 오라 하니 이에 다른 붉은 말이 나오더라 그 탄 자가 허락을 받아 땅에서 화평을 제하여 버리며 서로 죽이게 하고 또 큰 칼을 받았더라"(3-4절)

이 말씀에서 '붉은 말 탄 자의 임무'를 말해 줍니다.

'붉은 말 탄 자'는 예수 그리스도와 그리스도인들을 박해하기 위해서 나타나는데, 그는 땅에서 화평을 제하고, 교회를 박해하며 많은 사람을 죽입니다.

그래서 '큰 칼을 받았다'고 했습니다.

이 말씀은 세 가지를 예언하십니다.

첫째는, 과거의 일을 말합니다.

'이미 그리스도와 많은 그리스도인들이 고난당한 것'을 말합니다.

이는 '기독교가 많은 박해를 받을 것'을 말씀하신 것인데, 이미 그리스도께서 박해를 받으셨고, 십자가에 죽음까지 당했습니다.

많은 성도들도 예수를 믿는다는 이유만으로 박해를 받고 죽었습니다.

이미 과거에 있었던 일들입니다.

성도들의 믿음이 부족하거나 죄가 있어서 죄 값으로 받은 박해는 아닙니다.

하나님의 나라를 방해하는 사탄의 세력이 하나님을 대적하는 싸움인 것입니다.

둘째는, 예수님은 이 땅에 화평을 주시려고 오셨습니다.

그러나 그리스도로 인하여 이 땅에 불화가 일어날 것을 말씀한 것입니다.

> "내가 세상에 화평을 주러 온 줄로 생각하지 말라 화평이 아니요 검을 주러 왔노라"(마 10:34)

많은 성도들이 단지 예수 믿는다는 이유로 불화를 당했습니다.

가정에서 분쟁이 있었고, 핍박을 받았고, 고난을 당했습니다.

예수를 믿지 않았다면 그럴 이유가 없습니다.

"내가 온 것은 사람이 그 아버지와, 딸이 어머니와, 며느리가 시어머니와 불화하게 하려 함이니 사람의 원수가 자기 집안 식구리라"(마 10:35-36)

이것이 '십자가를 지는 것'입니다.

예수 믿고 구원을 받으려면 십자가를 지고 예수 그리스도를 따라야 합니다.

셋째는, 죽음까지 당하게 합니다.

"서로 죽이게 하고"

여기서 '죽인다'는 것은 영혼의 생명을 죽이는 것이 아니라 '육체의 생명을 죽이는 것'을 말합니다.

많은 사람들이 예수 믿는다는 이유로 육신의 목숨을 잃었습니다.

아벨이 가인에 의해서 죽임을 당했으나, 그 영혼의 생명은 살아 있어서 하나님 앞에 증인이 되었습니다.

가인은 아벨을 죽여서 암매장을 하고, 태연하게 자기 일만 했습니다.

하나님께서 "가인아, 가인아, 네 아우 아벨이 어디 있느냐?"(창 4:9)고 추궁하셨을 때 가인은 '모른다'고 시치미를 떼지만 하나님은 "네가 무엇을 하였느냐? 네 아우의 핏소리가 땅에서부터 내게 호소하느니라"(창 4:10)고 하셨습니다.

아벨은 육체의 몸은 죽임을 당했지만, 영혼의 생명을 죽지 않고 하나님 앞에 살아 있다는 것이고, 예수님께서도 육체가 죽임을 당하셨지만, 영혼의 생명은 죽지 않았기 때문에 죽은 자 가운데서 다시 살아나셨습니다.

예수님은 말씀하셨습니다.

"몸은 죽여도 영혼은 능히 죽이지 못하는 자들을 두려워하지 말고 오직 몸과 영혼을 능히 지옥에 멸하실 수 있는 이를 두려워하라 참새 두 마리가 한 앗사리온에 팔리지 않느냐 그러나 너희 아버지께서 허락하지 아니하시면 그 하나도 땅에 떨어지지 아니하리라 너희에게는 머리털까지 다 세신 바 되었나니"(마 10:28-30)

4절 말씀에서 "그 탄 자가 허락을 받아 땅에서 화평을 제하여 버리며 서로 죽이게 하고 또 큰 칼을 받았더라"고 했는데, 죽고 사는 것이 하나님께 달려있음으로 영혼의 생명을 죽이는 것이 아니라, '육체의 죽음을 허락하셨다'는 것입니다.

욥이 고난을 당할 때 하나님은 사탄에게 생명은 해하지 못하게 하시고 고난당하는 것만 허락하셨습니다.

> "여호와께서 사탄에게 이르시되 내가 그를 네 손에 맡기노라 다만 그의 생명은 해하지 말지니라"(욥 2:6)

특히 성경은 붉은 말 탄 자에 의하여 성도들이 죽임 당하는 것을 보여줍니다.

흰 말을 탄 그리스도께서 나타나실 때마다 붉은 말 탄 자가 그의 뒤를 따르듯이 우리 성도들이 나가는 길에는 항상 사탄의 세력들이 뒤를 따르고 있습니다.

그리스도인들이 검은 말 탄 자에게 기근(饑饉)을 당합니다.

> "셋째 인을 떼실 때에 내가 들으니 셋째 생물이 말하되 오라 하기로 내가 보니 검은 말이 나오는데 그 탄 자가 손에 저울을 가졌더라 내가 네 생물 사이로부터 나는 듯한 음성을 들으니 이르되 한 데나리온에 밀 한 되요 한 데나리온에 보리 석 되로다 또 감람유와 포도주는 해치지 말라 하더라"(5, 6절)

이는 '지극히 가난하고 어려운 때를 당할 것'을 선포하신 말씀입니다.

하루 종일 일해도 겨우 한 사람 먹을 양식 밖에는 더 얻지 못합니다.

죽도록 품팔이를 해서 겨우 본인이 하루 먹는 것밖에 얻지 못한다면 다른 필수품들은 어떻게 구할 수 있습니까?

'예수 믿는 일로 인하여 가난해질 수 있다는 것'입니다.

공산치하에서는 실제로 이런 일들이 많이 있었습니다.

예수를 믿는다는 이유로 학교를 다닐 수 없게 했다든지, 안정된 직장을 보장받을 수 없었습니다.

환상을 보고 말씀을 받는 사도 요한 자신이 현실적으로 당장 먹을 것, 마실 것, 입을 것에 위협을 당하고 있었습니다.

당시에 많은 성도들이 실제로 이와 같은 어려움을 겪어야만 했습니다.

이 어려운 기근 중에도 하나님의 긍휼과 사랑이 있었습니다.

> "또 감람유와 포도주는 해치지 말라 하더라"(6절)

비록 당장에 먹을 것과 마실 것이 없을지라도 '감람유와 포도주'는 마르지 않게 하셨습니다.

전적으로 '하나님의 은혜'입니다.

"무엇을 먹을까 무엇을 마실까 무엇을 입을까 하지 말라 이는 다 이방인들이 구하는 것이라"(마 6:31-32)

'음부의 사망'이 따릅니다.
'청황색 말 탄 자에게 당하는 일'입니다.

"넷째 인을 떼실 때에 내가 넷째 생물의 음성을 들으니 말하되 오라 하기로 내가 보매 청황색 말이 나오는데 그 탄 자의 이름은 사망이니 음부가 그 뒤를 따르더라 그들이 땅 사분의 일의 권세를 얻어 검과 흉년과 사망과 땅의 짐승들로써 죽이더라"(7, 8절)

청황색 말이 나타납니다.
이 청황색은 죽은 시체의 색깔입니다.
'청황색 이름이 사망'이라고 합니다.
여기서 죽음은 '영원한 죽음'을 의미합니다.
이 죽음 뒤에는 음부가 따른다고 했습니다.
'음부'(陰府)는 '지옥'(地獄)입니다.
'죽은 자들이 떨어질 곳'이 지옥입니다.

'죽음에 이르는 형편'을 말합니다.
첫째는, 전쟁으로 인해 죽습니다.
청황색 말 탄 자가 '검'을 가졌다고 했는데, '전쟁'을 말합니다.
온 인류 역사를 통하여 전쟁은 그칠 날이 없었습니다.
전쟁을 일으킨 자들이 죽이기도 하고 죽기도 했습니다.
그리스도를 알지 못하던 자들이 죽이고 죽었다면 그들의 영혼은 음부에 버림을 당할 수밖에 없었습니다.

둘째는, 흉년입니다.
흉년의 기근은 죽음을 몰고 옵니다.
세계 도처에서 일어나고 있는 기아로 인하여 죽어가는 사람들을 봅니다.
단순히 한 사람 죽는 것으로 끝나지 않고, 많은 재앙과 질병들을 몰고 옵니다.
흉년으로 인한 후유증으로 질병을 얻어 죽음에 이르는 사람들이 많습니다.
그러나 아직은 종말은 아닙니다.

'주님이 재림하시기 전에 이런 일들이 일어날 것을 예고하신 것'입니다.

주님이 오시기 전에 대 환난과 핍박과 전쟁이 일어날 것입니다.
지구상에 큰 흉년으로 인하여 기근이 일어날 것입니다.
도처에서 사람들이 비참하게 목숨을 잃게 될 것입니다.

　　예수님이 태어나신 이후에 지구상에서 일어났던 전쟁들 중에 로마가 세계를 지
　　배하면서 기독교가 대 박해를 받았고, 수많은 사람들이 죽었습니다.
　　독일의 '히틀러'는 유대인들을 600만 명이나 대학살을 했습니다.
　　공산주의자 '스탈린'이 등장하면서 수많은 사람들을 학살하였고, 거의 1세기가
　　지나는 동안 공산주의 치아에서 죽어간 사람들의 수를 헤아릴 수 없습니다.

　　우리나라에서도 일본의 침략과 북한의 공산주의자들의 정치적인 침략으로 수많
　　은 기독교인들이 순교를 당하고 죽음에 이르렀습니다.
　　앞으로 얼마나 더 많은 사람들이 죽어가는 전쟁이 일어날지 알 수 없습니다.
　　지금의 정세로 보아서 결코 평온한 세상은 못 될 것이라고 봅니다.

우리 그리스도인들은 바로 이런 위험한 지대에서 살아가고 있습니다.
이 고난의 시대를 어떻게 견뎌낼 수 있고, 살아남을 수 있습니까?
인간의 본능과 본심으로 살아남는 것은 불가능합니다.

주님이 우리와 함께 하셔서 이겨내지 않으면 살아남을 수 없습니다.
주님이 함께 하시면 주님 안에서 승리할 수 있습니다.
우리를 구원하신 주님께서 우리의 생명을 영원히 지켜 주실 것입니다.
다만 믿음으로 살아야 합니다.
주님의 손에서 떠나지 말아야 합니다.
주님이 고난을 이기셨고, 또 이기실 것입니다.
죽음으로부터 우리를 구원하시고 지키실 것입니다.

순교자들의 기도
(요한계시록 6:9-11)

• • • • •

"다섯째 인을 떼실 때에 내가 보니 하나님의 말씀과 그들이 가진 증거로 말미암아 죽임을 당한 영혼들이 제단 아래에 있어 큰 소리로 불러 이르되 거룩하고 참되신 대 주재여 땅에 거하는 자들을 심판하여 우리 피를 갚아 주지 아니하시기를 어느 때까지 하시려 하나이까 하니 각각 그들에게 흰 두루마기를 주시며 이르시되 아직 잠시 동안 쉬되 그들의 동무 종들과 형제들도 자기처럼 죽임을 당하여 그 수가 차기까지 하라 하시더라"

이 세상 어디든지 예수 그리스도께서 나타나신 곳에는 환난과 핍박이 따릅니다.
6장 1, 2절은 악을 이기시는 그리스도께서 '흰 말'을 타고 등장합니다.
그러나 아직 종말의 심판은 행해지지 않았습니다.
그리스도에 대항하는 악이 싸움을 벌이고 있습니다.

4절에 '붉은 말 탄 자'가 나타나서 지상에서 화평을 제하고 전쟁을 일삼습니다.
5절에 '검은 말 탄 자'가 나타나서 흉년과 기근으로 인하여 죽음에 이르는 고통을 당하게 합니다.
8절에는 '청황색 말 탄 자'가 나타나서 할 수만 있으면 많은 영혼들을 사망으로 끌고 가서 음부에 빠지게 합니다.

이러한 때에 믿음이 연약하여 흔들리는 신자들이 있습니다.
그리스도를 부인하는 자들이 일어나고, '믿음을 버리고 세속적인 방법으로 세상을 살아가는 일만이 유일한 생명을 구하는 일'이라고 생각하여 믿음에서 떠나버리는 사람들이 많아지고 있습니다.
그러나 믿음이 강하고 담대하고 구원의 확신을 가지는 성도들은 어떤 환난이나 시련이나 핍박 중에서 육신의 목숨을 빼앗기는 일이 있을지라도 그리스도를 부인하거나 믿음을 버리지 않고 끝까지 믿음을 지키다가 순교를 당합니다.

그렇다면 '순교자'(殉敎者)들은 어떤 이들입니까?

계시록 6장 9-11절 말씀은 다섯째 인을 떼실 때에 사도 요한이 본 이상입니다.
"다섯째 인을 떼실 때에 내가 보니 하나님의 말씀과 그들이 가진 증거로 말미암아 죽임을 당한 영혼들이 제단 아래에 있어"(9절)라고 했습니다.
'죽임을 당한 영혼들이 제단 아래 있는 것을 보았다'고 합니다.
'믿음을 지키다가 죽임을 당한 순교자들'입니다.

그렇다면 순교자들은 어떤 믿음을 지켰습니까?

첫째는, 하나님의 말씀을 지키는 신앙을 가진 성도들입니다.
'믿음'은 무엇입니까?
많은 사람들이 믿음을 '눈에 보이는 사물을 믿는 것'으로 착각을 합니다.
믿음의 대상을 눈에 보이는 사물로 생각하고, 어떤 믿음의 대상을 우상으로 만들어서 그것을 믿거나 이미 만들어진 사물을 믿음의 대상으로 믿습니다.
해나 달, 별들, 산, 바다, 나무, 동물이나 짐승 같은 것들입니다.

또 어떤 이들은 육신의 삶에 대한 결과론적인 것을 믿음의 대상으로 생각합니다.
그들은 믿음으로 복을 받아서 출세를 했다고 말합니다.
성공한 사례들을 들면서 그것이 믿음이요 믿음의 결과라고 생각하기도 합니다.
그러나 이런 것들은 믿음이 아닙니다.
믿음의 대상도 될 수 없고, 믿음의 결과도 될 수 없습니다.

요한계시록 6장 9-11절 말씀에서 무엇을 '믿음'이라고 했는지를 보십시오.
'믿음'은 '하나님의 말씀을 믿는 것'이라고 합니다.
말씀을 통하여 믿음의 비밀을 발견하게 됩니다.
말씀은 하나님이십니다.
말씀에서 하나님의 얼굴을 뵙습니다.
이 말씀에서 하나님의 성품을 의식하고, 하나님의 기운과 능력과 힘을 얻습니다.
말씀은 믿음입니다.
그러나 말씀을 믿는 믿음만으로 온전하지 못합니다.
말씀을 믿는 믿음에는 행함이 따라야 합니다.

둘째는, 예수 그리스도를 증거하다가 죽은 자들입니다.

순교자들은 신약시대에만 있는 것은 아니었습니다. 구약시대에도 있었습니다.

> "또 어떤 이들은 조롱과 채찍질뿐 아니라 결박과 옥에 갇히는 시련도 받았으며 돌로 치는 것과 톱으로 켜는 것과 시험과 칼로 죽임을 당하고 양과 염소의 가죽을 입고 유리하여 궁핍과 환난과 학대를 받았으니"(히 11:36-37)

이는 '구약시대와 초대교회 시대에 순교 당한 이들'을 총망라한 말씀입니다.

믿음과 행함은 서로 나눌 수 없습니다.

믿음이 있다면 행함이 있어야 하고, 행함만으로 믿음이 될 수 없습니다.

하나님의 말씀을 행하는 것이 믿음입니다.

> "내 형제들아 만일 사람이 믿음이 있노라 하고 행함이 없으면 무슨 유익이 있으리요 그 믿음이 능히 자기를 구원하겠느냐?"(약 2:14)

> "영혼 없는 몸이 죽은 것 같이 행함이 없는 믿음은 죽은 것이니라"(약 2:26)

행함의 믿음은 '예수 그리스도를 증거'하는 것입니다.

증거는 '전도'입니다.

죽임을 당하면서도 예수를 증거하는 믿음이 있어야 합니다.

환난 중에서나 핍박을 받으면서도 믿음으로 그리스도를 증거하는 믿음입니다.

그렇다면 순교자들은 믿음이 없는 사람들입니까?

보통 일반적으로 예수 믿으면서 어려움을 당하고 고난을 당하는 사람들이 있는데, 이들보다는 어려움을 당하지 않았거나 환난을 당하지 않는 성도들 입장에서 그분들을 바라볼 때 '하나님의 큰 축복을 받은 분들'이라고 생각할 수 있습니다.

한국교회에서만 보더라도 그러합니다.

많은 순교자들이 있지만 그 중에 '손양원 목사님'이 게십니다.

두 아들 '동인과 동신'은 순천에서 중학교를 다닐 때 공산당원의 총에 맞아 죽음을 당했습니다. 손 목사님은 많은 시련과 환난과 핍박을 받으셨습니다.

일본 순경들에게 극심한 고문을 당하셨고, 감옥생활을 하셨습니다.

6·25 한국전쟁 당시에도 공산당들에게 고문을 당하고 감옥에 갇히고, 포승줄에 묶여서 여수에서 순천으로 가는 자갈 밭길 신작로를 맨발로 끌려 '미평'이라는 곳까지 왔을 때에는 더 이상 길을 걸을 수도 없어 기진맥진 쓰러졌을 때 자신을 끌고 가는 공산당원들에게 "예수 믿으라."고 전도하는 말을 잊지 않았습니다.

공산당원들은 개머리판으로 "예수 믿으라."고 말하는 '손양원 목사님'의 입을 짓이겨 말을 못하게 해 버렸습니다. 말을 못 하시는 목사님은 두 손으로 십자가를 그리면서 "예수 믿으라."고 했습니다. 그러자 공산당들은 목사님의 손을 바위 위에 올려놓고 개머리판으로 손을 짓이겨 버렸고, 결국은 총살을 시켰습니다.

이렇게 한 목숨이 사라져 가는 것은 '예수를 믿기 때문'이요. '예수 믿으라고 전도의 말을 하기 때문'이었습니다.

그런데 믿음이 없는 사람입니까? 하나님의 축복을 받지 못한 사람입니까?

'손양원 목사님'의 유족들이 있었습니다. 사모님과 사랑하는 두 딸과 강보에 싸인 아들이 하나 있었지만, 사실은 그 아들의 얼굴을 제대로 보지 못하고 익히지 못했습니다. '손양원 목사님'의 유족들은 기독교에서 아무도 돌봐주는 이가 없어서 유복자나 다름없는 아들은 남들이 다니는 대학도 다니지 못하다가 늦은 나이에 스스로 고학하면서 신학대학 공부를 했습니다.

그러나 한국에서 유명한 목사님으로 알려지고, 모든 사람들이 위대한 분으로 추앙하고 세계적으로도 알려지신 인물로 최상의 대접을 받으면서 살았던 모 목사님은 일제강점기에 일본인들에게서나 공산치하에서 공산당들에게 고난이나 핍박이나 고문을 받지 않았고, 감옥살이도 하지 않았습니다.

일본 경찰이 '신사참배'를 하라고 했을 때 목사님이면서도 신사참배를 하며 일본의 우상을 섬겼기 때문에 고난을 당하지 않았던 것입니다.

그것이 축복입니까? 은혜를 받은 증거입니까?

고난과 환난의 시절에는 '주님을 모른다'고 부인하고, 평온하고 평화의 시절에는 '예수 가장 잘 믿는 자'로 자처하며, 권력을 가진 정치인들에게 아부하면서 으뜸가는 종교인으로 인정받으려고 한다면 과연 하나님의 축복을 받을 수 있는 믿음이라고 할 수 있을까요?

이 말은 특정한 분들을 비난하는 말은 아닙니다.

독자들의 바른 이해가 있기를 바랍니다.

비록 하나님의 긍휼과 사랑하심에서 용서를 받아 구원을 얻었다고 할지라도 하나님 나라에서 받는 상급은 부끄러운 일이라고 봅니다. 어떤 이들은 죽임을 당하면서 믿음을 지키고 증거하다가 천국을 갔는데, 어떤 사람들은 기회주의자로서 구원을 받아 천국에 갔다면 어떻게 동등한 구원이라고 할 수 있습니까?

'순교자들의 구원'은 분명히 '등급이 있는 믿음의 구원'이라고 보아야 합니다.

순교자들의 기도입니다.

"큰 소리로 불러 이르되 거룩하고 참되신 대 주재여 땅에 거하는 자들을 심판하여 우리 피를 갚아 주지 아니하시기를 어느 때까지 하시려 하나이까"(10절)

이 말씀은 순교자들의 부르짖음이며, 외침이며, 호소이며, 기도입니다.

첫째는, 하나님의 거룩하심을 찬양합니다.

"거룩하고 참되신 대 주재여!"

거룩하신 하나님의 속성을 찬양하고 영광을 높이 돌립니다.
하나님은 거룩하십니다. 우리 성도가 땅에 있을 때나 천국에 있을 때나 변함없이 찬양과 영광을 돌려야 한 이름이 '거룩하신 하나님의 성호'입니다.

둘째는, 피 흘림으로 믿음을 지키는 것을 호소합니다.

"우리 피를 갚아 주지 아니하시기를 어느 때까지 하시려 하나이까?"

하나님의 말씀과 그리스도를 증거하기 위해서 환난과 핍박을 당하고 죽임을 당하면서도 결코 믿음을 버리지 아니하고 끝까지 지켰고, 그리스도를 증거했습니다.
피 흘림의 죽음이 너무나 큰 고통이고, 괴로움이고, 아픔이 있음을 호소합니다.
결코 자신의 공로를 자랑하거나, 자신의 행위를 나타내는 것이 아닙니다.
원수들에게 보복을 구하는 호소도 아닙니다.
이런 믿음이 아니면 주님의 은혜를 감당할 수 없었음을 호소하는 것입니다.
귀하고 값진 주님의 은혜를 쉽게 저버릴 수 없었습니다.
죽음으로 믿음을 지킨 신앙이 헛되지 않기를 호소하는 기도입니다.
순교자들의 기도에 대한 응답입니다.

"각각 그들에게 흰 두루마기를 주시며 이르시되 아직 잠시 동안 쉬되 그들의 동무 종들과 형제들도 자기처럼 죽임을 당하여 그 수가 차기까지 하라 하시더라"(11절)

순교자들의 기도에 대해 응답을 하시는데 세 가지를 말씀하셨습니다.
첫째는, 흰 두루마기 옷을 입혀 주셨습니다.
'흰 두루마기'는 '예복'(禮服)입니다.
'의(義)의 옷'입니다.

사람이 노력해서 얻어 입거나 돈을 많이 들여서 입을 수 있는 것이 아니며, 돈이 많고, 권력자라 할지라도 입을 수 없습니다.

오직 '믿음의 의'로 입을 수 있는 '거룩한 옷'입니다.

'영광스러운 잔치에 초대된 사람들'만 입는 '예복'입니다.

둘째는, 잠시 동안 쉬라고 하셨습니다.

순교자들은 사도 요한이 본 그때에만 있었던 것은 아닙니다.

그 이후에도 많은 순교자들이 또 발생하게 될 것입니다.

그러는 동안 이미 믿음으로 순교자가 된 그들의 영혼들이 '편히 쉬라'는 말씀으로 소망을 삼게 하셨습니다.

셋째는, 종말의 그 날을 기다리라고 하셨습니다.

아직은 종말이 아닙니다.

더 많은 순교자들이 있을 것입니다.

"그들의 동무 종들과 형제들도 자기처럼 죽임을 당하여 그 수가 차기까지 하라"

더 많은 순교자들이 발생하게 될 것인데, 그 수가 차기까지는 종말의 심판은 임하지 않을 것입니다.

최후의 종말의 날은 오직 하나님만이 아십니다.

그 날이 언제일지는 아무도 모릅니다.

믿음의 성도들은 다만 그 날을 믿음으로 기다리는 것입니다.

지금 우리는 어떤 시대, 어떤 위치에 살고 있습니까?

우리는 환난과 핍박이 오는 길목에서 믿음의 삶을 살아가고 있습니다.

우리에게 순교적인 믿음을 지켜야 할 때가 올 것인지를 대비해야 합니다.

하나님의 말씀을 지키며 살아야 합니다.

예수 그리스도를 증거하면서 종말의 그 날을 기다리는 믿음으로 살아야 합니다.

구원받은 믿음을 행함으로 지켜야 합니다.

피할 수 없는 심판(최후의 심판)
(요한계시록 6:12-17)

. . . . .

"내가 보니 여섯째 인을 떼실 때에 큰 지진이 나며 해가 검은 털로 짠 상복 같이 검어지고 달은 온통 피 같이 되며 하늘의 별들이 무화과나무가 대풍에 흔들려 설익은 열매가 떨어지는 것 같이 땅에 떨어지며 하늘은 두루마리가 말리는 것 같이 떠나가고 각 산과 섬이 제 자리에서 옮겨지매 땅의 임금들과 왕족들과 장군들과 부자들과 강한 자들과 모든 종과 자유인이 굴과 산들의 바위틈에 숨어 산들과 바위에게 말하되 우리 위에 떨어져 보좌에 앉으신 이의 얼굴에서와 그 어린 양의 진노에서 우리를 가리라 그들의 진노의 큰 날이 이르렀으니 누가 능히 서리요 하더라"

'불가항력'(不可抗力)이라는 말이 있습니다.

'인간의 한계로는 도저히 감당해 낼 수 없는 사건이나 일들'을 말합니다.

최근에 우리 나라를 비롯한 세계 도처에서 일어나고 있는 무서운 재앙사건들이 있습니다. 홍수로 인해 뜻하지 않는 순간 세상이 바뀌는 일을 당하는 일들이 있었습니다. 순식간에 생명을 잃어버린 사람들이 많고, 생활터전을 잃어버리거나, 많은 재산을 잃어버리고 오갈 데 없게 된 사람들이 속출하고 있습니다. 그런가 하면 미국을 비롯한 유럽에서는 무더위로 수많은 사람들이 죽어가고 있습니다.

인간의 방법으로 막아낼 수 없고 해결할 수 없는 것을 '불가항력'이라고 합니다.

이 불가항력의 사건은 좋은 일이 있을 때도 해당되는데, '우리가 구원을 얻어 하나님의 자녀가 되는 것'이 우리의 힘과 능력, 노력이나 공로로 되는 것이 아니고, '오직 하나님의 은혜로 되는 것'이기에 불가항력이라 합니다.

또한 나쁜 일을 당하는 경우에도 인간의 힘과 능력으로 막아낼 수 없이 당할 수밖에 없는 경우에도 불가항력이라 합니다.

사도 요한이 본 계시 말씀에는 어린 양이신 그리스도께서 여섯째 인을 떼실 때에 일어나는 사건의 비밀이 기록되었습니다.

지구의 종말의 때 심판 당하는 사건을 말해 주십니다.

이 온 우주는 순식간에 파멸되고 땅에 사는 인간은 대혼란을 당하게 되는데, 땅이 흔들리고, 해는 빛을 잃고, 캄캄한 세상이 되어 버리고, 은빛인 달의 빛은 피 빛으로 물들어 버리고, 별들은 태풍에 선 과일들이 떨어지듯 떨어져버리고, 하늘의 궁창은 낡은 천이 종이가 찢어지듯 찢어지게 됩니다.

산들과 섬들은 온데간데없이 없어지고 말게 됩니다.

왕이나 왕족들이나 장군들, 부자들과 강한 자들은 땅속에 묻혀버립니다.

이러한 때가 '심판의 날'인데 주님이 진노하셔서 세상을 심판하십니다.

요한계시록 6장 12-17절 말씀은 하나님의 오른손에 있는 두루마리의 여섯 번째 밀봉된 것을 어린 양이신 그리스도께서 개봉하여 펴셨을 때 이 땅에서 일어나는 하나님의 심판을 기록한 것을 본 것입니다.

인류는 역사 대대로 인간이 이룬 문명문화를 자랑하고 앞으로도 어떤 불행한 시대가 오지 않을 것처럼 비전 아닌 비전을 가지고 꿈속을 헤매고 있습니다.

그러나 이 세상은 마지막 종말의 그 날이 오고 있습니다.

이를 성경이 말씀해 주고 있습니다.

이 세상 우주는 개벽이 일어날 것입니다.

> "내가 보니 여섯째 인을 떼실 때에 큰 지진이 나며 해가 검은 털로 짠 상복 같이 검어지고 달은 온통 피 같이 되며 하늘의 별들이 무화과나무가 대풍에 흔들려 설익은 열매가 떨어지는 것 같이 땅에 떨어지며 하늘은 두루마리가 말리는 것 같이 떠나가고 각 산과 섬이 제 자리에서 옮겨지매"(12-14절)

예부터 우리 조상들은 '천지개벽'(天地開闢)이라는 말을 자주 사용하셨습니다.

천지가 개벽할 사건이 있었기에 그런 생각을 하고 그렇게 말할 수 있었습니까? 그랬습니다. 역사적으로 '노아의 홍수'가 바로 천지가 개벽할 사건이었습니다.

'땅에 있던 모든 것들이 다 없어지고, 새로운 천지가 시작'되었습니다.

이런 천지개벽할 사건이 마지막으로 다시 한 번 있을 것인데, 성경이 그 사건을 말해 줍니다.

하나님이 정하신 심판의 날입니다.

지구상에서의 마지막 심판을 하나님만이 거행하실 수 있고, 그 심판의 시기 역시 하나님만이 아시고 행하십니다.

"이르시되 내가 창조한 사람을 내가 지면에서 쓸어버리되 사람으로부터 가축과 기는 것과 공중의 새까지 그리하리니"(창 6:7)

이 '심판의 날'은 '노아의 홍수 시대'를 말합니다.

심판 당한 세상에서 노아 가족만이 구원을 받았고, 노아가 새로운 세상에서 인간의 시조가 되었으나 노아의 후손 역시 하나님께 범죄하여 진노를 사게 되었습니다.

하나님은 이러한 세상을 이제는 '불로 심판하실 것'을 선언하셨습니다.

"이미 도끼가 나무뿌리에 놓였으니 좋은 열매를 맺지 아니하는 나무마다 찍혀 불에 던져지리라"(마 3:10)

"손에 키를 들고 자기의 타작마당을 정하게 하사 알곡은 모아 곳간에 들이고 쭉정이는 꺼지지 않는 불에 태우시리라"(마 3:12)

이 말씀은 세상을 불로 심판하실 것을 선언하신 것입니다.

이미 오래 전에 선지자들을 통하여 하나님의 비밀을 예언하셨습니다.

"내가 산들을 본즉 다 진동하며 작은 산들도 요동하며 내가 본즉 사람이 없으며 공중의 새가 다 날아갔으며"(렘 4:24, 25)

"바다의 고기들과 공중의 새들과 들의 짐승들과 땅에 기는 모든 벌레와 지면에 있는 모든 사람이 내 앞에서 떨 것이며 모든 산이 무너지며 절벽이 떨어지며 모든 성벽이 땅에 무너지리라"(겔 38:20)

"주 여호와의 말씀이니라 그 날에 내가 해를 대낮에 지게 하여 백주에 땅을 캄캄하게 하며"(암 8:9)

"그로 말미암아 산들이 진동하며 작은 산들이 녹고 그 앞에서는 땅 곧 세계와 그 가운데에 있는 모든 것들이 솟아오르는도다"(나 1:5)

"민족들이 불탈 것으로 수고하는 것과 나라들이 헛된 일로 피곤하게 되는 것이 만군의 여호와께로 말미암음이 아니냐"(합 2:13)

이렇게 마지막 날, 심판의 때를 예언하셨습니다.

마지막 그 날에는 지금 본 이 세상은 어디에서도 볼 수 없을 것입니다.

심판하시는 하나님의 진노 앞에서 인간의 문명문화의 사랑이 다 쓸모없는 것들이 되어버리고 말 것입니다. 그 날에는 심판의 재난을 피하여 자동차로 달릴 수도 없고, 기차로 달릴 수도 없고, 비행기로 피하여 도망할 수 없습니다.

전자통신 신호가 무익합니다.

"내가 보니 여섯째 인을 떼실 때에 큰 지진이 나며 해가 검은 털로 짠 상복 같
이 검어지고 달은 온통 피 같이 되며 하늘의 별들이 무화과나무가 대풍에 흔들
려 설익은 열매가 떨어지는 것 같이 땅에 떨어지며 하늘은 두루마리가 말리는
것 같이 떠나가고 각 산과 섬이 제 자리에서 옮겨지매"(12-14절)

이는 하나님께서 원수들을 심판하심으로 징벌하실 때 일어나는 현상입니다.

이사야 선지자는 "하늘의 만상이 사라지고 하늘들이 두루마리 같이 말리되 그
만상의 쇠잔함이 포도나무 잎이 마름 같고 무화과나무 잎이 마름 같으리라"(사 34:4)
고 했는데, 이 말씀은 요한계시록 6장 14절에 응하고 있습니다.

현재성이면서도 미래에 일어날 일입니다.

'미래(未來)'는 '1초, 1분, 한 시간, 하루 이후에 일어날 일들'입니다.

지금 지구상에는 나라들과 민족들이 전쟁을 일삼고, 전쟁을 위하여 아주 세밀
한 준비를 하고 있습니다. 그러나 어느 나라가 전쟁 준비를 완벽하게 하느냐에
따라서 승리자가 될 수 있습니다.

그것은 '전자교란으로 통신을 무익하게 만드는 일'에서 일어날 것입니다.

온 우주 안에 전기 전자 통신이 불가능해지고 컴퓨터가 무용지물이 됩니다.

위성통신이 없습니다. 할 수 없습니다.

이라크에서 전쟁이 일어날 때 이라크의 전투기 한 대가 뜨지 못해서 퍼붓는 폭
격을 그대로 속수무책으로 당할 수밖에 없었습니다. 미국에서 이라크를 폭격할
때 먼저 전자통신부터 교란시켰으니 전투기나 비행기가 뜰 수 없었던 것입니다.

요한계시록 6장 12-17절 말씀에 보면 하나님은 해나 달이나 별들이 기능을 상
실하게 하십니다. 해도 빛을 잃고, 달도 빛을 잃고, 별들은 태풍에 선 과실들처럼
떨어져 버립니다.

참으로 무서운 종말의 날입니다. 어떤 방법으로도 피할 수 없습니다.

피할 수 없는 운명의 날입니다.

"땅의 임금들과 왕족들과 장군들과 부자들과 강한 자들과 모든 종과 자유인이
굴과 산들의 바위틈에 숨어 산들과 바위에게 말하되 우리 위에 떨어져 보좌에
앉으신 이의 얼굴에서와 그 어린 양의 진노에서 우리를 가리라"(15, 16절)

사도 요한은 여섯 부류 계급의 사람들을 열거합니다.

① 지상에서 군림하는 왕들과 정치적인 지도자들 ② 군부 독재자들
③ 왕에 버금가는 왕족 같은 사람들   ④ 부유를 자랑하는 백만장자들
⑤ 강력한 권력을 가진 힘 있는 사람들   ⑥ 종과 자주자들입니다.

인간은 어떤 사람들이든지 하나님의 심판에서 예외자가 없습니다.
인간이 이 세상을 살아 갈 때 인간으로 인해서 일어나는 가난이나 고난의 시련
은 인간이 가진 권력과 권세와 세력을 이용해서 피할 수는 있지만, 그 권세나 권
력이나 재주와 꾀가 영원한 것은 아닙니다(사 2:19).
그 '권세'(權勢)는 '잠시, 잠깐 동안'입니다.
성경은 '인생'(人生)을 가리켜 '아침 안개와 같고(약 4:14),
풀의 꽃과 같고(벧전 1:24), 아침 이슬방울(잠 19:12) 같은 것'이라고 했습니다.
인간이 누리는 권력과 권세나 세력은 '죄악의 소산'입니다.
죄 중에 죄를 더하게 할 뿐입니다.
세상에서 권력과 권세를 누리는 사람들의 종말이 가장 비참한 것을 볼 수 있는
데, 그것은 죄악이 그만큼 컸다는 것을 의미하는 것입니다.

마지막 날 하나님의 심판에서 제외될 사람은 하나도 없습니다.
세상의 인간 권력 구조에서 재판은 권력이나 재물로 피해 갈 수는 있습니다.
지금도 그런 경우의 사람들을 얼마든지 볼 수 있습니다.
그러나 하나님의 심판에서는 어느 누구도 예외일 수 없고, 피할 자가 없습니다.
왕이라도, 장군이라도, 재벌가라도, 재능의 소유자라 할지라도 피할 수 없습니다.

하나님 앞에서 숨을 곳이 없습니다.
마지막 날 하나님의 심판 때에 길이 없는지를 궁구(窮究)할 것입니다.
'노아 홍수 시대'에 하나님께서 죄악이 관영한 이 세상을 홍수로 심판하실 때
하늘에서 40일 동안 쉬지 않고 폭우를 쏟아 부었습니다.
강이 범람하고, 들이 범람하고, 사람들이 사는 동네가 홍수로 범람했습니다.
사람들은 높은 지대로 대피를 했습니다. 그러나 안전지대는 없었습니다.
어디엔가 안전지대가 있다면 사람들은 그 안전지대를 찾고 대피했을 것입니다.
　　"내가 주의 영을 떠나 어디로 가며 주의 앞에서 어디로 피하리이까 내가 하늘에 올
　　라갈지라도 거기 계시며 스올에 내 자리를 펼지라도 거기 계시니이다"(시 139:7-8)

'피할 곳이 없다'는 것을 말씀했습니다.

제가 홍수의 무서움을 처음으로 보고 느낀 것이 1963년 여름이었습니다.
군대에 있을 때인데 비가 많이 왔습니다. 전국 곳곳에 비가 많이 내려서 홍수
피해를 많이 입었는데 전군에 비상령이 내렸습니다.
'고향이 홍수로 피해를 입은 장병들에게 특별휴가를 주어 고향에 가서 복구 작업
을 하라'는 박정희 대통령의 명령이 내려졌습니다.
그때 특별 휴가의 명을 받고 섬진강 물길을 따라 달리는 기차에 몸을 실었습니다.
차창 밖에는 계속해서 비가 쏟아지고 있었습니다.
범람한 섬진강 물로 인해서 집이 그대로 떠내려갑니다.
지붕에는 사람들이 올라가 있었고, 돼지들도 올라가 있었습니다. 손을 흔들어
대며 살려 달라고 하지만 그때만 해도 구조할 만한 헬리콥터도 없었습니다.
어떤 마을 사람들은 뒷산으로 올라가서 손을 흔들고 있는 것을 보았습니다.

지금도 그와 같은 일들을 많이 봅니다.
해가 갈수록 이상기후 조건 때문에 비는 점점 더 많이 옵니다.
금년에 내린 비는 '어떤 지역은 70년 만에 처음이라 하고, 어떤 곳은 300년
만에 처음 겪는 일'이라고 합니다.
사람들은 이런 무서운 재난을 당할 때 피할 길을 찾아 대피합니다.
인간의 지혜와 삶에 대한 요구요, 욕망일 것입니다.
그러나 인간의 생존적인 삶이 욕망이나 희망만으로 되는 것은 아닙니다.
인간은 죄악의 짐을 지고 있기에 결코 이 재난의 저주를 피할 수 없습니다.
말씀에 보면 인간들은 심판의 날에 죽음의 재난을 피해 보려고 합니다.
그러나 피할 사람은 이 세상 어디에도 없고, 피한다는 것은 불가능합니다.
하나님의 진노가 최후가 되십니다.

"그들의 진노의 큰 날이 이르렀으니 누가 능히 서리요 하더라"(17절)

'하나님의 무서운 진노'가 끝이 되었습니다.
'종말의 날'이 되게 하셨습니다.
더 이상 인내하시지 않을 것입니다.
더 이상 긍휼을 베풀지 않을 것입니다.
더 이상 용서하시지 않을 것입니다.
종말의 심판은 두 가지 의미가 있습니다.

첫째는, 택한 백성의 수효가 다 찼습니다.

'하나님께서 종말의 그 날을 단 한순간으로 기다리시는 이유'가 있습니다.

'택한 백성들이 회개하고 돌아오는 수효가 다 차는 그 날'입니다.

"주의 약속은 어떤 이들이 더디다고 생각하는 것 같이 더딘 것이 아니라 오직 주께서는 너희를 대하여 오래 참으사 아무도 멸망하지 아니하고 다 회개하기에 이르기를 원하시느니라"(벧후 3:9)

택한 자들의 수가 채워질 때 환난과 고난의 날을 감하십니다.

"그 날들을 감하지 아니하면 모든 육체가 구원을 얻지 못할 것이나 그러나 택하신 자들을 위하여 그 날들을 감하시리라"(마 24:22)

오직 남은 자만 구원을 받습니다.

"또 이사야가 이스라엘에 관하여 외치되 이스라엘 자손들의 수가 비록 바다의 모래 같을지라도 남은 자만 구원을 받으리니"(롬 9:27)

둘째는, 유기된 자들은 다 버립니다.

"그들의 진노의 큰 날이 이르렀으니 누가 능히 서리요"(17절)

택한 백성들에게는 은혜의 주님이시고, 사랑의 주님이시고, 용서의 주님이십니다. 그러나 유기된 자들에게는 무서운 심판의 주님이십니다.

주 예수를 구주로 영접하지 않는 자들은 임금이라도, 왕족들이라도, 장군들이라도, 부자라도, 온갖 재능과 재주를 가진 사람들이라도 심판을 피할 수는 없습니다.

우리 주님은 그 날을 기다려 왔을 뿐입니다.

그 날에 임하시는 주님의 권세는 한 치의 착오가 없습니다.

오직 하나의 길이 있습니다.

"내가 곧 길이요 진리요 생명이니 나로 말미암지 않고는 아버지께로 올 자가 없느니라"(요 14:6)

예수 믿고 예수 따르는 믿음만이 피할 수 있습니다.

예수 믿어야 합니다. 예수 믿는 자만이 심판 날에 구원을 얻으며, 생명의 면류관을 받는 영광이 있습니다.

주 예수님을 믿는 자만이 누릴 수 있는 영광의 날입니다.

제7장 흰 옷 입은 큰 무리

- **주제성구** "내가 인침을 받은 자의 수를 들으니 이스라엘 자손의 각 지파 중에서 인침을 받은 자들이 십사만 사천이니"(4절)
- **주제찬송** ♬ 240장 주가 맡긴 모든 역사 ∥ ♬ 34장 참 놀랍도다 주 크신 이름

서론

본 장에는 일곱 인의 재앙 중 여섯 번째까지의 인을 뗀 후 일곱 번째 인을 떼기 직전의 중간 묘사가 그려지고 있습니다. 앞의 멸망 받은 자들의 모습과는 대조적으로 여기서는 구원받은 자들의 모습이 아름답게 묘사되어 있습니다. 구원받은 자 십사만 사천 명은 하나님의 보좌 앞에 능히 설 자들로서 이스라엘의 십이 지파별로 일만 이천 명씩 선별하여 인친 자들이었습니다.

각 나라, 각 족속과 백성들이 큰 무리를 지어 환난을 이기고 나와 하나님을 섬기고 목자이신 어린 양의 인도를 받는 축복된 모습이 본 장에 그려지고 있는 것입니다.

본론

이마에 인 맞은 십사만 사천 명(1-8절)

여섯 개의 인을 떼면서 엄청난 재난들을 보여주신 주님께서는 그의 심판 가운데서도 살아 계신 하나님의 인을 친 사람들은 보존하실 것을 보여주셨습니다. 이것도 하나님의 심판은 분명히 있으며, 그 심판은 모든 사람이 두려워 떨만한 것이지만 하나님의 인을 맞은 사람들에게는 두려울 것이 없음을 깨닫게 합니다. 이 인을 맞은 사람들은 하나님의 종이며 그의 소유로 인정된 자로서, 구약의 뭇 성도들과 예수 그리스도로 인해 하나님의 자녀가 된 모든 사람을 상징합니다. 여기서의 숫자는 이스라엘의 각 지파 12,000에 12를 곱한 수를 가리키고 있으나, 여기에는 첫째가 하나님의 영원한 수와 세상적인 속된 수와의 연합을 말하며, 둘째가 이스라엘 선민의 선택된 영적 의미를 신약적으로 나타내고 있으며, 셋째가 하나님만이 나타내실 수 있는 '영적 완전한 만수'라고 볼 수 있습니다.

흰 옷 입은 큰 무리(9-12절)

이 일 후에 요한은 영광스러운 환상을 보았습니다. 흰 옷을 입은 자들은 헤아릴 수 없는 큰 무리인데 어린 양 앞에 서서 찬양합니다. 어린 양 곧 그리스도 앞에서는 큰 영광이 있었습니다. 이 영광의 소리는 구원이 하나님과 어린 양에게 있다고 소리치고 있습니다. 이번에는 모든 천사가 하나님 아버지께 경배합니다. 보좌 앞에 엎드려 얼굴을 땅에 대고 하나님께 경배합니다. 찬송과 영광과 지혜와 감사와 존귀와 능력과 힘이 우리 하나님께 세세토록 있음을 경배합니다. 이것은 구원받은 성도들이 하늘나라에서 부르는 찬양입니다. 거기는 하나님과 어린 양에 대한 찬양의 세계입니다.

어린 양의 피에 씻김 받은 무리들(13-17절)

이마에 인을 맞은 십사만 사천의 이스라엘 백성은 구원받은 사람이 제한적임을 상징하는 데 비해, 여러 족속으로부터 온 셀 수 없는 큰 무리가 흰 옷을 입고 어린 양을 찬양하는 모습은 구원이 보편적임을 보여줍니다. 흰 옷을 입은 사람들은 어린 양의 피로 구속함을 받은 모든 사람으로서, 하나님의 보좌 앞에 있으면서 그를 섬기고 그의 보호를 받는 특권을 누리는 사람들입니다. 그들은 영원한 하나님 나라의 삶을 누리게 될 것이고, 이 땅에서도 이미 그 영생을 누리게 됩니다. 다시 주리지도, 목마르지도 아니하고 해나 아무 뜨거운 기운에 상하지 아니합니다. 왜냐하면 무엇보다도 어린 양 주님이 그들의 목자가 되셔서 그들을 생명수 샘으로 인도하시며 위로하시기 때문입니다.

결론

이처럼 본 장에는 구속받은 성도들과 그들이 받을 축복이 아름답게 묘사되어 있습니다. 그럼에도 불구하고 본 장은 계시록 전체를 통해서 가장 중요하면서도 난해한 장들 중의 하나입니다. 본 장을 해석하는 데 있어서 가장 큰 어려움은 하나님으로부터 인 치심을 받은 십사만 사천 명과 흰 옷 입은 큰 무리의 동일성 여부의 문제입니다. 이 외에도 본 장에 제시된 이스라엘 지파를 언급한 것은 과연 누구를 의미하는가? 하는 문제와 9절 이하에 언급된 자들은 누구를 가리키는가? 등의 문제입니다.

이 문제들에 관해서는 아직도 많은 이론(異論)들이 제기되고 있습니다. 여하튼 우리는 본 장을 통하여 성도를 보호하시며 영화롭게 하시는 하나님의 놀라우신 섭리를 발견할 수 있습니다.

- **장명가** "십사만 사천 명 인친 후 보좌 앞 큰 무리 찬송해 · 큰 환난 중에 주 보혈로 그 옷을 씻은 자 뿐일세 주님이 오신다 흰 예복 입고 주 맞으라 · 주님이 오신다 등불을 켜들고 맞으라"(♪ 270장 변찮는 주님의 사랑과)

택한 사람을 위한 은혜
(요한계시록 7:1-4)

· · · · ·

"이 일 후에 내가 네 천사가 땅 네 모퉁이에 선 것을 보니 땅의 사방의 바람을 붙잡아 바
람으로 하여금 땅에나 바다에나 각종 나무에 불지 못하게 하더라 또 보매 다른 천사가
살아 계신 하나님의 인을 가지고 해 돋는 데로부터 올라와서 땅과 바다를 해롭게 할 권
세를 받은 네 천사를 향하여 큰 소리로 외쳐 이르되 우리가 우리 하나님의 종들의 이마
에 인치기까지 땅이나 바다나 나무들을 해하지 말라 하더라 내가 인침을 받은 자의 수를
들으니 이스라엘 자손의 각 지파 중에서 인침을 받은 자들이 십사만 사천이니"

사도 요한은 어린 양이신 그리스도께서 여섯 번째 인을 떼신 것을 본 후에 계
속하여 이상을 보여주신 것을 보고 있습니다.

땅의 네 모퉁이에서 사방으로부터 폭풍의 바람이 불어오는데 네 천사가 나타나
서 이 바람을 불지 못하게 붙잡는 것을 보았습니다. 참으로 신기한 일입니다.

폭풍으로 부는 바람을 불지 못하게 네 천사가 붙잡았습니다.

그때에 살아계신 하나님의 도장(印)을 가지고 해 뜨는 동쪽에서 올라온 다른 천
사가 땅과 바다를 해하는 권세를 가진 네 천사에게 "하나님의 종들의 이마에 도
장을 찍을 때까지는 땅이나 바다나 나무들을 해하지 말라"고 큰 소리로 이릅니다.
'바람의 폭풍을 몰고 오는 네 천사'는 '세상에 환난과 재앙을 몰고 오는 세력들'입니다.

'폭풍'(暴風)의 재앙은 무서운 것입니다.

태평양 남서부에서 불어오는 맹렬한 열대저기압을 '태풍'(typhoon)이라 하고,
인도의 벵골 만에서 발생하는 저기압은 '사이클론'(cyclone)이라고 하고, 북태
평양 동부, 대서양 서부, 멕시코아 키리브 해에서 발생하여 북아메리카로 불어
오는 열대저기압은 '허리케인'(hurricane)이라고 합니다.

이런 폭풍들은 많은 인명 피해와 재산의 피해를 입히는 무서운 재앙입니다.

그러나 이보다 더 무서운 재앙이 있습니다.

하나님의 진노가 임하여 폭풍처럼 몰아치게 하는 '환난(患難)의 재앙'입니다.
이 재앙을 당할 때 살아남을 자가 없습니다.
그러나 하나님의 택한 백성들이 도장을 받기까지는 해하지 못하게 경고하셨습니다.

하나님이 일으키시는 바람입니다.
이 세상은 아무리 좋다고 해도 하나님의 무서운 심판을 받아야 할 세상입니다.
심판의 그 날에는 무서운 환난이 일어날 것입니다.
큰 바람이 일어날 것이라고 했습니다.

첫째는, 땅의 네 모퉁이에서 부는 바람이 일어나게 할 것입니다.

  "이 일 후에 내가 네 천사가 땅 네 모퉁이에 선 것을 보니 땅의 사방의 바람을
  붙잡아 바람으로 하여금 땅에나 바다에나 각종 나무에 불지 못하게 하더라"(1절)

다니엘도 이와 같은 이상을 보았습니다.

  "다니엘이 진술하여 이르되 내가 밤에 환상을 보았는데 하늘의 네 바람이 큰
  바다로 몰려 불더니"(단 7:2)

'네 모퉁이'는 '지구의 사방, 동서남북'을 의미합니다. '사방에서 대각선으로 불
어올 태풍'입니다. 이는 '지구상에 종말이 오는 날'을 경고하는 말씀입니다.
종말의 그 날에 지구상에는 두 가지 이상이 다르게 나타납니다.
택한 백성들에게는 '구원의 날'이며, 멸망자들에게는 '심판의 날'이 될 것입니다.

  "여호와께서 열방을 향하여 기치를 세우시고 이스라엘의 쫓긴 자들을 모으시며
  땅 사방에서 유다의 흩어진 자들을 모으시리니"(사 11:12)
  "너 인자야 주 여호와께서 이스라엘 땅에 관하여 이같이 말씀하셨느니라 끝났
  도다 이 땅 사방의 일이 끝났도다"(겔 7:2)

하나님의 선민에게는 구원의 날이며, 기쁨과 영광의 날이 될 것입니다.
그러나 멸망자들에게는 무서운 심판으로 두려움과 공포의 날이 될 것입니다.

둘째는, 심판으로 임하는 바람입니다.
이 바람은 고요한 바람이 아니고, 시원한 바람도 아닙니다. 장마의 검은 구름을
몰아내는 바람도 아니며, 가물은 땅에 단비를 몰고 오는 바람도 아닙니다.

이 바람은 양극화 현상을 일으키는 바람입니다.

> "여호와께서 그들 위에 나타나서 그들의 화살을 번개 같이 쏘아내실 것이며 주 여호와께서 나팔을 불게 하시며 남방 회오리바람을 타고 가실 것이라"(슥 9:14)

> "내가 랍바 성에 불을 놓아 그 궁궐들을 사르되 전쟁의 날에 외침과 회오리바람의 날에 폭풍으로 할 것이며"(암 1:14)

> "보라 여호와의 노여움이 일어나 폭풍과 회오리바람처럼 악인의 머리를 칠 것이라"(렘 23:19)

> "악인들은 그렇지 아니함이여 오직 바람에 나는 겨와 같도다"(시 1:4)

여호와의 바람이 주는 의미가 있습니다.

하나님은 불을 관리하는 천사, 물을 관리하는 천사, 바람을 관리하는 천사에게 각각 그 임무를 수행하게 합니다.

'불'은 하나님이 내리시는 불입니다.

이 '불의 관리'는 하나님의 어린 양이신 주님의 명령에 따라서 '천사'가 합니다.

하나님은 천사에게 불도 관리하게 하십니다.

> "또 불을 다스리는 다른 천사가 제단으로부터 나와 예리한 낫 가진 자를 향하여"(계 14:18) 명령하셨습니다.

하나님은 천사에게 '물'도 관리하게 하십니다.

> "내가 들으니 물을 차지한 천사가 이르되 전에도 계셨고 지금도 계신 거룩하신 이여 이렇게 심판하시니 의로우시도다"(계 16:5)

요한계시록 7장 1-4절 말씀에는 '바람'을 관리하는 천사가 있습니다.

> "이 일 후에 내가 네 천사가 땅 네 모퉁이에 선 것을 보니 땅의 사방의 바람을 붙잡아 바람으로 하여금 땅에나 바다에나 각종 나무에 불지 못하게 하더라"(1절)

아직 바람이 불지 못하도록 합니다.

바람이 불게 하는 시간이 문제입니다.

그런데 이 '바람의 의미'가 무엇입니까?

첫째는, 경고(警告)의 뜻이 있습니다.

폭풍의 바람이 일어날 징조가 보이지만, 아직은 바람이 일지 않았습니다.

사도 요한에게 이것을 보여주시면서, '지구의 최후에는 바람을 통하여 대단히 무서운 재난이 일어날 것'을 경고해 주십니다.

성경에 기록된 사건을 보면 현실적이면서 경고성의 사건을 보여주고 있습니다.

노아 시대 홍수의 사건이 그렇습니다.

노아 홍수 시대의 사건은 현재적이며 미래적인 것입니다.

노아 시대에는 현재적이었습니다.

노아 이후부터 앞으로 '지구상에 다시 일어날 대 심판의 사건'을 경고해 주는 교훈이었습니다.

'소돔과 고모라의 멸망 사건'이 그러합니다.

그 사건들 역시 롯의 당시에는 현재적이며, 앞으로 '종말의 날에 일어날 불의 심판 사건'이었습니다.

역사적으로 폼페이의 지진 사건이나 처처에서 일어나는 지진 사건들은 종말의 심판의 날 지구촌이 당해야 할 일들을 경고해 주는 것이고, 수년 전에 인도네시아에서 발생했던 쓰나미 사건도 종말의 날에 당할 사건을 보여주시는 경고입니다.

앞으로 지구상에 대 환난의 날이 올 것이며, 사방에서 폭풍이 일어날 것입니다.

이 경고의 말씀을 깨달으며, 믿음으로 이때를 대비하고 준비해야 합니다.

믿음을 준비하지 못한 자들은 이 무서운 심판을 피할 수 없습니다.

한 생명이라도 전도해야 합니다.

요한계시록 7장 1-4절 말씀은 재난의 경보가가 울리고 있는 것과 같은 것입니다.

전도하고 회개하고 믿음이 바로 서야 합니다. 정신 차리고 깨어 있어야 합니다.

둘째는, 위로와 보호의 뜻이 있습니다.

'하나님의 성경'은 '과거의 말씀이면서도 현재에 적용되고 응하시는 말씀이며, 동시에 미래에도 응하실 말씀'이라는 것을 잊어서는 안 되는 것입니다.

요한계시록 7장 3절은 이미 에스겔 선지자를 통하여 예루살렘을 심판하실 때 적용되었던 말씀입니다. 에스겔 9장 4, 6절에서는 예루살렘 백성들이 우상 숭배로 하나님의 거룩하신 성소를 더럽혔을 때 하나님의 심판으로 죽음에 이르게 하셨으나, 백성들의 가증한 일로 인하여 애통하며 슬퍼하며 심령으로 괴로워하며 회개하는 자들은 '이마에 표'를 받게 하고, 그들은 해하지 않도록 하셨습니다.

이 '표'(票)는 히브리어 '타브'(ﬨ)인데, 히브리어 알파벳의 마지막 끝 자 '타우'(ﬨ) 입니다. 이 의미는 '영적으로 인침을 받았다'는 뜻입니다.

모세 시대에 이스라엘 백성들이 출애굽 할 때 하나님께서 택한 백성들의 생명을 지키고 보호하시기 위하여 문설주에 양의 피를 바르고 유월절을 지키게 하셨습니다(출 13:13, 21-29).

문설주의 양의 피를 보시고 하나님의 심판의 진노가 지나가게 하신 것입니다.

"이르되 우리가 우리 하나님의 종들의 이마에 인치기까지 땅이나 바다나 나무들을 해하지 말라"(계 7:3)

이 말씀은 구약에 이미 적용된 말씀이며 현재에도 미래에도 응하시는 말씀입니다.

'인 친 자들'(sealed)은 '스프라기조'(σφραγίζω)로 '택함 받은 믿는 성도들'을 말합니다.

믿는 성도들은 아직 해를 당하면 안 됩니다. '하나님의 택하심을 받은 성도들의 수가 차기까지 심판을 연기하시는 뜻'이 있습니다.

주님의 인침을 받을 사람들이 주님 앞으로 아직도 돌아오지 않은 것입니다.

그들은 지금 이 세상 사람들 가운데 섞여 있습니다.

세상 사람들에게는 구원받지 못하고 멸망할 사람들이 있습니다.

그러나 그들 중에 구원받을 백성들이 많이 끼어 있습니다.

그늘이 주님께로 돌아오기까지는 심판을 유보하십니다.

택한 백성들을 보호하시는 하나님의 사랑입니다.

택한 백성들을 버리지 않으시는 하나님의 은혜입니다.

"이는 그 때에 큰 환난이 있겠음이라 창세로부터 지금까지 이런 환난이 없었고 후에도 없으리라 그 날들을 감하지 아니하면 모든 육체가 구원을 얻지 못할 것이나 그러나 택하신 자들을 위하여 그 날들을 감하시리라"(마 24:21, 22)

셋째는, 약속을 지키시는 말씀입니다.

택한 자들을 구원하십니다. 구원받은 성도들을 상하지 않게 하십니다. 대 환난에서 보호하십니다. 믿음이 약하여 넘어지기 쉬운 때나 이미 넘어진 상태에서도 주님은 다시 일어날 수 있는 기회를 주십니다.

일제 36년 치하에서 많은 박해를 받았습니다. 일본의 우상인 '신사'(神社)를 참배하게 했는데, 많은 주의 종들과 성도들이 일본의 우상 숭배에 참여했습니다.

'마음으로는 믿는다고 하면서 행동으로 주님을 부인하는 행동'을 일삼았습니다.

만일 이 때 주님이 심판의 주님으로 재림하셨다면 신사참배한 배신자들이 구원을 얻었겠습니까? 분명히 구원을 얻지 못했을 것입니다.

그러나 주님은 이때 심판하시지 않고, 심판의 때를 지금까지 유보하셨습니다.

그러는 동안 이들은 회개했습니다.

어떤 분은 신사참배를 하고 월남해서 서울에서 목회를 시작했습니다.

그분은 목회에 대성공을 이루어서 '종교계의 노벨상'으로 불리는 '템플턴상'(The Templeton Prize)을 수상했습니다. 그래서 수많은 교계 지도자들과 수천 명의 신자들이 모여서 축하 예배인지 감사 예배인지를 드렸습니다.

바로 그 날 축하에 답사로 나선 당사자는 이렇게 고백했습니다.

"저는 죄인입니다. 신사참배를 한 죄인입니다."

많은 분들이 처음 듣는 말이었습니다.

신사참배를 한 그 날 그 시간에 주님이 재림하셨다면 어떻게 되었을까요?

기다려 주신 하나님의 은혜가 감사할 뿐입니다.

회개할 기회를 주신 하나님의 은혜에 감사할 뿐입니다.

주님은 택한 성도들을 위하여 은혜를 베푸십니다.

지금 우리에게 기회 주신 은혜에 감사하고, 회개할 기회를 놓치지 않아야 합니다.

주님을 배반하고 어리석은 죄 가운데 살았음을 회개하고, 돌아서야 합니다.

그리고 이 복음을 전파해야 합니다.

수많은 사람들 가운데서 금을 캐듯 '하나님이 택하신 백성'을 찾아내야 합니다.

'하나님께 인 맞은 자를 찾는 사명'이 '전도'입니다.

택한 자가 회개할 때를 기다려 주시는 하나님의 은혜입니다.

택한 자들이 회개하고 돌아와서 구원받기를 기다리시는 하나님의 은혜입니다.

택한 자들을 위하여 환난의 때를 단축해 주시고 고난을 면하게 해 주시는 것이 하나님의 은혜입니다.

택함 받을 조건과 자격을 갖추지 못했음에도 택해 주신 하나님의 은혜입니다.

이것을 잊지 말 것입니다.

가장 위대한 선물
(요한계시록 7:5-8)

. . . . .

"유다 지파 중에 인침을 받은 자가 일만 이천이요 르우벤 지파 중에 일만 이천이요 갓 지파 중에 일만 이천이요 아셀 지파 중에 일만 이천이요 납달리 지파 중에 일만 이천이요 므낫세 지파 중에 일만 이천이요 시므온 지파 중에 일만 이천이요 레위 지파 중에 일만 이천이요 잇사갈 지파 중에 일만 이천이요 스불론 지파 중에 일만 이천이요 요셉 지파 중에 일만 이천이요 베냐민 지파 중에 인침을 받은 자가 일만 이천이라"

해마다 어름에서 소가을까지 정해진 연중행사처럼 반드시 치러야 하는 어려운 일이 있습니다. 그것은 반갑지 않고 해마다 반복되는 '태풍'(typhoon)입니다.

태풍이 몰아칠 때마다 너무나 많은 피해를 입기 때문에 이런 생각을 해봅니다.

'저 태평양 바다에서 열대기압이 저기압으로 바뀌게 할 수는 없을까?'

'잔잔하고 고요하게 봄비처럼 내리게 할 수는 없을까?'

성경은 태풍보다 더 무서운 것은 '하나님의 진노의 심판'이라고 합니다.

이 무서운 바람은 하나님이 심판하실 때 쓰시는 재앙입니다.

사도 요한은 이 무서운 재앙의 폭풍을 일으키는 사방에 네 천사들이 있었는데 '이 폭풍이 일어나기 시작하면 바다나 산이나 땅이 견디기 어렵고 인간은 모두가 죽음에 이르게 될 것'이라는 것을 보고 알았습니다.

그런데 이 폭풍이 일어나기 직전에 하나님은 또 다른 네 천사들에게 "이 바람이 불지 못하게 붙잡으라"명령하셨습니다.

'아직은 폭풍을 일어나게 할 때가 아니라'고 하십니다.

아직 하나님께서 하실 일이 남아 있기 때문입니다.

그 하실 일은 '구원받아야 할 사람들에게 인(印) 치는 일'입니다.

"이르되 우리가 우리 하나님의 종들의 이마에 인치기까지 땅이나 바다나 나무들을 해하지 말라"(3절)

여기서 깊이 생각할 점이 있습니다.
하나님께서 주신 선물이 있습니다.
하나님께서 우리에게 주신 선물은 인간이 누리는 축복입니다.
크게 두 가지 유형입니다.

첫째는, 만인에게 공통적으로 주신 것이 있습니다.
하나님께서 인간을 지으시고 그 코에 생령을 불어넣어 주신 것입니다.

"여호와 하나님이 땅의 흙으로 사람을 지으시고 생기를 그 코에 불어넣으시니 사람이 생령이 되니라"(창 2:7)

본래 '생령'(生靈)은 '죽지 않는 생명'을 말합니다.
그러나 처음에 얻은 이 생령은 인간이 살도록 보존하지 못했습니다.
아담이 범죄하므로 죽음에 이르게 되고 말았으나, 육신이 살아가는 일정한 기간까지만 인간이 생명을 유지하고 살 수 있게 허락해 주셨습니다.
그러나 정한 때가 지나면 죽음에 이르게 되고 맙니다.

"한 번 죽는 것은 사람에게 정해진 것이요 그 후에는 심판이 있으리니"(히 9:27)
"몸은 죽여도 영혼은 능히 죽이지 못하는 자들을 두려워하지 말고 오직 몸과 영혼을 능히 지옥에 멸하실 수 있는 이를 두려워하라"(마 10:28)

죽음이 있다는 것을 말씀하셨습니다.
인간은 몸도 영혼도 죽을 때가 있습니다. 하나님은 몸도 영혼도 죽이십니다.
인간의 몸으로 살아가는 모든 사람들이 이 '생령'을 하나님에게 받은 것입니다.

둘째는, 생명의 성령입니다.
처음에 생령을 받은 인간은 죄악으로 인해 죽을 수밖에 없었으나 하나님은 이 죽은 생명에게 다시 영생하는 '생명의 성령'을 부어 주셨습니다.
성경 말씀에 '인'(印) 치신다'고 했습니다. '인'(印)은 헬라어로 '스프라기조'(σφραγίζω)인데, '찍는다'는 뜻으로, 우리말로는 도장 '인'(印, sealed)입니다.
'도장을 찍는 것'은 '도용되는 것을 방지하고 소유권을 인정하는 것'입니다.

다른 의미로는 '성령'(聖靈)입니다.

'성령'은 '하나님이 인간에게 죽지 않는 하나님의 생명을 불어넣어 주신 것'인데, 하나님은 택한 자들에게 성령을 부어 주셔서 영생하는 생명이 되게 하셨습니다.

예수님은 "성령을 받으라"고 말씀하셨고 성령을 보내주셨습니다.

성령을 받은 자는 하나님의 영을 받았습니다.

"너희 몸은 너희가 하나님께로부터 받은바 너희 가운데 계신 성령의 전인 줄을 알지 못하느냐 너희는 너희 자신의 것이 아니라"(고전 6:19)

"우리가 세상의 영을 받지 아니하고 오직 하나님으로부터 온 영을 받았으니 이는 우리로 하여금 하나님께서 우리에게 은혜로 주신 것들을 알게 하려 하심이라"(고전 2:12)

하나님만이 인을 치십니다.

'이마에 인 쳤다'는 말은 '성령의 생명을 주셨다'는 뜻입니다. 우리는 예수 그리스도를 구주로 영접하고 믿음으로 성령의 영으로 인 맞은 성도들입니다.

'인 맞은 성도들'로 중요한 의미가 있습니다.

첫째는, 변경시킬 수 없습니다.

'인을 친 것'은 법적인 용어로 '봉하거나 닫은 것'을 의미합니다.

오직 낭사자만이 닫힌 문을 만실 수 있고, 열고 닫을 수 있습니다.

그 내용이 무엇이든지 간에 그것을 변경시킬 수 없습니다.

주인이 문을 닫고 잠갔으니 그 문을 열 수 있는 '키'를 가진 주인만이 열 수 있는데, 제삼자가 지정된 키가 아닌 다른 도구로 문을 연다면 그는 도둑입니다.

한 번 정해진 계약을 파기할 수 없습니다.

하나님은 우리를 한 번 택하셔서 영생을 얻게 하셨는데, 그 약속을 파기하실 수 없습니다. 그 약속을 지키십니다.

둘째는, 소유임을 의미합니다.

'소유권'(所有權)이란 '계약서에 누구의 도장이 찍혔느냐'는 것입니다.

"너는 나를 도장 같이 마음에 품고 도장 같이 팔에 두라"(아 8:6)고 했습니다.

우리는 하나님의 영의 인으로 하나님의 소유임을 확인하셨습니다.

우리는 이것을 알아야 합니다. 하나님의 소유입니다.

셋째는, 진품이라는 의미입니다.

사람은 그 개인의 인격과 재산과 소유권을 주장하는 도장이나 사인이 있습니다.

산업사회에서 제품을 만들 때 반드시 '상표'를 붙입니다. 일명 '브랜드'(brand)라고 합니다. 세상의 모든 사람들은 하나님의 소유로 브랜드가 붙어 있거나 마귀의 소유로 브랜드가 붙어 있습니다.

생각해 보십시오!

나에게는 어떤 브랜드가 붙어 있습니까?

마귀의 브랜드가 붙어 있습니까? 하나님의 성령으로 브랜드가 붙어 있습니까?

예수 믿고 구원받은 성도이면 하나님의 성령으로 브랜드가 붙어 있습니다.

하나님의 생명을 가진 존재입니다. 진짜 인생입니다. 가짜 인생이 아닙니다.

마귀의 브랜드가 붙은 것은 가짜 인생이고, 예수 믿는 사람은 진짜 인생입니다.

성령의 인을 받은 성도는 보호를 받습니다.

하나님은 세상의 인간을 아무나 보호해 주시지 않습니다.

하나님의 인을 맞은 자만이 보호해 주십니다.

세 가지 의미로 보호를 받습니다.

첫째는, 성부(聖父)의 보호를 받습니다.

성령께서 인을 치시고, 그 인 맞은 그 성도를 '성부(聖父) 하나님'의 보호 속에서 현재부터 영원까지 지켜주십니다.

"여호와께서 그를 황무지에서, 짐승이 부르짖는 광야에서 만나시고 호위하시며 보호하시며 자기의 눈동자 같이 지키셨도다"(신 32:10)

"나를 눈동자 같이 지키시고 주의 날개 그늘 아래에 감추사"(시 17:8)

"여호와께서 너의 출입을 지금부터 영원까지 지키시리로다"(시 121:8)

둘째는, 성자(聖子) 예수 그리스도께서 십자가 보혈로 나의 모든 죄악을 도말하시고, 허물을 씻어 주시고 구원하여 주셨습니다.

우리 인간을 인간이 바라볼 때 아주 볼품이 없습니다. 더럽고 추한 죄인입니다.

마귀도 우리 인간을 볼 때 그렇게 저주합니다. 그러나 '성자(聖子) 예수 그리스도' 안에서 하나님께서 우리를 보실 때 정결하고 깨끗하고 의로운 자로 보십니다.

"그러므로 이제 그리스도 예수 안에 있는 자에게는 결코 정죄함이 없나니 이는 그리스도 예수 안에 있는 생명의 성령의 법이 죄와 사망의 법에서 너를 해방하였음이라"(롬 8:1, 2)

"너희가 알거니와 너희 조상이 물려 준 헛된 행실에서 대속함을 받은 것은 은이나 금 같이 없어질 것으로 된 것이 아니요 오직 흠 없고 점 없는 어린 양 같은 그리스도의 보배로운 피로 된 것이니라"(벧전 1:18, 19)

셋째는, 성령의 임하심으로 우리를 하나님의 자녀로 확신을 가지게 하십니다.

"성령이 친히 우리의 영과 더불어 우리가 하나님의 자녀인 것을 증언하시나니"(롬 8:16)

성령의 인 맞은 자들은 하나님에게서 출생된 자녀들입니다.
하나님은 당신의 자녀들은 절대로 보호하십니다.
성령의 인 맞은 성도들의 수효입니다.

"내가 인침을 받은 자의 수를 들으니 이스라엘 자손의 각 지파 중에서 인침을 받은 자들이 십사만 사천이니"(4절)

'하나님의 구원받을 자녀들이 얼마나 되는지'에 대한 말씀을 처음으로 듣습니다.
사도 요한이 구원받은 성도 인 맞은 수가 '십사만 사천'이라는 말씀을 들었습니다.
어떻게 해서 '십사만 사천 명'인지를 6-8절에서 말씀해 주셨습니다.
이스라엘 지파는 열두 지파입니다.
각 지파에서 인 맞은 자가 '일만 이천'이고, 합하여 '십사만 사천'이라 했습니다.

하나님은 이스라엘 백성들은 왜 열두 지파를 만드셨습니까?
열 지파로 할 수 있고, 열하나, 열셋, 스물도 하실 수 있는데 왜 '열둘'입니까?
'12'라는 수는 '하나님의 완전수'를 나타내는 것입니다.
그 완전수는 '하나님과 땅을 합하신 것'입니다.

하나님은 '성부·성자·성령 삼위일체'이십니다.
한 분이시지만 '3'이란 수를 나타내십니다.
그리고 하나님의 지으신 세계, 땅의 '동서남북' 사방 '4'라는 수를 나타냅니다.
'하나님의 수와 땅의 수를 합하여 12'입니다.
그러니까 '12'의 수는 한정된 수가 아니며 '무한의 수'를 나타내는 것입니다.

'12지파의 12,000'은 '택한 백성들의 무한의 수를 나타내는 상징적인 수'가 됩니다.
하나님의 인 맞은 자들이 땅의 동서남북에서 모여 온다는 것입니다.
예수님께서 12제자만을 택하신 이유가 바로 여기에 있습니다.
이스라엘 12지파와 예수님의 제자 12를 곱하면 '십사만 사천'(144,000)이 됩니다.
이 설명과 일치가 되는 말씀이 요한계시록 21장 12-14절입니다.

> "크고 높은 성곽이 있고 열두 문이 있는데 문에 열두 천사가 있고 그 문들 위
> 에 이름을 썼으니 이스라엘 자손 열두 지파의 이름들이라 동쪽에 세 문, 북쪽
> 에 세 문, 남쪽에 세 문, 서쪽에 세 문이니 그 성의 성곽에는 열두 기초석이
> 있고 그 위에는 어린 양의 열두 사도의 열두 이름이 있더라"(계 21:12-14)

'열둘'은 상징적인 수로서 '하나님의 완전수'를 나타냅니다.
하나님의 계획은 일점일획도 오류가 없고 착오도 없습니다.
구원받을 백성들은 즉흥적으로 부르시지 않습니다.
구원받을 백성들의 수를 계획하셨습니다.
'십사만 사천'입니다.
문자적이고 제한적인 수가 아니며 '무한한 수'입니다.

하나님의 나라도 '열두 문'으로 되어 있다는 것은 '무한'을 나타내는 뜻입니다.
예수님은 "내 아버지 집에 거할 곳이 많다"고 하셨습니다.
하나님의 집은 우리의 나라, 집입니다.
우리가 거할 곳이며, 내가 살 곳입니다.
내가 하나님의 택한 백성으로 인 침을 받았습니다.
내가 하나님의 지명을 받았습니다.
내가 하나님의 사랑을 받는 자녀입니다. 귀하게 인증을 받는 자녀입니다.

내가 믿음으로 받은 위대한 선물을 하나님께로부터 받은 것입니다.
'구원'은 '믿음의 표를 받은 자들' 즉, '인 맞은 성도들'이 받을 수 있습니다.
'인'(印)은 '성령'을 말합니다.
'성령을 받은 성도'가 '인 맞은 사람'입니다.
성령을 받아야 구원을 받습니다.
성령 받고 예수를 믿어야 합니다.

성도들의 경배와 찬양
(요한계시록 7:9-12)

......

"이 일 후에 내가 보니 각 나라와 족속과 백성과 방언에서 아무도 능히 셀 수 없는 큰 무리가 나와 흰 옷을 입고 손에 종려 가지를 들고 보좌 앞과 어린 양 앞에 서서 큰 소리로 외쳐 이르되 구원하심이 보좌에 앉으신 우리 하나님과 어린 양에게 있도다 하니 모든 천사가 보좌와 장로들과 네 생물의 주위에 서 있다가 보좌 앞에 엎드려 얼굴을 대고 하나님께 경배하여 이르되 아멘 찬송과 영광과 지혜와 감사와 존귀와 권능과 힘이 우리 하나님께 세세토록 있을지어다 아멘 하더라"

이 땅, 이 세상에서는 무섭고도 끔찍한 대환난이 일어날 것입니다.

처처에서 죽음의 피비린 냄새와 고통당하는 영혼들의 절규하는 소리가 아우성을 치는 날이 있게 될 것입니다.

전쟁으로 인한 환난과 죽음과 기구으로 인한 죽음!

유행병인 질병으로 인한 죽음과 굶주림으로 인한 죽음!

기아로 인한 죽음과 폭군들로 인한 죽음으로 세상은 흑암이 될 것입니다.

성경은 '이런 일들이 아직 세상 끝은 아니다'라고 말씀합니다.

다만 '시작에 불과하다'고 합니다. 그러나 모두 다 멸망하는 것은 아닙니다.

요한계시록 7장 9-12절 말씀이 이 '무서운 사망의 협곡에서 구원을 받는 사람들이 있다'는 것과 이때 '구원받은 무리들이 하나같은 마음으로 구원을 이루어주신 어린 양이신 주님 앞에서 경배하고 찬양을 올리는 축하의 연회가 열리는 장면'을 보여주십니다.

인간으로 세상에 났다가 세상에서 생의 마지막을 맞는 그 순간에 멸망하는 자들이 있는가 하면, 구원의 기쁨과 감격으로 찬양을 하며 즐거워하는 부류로 나누어지는 장면을 봅니다.

각 나라들과 모든 족속에서 구원받은 성도들입니다.

> "이 일 후에 내가 보니 각 나라와 족속과 백성과 방언에서 아무도 능히 셀 수 없는 큰 무리가 나와 흰 옷을 입고 손에 종려 가지를 들고 보좌 앞과 어린 양 앞에 서서"(9절)

첫째는, 구원받은 성도들입니다.

동서남북 각 나라, 모든 족속들 중에서 택함을 입은 성도들이 멸망하는 세상에서 구원을 받아서 모였습니다.

구원받은 성도들의 모습을 생각해 봅니다.

땅 위에서는 각 나라에서 다른 문화와 풍속과 각각 다양한 마음을 품고 살았으나 이제는 마음과 생각과 문화와 생활이 한 마음과 같이 하나로 통일이 되어서 같은 음식을 먹고, 같은 옷을 입고, 같은 생각을 하고, 같은 생활을 합니다.

가진 자 못 가진 자가 따로 구별이 없습니다.

배운 자와 배우지 못한 자의 차이가 없습니다.

잘 나고 못난이의 구별이 없습니다.

둘째는, 언어가 하나로 통일됩니다.

노아의 홍수 시대가 지나고 바벨탑 사건 이후에 인간이 땅에서 사는 동안에는 '언어의 장벽'이 있어서 때로는 산이 되고, 바다가 되고, 넘지 못할 담이 되어서 서로가 살아가기에 불편하기 그지없었습니다. 그러나 이제 하나님 앞에서 구원받은 백성들이 모인 하나님 나라에서는 이런 장벽이나 장애가 없습니다.

구원받은 백성들이 하나님 나라에서 사용하는 언어는 어떤 언어가 될까요?

> '한국어를 사용하지만 다 알아들을 수 있을지, 영어를 말하지만 다 알아들을 수 있을지, 라틴어를 말하지만 다 알아들을 수 있을지, 히브리어를 말하지만 다 알아들을 수 있을지, 헬라어를 말하지만 다 알아들을 수 있을지, 아니면 하나님의 나라에서만 통용되는 특별한 언어가 있는지'

무척 궁금합니다.

이런 생각도 해 봅니다.

우리가 성령의 은사를 받으면 방언을 말합니다.

방언은 내가 하고 싶다고 해서 하는 것이 아닙니다.

성령이 주시는 은사대로 각양의 방언을 말합니다.

방언을 말하는 자신은 알지 못하지만 하나님은 알아들으신다는 것입니다.

그러므로 '방언의 은사'는 귀한 것입니다.

하나님이 알아듣지 못하시는 말을 한다면 문제가 되지만 은사를 통하여 무슨 방언을 하든지 하나님께서 알아들으신다는 것이 얼마나 귀한 일입니까?

성경은 말씀했습니다.

"그런즉 내 형제들아 예언하기를 사모하며 방언 말하기를 금하지 말라"(고전 14:39)

성령의 은사로 임하시는 은사를 무시하지 말아야 합니다.

셋째는, 구원받은 성도들의 수효입니다.

"능히 셀 수 없는 큰 무리입니다"

이 구원받은 사람들의 특징이 있습니다.

이마에 인 맞았습니다(7:7).

지명을 빌은 것입니다.

그리고, 택한 백성들의 수효 안에 속합니다.

'십사만 사천'의 수효 안에 들어가는 백성들입니다(7:4).

이 수는 문자적이 아닙니다.

상징적인 수입니다.

하나님의 무한의 수는 인간의 지식과 지혜로는 능히 셀 수 없습니다.

그 수효는 너무나 많기 때문에 셀 필요성이 없습니다.

그만큼 많은 수를 의미합니다.

'십사만 사천'이라는 수를 계속해서 강조하십니다(14:3).

이들은 '예수 그리스도의 보혈의 피로 죄 씻음을 받은 성도들'(20:4)입니다.

구원받은 성도들의 영광스러운 지위입니다.

"이 일 후에 내가 보니 각 나라와 족속과 백성과 방언에서 아무도 능히 셀 수 없는 큰 무리가 나와 흰 옷을 입고 손에 종려 가지를 들고 보좌 앞과 어린 양 앞에 서서 큰 소리로 외쳐 이르되 구원하심이 보좌에 앉으신 우리 하나님과 어린 양에게 있도다"(9, 10절)

이 구원받은 성도들에게 위대하고 자랑스러운 영광된 특권이 있습니다.

첫째는, 어린 양이신 그리스도 앞에 서는 영광입니다.

"보좌 앞과 어린 양 앞에 서서"

왕이 신하들을 불러 연회를 할 때 왕 옆에 앉을 수 있는 이의 특권이 있습니다.
아무나 앉는 것이 아닙니다.
왕과 가장 가까이 할 수 있는 분이 그 자리에 앉습니다.
'그리스도 앞에 선다'는 말은 '그리스도와 가장 가까운 관계'를 의미합니다.
가까이서 그의 얼굴을 대합니다. 그와 함께 하시는 일입니다.
그와 함께 있을 때 모든 일이 풍성하게 되는 것입니다.
구원받는 성도의 영광이 여기에 있는 것입니다.

둘째는, 흰 옷을 입었습니다.

"흰 옷을 입고"

이 '흰 옷'은 상징적인 뜻을 나타냅니다.
결혼하는 신부는 하얀 드레스를 입습니다.
그 모습을 보고 누가 제일 좋아합니까? 신랑입니다.
신랑이 제일이 기뻐하고 좋아합니다.
드레스를 입은 신부의 모습을 보고 좋아하는 신랑은 어떤 생각을 가지겠습니까?
결코 외모를 보고 좋아하는 것만은 아닙니다.
아름다운 드레스를 입은 신부의 마음이 그렇게 아름답기를 바라는 것입니다.
그렇게 보는 것이 신랑의 마음입니다.

'예수 그리스도 앞에 선 성도'가 그리스도에게 아름답게 보입니다.
예수님께서 깨끗한 옷을 입혀 주셨기 때문입니다.
겉모양의 옷이 아닙니다.
죄악을 씻어 주신 '의로움'입니다.
모든 부패한 것으로부터 정결하게 해 주신 '깨끗함'입니다.
사탄의 유혹으로부터 완전히 벗어나 자유하게 된 것입니다.
'죄와 사망으로부터 승리'한 것입니다.
이제는 '하나님께 속한 자'로 '영원한 생명을 가진 자'의 모습입니다.

셋째는, 손에 종려나무 가지를 들고 있었습니다.

"손에 종려 가지를 들고"

이스라엘 백성들은 가장 즐거운 일이 있을 때나 기쁜 일이 있을 때나 승리의 영광이 있을 때 종려나무 가지를 들고 환호했습니다. '종려나무 가지를 손에 들고 흔드는 것'은 '축하, 승리, 구원, 기쁨'을 나타내는 것입니다.

하나님의 보좌 앞에서 종려나무 가지를 들고 환호한 것은 그리스도로 인하여 구원을 입은 성도들이 환난의 세상, 죄악에서 사망으로부터 악의 세력을 물리치고 구원받은 승리를 인하여 기뻐하는 장면입니다.

우리는 평화와 승리를 얻게 하신 기쁨의 손, 즐거움의 손, 감사의 손을 들고 찬양하는 은혜가 있어야 합니다.

넷째는, 구원의 기쁨을 찬양합니다.

"구원하심이 보좌에 앉으신 우리 하나님과 어린 양에게 있도다"(10절)

구원의 기쁨으로 찬양하는 마음은 환난의 세상에서 구원을 얻게 해 주시고, 믿음으로 끝까지 인내하게 해 주시고, 아무 가치가 없는 존재임에도 하나님께서 그 품에 받아 주시고, 하나님이 함께 해 주신 '구원의 은혜를 찬양'한 것입니다.

오직 하나님께만 모든 영광을 돌립니다.

"모든 천사가 보좌와 장로들과 네 생물의 주위에 서 있다가 보좌 앞에 엎드려 얼굴을 대고 하나님께 경배하여 이르되 아멘 찬송과 영광과 지혜와 감사와 존귀와 권능과 힘이 우리 하나님께 세세토록 있을지어다 아멘 하더라"(11, 12절)

이 땅 위의 동서남북(東西南北) 사방으로부터 구원받은 무리들이 하나님과 어린 양이신 보좌 앞에 모였습니다. 천사들과 장로들도 그 앞에서 얼굴을 땅에 대고 엎드려서 하나님께 경배를 드립니다.

오직 하나님께 경배 드리는 이유가 있습니다.

첫째는, 하나님께로부터 받은 축복을 인하여 경배합니다.

천사들이 장로들과 구원받은 수많은 성도들과 함께 보좌를 원으로 둘러싸서 어린 양이신 주님을 향하여 구원받은 은혜를 찬양하며 경배를 드립니다.

적그리스도의 세력들과 싸움에서 승리한 '믿음의 성도들이 드리는 경배'입니다.
가장 위대한 축복은 '구원받은 축복'입니다.

둘째는, 하나님의 영광을 인하여 경배합니다.
12절에 '영광을 인하여' 찬양한다고 합니다.
우주의 태양은 빛으로 영광스럽지만 더 빛나는 '영광의 빛'은 '하나님 자신'입니다.
하나님은 영광의 빛이십니다.
그 영광이 하나님께서 택하시고 사유하시고 구원하시는 모든 백성들에게 입혀
지게 하셨습니다.

셋째는, 하나님의 지혜로 인하여 경배합니다.
'하나님의 지혜'는 태초에 세상을 창조하셨습니다.
지혜는 하나님의 풍성하신 인격이 넘치십니다.
창조하신 세상을 섭리하시며 보존하시며 통치하십니다.
그 놀라우신 지혜를 찬양하고 경배합니다.

넷째는, 오직 감사하며 경배를 드립니다.
세상을 창조하시고 생명을 주신 하나님께서 죄를 사해 주시고 구원을 베풀어주
심에 감사하고, 일상생활에서 함께 하셔서 보호하시고, 인도하시고, 지켜주시고,
도우시며, 풍성하도록 함께 해 주신 은혜에 감사합니다.

다섯째는, 하나님의 존귀하심으로 인하여 경배를 합니다.
하나님은 순결하심과 진실하심과 정결하심과 성실하심과 의로우심에서 존귀하
신 분이십니다.

여섯째는, 하나님의 능력으로 인하여 경배를 드립니다.
하나님이 보유하신 최고의 영광은 바로 '능력'(能力)입니다.
우주를 손 안에 놓고 주관을 하시는 능력입니다.
좁은 의미에서는 이 우주 안에서 나 하나를 보살피시며 살게 해 주시는 능력입니다.
넓은 의미에서는 이 우주와 영원하신 세계 천국까지를 주관하시고, 모든 백성
들을 책임지시는 능력입니다.

이것이 '은혜'입니다.

일곱째는, 하나님의 강하고 높으신 힘을 인하여 경배를 드립니다.
'힘'을 찬양하는데 '힘'은 '강하다'는 의미입니다.

> "여호와께서 너를 실족하지 아니하게 하시며 너를 지키시는 이가 졸지 아니하
> 시리로다 이스라엘을 지키시는 이는 졸지도 아니하시고 주무시지도 아니하시
> 리로다"(시 121:3-4)

피곤하지 아니하십니다.

> "피곤한 자에게는 능력을 주시며 무능한 자에게는 힘을 더하시나니"(사 40:29)

하늘에서 구원받은 성도들과 천사들이 영광의 하나님을 찬양하며 경배합니다.
시간적으로 드리는 경배와 찬양이 아닙니다. 밤낮으로 드릴뿐만 아니라 세세토
록 영원히 찬양과 경배를 받으시는 하나님이십니다.

여기에 현대교회가 본받아야 할 예배 모범이 되는 것을 보고 알게 됩니다.
현대교회들이 경배와 찬양을 잃어가고 있습니다.
주일을 지키고 예배를 드리는 행위들이 하나님을 찬양하고 경배하는 것이 아니
라, 인간 자신들을 위한 예배가 되어버리는 모습을 느낍니다.

구원받은 성도들은 영(靈)과 진리(眞理)로 하나님께 경배와 찬양으로 간절하게 영
광을 돌려야 합니다.
"하나님께 예배하는 자는 영과 진리로 예배하라"고 하셨습니다.
살아있는 영으로 살아계신 하나님을 경배하고 찬양해야 하나님의 거룩하고 구
원받은 성도가 됩니다.
살아있는 예배를 드리는 성도가 됩시다.

참 그리스도인의 축복
(요한계시록 7:13-17)

. . . . .

"장로 중 하나가 응답하여 나에게 이르되 이 흰 옷 입은 자들이 누구며 또 어디서 왔느냐 내가 말하기를 내 주여 당신이 아시나이다 하니 그가 나에게 이르되 이는 큰 환난에서 나오는 자들인데 어린 양의 피에 그 옷을 씻어 희게 하였느니라 그러므로 그들이 하나님의 보좌 앞에 있고 또 그의 성전에서 밤낮 하나님을 섬기매 보좌에 앉으신 이가 그들 위에 장막을 치시리니 그들이 다시는 주리지도 아니하며 목마르지도 아니하고 해나 아무 뜨거운 기운에 상하지도 아니하리니 이는 보좌 가운데에 계신 어린 양이 그들의 목자가 되사 생명수 샘으로 인도하시고 하나님께서 그들의 눈에서 모든 눈물을 씻어 주실 것임이라"

'사람이면 다 사람이냐 사람다운 사람이여야 사람이지'라는 말이 있습니다.
우리가 참 많이 들어본 말입니다.
그렇습니다.
사람으로 태어났다고 해서 다 사람은 아닙니다.
사람답게 살고, 사람같이 사는 사람이라야 사람일 것입니다.
그런 것은 현대사회에서 얼마든지 볼 수 있습니다.
사람답게 사는 사람이 있는가 하면 사람답지 못하게 사는 사람도 있습니다.

그리스도인의 경우도 그렇습니다.
교회 다니면 다 그리스도인입니까?
그리스도인다워야 참 그리스도인입니다.
그렇습니다.
교회를 다닌다고 다 믿는 사람은 아닙니다.
믿음을 가진 사람이라야 그리스도인이 되는 것입니다.

'그리스도인의 기본자세'는 '가르침을 믿음으로 받는 것'입니다.

교회를 다니면서도 교회를 섬기지 못하고 가르치는 목자를 섬기지 못하고, 한 교회 성도들을 섬기지 못하는 사람은 그리스도인이 되지 못한 것입니다.

일반적으로 교회만 다니면 '예수 믿는다'고 생각하지만 절대 그렇지 않습니다. '섬기는 믿음'은 '주님을 섬기는 것'입니다.

이 섬기는 믿음은 변화된 사람입니다.

> "너희는 이 세대를 본받지 말고 오직 마음을 새롭게 함으로 변화를 받아 하나님의 선하시고 기뻐하시고 온전하신 뜻이 무엇인지 분별하도록 하라"(롬 12:2)

예수님은 참 그리스도인에 대해 말씀하셨습니다.

> "나더러 주여 주여 하는 자마다 다 천국에 들어갈 것이 아니요 다만 하늘에 계신 내 아버지의 뜻대로 행하는 자라야 들어가리라"(마 7:21)

> "누구든지 하늘에 계신 내 아버지의 뜻대로 하는 자가 내 형제요 자매요 어머니이니라"(마 12:50)

'참 그리스도인'은 '하나님의 생명책에 그 이름이 기록된 성도들'입니다.

> "죽임을 당한 어린 양의 생명책에 창세 이후로 이름이 기록되지 못하고 이 땅에 사는 자들은 다 그 짐승에게 경배하리라"(계 13:8)

요한계시록 7장 13-17절 말씀은 참 그리스도인 된 성도에 대한 말씀입니다. 구원받은 '십사만 사천 명'이 어린 양이신 보좌 앞에 경배와 찬양을 드립니다. '십사만 사천'은 문자적인 수효가 아니라 상징적인 수로서 그 무리들이 말할 수 없이 많은 것입니다. 이스라엘 12지파의 모든 백성들이 다 구원받지는 못하고, 각 지파마다 '일만 이천'만이 구원받을 수 있습니다.

구원받은 수효는 무제한이 아니며 제한되었습니다. 그 수효를 사람의 계산으로는 셀 수 없지만, 상징적으로 '십사만 사천'이라고 하셨습니다.

'많은 무리의 수'라는 의미입니다(7:9).

흰 옷 입은 무리들입니다.

> "장로 중 하나가 응답하여 나에게 이르되 이 흰 옷 입은 자들이 누구며 또 어디서 왔느냐"(13절)

장로 중의 한 사람이 사도 요한에게 "흰 옷 입은 사람들이 누구며 어디서 왔느냐?"고 물었습니다.

첫째는, 하나님의 택하심으로 성령의 인 맞은 사람들입니다.

성령의 인 맞은 사람들은 구원의 즐거움을 한 순간도 잊지 않았습니다.

환난이나 핍박이나 곤고함이나 고통이나 괴로움이나 죽음 앞에서도 구원의 은혜를 잊지 않았습니다.

오직 인내함으로 믿음을 지킨 사람들입니다.

'한 번 택하심을 입고 구원을 받은 것은 영원하다'는 것을 믿었습니다.

둘째는, 이들은 사방에서 모여 왔습니다.

"사방에서 사람들이 그(예수)에게로 나아오더라"(막 1:45)

"또 그 때에 그가 천사들을 보내어 자기가 택하신 자들을 땅 끝으로부터 하늘 끝까지 사방에서 모으리라"(막 13:27)

하나님의 택하심을 받은 성도들은 동서남북 사방에 분포되어 있습니다.

"너희는 가서 모든 민족을 제자로 삼아 아버지와 아들과 성령의 이름으로 세례를 베풀고 내가 너희에게 분부한 모든 것을 가르쳐 지키게 하라 볼지어다 내가 세상 끝 날까지 너희와 항상 함께 있으리라"(마 28:19, 20)

'모든 민족'은 사방에 퍼져 있습니다.

"오직 성령이 너희에게 임하시면 너희가 권능을 받고 예루살렘과 온 유대와 사마리아와 땅 끝까지 이르러 내 증인이 되리라"(행 1:8)

'땅 끝까지'라는 말씀은 '사방'을 의미합니다.

어린 양의 보혈의 피로 씻음을 입은 무리들입니다.

"내가 말하기를 내 주여 당신이 아시나이다 하니 그가 나에게 이르되 이는 큰 환난에서 나오는 자들인데 어린 양의 피에 그 옷을 씻어 희게 하였느니라"(14절)

'옷을 희게 씻었다'는 말씀은 '신분의 변화'를 의미합니다.

더럽고 추한 죄인이 의로운 사람이 되었습니다.

사탄의 종이었고 죄의 노예였던 자들이 이제는 하나님의 거룩한 자녀가 되었습니다.

이는 신분의 변화입니다.

신분의 변화는 내가 되고 싶어서 되는 것이 아닙니다.

내가 노력을 해서 되는 것도 아닙니다.

내가 선행을 하고 공로를 세워서 되는 것이 아닙니다.

'순종'이 변화입니다.

하나님의 십자가에 대속하심과 그의 말씀을 믿고 순종하는 것이 변화입니다.

그러나 믿음이 없는 사람은 순종이 없습니다.

순종이 없다는 것은 변화가 없는 것입니다.

변화가 없는 사람은 절대적으로 순종하지 않습니다.

'예수 그리스도 보혈의 피로 죄 씻음 받은 것'은 '믿음으로 의롭게 된 것'입니다.

누가 보아도 거룩하게 보이고 깨끗하게 보이고 정결하게 보입니다.

예수님의 십자가 보혈로 죄 씻음을 받았기 때문입니다.

하나님을 섬기는 무리들입니다.

15절에 보면 "그의 성전에서 밤낮 하나님을 섬긴다"고 합니다.

하나님 나라의 특징은 섬기는 일입니다.

만일에 섬기는 일이 없다면 천국의 의미가 없는 것입니다.

하나님과 구원받은 성도들과의 관계는 섬기는 데 있습니다.

먼저 하나님이 사랑하는 자녀들을 섬김에서 시작합니다.

예수님은 "인자가 온 것은 섬김을 받으려 함이 아니라 도리어 섬기려 하고 자기 목숨을 많은 사람의 대속물로 주려 함이니라"(막 10:45)고 하셨습니다.

예수님은 친히 제자들의 발을 씻어 주셨습니다.

사람이 발을 씻어준다는 것은 가장 깊은 사랑의 모습입니다.

부모는 자녀를 사랑합니다.

사랑하는 자녀들의 손발을 씻어 줍니다.

초등학교를 다니는 동안까지는 부모가 그의 손발을 씻어 주며 양육하는 것입니다.

그러니까 부모는 자녀들을 섬기며 양육하는 것입니다.

하나님이 우리를 섬기는 일을 깊이 생각해 보십시오.

나의 죄와 허물을 대신하여 죽기까지 감당해 주셨습니다.

이보다 어떻게 더 섬길 수 있습니까?

생명을 바치기까지 우리를 섬겨 주신 하나님이십니다.

예수 그리스도를 믿음으로 우리는 이 심오한 진리를 배웁니다.

주님은 말씀하셨습니다.

> "내가 주와 또는 선생이 되어 너희 발을 씻었으니 너희도 서로 발을 씻어 주는
> 것이 옳으니라"(요 13:14)

또 주님은 "섬기는 자가 되라"고 하셨습니다.

이제는 우리는 믿음으로 구원을 받은 성도로 섬기는 자가 되어야 합니다.

하나님의 나라에서 행할 수 있는 유일한 행동은 섬기는 일입니다.

우리 성도들의 교회생활은 천국의 예비생활입니다.

천국에서 할 수 있는 일들을 훈련하는 곳이 교회입니다.

하나님께 축복을 받은 성도들입니다.

성경은 축복(祝福)이 어떤 것인지 여섯 가지로 말씀해 주셨습니다.

하나님은 믿음이 없어서 불순종하는 자들의 세상은 반드시 심판을 하십니다.

그러나 믿음으로 순종하는 백성들에게는 위로와 축복으로 보상을 하십니다.

'심판'의 저 반대편에는 '하나님의 은혜와 평강'이 넘치게 하십니다.

첫째는, 영원히 하나님께서 함께 하시는 축복입니다.

> "그러므로 그들이 하나님의 보좌 앞에 있고 또 그의 성전에서 밤낮 하나님을
> 섬기매 보좌에 앉으신 이가 그들 위에 장막을 치시리니"(15절)

말씀을 자세히 살펴보십시오.

"하나님의 보좌 앞에 있고", 성전에서 "밤낮으로 하나님을 섬기매" "보좌에 앉
으신 이가 그들 위에 장막을 치시리니"라는 말씀입니다.

하나님 얼굴을 대하며 있고, 하나님을 섬기며 살고, 하나님은 그들을 위해 집
을 지어 주신다고 하십니다.

하나님과 함께 하신다는 의미입니다.

하나님과 함께 하는 축복은 참으로 놀랍고도 자랑스러운 축복입니다.

둘째는, 신령의 몸의 모든 필요를 채워주시는 축복입니다.

> "그들이 다시는 주리지도 아니하며 목마르지도 아니하고 해나 아무 뜨거운 기
> 운에 상하지도 아니하리니"(16절)

다윗은 "여호와는 나의 목자시니 내게 부족함이 없다"(시 23:1)고 했습니다.

우리의 소유물은 땅에 있는 것이 아닙니다.

하늘에 있는 것입니다.

하늘에 있는 것을 바라볼 때 땅에 것이 보입니다.

땅에 것만을 바라보면 하늘에 있는 것이 보이지도 않고 얻을 수도 없습니다.

> "너희를 위하여 보물을 땅에 쌓아 두지 말라 거기는 좀과 동록이 해하며 도둑이 구멍을 뚫고 도둑질하느니라 오직 너희를 위하여 보물을 하늘에 쌓아 두라 거기는 좀이나 동록이 해하지 못하며 도둑이 구멍을 뚫지도 못하고 도둑질도 못하느니라"(마 6:19, 20)

많은 성도들이 주님의 복음을 위하여 얼마나 주리며, 목마르며, 헐벗으며, 고난을 당했습니까? 그러나 하나님의 나라에서는 '그들을 위하여 풍성한 것을 예비해 두서시 부족한 것이 없다'고 했습니다.

셋째는, 보호를 받는 축복입니다.

> "해나 아무 뜨거운 기운에 상하지도 아니하리니"(16절)

이 땅에 있는 동안에는 박해를 받기도 하고, 전쟁으로 많은 피해를 입기도 하고, 감옥에서 고난을 당하기도 합니다.

정치적으로 강제 노동을 당할 수도 있습니다.

육체적인 고통이 큽니다. 그러나 하나님의 나라에서는 그럴 염려가 없습니다.

넷째는, 영적인 만족을 누리는 축복입니다.

> "어린 양이 그들의 목자가 되사 생명수 샘으로 인도하시고"(17절)

'주님과 우리 성도들의 관계'를 '양(羊)과 목자(牧者)'로 말씀을 하십니다.

주님은 우리의 목자장이 되십니다.

우리는 그의 양입니다.

다윗은 "여호와는 나의 목자시니 내게 부족함이 없으리로다 그가 나를 푸른 풀밭에 누이시며 쉴 만한 물 가로 인도하시는도다"(시 23:1, 2)라고 했습니다.

"사망을 영원히 멸하실 것이라 주 여호와께서 모든 얼굴에서 눈물을 씻기시며 자기 백성의 수치를 온 천하에서 제하시리라 여호와께서 이같이 말씀하셨느니라"(사 25:8)

다섯째는, 인도하심을 받는 축복입니다.
"생명수 샘으로 인도하시고"(17절)

'생명수 샘으로 인도하신다'는 것은 '목적이 있는 곳으로 인도하신다'는 것입니다.
우리가 이 세상에서 사는 동안에는 일각 이후에 생기는 일에 대해서 알지 못하여 불안하고 염려하며, 근심하며 두려워하고, 무서워합니다.
그러나 하나님 나라에서 누릴 축복은 언제, 어디에서나 염려할 것이 없습니다. 주님이 우리를 항상 목적이 있는 곳으로 인도해 주시기 때문입니다.

여섯째는, 다시는 슬픔이나 아픔이나 곤고함이 없는 축복입니다.
"하나님께서 그들의 눈에서 모든 눈물을 씻어 주실 것임이라"(17절)

'눈물이 없는 나라'는 '하나님의 나라에서 누릴 축복'입니다.
우리 성도들이 비록 현재 이 땅에서 구원받은 성도로서 감사의 눈물, 기쁨의 눈물을 흘리는 일이 있다고 해도 하나님의 나라에서는 그런 눈물마저 흘릴 필요 없이 기쁨과 감사가 넘칠 뿐입니다(계 21:4).

우리 성도들은 이와 같은 축복을 누리게 될 것입니다.
구원은 예수 그리스도를 영접하고 믿는 현재에서부터 이루어지는 것입니다.
하나님의 축복이 구원 얻은 우리 성도들의 현재와 미래에 보장되어 있습니다.
'참 그리스도인들이 누릴 위대한 영광이며 축복'입니다.

| 제3부 |
일곱 나팔을 부는 천사
(요한계시록 8:1-11:19)

·····
돌아보기와 둘러보기

　요한계시록 8장부터 11장까지 말씀의 중심 주제는 천사가 나팔을 불 때 지상에 영향을 미치게 하는 '일곱 천사의 임무'이고, 10장과 11장에는 교회에서 일어날 일들을 기록했는데, '작은 두루마리를 가진 천사와 두 증인이 등장하는 장면'입니다.

　먼저 8장에서는 마지막 일곱째의 인을 떼심으로 본격적인 대환난이 시작됩니다. 왜냐 하면 일곱째 인의 재앙 속에는 일곱 나팔의 재앙이 포함되어 있기 때문입니다.

　따라서 어린 양이 일곱째 인을 떼시자, 일곱 천사가 차례대로 나팔을 불기 시작함으로써 일곱 나팔의 재앙이 시작되고 있습니다.

　특히 8장에서는 모든 성도들의 기도가 하나님께 올라가고 거기에 대한 응답으로 일곱 나팔의 재앙이 시작됨을 보여 주고 있습니다. 첫째 천사부터 넷째 천사까지 급한 속도로 나팔을 불어댐으로써 재앙이 한꺼번에 쏟아짐을 볼 수 있습니다.

　9장은 다섯째와 여섯째 나팔의 재앙입니다. 일곱 나팔의 재앙은 크게 처음의 네 재앙과 나중의 세 재앙으로 나눌 수 있습니다. 전자가 주로 자연계에 내린 재앙이라면, 후자는 사단과 그의 세력을 통하여 인간에게 내리는 재앙입니다.

　특히 다섯째 나팔의 재앙인 황충의 재앙이 첫째 화(禍)로 등장하고, 여섯째 나팔의 재앙인 둘째 화(禍)를 통하여 세상 사람들의 삼분의 일을 죽임을 당하는 사건이 기록되어 있습니다.

10장에서부터 11장 14절까지는 여섯째 나팔의 재앙이 끝나고 일곱째 나팔의 재앙이 시작되는 중간에 삽입된 내용입니다.

특히 본장에는 힘센 천사가 지니고 있는 작은 책에 대한 환상이 나옵니다.

힘센 천사는 남아 있는 시간이 얼마 없음을 확인하고 일곱째 나팔의 재앙이 임할 때에 복음이 성취될 것을 맹세합니다. 그리고 하늘에서 들려온 음성에 따라 요한이 천사의 손에 펴 놓인 책을 가지려 할 때, 천사는 그 책을 가져다가 먹어버리라고 말합니다. 그리하여 입에는 꿀 같이 달지만 배에는 쓴 작은 책을 먹은 요한은 일곱째 나팔의 재앙을 미리 체험하고, "네가 많은 백성과 나라와 방언과 임금에게 다시 예언하여야 하리라"(11절)는 말씀을 들으며 그의 소명감을 새롭게 합니다.

11장은 흔히 계시록 중에서 가장 난해한 내용으로 간주되고 있습니다.

사도 요한은 본장에서 '성전'과 '거룩한 성', 그리고 짐승에 의하여 죽임을 당하고 3일 반 후에 부활하여 승천하는 '두 증인'에 대한 환상을 기록하고 있습니다.

그리고 '셋째 화'에 해당하는 일곱째 나팔의 재앙 곧 일곱 대접의 재앙을 포함하고 있는 최후의 심판에 대한 환상을 기록하기 시작합니다.

특히 마지막 부분에는 '최후의 심판'에 대한 확실한 내용이 기록되었습니다.

"일곱째 천사가 나팔을 불매 하늘에 큰 음성들이 나서 이르되 세상 나라가 우리 주와 그의 그리스도의 나라가 되어 그가 세세토록 왕 노릇 하시리로다 하니"(계 11:15)

이때에 요한계시록 11장 18절에서 "이방들이 분노하매 주의 진노가 내려 죽은 자를 심판하시며 종 선지자들과 성도들과 또 작은 자든지 큰 자든지 주의 이름을 경외하는 자들에게 상 주시며 또 땅을 망하게 하는 자들을 멸망시키실 때로소이다 하더라"고 하신 말씀으로 종말의 때에 이르러 환상은 종료됩니다.

이는 하나님께서 지금까지 세상을 지배하던 사단의 권세(눅 4:6; 요 14:30; 엡 6:12)를 마침내 깨뜨리시고 드디어 오셔서 왕 노릇하시는 것을 의미합니다.

죽은 자를 심판하시고(계 20:11-15),

의로운 자에게 상을 주시고(계 21:1-4; 22:3-5),

땅을 더럽히던 자들을 멸망시키는(계 19:2, 11; 20:10) 결정적인 시기(헬, 카이로스)가 왔다는 것입니다.

제8장 일곱 나팔의 재앙

■ 주제성구 "향연이 성도의 기도와 함께 천사의 손으로부터 하나님 앞으로 올라가는지라"(4절)
■ 주제찬송 ♬ 179장 주 예수의 강림이

서론

본 장에는 일곱 번째 인의 개봉과 일곱 나팔의 재앙이 소개되고 있습니다. 일곱 나팔의 재앙이 일곱 번째 인의 개봉에 포함되어 있기 때문에 일곱 번째 인의 개봉은 본격적인 대 환난의 시작이 됩니다. 어린 양이 인을 떼자 일곱 천사가 차례대로 나팔을 불기 시작했고, 이로써 일곱 재앙은 시작되었습니다. 일곱 천사가 일곱 나팔을 가지고 나타나는데 나팔은 경고를 상징합니다. 이 재앙은 성도들의 기도가 하나님께 상달된 결과로 비롯된 것입니다.

본론

일곱째 인, 금향로의 향(1-6절)

기다리던 마지막 일곱 번째 인을 뗄 때 요한은 하나님의 마지막 심판이 곧 나타날 것을 기대했을지도 모릅니다. 그러나 하나님께서는 일정 기간 하늘의 적막함을 보여주시고, 이어서 일곱 나팔을 든 천사들을 보여주셨으며, 성도들의 기도가 하나님께 올라가는 것을 보여주셨습니다. 여기서 일곱 나팔은 그리스도가 재림하시기 전에 하나님이 내리실 심판, 즉 환난을 말합니다. 하나님께서는 어느 시대나 모든 사람에게 회개하도록 여러 차례 경고의 말씀을 해 오셨습니다. 일곱 나팔을 불기 전에 일곱 천사가 금향료에 많은 향을 담아 보좌 앞 하나님의 금 향단에 드렸습니다. 이 금 향료 속에는 성도의 기도들이 담겨져 있었습니다. 여기 성도의 기도는 하나님께서 그 원수들에게 심판을 내려 달라는 호소입니다. 그런데 이 호소가 하나님께 올라갔습니다. 그러자 하나님의 응답이 왔습니다. 하나님은 성도의 기도를 들으십니다.

첫째와 둘째 나팔의 재앙(7-9절)

성도들의 기도의 응답으로 일곱 천사들이 차례대로 첫째부터 일곱째 나팔이 불립니다. 본문은 첫째와 둘째 나팔의 재앙입니다. 이 때 끔찍한 재앙들이 연속적으로 일어났습니다. 첫째 천사가 나팔을 부니까 땅에 재앙이 임합니다. 피 섞인 우박과 불이 땅에 쏟아집니다. 재앙의 특징은 농작물이 상하며 초목이 죽었습니다. 수목이 삼분의 일이 타서 없어지고 각종 푸른 풀도 타서 없어졌습니다. 즉 환경오염이 발생한 것입니다. 둘째 천사가 나팔을 부니까 바다에 재앙이 임합니다. 큰 불붙은 산을 바다에 던지니 바다의 삼분의 일이 피가 되고 바다 생물의 삼분의 일이 죽었습니다. 이 재앙의 특징은 격렬한 태풍, 물고기와 기타 바다 생물의 떼죽음, 각종 배들의 침몰, 조선 시설의 붕괴를 말합니다.

셋째와 넷째 나팔의 재앙(10-13절)

셋째 천사가 나팔을 부니까 강과 물에 재앙이 임합니다.
횃불같이 타는 큰 별이 하늘에서 떨어졌습니다. 그러자 강물과 생물의 삼분의 일이 쓴물이 되고 많은 사람이 죽었습니다. 강과 샘물 등이 오염되고 독성을 지니게 되어 많은 사람이 독극물 중독으로 죽게 됩니다. 넷째 천사가 나팔을 부니까 하늘에 이상 현상이 생겼습니다. 그리스도의 재림이 가까이 올수록 더욱 상태가 심각하였으며, 일월성신의 삼분의 일이 어두워졌습니다.
위의 재앙들은 이스라엘이 출애굽 할 때 하나님께서 애굽에 내린 재앙과 유사합니다. 그것은 하나님께서 하시는 일을 알리기 위해서입니다. 자연계의 이 모든 것들은 회개를 촉구하시는 하나님의 경고입니다. 세상의 불안전함을 깨닫고, 영원한 하나님께 소망을 두라는 하나님의 경고의 나팔입니다.

결론

성도의 기도는 보좌 앞 금단에 드려지는 향입니다. 향이란 그분의 열납을 의미합니다. 우리의 기도는 그것의 분량이 많든지 적든지 모두 귀한 것입니다. 심판의 나팔은 하나님께서 예비하셨습니다.
나팔을 부는 일은 천사들에게 맡겨졌습니다. 나팔을 부는 시간은 하나님께서 정하셨으므로 우리가 임의로 주관함이 불가능합니다. 때와 기한은 하나님의 절대적인 주권에 속하는 것으로 인간의 생각은 허락되지 않습니다. 다만 이 큰 재앙은 피하는 통로를 찾아야 하는데 그 길이 예수 그리스도 뿐임을 명심하고 복음을 전하는 일에 모든 힘을 쏟아내도록 해야겠습니다.
성도는 하나님의 심판의 때를 분별할 수 있도록 근신하고 깨어서 자기 위치를 지켜야겠습니다.

■ 장명가 "칠 나팔 큰 소리 들리네 땅에도 바다도 물샘도 · 해에도 달에도 별에도 하늘도 큰 재앙 내리네 주님이 오신다 흰 예복 입고 주 맞으라 · 주님이 오신다 등불을 켜들고 맞으라"(♪ 270장 변하는 주님의 사랑과)

상달되는 기도
(요한계시록 8:1-5)

. . . . .

"일곱째 인을 떼실 때에 하늘이 반시간쯤 고요하더니 내가 보매 하나님 앞에 일곱 천사가 서 있어 일곱 나팔을 받았더라 또 다른 천사가 와서 제단 곁에 서서 금향로를 가지고 많은 향을 받았으니 이는 모든 성도의 기도와 합하여 보좌 앞 금 제단에 드리고자 함이라 향연이 성도의 기도와 함께 천사의 손으로부터 하나님 앞으로 올라가는지라 천사가 향로를 가지고 제단의 불을 담아다가 땅에 쏟으매 우레와 음성과 번개와 지진이 나더라"

사도 요한은 하나님의 어린 양 보좌 앞에서 일어나고 있는 사건을 보았습니다.
어린 양의 손에 들려져 있는 두루마리는 일곱 인으로 봉함되어져 있었습니다.
그 때 요한은 이 두루마리를 열지 못하고, 그 내용을 알 수 없어서 울었습니다.
그 때 천사가 말씀해 주셨습니다.

"유대 지파의 사자 다윗의 뿌리가 이겼으니 그 두루마리와 그 일곱 인을 떼시리라"(계 5:5)

주님이 이 두루마리의 봉함된 것을 하나씩 떼기 시작하셨습니다.
이 땅에서 일어날 사건들을 일일이 보여주시고 알게 해 주셨습니다.
일곱 번째 인을 떼실 때에 일곱 천사가 나타나서 각각 나팔을 불기 시작합니다.
그 때마다 하늘과 땅에서 일어날 일들을 보여주셨습니다.
주님께서 마지막 일곱 번째 인을 떼실 때 하늘이 반시 동안쯤 고요했습니다.

"왜 고요하였을까? 고요한 의미는 무엇일까?"

많은 생각을 하게 합니다. 적막하리만큼 고요했습니다.
'하나님이 계획하신 최후 사건이 일어날 때입니다.
이 순간에 아무도 어느 누구도 할 일이 없고, 할 말이 없습니다.
오직 하나님이 무슨 일을 행하실 때입니다.

하나님이 행하신 일이 어떤 일인지 그 일이 매우 두렵기도 합니다.
무섭기도 하고, 한편으로는 궁금하기도 합니다.

최고의 영광스러운 일이 있는가 하면 가장 마음 아픈 일도 있습니다.
해마다 방송가에서는 미스코리아 선발대회를 합니다.
전국 각지에서 미인으로 뽑힌 여성들이 한 곳에 모여서 수주일 동안 공동체 생활을 합니다. 공동체 생활을 하는 이유는 서로의 인격과 교양과 행동 하나하나를 서로 자연스럽게 나타내게 될 뿐 아니라, 주체 측에서는 은밀하게 한 사람 한 사람의 교양을 점검할 수 있기 때문입니다. 그리고 최종적으로 진(眞)·선(善)·미(美)를 선발하게 됩니다. 진·선·미에 뽑힌 미인들에게는 영광의 순간이 되지만, 선발에서 탈락된 사람들은 아픈 가슴을 쓸어내리면서 단상에서 내려와야 합니다.
사회자가 선발된 사람의 번호와 이름을 호명하는 순간이 영광과 아픔이 교차되는 순간일 것입니다.

요한계시록 8장 1-5절 말씀은 최후의 일곱 인을 떼실 때입니다.
하나님의 손에 있는 봉함된 두루마리의 마지막 부분이 열리는 순간입니다.
최후의 사건이 선포되고 전개될 그 순간이 고요하지 않을 수 없습니다.
언제나 하나님께서 엄숙한 사건을 전개하실 때 천지가 고요했습니다.

"오직 여호와는 그 성전에 계시니 온 땅은 그 앞에서 잠잠할지니라"(합 2:20)
"모든 육체가 여호와 앞에서 잠잠할 것은 여호와께서 그의 거룩한 처소에서 일
어나심이니라"(슥 2:13)

요한계시록 8장 1-5절 말씀은 '하나님께서 이 세상에서 마지막으로 행하실 일을 나타내시는 순간'입니다.
어떤 이들에게는 '심판의 순간'이고, '구원의 영광을 얻는 순간'이 될 것입니다.
우리는 이 양자 중에 어느 편에 속하는지 돌아봅니다.
구원의 영광을 누릴 성도임에 틀림없는지 자신의 믿음을 돌아보아야 합니다.
내가 믿음이 있다고 해서 믿음의 사람이 아닙니다.
주님이 보실 때 믿음의 사람이라고 인정을 하셔야 합니다.
금향로에 많은 향을 받는 천사를 봅니다.
일곱째 인을 떼실 때 하나님을 모시는 일곱 천사가 둘러 서 있었습니다.
이 천사들은 각각 나팔을 받아 들고 있었습니다.
나팔을 불 때 사건의 시작을 알리는 것입니다.

그러나 아직 천사들은 나팔은 불지 않고 들고 있었습니다(8:1, 2).

"또 다른 천사가 와서 제단 곁에 서서 금향로를 가지고 많은 향을 받았다"(8:3 상)고 했습니다.

천사들은 왜 제단 곁에 서서 있었습니까?

제단에서 무슨 일이 일어나고 있었습니까?

6장 9, 10절에 보면 '순교자들의 영혼들이 제단 아래 핍박과 환난을 당하면서 흘린 피를 신원(伸寃)하여 주시기를 위하여 기도'하고 있었습니다.

구약성경에는 성막에 제단이 있고 제단 곁에는 금향로(金香爐)가 있었습니다.

제사장은 이 향로에 숯불을 피워서 향을 넣어 타오르게 했습니다.

향이 피어오르면 제사장은 이 향로를 들고 상하좌우로 흔들었습니다. 그 때에 피어오르는 향이 위로 솟아올라갔습니다. 제단에서 이와 같은 일을 행하게 하신 것은 상징적인 일들로, '모든 성도들이 하나님께 드리는 기도'를 상징합니다.

구약시대에는 제사장이 백성들을 대신하여 기도를 드려 주었습니다.

이것은 '예수 그리스도의 중보(伸保)'를 의미합니다.

그러나 이 사건은 상징적으로 끝나는 것이 아닙니다.

신약시대에 와서는 모든 그리스도인들은 '성령 안에서 예수님의 이름으로 기도'를 드리게 했습니다.

이사야 선지자는 "내 집은 만민이 기도하는 집이라"(사 56:7)고 했고, 예수님은 이 말씀을 인용하여 "내 집은 만민이 기도하는 집이라"(막 11:17)고 하셨습니다.

모든 성도들은 '기도의 백성들'입니다.

하나님의 자녀들은 한 사람도 말을 못하는 자가 없습니다.

성도들은 누구나 '아바, 아버지'를 부르며 기도하게 했습니다.

"모든 경건한 자는 주를 만날 기회를 얻어서 주께 기도할지라"(시 32:6)

하나님은 성도들 한 사람 한 사람이 기도하는 것을 원하십니다.

누구든지 기도하는 마음으로 주님 앞으로 나오는 것을 금하지 않으십니다.

'우리가 하나님 앞에 나갈 수 있는 위대한 길이 열려 있음'을 알아야 합니다.

비록 하나님이 기뻐하시는 바른 기도를 못한다고 할지라도 '하나님 앞에서 무엇이 바른 기도이며, 하나님이 기뻐하시는 기도인지'를 항상 가르쳐 주십니다.

성도들의 기도는 반드시 상달(上達)됩니다.

금향로에 향을 넣어서 태울 때 그 향이 올라가듯이 우리의 기도는 반드시 천사의 손에 받들어져서 하나님께로 올라가는 것입니다.

"이는 모든 성도의 기도와 합하여 보좌 앞 금 제단에 드리고자 함이라"(8:3 하)

모든 성도들의 기도가 하나님 앞에 상달되는 것입니다.

기도의 응답은 세 단계로 이루어집니다.

첫째는, 기도할 때마다 즉시 응답 받을 수 있는 기도가 있습니다.

둘째는, 차서를 따라서 응답되는 기도가 있습니다.

이 두 가지 응답은 '현재적 응답'이라고 깨닫습니다.

저는 특수목회를 하면서 물론 저도 가난했지만, 구차할 정도로 가난하고, 어려운 성도들의 형편을 보면서 참으로 견디기 힘들 만큼 마음이 아팠습니다.

매일 저녁 이 문제를 놓고 기도했습니다.

"왜? 우리 마을, 우리 성도들은 이렇게 가난하게 살아야 합니까? 남에게 구걸하지 않고 각자 수고하고 얻은 소득으로 배부르게 먹을 수 있게 해 주십시오!"

이 기도는 헛되지 않았습니다.

이 기도에 응답은 '말씀대로 살면 된다'(신 6:2)는 음성이었습니다.

저는 이 말씀을 '성경말씀 그대로 다 살아야 한다'는 뜻으로 생각했습니다.

그때 반문하며 부르짖었습니다.

"하나님의 말씀이 한두 마디입니까? 언제 이 말씀을 다 지킬 수 있습니까?"

말씀을 다 지켜서 응답 받는다는 것은 불가능한 일입니다.

그래서 항의하듯이 "어떻게 말씀대로 다 살 수 있습니까?"하면서 2주일 동안 기도하고 있었는데, 어느 날 저녁에 "주는 것이 받는 것보다 복이 있다"(행 20:35)는 말씀이 강력하게 들려오는 것이 아니겠습니까?

그 날 저녁 이 말씀을 듣고 '너무나 쉽고, 할 수 있는 있다!'는 확신을 가지게 되면서 얼마나 울었는지 모릅니다. 그런데 한 가지 '구걸하여 먹고 사는 사람들에게 남에게 주자고 하면 이 말씀을 받아들일까?'라는 걱정이 생겼습니다.

'돌팔매질을 할 텐데 어떻게 이 말씀을 가르쳐야 할지 능력을 달라'고 기도했습니다.

이 문제를 가지고 기도한지 3개월 만에 응답을 받았습니다.

설교할 말씀까지 응답을 받았습니다.

누가복음 10장 30-37절을 택하여 말씀을 준비해서 1977년 10월 둘째 주일에 메시지를 선포했습니다. 말씀을 준비하면서 특별헌금 500원을 봉투에 담았습니다.

설교 도중에 "여기 헌금 500원을 특별헌금으로 드립니다. 나와 같은 믿음의 마음을 가지신 분들이 있으시면 매월 한 번씩 헌금해 주십시오!"라고 호소했습니다.

그 후 1년 동안 '일곱 사람'이 되었습니다. 1년 만에 일곱 사람을 중심으로 헌신 예배를 드렸습니다. 그 날 저녁에 '42명'이 헌금을 하시겠다고 작정했습니다.

그 후 지금까지 받은 축복은 놀라운 일로 나타났습니다.

잠으로 하늘에서 만나가 내리는 기적 같은 일들이 일어났습니다.

기도의 응답은 즉시 일어나며, 날마다 응답이 진행되는 것입니다.

기도의 응답은 현재적입니다.

그런데 한 가지 안타까운 것은 처음처럼 선교하지 못하고 있다는 것입니다.

셋째는, 최종적으로 마지막 심판 날에 응답되는 기도가 있습니다.

'기도가 종결되는 날'이 있습니다.

그 날은 하나님의 심판이 임하시는 그 날 이후입니다.

기도의 최후의 응답은 하나님의 심판으로 마감됩니다.

"이는 모든 성도의 기도와 합하여 보좌 앞 금 제단에 드리고자 함이라"(3절)

그 날 이후로는 기도가 필요 없습니다.

지상에서 세상이 없어졌고 하늘에서는 천국이 완성되었습니다.

그 날 천국에서는 더 이상 필요로 하는 것들이 없게 되기 때문입니다.

성도들은 그 날이 이르기 전에 오늘도 기도해야 합니다.

"향연이 성도의 기도와 함께 천사의 손으로부터 하나님 앞으로 올라가는지라 천사가 향로를 가지고 제단의 불을 담아다가 땅에 쏟으매 우레와 음성과 번개와 지진이 나더라"(4, 5절)

아직은 사도 요한이 받은 계시의 말씀의 사건이 때를 기다리고 있습니다.

아직 종말의 심판의 날이 이르지 않았습니다.

하나님은 택하신 성도들의 이마에 인 맞을 백성들을 찾고 계십니다.

"우리가 우리 하나님의 종들의 이마에 인(印)치기까지 땅이나 바다나 나무들을 해하지 말라 하더라"(7:3)

하나님은 지금도 일하시고 계십니다.

택한 백성들의 이마에 인을 치시는 일을 계속하고 계십니다.

- 우리 성도들은 전도를 위하여 기도해야 합니다.
  이웃을 전도하기 위해서는 늘 깨어 있어 기도해야 합니다.
  좋은 이웃 친구를 만들어야 합니다. 우리 성도들은 많은 친구가 있어야 합니다.
  친구 된 그들을 주님께 인도해야 합니다.
- 세계 선교를 위하여 기도해야 합니다.
  땅 끝까지 선교하라는 말씀은 주님의 최후의 부탁입니다.
  해도 되고 안 해도 되는 것이 아닙니다. 절대적입니다.
- 핍박과 환난 중에서도 기도해야 합니다.
  환난과 핍박을 당할 때 보복하려고 하지 말고 오직 하나님께 호소하는 것입니다.
- 곤고하고 가난할 때에도 기도해야 합니다.
  하나님은 자기 백성들이 곤고하고 가난하기를 원하지 않으십니다.
  기도해야 합니다.
- 병들 때에도 기도해야 합니다.
  주님의 약속입니다. "너희 중에 병든 자가 있느냐 병든 자를 위하여 기도하라.
  병든 자가 나으리라"고 했습니다.
- 어두움의 세력들을 물리치기를 위하여 기도해야 합니다.
  어두움의 세력들은 교회 성장과 부흥을 방해하는 것입니다.
  어두움의 세력들은 기도하기를 포기하게 합니다. 열심 내는 것을 싫어합니다.
  새로운 일을 하는 것을 싫어합니다. 헌금하는 것을 싫어합니다.
  십일조를 하는 것을 싫어합니다. 교회 성도들을 헐뜯습니다. 비난합니다. 비방합니다. 원망을 합니다. 불평을 합니다.

우리 교회 주위에 어두움의 세력들이 둘러싸고 있습니다.
하나님의 성령으로 이 세력을 물리치도록 기도해야 합니다.
한두 사람이 합심하여 기도할 때 놀라운 능력이 나타날 것입니다.
온 교회가 기도의 불이 붙도록 기도해야 합니다.
성령의 불길이 타오르도록 기도해야 합니다.
기도는 응답되고 성령의 불길은 타오르게 될 것입니다.

  "천사가 향로를 가지고 제단의 불을 담아다가 땅에 쏟으매 우레와 음성과 번개
  와 지진이 나더라"(5절)

어두움의 세력은 불에 타게 되고 하나님의 영광은 구원으로 이루어질 것입니다.

불이 타는 재앙
(요한계시록 8:7-13)

• • • • •

"첫째 천사가 나팔을 부니 피 섞인 우박과 불이 나와서 땅에 쏟아지매 땅의 삼분의 일이 타 버리고 수목의 삼분의 일도 타 버리고 각종 푸른 풀도 타 버렸더라 둘째 천사가 나팔을 부니 불붙는 큰 산과 같은 것이 바다에 던져지매 바다의 삼분의 일이 피가 되고 바다 가운데 생명 가진 피조물들의 삼분의 일이 죽고 배들의 삼분의 일이 깨지더라 셋째 천사가 나팔을 부니 횃불 같이 타는 큰 별이 하늘에서 떨어져 강들의 삼분의 일과 여러 물 샘에 떨어지니 이 별 이름은 쓴 쑥이라 물의 삼분의 일이 쓴 쑥이 되매 그 물이 쓴 물이 되므로 많은 사람이 죽더라 넷째 천사가 나팔을 부니 해 삼분의 일과 달 삼분의 일과 별들의 삼분의 일이 타격을 받아 그 삼분의 일이 어두워지니 낮 삼분의 일은 비추임이 없고 밤도 그러하더라 내가 또 보고 들으니 공중에 날아가는 독수리가 큰 소리로 이르되 땅에 사는 자들에게 화, 화, 화가 있으리니 이는 세 천사들이 불어야 할 나팔 소리가 남아 있음이로다 하더라"

일본에서 고등학교를 다니는 한 학생의 친구가 높은 데서 자신의 몸을 던져서 자살을 했습니다. 이 학생은 친구의 이 같은 자살로 인해서 큰 충격을 받고 자신도 우울증에 걸리게 되었습니다.

학교에서 선생님은 "죽으면 안 된다. 강하게 살아야 한다."고 말합니다.

다른 어른들도 "죽을 생각이 있으면 살 용기를 가지라."고 말합니다.

그런데 다른 사람들도 그렇게 자살을 합니다.

이 학생은 선생님의 말씀이나 어른들의 말씀이 조금도 위로가 되지 못하고 살아야 하는 이유를 알 수 없다고 생각했습니다.

이 학생은 '바로 지금 사는 의미를 알고 싶다'고 했습니다.

요한계시록 8장 7-13절 말씀에서 '지구상에서 살아가는 수많은 사람들이 죽음에 이르게 될 것'이라고 합니다.

순식간에 수많은 사람들이 죽음에 이르게 될 것을 예언하셨습니다.

그러나 다 죽는 것은 아닙니다. 살아남는 사람들이 있습니다.

죽는 사람들은 왜 죽게 되고, 사는 사람들은 어떻게 왜 살게 됩니까?
그 해답이 요한계시록 8장 7-13절 말씀에 있습니다.

사람들은 왜 죽습니까?
하나님께 반역하고 언약의 말씀에 불순종하여 하나님을 비난하는 사람들이나 그리스도를 거부하고 부인하는 사람들, 그리스도를 믿는 사람들을 핍박하고, 교회를 말살하고, 불의를 행하는 사람들이 사는 세상이 하나님의 심판을 받습니다.

'하나님의 심판'은 '인류의 멸망'입니다.
'죄악에 대한 하나님의 심판'입니다.
'죄악'은 '하나님을 믿지 못하는 행위'이고, '죄를 짓게 하는 것'은 '사탄'입니다.

사탄이 인간의 마음에 하나님을 배신하는 불신앙을 품게 했습니다.
하나님의 능력을 믿지 못하게 합니다.
약속을 믿지 못하게 합니다. 은혜를 믿지 못하게 합니다.
용서하시는 사랑을 믿지 못하게 합니다.

미워하는 마음을 품게 하고, 증오하는 마음을 품게 합니다.
원한을 가지고 원수를 맺는 마음을 품게 하고, 저주의 마음을 품게 합니다.
다투며, 분쟁하며, 분열하고, 불화를 조성합니다.
사탄은 '세상을 어둠의 영으로 지배하고, 할 수 있는 대로 세상이 하나님을 멀리하고 불신하게 만들면 모든 사람들이 죽음에 이르게 되는 것'을 너무도 잘 알기 때문에 세상을 악하게 만들어서 하나님 없이 살아가도록 역사하는 것입니다.

성경은 죽음이 예고된 세상을 향해 멸망의 시각이 왔음을 알리는 나팔 소리가 울려 퍼질 때 세상이 순식간에 죽음에 이르는 무서운 사건을 보여주십니다.
요한계시록 8장 6절-11장 19절에서 인류에게 일어날 죽음의 사건들을 말씀합니다.
그 '죽음의 심판'은 '어느 한 시대에 단회적으로 끝나는 것이 아니라, 예수님께서 재림하실 때까지 역사적·지역적·시대적으로 일어날 사건들'을 말하는 것입니다.
역사적으로 지나간 시대에 이런 무서운 심판이 있었습니다.
지금도 일어나고 있고 있습니.
앞으로도 일어날 것입니다.

'이 시대에 일어나는 심판'은 '무서운 재앙'이라고 볼 수 있습니다.

그런데, 말씀하시는 내용을 문자적으로 해석하기가 참으로 어렵습니다.

그러나 분명한 것은 '이 시대에 일어나는 심판'은 '자연계에 일어나는 무서운 재앙'인데 '예수님이 초림하신 이후부터 예수님이 재림하실 때까지의 사건들'이라고 보아야 합니다.

이 무서운 재앙이 '심판'이라고 할 수 있는 이유는 '한꺼번에 수백 명, 수천 명, 수만 명, 수십만 명이 죽음에 이르게 된 것을 보게 되기 때문'입니다.

마지막이 가까울수록 더 무시무시한 일들이 일어날 것입니다.

첫째 나팔을 불 때 피 섞인 우박과 불이 땅에 쏟아지는 심판입니다.

7절에서 첫째 천사가 나팔을 불 때 '우박과 불이 비바람을 몰고 오는 태풍처럼 몰아친다'고 했습니다.

소름이 끼치도록 무서운 재앙입니다.

우박과 불은 피를 섞였다고 합니다.

'과연 어떤 유형의 재앙일까?' 매우 궁금합니다.

최근에 우박으로 인해 농작물이 피해를 입기도 하였습니다.

기물이 파손되는 경우도 있었습니다.

그렇지만 성경에서 선포하신 것은 그런 우박이 아닙니다.

역사적으로 모세 시대에 하나님께서 애굽 왕 바로 앞에 내리셨던 우박의 재앙이 있었지만 짧은 기간이었습니다. 몇 날이나 되었는지는 알 수 없으나 그 우박의 재앙으로 인하여 사람들이 견디기 어려웠던 것은 사실입니다.

그런데 '그와 같은 재앙이 더 있었다'는 기록은 아직 없습니다.

'앞으로 있을 재앙의 심판'이라는 것이 확실한 이유는 '우박과 불과 피가 섞여 떨어지는 것'은 '지상에 사람들이 살 수 없을 만큼 파괴적인 것'이기 때문입니다.

이때에는 '땅의 3분의 1이 불에 타버리고, 수목의 3분의 1이 타버리고, 모든 풀도 3분의 1이 타버릴 것'이라고 합니다.

지구상에서 사는 사람들 중 3분의 1이 살 수 없을 정도가 되어버릴 것입니다.

회개하지 않는 백성들에게 죽음을 경고하시는 말씀입니다.

둘째 나팔을 불 때 바다에 불이 떨어지는 심판입니다.

"둘째 천사가 나팔을 부니 불붙는 큰 산과 같은 것이 바다에 던져지매 바다의 삼분의 일이 피가 되고 바다 가운데 생명 가진 피조물들의 삼분의 일이 죽고 배들의 삼분의 일이 깨지더라"(8, 9절)

둘째 천사가 나팔을 불 때 '불붙는 큰 산과 같은 것이 바다에 던져졌다'고 합니다.

큰 산과 같은 불덩어리가 이글이글 타면서 하늘에서 떨어져서 바다로 떨어지는데 바다의 3분의 1이 피가 되고, 바다 가운데 생명을 가진 피조물들의 3분의 1이 죽고, 배들의 3분의 1이 깨졌다고 합니다.

육지에서만 일어나는 재앙이 아닙니다. 바다에도 재앙이 임합니다.

지금도 바다에서 일어나는 재앙들로 인해서 바다에 사는 수많은 생물들이 한꺼번에 거름더미처럼 죽어가는 일들이 해마다 일어나고 있습니다.

바다 물속에서 발생하는 오염들로 인해 일어나는 재앙들입니다.

그런데 성경은 큰 산과 같은 불덩어리가 바다에 떨어지는데, 바다의 3분의 1이 피가 되고, 생명을 가진 피조물들의 3분의 1이 죽는다고 합니다.

이 재앙의 결과는 어떤 것입니까?

바다에서 생산되는 것이 없어서 세계적으로 무역이 끊어지거나 단절될 것입니다.

이런 무서운 재난의 심판이 있을 때 죽는 자가 있고, 그 가운데서 살아나는 사람들이 구별됩니다.

"그러므로 땅이 변하든지 산이 흔들려 바다 가운데에 빠지든지 바닷물이 솟아나고 뛰놀든지 그것이 넘침으로 산이 흔들릴지라도 우리는 두려워하지 아니하리로다"(시 46:2, 3)

하나님의 심판으로 바다에까지 재앙이 임할 것을 오래 전에 예고하셨습니다.

그러나 주님을 영접하고 회개하고 믿음으로 사는 성도들은 두려울 것이 없습니다.

셋째 나팔을 불 때 하늘에서 큰 별이 떨어지는 심판입니다.

"셋째 천사가 나팔을 부니 횃불 같이 타는 큰 별이 하늘에서 떨어져 강들의 삼분의 일과 여러 물 샘에 떨어지니 이 별 이름은 쑥 쑥이라 물의 삼분의 일이 쑥이 되매 그 물이 쑥 물이 되므로 많은 사람이 죽더라"(10, 11절)

'횃불 같이 타는 큰 별'은 '거대한 운석(隕石)'입니다.

종종 그런 말을 듣습니다.

운석이 떨어지면 때로는 그로 인하여 큰 피해를 볼 수 있다고 합니다.

그래도 지금까지 들어온 이야기들은 지극히 먼지 같은 소규모에 불과한 것들이었습니다.

그동안 세상에서 있었던 일들을 돌아보고 생각해 보십시오.

하나님을 등지고 짐승의 표를 받아 우상을 섬기며 살던 무리들입니다.

인간의 지식을 자랑하고, 인간의 지혜를 뽐내며 교만해 합니다.

물질과 권력과 지위와 권세로 오만하고, 향락과 쾌락으로 날마다 먹고 마십니다.

사치하고 자랑하면서 교회를 멸시했고, 믿는 자들을 조롱했고, 핍박했습니다.

'하나님 없이도 행복하고 만족하며 즐겁게 살 수 있다'고 장담하던 세상입니다.

이에 반해 그리스도인들은 고난 받고 핍박을 받으며, 곤하고 가난한 삶에서 세상의 부요한 사람들보다 한 걸음 뒤쳐져서 살았고, 때로는 피곤하며, 눈물을 흘리며, 낮은 처지에서 소박하게 인내하면서 살아왔습니다.

그런데 하나님은 신원하십니다.

세상에서 짐승의 표를 받고 우상을 섬기던 사들을 심판하십니다.

하나님의 자녀들에게는 구원의 상을 베푸십니다.

성경에 하나님의 심판으로 하늘에서 불이 떨어져서 지구의 3분의 1이 파괴되고 이로 인하여 그 많은 사람들이 죽습니다.

그 영향이 미치는 곳에는 물이 쓰고 대기는 오염이 되어서 쑥같이 써서 먹을 물이 없을 것입니다.

물 부족으로 인하여 사람들은 먹고 마실 것이 없어지게 됩니다.

사람들은 걷잡을 수 없는 혼란의 시대를 맞게 될 것입니다.

세계 처처에서 하늘로부터 내리는 재앙들로 홍수가 범람하고, 날이 가물어 푸르렀던 초장들이 사막이 되어가고, 강물이 말라가며, 전염병들이 발생하고, 해가 거듭할수록 옛날에는 볼 수 없었던 희귀한 재앙들이 발생하는 데도 이것이 하나님의 심판으로 임하시는 음성임을 깨닫지 못하고 회개하지 못하는 사람들입니다.

사도 요한을 비롯한 복음전도자들이 받아야 하고 전해야 할 메시지를 핍박받으며 믿음을 지키는 성도들에게 전하시는 위로의 말씀입니다.

'하나님은 핍박을 받으며 믿음을 지키는 하나님의 자녀들에게 내가 너희의 눈물을 보았다. 너희 고통을 잊지 않고 있다. 너희를 박해하는 자들은 더 이상 없을 것이다. 그들은 평안도 없고, 기쁨도 없을 것이다. 그들을 심판할 것이다.'

이 말씀을 듣고 있는 사도 요한은 하늘에서 횃불 같이 타는 큰 별이 강물에 떨어져 물 샘이 쑥 같이 써서 먹을 수 없게 된 것을 보았습니다.

'별의 이름'을 '쑥'이라고 했는데, '비통한 설움'을 의미하는 것입니다.
예레미야 선지자는 "내 고초와 재난 곧 쑥과 담즙을 기억하소서"(애 3:19)라고 고백했는데, 이는 '행악자들이 비참한 슬픔으로 종말을 맞을 것'을 상징합니다.

넷째 나팔을 불 때 해와 달과 별들이 빛을 잃는 심판입니다.
"넷째 천사가 나팔을 부니 해 삼분의 일과 달 삼분의 일과 별들의 삼분의 일이 타격을 받아 그 삼분의 일이 어두워지니 낮 삼분의 일은 비추임이 없고 밤도 그러하더라"(12절; 마 24장)

이 말씀도 정확하게 이해하기 힘듭니다.
'천체가 파괴를 당하여 깨진다'는 것입니다.
이 정도쯤 되면 얼마나 무시무시한 사건이 벌어지게 될지 상상해보면 두렵고 무섭다는 말 밖에는 할 말이 없습니다.
해와 달, 그리고 별들이 파괴되어서 그 기능을 상실할 때 지구상에서 일어나는 대란을 상상해 보면 참으로 무시무시한 장면이 연상됩니다.
'심판의 재앙은 갈수록 더욱 깊고 심해진다'는 것을 깨닫게 됩니다.
이해하거나 깨닫기 쉬운 말로는 '사람 살기가 어려워지고 무섭다'는 것입니다.

하나님은 타락하고 부패한 세상을 향하여 수없이 나팔을 불었습니다.
하나님의 음성을 듣고 회개하기에 이르기를 바랐던 것입니다.
아직도 예수님은 이 땅에 재림하시지 않았기에 회개할 기회가 있습니다.

동시에 심판의 재난은 계속하여 시행하고 계십니다.

'1970년 이후 2005년까지 지상에서 일어났던 강도 7.0-9.5의 강지진의 재앙들'은 무려 '512회'입니다. 이로 인해 사망에 이른 사람들의 수는 이루 말할 수 없습니다.

최근에 터키에서 지진으로 수만 명의 사람들이 죽었고, 태국에서 발생한 지진으로 죽은 사람들이 3만 여명이 넘었습니다.

9·11 테러 사건으로 미국 뉴욕의 쌍둥이 무역회관이 불탔을 때 5천명 이상이 죽은 것은 분명히 하나님의 심판을 보여주신 것입니다.

쓰나미 지진 해일로 28만 여명이 죽고 한 도시가 사라진 무시무시한 사건은 하나님의 음성을 듣고 회개하기를 원하시는 주님의 뜻입니다.

그러나 인류가 허물어진 곳을 다시 복구하는 데는 전력을 다하면서도 하나님 앞에 회개하고 돌아서는 믿음은 갖지 못하는 불행한 모습을 보게 됩니다.

'독수리'는 소리를 외치며 높이 날아다니며 "화, 화, 화가 있으리니"(8:13)라고 회개의 때를 알리며 외칩니다.

'아직은 때가 남아 있다'는 뜻을 전합니다.

"이는 세 천사들이 불어야 할 나팔 소리가 남아 있음이로다"(8:13)라고 합니다.
그러나 이 땅의 백성들은 이 음성들을 듣지 않으려고 합니다.

복음의 소리가 들리는 데도 귀를 막고 듣지 않는 척합니다.

'나와 상관이 없다'고 도외시합니다.

"그 날 환난 후에 즉시 해가 어두워지며 달이 빛을 내지 아니하며 별들이 하늘에서 떨어지며 하늘의 권능들이 흔들리리라"(마 24:29)

이미 이렇게 선포하셨건만 백성들은 회개하지 않고 있습니다.
구원을 얻은 성도들은 깨어서 이 소식을 전파하며 기도해야 합니다.

제9장 황충의 재앙

■ **주제성구** "그들에게 이르시되 땅의 풀이나 푸른 것이나 각종 수목은 해하지 말고 오직 이마에 하나님의 인침을 받지 아니한 사람들만 해하라 하시더라"(4절)
■ **주제찬송** ♬ 180장 하나님의 나팔 소리 천지진동할 때에

서론

본 장에는 메뚜기의 재앙인 다섯 번째 나팔 재앙과 풀려난 천사들이 불신자들을 대량 학살하는 여섯 번째 나팔 재앙이 소개되고 있습니다.

본 장에 언급된 다섯째와 여섯째 나팔 재앙은 하나님께서 직접 내리시지 않고 단지 사탄과 그를 따르는 세력의 힘을 이용해서 이 땅에 속한 자들을 심판하고 있습니다. 다섯째 나팔의 재앙에서는 무저갱으로부터 황충이 올라와서 하나님의 인침을 받지 않은 자들을 다섯 달 동안 괴롭게 하며, 여섯째 나팔의 재앙에서는 타락한 네 천사와 그를 따르는 마병대가 사람의 삼분의 일을 죽이는 장면이 묘사되고 있습니다.

본론

나팔 재앙의 개론

본장에는 다섯째와 여섯째 나팔의 재앙이 묘사되고 있습니다. 이 같은 재앙을 열거하면 첫째 나팔 재앙은 자연계, 둘째는 바다와 물고기, 셋째는 물, 넷째는 일월성신, 다섯째는 하나님의 인침을 받지 아니한 자들, 여섯째는 인간의 생명이 그 대상이 되고 있습니다. 여기서 우리는 일곱 나팔의 재앙을 그 대상에 따라 처음의 네 재앙과 중간의 두 재앙, 그리고 마지막 일곱째 재앙의 세 부분으로 나눌 수 있습니다. 다시 말해서 처음의 네 재앙은 주로 자연계가 그 대상이 되고 있으며, 다섯째와 여섯째 재앙은 인간이 그 주요한 대상이 되고 있습니다. 그리고 마지막 일곱째 나팔의 재앙은 또 다른 일곱 대접 재앙의 서곡이 되고 있습니다.

다섯째 나팔 재앙(1-12절)

다섯째 천사가 나팔을 불자 하늘에서 별 하나가 떨어지고, 무저갱이 열리며, 연기가 나와 어두워졌고, 그 연기 가운데 전갈의 권세를 가진 황충이 나왔습니다. 이 황충이 하나님의 인을 맞지 않은 자들을 괴롭히자 괴로움을 당하는 자들은 죽고 싶어 했지만 죽을 수 없었습니다. 황충이의 재앙은 무서운 재앙으로 파괴, 황폐, 황무지, 절망의 횡포를 일으킵니다. 황충은 사탄의 군사로 전갈의 권세와 같은 권세를 가졌습니다. 그 기간이 5개월로 한정되었다는 것은 짧고 길지 않음을 말하나, 그 고통과 괴로움은 말할 수 없습니다. 그러나 황충인 사탄은 하나님의 자녀들을 아무도 해칠 수 없습니다. 하나님이 인을 쳐 준 백성들에게는 감히 손을 대지 못하고 악한 무리들만 괴롭힙니다.

여섯째 나팔 재앙(13-21절)

여섯 번째 천사가 나팔을 불자 네 천사가 놓이면서 이들과 함께 엄청난 숫자의 군대가 나타났습니다. 이 군대는 악의 세력을 심판하는 자로서 마지막 심판의 상징인 불과 연기와 유황으로 사람들의 삼분의 일을 죽였습니다. 재난은 악에 대한 하나님의 경고입니다. 그런데 하나님의 경고와 진노가 계속되어도 사람들은 회개하지 않습니다. 오히려 귀신이나 우상을 섬기며, 음행과 도적질을 일삼는 등 옛 생활을 버리지 못하고 있습니다.

이 같은 재앙을 통해 우리는 하나님을 대적하고 성도들을 핍박하던 불신자를 향한 하나님의 심판과 진노가 얼마나 철저한가를 깨달아야 합니다. 동시에 천사를 포함한 모든 피조물들, 특히 사탄까지도 결국은 하나님의 역사와 섭리를 이루는 도구가 된다는 사실을 알아야 하겠습니다.

결론

성경에서 '인'(印)이란 말은 '보증'의 의미로 나타납니다. 황충의 재앙은 이미에 하나님의 인을 맞지 아니한 사람들에게만 임했으며, 그들의 고통은 형언할 수 없는 것입니다. 그들은 한계 이상의 고통에 봉착하게 되며, 죽음을 피난처로 삼으려 해도 이것마저도 허용되지 않는 끔찍한 상황에 처하게 됩니다. 그러나 엄청난 살육을 보고서도 사람들은 하나님을 찾는 대신 우상에게 절합니다. 지금도 많은 사람들이 그들의 죄로 죽어가고 있고, 그것을 보고 심판을 예견하고 회개할 만도 한데 그렇지 않은 사람들이 많습니다. 다들 자기와는 무관한 일로 여깁니다. 그러나 성도들은 오늘 우리 사회에서 일어나는 비극적인 일들 속에서 하나님의 심판의 그림자를 발견할 수 있어야 합니다.

■ **장면가** "황충과 마병대 나온다 사망도 피하여 없겠네 · 하나님 인친 자 되어서 마병대 재앙을 면하라
주님이 오신다 흰 예복 입고 주 맞으라 · 주님이 오신다 등불을 켜들고 맞으라"(♪ 270장 변찮는 주님의 사랑과)

불타는 지옥
(요한계시록 9:1-11)

· · · · ·

"다섯째 천사가 나팔을 불매 내가 보니 하늘에서 땅에 떨어진 별 하나가 있는데 그가 무저갱의 열쇠를 받았더라 그가 무저갱을 여니 그 구멍에서 큰 화덕의 연기 같은 연기가 올라오매 해와 공기가 그 구멍의 연기로 말미암아 어두워지며 또 황충이 연기 가운데로부터 땅 위에 나오매 그들이 땅에 있는 전갈의 권세와 같은 권세를 받았더라 그들에게 이르시되 땅의 풀이나 푸른 것이나 각종 수목은 해하지 말고 오직 이마에 하나님의 인침을 받지 아니한 사람들만 해하라 하시더라 그러나 그들을 죽이지는 못하게 하시고 다섯 달 동안 괴롭게만 하게 하시는데 그 괴롭게 함은 전갈이 사람을 쏠 때에 괴롭게 함과 같더라 그 날에는 사람들이 죽기를 구하여도 죽지 못하고 죽고 싶으나 죽음이 그들을 피하리로다 황충들의 모양은 전쟁을 위하여 준비한 말들 같고 그 머리에 금 같은 관 비슷한 것을 썼으며 그 얼굴은 사람의 얼굴 같고 또 여자의 머리털 같은 머리털이 있고 그 이빨은 사자의 이빨 같으며 또 철 호심경 같은 호심경이 있고 그 날개들의 소리는 병거와 많은 말들이 전쟁터로 달려 들어가는 소리 같으며 또 전갈과 같은 꼬리와 쏘는 살이 있어 그 꼬리에는 다섯 달 동안 사람들을 해하는 권세가 있더라 그들에게 왕이 있으니 무저갱의 사자라 히브리어로는 그 이름이 아바돈이요 헬라어로는 그 이름이 아볼루온이더라"

'사람이 반드시 꼭 알고 살아야 할 것'이 있습니다. '천국과 지옥'입니다.

'예수를 믿고 교회생활을 하는 것의 궁극적 목적'은 '천국을 가기 위함'입니다.

구원받은 신앙인들의 믿음생활은 윤리적·도덕적·사회적으로 인정받을 만한 일을 행하거나 정신적으로 안정되는 생활을 하는 것이 우선(于先)하는 것이 아니라, '성령으로 인침을 받는 것'입니다. 그것은 '신분의 변화'를 의미합니다.

'인침'은 '마귀(죄)의 종노릇 하던 자들이 하나님의 자녀로 신분이 바뀐 것'입니다.

구원받은 성도들은 변화의 삶을 통하여 세상에 빛이 되고 소금의 역할을 하며 윤리적이며 도덕적인 삶을 살아갈 수 있는 것입니다.

사람은 누구나 언젠가는 '종말'을 맞이하게 되는데 그것은 '죽음'입니다.

그 '죽음'은 아무것도 모르는 상태로 죽어버리는 것으로 끝나는 것이 아닙니다.

차라리 천국도 없고 지옥도 없이 죽는 것으로 끝난다면 도리어 행복하겠지만,

'육체의 죽음으로 끝나는 것이 아니라 영혼이 영원히 사는 시작으로 출발'합니다.
'육체는 죽고, 영혼은 영원히 죽지 않는 것'입니다.
다만 천국에서 사는 영혼이 있고, 지옥에서 고통당하는 영혼이 있습니다.
천국으로 가지 못하면 지옥으로 가야 합니다.

요한계시록 9장 1-11절 말씀에서는 그 지옥을 보여줍니다.
지옥으로 가는 자는 내가 잘못해서 가는 것이 아닙니다.
예수를 믿지 않아서 지옥으로 가게 됩니다.
하나님은 '예수 믿지 않는 자들'을 '경건하지 않은 자들'이라고 하십니다.

지옥은 언제, 어떻게 생겨났습니까?
지옥이 어떻게 해서 언제부터 생겨났는지를 말해줍니다.
사도 요한은 하늘에서 땅으로 별 하나가 떨어졌고, 그 별이 무저갱의 열쇠를 받은 것을 보았습니다(계 9:1).
'별'이라고 하면 사물로 보이는데 설명하는 내용으로 보아 인격체를 말합니다.
문자적으로 '별'(ἀστήρ)이지만 상징적으로 한 '인격체'를 가리키는 것입니다.
예수님께서 탄생하실 때에 동방박사들이 별을 보고 예루살렘으로 찾아왔습니다(마 2:2). 그 별은 '예수님'을 상징적으로 가리킨 것이었습니다.
성경에 '하늘에서 땅으로 떨어지는 별'은 '어두움의 지배자'입니다.
하나님을 반역한 천사가 하늘에서 땅으로 내쫓기는 장면입니다.
성경은 '공중의 권세 잡은 자(엡 2:2)의 영'이라고 했습니다. 이 영은 세상의 모든 사람들을 어두움 속으로 이끌어 들여서 자기에게 순종하게 만들었습니다.

하늘에서 땅에 떨어질 때 하나의 권세를 가지게 되었습니다.
이 '무저갱'은 '프흐레아토스 아비소스'(φρέατος ἀβύσσου)라는 말로, '물을 가두어 두는 곳'(창 1:6), '하나님을 대적하는 자들을 가두어 두는 장소'를 의미합니다.
지옥의 구멍이라는 말입니다. '사탄의 거처'라는 뜻입니다. '지옥'입니다.
이 지옥은 '불 못'입니다.
"사망과 음부도 불 못에 던져지니 이것은 둘째 사망 곧 불 못이라"(계 20:14)

성경은 '최초로 하나님을 반역한 자가 하늘에서 땅으로 내쫓기고 그 때 지옥의 열쇠를 가진 자가 되었는데, 그 때에 지옥이 있었다'는 것입니다.

이 시기는 에덴동산에서 아담이 범죄하기 직전의 일입니다.

하나님 앞에 타락한 천사가 사탄의 원조가 되었습니다(창 3:1).

이때 하늘에서 떨어진 '계명성'입니다(사 14:12).

지옥은 이때 시작된 것이라고 봅니다.

'무저갱의 문이 열렸다'(9:2)고 했습니다. '지옥의 문이 열렸다'는 뜻입니다.

"그가 무저갱을 여니 그 구멍에서 큰 화덕의 연기 같은 연기가 올라오매 해와
공기가 그 구멍의 연기로 말미암아 어두워지며"(2절)

그 '연기'(smoke)는 '악을 선동하는 것, 악령의 행위가 그 영향력을 세상에 퍼뜨려
져서 연기같이 가득 채우게 되는 것'을 말합니다.

악령의 역사는 세상에 연기같이 가득 덮이고 있습니다.

지옥의 현재성이 있습니다.

3절 이하의 말씀에서 그것을 잘 말해 주십니다.

하나님 없는 세상, 하나님을 멀리하는 세상의 종말 이후에 심판을 받게 되는
멸망자들이 고통 받을 곳이 지옥만은 아닙니다.

현재 인류 가운데서 '지옥의 현재성'이 활동력을 나타내고 있습니다.

무저갱의 구멍에서 연기와 함께 '황충'(ἀκρίδες)이 나왔습니다.

'황충'은 메뚜기 과의 곤충입니다.

이 '황충'은 '전갈과 같은 독성을 가진 무서운 곤충'입니다(왕상 8:37; 시 105:34).

이것은 '악령'(惡靈)을 말합니다.

악은 선하지도 않고 부드럽지도 않습니다.

'전갈'은 자기에게 접촉된 자에게 독성을 뿜어냅니다.

그 독성이 닿기만 하면 치명적인 해를 입게 됩니다.

'악'(惡)이라는 것이 그렇습니다.

악이 누구에게든지 접촉되기만 하면 그 악으로 큰 해를 입게 되는 것입니다.

전갈의 권세를 가졌다고 합니다.

사망의 권세를 가졌다는 이야기입니다.

지옥은 죽음의 밑바닥입니다. 죽은 자들이 거기에 빠지는 것입니다.

지옥은 죽은 자들의 집합소입니다.

현대인들이 살아가면서 정신적으로 행복을 느끼는 지수보다는 죽음의 고통을 겪고 있는 지수가 심각한 수준입니다.

사람들은 '죽겠다'는 말을 입버릇처럼 사용합니다.

긍정적인 일에서도 '죽겠다'는 말을 사용합니다.

'좋아서 죽겠다. 재미있어서 죽겠다. 배불러서 죽겠다.……'는 표현을 합니다.

부정적인 일에서는 '힘들어서 죽겠다. 괴로워서 죽겠다, 아파서 죽겠다, 무서워서 죽겠다, 두려워서 죽겠다, 고통스러워서 죽겠다.'고들 합니다.

악은 이렇게 죽어가는 세상을 만듭니다.

'말이 씨가 된다'는 말이 있습니다.

'죽겠다'는 말이 버릇이 되면 죽는 것입니다.

'못 살겠다'는 말이 버릇이 되면 죽는 것입니다.

황충이 전갈의 권세를 가지고 무슨 짓을 하는지 보십시오.

4절 말씀을 보면 세상의 모든 만물들을 닥치는 대로 해하려고 합니다.

그러나 하나님의 사자는 무저갱의 사자에게 권세를 제한합니다.

"땅의 풀이나 푸른 것이나 각종 수목은 해하지 말고 오직 이마에 하나님의 인침을 받지 아니한 사람들만 해하라"고 제한하셨습니다.

그리고 "그들을 죽이지는 못하게 하시고 다섯 달 동안 괴롭게만 하게 하시는데 그 괴롭게 함은 전갈이 사람을 쏠 때에 괴롭게 함과 같더라"(9:5)고 합니다.

이 말씀을 보면 세상 사람들은 악에게 괴롭힘과 고통을 당합니다.

죽지는 않으면서 죽음에 이르는 악을 당합니다.

사탄은 사람을 죽일 권세는 없습니다.

오직 사람이 죽고 사는 것은 하나님께 달려 있는 것입니다.

지옥의 고통은 견디기 어렵습니다.

고통을 당하는 사람들은 차라리 죽기를 구하지만, 죽지는 않습니다.

"그 날에는 사람들이 죽기를 구하여도 죽지 못하고 죽고 싶으나 죽음이 그들을 피하리로다"(6절)

사탄은 사람을 죽이지는 못하지만, 괴롭게 하는 악은 행합니다.

사람들은 그 괴로움으로 인하여 죽고 싶은 충동을 가집니다.

너무나 고통스럽기 때문입니다.

고통은 지옥의 현재성입니다. 지옥은 고통당하는 곳입니다.

그 고통은 사람들이 살아가는 갖가지 형편에서 일어납니다.

재물을 구하는 사람들은 그 재물로 고통당하고, 권력을 찾는 사람들은 그 권력으로 고통당하고, 직업을 구하는 사람들은 그 직업으로 인해 괴로움을 당합니다.

어떤 이들은 질병으로 고통당하고, 어떤 이들은 정신적으로 고통당하고, 어떤 이들은 사랑으로 고통당하고, 어떤 이들은 가족으로 인해서 고통을 당합니다.

이런 저런 일들이 너무나 힘들고 고통스러워서 죽고 싶은 충동을 가집니다.

이 모든 일들은 인간이 당하는 지옥과 같은 재앙입니다.

지옥은 불완전한 세상을 만듭니다.

7-10절에서 지옥의 사자가 황충으로 나타나서 그 세력으로 세상의 모든 사람들을 불완전하고 혼란하게 만들어 버리고 있습니다.

현재의 세상은 불신의 세상이요. 불완전한 세상입니다.

어디를 가든지 평화가 없고, 신뢰성이 없습니다.

황충의 세력이 여덟 가지로 묘사되었습니다. 아주 입체적입니다.

이것은 지옥의 현재성을 말하기도 합니다.

  ① 전쟁을 위하여 예비한 말(馬)들이라고 합니다.

    공격태세를 갖추었다는 것입니다. 세상 사람들은 항상 사탄의 공격을 받습니다.

  ② 머리는 금 같은 면류관 비슷한 것을 썼습니다.

    금 면류관은 권세를 가진 것인데, 그 권세는 사람을 괴롭히는 세력들입니다.

  ③ 사람의 얼굴 같았습니다.

    인격성을 가졌다는 것입니다. 결단력, 지적인 능력을 가졌습니다.

  ④ 여자의 머리털 같은 머리털이 있었습니다.

    이것은 매혹적이고 매력적이라는 말입니다.

    이것은 에덴동산에서 아담과 하와를 꾀이던 사탄의 유혹과 같은 것입니다.

  ⑤ 사자의 이를 가졌습니다. 사납고, 흉폭하고, 잔인한 것을 말합니다.

  ⑥ 철흉갑 같은 흉갑을 가졌습니다. 마치 악어를 연상하게 합니다.

    좀처럼 사람들에게 죽임을 당하지 않는 방어력을 가졌습니다.

사람의 힘으로는 사탄의 세력을 이길 수 없습니다.

오직 예수 그리스도의 이름으로만 할 수 있습니다.

⑦ 전쟁으로 나가는 병거와도 같습니다. 공포감을 가지게 합니다.

⑧ 전갈과 같이 찌르는 꼬리를 지녔습니다. 독성을 가진 악입니다.

성도들은 전갈과 같은 독성으로 괴롭힘을 당하게 되는 것입니다.

이것들은 무저갱의 사자입니다.

"그들에게 왕이 있으니 무저갱의 사자라 히브리어로는 그 이름이 아바돈이요 헬라어로는 그 이름이 아볼루온이더라"(11절)

'아볼루온'(Ἀπολλύων)은 천사의 모습으로 과장을 했습니다.

"이것은 이상한 일이 아니니라 사탄도 자기를 광명의 천사로 가장하나니"(고후 11:14)

타락한 천사입니다. 본래는 하늘의 천사였고, 하나님의 수종자이었습니다.

그러나 하나님을 불순종하고 하나님의 역사를 싫어했습니다.

하나님의 일에 불평하고 불만하고 시기했습니다.

결국 하나님을 반역하여 하늘에서 내쫓긴 자가 되었습니다.

현대사회는 이와 같은 지옥의 사자에 의해서 불완전 속에서 혼란의 고통을 당하고 있습니다. 무저갱의 사자에 의해서 이 땅은 무서운 전쟁을 치르고 있습니다. 현대사회는 말할 것도 없고, 특별히 교회는 이 '아볼루온'의 공격의 대상이 되는 것입니다. '아볼루온'은 하나님의 교회를 공격하여 자신과 함께 지옥의 고통으로 떨어지게 만들려고 하고 있다는 것을 교회는 정신 차리고 직시해야 합니다.

악한 사탄의 사자에 의해서 불타는 지옥이 있다는 것을 잊지 말아야 합니다.

'우리가 믿는 이유'는 '천국과 지옥이 있기 때문'입니다.

만일 우리가 믿지 않으면 구원을 얻지 못하고 천국에 이르지 못할 것입니다.

믿지 않는 자는 '아볼루온'과 함께 영원히 타는 지옥의 불에 버림당합니다.

예수 그리스도께서 이 악한 '아볼루온'을 이기고 격파하셨기 때문에 우리가 예수 그리스도를 우리의 구주로 믿는 것입니다. 예수 그리스도의 십자가의 보혈의 공로로 죄 사함을 받고 구원받은 천국의 시민임을 잊지 말아야 합니다.

왜 소망을 잃었는가?
(요한계시록 9:12-21)

• • • • •

"첫째 화는 지나갔으나 보라 아직도 이 후에 화 둘이 이르리로다 여섯째 천사가 나팔을 불매 내가 들으니 하나님 앞 금 제단 네 뿔에서 한 음성이 나서 나팔 가진 여섯째 천사에게 말하기를 큰 강 유브라데에 결박한 네 천사를 놓아 주라 하매 네 천사가 놓였으니 그들은 그 년 월 일 시에 이르러 사람 삼분의 일을 죽이기로 준비된 자들이더라 마병대의 수는 이만 만이니 내가 그들의 수를 들었노라 이 같은 환상 가운데 그 말들과 그 위에 탄 자들을 보니 불빛과 자줏빛과 유황빛 흉심경이 있고 또 말들의 머리는 사자 머리 같고 그 입에서는 불과 연기와 유황이 나오더라 이 세 재앙 곧 자기들의 입에서 나오는 불과 연기와 유황으로 말미암아 사람 삼분의 일이 죽임을 당하니라 이 말들의 힘은 입과 꼬리에 있으니 꼬리는 뱀 같고 또 꼬리에 머리가 있어 이것으로 해하더라 이 재앙에 죽지 않고 남은 사람들은 손으로 행한 일을 회개하지 아니하고 오히려 여러 귀신과 또는 보거나 듣거나 다니거나 하지 못하는 금, 은, 동과 목석의 우상에게 절하고 또 그 살인과 복술과 음행과 도둑질을 회개하지 아니하더라"

본래 인간은 소망이 보장된 가운데서 이 세상에 태어났습니다.

창세기 1장에 의하면 하나님께서 엿새 동안에 이 세상을 창조하시고 가장 아름다운 곳을 지정하셨는데, 그 곳이 에덴동산(창 2:8-9)입니다.

우주가 생겨난 이후 에덴동산만큼 좋은 곳은 없었습니다.

이곳은 하나님이 친히 정원을 가꾸셨고, 필요한 모든 것을 예비해 두셨습니다.

이렇게 모든 필요가 충족하게 완비된 가운데서 사람이 태어났습니다.

그런데 인간 아담은 이 아름다운 동산을 그의 후손들에게 물려주지 못하고 자기 당대에 잃어버리고 말았습니다.

아담이 하나님의 언약을 어기고 범죄했기 때문이었습니다.

"여호와 하나님이 에덴동산에서 그를 내보내어 그의 근원이 된 땅을 갈게 하시니라"(창 3:23)

인간 아담은 하나님의 첫 언약을 어김으로 천국인 에덴동산을 빼앗기게 되었고 죽음에 이르게 되었습니다.

그러나 하나님은 이 인간을 사랑하셔서 '둘째 언약'을 세워주셨습니다.

인간의 죄와 허물을 대속하실 언약을 세워주셨습니다.

이 언약은 인간이 타락한 직후에 세워주신 것인데 곧 '복음'입니다.

> "내가 너로 여자와 원수가 되게 하고 네 후손도 여자의 후손과 원수가 되게 하리니 여자의 후손은 네 머리를 상하게 할 것이요 너는 그의 발꿈치를 상하게 할 것이니라"(창 3:15)

> "때가 차매 하나님이 그 아들을 보내사 여자에게서 나게 하시고 율법 아래에 나게 하신 것은 율법 아래에 있는 자들을 속량하시고 우리로 아들의 명분을 얻게 하려 하심이라"(갈 4:4, 5)

이러한 약속이 주어졌음에도 불구하고 인간은 계속하여 죄 중에서 하나님께 불순종하므로 죄에 대한 심판을 받게 되었습니다.

'하나님의 언약'은 '인간에게 세워주신 소망'입니다.

그러나 죄가 그 소망을 잃어버리게 했습니다.

예수 그리스도께서 세상에 오셔서 인간의 죄와 허물을 대속하여 십자가에 피흘려 죽으셨으나 인간은 계속하여 그리스도를 믿지 아니하고 불신앙하므로 하나님의 무서운 지옥의 심판을 피하지 못하고 있는 것입니다.

요한계시록 9장 1절에서 사도 요한은 '하늘에서 땅에 떨어지는 별 하나'를 보았습니다.

이 별은 무저갱의 열쇠를 받아서 무저갱을 열었습니다.

그 무저갱에서 연기가 올라오고 '황충'이 나왔는데, 해괴한 괴물이었습니다.

이것은 '전쟁을 일으키는 군대'를 상징한 것입니다.

'전쟁'은 '시기, 다툼, 싸움, 분열, 원수를 맺는 사악'입니다.

이 모든 악의 세력들은 사탄의 역사입니다.

성경은 아직 이 지구상에서 이 무서운 재난들은 끝나지 않았다고 말합니다.

계속해서 이런 무서운 일들이 일어날 것이라고 합니다.

> "첫째 화는 지나갔으나 보라 아직도 이 후에 화 둘이 이르리로다"(12절)

'화 둘이 있을 것'이라고 했는데, 그 '화'는 '세상에서 일어나는 재난'입니다.
그 재난의 기간은 하루나 이틀, 1년이나 2년 정도에서 끝나는 것이 아닙니다.
많은 세월 동안 이어지는 재난입니다.

여섯째 천사가 재난의 시작을 알리는 나팔을 붑니다.
이때에 어떤 일이 일어나고 있는지 자세하게 살펴봅니다.
하나님의 음성이 들렸습니다.

"여섯째 천사가 나팔을 불매 내가 들으니 하나님 앞 금 제단 네 뿔에서 한 음성이 나서"(13절)

이 말씀에서 우리는 네 가지를 생각합니다.

첫째는, '하나님 앞 금 제단'(Θυσιαστηρίου χρυσοῦ ἐνώπιον τοῦ Θεοῦ)입니다.
이 '금 제단'(golden altar)은 '지금까지 주님의 택하심을 입고 이마에 인 맞은 성도들이 기도하는 곳'입니다.
요한계시록 8장 3, 4절에 '성도들이 기도를 드릴 때 천사들이 금향로를 가지고 성도들이 드리는 기도를 받아 주님께 올렸다'고 했습니다.
하나님 앞 금 제단은 성도들이 모인 곳, 예배하는 곳, 기도하는 곳입니다.

둘째는, '뿔에서 음성이 들렸다'고 했습니다.
이 뿔은 양의 뿔과 같은 것으로 소리를 내는 나팔입니다.
이 뿔에서 음성이 들린 것은 힘이 있고, 능력이 있고, 권세가 있는 것을 말합니다.
'복음의 능력이요 메시지'입니다.

셋째는, '네 뿔'입니다.
뿔은 하나가 아니고 넷입니다.
'넷'은 '동서남북 사방'을 상징하는 것입니다.
옛날에는 교회에서 높은 종탑에 동서남북 사방으로 스피커 네 개를 달고 치임(chime)을 울렸는데, 요즘은 교회에서 차임을 울리지 않습니다.
그 이유가 무엇입니까?
세상 사람들이 시끄럽다고 진정(陳情)을 해서 울리지 못하게 된 것입니다.

넷째는, '사방으로 퍼져나가는 음성'입니다.

동서남북 네 뿔에서 나는 음성은 사방으로 멀리 퍼져나가게 하기 위함입니다.

하나님께서 그의 말씀을 온 세상에 널리 퍼져나가게 하십니다.

현재도 하나님의 제단에서 말씀이 울려 퍼지는 음성은 사방으로 퍼져나갑니다.

이 음성을 들어야 합니다.

선지자의 입을 통해서 울려 퍼집니다.

하나님은 목사를 세우시고 주의 말씀을 전하게 하십니다.

가르치는 교사를 통하여 말씀을 전하게 하십니다.

믿는 사람은 하나님의 음성으로 듣습니다.

믿음이 있는 사람은 하나님의 음성으로 알고 순종할 것입니다.

겸손한 믿음이 있는 사람은 하나님의 음성으로 알고 따를 것입니다.

온유한 믿음이 있는 사람은 하나님의 음성으로 알고 복종할 것입니다.

그러나 불신앙자나 믿음이 없는 사람은 하나님의 말씀으로 믿지 않고 따르지 않을 것입니다.

믿음이 없는 사람은 소망을 잃어버리게 됩니다.

결박된 네 천사가 놓임을 받습니다.

> "나팔 가진 여섯째 천사에게 말하기를 큰 강 유브라데에 결박한 네 천사를 놓아 주라 하매"(14절)

'결박되다'는 말은 '묶여 있다, 동여 있다'는 말입니다.

묶어두었던 것은 그 때는 사용하지 않을 때였습니다.

무엇이든지 사용하지 않을 때나 사용할 필요가 없을 때는 덮어두거나 묶어둡니다.

여기서 '큰 강'은 '권세를 행사하는 악한 세상'을 상징합니다.

'네 천사'는 '인격적인 단체'를 상징합니다.

'싸움을 일으키는 자, 전쟁을 일으키는 세력들'입니다.

'넷'이라는 숫자는 문자적으로 '네 개'가 아닙니다.

'동서남북'으로 '많은 것'을 상징합니다.

어느 특정한 시기에만 있을 일이 아닙니다.

예수 그리스도께서 초림하시고 이후 다시 재림하실 그 날까지 있을 일에 대해 말씀하신 것입니다.

'놓이다'는 '활동을 개시하는 것'입니다.
무슨 행동을 하게 될까요?
괴로운 일, 고통스러운 일, 상처 받을 일들만은 아닙니다.
싸움과 전쟁을 행하는 세력들이 될 것입니다.
'네 천사'는 '지상에서 악한 행위로 살상을 행하는 세력들'이 될 것입니다.
심판의 날이 정해졌습니다.

> "네 천사가 놓였으니 그들은 그 년 월 일 시에 이르러 사람 삼분의 일을 죽이기로 준비된 자들이더라"(15절)

'네 천사가 놓였다'는 것은 '그들이 살상을 행하는 세력들이 되었다'는 것입니다.
결코 선한 천사가 아닙니다. 악한 행위를 일삼습니다.
오로지 하나님의 도구로 사용된 것입니다.

지금까지 인류 역사를 보면 하나님께서 죄에 대한 심판을 하실 때 여러 가지 방법을 사용하셨습니다.
하나님께서는 홍수로 심판하셨습니다.
때로 하나님은 하늘에서 불이 떨어지게 하심으로 심판하시기도 하셨습니다.
벌어진 땅에서 불이 나오게 하심으로 심판하시기도 하셨습니다.
염병(전염병)으로 사람들을 심판하시기도 하셨습니다.
인간의 나라들을 동원하여 전쟁을 통하여 심판하시기도 하셨습니다.

사람이 가장 많이 살상을 당한 때는 전쟁으로 인해 일어난 일입니다.
인류 역사상 전쟁으로 인해 사람들이 죽음에 이르는 사건은 참으로 무섭습니다.
성경에 보면 '사람들의 삼분의 일이 죽는다'고 했습니다.

그 때가 언제인지는 잘 모릅니다.
시난 때가 족한지, 아니면 앞으로 이런 무서운 일이 있을 것인지 단정할 수는 없지만 역사적으로 지금까지 있었던 인간이 집단적으로 죽음에 이르는 사건과 말씀을 비교해 보면 앞으로 이런 일이 있을 것이라고 여겨집니다.

지금까지 있었던 재난보다 앞으로 일어날 무서운 재난이 있어 사람들은 심판을 받게 될 것이라고 봅니다.

세계정세를 보면 사람들은 점점 더 악해지고 있습니다.

'그 년 월 일 시'가 정해졌지만, 하나님만이 아십니다.

인류 역사상 가장 무서운 사건일 것입니다.

지금의 시대야말로 최첨단 무기가 개발되었고, 점점 더 발전하고 있습니다.

'전쟁을 위한 핵무기가 개발'되었을 때 '과학의 꽃'이라고 합니다.

인간으로서 가장 자랑스러운 사건이라고 생각했습니다.

　　지금 북한에서도 핵무기 실험에 성공했다고 자화자찬하며 위대하고 영광스러운 일이라고 교만을 떱니다. 그러나 핵무기를 만든 결과는 무엇입니까? 그 자신이 죽는 것입니다. 그것을 알아야 합니다. 지상에서 어느 곳이든지 핵무기가 사용된다면 그때는 지구의 종말의 날인데 하나님의 최후의 심판의 날이 될 것입니다. 물론 하나님은 주님이 재림하실 때 인간이 만든 핵을 심판의 도구로 사용하신다는 의미는 아닙니다. 오직 하나님의 방법으로 소돔처럼 심판하십니다.

네 천사가 퍼붓는 무기의 화력을 봅니다.

　　16절에 전쟁에 동원된 군사는 '이만 만'이라고 했는데 2억 명이나 됩니다.

　　17절에 '불빛과 자줏빛과 유황빛 호심경이 있고 또 말들의 머리는 사자 머리 같고 그 입에서는 불과 연기와 유황'이 나옵니다.

　　18절에 '불과 연기와 유황으로 말미암아 사람 삼분의 일이 죽임'을 당합니다.

이러한 말씀에서 밝혀 주는 것은 이제까지 전쟁에서 사용되었던 화력에서는 일찍이 없었습니다. 만일 앞으로 지상에서 일어날 전쟁이 있어서 화력을 내뿜는다면 '불빛, 자주 빛, 유황빛, 불과 연기와 유황 냄새가 천지를 뒤덮을 것'입니다.

그것은 '핵무기'입니다.

그런데 이보다 더 무서운 것이 있습니다.

바로 '회개하지 않는 백성들'입니다.

　　"이 재앙에 죽지 않고 남은 사람들은 손으로 행한 일을 회개하지 아니하고 오히려 여러 귀신과 또는 보거나 듣거나 다니거나 하지 못하는 금, 은, 동과 목석의 우상에게 절하고 또 그 살인과 복술과 음행과 도둑질을 회개하지 아니하더라."(계 9:20-21)

그릇된 종교 행위에 빠졌던 자들이 회개하지 않습니다.
더러운 생활을 하던 사람들이 그 행위를 회개하지 않습니다.
이 얼마나 무서운 세상입니까?

그런데 어리석은 종교를 주신(主神)으로 믿으며 회개하지 않은 사람들이 많습니다.

테러의 주범자였던 '오사마 빈 라덴'(Osama bin Laden)을 보십시오.
그는 자신으로 인하여 수십만 명이 죽어가고 나라가 망해 가고 있는 데도 회개하지 않았습니다.
'사담 후세인'(Saddam Hussein)도 그릇된 종교를 믿으면서 독재자가 되어 수많은 사람들을 학살하였고, 그 행위로 나라가 망하고 백성들이 수만 명이 죽음에 처하는 것을 보면서도 회개하지 않았습니다.
공산주의자는 자기 자신을 공산주의 종교의 교주로 만들어 우상화를 하며 온 백성들을 헐벗음과 굶주림으로 죽어가게 하고, 자신의 생존 문제가 눈앞에 이르렀음에도 회개할 줄 모릅니다.

행복의 소망은 항상 눈앞에 전개되어 있으나 행복의 소망을 잃어버리고 있습니다.
행복의 소망을 잃어버린 이유는 죄인임을 회개하지 않기 때문입니다.
하나님을 믿지 않는 것입니다.

다른 신을 섬기고 우상을 섬기는 것이 죄입니다.
'믿는다고 하면서도 불신앙의 행위를 버리지 않는 것'은 '죄'(罪)입니다.
하나님의 말씀대로 따르지 않는 것이 죄입니다.
믿음으로 순종하지 않는 것이 죄이고, 복종하지 않는 것이 죄입니다.

성령을 받고 회개의 영을 받아야 합니다.
성령으로 회개하는 믿음만이 사함을 받습니다.
행복의 소망을 누릴 수 있습니다.
성령의 역사로 회개하는 영을 받아야 합니다.
내가 회개하면 가정을 살리고, 교회를 살립니다.
사회와 국가를 살리고, 세상을 살릴 수 있습니다.
회개의 영을 받은 성령이 충만하기를 원합니다.

제10장 요한이 먹은 작은 두루마리

- **주제성구** "내가 천사의 손에서 작은 두루마리를 갖다 먹어 버리니 내 입에는 꿀 같이 다나 먹은 후에 내 배에서는 쓰게 되더라"(10절)
- **주제찬송** ♩ 202장 하나님 아버지 주신 책은 귀하고 중하신 말씀일세

서론

본 장은 여섯 번째 나팔의 재앙이 끝나고 일곱 번째 나팔의 재앙이 시작되기 전까지의 중간 부분이 소개되는 내용으로 힘센 천사와 작은 두루마리에 대한 내용입니다.

본 장에서 힘센 천사는 이제 남아 있는 시간이 얼마 없음을 확인시키고 있으며, 일곱째 나팔의 재앙이 임할 때는 이미 복음이 성취된 시기임을 맹세합니다. 또 기록자 요한은 천사의 손에 놓인 작은 두루마리를 먹습니다. 먹은 두루마리는 입에서 꿀 같이 달콤하나 배에서는 매우 쓰다고 하였습니다.

사도 요한은 작은 두루마리를 먹음으로써 다시 한 번 자신의 소명감을 새롭게 다지고 있습니다.

본론

작은 두루마리를 가진 천사(1-4절)

요한이 본 천사의 모습은 힘세고, 구름을 입고, 하늘에서 내려 왔습니다. 그 머리 위에는 무지개가 있고, 얼굴이 해 같이 빛나며, 발이 불기둥 같은 천사였습니다. 천사가 들고 있는 두루마리는 만민에게 미칠 복음을 뜻합니다.

천사는 손에 펴 놓인 작은 두루마리를 들고 있고, 발은 바다와 땅을 밟고 있으며, 입은 힘 있는 메시지를 외쳤습니다. 이 같은 그의 행위는 그가 하늘과 땅을 지배하는 권세를 가지고 있음을 의미하며, 그 전하는 소식이 온 우주와 온 천하에 미치며, 또 모두가 들어야 함을 의미합니다.

먼저 '일곱 우레가 발한 것을 기록하지 말라'고 했는데, 이것은 '앞으로 일어날 일에 대해서 공연히 상상하거나 그것을 전하려고 애쓰지 말라'는 것입니다.

천사의 외침(5-7절)

일곱 번째 나팔이 울리기 전에 나타난 천사의 모습과 그의 음성은 마지막 심판의 권위를 보여줍니다. 천사 중의 하나이지만 이 세상을 심판하실 주님의 권위를 가지고 나타난 그가 창조주 하나님을 가리켜 맹세하며 외친 내용은 마지막 심판이 곧 임할 것이라는 사실입니다. 하나님의 비밀인 하나님의 약속은 지체하지 않고 이루어집니다. 작은 두루마리의 비밀도 지체하지 않으시고 속히 이루실 것입니다.

하나님의 비밀이란 그리스도의 손에 있는 책, 곧 성경에 기록된바 하나님의 모든 말씀들을 가리킵니다. 아직까지 이루어지지 않은 마지막 날의 예언들도 일점일획의 착오도 없이 다 이루어질 것입니다. 그러나 심판이 임박했다고 그 날에 대해 미리 상상하고 그것을 들추어 낼 필요는 없습니다.

요한이 먹은 작은 두루마리(8-11절)

요한은 하늘에서 음성을 들었습니다. '천사의 손에 펴 있는 두루마리를 가지라, 먹어 버려라, 그러면 배는 쓰나 입에는 꿀 같이 달리라'는 것이었습니다. 요한에게는 이 예언의 말씀을 세상에 전해야 할 의무가 있음을 상기시켜 주고 있습니다. 요한은 '작은 두루마리를 가져다 먹어 버리라'는 명령에 순종하였습니다. '먹어 버리라'는 말은 '양식을 삼으라'는 뜻입니다. 하나님의 말씀은 영광스럽기에 참되고 생명을 주기에 꿀 같이 달다고 하였습니다. 반대로 먹은 후에는 배에서 쓰게 되었습니다. 하나님의 비밀, 그 중에도 심판의 비밀을 알게 될 때 마음이 편할 리가 없습니다. 구원받은 자의 삶을 살리려면 쓴맛을 경험해야 합니다. 믿음 때문에 받아야 할 핍박과 환난의 쓴맛을 각오하며 복음을 전해야 합니다.

결론

예수님께서 처음 이 땅에 오셨을 때 선지자들에게 예언했던 구속사역이 다 이루어진 것처럼, 이제 주님께서 다시 오실 때 성경에 예언된 모든 것은 다 완성될 것입니다. 이런 확신을 가진 성도들의 책임은 '펴놓은 작은 두루마리', 즉 지금까지 우리에게 알려진 계시를 잘 먹고 소화해서 그것을 가능한 한 모든 사람에게 전하는 일입니다. 하나님의 말씀이 구원을 얻은 우리에게는 꿀과 같은 메시지가 되겠지만, 멸망 받을 사람들은 이 말씀에 반발할 수 있으므로 그 말씀을 전함은 고통이 될 수 있습니다. 그들이 듣든지 아니 듣든지, 때를 얻든지 못 얻든지 우리는 하나님의 말씀을 전해야 합니다. 일곱 번째 나팔이 울리면 모든 것이 끝나 버립니다. 그 때까지 복음을 전해야 합니다.

- **장명가** "힘 있는 큰 천사 내려와 남은 때 없다고 고하네ㆍ요한이 적은 책 먹은 후 예언할 새 사명 받았네ㆍ주님이 오신다 흰 예복 입고 주 맞으라ㆍ주님이 오신다 등불을 켜들고 맞으라"(♪ 270장 변하는 주님의 사랑과)

하나님의 비밀인 복음
(요한계시록 10:1-7)

. . . . .

"내가 또 보니 힘 센 다른 천사가 구름을 입고 하늘에서 내려오는데 그 머리 위에 무지개가 있고 그 얼굴은 해 같고 그 발은 불기둥 같으며 그 손에는 펴 놓인 작은 두루마리를 들고 그 오른 발은 바다를 밟고 왼 발은 땅을 밟고 사자가 부르짖는 것 같이 큰 소리로 외치니 그가 외칠 때에 일곱 우레가 그 소리를 내어 말하더라 일곱 우레가 말을 할 때에 내가 기록하려고 하다가 곧 들으니 하늘에서 소리가 나서 말하기를 일곱 우레가 말한 것을 인봉하고 기록하지 말라 하더라 내가 본 바 바다와 땅을 밟고 서 있는 천사가 하늘을 향하여 오른손을 들고 세세토록 살아 계신 이 곧 하늘과 그 가운데에 있는 물건이며 땅과 그 가운데에 있는 물건이며 바다와 그 가운데에 있는 물건을 창조하신 이를 가리켜 맹세하여 이르되 지체하지 아니하리니 일곱째 천사가 소리 내는 날 그의 나팔을 불려고 할 때에 하나님이 그의 종 선지자들에게 전하신 복음과 같이 하나님의 그 비밀이 이루어지리라 하더라"

여섯째 천사가 나팔을 불 때 온 지구상에 뇌성 같은 큰 음성이 울려 퍼졌습니다. 그 때 무서운 일들이 일어났습니다.

사람의 삼분의 일이 죽임을 당하고, 수목의 삼분의 일이 강한 바람으로 파괴를 당하고, 바다의 생물들과 수산업과 해운업의 삼분의 일이 파괴를 당하는데, 화산 폭발 같은 것으로 해를 입었습니다.

물의 삼분의 일이 오염되어서 먹을 수 없게 되었고, 낮의 삼분의 일도 빛을 잃고 어둡게 되어서 경건하지 않은 사람들에게 고통을 가져다주었습니다.

그렇다면 왜 이렇게 희망을 잃어버린 세상이 되었습니까?
'죄를 회개하지 아니하므로 심판을 받아야 한다'(계 9:20-21)고 했습니다.
이런 무서운 심판의 진노가 끝은 아니었습니다.
또 다른 천사가 하늘에서 구름을 입고 내려오는 것을 보았습니다.
이 천사는 지금까지 보지 못했던 모습입니다.
　머리에는 무지개가 떠 있었습니다.

얼굴은 해 같이 빛나고, 그 발은 불기둥 같았습니다.

손에는 두루마리가 들려있고, 오른 발은 바다를 밟고, 왼쪽 발은 땅을 밟았습니다.

천사는 소리를 외치는데 사자가 부르짖는 것과 같이 큰 소리로 외칩니다.

그 때에 일곱 우렛소리가 울렸습니다.

무엇을 뜻하는 일입니까? 위대한 힘을 가진 한 천사의 임재입니다.

하늘에서 구름을 입고 내려오는 천사는 '과연 누구일까?' 궁금증을 갖게 합니다.

천사는 하늘에서 내려 왔는데, 하늘은 그 보좌가 있는 곳입니다.

존귀하고 영광스러운 곳입니다. 가장 높은 곳에서 권세와 권위와 능력을 가지시고 계신 분이 계신 곳입니다. 온 우주를 다스리시는 주님이 계신 곳입니다.

그런 곳에서 힘센 천사가 내려 왔습니다(10:1-3).

천사는 힘이 세다고 했습니다.

발은 불기둥과 같고 오른 발은 바다를 밟고 왼발은 땅을 밟았다고 했습니다.

이 천사는 주님이 보내신 특권을 가지고 보냄을 받은 메신저입니다.

천사에게 힘이 있었습니다. 그 힘은 그의 손에 있는 작은 두루마리에 있었습니다(10:2). 만일 천사가 아무리 힘이 세고 능력이 있고 위엄이 있었다고 해도 그의 손에 두루마리가 없었다면 아무 의미가 없습니다. 그의 손에 작은 두루마리가 있어 영광스럽게 보였습니다. 그 모습을 살펴봅니다.

첫째는, 구름을 입으셨습니다.

'구름을 입었다'는 말씀은 '위엄이 있으신 분이시며, 영광스러우시며, 존귀하심을 입으셨다'는 뜻이고, '구름'은 '하늘과 땅의 차별'을 나타내는 의미입니다.

'말씀의 선포가 하나님으로부터 선포되는 것'을 말해 주십니다.

둘째는, 머리에 무지개가 있었습니다.

'무지개'는 '언약'을 상징합니다. 하나님은 '노아 홍수 이후에 다시는 세상을 홍수로 심판하지 않으시겠다'는 증표로 무지개를 언약으로 세워주셨습니다.

언약은 반드시 지키시는 약속이시기에 매우 아름다운 일입니다.

사람에게 가장 기쁜 일과 즐거운 일은 약속이 잘 지켜질 때입니다. 약속을 잘 지키지 못할 때 마음에 상처를 입습니다. 기쁨이 없고 즐거움이 없습니다.

하나님의 영광은 약속에서 더욱 빛납니다. 약속은 신실한 것이며, 자비로운 것이며, 영광된 것입니다. 하나님이 한 번 약속하신 것은 절대로 변개치 않으십니다.

셋째는, 얼굴은 해와 같이 빛났습니다.

육체적이고 이성적인 것을 초월해서 '영적으로 지성과 이성이 지혜롭고 명철하고 총명이 탁월함'을 상징하는 뜻입니다(마 17:2). 하나님의 메시지를 전파하는 종의 얼굴은 영적으로 지성이며 감성이며 명철이요 총명을 나타냅니다.

그 얼굴에 위대한 빛의 메시지가 나타닙니다.

넷째는, 불기둥 같은 발을 가지셨습니다.

불기둥은 모세가 이스라엘을 애굽에서 이끌어 내어서 가나안을 향해 갈 때 '광야를 인도하시는 하나님의 불기둥'을 연상하게 합니다. 하나님께서 이스라엘을 광야에서 인도하실 때 낮에는 구름기둥으로, 밤에는 불기둥으로 인도하셨습니다.

'불기둥'은 '하나님의 임재하심'을 의미합니다. 하나님께서 직접 임하셔서 함께 해 주시고 인도하셨습니다. 불기둥은 '지키시는 능력'을 의미합니다. '보호해 주시는 은혜'를 의미합니다. 그리고 '존귀와 영광과 위엄'을 나타내시는 뜻입니다.

다섯째는, 손에 작은 두루마리를 들었습니다.

5장 1절에 안팎으로 썼는데 일곱 인으로 봉했던 그 두루마리입니다.

그때 사도 요한은 그 두루마리를 펼 수도 없고, 읽을 수도 없어서 매우 답답하고 궁금해서 큰 소리로 울었던 것입니다.

바로 이 두루마리가 천사의 손에 들려 있었습니다.

이 '두루마리'는 '이 세상에 선포되어야 할 메시지 내용'입니다.

하나님의 말씀인 '성경'입니다. 하나님의 말씀은 이런 것입니다.

> "모든 성경은 하나님의 감동으로 된 것으로 교훈과 책망과 바르게 함과 의로 교육하기에 유익하니 이는 하나님의 사람으로 온전하게 하며 모든 선한 일을 행할 능력을 갖추게 하려 함이라"(딤후 3:16-17)

사랑과 긍휼과 자비하심이 있는가 하면 동시에 징계와 심판이 있습니다.

믿는 자들에게 사랑의 말씀입니다. 그러나 믿지 않는 자들에게는 진노의 심판을 하실 것을 명하셨습니다. 이 말씀은 주님의 손에서 행해질 것입니다.

여섯째는, 두 발은 바다와 땅을 밟고 있었습니다.

이 말씀은 '온 우주를 다스리시는 능력과 권세와 힘'을 상징하는 것입니다.

주님은 바다와 산과 넓은 땅들을 한 발로 밟으시는 분입니다.

다스리심의 권세를 가지셨습니다.

이 온 우주가 아무리 넓다 해도 다 주님의 발아래 있고, 손 안에 있습니다.

"내가 주의 영을 떠나 어디로 가며 주의 앞에서 어디로 피하리이까 내가 하늘에 올라갈지라도 거기 계시며 스올에 내 자리를 펼지라도 거기 계시니이다 내가 새벽 날개를 치며 바다 끝에 가서 거주할지라도 거기서도 주의 손이 나를 인도하시며 주의 오른손이 나를 붙드시리이다"(시 139:7-10)

주님 눈앞에서 피할만한 곳이 없습니다. 주님은 온 우주를 다스리십니다.

일곱째는, 사자의 부르짖는 소리와 같이 큰 소리로 외치는 소리입니다.

하나님이 말씀하시는 음성이 온 우주에 퍼지는 소리입니다.

하나님의 음성은 아무리 멀리 있다고 할지라도 가까이서 들리는 사자의 외치는 소리처럼 들릴 것입니다.

여덟째는, 일곱 우렛소리로 발했습니다.

'일곱'의 수는 '완전수'를 의미합니다. 하나님의 말씀은 헛되지 않으실 것입니다.

"하나님은 사람이 아니시니 거짓말을 하지 않으시고 인생이 아니시니 후회가 없으시도다 어찌 그 말씀하신 바를 행하지 않으시며 하신 말씀을 실행하지 않으시랴"(민 23:19)

말만 하고 행함이 없는 경우를 보고 큰소리치지 말라고 합니다.

말은 곧 약속입니다. 한 번 입으로 한 말은 다시 담을 수 없습니다.

그대로 행해야 합니다. 하나님은 말씀하신 대로 행하십니다.

이 천사로 보이시는 분은 '예수 그리스도'이심을 상징하는 것을 연상해 줍니다.

요한계시록 1장 7절에 "구름을 타고 오시리라"고 했고, 요한계시록 1장 13-17절의 말씀을 볼 때 유사점을 발견할 수 있습니다.

하나님의 비밀을 지킬 것을 지시합니다.

"일곱 우레가 말을 할 때에 내가 기록하려고 하다가 곧 들으니 하늘에서 소리가 나서 말하기를 일곱 우레가 말한 것을 인봉하고 기록하지 말라 하더라"(4절)

우레 같은 큰 음성이 들렸을 때 사도 요한은 기록하려고 했는데 하나님은 "기록하지 말고 인봉하라"고 하셨습니다.

'인봉하라'는 의미는 '비밀을 지키라'는 뜻입니다.

'아직 알리지 말라', '아직 세상 끝이 아니라'는 것입니다.

당장 심판하셔야 하는데 아직 그 때가 아니기 때문에 인봉하라고 하십니다. 그러나 그 때가 멀지는 않습니다. 임박했습니다. 잠시 기다리시는 것입니다. 여기서 '기록하지 말라'는 것은 '그리 오래지 않아 곧 시행될 것, 곧 '때가 임박했다'는 것을 말합니다. 따라서 이 음성을 듣는 사람은 믿음의 준비를 하고 기다려야 합니다.

우주를 다스리시는 이는 주님이십니다.

하늘에서 내려 온 힘센 천사는 주님의 권세와 권능과 영광을 높이고 그 권세를 가지고 반드시 예정하신 대로 이루실 것을 선포합니다.

첫째는, 하나님을 향하여 서원합니다. 하나님의 정하신 때가 있습니다.

"내가 들은즉 그 세마포 옷을 입고 강물 위쪽에 있는 자가 자기의 좌우 손을 들어 하늘을 향하여 영원히 살아 계시는 이를 가리켜 맹세하여 이르되 반드시 한 때 두 때 반 때를 지나서 성도의 권세가 다 깨지기까지이니 그렇게 되면 이 모든 일이 다 끝나리라 하더라"(단 12:7)

이는 예수 그리스도의 때를 말씀하는 것입니다.

요한계시록 10장 5절에 이 말씀이 응했습니다.

"내가 본 바 바다와 땅을 밟고 서 있는 천사가 하늘을 향하여 오른손을 들고"

하나님의 메시지를 받은 천사는 발로는 바다와 땅을 점령하고, 두 손은 하나님을 향해서 늘었습니다. '두 발로 바다와 땅을 밟고 있는 것'은 '그 받은 사명을 한 치의 착오도 없이 시행하시는 결단'입니다. 그리고 '두 손을 들어 하늘을 향한 것'은 '하나님께 받은 사명을 조금도 착오 없이 감당할 것을 서원하는 행동'입니다. 그리고 '하나님의 권세와 능력과 존귀와 영광을 찬양하는 자세'이기도 합니다.

하나님께 순종하는 자의 자세입니다.

둘째는, 하나님을 향하여 맹세코 지체하지 않을 것을 선포합니다.

"세세토록 살아 계신 이 곧 하늘과 그 가운데에 있는 물건이며 땅과 그 가운데에 있는 물건이며 바다와 그 가운데에 있는 물건을 창조하신 이를 가리켜 맹세하여 이르되 지체하지 아니하리니"(6절)

천사는 온 우주를 다스리시는 주님을 인정합니다.

천지를 창조하시는 것을 찬양합니다. 주님만이 온 우주의 주이시며 다스리시는 분이심을 높이며 영광을 돌립니다. 그리고 그 주 하나님을 향하여 맹세를 합니다.

하나님이 계획하신 심판의 그 날이 반드시 그대로 성취될 것을 외칩니다.
'지체하지 아니 하리라'는 말씀은 '더 이상 시간이 없다'는 뜻입니다.
믿는 자의 태도는 항상, 언제나 이 마음을 가져야 합니다.
'시간이 없다, 이제 마지막이다'라는 마음으로 준비를 해야 합니다.
최후의 날을 준비하고 기다려야 합니다.

> "일곱째 천사가 소리 내는 날 그의 나팔을 불려고 할 때에 하나님이 그의 종
> 선지자들에게 전하신 복음과 같이 하나님의 그 비밀이 이루어지리라"(7절)

천사가 나팔을 불어 소리 내는 날, 그 순간이 있을 것입니다.
그 나팔 소리가 나면 다시는 취소되지 않습니다.
천사가 나팔을 부는 그 날, 그 순간은 연습도 없습니다.

오래 전에 우리나라 각료들이 미얀마의 아웅 산에서 17명이나 되는 분들이 산
화되었습니다. 전두환 대통령이 순방 갔을 때 아웅 산 묘역에 참배를 하게 되어
있었는데 대통령이 오시기 전에 미리 각료들이 도착하여 예행연습을 했습니다.
이때에 북한 공작원들이 미리 현장에 폭탄을 설치해 두고 전두환 대통령을 시해
하려고 한 것입니다. 북한의 공작원들은 멀리 떨어진 곳에서 리모컨을 가지고
나팔 소리를 듣고 리모컨을 눌렀습니다. 그런데 이때는 연습하는 나팔 소리였고
대통령은 아직 도착하지 않았습니다. 17명의 각료들만 미리 예행연습을 했는데
전두환 대통령이 참배하는 줄 알고 폭탄을 터트린 것입니다.

최후의 심판의 그 날에는 예행연습이 없습니다.
단 한 번의 천사의 나팔 소리가 울리는 그 순간 약속대로 이루어질 것입니다.
사도 요한은 그 때 음성을 들었습니다.

> "일곱째 천사가 소리 내는 날 그의 나팔을 불려고 할 때에 하나님이 그의 종
> 선지자들에게 전하신 복음과 같이 하나님의 그 비밀이 이루어지리라"(7절)

아직은 나팔이 울리지 않았습니다.
잠깐이기는 하지만 준비해야 할 기회가 주어졌습니다.
우리 모든 성도들은 최후의 그 날을 준비하고 기다려야 합니다.
이 복음을 전해야 합니다. 마지막 그 날은 임할 것입니다.
복음을 믿고 준비된 사람은 그 날이 와도 구원을 얻을 것입니다.

꿀같이 단 말씀
(요한계시록 10:8-11)

· · · · ·

"하늘에서 나서 내게 들리던 음성이 또 내게 말하여 이르되 네가 가서 바다와 땅을 밟고 서 있는 천사의 손에 펴 놓인 두루마리를 가지라 하기로 내가 천사에게 나아가 작은 두루마리를 달라 한즉 천사가 이르되 갖다 먹어 버리라 네 배에는 쓰나 네 입에는 꿀 같이 달리라 하거늘 내가 천사의 손에서 작은 두루마리를 갖다 먹어 버리니 내 입에는 꿀 같이 다나 먹은 후에 내 배에서는 쓰게 되더라 그가 내게 말하기를 네가 많은 백성과 나라와 방언과 임금에게 다시 예언해야 하리라 하더라"

사도 요한이 '하나님의 계시를 받았다'는 것은 요한이 보통 사람이 아니라는 것을 알게 됩니다. 그의 일거수일투족을 통하여 이 사람은 하나님의 계시를 받기에 능히 족한 분이라는 것을 볼 수 있습니다.

계시를 받을 수 있는 사도로서의 '지혜와 총명과 통찰력'을 볼 수 있습니다.

하나님의 말씀에 대한 집중력을 가졌습니다.

사도 요한은 '사자가 그 손에는 펴 놓인 작은 두루마리를 들고 있는 것'을 보았고(계 10:2), "천사의 손에 펴 놓인 두루마리를 가지라"(계 10:8)는 말씀을 들었습니다.

사도 요한은 하나님의 사자를 만나보았을 때 그의 인격이나 인물, 그의 지위나 권세에 관심을 갖기보다는 '그가 무엇을 하시는 분이신가'에 관심을 가졌습니다.

사도 요한은 하나님의 사자를 만나보았을 때 중요한 것을 발견했습니다.

'사자의 손에 놓인 두루마리'입니다.

이 두루마리는 '하나님의 말씀을 기록한 것'이라는 것을 직감할 수 있었습니다.

언제나 그 말씀에 깊은 관심을 가졌습니다.

사도 요한은 보좌에 앉으신 이의 오른손에 두루마리를 보았는데 일곱 인으로 봉하여 있었습니다.

그런데 그 두루마리를 펴거나 볼 수가 없었습니다.

두루마리를 보아야 하는데 펼 수도 없고 내용을 알 수 없었습니다.

두루마리에 대한 관심이 크고 큰데, 그 내용을 알 수 없으니 답답하다 못해서 크게 통곡하며 울었습니다(계 5:1-5).

'울었다'는 것은 그만큼 '말씀을 사모하고 갈급하였다'는 것을 말해 줍니다.

그것은 하나님의 말씀이기에 사모하고 갈급한 것입니다.

말씀을 사모하는데 '영감'(靈感)을 받아야 합니다.

하나님께서 인간을 지으실 때 말씀을 사모하는 영감을 주셨습니다.

> "여호와 하나님이 그 사람에게 명하여 이르시되 동산 각종 나무의 열매는 네가 임의로 먹되 선악을 알게 하는 나무의 열매는 먹지 말라 네가 먹는 날에는 반드시 죽으리라"(창 2:16-17)

말씀을 지키면 살고, 지키지 않으면 죽는다는 뜻입니다.

말씀에 대한 권위, 말씀에 대한 권세, 말씀에 대한 능력, 말씀에 대한 언약입니다.

말씀을 귀하게 여기는 영감이 있어야 합니다.

> "나의 영혼이 주의 구원을 사모하기에 피곤하오나 나는 주의 말씀을 바라나이다. 내 눈이 주의 구원과 주의 의로운 말씀을 사모하기에 피곤하니이다"(시 119:81, 123)

주의 말씀을 바라고 사모한다고 했습니다.

> 예수님은 "사람이 떡으로만 살 것이 아니요 하나님의 입으로부터 나오는 모든 말씀으로 살 것이라"(마 4:4)고 하셨고, 사도 베드로는 "주여 영생의 말씀이 주께 있사오니 우리가 누구에게로 가오리이까"(요 6:68)라고 고백했습니다.

하나님의 말씀은 처음이나 나중이나 언제 어디서든지 변함이 없습니다.

오직 구원이며 영생이 되십니다.

말씀이 있는 자는 '구원과 영생을 얻습니다.

사도 요한은 말씀에 대한 깊은 관심을 가졌습니다.

말씀만이 소망이기 때문입니다.

말씀의 두루마리를 가지라는 명령을 받았습니다.

> "하늘에서 나서 내게 들리던 음성이 또 내게 말하여 이르되 네가 가서 바다와 땅을 밟고 서 있는 천사의 손에 펴 놓은 두루마리를 가지라 하기로"(8절)

'두루마리를 가지라'는 명령을 받았습니다.
'소유하라'는 명령입니다.
여기에 중요한 의미가 있습니다.

사람이 사람답게 되는 것이 저절로 되는 것이 아닙니다.
가정에서 부모의 양육을 받아야 하고, 학교에서 선생님으로부터 교육을 받아야 하고, 사회생활에서 인간관계의 윤리와 도덕을 배워야 합니다.
사람을 잘 길러내는 가정(家庭)이 중요하고, 학교가 중요합니다.
그래서 좋은 가정, 좋은 학교를 찾는 것입니다.

> '좋은 학교'가 되는 조건은 여러 가지가 있지만 그중에 '도서를 얼마나 많이 소장하고 있느냐'에 비중을 둡니다.
> 학교기 학교답게 되려면 '장서'(藏書)를 많이 보유해야 합니다.
> 그래야만 학생들이 연구를 잘할 수 있습니다.
>
> 저도 몇 천권의 책을 보유하고 있습니다.
> 단순히 '장서용'(藏書用)이 아닙니다.
> 배우고, 연구하고, 오직 하나의 완전한 진리를 찾고 구하기 위해서입니다.
> 진리는 많은 책들 속에 있는 것은 아니라, 오직 한 권의 책에 담겨 있습니다.
> 그런데 왜 그리 많은 책들이 필요합니까?
> 많은 사람들이 많은 지식과 지혜를 말하지만 오직 '하나님의 말씀만이 진리'라는 것을 비교하기 위해서입니다.

하나님의 말씀을 소유해야 합니다.
보관용이 아닙니다. 장서용도 아닙니다.
하나님은 사도 요한에게 '하나님 말씀의 두루마리를 가지라'고 하셨습니다.
'이 말씀을 취하고 배우고 연구해서 네 것을 삼으라'는 뜻입니다.

> 예수님은 어린 시절부터 말씀을 깊이 배우고 연구하셨고, 그 진리를 소유하셨습니다. 예수님은 열두 살 때에 부모와 함께 예루살렘 성전에 올라갔을 때 집으로 돌아가지 아니하고 성전에서 성경을 가르치는 선생들과 같이 앉아서 듣기도 하고 묻기도 하고, 또 대답을 하기도 했는데 많은 사람들이 그 지혜와 대답을 기이히 여겼습니다(눅 2:41-47).

이 태도와 모습은 '하나님의 말씀을 소유했다는 증거'가 됩니다.

'베뢰아에 있는 사람들은 데살로니가에 있는 사람들보다 더 너그러워서 간절한 마음으로 말씀을 받고 이것이 그러한가 하여 날마다 성경을 상고'(행 17:11)했습니다.

하나님의 말씀을 심령에 사모하고 소유해야 합니다.

"갓난아기들 같이 순전하고 신령한 젖을 사모하라 이는 그로 말미암아 너희로 구원에 이르도록 자라게 하려 함이라 너희가 주의 인자하심을 맛보았으면 그리하라"(벧전 2:2-3)

'말씀의 두루마리를 먹어 버리라'는 명령을 받았습니다.

"내가 천사에게 나아가 작은 두루마리를 달라 한즉 천사가 이르되 갖다 먹어 버리라 네 배에는 쓰나 네 입에는 꿀 같이 달리라 하거늘 내가 천사의 손에서 작은 두루마리를 갖다 먹어 버리니 내 입에는 꿀 같이 다나 먹은 후에 내 배에서는 쓰게 되더라"(계 10:9-10)

사도 요한이 먹은 두루마리는 어떤 것입니까?

이 두루마리는 사도 요한이 선포해야 할 메시지를 취하여 먹을 때 일어나는 현상인데, 먹을 때 '입에서는 달았으나, 배에서는 쓴맛'을 깨닫게 된 것입니다.

에스겔 선지자도 사명을 받을 때 이와 동일한 계시를 받았습니다.

"인자야 너는 발견한 것을 먹으라 너는 이 두루마리를 먹고 가서 이스라엘 족속에게 말하라 하시기로 내가 입을 벌리니 그가 그 두루마리를 내게 먹이시며 내게 이르시되 인자야 내가 네게 주는 이 두루마리를 네 배에 넣으며 네 창자에 채우라 하시기에 내가 먹으니 그것이 내 입에서 달기가 꿀 같더라"(겔 3:1-3)

예레미야 선지자도 이와 동일한 계시를 받았습니다.

"내가 다시는 여호와를 선포하지 아니하며 그의 이름으로 말하지 아니하리라 하면 나의 마음이 불붙는 것 같아서 골수에 사무치니 답답하여 견딜 수 없나이다"(렘 20:9)

베드로와 요한도 박해를 받을 때 "우리는 보고 들은 것을 말하지 아니할 수 없다"(행 4:20)고 했습니다.

사도 요한은 '두루마리를 먹어 버리라'는 명령을 받았습니다.

요한은 두루마리를 달라고 해서 먹었는데 속에서는 쓰고 입에는 달았습니다.

하나님의 말씀이 쓰고 달았습니다. 이것이 비밀이기도 합니다.

그러나 아주 비밀이 아닙니다.

먹어보지 않았을 때에는 '쓴 것이 무엇이며 단 것이 무엇인지' 몰라서 비밀이지만, 먹고 나면 이 두 가지를 알게 되는 것이 하나님의 말씀입니다.

하나님의 말씀은 씁니다.
어떤 경우에 쓴 것입니까?
어린 아이들이 부모님의 양육을 받고 자랍니다.
그런데 때로는 부모님이 무서울 때가 있습니다.

그때가 언제입니까?
매 맞을 때입니다. 꾸중을 듣고 책망 들을 때입니다.
그때는 무섭습니다. 이것이 쓴 것입니다.
그런데 좋을 때가 있습니다.
사랑해 주고, 아껴주고, 귀하게 보호해 주고, 지켜주시는 때입니다.
부모님 없이는 못산다고 생각합니다. 이것은 단 것입니다.
하나님의 말씀을 먹었는데 씁니다.

언제, 왜 씁니까?
'악한 자로 신분을 밝히는 때'입니다.
악한 자의 신분이 무엇입니까?
죄를 지적합니다. 죽음을 선언하고 죽음에 처합니다.
심판을 합니다. 죄인이라고 정죄합니다.
진노하고 징계를 합니다. 지옥에 던져 버릴 것이라고 선언합니다.
죄의 종이라고 내쳐버립니다. 타락한 자라고 책망을 합니다.

하나님의 말씀을 가지는 자는 환난을 당합니다. 핍박을 받습니다.
때로는 매를 맞습니다. 고문을 당합니다. 감옥에 갇힙니다.
십자가를 지는 고통을 겪습니다.
피 흘리는 아픔과 괴로움을 당하며 순교를 당합니다.
때로는 가난하기도 합니다.

예수를 믿는 일 때문에 가난할 때가 있습니다.
멸시를 받을 때도 있습니다.

조롱과 희롱을 받습니다. 소외를 당할 때가 있습니다.
일가친척으로부터, 이웃으로부터, 친구들로부터 소외를 당합니다.
이러한 일을 쓰디 쓴 맛을 보는 것입니다.

수고와 고생을 겪는 일입니다.
예수 믿는 생활을 하려면 육체적으로는 수고가 있습니다.
고생이 되는 일이 있습니다.
다른 사람들은 놀고 즐기는데 예수 믿는 일 때문에 봉사해야 합니다.
수고를 해야 합니다.

예수 믿고 교회 다니면 육체적으로 부담이 되는 경우가 있습니다.
몸으로도 그러하고, 시간으로도 그러하고, 물질적으로도 부담되는 일이 있습니다.
성령 안에서 행하는 일이 못 되면 쓰고 쓴 일이 됩니다.
견디기 어려운 일입니다.
이 쓴 고난을 견디지 못하여 믿음을 저버리는 사람들이 많습니다.
예수 믿다가 낙심하는 사람들이 있습니다.
하나님의 말씀을 마음에서 지워버리는 사람들이 있습니다.
쓴 것을 못 견디는 사람들입니다.

둘째는, 말씀을 먹으면 꿀같이 답니다.
같은 말씀인데 그것을 먹으면 꿀같이 답니다.
'말씀이 단 것'은 '죄인이 용서 받은 것을 발견하는 것'입니다.
사망에서 생명을 얻는 말씀입니다.
심판에서 구원을 받는 말씀입니다.
정죄에서 구속을 받고 죄 사유함을 받는 말씀입니다.
슬픔에서 기쁨을 누리는 말씀입니다.
지옥의 형벌에서 천국으로 옮겨지는 말씀입니다.
죄의 종노릇에서 하나님의 자녀가 되게 하는 말씀입니다.
파멸에서 새로운 피조물이 되게 하는 말씀입니다.
성령을 받게 하고 성령 안에서 살아가게 하는 말씀입니다.
성령의 은사를 통하여 승리하는 생활을 하게 하는 말씀입니다.

하나님의 말씀을 먹을 때 쓰다고 할지라도 먹어야 합니다.
쓰다고 안 먹으면 영원히 죽습니다.
무슨 약이든지 약은 씁니다.
약은 쓰기 때문에 약입니다.
인간이 죄를 범하지 않고 죄가 없다면 말씀을 먹을 때 쓸 이유가 없습니다.
죄를 범했고, 죄가 있기 때문에 말씀을 듣고 보았을 때 쓴 것입니다.

쓴 것을 느끼고 깨달을 때 말씀을 귀히 여겨야 합니다.
말씀을 소유하고 버리지 말아야 합니다. 떠나지 말아야 합니다.
말씀의 결국은 꿀같이 달고 단 것입니다.

> "주의 말씀의 맛이 내게 어찌 그리 단지요 내 입에 꿀보다 더 다니이다"(시 119:103)

말씀을 전파하라는 명령을 받았습니다.

> "그가 내게 말하기를 네가 많은 백성과 나라와 방언과 임금에게 다시 예언하여
> 야 하리라 하더라"(계 10:11)

여기서 '네가 많은 백성과 나라와 방언과 임금에게 다시 예언해야 하리라'는 말
씀은 '복음을 다시 전파하라'는 명령입니다.
말씀을 전할 때 단 것만을 전하는 것이 아닙니다.
음식을 먹을 때 편식하는 것은 건강에 가장 나쁩니다.
쓴 것도 먹어야 하고, 때로는 짠 것도 먹어야 합니다.
매운 것도 먹어야 하고, 신 것도 먹어야 하고, 싱거운 것도 먹어야 합니다.

하나님의 말씀을 내 입맛대로 골라 먹어서는 안 됩니다.
성경은 모든 말씀에는 짝이 있다고 했습니다.

> "너희는 여호와의 책에서 찾아 읽어보라 이것들 가운데서 빠진 것이 하나도 없
> 고 제 짝이 없는 것이 없으리니 이는 여호와의 입이 이를 명령하셨고 그의 영
> 이 이것들을 모으셨음이라"(사 34:16)

그런데 성경말씀을 아무렇게나 짝을 맞추면 안 됩니다.
'짝이 있다'는 것은 '예수 그리스도의 구속사'를 나타내는 것입니다.

'예수 그리스도의 십자가 복음'이 '하나님의 구속사'입니다.

창세기 1장 1절에서 요한계시록 22장 21절까지는 해석하고 적용하고 응하는 말씀이 일치가 되는 것입니다.

> "또 그 모든 편지에도 이런 일에 관하여 말하였으되 그 중에 알기 어려운 것이 더러 있으니 무식한 자들과 굳세지 못한 자들이 다른 성경과 같이 그것도 억지로 풀다가 스스로 멸망에 이르느니라"(벧후 3:16)

성경을 해석하는 데 공식을 따라야 정답이 나옵니다.

수학은 공식을 벗어나면 정답이 될 수 없듯이, 성경을 해석하는 데 있어서도 구속사적(救贖史的)으로 풀지 않으면 정답이 될 수 없습니다.

많은 이단자들이 출현하는 것은 바로 이 때문입니다.

하나님의 말씀을 자신의 입맛대로 편식해서는 안 됩니다.

청중들이 말씀이 쓰다고 하면 안 먹이고, 단것만 애써 골라 먹이면 정상적인 믿음생활이 될 수 없습니다.

쓴 말씀도 먹어야 합니다.

쓴 말씀을 잘 먹어야 단 맛을 볼 수 있습니다.

죄와 심판과 지옥에 대한 쓴 말씀도 전해야 합니다.

죄와 심판을 무시하면 구원을 받아들이지 못하는 것입니다.

죄와 심판이 전해지지 않는 종교는 윤리와 도덕뿐입니다.

구원과는 관계가 없습니다.

죄와 심판을 깨달아야 구원을 사모하고 영생의 말씀을 사모합니다.

구원과 영생의 말씀을 전해야 합니다.

> "인자야 내가 너를 이스라엘 족속의 파수꾼으로 세웠으니 너는 내 입의 말을 듣고 나를 대신하여 그들을 깨우치라"(겔 3:17)

> "그들이 날마다 성전에 있든지 집에 있든지 예수는 그리스도라고 가르치기와 전도하기를 그치지 아니하니라"(행 5:42)

믿음으로 성령 안에서 꿀같이 단 말씀을 맛 본 것을 온 세상에 전하는 사명을 다해야 합니다.

제11장 두 증인과 일곱째 나팔

■ 주제성구 "내가 나의 두 증인에게 권세를 주리니 그들이 굵은 베옷을 입고 천이백육십 일을 예언하리라"(3절)
■ 주제찬송 ♬ 337장 내 모든 시험 무거운 짐을 주 예수 앞에 아뢰이면

서론

10장에서는 교회의 중요한 사명, 즉 작은 두루마리의 비밀을 알리는 일에 대하여 생각해 보았습니다. 본 장은 두 복음의 증인들이 당하는 어려움과 일곱 번째 나팔 재앙에 대한 기록입니다. 본 장의 내용은 크게 두 부분으로 나누어 생각할 수 있는데 그것은 첫째 두 증인에 대한 환상과, 둘째 일곱째 천사가 나팔을 부는 장면입니다. 특히 두 증인에 대한 환상은 세 부분으로 구분될 수 있는데 그것은 첫째 성전 척량의 환상과, 둘째 두 증인의 예언, 셋째 무저갱에서 올라오는 짐승에 의한 두 증인의 죽음과 부활입니다. 한편 본 장 해석에 있어서 가장 문제가 되는 것은 본 장의 내용을 '문자 그대로 이해하느냐' 아니면 '상징적으로 해석해야 하는가'의 문제입니다.

본론

두 증인(1-6절)

하나님은 요한에게 '하나님의 성전과 제단과 그 안에 경배하는 자들을 척량하되, 성전 밖 마당은 그냥 두라'고 하셨습니다. 이렇게 성전을 측량하게 하심은 모든 재난에서 하나님의 교회와 백성들을 보호하기 위한 것이며, 또 세속적인 모든 것으로부터 구별해 내기 위해서입니다. '성전 밖 마당은 척량하지 말고 그냥 두라'고 한 것은 하나님의 백성이 타락하므로 이방인에게 주었기 때문입니다. 이것은 또한 압박과 위험이 있는 환난의 시기를 말합니다. 이런 위험한 시대에 하나님은 두 증인을 세우십니다. 두 증인, 두 감람나무, 두 촛대는 교회를 상징합니다. 두 증인이 가진 권세는 예언하는 권세, 물이 변하여 피가 되게 하는 권세입니다.

순교 당하게 될 증인들(7-14절)

두 증인이 사명을 마칠 때는 고난당하며 순교하게 됩니다. 두 증인이 전하는 하나님의 말씀은 위력이 있었습니다. 그러나 사명을 마칠 때는 짐승의 박해를 받아 순교하게 되어 시체가 큰 성의 길에 있게 됩니다. 소돔과 애굽은 하나님의 백성들을 핍박한 곳이고 큰 성 예루살렘으로 그 곳 주민들이 예수 그리스도를 십자가에 처형한 곳입니다. 그 기간은 3일 반의 짧은 기간이며, 그 후 하늘로 들리게 되며, 다시 심판이 시작되는데 마침내 교회를 핍박하던 자들이 하나님의 진노를 당하게 됩니다. 이처럼 하나님은 하나님의 일을 위하여 한 때 교회가 망하는 것 같아도 고난 받는 자기 백성들을 반드시 구원하여 영생도 주시고 하나님의 나라도 보상하여 주십니다.

일곱 번째 나팔 재앙(15-19절)

두 증인의 역사 후에 일곱 번째 천사가 나팔을 불자 고요함 대신 하늘에 큰 음성이 나더니 영광에 찬 합창이 울려 퍼졌습니다. 그 내용은 '세상 나라가 우리 주와 그 그리스도의 나라가 되어 그가 세세토록 왕 노릇 하시리라'는 것입니다. 그리스도의 영원하신 주권이 선포된 것입니다. 이 때 구속받은 백성들의 대표가 되는 이십사 장로들이 하나님을 찬양했습니다. 영원 전부터 전능하신 분이었던 하나님께서 이제 가시적으로 이 세상을 다스리게 된 것과 그가 이 나라를 다스리시면서 죽은 자들을 심판하시고, 그의 종들에게는 상을 베푸실 것에 대해서 찬양한 것입니다. 지상에서 이스라엘이 언약궤의 율법에 따라 심판을 받았듯이, 그 때의 심판은 하늘의 언약궤의 율법에 따른 엄한 심판이 될 것입니다.

결론

주님께서는 성전과 제단과 예배자들을 척량하시듯이 오늘 우리가 사는 이 세상을 섭리하고 계십니다. 동시에 로마인들의 예루살렘 성 침공을 허락하셨듯이 주를 미워하는 사람들의 횡포를 허락하십니다. 그러므로 우리는 일시적이지만 그들의 횡포를 보게 됩니다. 과거 복음을 증거하던 사람들이 순교를 당했듯이 오늘날의 증인들 역시 죽음을 각오해야 합니다. 이 횡포를 내버려두는 대신, 주님께서는 자기의 증인들에게 권세를 주어 같은 기간 동안 복음을 증거하게 하시고 필요에 따라 능력도 행하게 하시며 재앙도 베풀게 하십니다. 그러므로 오늘 주의 복음을 증거하려는 사람들은 그리스도와 함께 한 후사로서 그와 함께 영광을 받기 위해 고난도 함께 받을 각오가 되어 있어야 합니다.

■ 장명가 "두 증인 증거를 마치고 부활해 하늘로 올랐네 · 일곱째 나팔이 울린 후 영광의 나라가 오겠네 · 주님이 오신다 흰 예복 입고 주 맞으라 · 주님이 오신다 등불을 켜들고 맞으라"(♪ 270장 변찮는 주님의 사랑과)

하나님의 보호 받는 성전
(요한계시록 11:1-2)

. . . . .

"또 내게 지팡이 같은 갈대를 주며 말하기를 일어나서 하나님의 성전과 제단과 그 안에서
경배하는 자들을 측량하되 성전 바깥마당은 측량하지 말고 그냥 두라 이것은 이방인에게
주었은즉 그들이 거룩한 성을 마흔두 달 동안 짓밟으리라"

'성경'(聖經)은 '하나님께서 사람들에게 전하시는 말씀'입니다.

우리 인생은 많은 말들을 듣고 살아야 합니다.

그런데 어떤 말들은 현실의 삶을 살아가면서 유익한 말이 될 수도 있고, 해가
될 수도 있습니다. 그러나 아무리 현실의 삶에서 유익한 말이라 할지라도 생명을
구원을 얻게 하는 데는 아무런 소용이 없습니다.

인간은 오직 현실의 삶에서도 유익하고, 생명의 구원을 얻는 데도 유익한 말씀
을 들어야 합니다.

그 말씀은 오직 성경말씀입니다.

성경은 하나님의 말씀입니다.

성경은 하나님의 말씀인데 이 많은 말씀을 다 듣고 믿어야 합니다.

어떻게 이 많은 말씀들을 다 듣고 그대로 살 수 있습니까? 어려운 일입니다.

그러나 핵심이 되는 말씀 한 마디만 제대로 듣고 믿으면 해결이 됩니다.

사람이 어떻게 구원을 얻습니까?

하나님의 말씀을 듣고 믿어야 합니다. 신·구약 성경은 하나님의 말씀입니다.

어떻게 이 말씀을 다 듣고 믿을 수 있습니까? 어렵지 않습니다.

"오직 의인은 믿음으로 말미암아 살리라"(롬 1:17)

"믿음으로 말미암아 의롭다 함을 얻는다"(롬 3:30)

우리는 예수 그리스도의 십자가의 구속을 믿음으로 구원을 얻었습니다.

믿음으로 구원을 얻은 성도가 되면 하나님의 모든 말씀을 믿게 되고, 순종하며 살아갈 수 있는 것입니다.

이것을 '성령의 능력'이라고 합니다.

성령을 받으면 능력을 받고, 말씀을 믿고 순종할 능력을 행하게 됩니다.

성경은 구약과 신약으로 기록되어 있습니다.

'구약'(舊約)은 '예수님께서 오실 것을 예언하신 말씀'입니다.

'신약'(新約)은 '오신 예수님의 행하신 일과 열두 제자들이 예수님의 말씀을 순종하고 전도하신 사건들을 기록한 것'입니다.

'구약성경의 요약 말씀'은 '십계명'입니다(출 20:1-17).

'신·구약 성경 전체의 요약'은 '요한계시록'입니다.

'요한계시록의 요약'은 '11장 1-2절'의 말씀입니다.

요한계시록 11장은 중요한 것을 세 가지로 정리합니다.

　첫째는, 성전을 측량하는 갈대(11:1; 겔 40장),

　둘째는, 감람나무와 촛대(11:4; 슥 4:2,3),

　셋째는, 죽은 자가 살아나는 일(11:11; 겔 37:5-14)입니다.

사도 요한은 하나님의 사자의 손에 있는 작은 두루마리를 받아서 먹어버렸는데, 입에는 달고 뱃속에서는 썼습니다. 그런 가운데서 이 두루마리의 말씀을 "많은 백성과 나라와 방언과 임금에게 다시(쉬지 말고) 예언하라"(10:11)고 하셨습니다.

주님은 다시 사도 요한에게 '잣대'(지팡이 같은 갈대) 하나를 넘겨주셨습니다.

이것은 '건물이나 땅을 측량할 수 있는 도구'입니다.

주님은 사도 요한에게 이것을 가지고 "성전을 측량하라"고 지시하셨습니다.

이 말씀의 의미가 무엇인지 대단히 중요합니다.

그래서 '성경의 요약'이라고 할 수 있는 것입니다.

측량할 것 세 가지입니다.

　"또 내게 지팡이 같은 갈대를 주며 말하기를 일어나서 하나님의 성전과 제단과
　그 안에서 경배하는 자들을 측량하되"(1절)

'측량하라'는 것은 '소유권, 보호, 지키는 것'을 의미합니다.

에스겔 4장에서는 보다 더 구체적으로 세 가지를 측량하라고 하셨습니다.

첫째는, 성전(聖殿)입니다.

'성전(聖殿)'은 헬라어로는 '나오스'(ναός), 영어로는 '템플'(Temple)입니다.

'사람들이 하나님(God)을 예배하는 장소'를 말합니다.

아담과 아벨이 제사를 드렸고, 노아나 아브라함, 이삭과 야곱은 제단을 쌓았다고 했고, 다윗은 성전을 건축하려고 준비했고, 솔로몬은 성전인 '바이트'(בַּיִת)를 건축했습니다(왕상 6:7).

그렇다면 하나님이 요한에게 측량하라고 명령하신 성전은 어떤 성전입니까?

이 성전의 장소는 아브라함이 이삭을 번제물로 바친 '모리아 산'입니다(창 22:2).

사도 요한 시대는 이미 성전이 없어져 버렸고, 솔로몬이 지은 성전은 바벨론에 의해서 다 파괴되고 무너져 버렸습니다(주전 587년).

그 후 이스라엘이 바벨론에서 해방되어 돌아와서 성전을 재건했는데 '스룹바벨 성전'이라고 합니다. 이 성전 역시 '안티오쿠스 에피파네스'(Antiochus Ephipanes 주전 168-170)에 의해서 파괴되고 말았습니다.

그 후에 유대 왕 헤롯이 성전을 건축했습니다.

이 성전 역시 주후 70년에 로마에 의해서 예루살렘은 파괴되고 말았습니다(마 24:1-2).

그 후 아라비아 시대(기원 7세기경) 이래, 이슬람의 사원인 '암석의 돔'이 세워져 오늘에 이르고 있습니다.

그러니까 사도 요한의 시대에는 예루살렘에 성전이 없었습니다.

요한계시록은 사도 요한의 시대 '주후 98년경'에 기록되었기 때문에 '이미 성전은 없어진 때였습니다.

하나님께서 사도 요한에게 "성전을 측량하라"고 지시하신 뜻이 무엇입니까?

이 '성전을 측량하라'는 말씀은 문자적인 말씀이 아닙니다.

하나님께서 말씀하신 '성전'은 사람의 손으로 지은 보이는 건축물이 아닙니다.

그렇다면 무엇을 의미하는 것입니까?

'성전'은 '예수님의 몸'입니다.

예수께서 예루살렘 성전 안에서 장사하는 무리들을 보시고 "너희가 이 성전을 헐라 내가 사흘 동안에 일으키리라"(요 2:19)고 하셨습니다.

이 성전은 헤롯왕이 46년이라는 기간 동안 지은 것입니다.

그 때 유대인들은 "이 성전은 사십육 년 동안에 지었거늘 네가 삼 일 동안에 일으키겠느냐?"(요 2:20)고 비난했습니다.

예수님은 "성전 된 자기 육체를 가리켜 말씀하신 것이라"(요 2:21)고 하셨습니다.

이 성전이라는 말씀은 넓은 의미에서는 '주님이 세우신 교회'를 의미합니다.

"또 내가 네게 이르노니 너는 베드로라 내가 이 반석 위에 내 교회를 세우리니 음부의 권세가 이기지 못하리라"(마 16:18)

'교회'(敎會)는 예수님의 몸이요 성전입니다.

예수님이 말씀을 전하시고 제자들이 복음을 전하여 세우신 교회가 성전입니다.

교회는 사람의 손으로 지은 건물이 아닙니다.

'하나님이 택하셔서 불러 모으신 성도들의 공동체'입니다.

"너희는 너희가 하나님의 성전인 것과 하나님의 성령이 너희 안에 계시는 것을 알지 못하느냐?"(고전 3:16)

'교회 성도들 한 사람, 한 사람'을 성전이라 했습니다.

지금도 '교회당 건물'을 성전이라는 의식을 가지고 교회당 건물이 성전인 양 가르치는 이들이 있습니다. 이런 해석은 구속사적인 이해를 깊못하는 것입니다.

성전은 '예수 그리스도'가 성전이요. '그리스도를 영접한 성도들에게 예수님이 임재하실 때 성전이 되는 것'입니다(고전 6:19).

성전인 교회를 측량하라고 하신 것입니다.

하나님의 성도가 되는지를 측량하는 것입니다.

구원의 구획 안에 들어가는지를 측량하는 것입니다.

하나님께서 그 성도에게 영접되어 있는지를 측량하라는 것입니다.

성령 충만한 교회, 성령 충만한 성도가 되어 있는가를 측량하라는 것입니다.

'성령이 충만하다'는 것은 '예수 그리스도를 영접하고 죄 사함을 받고 구원의 확신을 가지는 것'입니다.

둘째는, 제단(祭壇)입니다.

'제단'(祭壇)은 '예배를 드리는 가장 중요한 장소'를 의미합니다.

제단은 아브라함이 이삭을 하나님께 번제로 바친 장소입니다(창 22:9-12).
이 번제 단은 주께서 십자가에 못 박혀 죽으신 장소를 예안하신 것입니다(요 19:30).
이 제단은 우리가 받을 복을 비는 장소가 아닙니다.
우리의 허물과 죄를 대속함을 받는 제단입니다.
'우리가 하나님께 예배드리는 장소를 소유하고 있는지'가 중요합니다.
예배의 장소는 제단입니다.
예배의 제단이 있어야 합니다.

그렇다면 예배의 제단이 어디에 있어야 합니까?
예배자의 중심이 제단이 되어야 합니다.
그 인격이 예배의 장소가 되어 있어야 합니다.
교회의 본질, 중심은 예배입니다.
거룩한 마음, 하나님을 영화롭게 하는 신앙의 양심이 바로 세워져야 합니다.

> "아버지께 참되게 예배하는 자들은 영과 진리로 예배할 때가 오나니 곧 이 때
> 라 아버지께서는 자기에게 이렇게 예배하는 자들을 찾으시느니라 하나님은 영
> 이시니 예배하는 자가 영과 진리로 예배할지니라"(요 4:23-24)

예배의 본질을 제단이라고 했는데 그 의미를 생각해 보아야 합니다.
'제단'은 '제사 드리는 자가 현재적인 장소에서 직접 제사 드리는 행위'를 말합니다.
예배는 마음으로만, 생각으로만, 의식적으로만 드리는 것이 아닙니다.

> 어떤 사람은 주일을 지키지 않고 다른 일을 하면서 마음으로 하나님께 기도하
> 고 예배를 드렸다고 합니다. 어떤 사람들은 우상에게 제사를 드리고 절을 하면
> 서 마음으로 주님을 믿었다고 합니다.

이것은 예배자의 본질이 아닙니다. 사기입니다. 위선입니다.
주일을 지키며 예배를 드려야 합니다.
몸과 마음과 인격과 현재의 삶을 바쳐서 드려야 제단이 됩니다.
요즘은 사람들이 명절에 놀러가서 콘도나 여관에서 장사하는 음식점에서 음식
을 사다가 조상님에게 차례를 지내기도 하고, 집에서도 음식을 주문해서 제사 지
내는 사람들이 있는데 이런 제사에는 어떤 귀신도 찾아오지 않습니다.
우리도 이런 의식과 사고방식으로 하나님께 예배드려서는 안 됩니다.

셋째는, 경배하는 자들입니다.

'경배(敬拜)'는 '예배드리는 것'을 의미합니다.

예배는 삶 전체가 복음에 합당해야 합니다.

의식적이고 절차에 따른 형식적인 예배를 드렸다고 해서 하나님이 기쁘게 받으시는 것이 아닙니다.

> "너희가 내 앞에 보이러 오니 이것을 누가 너희에게 요구하였느냐 내 마당만 밟을 뿐이니라"(사 1:12)

하나님은 가인이 드리는 예배와 제물은 받으시지 않으셨습니다.

그러나 아벨의 예배와 제물은 받으셨습니다.

예배는 구원받은 사람들이 하나님께 영광과 존귀를 돌리는 축제입니다.

구원의 은혜를 감사하며, 구원의 기쁨을 하나님께 돌려드리는 것입니다.

구원의 영광을 체험하는 예배로 나타내 보이는 것입니다.

예배자의 마음이 간절해야 하고, 진실해야 하고, 뜨거워야 합니다.

하나님께서 측량하지 말라고 지시하시는 것이 있습니다.

> "성전 바깥마당은 측량하지 말고 그냥 두라 이것은 이방인에게 주었은즉 그들이 거룩한 성을 마흔두 달 동안 짓밟으리라"(2절)

이 말씀에서도 세 가지를 생각합니다.

첫째는, 성전 마당은 측량하지 말라고 하십니다.

마당은 이방인 누구라도 드나들 수 있습니다.

거기에는 두 가지 유형의 사람들이 모입니다.

하나는 '믿지 않는 이방인(異邦人)'들입니다.

이들은 성전 안에는 들어가지 못합니다.

아무리 들어오라고 해도 믿지 않는 자들은 들어오지 않습니다.

마태복음 22장 1-10절을 보면, 예수님께서 비유를 들어 말씀하셨습니다.

> 임금이 혼인 잔치를 배풀고 종들을 보내어 손님들을 청하여 혼인 잔치에 와서 즐기자고 했습니다. 그러나 초대를 받은 사람들이 밭으로 일하러 가고, 사업하러 나가느라 혼인 잔치에 오지 않았습니다.

'혼인 잔칫집'은 '교회의 예배하는 곳'이요. '천국의 잔치'입니다.
그러니 믿지 않는 사람들은 교회 안에 들어오지 않습니다.
천국 가자고 하면 지옥에 가는 것보다 더 싫어합니다.
믿지 않는 사람들은 아무리 오라고 해도 오지 않습니다.

또 다른 하나는 '믿는다고 하는데 형식적인 신자들'입니다.
형식과 의식은 믿는다고 하는데, 외형적으로 보면 믿는 척 하는 것입니다.
그러나 예수님이 그 안에 없습니다.

제가 교회청소를 하면서 계단을 닦고 있는데 어떤 구걸하는 사람이 교회에 들어왔습니다.
그가 "여기 조금 앉았다가 가면 안 되겠습니까?"라고 말하는 것입니다.
이에 "그러십시오."라고 했습니다.
그가 계단에 걸터앉아서 "아! 피곤하다!"고 하기에 "왜 피곤합니까?" 물으니 "밤에 야간작업을 했습니다."고 하는 것입니다.
이에 "무슨 야간작업을 했습니까?"고 물으니까 그가 대답합니다.
"제가 건축기사인데 건축설계를 했습니다."
이에 "야간작업하기까지 일이 많으니 돈을 많이 벌겠네요?" 물으니 "돈을 잘 벌지 못합니다."하고 대답하더니 느닷없이 "하늘에 계신 우리 아버지 이름이 거룩히 하옵시며…"하며 주기도문을 암송하는 것입니다.

그렇다면 이 사람이 주기도문을 암송한다고 해서 믿는 사람입니까?
믿는 사람은 아닙니다.
이방인이나 형식적인 신자들은 성전 밖 마당에 머무는 사람들입니다.
이곳을 측량할 필요가 없다고 합니다.
하나님께서 관심을 두시지 않고, 보호하시지 않으실 것입니다.

둘째는, 이방인에게 준 것이라고 합니다.
'이방인들'은 문자적으로 말하면 '이스라엘 권한 밖에 있는 무리들'입니다.
이들은 하나님이 보호하시지 않습니다.
하나님의 보호와 관심 대상이 아닙니다.
'심판의 대상'일 뿐이기 때문에 '성전 밖 마당은 측량하지 말라'고 하십니다.

셋째는, 3년 6개월 동안 짓밟히게 될 것이라고 합니다.

"마흔두 달 동안 짓밟으리라"

성전 밖은 대란이 일어날 때 하나님의 보호를 받지 못할 것입니다.
무서운 대란이 일어날 때입니다.
최후의 종말의 때를 맞이할 것입니다.
불신앙자들의 심판의 날입니다.

하나님의 택하심을 받은 거룩한 성도들만이 하나님의 보호를 받습니다.
하나님께서 친히 함께 하셔서 보호해 주십니다.
우리는 '하나님의 택하심을 받은 성도로서 성전이 되어 있는가'를 돌아보고, '성령으로 임하신 주님을 우리 안에 영접했는가'를 확인해야 합니다.
예수님은 포도나무 비유로 말씀하셨습니다.

"나는 포도나무요 너희는 가지라 그가 내 안에, 내가 그 안에 거하면 사람이 열매를 많이 맺나니 나를 떠나서는 너희가 아무것도 할 수 없음이라"(요 15:5)

'나무와 가지는 하나'임을 강조합니다.
'예수님'은 '나무'요 '우리'는 '가지'입니다.
예수님은 성령으로 임하셔서 내 안에 임하시기를 원하십니다.
성령을 받으면 예수님이 내 안에 거하시는 것입니다.
'주의 성령이 내 안에 거하시면 내가 주의 거룩한 성전이 되는 것'입니다.
주님의 성전 된 몸을 지키시고 보호하시고 함께 해 주십니다.

"그는 진리의 영이라 세상은 능히 그를 받지 못하나니 이는 그를 보지도 못하고 알지도 못함이라 그러나 너희는 그를 아나니 그는 너희와 함께 거하심이요 또 너희 속에 계시겠음이라"(요 14:17)

우리 안에 성령이 거하시면 우리가 주의 성전입니다.
주님의 성전도 '천국'(天國)입니다.

복음의 두 증인(두 감람나무와 촛대)
(요한계시록 11:3-13)

• • • • •

"내가 나의 두 증인에게 권세를 주리니 그들이 굵은 베옷을 입고 천이백육십 일을 예언하리라 그들은 이 땅의 주 앞에 서 있는 두 감람나무와 두 촛대니 만일 누구든지 그들을 해하고자 하면 그들의 입에서 불이 나와서 그들의 원수를 삼켜 버릴 것이요 누구든지 그들을 해하고자 하면 반드시 그와 같이 죽임을 당하리라 그들이 권능을 가지고 하늘을 닫아 그 예언을 하는 날 동안 비가 오지 못하게 하고 또 권능을 가지고 물을 피로 변하게 하고 아무 때든지 원하는 대로 여러 가지 재앙으로 땅을 치리로다 그들이 그 증언을 마칠 때에 무저갱으로부터 올라오는 짐승이 그들과 더불어 전쟁을 일으켜 그들을 이기고 그들을 죽일 터인즉 그들의 시체가 큰 성 길에 있으리니 그 성은 영적으로 하면 소돔이라고도 하고 애굽이라고도 하니 곧 그들의 주께서 십자가에 못 박히신 곳이라 백성들과 족속과 방언과 나라 중에서 사람들이 그 시체를 사흘 반 동안을 보며 무덤에 장사하지 못하게 하리로다 이 두 선지자가 땅에 사는 자들을 괴롭게 한 고로 땅에 사는 자들이 그들의 죽음을 즐거워하고 기뻐하여 서로 예물을 보내리라 하더라 삼 일 반 후에 하나님께로부터 생기가 그들 속에 들어가매 그들이 발로 일어서니 구경하는 자들이 크게 두려워하더라 하늘로부터 큰 음성이 있어 이리로 올라오라 함을 그들이 듣고 구름을 타고 하늘로 올라가니 그들의 원수들도 구경하더라 그 때에 큰 지진이 나서 성 십분의 일이 무너지고 지진에 죽은 사람이 칠천이라 그 남은 자들이 두려워하여 영광을 하늘의 하나님께 돌리더라"

요한계시록 11장 3-13절은 성경말씀을 해석하는 데 가장 난해한 구절 '두 증인에게 권세를 주었다'는 말씀입니다.

이 말씀을 어느 특정인에게 국한시키는 경우가 많습니다.

그런데 이는 특정한 인물을 가리키는 말이 아닙니다.

사이비자들이나 이단자들은 '두 증인'이 '자기 자신'이라고 주장하는데, 이를 믿고 추종하는 무리들이 많습니다.

이들이 우리 눈앞에 전개되는 '이단 집단, 사이비 집단들'입니다.

예수님은 "많은 사람이 내 이름으로 와서 이르되 나는 그리스도라 하여 많은 사람을 미혹하리라"(마 24:5), 그러나 "그리스도가 광야에 있다 하여도 나가지 말고 보라 골방에 있다 하여도 믿지 말라"(마 24:26)고 하셨습니다.

'영분별'(靈分別)의 은혜가 부족하면 쉽게 미혹(迷惑)되기 쉽습니다.

현재도 많은 사람들이 미혹에 빠진 사람들이 있습니다.

'영분별'이라는 말은 말씀에 대한 분별력입니다.

본문 말씀은 그리스도를 믿는 성도들이 복음을 전파해야 하고 이 복음을 전하다가 많은 핍박과 환난을 당하고 심지어는 순교까지 당할 것을 예언해 주십니다.

그러나 그 순교자들이 다시 '부활의 영광'을 누리게 될 것을 말해 주십니다.

하나님이 보내시는 증인들입니다.

사도 요한은 주님으로부터 말씀을 듣습니다.

> "내가 나의 두 증인에게 권세를 주리니 그들이 굵은 베옷을 입고 천이백육십 일을 예언하리라 그들은 이 땅의 주 앞에 서 있는 두 감람나무와 두 촛대니"(3-4절)

이 말씀의 이해는 스가랴 선지자가 설명을 잘 해주었습니다.

> "내가 보니 순금 등잔대가 있는데 그 위에는 기름 그릇이 있고 또 그 기름 그릇 위에 일곱 등잔이 있으며 그 기름 그릇 위에 있는 등잔을 위해서 일곱 관이 있고 그 등잔대 곁에 두 감람나무가 있는데 하나는 그 기름 그릇 오른쪽에 있고 하나는 그 왼쪽에 있나이다"(슥 4:2, 3)

스가랴서의 말씀과 연결하면 요한계시록의 '두 감람나무와 두 촛대'에 대한 해답을 빌견할 수 있습니다.

이단자들이나 사이비자들은 이는 '육체를 가진 존재'라고 인식하고 '두 감람나무'를 '자신'이라고 주장하여 스스로 교주가 되기도 하는데, 참으로 우매합니다.

스가랴의 말씀은 요한계시록의 말씀에서 응한 것입니다.

이는 신약의 복음의 시대를 통하여 강력한 교회의 모습을 분명하게 일으킬 일 네 가지를 상징한다고 봅니다.

첫째는, 말씀과 성령입니다.

'두 증인'은 무엇을 말씀합니까?

두 증인은 '말씀과 성령'입니다.

말씀을 진하는 증인은 육체를 가진 두 사람이 아닙니다.

신약의 복음의 시대 교회는 말씀의 전파와 성례(聖體)를 통하여 축복을 합니다.

그리스도를 구주로 믿는 성도는 복음의 말씀을 믿고 전하는 사명을 가집니다.

그러나 말씀만 가지고 안 됩니다. 능력이 있어야 합니다.

성령의 능력을 받아야 합니다.

말씀과 성령은 함께 역사합니다.

아무리 지식이 있고 지혜롭게 말씀을 전하고 문학적으로 말할지라도 성령의 능력이 없으면 아무 소용이 없습니다.

하나님의 말씀에는 항상 성령의 능력이 함께 해야 합니다.

그러므로 성령을 받아야 할 것을 강력하게 강조했습니다.

'두 감람나무'는 상징적인데 '말씀과 성령'을 의미합니다.

성령을 받아야 말씀을 듣고 증거할 수 있는 증인이 되는 것입니다.

둘째는, 복음을 전파하는 전도자들의 파송입니다.

예수님은 전도자들을 둘씩 짝을 지어 파송했습니다(눅 10:1).

전도자들에게 권세를 주십니다.

'권세'는 '성령을 통해 은사를 주시는 것'입니다.

주님은 열두 제자들에게 전도사역을 행하게 하실 때 그냥 보내지 않았습니다.

"예수께서 그의 열두 제자를 부르사 더러운 귀신을 쫓아내며 모든 병과 모든 약한 것을 고치는 권능을 주시니라"(마 10:1)

'권능'(權能)은 '엑수시아'(ἐξουσία)로, '권세'(power against)라는 뜻입니다.

'권세를 주리니'(3절)에서 '주리니'라는 말은 '디도미'(δίδωμι)로, '권세와 능력을 주신다'(I will give power)는 뜻인데, '파워'(power)라는 영어로 똑같이 번역되고 있습니다.

'두 감람나무와 두 촛대'는 '교회가 받은 말씀과 성령을 받은 사명'입니다.

이 권세는 성령의 기름 부으심을 통해서 얻는 권능입니다.

성령이 충만하여 어두운 세상에 복음전도를 통해 불을 밝히는 교회의 사명입니다.

교회는 하나님의 두 증인으로 말씀과 성령 충만을 받아야 세상에 복음의 불을 밝힐 수 있습니다.

지금의 교회는 어떻습니까?

말씀도 없고 성령의 능력도 결여되어 있는지 모릅니다.

교회가 세상에 빛이 되지 못하고 있는지 모릅니다.

교회는 말씀과 성령의 능력을 소유해야 합니다.

성령을 받아야 합니다.

성령 받아야 그리스도의 증인이 될 수 있습니다.

"오직 성령이 너희에게 임하시면 너희가 권능을 받고 예루살렘과 온 유대와 사마리아와 땅 끝까지 이르러 내 증인이 되리라"(행 1:8)

이 사명을 주님 오시는 날까지 감당하는 교회가 되어야 합니다.

셋째는, 전도자들을 해하는 자들은 심판을 받게 합니다.

11장 5절에 '증인들을 해하는 자들은 불의 심판을 받는다'고 합니다.

넷째는, 엘리야 때와 모세 때와 같이 재앙으로 능력을 나타낼 것이라고 합니다.

두 증인들에게 "굵은 베옷을 입고 예언하라"는 '상복'(喪服)을 의미한 것입니다.

상복은 죽음을 나타나는 것으로 사람이 죽었을 때 상복은 '슬픔'을 의미합니다.

이는 '회개를 촉구'하는 태도입니다.

복음을 전하는 이들은 누구나 한결같이 회개를 촉구했습니다.

세례 요한의 외침입니다.

"회개하라 천국이 가까이 왔느니라"(마 3:2)
"회개에 합당한 열매를 맺으라"(미 3.8)

예수님께서는 맨 처음으로 외치셨습니다.

"회개하라 천국이 가까이 왔느니라"(마 4:17)

사도들도 복음을 전할 때 말합니다.

"너희가 회개하여 각각 예수 그리스도의 이름으로 세례를 받고 죄 사함을 받으라 그리하면 성령의 선물을 받으리라"(행 2:38)

회개하지 않고는 복음을 믿을 수 없습니다.

믿고 구원을 받는 자는 죄를 회개하고 성령을 받아야 합니다.

"1,260일 동안 예언하리라."(3절)고 했습니다.

이는 2절에서 말씀하신 '마흔 두 달'입니다.

교회는 박해를 받으면서도 계속해서 복음을 전파하는 사명을 다하는 것입니다.

'1,260일'은 '교회가 복음을 전파하면서 박해를 받는 때'를 상징합니다.

이때는 '예수 그리스도의 승천으로부터 재림하셔서 심판 때까지 지상의 전체적인 교회가 당하는 환난의 때'입니다.

전도의 시기는 때와 기한이 정해져 있습니다.

전도는 언제 누구에게나 전해지는 것이지만, 언제나 전해지는 것만은 아닙니다.

"어느 동네에 들어가든지 너희를 영접하지 아니하거든 그 거리로 나와서 말하되 너희 동네에서 우리 발에 묻은 먼지도 너희에게 떨어버리노라 그러나 하나님의 나라가 가까이 온 줄을 알라 하라"(눅 10:10-11)

복음을 들을 수 있는 기회도 있지만, 복음을 다시 들을 수 있는 기회가 없을 수도 있습니다.

권세를 부여 받았습니다.

"만일 누구든지 그들을 해하고자 하면 그들의 입에서 불이 나와서 그들의 원수를 삼켜 버릴 것이요 누구든지 그들을 해하고자 하면 반드시 그와 같이 죽임을 당하리라 그들이 권능을 가지고 하늘을 닫아 그 예언을 하는 날 동안 비가 오지 못하게 하고 또 권능을 가지고 물을 피로 변하게 하고 아무 때든지 원하는 대로 여러 가지 재앙으로 땅을 치리로다"(5-6절)

복음을 전하는 전도자의 길이 순탄한 것만은 아닙니다.

"만일 누구든지 그들을 해하고자 하면"

전도자가 해를 당할 수 있습니다.

전도자들은 어느 곳에서든지 해를 입기도 합니다.

그러나 하나님은 해를 당하기만 하도록 버려두시지 않습니다.

예레미야가 하나님의 말씀을 전할 때 백성들이 하나님을 인정하지 않고 '하나님이 없다'고 합니다.

'선지자들이 전하는 말은 바람과 같은 것이라 말을 전하는 그들이 당할 것'이라고 조롱했을 때 하나님은 '선지자들의 입에서 나오는 말씀이 불이 되게 하고 이 백성들은 나무가 되게 하여 태워버리게' 하셨습니다(렘 5:13, 14).

엘리야가 '아하시야 왕'에게 "네가 올라간 침상에서 내려오지 못할지라 네가 반드시 죽으리라"(왕하 1:4)고 예언했습니다.

이 말을 들은 왕은 50명의 군사들을 보내어 엘리야를 잡아오라고 했습니다.

그때에 엘리야는 군사들을 향하여 "내가 만일 하나님의 사람이면 불이 하늘에서 내려와 너와 너의 오십 명을 사를지로다"(왕하 1:12)라고 했는데 그 때 불이 하늘에서 내려와서 50명을 태워 죽였습니다(왕하 1:14).

모세는 애굽의 바로 왕 앞에서 열 가지 재앙의 권능을 나타냈습니다.

바로는 애굽의 술객들을 불러서 모세가 행하는 이적을 같이 행하여 대적했으나 최후 죽음의 재앙을 피할 수 없었습니다.

죽음의 심판을 내리실 때는 바로의 장자로부터 애굽에 모든 백성들의 처음 난 것들이 다 죽음을 당했습니다(출 12:29, 30).

여기서 두 증인이 받은 권세는 실제적인 두 사람의 인물이 아닙니다.

선지자들이 권세의 영을 가졌던 동일한 영을 교회가 받은 것을 말합니다.

핍박과 환난을 당합니다.

7-10절의 내용입니다.

그리스도의 증인들이 해를 당합니다.

전도자들이 죽임을 당하여 시체들이 길거리에 버려집니다.

이곳에 주님께서 십자가에 못 박히신 것이라고 합니다.

모든 사람들이 이 무섭고 무시무시한 광경을 사흘반 동안 구경합니다.

아무도 장사를 지내 주지 않습니다.

땅에 있는 모든 자들이 이 전도자의 죽음을 기뻐합니다.

무저갱에서 짐승들이 나옵니다.

이들은 적그리스도의 세력들입니다.

하나님을 부인하고 대적하는 세력들입니다.

교회를 진멸하고 성도들을 핍박하고 죽입니다.

이러한 시대가 얼마든지 있었습니다.

초대교회 시대 예루살렘이 당할 때 그러했고, 초대교회 로마에서 그러했습니다.

로마의 '카타콤'이라는 지하무덤이 이를 말해 줍니다.

공산치하에서의 그리스도인들의 죽음이 그러했고, 일제 치하에서 그러했습니다.

그리스도의 증인들은 순교를 당하게 됩니다.

지금까지 세계 도처에서 그리스도인들이 믿음으로 그리스도를 증거하다가 순교를 당했습니다.

죽음이 두렵다고 해서 그리스도를 부인한다면 적그리스도인이 될 것입니다.

육체의 죽음은 죽음이 아닙니다.

그리스도께서 이미 우리를 위하여 죽으셨습니다.

육체의 죽음을 두려워하지 않아야 합니다.

생명이 다시 부활할 것입니다.

> "삼 일 반 후에 하나님께로부터 생기가 그들 속에 들어가매 그들이 발로 일어서니 구경하는 자들이 크게 두려워하더라 하늘로부터 큰 음성이 있어 이리로 올라오라 함을 그들이 듣고 구름을 타고 하늘로 올라가니 그들의 원수들도 구경하더라"(11-12절)

하나님의 생기가 그들 속에 들어가매 그들이 발로 일어서셨습니다.

이 놀라운 일은 에스겔 37장 5-14절에서 에스겔 골짜기에 죽은 마른 뼈들에게 하나님의 생기가 들어가게 하므로 그 죽은 자들이 다시 살아난 것을 보여주셨습니다.

하나님은 삼 일 반이 지나면 죽은 자들에게 생명의 생기를 불어넣어 주십니다.

부활의 영광이 나타나게 됩니다.

증인들은 다시 두 발로 우뚝 일어섭니다.

그리스도께서 재림하시는 그 날입니다.

교회는 주님이 재림하시는 그 날에 소망이 있습니다.

그 날은 존귀와 영광의 날이 됩니다.

생명과 능력이 회복이 되는 날입니다.

비록 순교를 당하지 않는다고 해도 인간은 누구나 죽습니다.

어떤 사람들은 평안하게 죽는 경우도 있지만 대부분 많은 사람들은 고통 중에 죽어갑니다.

전쟁에서 죽을 수도 있고, 질병으로 고통당하다가 죽기도 합니다.

어차피 이렇게 죽어가는 육체인데 예수 믿고 순교자가 되는 것은 영광입니다.

'부활의 생명'이 있기 때문입니다.

주님의 초청이 있습니다.

하늘에서 큰 음성으로 이리로 올라오라 하십니다.
이 음성을 들은 증인들은 구름을 타고 하늘로 올라갑니다.
그 때에 지옥 갈 원수들은 구경하고 있었습니다.

하나님이 영광을 받으십니다.
　"그 때에 큰 지진이 나서 성 십분의 일이 무너지고 지진에 죽은 사람이 칠천이
　라 그 남은 자들이 두려워하여 영광을 하늘의 하나님께 돌리더라"(13절)

그 날에는 땅에 재난이 일어날 것입니다.
성이 무너지고 지진으로 죽은 자들이 '칠천'이 된다고 합니다.
상징적인 수입니다.
칠천에 해당되는 수많은 사람들이 죽을 것입니다.
현재의 상황을 보면 심판으로 죽을 사람들이 너무나 많을 것 같습니다.
교회 안에서 예수 믿는 사람들이 너무나 적기 때문입니다.

　'일본은 교회 안의 믿는 사람 수나 교회 밖의 믿는 사람의 수가 동일하다'고 합니다.
　이는 '교회 안에서 믿는 사람이 교회 밖에서도 믿는 사람'이라는 것입니다.
　그런데 '한국교회 안에 믿는 사람은 많은데, 교회 밖에는 믿는 사람이 없다'고 합니다.
　교회 안에서 예배자로서는 교인들이고, 믿는 자들로 보이는 것은 사실인데, 이분들이
　교회 밖으로 나서서 세상으로 나가면 믿는 사람들로 구별되지 못한다는 것입니다.
　'교회 안에서는 믿는 사람들로 보이지만 교회 밖에서는 믿는 사람들이나 믿지 않는
　사람들이나 같아 보이는 것'입니다.
　심각한 말입니다.

우리의 믿음이 하나님이 영광을 받으시는 믿음이 되어야 합니다.
죽어도 구원을 받아야 합니다.
구원받은 성도는 복음의 증인으로 살아야 합니다.

최후의 승리
(요한계시록 11:14-19)

• • • • •

"둘째 화는 지나갔으나 보라 셋째 화가 속히 이르는도다 일곱째 천사가 나팔을 불매 하늘
에 큰 음성들이 나서 이르되 세상 나라가 우리 주와 그의 그리스도의 나라가 되어 그가
세세토록 왕 노릇 하시리로다 하니 하나님 앞에서 자기 보좌에 앉아 있던 이십사 장로가
엎드려 얼굴을 땅에 대고 하나님께 경배하여 이르되 감사하옵나니 옛적에도 계셨고 지금
도 계신 주 하나님 곧 전능하신 이여 친히 큰 권능을 잡으시고 왕 노릇 하시도다 이방들
이 분노하매 주의 진노가 내려 죽은 자를 심판하시며 종 선지자들과 성도들과 또 작은
자든지 큰 자든지 주의 이름을 경외하는 자들에게 상 주시며 또 땅을 망하게 하는 자들
을 멸망시키실 때로소이다 하더라 이에 하늘에 있는 하나님의 성전이 열리니 성전 안에
하나님의 언약궤가 보이며 또 번개와 음성들과 우레와 지진과 큰 우박이 있더라"

사람이 오늘 현재를 살지만 일초 일각 이후의 일은 전혀 알 수 없습니다.
그때는 무슨 일이 일어날지 아무도 모릅니다.
그런데 사람들은 좋은 일만을 기대하며 꿈을 가집니다.
사람들의 꿈이 이루어진다면 얼마나 좋겠습니까?
내일은 기대와는 달리 이변(異變)이 일어납니다. 자연에 재난이 생겨서 홍수로
죽는 사람들, 화재로 죽는 사람들, 교통사고로 죽는 사람들, 지진의 사고로 죽는
사람들 등등 말할 수 없이 많은 이변으로 불행을 당합니다. 누구나 그 순간을 당
하기 전에는 '자신과는 상관이 없는 일'이라고 생각하지만 당하고 마는 것입니다.

사도 요한은 주님이 재림하시는 그 날에 지구상에 무서운 일들이 일어날 것이
고, 반면에 구원을 얻고 상을 받을 수 있는 사람들이 있을 것이라고 합니다.
'누가 최후의 승리자가 될 것인가?'를 깨닫게 합니다.

세상에 재앙의 날이 올 것입니다.
14, 15절에서 '세상에 화가 임할 것이라'고 예언합니다.

'화'(禍)는 '재난'(災難)입니다.

그 일로 인하여 세상은 극도의 슬픔을 당하게 되고, 번민하게 됩니다.

고통을 겪게 되고, 괴로움을 당하게 될 것입니다.

그 재난의 화는 크게 세 가지로 일어날 것이라고 합니다.

첫째는, 요한계시록 8장 13-9장 11절에서 '세상에 몰아닥칠 재난'을 말씀하셨는데, '사람들을 괴롭히는 황충과 같은 재앙'을 말했습니다.

둘째는, 요한계시록 9장 12-21절에서 '세상에서 경건하지 않은 자들 3분의 1이 죽임을 당하는 무서운 일이 일어날 것'이라고 했습니다.

셋째는, 요한계시록 11:14-19절에서 '일곱째 나팔이 불 때 일어날 심판'을 말씀한 것입니다.

주님이 재림하시는 날 세상의 영화와 영광은 다 초개같이 되고 말 것입니다.

높은 것도, 자랑하던 것도, 소망하던 것도 다 소용이 없게 되고 말 것입니다.

주님을 모르는 사람들은 권력을 자랑하고, 가진 것들을 소망으로 삼습니다.

세상에 속한 것, 육체에 속한 것들을 승리의 목표로 삼습니다.

진리를 따라 진실하게 믿음으로 살고 옳은 행실을 하며 사는 것이 도리어 미련하게 보이고, 비판을 받고, 지혜롭지 못한 듯이 하찮은 취급을 받습니다.

적어도 돈이 많아야 하고, 권력이 있어야 하고, 명예라도 얻어야 한다고 생각했습니다.

아브라함과 이삭, 야곱이나 요셉도 그 당시에는 보잘것없는 나그네로 살았으며, 모세도 하나님의 특별한 부르심과 사명을 받았지만 광야 40년의 나그네 세월을 지내다가 약속의 땅 가나안에 들어가지 못하고 죽었습니다.

하나님이 친히 다스리며 지켜주시던 이스라엘도 많은 환난과 시련을 당하였습니다.

구약시대 선지자들은 수많은 위협을 당하고 가난하고 비참한 생활을 했습니다.

예수님은 하나님이시면서도 십자가에 죽기까지 해야 했습니다.

초대교회 시대 처음 100년 동안은 대 환난과 핍박이 있었습니다.

사도들과 수많은 성도들이 순교의 피를 흘려야 했습니다.

이들이 다 믿음이 없었습니까? 경건하지 못했습니까?

믿음으로 살았고 진실하게 살았기에 이런 고난을 당했습니다.

기독교는 세상의 제왕들이 두려워하고 굴복하면서 세력을 얻었습니다.

그러나 그럴 때 많은 어려움을 당했습니다.

주후 311년 '콘스탄티누스 대제'(Portrait of Constantine)가 '기독교를 국교로 선포'하여 세력을 얻었으나, 그 때부터 기독교는 타락하기 시작했습니다.

그것이 천주교의 진상(眞相)입니다.

1517년에 종교개혁을 일으켰지만 진리에서 탈선한 것은 부정할 수 없습니다.

이 모든 불의한 세상은 주님이 재림하시는 날 '재난의 심판'을 받을 것입니다.

성경은 심판의 때에 세상은 없어지고 새로운 나라가 이루어질 것을 말씀합니다.

그리스도의 나라가 이루어질 것입니다.

> "일곱째 천사가 나팔을 불매 하늘에 큰 음성들이 나서 이르되 세상 나라가 우리 주와 그의 그리스도의 나라가 되어 그가 세세토록 왕 노릇 하시리로다 하니"(15절)

주님의 재림하시는 날까지 자랑하던 세상 나라들은 완전한 나라들이 아닙니다.

선진국이요. 세계적으로 강한 나라들이라도 불완전하고 타락한 세상입니다.

우리나라가 선진국에 진입하는 단계에 왔다고 자랑하지만, 가난과 굶주림에 시달리고, 집 없는 자들과 병든 자들, 노숙하는 자들과 도둑들, 살인자들과 거짓말하는 자들이 가득 차 있을 뿐 아니라 평화를 원하지만 전쟁이 그치지 않습니다.

왜 그렇습니까? 죄악이 가득하기 때문입니다.

죄악 된 이기주의와 탐욕과 중생하지 못한 썩어질 육체들의 나라가 되어 있기 때문입니다.

주께서 오시는 그 날에는 이 세상은 없어지고, 주의 나라가 세워질 것입니다.

예수님은 "하나님의 나라가 임하시게 하옵시며"라고 기도하라고 하셨습니다.

성경은 '일곱째 천사가 나팔을 불 때 하늘에 큰 음성이 나서 세상 나라가 우리 주와 그리스도의 나라가 된다'고 합니다.

그리스도의 나라는 가난과 부자가 구별되지 않습니다.

굶주린 자가 없고, 병든 자가 없고, 목마른 자가 없고, 집 없이 방황하는 노숙하는 자가 없고, 전쟁에 끌려가서 죽는 자도 없습니다.

완전한 천국이 됩니다.

16, 17절 말씀에서 '천국에서의 생활'을 보여줍니다.

천국생활은 어떤 것입니까? 사람들이 살아가는 세상은 무엇이 문제입니까?

한 마디로 '근심걱정'입니다. 근심걱정만 없다면 살만할 것 같습니다.

예수님께서 "너희는 근심하지 말라"고 하셨습니다.
진정으로 예수 믿는 성도는 근심걱정이 없어야 합니다.
사실이 그렇기 때문입니다. 예수님께서 다 담당하셨습니다.

예수님을 믿는 성도는 현재도 천국을 경험하고 살아야 합니다.
어떻게 천국을 경험할 수 있습니까? 그것은 바로 '교회생활'입니다.
교회생활은 천국생활의 예비생활이며, 천국생활의 훈련입니다.
교회에서는 하나님을 예배합니다.

　"얼굴을 땅에 대고 하나님께 경배하여"(16절)

찬양하고 기도하면서 하나님과 만나는 시간은 즐겁습니다.
하나님과 나와의 사랑의 관계로 교감하는 시간입니다.
사랑하는 사람과 만나서 교제하는 시간에는 근심걱정이 없습니다.
하나님과 나와의 만남이 바로 그런 것입니다.
하나님은 나의 주인이시며, 나를 도우시며 나를 보호하여 주십니다.

하나님은 전능하신 왕이십니다. 이십 사 장로들이 노래합니다.

　"옛적에도 계셨고 지금도 계신 주 하나님 곧 전능하신 이여 친히 큰 권능을 잡
　으시고 왕 노릇 하시도다"(17절)

언제나 살아계시고 변함없으신 하나님이십니다. 나에게 '왕'(王)이십니다.
'하나님이 계신 곳'이면 천국입니다.
'천국'(天國)이라는 말의 뜻을 생각해 보면 '부족한 것이 없다'는 뜻입니다.
아쉬운 것이 없고, 무섭거나 두려운 곳이 없습니다.
어떤 염려도 없습니다. 그래서 천국입니다. 하나님만 계시는 곳이 천국입니다.

　세상 나라들은 심판을 받을 것입니다.
'이방들이 분노한다'는 말은 '그들이 심판받을 때 반역을 일으키는 자들이 될
것'이라는 것입니다. 최후의 발악을 하는 것입니다.
　하나님께서는 예수 그리스도를 구주로 영접하지 않는 자들에게 인자하심도 자
비하심도 사랑도 베풀지 않으십니다.

절대로 그들에게서 진노를 거두시지 않습니다. 멸망의 진노를 내리실 것입니다.

그러나 그리스도를 구주로 영접하는 자들에게는 은혜를 베푸시며 상을 내리실 것입니다. 믿음으로 사는 것은 절대로 헛되지 않습니다.

오늘을 평안하게 살자고 주님을 부인하면 안 됩니다.

어려움이 있어도 인내하며 믿음을 지켜야 합니다.

진리는 왕 노릇을 합니다. 하나님이 임하신 성전이 열리게 됩니다.

하늘의 이 성전은 오래 전부터 예언하셨고, 상징적으로 보여주셨습니다.

모세가 광야에서 성막을 짓고, 솔로몬 성전은 하나님의 지성소에 법궤를 모시게 했습니다. 그 성전이 지상의 인류에게 임하여 보이도록 하셨습니다.

법궤에는 '십계명과 만나와 싹 난 지팡이'가 있었습니다(히 9:4).

그것은 '하나님의 임재'를 상징한 것입니다.

하나님은 천국에 왕으로 계시는 분이시지만, 지구상의 인간에게도 성령으로 임하여 계신 분이심을 상징적으로 보이셨습니다.

그래서 성막의 지성소의 법궤로 임하여 거기 계셨습니다.

사도 요한이 성전이 열리고 거기 하나님이 계신 것을 보았습니다.

"하늘에 있는 하나님의 성전이 열리니 성전 안에 하나님의 언약궤가 보이며 또 번개와 음성들과 우레와 지진과 큰 우박이 있더라"(19절)

이 말씀은 '전지전능하신 하나님의 위엄'을 나타내 보이십니다.

천지를 창조하신 하나님입니다.

죄인을 심판하시는 하나님이십니다.

사랑의 하나님이십니다.

믿는 자들에게 구원과 상을 베푸시는 하나님이십니다.

그러므로 믿는 성도들에게 구원과 상을 받는 최후의 승리가 있습니다.

믿음으로 승리를 얻을 수 있습니다.

| 제4부 |
박해를 받는 여인과 남자 아이
(요한계시록 12:1-14:20)

돌아보기와 둘러보기

요한계시록은 그 내용이 환상의 말씀으로 기록입니다.

그 환상은 예수 그리스도께서 동정녀의 몸에서 '성육신'(Incarnation)하신 것으로부터 다시 재림하실 때까지 전 과정의 여정을 말씀해 줍니다.

12장과 14장까지는 흰 옷을 입은 한 여자가 하늘의 이적으로 등장합니다.

그런데 하늘에서 또 다른 붉은 용이 나타나고, 그의 추종자들이 여자와 아이를 배척하고 핍박을 가하는 장면입니다.

이 말씀의 배경은 이미 창세기 3장 15절에서 구속사적 계획으로 예언했습니다.

요한계시록 12장 5절은 예수 그리스도의 탄생으로부터 그리스도의 부활 때까지의 전 세대를 가리키고 있습니다.

용은 여자에게서 탄생한 남자 아이를 삼키려고 위협하고, 심한 박해를 가합니다.

그러나 그 아이는 하나님의 보좌 앞으로 올라갑니다.

예수 그리스도는 부활하셔서 하나님의 보좌로 승천하십니다.

용은 남은 여자를 박해합니다(12:13).

13장은 12장에서 등장한 용으로부터 큰 권세를 받은 두 짐승이 성도들을 크게 핍박하는 내용을 기록하고 있습니다. 즉 하나님의 백성들의 모임인 교회를 핍박하는 대적들의 모습을 두 짐승으로 표현하여 기록하고 있는 것입니다.

한편 바다에서 나오는 첫째 짐승은 교회 밖에서 교회를 핍박하는 세속적인 권세를 상징하고, 땅에서 올라오는 둘째 짐승은 교회 내에서 진리를 말살하고 부패시키는 거짓 선지자를 상징한다고 볼 수 있습니다.

13장의 마지막 부분에서 하나님의 백성들에 대한 핍박이 기록된 다음, 14장에는 그들의 희생과 죽음이 결코 무의미하지 않음을 기록하고 있습니다.

특히 14장은 짐승의 표를 받지 아니하고 우상에게 경배하지 아니한 성도들의 미래(1-5절)와, 짐승과 그를 따르는 자들에 대한 심판(6-20절)이란 두 가지 문제에 대하여 명백한 해답을 제시하고 있습니다.

용은 그의 추종자들을 모으고, 바다에서 나오는 짐승(13:1)과 육지에서 나온 짐승(13:11, 12)과 큰 음녀 바벨론(14:8)을 자기의 추종자로 고용합니다. 그러나 큰 붉은 용과 또한 그로부터 권세를 받은 두 짐승이 성도들을 미혹하여 주님께 충성하지 말고 우상에게 경배하도록 최후의 발악을 했지만, 144,000은 단 한 사람도 낙오되지 않고 축복의 자리에 동참하고 있음을 봅니다.

교회는 예수께서 재림하시는 그 날까지 박해를 받으며 믿음을 지킵니다.
요한계시록 14장 14, 16절에서 그리스도의 재림의 장면을 보여줍니다.
그리고 그리스도는 이 짐승들을 심판하시고 멸망시키며 승리의 영광을 얻는 장면으로 끝을 맺습니다.
이에 성도들은 '알곡을 모아 곡간에 들이는 시기'를 기다리며(마 3:12), 주님께서 재림하실 때 언제라도 영접할 수 있는 준비를 갖추어야 할 것입니다. 그리하여 지금 당장이라도 "아멘 주 예수여 오시옵소서"(계 22:20)라는 기쁨에 넘치는 찬송을 드릴 수 있어야만 합니다.

악인을 심판하는 '포도주 틀의 비유'를 통하여 무시무시한 진노의 심판은 악인에 대한 하나님의 형벌이 치밀하고도 완전하다는 것을 가르쳐 줍니다.

제12장 해 입은 여자와 붉은 용

■ **주제성구** "큰 용이 내쫓기니 옛 뱀 곧 마귀라고도 하고 사탄이라고도 하며 온 천하를 꾀는 자라 그가 땅으로 내쫓기니 그의 사자들도 그와 함께 내쫓기니라"(9절)
■ **주제찬송** ♬ 346장 주 예수 우리 구하려 큰 싸움하시니

서론

본 장의 주요 주제는 여자와 아이, 그리고 용입니다. 본 장에서 요한계시록 15장 이전까지의 일곱 재앙이 시작되기 전에 이 내용들이 삽입되어 있습니다. 본 장에서부터 계속하여 하나님의 백성들에 대한 박해와 핍박이 연속적으로 나열되는 중 특별히 '옛 뱀'이라고 하는 사탄이 용으로 등장하여 여인으로부터 난 아이를 죽이고자 시도하다가 실패하여 쫓겨 가는 그리스도와 사탄 간의 궁극적인 싸움이 소개되고 있습니다. 특히 본 장은 성도와 교회를 향한 사탄의 끈질긴 도전을 여러 각도에서 취급하고 있으며 동시에 하나님의 보호와 절대 안전을 설명하고 있습니다.

본론

해를 입은 여자(1-6절)
사도 요한은 하늘에서 일어난 큰 이적을 보았습니다. 해로 옷을 입은 한 여자가 있는데 그 발아래는 달이 있고, 그 머리에는 열두 별의 면류관을 쓰고 있었습니다. 그런데 이 여자가 아이를 해산하게 되어 아파서 애써 부르짖었습니다. 그가 낳을 아들은 장차 철장으로 만국을 다스릴 분, 곧 하나님의 아들 예수 그리스도이십니다. 그런데 요한은 하늘에서 또 다른 큰 붉은 용의 이적을 보았습니다. 용이 일곱 머리에 일곱 면류관을 쓴 것은 그가 세상을 통치하는 것을 말합니다. 붉은 용인 사탄은 교회에 예수 그리스도께서 아이로 태어나는 것을 막으려고 일어섰습니다. 이 용은 해산하는 여인 앞에서 그리스도를 파괴하려고 시도하였습니다. 사탄은 주님의 탄생을 막으려고 어린 아이들을 학살하였습니다.

하늘에서의 전쟁(7-11절)
교회가 용의 박해를 받게 되자 하나님은 교회가 박해받는 것을 보고 가만히 계시지 않습니다. 천사장 미가엘과 그의 사자들은 용과 더불어 싸우게 하셨습니다. 그 결과 용은 땅으로 쫓겨났습니다. 그러자 하늘에서 축하의 음악이 울려 퍼졌습니다. 하늘의 큰 음성은 영광중에 있는 성도들이 부른 승리의 개가였습니다. 천국민이 찬송을 부른 이유는 그리스도와 그를 믿는 성도들의 승리로 말미암아 하나님의 구원과 능력과 나라와 그의 권세가 이루어졌기 때문입니다. 천상의 성도들은 하나님의 계획과 목적이 성취되었기 때문에 찬양을 불렀을 것입니다. 사탄은 우리의 죄를 참소하나 그리스도의 피는 우리의 죄를 씻는 능력이 있습니다.

땅 위의 전쟁(13-17절)
지상 교회에 어려움이 왔습니다. 땅으로 내어 쫓긴 용은 남자를 낳은 여자를 핍박하기 시작하였습니다. 용은 물 같은 환난, 극심한 박해로 공격합니다. 여기서 '강물'은 '환난'을 상징합니다. 여기서 여자가 독수리 날개를 받아 광야 자기 곳으로 뱀의 앞을 피하여 양육을 받는다고 했습니다. 광야는 이스라엘이 40년 지내온 시련의 장소요 또 독수리의 날개도 시련을 말합니다. 하나님께서는 시련 중에 있는 교회를 계속 보호하시고 양육하시며 강하게 하십니다. 사탄을 이길 힘을 공급하십니다. 사탄이 교회를 이길 수 없자 이번에는 신자들 개개인을 공격합니다. 하늘과 땅에는 싸움이 있습니다. 그리스도와 마귀, 선과 악, 빛과 어두움, 천사와 마귀의 사자들과의 싸움입니다.

결론

예수님께서는 마리아의 몸에서 한 남자 아이로 태어나시자마자 헤롯왕으로부터 생명의 위협을 받기 시작한 이후로 평생 사탄의 공격을 받으셨습니다. 그는 결국 십자가에서 죽으심으로 사탄의 세력을 짓밟으시고, 부활하시고 승천하셔서 하늘과 땅을 다스리는 분으로 인정되셨습니다. 그러나 이 땅에 남아 있는, 여자로 상징되는 그의 교회는 그를 대적하는 세상에서 일정 기간 동안 있게 되었습니다.

이런 구속 역사의 흐름을 알 때 예수님의 생애와 죽음의 의미가 더 분명해지고, 현재의 상황을 바로 이해할 수 있습니다. 지금 주님께서는 우리가 눈으로는 보지 못하지만 하늘 보좌 위에 계시고 그의 몸된 교회는 광야에 있습니다. 그러므로 우리는 본 장의 교훈에 따라 좀 더 적극적이며 담대한 신앙을 소유해야만 하는 당위성을 발견할 수 있습니다.

■ **장명가** "아이를 보좌로 올린 후 마귀는 땅으로 쫓겼네 ᛤ 사탄이 큰 분을 발하니 땅 위에 큰 환난 있도다 ᛤ 주님이 오신다 흰 예복 입고 주 맞으라 ᛤ 주님이 오신다 등불을 켜고 맞으라"(♪ 270장 변찮는 주님의 사랑과)

약속의 씨
(요한계시록 12:1-6)

· · · · ·

"하늘에 큰 이적이 보이니 해를 옷 입은 한 여자가 있는데 그 발아래에는 달이 있고 그 머리에는 열두 별의 관을 썼더라 이 여자가 아이를 배어 해산하게 되매 아파서 애를 쓰며 부르짖더라 하늘에 또 다른 이적이 보이니 보라 한 큰 붉은 용이 있어 머리가 일곱이요 뿔이 열이라 그 여러 머리에 일곱 왕관이 있는데 그 꼬리가 하늘의 별 삼분의 일을 끌어다가 땅에 던지더라 용이 해산하려는 여자 앞에서 그가 해산하면 그 아이를 삼키고자 하더니 여자가 아들을 낳으니 이는 장차 철장으로 만국을 다스릴 남자라 그 아이를 하나님 앞과 그 보좌 앞으로 올려가더라 그 여자가 광야로 도망하매 거기서 천이백육십 일 동안 그를 양육하기 위해서 하나님께서 예비하신 곳이 있더라"

사람에게 소망이 있고, 인류에게 소망이 있는 것은 하나님의 약속 때문입니다. 자연 현상에서 이루어지는 모든 것들이 약속에 익해서 운행이 됩니다.
그것을 '섭리'(攝理)라고 합니다.
"저녁이 되며 아침이 되니 하나님이 보시기에 좋아하셨다"(창 1:4-5)고 했습니다.
하나님은 약속을 하셨고, 그대로 이루어지는 것을 보실 때마다 좋아하셨습니다.
지금도 하나님께서 우리의 삶의 현장에서 모든 약속들이 이루어지게 하십니다.
그 약속들이 날마다 이루어지는 것을 보시고 매우 좋아하십니다.

예수님께서 "요단강에서 세례를 받으시고 물 위로 올라오실 때 하늘의 문이 열리고 하나님의 성령이 비둘기같이 내려 예수님 위에 임하시는 것을 보셨는데, 그 때에 하나님이 말씀하시기를 이는 내 사랑하는 아들이요 내 기뻐하는 자라"(마 3:16-17)고 좋아하셨습니다.
이 광경은 하나님의 약속의 극치(極値)입니다.

하나님은 약속의 하나님이십니다.
맨 처음 약속은 여자의 후손의 승리입니다.

"내가 너로 여자와 원수가 되게 하고 네 후손도 여자의 후손과 원수가 되게 하리니 여자의 후손은 네 머리를 상하게 할 것이요 너는 그의 발꿈치를 상하게 할 것이니라"(창 3:15)

요한계시록 12장 말씀은 창세기 말씀에 근거를 두고 재확인하시는 계시입니다. 처음의 약속과 맨 마지막의 약속이 일치합니다.

창세기 3장 15절에서 하나님의 사람 여자와 그 여자의 원수 뱀인 사탄에게 말씀하시고, 오늘도 여자와 그의 원수인 용이라고도 하는 짐승에게 말씀하십니다.

창세기 3장 15절에서 말씀하신 '뱀'은 요한계시록 12장의 '용'입니다.

여자의 후손은 '약속의 씨'이고, 이 여자의 후손은 생명을 구원 얻게 하시는 언약의 씨인 '예수 그리스도'입니다.

'하나님의 구원의 계획을 계시'하셨습니다.

사도 요한이 보고 들은 것은 하나님께서 인류 구원의 계획을 말씀하신 것입니다.

내용은 간단하고 짧지만 이 말씀 속에서 구약시대부터 지금까지 긴 역사를 통하여 행하시는 하나님의 구원의 계획들을 말씀하신 것입니다.

사도 요한이 이 계시의 말씀을 받을 때 자신의 머리에서 천지창조 시대부터 예수님이 재림하실 때까지의 역사를 꿰뚫어 보았을 것입니다.

그 내용들을 지금에 와서 일일이 말씀하거나 기록할 필요는 없었을 것입니다.

하나님의 약속이 이루어지는 결론적인 것만 말씀하신 것입니다.

영광중에 나타나는 약속의 여인입니다.

"하늘에 큰 이적이 보이니 해를 옷 입은 한 여자가 있는데 그 발아래는 달이 있고 그 머리에는 열두 별의 관을 썼더라"(1절)

'해를 입었다'(clothed with the sun)고 합니다.

여기서 '해'(ἥλιον)는 그 여인의 옷인데, '태양'(sun)입니다.

이 이적은 하나님이 나타내 보여주시는 표적입니다.

'해를 입었다'는 것은 '얼굴'을 표현한 말입니다.

얼굴이 밝고 빛나고 광채가 있는 영광스러운 모습을 의미합니다.

이 얼굴을 볼 때 평안하고, 기쁨이 있고, 소망이 있습니다.

위로가 되며, 안심이 되는 그런 얼굴이 됩니다.

'그리스도의 영광의 얼굴'을 말합니다(출 34:45; 눅 9:29).

아이를 가진 엄마의 얼굴은 참으로 소망이 있습니다.

아이를 가진 엄마가 근심이 가득하다면 아이에게는 소망이 없을 것입니다.

하나님이 보내신 여인은 아이를 잉태했는데, 평화롭고 소망이 넘치는 모습을 보여주었습니다(눅 1:46-48).

사도 요한은 그것을 본 것입니다.

"그 발아래는 달이 있었다"

얼굴이 태양이면 반드시 반사적으로 빛나는 달이 있기 마련입니다.

달은 태양이 없으면 빛을 발할 수 없습니다.

달이 빛을 내는 것은 태양이 있다는 증거입니다.

여기서 '해를 입은 여인의 발아래 달이 있다'는 것은 '승리'를 뜻합니다.

승리는 항상 태양과 같은 그리스도를 바라볼 때 가능합니다.

그것이 믿음입니다.

그리스도를 바라보지 못하는 믿음은 승리를 기대할 수 없습니다.

그리스도를 바라보기에 믿음을 가질 수 있고, 구원의 확신을 가질 수 있고, 기도할 수 있고, 천국을 수망할 수 있습니다.

"그 머리에는 열두 별의 관을 썼더라"

'면류관'은 '영광의 상급이요, 최상의 보상'입니다.

위대한 자랑입니다.

그리고 '열두 별'은 완전수를 말하는데 '천하만국의 교회'를 가리킵니다.

그리스도는 하나님께서 선택한 한 여인의 몸을 통하여 세상에 나게 하셨습니다.

그리스도께서 열두 제자들을 통하여 교회를 세우셨습니다.

열두 제자들이 세운 교회는 이 지구상에 있는 전 교회입니다.

교회는 하나님의 영광이며, 그리스도의 면류관이며 자랑입니다.

구약시대는 열두 지파를 통하여 교회의 상징을 말씀해 주셨습니다.

신약시대는 열두 제자들을 통하여 지상에 교회를 세우셨습니다.

이 '열 둘'은 '완전수'를 말하고 '열두 별'은 '교회'입니다.

교회가 고난 중에 탄생합니다.

"이 여자가 아이를 배어 해산하게 되매 아파서 애를 쓰며 부르짖더라"(2절)

이 말씀에서 두 가지 중요한 사실을 발견하게 됩니다.

첫째는, 그리스도의 탄생입니다.
'여자의 해산'은 '그리스도의 탄생'입니다. 그런데 해산에는 고통이 따릅니다.

"아파서 애를 쓰며 부르짖더라"

그리스도를 해산하는 여인이 아무리 순산했다고 할지라도 해산의 고통은 따르기 마련입니다.

둘째는, 그리스도를 통한 교회의 탄생입니다.
지상에 교회가 탄생되는 것이 결코 쉽지만은 않습니다.
어쩌면 여인이 아이를 해산하는 만큼이나 힘들고 고통스러운 일입니다.
임신한 여인이 아이를 해산하지 않을 수 없는 것처럼 그리스도는 이 땅에 교회를 해산하지 않을 수 없었습니다.
하나의 교회가 탄생하기까지는 해산의 고통이 있어야 합니다.

"내가 오랫동안 조용하며 잠잠하고 참았으나 내가 해산하는 여인 같이 부르짖으리니 숨이 차서 심히 헐떡일 것이라"(사 42:14)
"나의 자녀들아 너희 속에 그리스도의 형상을 이루기까지 다시 너희를 위하여 해산하는 수고를 하노니"(갈 4:19)

교회 하나가 세워지기까지는 해산의 고통이 따릅니다.
육체적으로 힘듭니다. 궁핍하여 배고프고, 목마르고, 헐벗습니다.
정신적으로 견디기 어렵습니다. 애쓰고 힘쓰지 않고는 성공할 수 없습니다.
조금이라도 자신을 위한 일이라면 할 수 없습니다.
임신한 여인이 해산하는 것처럼 사명감이 있어야 할 수 있습니다.

아무리 힘들고 어려워도 교회를 세우는 것은 그리스도의 약속입니다.
예수님은 "내 교회를 세우리라"(마 16:18)고 하셨습니다.
교회는 세워져야 합니다.

수난 중에 성장하는 교회입니다.

"하늘에 또 다른 이적이 보이니 보라 한 큰 붉은 용이 있어 머리가 일곱이요 뿔이 열이라 그 여러 머리에 일곱 왕관이 있는데 그 꼬리가 하늘의 별 삼분의 일을 끌어다가 땅에 던지더라 용이 해산하려는 여자 앞에서 그가 해산하면 그 아이를 삼키고자 하더니"(3-4절)

'붉은 용'은 '사탄'의 정체를 보여주는 것입니다(계 20:2).

'머리가 일곱이요 뿔이 열이라'고 했는데, '마귀가 세상을 지배하고 통치하려는 것'을 상징합니다(엡 2:2).

사탄의 역사를 과소평가할 것이 아닙니다.

사탄도 영물이면서 비인격성을 가지고 있습니다.

그리스도께서 행하시는 이적을 행하는 능력도 가지고 있습니다.

그러나 참 능력이 아닙니다. 성도들을 속이는 거짓된 것입니다.

붉은 용은 뱀입니다. 이것은 사탄입니다.

이 사탄이 '머리가 일곱이고, 열 뿔을 가졌다'고 했습니다.

'일곱'이라는 말은 완전수를 말합니다.

어떤 의미에서 완전수라 하면 '그리스도의 흉내를 내는 것'입니다.

사도 요한은 "어린 양이신 그리스도께서 일곱 뿔과 일곱 눈과 일곱 영을 가진 것을 보았다"(계 5:6)고 했습니다.

완전하신 하나님, 온전하시고 완전하신 성령이십니다.

그런데 '붉은 용'은 머리가 일곱이고 열 뿔을 가졌습니다.

'적그리스도의 세력'을 의미하는 것입니다.

세상의 열왕들의 왕권으로 교회를 대적하는 세력들입니다.

이 사탄도 면류관을 썼다고 합니다. 그것은 하나님의 영광을 모방한 것입니다.

하나님처럼 흉내를 내는 것입니다.

'교회를 해치는 세력들'은 '적그리스도'입니다.

적그리스도는 교회 밖에만 있는 것이 아닙니다.

교회 안에도 적그리스도의 세력이 있습니다.

부정적이고, 불신앙적이며, 불평하고, 불만하고, 원망하고, 무관심으로 일관하고, 게으르고, 나태합니다.

교회를 쇠퇴하게 하는 데 영향력을 미칩니다.
'적그리스도의 영이 지배하는 것'입니다.

교회가 붉은 용에 의해서 위협을 당합니다.
그리스도인들이 개인적으로 환난과 핍박을 당합니다.
교회가 세상의 권세와 권력자들로부터 핍박을 당합니다.
그리스도의 공동체가 불신앙의 세력들로부터 핍박을 당합니다.

교회에 해를 입히는 여러 세력들이 있습니다.
때로는 물질적으로 해를 입습니다.
세상의 문화입니다. 세상의 즐거움과 쾌락입니다. 세속적으로 풍요롭습니다.
이런 것들이 교회를 멀리하게 하고 쇠퇴하게 합니다.
사탄은 호시탐탐(虎視眈眈) 기회를 노리면서, 교회를 공격하고 있습니다.

> "근신하라 깨어라 너희 대적 마귀가 우는 사자 같이 두루 다니며 삼킬 자를 찾
> 나니"(벧전 5:8)

믿음이 약하고 힘을 잃으면 마귀에게 잡혀서 삼킴을 당합니다.
정신 차리고 깨어 있어 믿음을 지켜야 합니다.
예수 그리스도의 승리입니다.

> "여자가 아들을 낳으니 이는 장차 철장으로 만국을 다스릴 남자라 그 아이를 하
> 나님 앞과 그 보좌 앞으로 올려가더라 그 여자가 광야로 도망하매 거기서 천이
> 백육십 일 동안 그를 양육하기 위해서 하나님께서 예비하신 곳이 있더라"(5-6절)

요한계시록 11장 2절에는 '마흔 두 달', 요한계시록 12장 6절에는 '천이백육
십 일', 요한계시록 12장 14절에는 '한 때와 두 때 반 때'라고 기록했습니다.
이는 동일하게 '오랜 기간'을 말하는데, 이 기간은 '복음의 전시대인 예수 그리
스도의 탄생으로부터 재림하실 때까지의 교회를 상징'하는 것입니다.
이 기간 동안은 사탄과 전쟁이 계속될 것입니다.

그리스도의 탄생은 하나님의 약속의 성취입니다.
사탄은 해산하는 여인 앞에서 아이를 해산하면 죽이라고 합니다.
출애굽기 2장 1-10절 말씀의 내용입니다.

애굽에서 바로 왕이 이스라엘 백성들의 세력이 왕성해가는 것을 보고 두려워하며 이스라엘 여인들이 아이를 해산할 때 남자 아이를 낳으면 죽여 버리게 했습니다. 이때에 모세가 출생하게 되었습니다(출 1:20-22).

하나님은 아이를 받아내는 산파를 감동시켜서 아이를 죽이지 못하게 했습니다. 그런 보호 가운데 모세가 출생하여 석 달을 숨겨 길러지다가 나일 강물에 던져졌으나, 하나님은 바로의 딸 공주를 통해 건짐 받고 양자로 입적하게 하셔서 바로의 아들로 자라게 하십니다.

예수님께서 탄생하실 때 유대의 헤롯왕은 아기 예수를 죽이려고 합니다.

동방박사들의 말을 들은 그 때를 표준으로 해서 두 살 아이의 남자 아이들을 다 죽여 버립니다(마 2:16).

그러나 예수님은 이미 하나님의 성령의 지시를 받은 마리아와 요셉에 의해서 애굽으로 피하셨습니다(마 2:13-15). 아기 예수님이 피하신 후에 헤롯은 아이들을 죽였는데, 애먼 아이들만 죽임을 당하게 되었습니다.

이 무서운 사건 역시 우연한 일이 아닙니다.

이미 오래 전 선지자를 통하여 이런 일이 있을 것을 예언하셨습니다(렘 31:15).

그런데 마귀는 세력을 결코 포기하지 않습니다.

어떤 방법으로든지 예수를 죽이려고 합니다.

끝내는 예수님을 십자가에 달려 돌아가시게 했습니다.

그러나 예수님이 십자가에 달려 죽으신 것은 마귀의 승리가 아닙니다.

십자가의 죽으심을 통하여 마귀의 세력을 완전히 끝장나게 하신 일입니다.

이로 인하여 '하나님의 구속사가 이루어지게 하신 것'입니다(창 3:15).

　　"그 여자가 광야로 도망하매 거기서 천이백육십 일 동안 그를 양육하기 위해서 하나님께서 예비하신 곳이 있더라"(6절)

이 기간은 문자적으로 헤롯이 죽은 후에 요셉은 마리아와 함께 아기 예수를 데리고 나사렛 동네로 돌아오게 하신 것입니다.

그러나 사실 '일천이백 육십일'이라는 기간은 '예수님께서 재림하실 때까지의 신약시대의 기간'을 의미합니다.

우리는 주님의 재림하실 그 약속의 날을 기다립니다.

예수님은 우리에게 생명을 얻게 하시는 '생명의 언약의 씨'입니다.

사탄을 경계하라!
(요한계시록 12:7-12)

. . . . .

"하늘에 전쟁이 있으니 미가엘과 그의 사자들이 용과 더불어 싸울 새 용과 그의 사자들도 싸우나 이기지 못하여 다시 하늘에서 그들이 있을 곳을 얻지 못한지라 큰 용이 내쫓기니 옛 뱀 곧 마귀라고도 하고 사탄이라고도 하며 온 천하를 꾀는 자라 그가 땅으로 내쫓기니 그의 사자들도 그와 함께 내쫓기니라 내가 또 들으니 하늘에 큰 음성이 있어 이르되 이제 우리 하나님의 구원과 능력과 나라와 또 그의 그리스도의 권세가 나타났으니 우리 형제들을 참소하던 자 곧 우리 하나님 앞에서 밤낮 참소하던 자가 쫓겨났고 또 우리 형제들이 어린 양의 피와 자기들이 증언하는 말씀으로써 그를 이겼으니 그들은 죽기까지 자기들의 생명을 아끼지 아니하였도다 그러므로 하늘과 그 가운데에 거하는 자들은 즐거워하라 그러나 땅과 바다는 화 있을진저 이는 마귀가 자기의 때가 얼마 남지 않은 줄을 알므로 크게 분 내어 너희에게 내려갔음이라 하더라"

하나님이 창조하신 처음의 우주는 인간의 타락으로 인한 전쟁터입니다.

자연에서도 전쟁이 쉬지 않습니다.

좋은 환경과 나쁜 환경입니다.

좋은 공기와 오염된 것들과의 싸움입니다.

사람들의 정신사도 전쟁입니다.

사람들의 '생각'이라는 정신은 선한 것을 생각하는 이가 있는가 하면 악한 것을 생각하여 그것이 서로 대적하고 격돌합니다.

세속적인 전쟁이고, 또한 영적인 전쟁입니다.

하나님의 선에 대해 악한 사탄이 대적함으로써 영적인 전쟁이 폭발하고 있습니다.

사도 요한이 받은 요한계시록을 읽고 상고하면서 '하나님의 영의 세계를 대적하는 사탄이 있음'을 보고 있습니다.

12장에서도 그리스도의 탄생을 노리고 있으면서 '여자의 몸에서 아기가 태어나면 죽이려고 기다리고 있다'고 했습니다.

이 얼마나 무서운 현장입니까?

하나님의 천사 미가엘
공중에서 전쟁을 일으킵니다.
전쟁은 맨 처음 하늘에서부터 있었습니다.
사탄이 하나님을 반역하고 하나님의 거룩한 천사와 싸움을 합니다.
7-9절에서 '하나님의 천사와 사탄이 싸움을 하는 장면'을 보여줍니다.

하나님의 천사 미가엘과 사탄이 싸웠습니다.
하나님의 천사는 그 이름을 분명히 밝히고 있습니다.
'미가엘'은 '하나님이 부리시는 군대 천사로서 하나님의 택하신 백성들을 섬기며 돕고 지키는 천사'입니다.

사탄이 미가엘 천사를 대항하여 공격합니다.
사탄이 미가엘 천사를 이긴 적이 없습니다.
백번 백패를 합니다. 패배한 사탄은 하늘에서 쫓겨납니다.

　"이기지 못하여 다시 하늘에서 그들이 있을 곳을 얻지 못한지라"(8절)

사탄은 하나님을 반역한 순간부터 하늘의 어느 곳에서도 머물 곳을 얻지 못해서 쫓겨나야 할 판인데 미가엘 천사와 싸움을 합니다.

땅으로 내쫓기는 옛 뱀
'사탄의 정체'는 '네 가지 이름'을 가졌습니다.
'큰 용, 옛 뱀, 마귀, 사탄'이라고 했습니다.
사탄은 땅으로 내쫓겼습니다.

　"큰 용이 내쫓기니 옛 뱀 곧 마귀라고도 하고 사탄이라고도 하며 온 천하를 꾀
　는 자라 그가 땅으로 내쫓기니 그의 사자들도 그와 함께 내쫓기니라"(9절)

사탄이라는 놈은 마귀 귀신들의 우두머리입니다.
사탄은 많은 졸개와 같은 병사들을 거느립니다.
마가복음 5장 9절을 보면 예수님께서 귀신들린 자에게 "네 이름이 무엇이냐?"
고 물었을 때, "내 이름은 군대니 우리가 많음이니이다"라고 대답합니다.

그 수효가 많다고 했습니다.

마귀의 세력은 지구상에서 하나님의 거룩한 성도들과 전쟁을 쉬지 않습니다.

싸우는 행위를 일삼는 것은 사탄의 근성(根性)입니다.

어떤 방법으로든지 싸우는 것을 연구하고 계획하고 틈을 엿보고 있습니다.

전쟁은 마귀로부터 온 것입니다. 싸움은 아주 작은 것에서부터 시작합니다.

가장 가까운 이웃관계에서의 싸움도 아주 작은 것에서부터 시작됩니다.

나라와 나라 사이의 전쟁도 따지고 보면 아주 작은 마음에서부터 시작되는 싸움입니다. 나라와 나라 사이의 싸움은 이데올로기 전쟁입니다.

'이데올로기'(ideology)란 '사람의 마음에서 가지는 사상'입니다.

이 사상은 마음에서 나오는데, 이 때문에 엄청 큰 싸움으로 확대되는 것을 봅니다.

그렇다면 교회에서 싸움이 없습니까?

교회에서도 싸움이 많습니다.

갈등하고 교회를 떠나는 사람들이 있습니다.

분열의 결과 교단이 생기고, 교파가 생깁니다.

서로 반목하고, 서로 신앙의 우열다툼을 일으킵니다.

교회에서 함께 믿고, 믿음으로 일하던 사람들이 갈등하다가 떠나는 행위는 사탄이 전쟁으로 이용하는 것입니다.

'사탄이 머무는 곳'은 곧 '믿음이 연약한 자의 인격'입니다.

마귀가 정착하는 곳은 땅에 있는 건물이 아닙니다.

물건에 붙어 있는 것도 아닙니다.

재물에 붙어 있는 것도 아닙니다.

지식에 매달려 있는 것도 아닙니다.

사람들이 그것에 약합니다.

그런 일들에 유혹을 받습니다.

마귀는 그런 연약한 인간의 마음을 이용하는 것입니다.

그렇다면 사탄은 어떻게 사람을 이용합니까?

사람의 약점(弱點)을 통해서 이용합니다.

전적으로 하나님 중심으로 사는 것을 싫어하게 합니다.

불평하게 하고, 원망하게 하고, 불만이 생기게 하고, 인색하게 합니다.

게으르게 하고, 자기중심적이고 이기적인 생각에 끌리게 합니다.

그래서 교회에서 분쟁을 일으키고, 불신앙적인 행위를 행하게 합니다.

마귀는 헐뜯게 하고 비난하고, 비판하고, 욕하고, 반목하고, 오해하게 하고, 싸움을 일삼게 합니다.

믿는 사람이 믿는 사람과 갈등하는 것은 사탄의 역사입니다.

'형제나 이웃을 보고 미워하는 것은 이미 살인한 것'이라고 했습니다(요일 3:15).

이 모든 악행이 어디로부터 나옵니까?

사람의 마음이나 생각에서 나옵니다.

'마귀가 정착하려고 하는 곳'이 바로 '사람의 마음이나 생각'입니다.

아무리 깨끗한 집이라도 주인이 모르는 사이에 먼지가 앉고 때가 끼는 것처럼 마귀도 우리가 알지 못하는 사이에 우리 마음에 정착하려고 하는 것입니다.

마귀의 역사를 경계해야 합니다.

"마귀에게 틈을 주지 말라"(엡 4:27)

마귀에게 기회를 주지 말아야 합니다.

마귀는 사람이 소유하고 있는 것들을 틈새로 이용합니다.

그렇다면 사람이 소유하는 것들이 무엇입니까?

재물입니다. 권력입니다. 명예입니다. 편리한 것입니다.

이기적인 것들로 자신만을 생각하는 것입니다.

게으름입니다. 무관심입니다. 무책임입니다.

세상을 자랑하는 것들입니다. 세상을 사랑하는 것들입니다.

"이 세상이나 세상에 있는 것들을 사랑하지 말라 누구든지 세상을 사랑하면 아버지의 사랑이 그 안에 있지 아니하니 이는 세상에 있는 모든 것이 육신의 정욕과 안목의 정욕과 이생의 자랑이니 다 아버지께로부터 온 것이 아니요 세상으로부터 온 것이라 이 세상도, 그 정욕도 지나가되 오직 하나님의 뜻을 행하는 자는 영원히 거하느니라"(요일 2:15-17)

그리스도를 믿는 능력으로 사탄을 물리칩니다.

10-11절에서 '사탄을 물리치고 격퇴시킬 수 있는 능력'을 말해 주십니다.

첫째는, 구원을 얻는 능력입니다.

10절에서 '하나님께서 우리에게 구원을 이루었다고 선언'하셨습니다.

'구원을 얻었다'는 것은 '하나님의 소유가 되었다'는 뜻입니다.

하나님의 소유는 지키고, 보호하시고, 인도하십니다.

하나님의 자녀가 되게 하셔서 하나님 자신처럼 지키십니다.

마귀는 더 이상 하나님의 구원을 얻는 성도들을 끌어낼 능력이 없습니다.

> "그러므로 이제 그리스도 예수 안에 있는 자에게는 결코 정죄함이 없나니 이는 그리스도 예수 안에 있는 생명의 성령의 법이 죄와 사망의 법에서 너를 해방하였음이라"(롬 8:1-2)

둘째는, 믿음 앞에서는 참소하던 자가 쫓겨났습니다.

> "그의 그리스도의 권세가 나타났으니 우리 형제들을 참소하던 자 곧 우리 하나님 앞에서 밤낮 참소하던 자가 쫓겨났고"(10절)

'참소(讒訴)한다'는 말은 '우리를 죄인이라고 고발한다'는 것입니다.

욥기 1장 8, 9절에 보면 사탄이 욥을 참소합니다.

욥이 시험을 당하게 하여 하나님을 부안하게 만듭니다.

그러나 욥은 끝내 믿음을 저버리지 않았습니다.

사탄은 욥을 괴롭히다가 믿음을 굽히지 않는 욥에게서 떠납니다.

성경 말씀에 보면 그리스도의 능력의 믿음을 가진 성도 앞에서 참소하던 마귀는 쫓겨나서 떠나가 버립니다.

믿음을 굳게 지켜야 합니다.

셋째는, 그리스도의 십자가 보혈입니다.

> "또 우리 형제들이 어린 양의 피와 자기들이 증언하는 말씀으로써 그를 이겼으니 그들은 죽기까지 자기들의 생명을 아끼지 아니하였도다"(11절)

'마귀가 가장 무서워하는 것은 '그리스도께서 십자가에 피 흘려 죽으심'입니다.

그리스도의 십자가의 죽으심은 인간의 죄를 무력하게 만들었습니다.

마귀의 참소가 무력하게 된 것입니다.

하나님은 예수 그리스도의 십자가 보혈로 인간의 죄를 도말하셨습니다.

우리는 예수 그리스도의 십자가의 죽으심을 마음으로 믿고 입으로 시인하고 말하며 세상을 향하여 증거해야 합니다.

이것은 마귀에게 선언하는 것입니다.

> "나는 예수 그리스도의 십자가의 대속을 믿는다. 나는 예수님의 십자가의 대속을 믿음으로 죄 사함 받았다. 그리스도의 십자가 보혈을 믿음으로 구원받았다."

십자가의 구원을 믿으며 기도하고 찬양하면, 마귀는 떠나갑니다.

믿음을 저버리지 말아야 합니다.

> "그러므로 하늘과 그 가운데에 거하는 자들은 즐거워하라 그러나 땅과 바다는 화 있을진저 이는 마귀가 자기의 때가 얼마 남지 않은 줄을 알므로 크게 분내어 너희에게 내려갔음이라 하더라"(12절)

크게 두 가지를 깨달아야 합니다.

첫째는, 온전히 구원받은 자들입니다

누가 온전히 구원을 받은 자들입니까?

> "그러므로 하늘과 그 가운데 거하는 자들은 즐거워하라"

완전한 구원을 받은 자들은 하늘에 있습니다.

구원으로 하나님 나라에 이른 자들은 어떤 경우에도 해를 입을 일이 없습니다.

죄를 짓지도 않고, 죄 지을 시험이 없고, 마귀의 유혹도 전혀 없습니다.

'완전히 영화(靈化)가 이루어진 성도들'입니다.

둘째는, 땅에 있는 자들은 불완전합니다.

12절 하반절에 하늘에서 쫓겨난 마귀는 땅을 활동무대로 삼습니다.

심지어 믿음 있는 사람들에게까지 악의 영향을 끼칩니다.

자신의 때가 얼마 남지 않은 것을 알고 최후의 발악을 합니다.

모든 악을 동원해서 적그리스도 세력을 따르게 만듭니다.

믿음이 약하면 마귀의 시험을 받습니다.

이런 사람은 자신의 유익을 위하여 교회를 해롭게 합니다.

자신은 만족할지 모르지만 교회가 해를 입었다면 믿음을 저버린 것입니다.

순교적인 믿음으로 사탄 마귀를 물리쳐야 합니다.

교회를 대적하는 사탄
(요한계시록 12:13-17)

· · · · ·

"용이 자기가 땅으로 내쫓긴 것을 보고 남자를 낳은 여자를 박해하는지라 그 여자가 큰 독수리의 두 날개를 받아 광야 자기 곳으로 날아가 거기서 그 뱀의 낯을 피하여 한 때와 두 때와 반 때를 양육 받으매 여자의 뒤에서 뱀이 그 입으로 물을 강 같이 토하여 여자를 물에 떠내려가게 하려 하되 땅이 여자를 도와 그 입을 벌려 용의 입에서 토한 강물을 삼키니 용이 여자에게 분노하여 돌아가서 그 여자의 남은 자손 곧 하나님의 계명을 지키며 예수의 증거를 가진 자들과 더불어 싸우려고 바다 모래 위에 서 있더라"

우리는 성경을 하나님의 말씀을 기록한 것으로 믿습니다.

'하나님의 말씀'은 '인간을 죄와 죽음으로부터 구원하시려는 방편'입니다.

성경말씀을 문자 그대로 이해하고, 깨달을 수 있는 말씀으로 믿을 수 있습니다.

어떤 경우에는 문자 그대로 이해하거나 깨닫기에는 어려운 말씀도 있습니다.

구약의 '다니엘'의 말씀이나 '에스겔서'의 말씀이나 신약의 '요한계시록'의 말씀 중에는 문자 그대로 이해하거나 깨닫기에는 어려운 말씀들이 있습니다.

성경을 기록한 사도 요한이 받은 계시는 사도 요한이 해석한다면 '요셉이 바로의 꿈을 해석해 준 것'처럼 하면 쉬울 것입니다.

'다니엘이 느부갓네살의 꿈을 해석해 준 것'과 같이 분명하게 말해 준다면 어려움이 없을 것입니다.

그러나 그 이외의 사람들이 성경을 해석하는 것은 심사숙고해야 합니다.

사도 베드로는 성경을 해석하는 데 조심해야 할 것을 말씀하셨습니다.

"먼저 알 것은 성경의 모든 예언은 사사로이 풀 것이 아니니 예언은 언제든지 사람의 뜻으로 낸 것이 아니요 오직 성령의 감동하심을 받은 사람들이 하나님께 받아 말한 것임이라"(벧후 1:20, 21)

"또 그 모든 편지에도 이런 일에 관하여 말하였으되 그 중에 알기 어려운 것이 더러 있으니 무식한 자들과 굳세지 못한 자들이 다른 성경과 같이 그것도 억지로 풀다가 스스로 멸망에 이르느니라"(벧후 3:16)

요한계시록을 해석하는 데 한 세대마다 다르게 해석하는 사람들이 있습니다.
그 세대가 지나가면 그 해석이 맞지 않습니다.
그것을 조심해야 합니다.

요한계시록 12장 13-16절은 '어느 시대를 두고 예언하신 말씀인가?' 하는 것이 매우 중요합니다.
이 말씀은 '창세기에서부터 주께서 재림하실 때까지를 총망라하신 말씀'입니다.
창세부터 종말시대까지를 말하지 않고는 성경을 올바르게 해석할 수 없습니다.
이 말씀은 과거적이면서도 현재적이고 그리고 미래적입니다.

'여자와 용'은 창세기 3장 15절에서 말씀하셨습니다.
아담과 하와가 범죄했을 때 아담으로 하여금 죄에 빠지게 유혹한 놈이 사탄입니다.
그 놈을 '용'이라 하기도 하고 '뱀'이라 하기도 했습니다.
"내가 너로 여자와 원수가 되게 하고 네 후손도 여자의 후손과 원수가 되게 하리니 여자의 후손은 네 머리를 상하게 할 것이요 너는 그의 발꿈치를 상하게 할 것이니라"(창 3:15)

이때부터 여자와 용은 대적 관계가 되었습니다.
'여자가 의미하는 것이 무엇인지 크게 두 가지를 깨달을 수 있습니다.

첫째는, 좁은 의미로는 예수 그리스도를 해산하는 여인을 말합니다.
예수 그리스도는 동정녀 마리아의 몸에서 출생합니다.
그런데 사탄은 그리스도를 해산할 때부터 죽이려고 합니다.
"이에 헤롯이 박사들에게 속은 줄 알고 심히 노하여 사람을 보내어 베들레헴과 그 모든 지경 안에 있는 사내아이를 박사들에게 자세히 알아본 그 때를 기준하여 두 살부터 그 아래로 다 죽이니"(마 2:16)

그러나 예수 그리스도는 이미 애굽으로 피신한 후였습니다.

예수 그리스도는 한 여자의 후손으로 태어나셨습니다.

둘째는, 넓은 의미로 여자는 성경을 말씀합니다.
'성경'은 '예수 그리스도를 낳는 여인'이라고 볼 수 있습니다(창 3:15).
성경은 예수 그리스도께서 나실 것을 이미 창세 때부터 말씀해 왔습니다.

> "내가 받은 것을 먼저 너희에게 전하였노니 이는 성경대로 그리스도께서 우리
> 죄를 위하여 죽으시고"(고전 15:3)
> "때가 차매 하나님이 그 아들을 보내사 여자에게서 나게 하시고 율법 아래에
> 나게 하신 것은 율법 아래에 있는 자들을 속량하시고 우리로 아들의 명분을
> 얻게 하려 하심이라"(갈 4:4-5)

넓은 의미에서 예수 그리스도는 성경 안에서 태어나셨습니다.
성경은 창세기부터 예수님께서 재림하실 때까지를 예언하십니다.
'성경을 기록하신 목적'은 '예수 그리스도'이십니다.
그리스도가 없으면 성경을 기록할 이유가 없습니다.
성경은 그리스도를 통하여 교회를 낳습니다.

여자와 용이 싸우는 것은 성경 전 시대를 말합니다.

> "용이 자기가 땅으로 내쫓긴 것을 보고 남자를 낳은 여자를 박해하는지라"(13절)

'용'은 '사탄'입니다.
이 사탄이 '하나님을 반역한 천사'입니다.
이놈이 하늘에서 땅으로 내쫓겼습니다.
이놈은 여자가 낳은 아들 그리스도를 죽이려고 합니다.
이 사탄은 땅으로 내쫓긴 그 순간부터 땅 위에서도 하나님의 뜻을 반역합니다.
땅 위에 사는 하나님의 거룩한 백성들을 유혹하고 핍박을 합니다.

출애굽기 1장 16절을 보면 바로 왕은 히브리 여인들이 아이를 낳을 때 산파들
에게 "아들이거든 그를 죽이고 딸이거든 살려두라"고 명령합니다.
이스라엘 백성들의 씨를 말려 버리게 했습니다.
이스라엘 백성들은 비록 애굽에서 고난을 당하지만 하나님의 백성들입니다.
고난을 당하는 백성들이라 해도 하나님은 이들을 버려두지 않을 것입니다.

"여호와께서 아브람에게 이르시되 너는 반드시 알라 네 자손이 이방에서 객이 되어 그들을 섬기겠고 그들은 사백 년 동안 네 자손을 괴롭히리니 그들이 섬기는 나라를 내가 징벌할지며 그 후에 네 자손이 큰 재물을 이끌고 나오리라"(창 15:13-14)

하나님의 백성들은 사탄의 세력에 의해서 고난을 당합니다.

'여자의 아들'은 '광야의 교회생활'을 의미하며, '하나님의 백성과 자녀들'입니다. 이들은 광야생활을 하게 됩니다.

"그 여자가 광야로 도망하매 거기서 천이백육십 일 동안 그를 양육하기 위해서 하나님께서 예비하신 곳이 있더라"(6절)

우리는 여기서 세 가지를 생각합니다.

첫째는, 광야입니다.
'광야'(廣野)는 '세상에 속해 있는 동안의 교회'입니다.
교회는 현실적으로 광야에 속해 있습니다.

둘째는, 일천이백육십일일입니다.
이때 사탄은 계속해서 여자를 공격하고 핍박합니다.
이 시대는 '광야교회 전 시대'를 말합니다.
'세상이 종말의 심판을 받는 그 날까지'입니다.
절대로 어느 특정한 세대를 말히는 것이 아닙니다.

셋째는, 하나님의 보호입니다.
하나님의 백성은 하나님이 보호하십니다.

요한계시록 12장 7-9절을 보면 미가엘과 용이 하늘에서 싸우다가 용이 땅으로 내쫓기는데, 사탄은 땅에서도 싸웁니다(12:13).
광야의 백성들의 생활은 '교회'입니다.
교회는 예수님께서 재림하시기 전까지 사탄과 영적 전투를 해야 합니다.
그 중에서 믿음이 약한 자들은 무너지고 넘어집니다.
믿음이 강한 자만이 승리합니다.

믿음이 강하면 전적으로 하나님만 의지합니다.
성령에 붙들려 자신을 그에게 맡기는 것입니다.

굶주림도 견디고 이깁니다.
목마름도 견디고 이깁니다.
헐벗음도 견디고 이깁니다.
옥에 갇혀도, 병이 들어도 견디고 이깁니다.

"나는 비천에 처할 줄도 알고 풍부에 처할 줄도 알아 모든 일 곧 배부름과 배
고픔과 풍부와 궁핍에도 처할 줄 아는 일체의 비결을 배웠노라"(빌 4:12)

교회는 하나님의 보호를 받습니다.

"여자의 뒤에서 뱀이 그 입으로 물을 강 같이 토하여 여자를 물에 떠내려가게 하려
하되 땅이 여자를 도와 그 입을 벌려 용의 입에서 토한 강물을 삼키니"(15, 16절)

용이 물을 강같이 토하여 삼키려고 하는데 교회를 대 박해하는 것을 말합니다.
땅의 광야 교회는 사탄의 세력에 의해서 전 시대적으로 대 환난과 핍박을 받아
왔고, 수많은 순교자들이 나왔습니다.
사탄은 교회를 말살하려고 합니다.
강한 믿음은 핍박 중에 살아남는 것이 아니라, 기쁨으로 순교 당하는 것입니다.

물론 모두 다 순교하는 것은 아닙니다.
많은 순교자들이 속출한 중에서도 살아남은 성도들이 있습니다.
순교자들은 믿음이 없거나 하나님이 축복하지 않아서 비참한 순교를 당한 것이
아닙니다. 살아남을 수도 있습니다.
그러나 순교를 당한 성도들은 더욱 강한 믿음의 사람들입니다.

히브리서 11장 36-40절에는 많은 순교자들을 기록하고 있습니다.
이들의 믿음은 "이런 사람은 세상이 감당하지 못하느니라"(38절)고 말씀하셨을
정도로 강했습니다.
순교자들이야말로 가장 강하고 큰 믿음을 가지신 분들입니다.
이 순교자들이 교회를 존재하게 하였습니다.

소련을 비롯한 동유럽이 공산주의 세상이 되었습니다.
본래 이런 나라들은 기독교를 믿었습니다.
그런데 '칼 마르크스'의 사상에 의해서 공산주의가 되면서 하나님을 부인하고
유물사관을 부르짖었습니다.

공산주의는 '유토피아를 이룰 것'이라고 했습니다.

그리고 기독교를 말살하고 그리스도인들을 숙청했습니다.

성도들과 교회는 핍박을 당하면서도 교회를 버리지 않았고, 떠나지 않았습니다.

그래서 초대교회 시절에 세워졌던 교회당이 공산치하에서도 그대로 지켜졌습니다.

공산주의자들이 교회당만큼은 파괴하지 않았습니다.

그런데 공산주의 사회의 유일한 북한 땅에서 그리스도인들은 교회를 다 버리고 떠났습니다.

북한 땅에는 교회가 없어지고 예배당도 없어졌습니다.

소련을 비롯한 동유럽의 공산주의 사회는 한 세기가 지나지 못해서 그 공산주의를 버렸고, 교회는 옛날의 모습으로 회복되었습니다.

그러나 일부 나라에서 사탄의 역사로 공산주의를 버리지 못하고 있고, 교회는 회복되지 못하고 있습니다.

가장 불행한 세상이 공산주의입니다.

순교를 당할지라도 교회를 버리고 떠나지 말아야 합니다.

순교의 피는 결코 헛되지 않습니다.

순교의 핏소리는 하나님께 들립니다.

창세기 4장 10절을 보면 하나님께서 가인에게 "네 아우의 핏소리가 땅에서부터 내게 호소하느니라"고 하셨습니다.

죽임 당하신 어린 양이신 그리스도는 하나님의 보좌에 계십니다(계 5:6).

하나님께서는 사탄이 거하는 곳에서 죽임을 당할 때에도 하나님을 믿는 믿음을 버리지 않는 자들은 기억하십니다(계 2:13).

죽임을 당한 자들이 하나님 나라의 제단에서 기도하고 있습니다(계 6:9).

> "선지자들과 성도들과 및 땅 위에서 죽임을 당한 모든 자의 피가 그 성 중에서 발견되었느니라"(계 18:24)

대적하는 사탄은 지금도 교회를 대적합니다.

> "용이 여자에게 분노하여 돌아가서 그 여자의 남은 자손 곧 하나님의 계명을 지키며 예수의 증거를 가진 자들과 더불어 싸우려고 바다 모래 위에 서 있더라"(17절)

교회를 대적하는 사탄은 세상의 모든 것을 동원해서 교회를 해치려고 합니다.

그것이 '용이 입에서 내뿜는 강물 같은 물'입니다.

경기도 어떤 지역에서 국회의원 후보로 출마한 어떤 자는 "교회를 지상에서 완전히 말살시켜 버려야 한다."고 했습니다.

그런데 이 사람이 국회의원에 당선되었습니다.

사탄의 세력은 권력이나 권세로 교회를 해치려고 합니다.

사탄은 교회 밖의 것을 통해서 교회를 해치려고 하지만 교회 안에 있는 것들을 통해서도 교회를 무너지게 합니다.

교회 안에 있는 것들은 신자의 불신앙적인 생각이나 행동을 동원해서 변하지 않는 육체적인 것으로 교회를 쇠퇴하게 만듭니다.

지금도 신앙이 무너지는 사람들이 있고, 문을 닫는 지역교회가 너무 많습니다.
왜 그렇습니까?
불신앙적이고, 육체적이기 때문입니다.

  "자기의 육체를 위하여 심는 자는 육체로부터 썩어질 것을 거두고 성령을 위하여 심는 자는 성령으로부터 영생을 거두리라"(갈 6:8)

어느 편에 서야 합니까?
육체의 생각으로는 믿음을 지킬 수 없습니다.
오직 성령으로만이 믿음을 지킬 수 있고, 교회를 지킬 수 있습니다.

  "육으로 난 것은 육이요 영으로 난 것은 영이니"(요 3:6)

성령을 받아야 믿음을 지킵니다.
성령을 받아야 교회를 지킵니다.

예수님은 "성령을 받으라"고 하셨습니다.
'교회를 지키는 방편'은 '성령의 힘이요 능력'입니다.
성령의 능력으로 할 수 있고, 지킬 수 있습니다.
"구원의 투구와 성령의 검 곧 말씀을 가지라"고 했습니다.
'성령의 검'인 '말씀'으로 교회를 대적하는 사탄을 격멸할 수 있습니다.

제13장 짐승의 표 666

■ 주제성구 "지혜가 여기 있으니 총명한 자는 그 짐승의 수를 세어 보라 그것은 사람의 수니 그의 수는 육 백육십육이니라"(18절)
■ 주제찬송 ♬ 350장 우리들이 싸울 것은 혈기 아니오 우리들이 싸울 것은 육체 아니오

서론

본 장은 요한계시록 중 가장 중요하고도 정수가 되는 부분입니다. 하나님의 적대 세력이 하나님으로부터 쫓겨나 지상의 성도들을 괴롭히는 본 장의 내용은 선과 악의 싸움이 지속되어 온 역사의 절정을 이루고 있습니다. 본 장은 교회 밖에서 성도를 괴롭히는 첫째 짐승으로서 세속 권세를 소개하고 있고, 교회 안에서 성도를 괴롭히는 거짓 선지자를 암시적으로 소개합니다.
요한은 환상 중에서 두 짐승을 보았습니다.
이 짐승들은 마귀의 사자로서 적그리스도와 거짓 선지자들입니다. 하나님과 그리스도인들의 원수들입니다. 이런 죽음의 위기 가운데서 교회가 승리하여야만 하나님께 영광 돌릴 수 있습니다.

본론

바다에서 나온 짐승(1-10절)
사도 요한은 환상 중에 짐승이 바다에서 나오는 것을 보았습니다. 용이 성도들을 대적하여 싸움을 벌이는데 먼저 바다에서 나온 한 짐승을 통해서 성도들과 싸우게 되었습니다. 이 짐승은 교회 밖에 있는 세상의 정치권력, 사회단체, 문화적 흐름으로서 많은 사람들이 이 짐승에게 경배하게 되었고, 정치적인 핍박으로, 사회적·문화적인 압력으로 성도들과 교회를 거의 넘어뜨리는 것 같이 보일 정도로 큰 영향을 끼쳤습니다. 그러나 진정으로 주님을 믿는 사람들, 인내로 믿음을 지키는 자들은 손대지 못합니다. 사탄은 오늘 우리 주변에 이런 짐승을 많이 만들어 놓고 성도들과 교회를 공격합니다. 정치권력을 통한 직접적인 신앙의 핍박은 없지만 사회의 다양한 제도 등으로 혼란케 합니다.

땅에서 나온 짐승의 특징(11-14절)
요한은 땅에서 올라오는 다른 짐승을 보았습니다. 이 짐승의 하는 일을 보면 주님의 모습을 가장하고 있습니다. 사탄은 변장술의 도사이며, 흉내의 기재입니다. 겉모습만 보아서는 알 수 없어도 용처럼 말한다 했으니 그의 말을 통하여 가려내야 합니다. 그러므로 하나님의 말씀을 바로 알아야 하겠습니다. 또 기적과 요술을 행합니다. 그러나 하는 것이 거칠고 못되었으나 이적을 행하여 사람을 미혹합니다. 불을 하늘로부터 땅으로 내려오게 하고, 짐승의 우상에게 생기를 주어 살아 움직이게 합니다. 어느 시대나 말씀보다 기적에 더 많은 관심을 기울입니다. 그래서 주님도 기적을 행하시면서 주의하셨습니다. 이적을 말씀보다 중요시하고 좋아서 따르는 사람은 미혹에 빠지기 쉽습니다.

교회 안의 이단들(11-18절)
사탄도 영이라서 여러 가지 능력을 발휘할 수 있습니다. 그들은 우상에게 경배하지 않는 자들은 몇 명이든지 다 죽입니다. 이렇게 하여 자기만을 바라보게 합니다. 자기를 따른 자들에게는 이마에 표를 줍니다. 자기를 따르는 자들만이 천국에 간다고 가르치면서 자기 자신과 자기 단체만이 옳다고 하고 다른 교회를 모두 틀렸다고 가르치며 심지어 박해까지 합니다. 두 번째 짐승이 일한 결과로 인하여 사람들이 666표를 받게 됩니다. '666'은 짐승의 이름입니다. 하나님의 나라는 어느 교파나 단체에 국한되지 않습니다. 그러므로 어느 지도자를 추앙하는 일은 주의해야 합니다. 어느 인물이 우상화되면 용의 짐승이 되기 때문입니다. 그리스도인은 마귀와 싸우고, 하나님께만 경배해야 합니다.

결론

이처럼 본 장에는 하나님 백성들에 대한 핍박이 구체적으로 기록되어 있습니다.
짐승이 입을 벌려 하나님을 향하여 훼방하고 또 권세를 받아 성도들과 싸워 이기게 되었다는 것은 사탄이 무섭게 도전하는 것을 뜻합니다. 마귀는 성도들이 이길 수 없는 힘을 가지고 있습니다.
짐승은 권세를 받아 기적을 행하면서 교회와 성도들을 핍박합니다.
종말에 적그리스도가 나타나 강압적으로 성도들을 핍박할 것입니다. 그러나 짐승의 표를 받지 않고 또 그에 경배하지 아니한 성도들은 복되며, 밝은 미래가 보장되어 있습니다.

■ 장명가 "바다와 땅에서 나오는 두 짐승 큰 권세 얻었네 · 믿음의 정절을 지키고 우상과 죄악을 이겨라 주님이 오신다 흰 예복 입고 주 맞으라 · 주님이 오신다 등불을 켜들고 맞으라"(♪ 270장 변찮는 주님의 사랑과)

바다에서 나온 짐승
(요한계시록 13:1-10)

· · · · ·

"내가 보니 바다에서 한 짐승이 나오는데 뿔이 열이요 머리가 일곱이라 그 뿔에는 열 왕관이 있고 그 머리들에는 신성 모독 하는 이름들이 있더라 내가 본 짐승은 표범과 비슷하고 그 발은 곰의 발 같고 그 입은 사자의 입 같은데 용이 자기의 능력과 보좌와 큰 권세를 그에게 주었더라 그의 머리 하나가 상하여 죽게 된 것 같더니 그 죽게 되었던 상처가 나으매 온 땅이 놀랍게 여겨 짐승을 따르고 용이 짐승에게 권세를 주므로 용에게 경배하며 짐승에게 경배하여 이르되 누가 이 짐승과 같으냐 누가 능히 이와 더불어 싸우리요 하더라 또 짐승이 과장되고 신성 모독을 말하는 입을 받고 또 마흔두 달 동안 일할 권세를 받으니라 짐승이 입을 벌려 하나님을 향하여 비방하되 그의 이름과 그의 장막 곧 하늘에 사는 자들을 비방하더라 또 권세를 받아 성도들과 싸워 이기게 되고 각 족속과 백성과 방언과 나라를 다스리는 권세를 받으니 죽임을 당한 어린 양의 생명책에 창세 이후로 이름이 기록되지 못하고 이 땅에 사는 자들은 다 그 짐승에게 경배하리라 누구든지 귀가 있거든 들을지어다 사로잡힐 자는 사로잡혀 갈 것이요 칼에 죽을 자는 마땅히 칼에 죽을 것이니 성도들의 인내와 믿음이 여기 있느니라"

사람들은 때로는 좋은 인상을 주지 못하는 사람들을 동물에 빗대어 말합니다. '소 같다. 개 같다. 돼지 같다. 곰 같다. 호랑이 같다. 구렁이 같다'

왕이 종에게 "시장에 가서 물고기를 사 오라."고 명했습니다.

그래서 종이 물고기를 사왔는데 악취가 풍기는 썩은 생선을 사왔습니다.

화가 난 왕은 종에게 "너는 심부름을 잘못한 대가로 세 가지 벌 중에 하나를 택해서 받아라. 이 썩은 물고기를 네가 먹든지, 물고기 값을 네가 물어내든지, 곤장 100대를 맞든지 선택하라!"라고 했습니다.

종은 '생선을 먹어치우면 간단하겠다'고 생각해서 "생선을 먹겠습니다."고 했습니다.

그러나 조금 먹다가 냄새가 나서 도저히 먹을 수가 없었습니다.

그래서 '곤장 100대를 맞겠다'고 합니다.

50대 쯤 맞고 나니 죽을 것만 같아 두 손 들고 "돈을 내겠습니다!"라고 했습니다.

그래서 물고기 값을 냈답니다.

무슨 이야기입니까? '정신 차리고 살아야 한다'는 교훈입니다.

예수님은 "깨어 있으라"(마 24:42)고 하셨습니다.

믿음생활은 깨어 있는 삶입니다.

깨어 있지 아니하면 마귀는 호시탐탐 삼키려고 합니다.

깨어 있지 아니하면 마귀에게 잡아먹힙니다.

성경에서 사도 요한은 잠자는 신자들, 깨어 있지 못하는 신자들을 잡아먹으려고 바다에서 무서운 맹수 같은 마귀가 출현하는 것을 말해 줍니다.

바다에서 나오는 짐승을 보았습니다.

그 짐승의 모양은 교묘하기도 하고, 해괴하기도 하고, 무섭기도 하고, 또 신기할 만큼 구경거리로 보이기도 했습니다. 바다에서 나온 짐승은 몸통은 하나인데 뿔이 열이고, 머리가 일곱이고, 그 뿔에는 열 면류관을 쓰고 있었습니다(13:1).

짐승의 이름은 하나님을 모독하는 성질을 가지고 훼방합니다.

다니엘 7장 1-8절에 바다에서 큰 짐승 넷이 나온 것을 보았습니다.

그 모양이 각각 달랐습니다.

이 짐승의 공통점은 잔인하고, 포악한 성격을 가졌다는 것입니다.

'뿔'을 가졌는데 이는 '막강한 힘'을 가졌다는 것을 의미합니다.

이 짐승의 세력은 아주 막강해서 하나님 나라를 적극적으로 방해합니다.

그러나 이 짐승에게는 종말의 때가 있어 반드시 멸망의 심판을 받게 됩니다.

요한계시록 13장 2절의 이 짐승은 다니엘이 보는 짐승과 모양이 같습니다.

바다에서 나온 짐승의 모양이 표범 같고, 발은 곰의 발 같았고, 입은 사자를 닮았으며, 일곱 머리와 열 뿔을 가졌습니다.

이 짐승은 용으로부터 능력과 권세를 부여 받았다고 했습니다.

그리고 머리 중의 하나가 상하여 죽게 되었는데 상처가 나은 흉터가 있었습니다.

온 땅이 그것을 보고 놀라서 그를 따랐다고 합니다.

이 짐승은 '적그리스도'(antichrist)를 말합니다.

그의 생김새와 모양은 힘과 능력과 권세를 가진 것을 묘사해 주는 말씀입니다.

'적그리스도'라는 말은 '그리스도를 반대하는 세력'입니다.

처음부터 그리스도를 경계합니다.

그리스도께서 세상에 나신 것들 두려워하였고, 무서워했습니다.

적그리스도는 그의 모든 능력을 동원하여 그리스도를 죽이려고 했습니다.

이놈을 우리는 '사탄, 마귀의 세력'이라고 합니다.

그리스도를 멸하는 데 실패한 사탄은 세상의 종말의 날이 오는 그 날까지 그리스도를 믿는 교회와 성도들을 말살하려는 온갖 음모와 핍박을 행하고 있습니다.

이 '짐승'은 '교회와 성도들을 박해하는 세력'을 비유해서 말한 것입니다.

예수님께서 죽은 자 가운데서 부활하시고 하나님의 영광의 보좌로 승천하신 후에 약속하신 성령을 보내셨습니다.

성령의 임재하심과 함께 교회가 탄생했습니다.

성령이 임한 교회는 불길같이 타오르듯 부흥하고 성장했습니다.

열두 제자로 시작한 교회는 120명의 성도들을 모으게 했고, 120명의 작은 교회는 수천 명, 수만 명, 수십만 명으로 유대 온 나라를 복음화 시켰습니다.

이 짐승은 교회를 박해합니다. 초대교회 시대에 '교회를 가장 두려워하게 하는 집단 세력'은 '헤롯왕과 로마 가이사(Caesar) 황제들'이었습니다.

이들은 권력과 권세의 세력을 이용해서 교회와 성도들을 박해했습니다.

교회가 탄생된 지 100년이 못되어서 지구상에서 교회가 말살되는 듯했습니다.

열두 사도들은 하나도 남지 않고 모두 순교를 당했습니다.

'최후까지 남은 사도'가 '사도 요한'이었습니다.

요한은 밧모 섬, 죽음의 섬으로 유배당했는데, 거기서 죽을 날을 기다리며 기도할 때 하나님께서 요한에게 주신 계시 말씀을 기록한 것이 '요한계시록'입니다.

사도 요한은 이 시대에 교회를 박해하는 '적그리스도'를 '짐승'으로 묘사합니다.

'짐승의 몸통'은 '로마'입니다. 로마의 황제들은 자신을 '신'(神)이라고 주장하고, 모든 백성들은 황제를 '신'으로 섬기도록 합니다. 군주의 권력을 가진 황제의 세력은 자기를 '신'이라고 주장합니다. 그리스도를 알지 못하는 모든 나라들의 군왕들은 권력의 모자를 쓰고 자신들을 '신'에 위치에 올려놓았습니다.

지금도 어떤 나라들은 '왕'(王)이라는 권력의 자리를 두고 있습니다.

일본은 '천황'이라고 합니다. 북한의 '김일성·김정일'은 '아버지'라고 했습니다.

이 얼마나 참람(僭監)한 말입니까?

왕이라는 제도를 버려야 합니다.

인간을 왕이라고 말하는 것을 버려야 합니다.

'왕'(王)이라는 제도는 인간들이 만들어 낸 것입니다.

사무엘 선지자 시대에 이스라엘 백성들이 왕의 제도를 강력하게 요구하고 '자신들이 나라를 세우고 왕을 세우겠다'고 했습니다. 사무엘 선지자는 하나님께 이 사실을 고하며 기도했는데 하나님께서 '이 백성들이 왕을 세우려고 한 것은 하나님을 버리려고 하는 것'(삼상 8:7)이라고 말씀하셨습니다.

인간이 하나님을 버리려고 하는 것만큼 불행한 일은 없습니다.

하나님 한 분 외에는 왕이 될 수 없고, 아버지가 되실 수 없습니다.

이 짐승들의 특징을 보면 무섭고 몸서리치게 합니다.

이 짐승들은 어떤 특징들을 가졌는지 보십시오.

　첫째는, 다스리는 권세를 가졌습니다(13:4).

　둘째는, 하나님을 모독하고 훼방하는 입을 가셨습니다(13:5, 6).

　셋째는, 교회를 박해하고 지배하는 세력을 가졌습니다(13:7).

　넷째는, 세상을 공산화 되게 하려고 합니다(13:7).

작금의 시대에서 일고 있는 정치적인 세력들을 보십시오.

권력자들이 최고의 권세의 길을 휘두르고 있습니다.

그들이 가장 두려워하는 것은 자신들 외에 다른 숭배자가 존재한다는 것입니다.

정치권력의 자리는 '왕좌'(王座)라고 합니다.

자신들 이외의 그 어떤 왕좌도 존재하는 것을 부정합니다.

그래서 '하나님이 없다'고 주장하는 것입니다.

자신의 권력이 하나님이라고 생각하기 때문에 하나님을 부인합니다.

하나님을 부정하고, 훼방합니다.

그래서 이들은 교회를 박해하고 말살하려고 합니다.

그것이 공산주의 하려는 것입니다.

교회가 핍박을 받은 시기입니다.

교회가 핍박 받는 것을 어느 시대에 그 누구도 부인하지 않습니다.

지금도 세계적으로 핍박 받고 있는 교회들이 있습니다.

'기독교의 핍박과 관계된 나라들'을 보면 크게 네 유형으로 나눌 수 있습니다.

첫째는, 국가적으로 교회를 핍박하지 않는 나라들이 있습니다.

이런 나라들은 '기독교를 뿌리로 하고 있는 나라들'입니다.

'미국, 영국, 프랑스, 독일, 스위스, 덴마크, 뉴질랜드, 호주 등'과 같은 나라들은 교회를 박해하지 않습니다.

'로마' 같은 나라들은 처음 기독교가 세워질 때에는 짐승처럼 교회를 박해했지만, 지금은 교회를 핍박하지는 않습니다.

둘째는, 기독교를 박해하거나 복음 선교를 제한하는 나라들이 있습니다.

'중국, 소련 등'이 그러합니다. 이들 나라들은 공산주의 나라들로 교회를 말살했지만 개방화가 되면서 교회를 허용하고 신학교도 허용했습니다.

그러나 외국인 선교사가 복음을 전하는 것은 제한하고 있습니다.

중국은 사회주의식 교회를 만듭니다.

하나님을 부인하고 공산주의 종교를 만드는 것입니다.

셋째는, 기독교를 금하는 나라들이 있습니다.

'중동지역을 비롯한 무슬림들'입니다.

이들은 자기들의 종교 외에는 받아들이지 않습니다.

그런데 한 가지 외국인 선교사들이 들어와서 선교하는 것을 금하면서도 모르는 척 하고 눈감아주는 형태를 취하기도 합니다.

넷째는, 공산주의 같은 나라들입니다.

중국이 기독교를 배척합니다. '북한'(North Korea)과 같은 나라입니다.

북한은 특수한 공산주의 지역입니다.

외국인들이 마음대로 출입할 수 없고, 마음대로 여행을 할 수도 없습니다.

전혀 자유가 없는 나라입니다.

몇 개의 교회가 세워져 있기도 하지만, 그것은 하나님의 교회가 아닙니다.

지금의 북한교회는 종교의 자유가 주어지거나, 누구나 예수를 믿을 수 있는 것이 아니고, 외세에 종교의 자유가 있다는 것을 선전하려는 선전용입니다. 교회를 다니고 있는 사람들처럼 보이는 소수의 사람들은 참 그리스도인이 아닙니다.

교회는 처음부터 지금까지 이런 적그리스도들의 세력에 의해서 박해를 받아왔고, 지금도 박해를 받고 있습니다.

그렇다면 언제까지 이 박해를 받아야 합니까?

요한계시록 13장 5-7절은 '교회가 박해받는 시기'를 말하고 있습니다.

'마흔 두 달'(13:5)이라는 기간은 제한되면서도 어느 특정한 기간을 말하기보다는 교회가 세워지면서 전 시대를 통하여 박해를 받아왔는데 그 박해는 예수님께서 재림하시는 그 날까지 이어지는 기간으로 보아야 합니다.

> 초대교회의 시대에도 어느 곳에는 박해가 있었지만 어느 곳에서는 박해를 하지 않았습니다. 일본치하의 우리 한국에서는 일본인들이 무참하게 교회를 박해했지만 일본 본토에서는 핍박을 하지 않았습니다.
>
> 지금도 그렇습니다.
>
> 한국과 같은 곳에는 핍박이 아주 없는 것은 아니고, 어느 정도는 있습니다.
>
> 정치적이 불신 권력자들에 의해서 박해를 받는 부분이 있습니다.
>
> 예를 들면 '사학법 개정'이라는 것이 교회를 박해하는 것입니다.
>
> 소위 '혁신학교'라는 허울로 국민을 속입니다. '무신론을 가르치겠다는 것'입니다
>
> 우리나라의 사립학교는 대부분이 기독교 학교입니다.
>
> 이런 기독교 학교에 예수를 믿지 않는 이사를 파송하여 경영을 도모하는 것은 교회를 말살하려고 하는 것입니다.
>
> 특별히 기독교 학교에서 성경을 가르치지 못하고 예배를 드리지 못하게 합니다.
>
> 그런데 북한과 같은 곳에서는 예수를 믿을 수 없습니다.
>
> 중국에서도 국가가 허용하는 신앙생활을 해야지 국가가 허용하지 않는 예수를 믿으면 박해를 합니다.
>
> 이런 일들은 예수님께서 재림하시는 날까지 세상 도처에서 자행될 것입니다.

핍박을 이기지 못하는 자들은 짐승을 따릅니다.

> "죽임을 당한 어린 양의 생명책에 창세 이후로 이름이 기록되지 못하고 이 땅에 사는 자들은 다 그 짐승에게 경배하리라"(8절)

'그리스도인의 신분'은 외모로만 볼 수 없습니다.

참 그리스도인이 있고, 참 그리스도인이 아닌 신자들이 있습니다.

주님의 손에는 생명책이 있습니다.

그 생명책에는 참 믿음의 성도들의 이름이 기록되어 있습니다.

이들은 어떤 환난이나, 핍박이나, 시험이나, 시련이나, 고통과 괴로움이 있을지라도 그리스도를 부인하지 않습니다. 믿음을 버리지 않습니다.

죽음을 당할지라도 예수 믿는 신앙을 포기하지 않습니다.

구원받지 못한 신자들은 핍박과 시련과 시험을 당할 때 믿음을 포기하고 맙니다.

교회를 다니다가 중도에서 포기하는 사람들이 얼마나 많습니까?

그들 중에는 목회자들도 있고, 장로나 권사, 집사들도 많습니다.

수많은 신자들이 중도에서 하나님을 부인하고 교회를 떠납니다.

교회 안에는 아직도 믿음생활을 자기중심으로 하는 사람들이 많습니다.

가인과 같은 믿음(창 4:3-9), 롯과 같은 믿음(창 13:7-11), 엘리 제사장의 아들들(삼상 2:12)과 같은 믿음을 가진 이들이 많습니다.

처음부터 믿음이 온전해질 수는 없지만, 믿음은 점점 자라야 합니다.

그것이 그리스도인의 성화입니다. 변화되는 것입니다.

진정으로 변화되어가는 믿음은 회개하는 믿음이 되어야 합니다.

4절 말씀과 8절의 말씀을 비교해 보십시오.

4절에서 사탄은 용인데 짐승인 마귀에게 권세를 줍니다.

교회를 박해하는 권세를 준다는 것입니다.

8절에는 그 마귀의 핍박을 받는 자들 중에 믿음이 없거나 약한 자들은 이 짐승에게 경배를 하고 만다고 합니다.

사로잡는 자는 사로잡힙니다.

그리스도인은 마귀에게 굴복하지 말아야 합니다.

"누구든지 귀가 있거든 들을지어다 사로잡힐 자는 사로잡혀 갈 것이요 칼에 죽을 자는 마땅히 칼에 죽을 것이니 성도들의 인내와 믿음이 여기 있느니라"(9, 10절)

핍박을 당하는 나의 편은 어디에 계십니까?

나를 도우시는 분은 누구십니까?

여호와 하나님이 나의 편이십니다.

박해를 당하는 나를 도우시기 위하여 친히 강림하십니다.

"깰지어다 깰지어다 드보라여 깰지어다 깰지어다 너는 노래할지어다 일어날지어다 바락이여 아비노암의 아들이여 네가 사로잡은 자를 끌고 갈지어다 그 때에 남은 귀인과 백성이 내려왔고 여호와께서 나를 위하여 용사를 치시려고 내려오셨도다"(삿 5:12, 13)

"주께서 높은 곳으로 오르시며 사로잡은 자들을 취하시고 선물들을 사람들에게서 받으시며 반역자들로부터도 받으시니 여호와 하나님이 그들과 함께 계시기 때문이로다"(시 68:18)

사람의 생명은 하나님만이 주관하십니다.
그러므로 사람의 피를 흘리는 자는 하나님이 반드시 갚아주십니다.
"다른 사람의 피를 흘리면 그 사람의 피도 흘릴 것이니 이는 하나님이 자기 형상대로 사람을 지으셨음이니라"(창 9:6)

믿음이 있는 성도들은 말씀을 듣고 순종합니다.
"누구든지 귀가 있거든 들을지어다"(9절)

믿음이 있는 성도는 말씀을 듣고 순종합니다.
믿음이 있는 성도들은 인내하는 신앙이 있어야 합니다.
어떤 일에 인내합니까?
믿음으로 사는 모든 삶을 통하여 인내하는 신앙이 중요합니다.

인내하지 못하여 불평하고, 원망하고, 불만합니다.
인내하지 못하여 시험에 들고, 배신을 합니다.
인내하지 못하여 포기하고, 사명을 버립니다.

핍박하는 세력이 승리하는 것 같지만 하나님은 이들을 심판하실 것입니다.
그들의 화는 하나님께 맡기고 오직 믿음으로 하나님 나라를 소망해야 합니다.
'바다에서 나온 짐승'은 '사탄이며 마귀의 세력'입니다.
이것들은 망할 것입니다.
이를 대항하여 이기는 성도는 구원을 얻습니다.

사탄의 유혹을 물리치라!
(요한계시록 13:11-18)

·····

"내가 보매 또 다른 짐승이 땅에서 올라오니 어린 양 같이 두 뿔이 있고 용처럼 말을 하더라 그가 먼저 나온 짐승의 모든 권세를 그 앞에서 행하고 땅과 땅에 사는 자들을 처음 짐승에게 경배하게 하니 곧 죽게 되었던 상처가 나은 자니라 큰 이적을 행하되 심지어 사람들 앞에서 불이 하늘로부터 땅에 내려오게 하고 짐승 앞에서 받은바 이적을 행함으로 땅에 거하는 자들을 미혹하며 땅에 거하는 자들에게 이르기를 칼에 상하였다가 살아난 짐승을 위하여 우상을 만들라 하더라 그가 권세를 받아 그 짐승의 우상에게 생기를 주어 그 짐승의 우상으로 말하게 하고 또 짐승의 우상에게 경배하지 아니하는 자는 몇이든지 다 죽게 하더라 그가 모든 자 곧 작은 자나 큰 자나 부자나 가난한 자나 자유인이나 종들에게 그 오른손에나 이마에 표를 받게 하고 누구든지 이 표를 가진 자 외에는 매매를 못하게 하니 이 표는 곧 짐승의 이름이나 그 이름의 수라 지혜가 여기 있으니 총명한 자는 그 짐승의 수를 세어 보라 그것은 사람의 수니 그의 수는 육백육십육이니라"

하나님께서 원래 사람을 병이 없는 건강한 몸으로 지으셨습니다(창 1:27-28; 2:7).

누구나 질병과는 전혀 관련 없이 건강한 몸으로 살고 있었습니다.

그러나 자신도 모르는 사이에 점차적으로 몸에 이상이 생기기 시작합니다.

왜 그렇게 되었습니까?

인간이 마귀의 유혹으로 범죄함으로 하나님께 벌을 받게 된 것입니다.

그래서 건강을 잃게 되고, 결국은 죽음에 이르게 되었습니다(창 2:17-19).

'몸에 이상이 생기는 것'을 '병이 들었다'고 합니다.

사람의 몸에 발생되는 병은 그 종류가 30만 가지나 된다고 합니다.

그 중에서 의학적으로 병명을 밝힐 수 있는 것은 3만 가지 정도뿐이라고 합니다.

의학적으로 병명을 알았다고 해서 다 고칠 수 있는 것이 아닙니다.

그 중에서도 고칠 수 있는 것은 극소수에 불과합니다.

의학적으로 병명을 알아내고 그 병에는 어떤 약을 써야 하고, 어떻게 치료를 해야 치유된다는 것을 알고 치료하지만, 고치지 못하고 죽는 경우가 많습니다.

사람이 건강한 몸으로 살아가야 하고 그것이 소망인데, 자신도 모르는 사이에 발병(發病)하게 되고, 그 병으로 죽어간다는 것은 얼마나 아이러니컬한 일입니까?

한 가지 분명한 것은 건강한 몸에 병원균이 침투해 들어가서 병든 몸이 되도록 만들어 버린 것입니다.

그런데 이보다 더 무서운 것이 있습니다.

사람에게 몸보다 더 귀하고 소중한 것은 '영혼의 생명'입니다.

영혼의 생명 역시 정결하고 순결하며 거룩하고 흠 없는 생명으로 살아가야 하는데, 이 영혼의 생명도 죄로 인해 죽어가게 만들어진다는 것입니다.

하나님께서 맨 처음에 인간을 지으셨을 때에는 거룩하고 순결하고 흠 없이 깨끗한 영혼의 생명이 되게 하셨는데 자신도 모르는 사이에 죄에 빠지는 죄인이 되고 말았습니다. 이 죄로 인하여 죽을 수밖에 없도록 되어 버리고 말았습니다.

'인간이 죄에 빠진 것'은 '사탄이 침투해 들어왔기 때문'입니다.

사람이 건강한 문화를 이루어서 건강한 정신과 거룩한 삶을 통해 하나님과 올바른 관계를 가지고 천국에 이르게 된다면 이것이야말로 가장 영광스러운 일이며 행복입니다. 그런데 죄 중에 빠져서 그 죄로 인하여 멸망에 이르게 된 것입니다.

'인간을 죄 중에 빠지게 하고, 멸망에 이르게 하는 정체가 무엇인지'를 밝히고, 이것들을 경계하는 믿음이 중요한데, '요한계시록'은 바로 '사람을 죄에 빠지게 만드는 사탄의 정체를 경계하게 하는 말씀'입니다.

요한계시록 13장에서 '바다에서 나오는 짐승과 땅에서 나오는 두 짐승의 정체'를 밝혀주셨습니다. 이 짐승들은 두말 할 것도 없이 '사탄의 세력'입니다.

바다에서 나온 짐승은 인공적으로 세상에 폭력이 늘어나고 갈등과 테러들이 바다의 파도처럼 일어나게 만들었을 뿐 아니라 전쟁의 원인을 제공하여 전쟁이 폭발적으로 일어나게 합니다. 자연적으로는 지진이 일어나고, 온갖 질병에 시달리게 되고, 천재지변이 늘어나게 합니다.

"슬프다 많은 민족이 소동하였으되 바다 파도가 치는 소리 같이 그들이 소동하였고 열방이 충돌하였으되 큰물이 몰려옴 같이 그들도 충돌하였도다 열방이 충돌하기를 많은 물이 몰려옴과 같이 하나 주께서 그들을 꾸짖으시리니 그들이 멀리 도망함이 산에서 겨가 바람 앞에 흩어짐 같겠고 폭풍 앞에 떠도는 티끌 같을 것이라 보라 저녁에 두려움을 당하고 아침이 오기 전에 그들이 없어졌나니 이는 우리를 노략한 자들의 몫이요 우리를 강탈한 자들의 보응이니라"(사 17:12-14)

사탄의 세력은 바다의 파도처럼 열방에서 소동을 일으킵니다.

그러나 결국은 하나님께서 이 세력들을 심판하십니다.

성경은 '땅에서 나오는 짐승'을 말합니다.

바다에서 나온 짐승은 하나님을 배교하는 나라의 권력층이 세력들을 동원하여 교회를 해칩니다. 한편 '땅에서 나오는 짐승'은 나라의 권력의 세력을 업고 권세를 행세하면서 교회를 교회 되지 못하게 하는 '종교 지도자들의 세력들'입니다.

올바른 믿음생활을 하려면 사탄의 정체성을 잘 파악해야 합니다.

성령의 은사를 통하여 사탄의 정체를 분별해야 합니다. 지식의 은사와 지혜의 은사와 영분별의 은사를 입어 거짓 영들을 잘 분별해야 합니다.

성경은 이것을 분별합니다.

11절에서는 '짐승의 출현'을 말해 줍니다. 어디서부터 시작됩니까?

이 짐승은 세 가지 속성을 가지고 나타납니다.

첫째는, 땅에서 올라왔습니다.

'땅에서 올라왔다'는 것은 '사람들 가운데서 나왔다'는 뜻입니다.

일반 대중들 가운데서 나온 것입니다.

이것은 '인간들이 주장하는 이념의 사상'입니다.

이 이념은 최고의 고위직이 될 것이고, 권력의 신분이 드러나는 자입니다.

둘째는, 어린 양과 같이 보이고 두 뿔이 있습니다.

'양'(羊)이라고 말하는 것은 외모로 보았을 때 순진하고, 무해하게 보입니다.

아주 매력적입니다. 두려운 마음 없이 대할 수 있습니다.

그래서 누구나 이를 부담 없이 따를 수 있습니다. 어린 양 같기 때문입니다.

셋째는, 용처럼 말하고 행동합니다.

예수 그리스도는 절대로 짐승이나 용처럼 말하거나 행동하지 않습니다.

그런데 이 짐승은 용처럼 말하고 행동합니다.

그것은 '세속적인 것'을 대변하고 변론해 줍니다.

그런데 진리는 말하지 않고, 오직 '거짓'을 말합니다.

하나님의 대변자가 아니라. '적그리스도를 위한 대변자'가 되는 것입니다.

그리스도의 말씀을 청종하지 않고, 적그리스도의 정책들을 청종할 것입니다.

이들의 정체는 '거짓 종교적인 지도자들'이기도 합니다.

중국의 지상교회는 '삼자교회'라고 합니다. 중국 정부를 대변하는 것이 되고, 북한의 지상교회는 북한 정부를 대변한다면 그것은 그리스도의 교회가 아닙니다.

과거 우리나라에서 군사독재정권을 대변하는 종교 지도자들이 있었습니다.

현재도 그럴 것입니다.

그들을 위하여 예배를 드리는 일이 있었습니다. 이런 행위를 일삼는 본인들은 물심양면으로 큰 이득을 얻었으나, 같은 종교 지도자들임에도 다른 이들은 핍박받고 고통을 당하며, 감옥살이를 하는 시련을 겪었습니다.

땅에서 나온 짐승의 목적입니다.

12절에서는 '짐승이 땅에서 무슨 목적을 가지고 나왔는지'를 말해 줍니다.

세 가지를 말해 줍니다.

첫째는, 적그리스도의 모든 권세를 행하기 위해서입니다.

적그리스도는 그의 선지자에게 적그리스도의 권세를 위하여 대변하고 선전하며 행동할 권세를 줄 것입니다.

둘째는, 종교적인 배경을 가지고 행세하게 합니다. 짐승에게 경배합니다.

우리나라에서 나라를 위한 예배가 1973년에 시작되었는데, 양면성이 있습니다.

첫째는, 대통령을 위한 예배 형식으로 이루어졌습니다.

그 예배는 대통령을 칭송하고, 대통령을 위한 기도회가 되었습니다.

대통령은 그 예배를 매우 좋아했습니다.

자신은 하나님을 믿지 않는 사람이지만 종교인입니다.

대통령을 위하여 복을 빌어 주니 싫을 리가 없는 것입니다.

둘째는, 나라를 위한 기도인데 좋은 일일 것입니다.

그런데 나라를 위해서 기도하는 그리스도인이 있습니까?

우리 한국교계에서는 2007년 평양에서 남북대연합예배 집회를 위해 준비한 때가 있었습니다.

참 그리스도인들이 드리는 예배라면 진정으로 기뻐하고 기뻐할 일입니다.

그러나 무신론 정부나 사상적 종교집단의 선전장을 위한 자리가 되어 버린다면 적그리스도의 행위가 되어 버리고 말 것입니다.

셋째는, 적그리스도의 회생입니다.

"곧 죽게 되었던 상처가 나은 자니라"(12절)

예를 들면 북한 집단은 정부를 종교적인 집단으로 만들었습니다.
'지도자'를 '수령'(首領)이라고 하고, '아버지'라고 합니다.
그런데 김일성이 죽었습니다.
그때에는 북한 정권이 몰락할 줄 알았는데, 근래에 와서 되살아났습니다.
세계 강대국들을 대항하여 배짱을 내밉니다.
핵무기까지 개발하고 핵실험을 합니다.
그래서 김정일이 다시 수령이 되고 아버지가 됩니다.
김일성의 시체가 묻힌 묘지를 '태양궁전'이라고 합니다.
'태양신'이라는 의미를 주입시킵니다. 완전히 우상이 되고 있습니다.
그 집단에는 '기독교인'이라는 이름을 가진 지도자들이 있습니다.
한국의 목회자들도 북한에 돈을 많이 가져다주었습니다.
북한에 돈 가져다주고 와서는 북한에 갔다 왔으니 영웅적인 행세를 하려고 합니다.
이것이 '땅에서 나온 짐승의 목적'입니다.

13-17절에서 거짓 선지자는 사람들의 충성과 헌신을 얻어내기 위해서 네 가지 방편을 사용합니다.

첫째는, 짐승 앞에서 큰 이적을 행합니다.
'큰 이적을 행하고 사람들 앞에서 불이 하늘로부터 땅에 내려오게 하는'(13절) 이적을 행합니다. '이적을 행하는 자'는 '거짓 선지자'입니다. 이 거짓 선지자는 짐승 앞에서 행합니다. 그래서 사람들을 미혹하여 우상을 숭배하게 만들었습니다.

"칼에 상하였다가 살아난 짐승을 위하여 우상을 만들라"(14절)

그 때에 교회를 박해하던 '네로 황제'입니다.
그리스도인에게 가장 중한 죄는 하나님을 떠나서 사탄과 그 사자들을 경배하는 것입니다. 사도 요한이 말하는 당시의 '짐승과 거짓 선지자'는 '네로, 도미시안 등'과 같은 '로마의 국권과 왕권을 가진 세력들'입니다.
그러나 사도 요한이 경고하는 이 계시는 그 시대 당 세대에만 국한된 것이 아닙니다. '예수 그리스도께서 재림하시는 그 날까지 시대마다 그와 같은 일들이 일어나고 있다'는 것을 명심해야 합니다.

둘째는, 종교적인 집단을 만들게 합니다.

"그가 권세를 받아 그 짐승의 우상에게 생기를 주어 그 짐승의 우상으로 말하게 하고 또 짐승의 우상에게 경배하지 아니하는 자는 몇이든지 다 죽이게 하더라"(15절)

사도 요한 당시에 로마의 '기이사'(황제)에게 예배를 강요하게 하였고, 가이사의 우상은 생명이 있는 것으로 여기게 한 것입니다.

일본의 '천황'을 예배하게 하고, 그 우상이 생명을 주는 것으로 믿게 합니다.

지금도 여전히 그 이념을 버리지 못하는 것이 일본의 정치 이념입니다.

북한의 공산주의 사상이 바로 그러한 것이고, 로마 가톨릭의 '교황'이 바로 그 부류에 속하는 이념입니다.

셋째는, 이름을 걸고 충성을 맹세하게 합니다.

"그가 모든 자 곧 작은 자나 큰 자나 부자나 가난한 자나 자유인이나 종들에게 그 오른손에나 이마에 표를 받게 하고"(16절)

'표'는 '카라그마'(χάραγμα, mark)인데, '소유권을 의미하는 표시'입니다.

짐승의 표를 주는데, '짐승'은 '주권자, 권력'입니다.

성경에서는 '독재 권력자들'을 말합니다.

공산주의나 사회주의~ 공산당원의 표를 받은 자들은 그 짐승에게 충성을 맹세해야 합니다. 이 표를 가진 자들은 종들이요, 노예가 되는 것입니다.

넷째는, 재물을 착취하는 것입니다.

"누구든지 이 표를 가진 자 외에는 매매를 못하게 하니 이 표는 곧 짐승의 이름이나 그 이름의 수라"(17절)

사탄은 교묘한 술책으로 생활의 위협을 행사한다고 합니다.

'적그리스도의 특징'입니다.

공산주의는 종교집단화 되어 있습니다.

사유 재산을 인정하지 않고 국유화해서 토지를 정부에 속해버렸습니다.

개인 소유권을 박탈해 버립니다.

지구상의 공산주의·사회주의 나라들을 보십시오.

그 짐승의 권자들만 풍요를 누리고 일반 백성들은 노예가 되었습니다.

이단 집단에 속한 자들도 그렇습니다.

종말의 시대가 왔으니 가지고 있는 재물들을 다 가지고 와서 바치라고 합니다.

이것이 '사탄의 정체'입니다.

이마에 표를 받은 '666'이라는 숫자입니다.

"누구든지 이 표를 가진 자 외에는 매매를 못하게 하니 이 표는 곧 짐승의 이름이나 그 이름의 수라 지혜가 여기 있으니 총명한 자는 그 짐승의 수를 세어 보라 그것은 사람의 수니 그의 수는 육백육십육이니라"(17, 18절)

무엇을 의미하는 것입니까?

사도 요한은 "총명한 자는 그 짐승의 수를 세어 보라"고 합니다.

사람은 피조물 가운데서 마지막인 여섯째 날 창조되었습니다.

이 날은 완성된 날이 아닙니다.

'666'은 '불명예스러운 것'입니다. '완전한 수가 아니라는 뜻'입니다.

사람이 만들어진 날은 완전한 날이 아닙니다.

일곱째 날이 완성의 날입니다.

여섯은 완전수가 아닙니다. '일곱'이라야 '완전수'입니다.

인간이 위대해서 우주를 날고, 우주에 정거장을 만들었을지라도 '인간은 죽는다'는 사실을 잊어서는 안 됩니다. 또한 인간은 어느 누구를 막론하고 '하나님의 심판을 받는다'는 사실도 잊어서는 안 됩니다.

이것을 잊어버리면 적그리스도의 유혹에 넘어갈 수 있습니다.

최후의 종말이 올 때 예수 그리스도 안에서 그리스도만을 위해서 사는 것이 얼마나 귀하고 영광스러운 일입니까?

적그리스도를 삼가고 사탄의 정체를 분별하여 물리쳐야 합니다.

그리스도인은 절대로 짐승의 표를 받아서는 안 됩니다.

적그리스도를 따르지 말아야 합니다.

공산주의나 사회주의를 따르지 말아야 합니다.

오직 하나님만 경배하고 찬양하며 그리스도의 오시는 날만 기다리는 믿음을 지켜야 합니다.

제14장 어린 양과 십사만 사천 명

- **주제성구** "또 내가 보니 흰 구름이 있고 구름 위에 인자와 같은 이가 앉으셨는데 그 머리에는 금 면류관이 있고 그 손에는 예리한 낫을 가졌더라"(14절)
- **주제찬송** ♬ 610장 고생과 수고가 다 지난 후 광명한 천국에 편히 쉴 때

서론

요한은 본 장에서 어린 양과 함께 있어 새 노래를 부르는 십사만 사천의 사람들과 하나님의 진노의 포도주를 마시므로 고난 받는 사람들의 환상을 봅니다. 또 신자와 불신자의 운명을 추수로 비유하는 환상까지 봅니다. 이 환상들로 마지막 심판 때 일어날 일들을 가리킵니다.

이러한 환상과 비유를 통해 요한은 희생된 하나님 백성들의 죽음이 결코 헛되거나 무의미한 것이 아님을 강조하고 있습니다. 특히 본 장에서 요한은 짐승의 표를 받지 않고 또 그에 경배하지 아니한 성도들의 밝은 미래를 밝히고, 짐승과 그에 추종한 자들에의 심판을 제시하고 있습니다.

본론

어린 양과 십사만 사천 명(1-5절)

요한은 새 예루살렘, 즉 시온 산에서 영광스럽게 어린 양과 함께 있어 새 노래를 부르는 십사만 사천 명의 사람들을 보았습니다. 그들은 구속받은 성도들입니다. 이들의 특징은 주님과 하나님의 이름을 새긴 표를 가진 자들입니다. 그리고 보좌와 네 생물과 장로들 앞에서 새 노래를 부르며, 음행을 피해 순결을 지키고, 철저히 그리스도께 헌신합니다. 그러므로 이들은 세상에서 구별되어 하나님과 어린 양에게 속하고, 그리스도의 피에 씻음 받아 그리스도 안에서 흠이 없는 자들입니다. 요한은 하늘의 음성에 관하여 말하기를 '많은 물소리 같고', '큰 뇌성과 같고', '거문고 켜는 소리와 같다고 하였습니다. 이 노래는 십사만 사천인만 아는 신비한 노래입니다. 그 내용은 자신들의 구속을 영원히 찬양한 것입니다.

세 천사들에 의한 대 심판 예고(6-13절)

구속받은 성도들의 축복에 이어 나타난 세 천사들은 마지막 심판에 대해서 예언을 했습니다. 첫째 천사는 온 세계에 전파될 복음을 가지고 심판을 예언했고, 둘째 천사는 교회와 성도들을 괴롭히던 세상 세력들의 멸망을 예언하였으며, 셋째 천사는 하나님을 믿지 않는 사람들이 받을 지옥의 형벌을 예언했습니다. 구속받은 성도들이 하나님 앞에서 찬양하게 될 것이 분명하듯 그렇지 못한 사람들의 심판도 분명합니다. 그러므로 시련의 때 타락하여 짐승의 표를 받지 말고 인내 가운데서 믿음을 지켜야 합니다. 주 안에서 죽는 자는 죽음까지도 복이 됩니다. 그것은 구속의 주님을 만나게 되며 온갖 고난과 역경과 시련으로부터 벗어나 안식을 누리기 때문입니다. 말씀을 따라 믿음을 지켜야 하겠습니다.

추수 비유(14-20절)

요한은 사람의 아들 같은 이가 추수하는 광경을 보았습니다. 그리스도는 추수를 주관하시는 분입니다. 이 추수는 다 익은 곡식을 거두어들이는 추수로, 그리스도께서 그 택하신 자들을 하늘 이 끝에서 저 끝까지 사방에서 모으는 구원을 상징합니다. 그러므로 성도들은 알곡을 모아 곳간에 들이는 때를 기다리며, 주님께서 재림하시는 이때에 언제라도 영접할 수 있는 준비를 갖추고 있어야 합니다. 포도주 틀의 비유는 악인을 심판하시는 비유로서 두 천사에 의하여 진행됩니다. 한 천사가 낫을 들고 성전에서 나오는 것은 명령을 수행함을 뜻하고, 다른 천사가 제단으로부터 나오는 것은 악인에 대한 심판이 성도들의 기도에 대한 응답임을 깨우쳐 줍니다.

결론

이처럼 본 장에서는 성도들의 희생이 결코 헛되지 않음을 보여주고 있습니다.

요한은 어린 양되신 예수 그리스도께서 그의 구속함을 받은 백성들과 함께 시온 산에 서 계신 것을 보았습니다. 이 무리들은 하나님의 백성의 인을 맞은 자들로서 짐승의 표를 맞은 자들과 완전히 구별되었습니다. 그들은 이 세상에서 환난이나 핍박, 세속화나 유혹 속에서 신앙의 절개를 지키고 항상 예수 그리스도만을 따라다닌 참 성도들로서, 이들만이 새 노래로 하나님을 찬양할 수 있을 것입니다.

복 있는 성도는 주 안에서 죽는 자들입니다.

마지막 날의 결과에 대해 확신이 있는 사람은 현재의 삶에서 인내와 믿음을 지키면서 영원한 안식의 소망을 가지고 살게 됩니다. 이 소망을 가지고 견뎌야겠습니다.

- **장명가** "시온 산 십사만 사천 명 어린 양 모시고 노래해·믿음의 정절을 지키고 흠이 없는 자들뿐일세 세 천사 경고를 받았네 주를 높이다 죽을지라·이한 낫 땅 위에 휘둘러서 곡식과 포도를 거두세 주님이 오신다 흰 예복 입고 주 맞으라 주님이 오신다 등불을 켜들고 맞으라"(♪ 270장 변찮는 주님의 사랑과)

구원받은 사람들의 축복
(요한계시록 14:1-5)

• • • • •

"또 내가 보니 보라 어린 양이 시온 산에 섰고 그와 함께 십사만 사천이 서 있는데 그들의 이마에는 어린 양의 이름과 그 아버지의 이름을 쓴 것이 있더라 내가 하늘에서 나는 소리를 들으니 많은 물소리와도 같고 큰 우렛소리와도 같은데 내가 들은 소리는 거문고 타는 자들이 그 거문고를 타는 것 같더라 그들이 보좌 앞과 네 생물과 장로들 앞에서 새 노래를 부르니 땅에서 속량함을 받은 십사만 사천 밖에는 능히 이 노래를 배울 자가 없더라 이 사람들은 여자와 더불어 더럽히지 아니하고 순결한 자라 어린 양이 어디로 인도하든지 따라가는 자며 사람 가운데에서 속량함을 받아 처음 익은 열매로 하나님과 어린 양에게 속한 자들이니 그 입에 거짓말이 없고 흠이 없는 자들이더라"

사도 요한이 보고 들은 것을 증거합니다.
우리는 '어디서 무엇을 보았고 무슨 말씀을 들었는지'를 알고 깨닫게 됩니다.
사도 요한은 땅에 있지 아니하고 하늘에 올라갔습니다.

"이 일 후에 내가 보니 하늘에 열린 문이 있는데 내가 들은 바 처음에 내게 말하던 나팔 소리 같은 그 음성이 이르되 이리로 올라오라 이 후에 마땅히 일어날 일들을 내가 네게 보이리라 하시더라 내가 곧 성령에 감동되었더니 보라 하늘에 보좌를 베풀었고 그 보좌 위에 앉으신 이가 있는데"(계 4:1, 2)

"그 어린 양이 나아와서 보좌에 앉으신 이의 오른손에서 두루마리를 취하시니라"(계 5:7)

사도 요한의 몸은 땅에 있었으나, 그의 영은 하늘에 올라가 있었습니다.
그러므로 '하늘에서 무엇이 일어나고 있는지' 본 것을 말씀합니다.

사도 요한이 이상을 본 것은 하나님의 나라입니다.

"또 내가 보니 보라 어린 양이 시온 산에 섰고 그와 함께 십사만 사천이 서 있는데 그들의 이마에는 어린 양의 이름과 그 아버지의 이름을 쓴 것이 있더라"(1절)

사도 요한은 '육하원칙'(六何原則)을 말씀합니다.

시온 산에서 본 일입니다.
'시온 산'은 문자적으로 말하면 땅에 있습니다.
'감람산 기슭의 다윗 성'이 시온 산성입니다.
시온 성이라고 부르게 된 것은 하나님께서 명하신 것으로 하나님의 거룩한 산의 이름으로 '시편, 이사야서, 예레미야서'에 자주 인용되고 있습니다.
하나님은 사무엘 선지자를 통하여 처음으로 부르게 하셨습니다.
"다윗이 시온 산성을 빼앗았으니 이는 다윗 성이더라"(삼하 5:7)고 한 말씀에서부터 시작됩니다. 다윗이 이 요새를 점령하고 '다윗 성'이라고 했습니다.

시편 48편 2절과 50편 2절에서 '시온의 아름다움을 찬양'했습니다.
이사야 14장 32절에 보면 "여호와께서 시온을 세우셨다"고 했습니다.
'시온 산성'은 '거룩한 산'(시 2:6)이며, '여호와의 거처'(시 9:11)라는 뜻입니다.
여호와께서는 "시온에서부터 자신을 나타내시고"(암 1:2), 또 "거기서 구원을 보내시며"(시 14:7; 53:6), "거기서 축복하신다"(시 128:5; 134:3)고 하셨습니다.

> 여호와께서는 신정국가(神政國家)를 세우실 때 다윗의 왕권을 시온에 확립시키셨습니다(시 2:6; 74:2).
> 그러므로 시온이 하나님의 거처로 선택된 것과 다윗 왕조의 선택은 하나님께서 통치하시는 것을 말씀해 주십니다(시 110:2; 132:13).
> 그러므로 땅에 있는 시온 산성은 하늘에 있는 시온 산성을 상징적으로 말해 준 것입니다.
> 사도 요한은 하늘에 있는 거룩한 하나님의 나라인 시온 성을 보게 되었습니다.
> 그 시온 산성에는 누가 있었는지를 말씀해 주십니다.

어린 양과 함께 있는 '십사만 사천 인들'을 보았습니다.
시온 산에는 어린 양이 계셨습니다.
구원받은 성도들 '십사만 사천 인'이 있었습니다.
이 '십사만 사천 인'은 요한계시록 7장 4-8절에 '이스라엘 12지파에서 선택된 무리들'이라고 하셨습니다. 그런데 '십사만 사천 인들' 중에는 이미 구원을 받아 시온 산성에 이르러 있는 분들도 있고, 아직 땅에 머물러 있는 성도들도 있습니다.

사도 요한이 본 '십사만 사천 인'은 '완전히 지상에서의 삶은 끝나고 구원이 완성된 천국'을 미리 본 것입니다. 그러니까 세상은 이미 없어졌고 '새 하늘과 새 땅'에 구원받은 백성들의 세계'를 보고 말씀하신 것입니다.

이마에 이름이 새겨져 있습니다.
'십사만 사천 인' 모두는 예외 없이 이마에 이름을 붙이고 있었습니다.
'어린 양의 이름과 아버지의 이름'이 새겨져 있었습니다(계 14:1; 출 28:21-29).
'하나님의 선택함을 입은 특권과 예수 그리스도의 십자가 보혈의 능력으로 구원 입은 표시가 확증된 성도들'은 하나님의 은혜로 믿음을 구원의 조건으로 선물 받았고, 이들은 믿음으로 믿음을 지켰습니다.

어떤 유혹과 환난 중에도,
핍박을 받는 가운데서도,
시련을 당하고, 시험을 당하면서도
믿음을 저버리지 아니하고 적그리스도를 물리쳤습니다.
끝까지 충성과 헌신적인 믿음을 지켰습니다.

하나님께 영광을 돌리는 소리가 들렸습니다.
"내가 하늘에서 나는 소리를 들으니 많은 물소리와도 같고 큰 우렛소리와도 같은데 내가 들은 소리는 거문고 타는 자들이 그 거문고를 타는 것 같더라"(2절)

시온 산성에서 들리는 세 가지 소리를 구별해야 합니다.

첫째는, 하나님의 음성을 듣는 것입니다.
들려오는 하나님의 음성을 세 가지로 표현합니다.
'맑은 물소리와도 같다'고 했습니다.
물소리도 양면성을 가지고 있습니다.
깊고 깊은 골짜기에서 흐르는 물소리는 맑으면서도 감미로운 소리로 그 어느 음악이 대신할 수 없는 노래 소리와 같은 것을 느낍니다. 그런가 하면 폭포가 떨어지는 물소리는 '큰 우렛소리'처럼 웅장하고 위엄스럽습니다.
유명한 음악가들의 음악을 들을 때면 맑은 물소리와도 같고, 뇌성(雷聲)과도 같은 감동이 울립니다. 음악가들이 어떤 대상을 생각하며 음악을 합니까?
하나님을 찬양하며 그에게 영광을 돌리는 경배의 마음으로 음악을 합니다.

둘째는, '거문고 타는 자들의 그 거문고를 타는 것 같다'고 합니다.

거문고 소리를 들을 때 어떤 감정, 어떤 느낌을 가집니까?

마음이 평안해지고, 위로를 얻습니다.

누군가 힘 있는 분이 먼 길을 함께 가는 것 같고, 멀리 떠나셨던 분이 돌아오는 것 같은 기쁜 마음을 느끼게 합니다.

현재의 고난을 이겨내고 소망을 가지게 합니다.

마음의 아픔과 상처들이 치료가 됩니다.

하나님의 음성이 들려올 때 놀라운 효력이 나타납니다.

기도할 때 하나님의 숨소리를 들으시기를 바랍니다.

말씀을 들을 때나 묵상할 때 하나님의 음성을 듣고 위로를 얻고, 평안을 얻으며, 치료를 받으며, 소망을 가지시기를 바랍니다.

셋째는, 구원받은 성도들의 찬양 소리를 듣는 것입니다.

보좌에는 네 생물과 장로들이 있고 그 앞에서 새 노래를 부르는 성도들이 있었습니다. 이들은 '땅에서 구원을 받은 십사만 사천 인들'이었습니다.

이들은 새 노래를 부릅니다.

우리가 찬양을 부릅니다. 그러나 하나님 나라에서 부르는 찬양은 지금 우리가 이 땅에서 부르는 찬양이 아니라, 전혀 새로운 노래입니다.

'우리가 부르는 찬양'은 '하나님의 나라를 소망하면서 부르는 노래'입니다.

고난을 당하면서 부르기도 하고, 환난을 당하면서 부르기도 하고, 아픔을 겪으면서도 부르기도 하고, 슬픔을 당하면서 부르기도 하고, 병든 가운데서 부르기도 하고, 가난으로 인하여 곤고하고 괴로울 때에 부르기도 하는 노래입니다.

> 이 세상에 근심된 일이 많고 참 평안을 몰랐구나
> 내 주 예수 날오라 하셨으니 곧 평안히 쉬리로다
> 주 예수의 구원의 은혜로다 참 기쁘고 즐겁구나
> 그 은혜를 영원히 누리겠네 곧 평안히 쉬리로다
>
> 내 영혼이 은총 입어 중한 죄 짐 벗고 보니
> 슬픔 많은 이 세상도 천국으로 화하도다
> 할렐루야 찬양하세 내 모든 죄 사함 받고
> 주 예수와 동행하니 그 어디나 하늘나라

우리는 이렇게 하나님 아버지와 그 집을 사모하면서 찬양을 합니다.

그러나 아직은 천국은 아닙니다.

오직 그 나라를 바라보면서 찬양을 합니다.

하나님 아버지 집에 가서 부르는 노래는 전혀 다른 것입니다.

그래서 '새 노래'라고 합니다.

이 노래를 부르는 이들은 '십사만 사천 인'입니다.

'오직 구원받은 성도들만이 부를 수 있는 찬양'입니다.

영화롭게 되신 성도들입니다.

> "이 사람들은 여자와 더불어 더럽히지 아니하고 순결한 자라 어린 양이 어디로 인도하든지 따라가는 자며 사람 가운데에서 속량함을 받아 처음 익은 열매로 하나님과 어린 양에게 속한 자들이니 그 입에 거짓말이 없고 흠이 없는 자들이더라"(4, 5절)

> "마음에 간사함이 없고 여호와께 정죄를 당하지 아니하는 자는 복이 있도다"(시 32:2)

'마음이 깨끗하고 정결한 심령의 소유자들이 하나님의 영광을 찬양할 수 있다'는 것을 말해 줍니다.

지상의 교회도 하나님 나라의 일원입니다.

그러나 지상의 교회는 불완전합니다.

비록 예수 그리스도의 이름으로 모인 교회이기는 하지만 아직도 죄에 속한 육체로 머물러 있기 때문에 완전히 영화롭게 되지는 못했습니다.

예수를 믿고 구원을 받은 성도이기는 하지만 아직 죄 성이 남아 있어서 연약하고 불안전합니다.

우리의 믿음생활이 중요합니다.

믿음생활은 날마다 경건생활을 합니다.

경건은 말씀을 통하여 하나님께 경배하고, 찬양하며, 기도하며, 순종하고, 봉사하고 헌신합니다. 이런 경건을 통해서 변화되는 것입니다.

한꺼번에 변화될 수만 있다면 더 없는 은혜이지만 그렇게 되기가 어렵습니다.

믿음생활은 '날마다 자라는 것'입니다.

여기서 '자란다'는 것은 '변화'를 의미합니다.

변화가 순탄하게 잘되는 성도들이 있지만 변화가 잘 안 되는 분들도 있습니다.

'변화가 되는 사람과 변화가 잘 안 되는 사람의 결과가 어떻게 되는가', '변화되어 성숙한 믿음생활을 하는 사람과 그렇지 못한 사람이 다 똑같이 성도이고 구원을 받을 수 있는가' 궁금합니다.

구원은 다 받습니다.

그리스도를 영업하고 믿으면 구원을 받을 수 있습니다.

그러나 믿는다고 하면서 전혀 믿음의 사람으로 살지 못하는 경우도 있습니다.

그것은 하나님만이 아십니다.

하나님만이 구원을 결정하실 것입니다.

변화되고 믿음이 성숙하여 믿음생활을 경건하게 잘하는 사람은 상을 받는 것이 다르다는 것은 분명합니다.

믿음이 성장하는 성도들은 하나님께 상을 받습니다.

사도 요한은 구원받은 성도들의 모습을 보았습니다.

"이 사람들은 여자와 더불어 더럽히지 아니하고 순결한 자라 어린 양이 어디로 인도하든지 따라가는 자며 사람 가운데에서 속량함을 받아 처음 익은 열매로 하나님과 어린 양에게 속한 자들이니"(4절)

이 말씀은 해석상 난해한 구절이라 봅니다.

과거를 말씀하는 것입니까? 현재를 말씀하시는 것입니까?

이 말씀의 문법을 보면 '현재'를 말씀해 줍니다.

사도 요한은 현재 천국에 있습니다.

천국에 있는 '구원받은 십사만 사천의 성도들'을 보고 있습니다.

그들은 어린 양이신 예수 그리스도의 인 치심과 하나님 아버지의 인 치심을 받은 표를 가지고 있습니다.

이름의 표를 가진 것은 '구원받은 표'를 가진 것입니다.

이 '십사만 사천'은 어떻게 구원을 받았습니까?

율법의 행함으로 구원을 받았습니까? 믿음으로 구원을 받았습니까?

어느 누구도 행함으로 구원받은 자는 없습니다.

오직 믿음으로 구원받았습니다.

"너희는 그 은혜에 의하여 믿음으로 말미암아 구원을 받았으니 이것은 너희에게서 난 것이 아니요 하나님의 선물이라 행위에서 난 것이 아니니 이는 누구든지 자랑하지 못하게 함이라"(엡 2:8, 9)

십자가의 보혈로 죄 사함을 받고 그의 공로를 믿음으로 구원을 얻은 것입니다. 이 구원받은 성도들 중에 땅에 있을 때 죄를 짓지 아니한 자들이 있습니까? 하나도 없습니다.

"의인은 없나니 하나도 없으며"(롬 3:10)

다 죄인(罪人)이었습니다.
사도 요한은 하나님 아버지 앞에 모인 이 사람들이 어떤 사람들이라고 합니까?
'여자로 더불어 더럽히지 아니하고 정절을 지키는 성도들'
'어린 양이 어디로 가든지 따르는 성도들'
'사람들 중에 구속을 받아 처음 익은 열매로 하나님과 어린 양에게 속한 성도들'
'그 입에는 거짓말이 없는 성도들'
'흠이 없는 성도들'

이들은 과거에는 거룩한 사람들이 아니라 '죄인들'이었습니다.
그러나 예수님의 보혈로 사함 받았습니다.
그래서 이제는 '하나님의 나라에서 거룩한 백성들이 된 성도들'입니다.

하나님 나라에서는 죄를 지을 수 없습니다.
완전히 거룩해졌습니다.
돌에 섞여 있던 금이 순금으로 정제되었다가 그 순금이 다시 돌이 될 수 없듯이 구원받은 성도는 아버지 앞에서 다시 죄인이 될 수 없습니다.
'구원의 축복은 영원'합니다.

짐승의 표를 받지 말라!
(요한계시록 14:6-12)

· · · · ·

"또 보니 다른 천사가 공중에 날아가는데 땅에 거주하는 자들 곧 모든 민족과 종족과 방언과 백성에게 전할 영원한 복음을 가졌더라 그가 큰 음성으로 이르되 하나님을 두려워하며 그에게 영광을 돌리라 이는 그의 심판의 시간이 이르렀음이니 하늘과 땅과 바다와 물들의 근원을 만드신 이를 경배하라 하더라 또 다른 천사 곧 둘째가 그 뒤를 따라 말하되 무너졌도다 무너졌도다 큰 성 바벨론이여 모든 나라에게 그의 음행으로 말미암아 진노의 포도주를 먹이던 자로다 하더라 또 다른 천사 곧 셋째가 그 뒤를 따라 큰 음성으로 이르되 만일 누구든지 짐승과 그의 우상에게 경배하고 이마에나 손에 표를 받으면 그도 하나님의 진노의 포도주를 마시리니 그 진노의 잔에 섞인 것이 없이 부은 포도주라 거룩한 천사들 앞과 어린 양 앞에서 불과 유황으로 고난을 받으리니 그 고난의 연기가 세세토록 올라가리로다 짐승과 그의 우상에게 경배하고 그의 이름표를 받는 자는 누구든지 밤낮 쉼을 얻지 못하리라 하더라 성도들의 인내가 여기 있나니 그들은 하나님의 계명과 예수에 대한 믿음을 지키는 자니라"

사람은 누구나 내일을 향한 큰 꿈을 가지고 오늘을 열심히 살아가고 있습니다. 얼마나 열심히 사는지 서로 시기하고, 질투하고, 원망하고, 미워하고, 불화하고, 분열하고, 분쟁을 일으키기까지 하지만, 사람은 누구도 내일 일을 알 수 없습니다.

자신의 앞길에 무슨 일이 일어날지, 자신의 마음이 어떻게 변할지도 모릅니다.

사람들 중에는 선하고 착한 마음으로 살아가는 사람이 있는가 하면, 변하고 배신하고 등을 돌리며 돌변하는 태도로 변질되는 사람들이 있습니다.

우리가 사는 세상에서 항상 이 두 가지 유형의 인간을 구별할 수 있습니다.

옛날에 인간의 조상인 '아담'의 아들 '가인과 아벨이 있었습니다.

가인은 나쁜 마음으로 변하는 사람이었습니다.

아벨은 선하고 착한 사람이었습니다(창 4:4, 5).

지금도 가인의 피가 흐르는 사람이 있고 아벨의 피가 흐르는 사람이 있습니다.

가인과 같은 사람은 하나님의 말씀도 안 듣고 믿음을 가진 사람의 말도 안 듣지만, 아벨과 같은 사람은 하나님의 말씀도 잘 듣고 믿음을 가진 사람의 말도 잘 듣습니다.

사도 요한은 하나님의 나라에서 주님이 보여주시고 들려주신 이상을 보았습니다.

하나님께서 세상 사람들에게 전하게 하신 이 좋은 소식을 듣고 믿음으로 살아가는 사람이 있는가 하면, 어떤 사람들은 이 좋은 소식을 거부하고 불신앙해서 멸망당하는 것을 보여주신 것입니다.

요한계시록 14장 6-12절 말씀에서 우리는 세 천사가 사역하는 것을 봅니다.

하나님의 복음을 전하는 천사입니다.

"또 보니 다른 천사가 공중에 날아가는데 땅에 거주하는 자들 곧 모든 민족과 종족과 방언과 백성에게 전할 영원한 복음을 가졌더라 그가 큰 음성으로 이르되 하나님을 두려워하며 그에게 영광을 돌리라 이는 그의 심판의 시간이 이르렀음이니 하늘과 땅과 바다와 물들의 근원을 만드신 이를 경배하라 하더라"(6, 7절)

한 천사가 복음을 가졌습니다.

"영원한 복음을 가졌더라"

'복음'(福音)은 헬라어로 '유앙겔리온'(εὐαγγέλιον)인데, '영원한 복음'(The eternal gospel), '기쁜 소식'이라는 뜻입니다.

'사람이 가장 갖고 싶은 것을 가질 수 있다고 전하는 것'입니다.

무엇보다 가장 기쁜 소식은 '인생을 발견하는 것'입니다.

사람은 자신을 잊어버리거나 자신을 잃어버리고 삽니다.

자신을 잃어버리고 사는 사람은 행복이 없습니다.

기쁨이 없습니다.

어떻게 인생 됨을 찾고 발견할 수 있습니까?

하나님을 만나고 그분을 만났을 때만 가능합니다.

인생은 어떤 경우에도 하나님 없이는 자신을 발견할 수 없습니다.

하나님을 만나는 사람만이 인생 됨을 회복할 수 있습니다.

이것이 '복음'(福音)입니다.

영원한 하나님을 만나야 합니다.

복음은 하나님을 만나는 것입니다. 복음은 하나님이십니다.

하나님은 영원하신 분이십니다.

6절에 '영원한 복음을 가졌다'고 했습니다.

천사가 진하는 것은 하나님을 전하는 소식이었습니다.

12절에 "성도들의 인내가 여기 있나니 그들은 하나님의 계명과 예수에 대한 믿음을 지키는 자니라"고 했습니다.

이것이 온 인류에게 전해야 할 '영원한 복음'입니다.

천사는 공중에 날아가면서 나라와 민족과 방언과 백성에게 하나님을 전했습니다.

　"내가 너희에게 분부한 모든 것을 가르쳐 지키게 하라"(마 28:20)

이 약속이 믿는 성도들이 믿으면서 지켜야 할 사명입니다.

하나님이 게시와 천사들을 통해서 복음을 전해야 합니다.

많은 선지자들과 사도들을 통해서 복음을 전해야 합니다.

제자들을 통해서 복음을 전해야 합니다.

복음을 듣고 믿게 하고, 성령 받은 성도들을 통해서 이 복음을 전해야 합니다.

　"천사가 이르되 무서워하지 말라 보라 내가 온 백성에게 미칠 큰 기쁨의 좋은 소식을 너희에게 전하노라 오늘 다윗의 동네에 너희를 위하여 구주가 나셨으니 곧 그리스도 주시니라"(눅 2:10, 11)

'온 백성에게 전해질 큰 기쁨의 소식'이었습니다.

하나님을 경배하는 믿음을 가져야 합니다.

　"구주가 났으니 그리스도 주시니라"

예수 그리스도는 우리의 구주십니다.

믿음으로 죄 사함을 받습니다.

그리스도 안에서 성령으로 거듭납니다.

하나님의 자녀가 됩니다.

구원을 얻습니다.

천사가 전하는 소식은 바로 이 복음입니다.

이 복음 전파는 미온적인 상태로 전하는 것이 아닙니다.

마음 내키면 하고, 마음이 쓰이지 않으면 안 해도 되는 것이 아닙니다.

사람이 사고로 인하여 피를 흘리는 환자를 미온적으로 버려 둘 수 없습니다.

급박한 상황입니다.

급히 치료하지 않으면 죽습니다.

영원한 복음을 듣지 못한 자들은 사고를 당한 환자처럼 급박한 처지에 놓여 있는 것입니다(겔 3:17, 18).

"이는 그의 심판의 시간이 이르렀음이니"(계 14:7)

"그들은 심히 패역한 자라 그들이 듣든지 아니 듣든지 너는 내 말로 고할지어다"(겔 2:7)

"네가 악인을 깨우치되 그가 그의 악한 마음과 악한 행위에서 돌이키지 아니하면 그는 그의 죄악 중에서 죽으려니와 너는 네 생명을 보존하리라"(겔 3:19)

또한 성경은 "너는 말씀을 전파하라 때를 얻든지 못 얻든지 항상 힘쓰라 범사에 오래 참음과 가르침으로 경책하며 경계하며 권하라"(딤후 4:2)고 말씀합니다.

복음을 듣고 믿으며 '하늘과 땅과 바다와 물들의 근원을 만드신 하나님을 경배하게 해야' 합니다.

불신앙의 세상에 대한 경고를 전하는 천사입니다.

"또 다른 천사 곧 둘째가 그 뒤를 따라 말하되 무너졌도다 무너졌도다 큰 성 바벨론이여 모든 나라에게 그의 음행으로 말미암아 진노의 포도주를 먹이던 자로다"(8절)

'바벨론'은 하나님을 대적하고 이스라엘을 멸망시킨 한 때는 가장 강력한 나라였으나 이제는 하나님의 심판을 받아 멸망하게 될 것입니다.

"함락되었도다 함락되었도다 바벨론이여 그들이 조각한 신상들이 다 부서져 땅에 떨어졌도다"(사 21:9)

멸망의 도시의 대표성을 띤 바벨론이라 했습니다.

'바벨론'은 '노아 홍수 시대 이후에 하나님을 반역하고 배반한 도시'입니다.

홍수 이후에 노아의 자손들이 '바벨탑을 하늘에 닿게까지 쌓겠다'고 했습니다.

'노아 시대 홍수 같은 심판이 있을지라도 이를 피하여 하늘에까지 올라가겠다'는 야심을 가지고 행한 어리석고 악한 죄악이었습니다.

하나님은 악한 이 세상을 심판하셨습니다.

> "자, 우리가 내려가서 거기서 그들의 언어를 혼잡하게 하여 그들이 서로 알아
> 듣지 못하게 하자 하시고 여호와께서 거기서 그들을 온 지면에 흩으셨으므로
> 그들이 그 도시를 건설하기를 그쳤더라"(창 11:7-8)

'바벨론'은 '하나님을 대적한 세상을 상징하는 대표적인 나라'입니다.

사도 요한 당시의 바벨론은 '로마'였습니다.

요한은 로마 제국을 지적해서 말씀한 것입니다.

그 이후에 바벨론과 같은 세상은 사라지지 않습니다.

바벨론은 '하나님을 대적하면서 교회를 핍박하고 믿는 성도들을 박해하며 교회를 말살하려는 대적'입니다.

현대 문명 문화를 비롯한 권력과 재물과 세상 유행을 따라가면서 하나님을 대적하는 모든 세력들이 바벨론입니다.

그들은 온 세상이 범죄하게 하고, '모든 나라들을 음행으로 빠지게' 합니다.

인간은 하나님만을 경배의 대상으로 섬겨야 합니다.

하나님을 떠나서 세상의 온갖 것들을 하나님보다 더 좋아하고 사랑하고 높이고 섬기며 따라가는 행위가 곧 '음란'(淫亂)입니다.

그래서 모든 사람들에게 포도주를 마시게 합니다.

사도 요한이 본 바벨론은 로마를 상징합니다.

그러나 로마로 끝나지 않고, '모든 세계적 문화, 세계적 권력이나 권세를 가진 세력들'을 말하는 것입니다.

하나님을 떠난 정신 상태는 술 취한 모습의 형태와 같습니다.

포도주를 마신다는 것은 취하게 하는 것입니다.

취하면 정신을 상실합니다.

술 마시고 취하는 것은 망하는 것입니다.

세상을 음행하는 것은 포도주를 마시는 것과 같아 그로 인해 멸망하게 됩니다.

'포도주'는 '하나님의 진노를 받게 하는 무서운 죄악'입니다.

천사는 짐승의 표를 받는 자들에게 경고합니다.

"또 다른 천사 곧 셋째가 그 뒤를 따라 큰 음성으로 이르되 만일 누구든지 짐 승과 그의 우상에게 경배하고 이마에나 손에 표를 받으면 그도 하나님의 진노 의 포도주를 마시리니 그 진노의 잔에 섞인 것이 없이 부은 포도주라 거룩한 천사들 앞과 어린 양 앞에서 불과 유황으로 고난을 받으리니"(9-10절)

"여호와의 손에 잔이 있어 술거품이 일어나는도다 속에 섞은 것이 가득한 그 잔을 하나님이 쏟아 내시나니 실로 그 찌꺼기까지도 땅의 모든 악인이 기울여 마시리로다"(시 75:8)

"이스라엘의 하나님 여호와께서 이같이 내게 이르시되 너는 내 손에서 이 진노 의 술잔을 받아가지고 내가 너를 보내는 바 그 모든 나라로 하여금 마시게 하 라"(렘 25:15)

이는 하나님의 심판을 행하시는 명령입니다.

짐승의 표를 받고 우상을 섬기는 자들은 쉼을 얻지 못합니다.

"그 고난의 연기가 세세토록 올라가리로다 짐승과 그의 우상에게 경배하고 그 의 이름표를 받는 자는 누구든지 밤낮 쉼을 얻지 못하리라 하더라"(11절)

하나님의 말씀은 과거나 현재나 미래에 동일한 역사를 행하십니다.

"낮에나 밤에나 꺼지지 아니하고 그 연기가 끊임없이 떠오를 것이며 세세에 황 무하여 그리로 지날 자가 영영히 없겠고"(사 34:10)

하나님의 행하심은 과거에도 그러하였고, 현재도 그렇게 행하시며, 미래에도 똑 같이 행하실 것입니다.

'우상을 섬기는 세상 사람들'입니다.
이들은 주 예수의 이름을 받지 않고 악하고 교활한 짐승의 표를 받았습니다.
사탄의 표를 받은 것입니다.
이들은 바벨론과 같이 망하게 될 것을 경고합니다.
사도 요한은 '이들이 어떻게 멸망하는지'를 말해 줍니다.

첫째는, 하나님의 진노의 포도주를 마시게 될 것입니다.

하나님의 어린 양이신 그리스도를 거절하고 사탄의 종이 되었던 자들은 하나님의 심판대 앞에서 지옥에 버려질 선고를 받게 될 것입니다.

하나님의 진노로 심판이 선고되면 다시는 회복이 불가능합니다.

둘째는, 불과 유황으로 타는 무저갱에 던짐을 당하게 될 것입니다.

셋째는, 영원히 안식을 잃어버리고 지옥의 고통을 당하게 될 것입니다.

지옥은 분명히 있습니다.

하나님을 알지 못하고 믿지 못하는 자들은 이 지옥에 던짐을 당하여 영원히 멸망하게 됩니다.

지옥의 고통은 낮과 밤이 구별 없이 쉼을 얻지 못하는 고통이 있을 뿐입니다.

영원한 안식을 누리게 되는 성도들입니다.

> "성도들의 인내가 여기 있나니 그들은 하나님의 계명과 예수에 대한 믿음을 지키는 자니라"(12절)

예수 그리스도를 믿는 성도들은 구원을 얻습니다. '복음의 결론'입니다.

우리가 '예수 믿고 믿음생활 하는 궁극적 목적'은 '복음으로 구원받는 것'입니다.

사도 요한은 구원받은 성도들이 안식을 누리는 천국을 보았습니다. 그 천국에서 안식을 누릴 성도들을 부르시기 위해서 주님은 이 땅에 재림하실 것입니다.

그 날이 가깝습니다.

> "주께서 강림하시기까지 길이 참으라"(약 5:7)

인내로 영혼이 구원을 얻습니다.

> "너희의 인내로 너희 영혼을 얻으리라"(눅 21:19)

믿음의 인내로 시험의 때를 면해야 합니다.

> "네가 나의 인내의 말씀을 지켰은즉 내가 또한 너를 지켜 시험의 때를 면하게 하리니 이는 장차 온 세상에 임하여 땅에 거하는 자들을 시험할 때라"(계 3:10)

'하나님을 만나고 아는 것'이 '영원한 복음'입니다.

하나님을 경배하는 믿음을 지키는 축복을 누려야 합니다.

짐승의 표를 받지 말고, 예수 그리스도의 성령의 인 맞은 표를 받아야 합니다.

복 있는 사람의 죽음
(요한계시록 14:13)

. . . . .

"또 내가 들으니 하늘에서 음성이 나서 이르되 기록하라 지금 이후로 주 안에서 죽는 자
들은 복이 있도다 하시매 성령이 이르시되 그러하다 그들이 수고를 그치고 쉬리니 이는
그들의 행한 일이 따름이라 하시더라"

'사람이 사람으로 태어났다는 것'이 복입니다.

'복'(福)이란 사람에게만 해당되는 말이며, 실제 사건입니다.

왜냐하면 복이란 '현재성이면서도 미래적인 것'이기 때문입니다.

하나님께서 태초에 인간을 창조하시고, 그에게 복과 관련을 맺어 주셨습니다.

사람으로 난 것이 복입니다. 사람으로 살아가는 것이 복입니다.

사람은 복을 통해서 살아갑니다.

사람은 복을 향하여 살아갑니다.

이 '복의 근원'은 '하나님'입니다.

하나님이 복 주셔서 사람은 복을 누릴 수 있습니다.

하나님이 주시지 않는 복은 그 어디서도 발견될 수도 없고 받을 수도 없고 누
릴 수도 없습니다.

"하나님이 그가 하시던 일을 일곱째 날에 마치시니 그가 하시던 모든 일을 그
치고 일곱째 날에 안식하시니라"(창 2:2)

복의 근원은 하나님이십니다.

"내가 너로 큰 민족을 이루고 네게 복을 주어 네 이름을 창대하게 하리니 너는
복이 될지라 너를 축복하는 자에게는 내가 복을 내리고 너를 저주하는 자에게는
내가 저주하리니 땅의 모든 족속이 너로 말미암아 복을 얻을 것이라"(창 12:2-3)

> "복 있는 사람은 악인들의 꾀를 따르지 아니하며 죄인들의 길에 서지 아니하며 오만한 자들의 자리에 앉지 아니하고 오직 여호와의 율법을 즐거워하여 그의 율법을 주야로 묵상하는도다"(시 1:1-2)

'하나님의 말씀을 따라 사는 사람이 복이 있는 사람'이라고 합니다.
'말씀 안에 있는 사람이 복이 있다'는 뜻입니다.
'말씀'은 '그리스도'입니다.
그리스도 안에 있는 사람은 복이 있습니다.

요한계시록 14장을 통해서 '가장 행복한 사람과 가장 불행한 사람이 어떤 사람인지'를 보여줍니다.
'요한계시록 14장 9-11절에 보여주는 사람'이 '가장 불행한 사람'입니다.
이들은 '심판받아 영원한 지옥에서 고통당해야 할 자들'입니다
'가장 행복한 사람'은 '예수 그리스도를 영접하고 믿음으로 구원받는 성도들'입니다.

> "또 내가 들으니 하늘에서 음성이 나서 이르되 기록하라 지금 이후로 주 안에서 죽는 자들은 복이 있도다 하시매 성령이 이르시되 그러하다 그들이 수고를 그치고 쉬리니 이는 그들의 행한 일이 따름이라 하시더라"(13절)

'복 있는 자'를 말씀하시는데 '주 안에서 죽는 자들은 복이 있다'고 합니다.
이 말씀의 깊은 의미를 묵상해 봅니다.
'주 안에서 죽는 자들은 복이 있다'는 말씀은 무슨 의미입니까?

첫째는, 예수 믿은 것이 복입니다.
'주 안에서'는 '예수를 아는 가운데(in the Lord, isn christian) 있다'는 뜻입니다.
예수 그리스도를 믿는 믿음으로 산 것입니다.
'믿음'이란 문자적으로는 '신실한 것, 충실한 것'이라는 뜻입니다.
하나님의 신실한 것이며 하나님의 충실한 것을 믿는 것입니다.
그러니까 믿음은 하나님의 것입니다.
사람의 것이 아닙니다. '하나님을 믿는 것'이 믿음입니다.

하나님을 믿을 때 어떤 일이 일어나는지 생각해 봅니다.
믿음으로 사는 것은 예수 안에 있는 것입니다.

하나님과 나와의 관계를 믿는 것입니다. 이 일만큼 큰 축복은 없습니다.
믿음으로 하나님의 아들이 됩니다.

"영접하는 자 곧 그 이름을 믿는 자들에게는 하나님의 자녀가 되는 권세를 주
셨으니"(요 1:12)

믿음은 생명의 법입니다.

"성령이 친히 우리의 영과 더불어 우리가 하나님의 자녀인 것을 증언하시나니"(롬 8:16)

믿음으로 영생을 얻습니다.

"하나님이 세상을 이처럼 사랑하사 독생자를 주셨으니 이는 그를 믿는 자마다
멸망하지 않고 영생을 얻게 하려 하심이라"(요 3:16)

믿음으로 사망에서 생명으로 옮겨집니다.

"내 말을 듣고 또 나 보내신 이를 믿는 자는 영생을 얻었고 심판에 이르지 아
니하나니 사망에서 생명으로 옮겼느니라"(요 5:24)

믿음으로 구원을 얻은 복입니다.

"너희는 그 은혜에 의하여 믿음으로 말미암아 구원을 받았으니 이것은 너희에
게서 난 것이 아니요 하나님의 선물이라"(엡 2:8)

주 안에서 얻어진 위대한 축복입니다.
믿음의 복은 그리스도인으로서 가져야 할 기본이면서, 중심이며, 목적입니다.
우리에게 믿음이 없다면 기대도 없고, 소망도 없고, 아무것도 없는 것입니다.
믿음이 있기에 사람의 목적이 있고 목표가 보이는 것입니다.

둘째는, 예수님 안에서 산 것이 복입니다.
'주 안에서'라는 의미는 '예수 그리스도를 통하여 살아가는 것'입니다.
물고기가 물을 떠나서 살 수 없듯이 사람 몸에 피(血)가 없다면 살 수 없습니다.
사람은 예수 그리스도 없이는 살 수 없습니다.

예수 그리스도 안에서 중생합니다.
예수님을 영접하고 믿을 때 성령으로 중생하게 됩니다.

하나님의 자녀로 출생하고 성장해서 그리스도인의 삶을 살아갑니다.

예수 안에서 삶의 원리를 얻습니다.

"내 안에 거하라 나도 너희 안에 거하리라 가지가 포도나무에 붙어 있지 아니하면 스스로 열매를 맺을 수 없음 같이 너희도 내 안에 있지 아니하면 그러하리라 나는 포도나무요 너희는 가지라 그가 내 안에, 내가 그 안에 거하면 사람이 열매를 많이 맺나니 나를 떠나서는 너희가 아무것도 할 수 없음이라"(요 15:4, 5)

예수 그리스도 안에서 풍성한 생활을 얻게 합니다.

"도둑이 오는 것은 도둑질하고 죽이고 멸망시키려는 것뿐이요 내가 온 것은 양으로 생명을 얻게 하고 더 풍성히 얻게 하려는 것이라"(요 10:10)

예수 그리스도 안에서 삶이 보장됩니다.

"그러므로 염려하여 이르기를 무엇을 먹을까 무엇을 마실까 무엇을 입을까 하지 말라…너희는 먼저 그의 나라와 그의 의를 구하라 그리하면 이 모든 것을 너희에게 더하시리라"(마 6:31, 33)

예수 그리스도 안에서 행하면서 살아가는 것입니다.

사람이 악한 생각을 가지고 악하게 살아가는 사람이 있고, 선한 생각을 가지고 선한 행동을 하며 살아가는 사람이 있습니다.

그렇다면 무엇이 악한 생각이며 악한 행동입니까?

예수 그리스도 안에서 살지 않는 것입니다.

아무리 선행을 행하고 산다고 할지라도 그리스도를 모르는 삶이라면 악한 생각과 악한 행위일 수밖에 없습니다.

예수 그리스도를 모르는 것이 악입니다.

"육에 속한 사람은 하나님의 성령의 일들을 받지 아니하나니 이는 그것들이 그에게는 어리석게 보임이요, 또 그는 그것들을 알 수도 없나니 그러한 일은 영적으로 분별되기 때문이라"(고전 2:14)

예수 밖에서의 삶은 미련한 악입니다.

"육신을 따르는 자는 육신의 일을, 영을 따르는 자는 영의 일을 생각하나니 육신의 생각은 사망이요 영의 생각은 생명과 평안이니라 육신의 생각은 하나님과 원수가 되나니 이는 하나님의 법에 굴복하지 아니할 뿐 아니라 할 수도 없음이라 육신에 있는 자들은 하나님을 기쁘시게 할 수 없느니라"(롬 8:5-8)

예수 그리스도 안에서 사는 사람이라야만 영적인 사람이 됩니다.
이것이 믿음의 사람이요, 복 있는 사람입니다.

셋째는, 예수 안에서 죽은 것이 복입니다.
　"주 안에 죽는 자들이 복이 있다"

사람은 누구나 다 죽게 되어 있습니다.
그런데 '어떻게 죽느냐'가 중요합니다.
사람은 누구나 다 죽는데 그 죽음을 두려워하는 사람이 있습니다.
죽음을 받아들이지 못하기 때문에 두렵습니다.
죽음을 받아들인다는 것은 운명적으로 수용하는 것은 아닙니다.

물론 운명적으로 수용하는 사람들이 있습니다.
그러나 그리스도인이 맞이하는 죽음은 운명적인 것이 아닙니다.
'하나님의 창조의 원리'입니다.
세상에 육신으로 태어났던 인생은 육신을 벗고 생명의 속사람의 세계로 다시 돌아가는 것입니다.
그러니까 죽음은 운명이 아닙니다.

육신으로 죽는 것을 절대로 두려워하지 않습니다.
예수 그리스도를 알지 못하는 사람에게 육체의 죽음은 절망적인 것입니다.
더 나아가서는 영적인 멸망으로 빠지게 되는 것입니다.
그것은 죄 값이기 때문입니다. 피할 수 없습니다.

그리스도인이 맞이하는 육신의 죽음은 그 죽음이 없고 멸망도 없습니다.
그리스도인의 죽음은 이미 끝난 것입니다.
그리스도 안에서 이 죽음의 문제가 해결된 것입니다.

　"내가 율법으로 말미암아 율법에 대해 죽었나니 이는 하나님에 대해 살려 함이라 내가 그리스도와 함께 십자가에 못 박혔나니 그런즉 이제는 내가 사는 것이 아니요 오직 내 안에 그리스도께서 사시는 것이라 이제 내가 육체 가운데 사는 것은 나를 사랑하사 나를 위하여 자기 자신을 버리신 하나님의 아들을 믿는 믿음 안에서 사는 것이라"(갈 2:19, 20)

죽음과 삶을 분명하게 확신하게 합니다.
그리스도인의 육신은 이미 죽었습니다.
그리스도께서 우리의 죽음까지 다 죽으셨습니다.
이제는 우리에게 죽을 것이 없습니다.
우리에게는 사는 것만 있는 것입니다. 죽어도 사는 것입니다.

넷째는, 예수 안에서 부활이 있기에 복입니다.
'주 안에서 죽는 자들이 복이 있다'는 말씀은 세속적으로 죽는다는 뜻인데, 이 죽음 후에는 반드시 '부활의 생명'이 있습니다.
그리스도인에게는 부활이 보장되었습니다.

> "어지들은 자기의 죽은 사늘을 부활로 받아들이기도 하며 또 어떤 이들은 더 좋은 부활을 얻고자 하여 심한 고문을 받되 구차히 풀려나기를 원하지 아니하였으며"(히 11:35)

다섯째는, 육신의 모든 고생과 수고가 끝난 것입니다.

> "ᅵ름이 수고를 그치고 쉬리니"

'수고'(受苦)는 '코포스'(κόπος)로, '상처, 고통, 육체적 노동(labors)'을 의미합니다.
그런데 이 고통이 '예수 그리스도로부터 에크(ἐκ, from off)된 것'입니다.

사람으로서 괴로운 것은, 육체적으로 고된 생활입니다.
현대사회가 혼란합니다.
불안합니다. 두렵습니다. 안정이 없습니다.
신뢰가 없습니다. 화목이 없습니다. 화평이 없습니다.
인정이 없고, 인심이 없습니다.
그 이유는 육체적 노동의 괴로움을 견디지 못하기 때문입니다.

사람은 육체적인 노동의 대가를 만족하게 채우려고 하는데 그 욕구가 채워지지 않아서 불평하고, 원망하고, 시기하고, 질투하고, 다툼을 일으킵니다.
그래서 분열하고 분쟁으로 치닫게 됩니다.

그러나 육체적인 수고를 고통으로 여기기보다는 천부적(天賦的)인 것으로 받아들이게 된다면 그것이야말로 행복한 것입니다.

육체적으로 수고하는 것을 불평하거나 원망할 일이 아닙니다.

그것은 '인생이 타고난 목적'입니다.

하나님이 주신 것입니다.

수고하며 사는 것은 인생이 타고난 복입니다.

　　"너는 네 평생에 수고하여야 그 소산을 먹으리라"(창 3:17)

　　"네가 흙으로 돌아갈 때까지 얼굴에 땀을 흘려야 먹을 것을 먹으리니 네가 그
　　것에서 취함을 입었음이라 너는 흙이니 흙으로 돌아갈 것이니라"(창 3:19)

'육신이 수고하며 산다는 것'은 '복'입니다.

그런데 이 일도 그칠 날이 있습니다.

주 안에서 죽는 날이 그 수고를 그치는 날입니다. 다 끝난 것입니다.

사람이 육신의 노동력이 없을 때 모든 수고를 그치게 됩니다.

여섯째는, 천국에서 상을 받기 때문에 복입니다.

말씀의 클라이맥스(climax)입니다.

　　"이는 그들의 행한 일이 따름이라"

이 말씀은 '천국에서의 생활'을 의미합니다.

예수 그리스도를 믿는 성도들은 천국에 인도하심을 받습니다.

그런데 '천국에서 무엇을 하느냐'가 궁금합니다.

천국에서 아무 일도 하지 않고 그냥 놀면서 노래나 부르고 먹고 지낸다고 생각
할 수 있지만, 그렇다면 지루하고 재미없을 것 같습니다.

성경은 '행한 일이 따름이라'고 했는데 상을 받는 것을 깨닫게 합니다.

'상'은 '일하는 것과 관련이 있는 것'입니다.

천국에서는 '하나님을 경배하는 것'이 최고의 이상입니다.

경배는 섬김에서 이루어집니다.

최후의 추수의 날
(요한계시록 14:14-16)

· · · · ·

"또 내가 보니 흰 구름이 있고 구름 위에 인자와 같은 이가 앉으셨는데 그 머리에는 금 면류관이 있고 그 손에는 예리한 낫을 가졌더라 또 다른 천사가 성전으로부터 나와 구름 위에 앉은 이를 향하여 큰 음성으로 외쳐 이르되 당신의 낫을 휘둘러 거두소서 땅의 곡식이 다 익어 거둘 때가 이르렀음이니이다 하니 구름 위에 앉으신 이가 낫을 땅에 휘두르매 땅의 곡식이 거두어지니라"

'예수님께서 이 세상에 오신 이유'에 대해서 결론부터 내리고 오셨습니다.

그 말씀은 선지자 세례 요한이 증거했습니다.

"손에 키를 들고 자기의 타작마당을 정하게 하사 알곡은 모아 곳간에 들이고 쭉정이는 꺼지지 않는 불에 태우시리라"(마 3.12)

'이 세상의 종말이 추수하는 때와 같이 될 것'을 비유로 말씀하셨는데, 세례 요한은 '예수님께서 그 때에 직접 추수하시기 위해서 오실 것'을 예언한 것입니다.

예수님께서는 스스로 세상에 오신 목적에 대해 말씀하셨습니다.

"나는 너희에게 이르노니 너희 눈을 들어 밭을 보라 희어져 추수하게 되었도다 거두는 자가 이미 삯도 받고 영생에 이르는 열매를 모으나니 이는 뿌리는 자와 거두는 자가 함께 즐거워하게 하려 함이라"(요 4:35, 36)

예수님께서 제자들에게 "추수할 것은 많되 일꾼이 적으니 그러므로 추수하는 주인에게 청하여 추수할 일꾼들을 보내 주소서 하라"(마 9:37-38)고 하셨습니다.

예수님께서는 이 세상에 초림(初臨)하셔서 씨 뿌리시고 가꾸신 것을 성령의 역사 안에서 제자들에게 부탁하시고 하나님의 보좌로 가셨습니다.

제자들은 예수님께서 씨 뿌렸던 밭을 가꾸었습니다.

씨를 뿌렸으면 추수할 날이 옵니다.
추수할 때는 씨를 뿌렸던 주인이 돌아오셔서 행할 것입니다.

성경은 '추수하는 마지막 때를 말씀하십니다.
사도 요한이 추수할 때에 있을 일을 보았습니다.
추수할 주인이 오셔서 추수하는 마당을 지켜보시고 총지휘하실 것입니다.

옛날 어린 시절에 보았던 일들입니다.

외가댁 일가는 천석꾼을 누리는 부잣집이었습니다.
주인 되는 분은 언제나 일꾼들을 데리고 논밭으로 나가서 일꾼들이 일하는 것을 지휘합니다.
수십 명의 일꾼들을 거느리고 자신은 논두렁, 밭두렁에 서서 일을 시켜 놓고 지켜보고 서 있었습니다.
일꾼들은 열심히 추수해서 알곡은 곡간으로 들이고, 쭉정이는 거름무더기에 따로 쓸어 모읍니다.

성경을 보면 그런 장면을 보게 됩니다.
예수님께서 다시 오셔서 추수하시는 장면을 보여주십니다.
추수하시기 위해서 다시 오시는 주님은 어떤 모습으로 오십니까?
흰 구름을 타고 오십니다.

"내가 보니 흰 구름이 있고 구름 위에 인자와 같은 이가 앉으셨는데 그 머리에는 금 면류관이 있고 그 손에는 예리한 낫을 가졌더라"(14절)

'구름 위에 앉았다'는 말은 '구름을 타고'라는 뜻입니다.

"인자가 구름을 타고 능력과 큰 영광으로 오는 것을 보리라"(마 24:30)

"인자가 권능의 우편에 앉아 있는 것과 하늘 구름을 타고 오는 것을 너희가 보리라"(마 26:64)

"인자가 구름을 타고 큰 권능과 영광으로 오는 것을 사람들이 보리라"(막 13:26)

"그 때에 사람들이 인자가 구름을 타고 능력과 큰 영광으로 오는 것을 보리라"(눅 21:27)

"볼지어다 그가 구름을 타고 오시리라 각 사람의 눈이 그를 보겠고 그를 찌른 자들도 볼 것이요"(계 1:7)

"내가 또 밤 환상 중에 보니 인자 같은 이가 하늘 구름을 타고 와서 …"(단 7:13)

이러한 말씀들이 응한 것입니다.

'흰 구름을 타고 오신다'는 것은 네 가지 의미를 가지고 있습니다.
첫째, 흰 구름은 순결하고 경건한 세계로부터 오시는 것을 말씀합니다.
둘째, 하늘나라는 순결하고 경건한 나라임을 상징합니다.
셋째, 실체로 나타나는 이상적인 세계입니다.
예수님께서 앉으신 그 곳은 구원받은 모든 성도들이 함께 앉을 곳입니다.
넷째, 언약을 지키는 것입니다.
구름을 타고 다시 오실 것을 약속하셨습니다.
그 약속대로 행하시는 예수님이십니다.

예수 그리스도는 최후의 추수를 거두기 위해서 금 면류관을 쓰시고 오십니다.
"그 머리에는 금 면류관이 있고"

'머리에 면류관을 쓰셨다'는 뜻입니다.
그렇다면 '금 면류관을 쓰신 이유'가 무엇입니까?

첫째는, 금은 변하지 않습니다.
'변하지 않는 것'은 '하나님의 거룩하신 속성'입니다.
"하나님은 사람이 아니시니 거짓말을 하지 않으시고 인생이 아니시니 후회가
없으시도다 어찌 그 말씀하신 바를 행하지 않으시며 하신 말씀을 실행하지 않
으시랴"(민 23:19)

하나님은 변하지 않습니다.
"나 여호와는 변하지 아니하나니"(말 3:6)

하나님은 우리를 도우십니다.
우리를 지켜주시고, 보호하십니다.
우리를 위하여 일하시는 분이십니다.
우리를 위하여 헌신하시고, 희생도 아끼지 아니하시는 분입니다.
이 마음은 영원히 변하지 않으십니다.

둘째는, 금은 귀한 것을 의미합니다.

금을 화폐의 가치에 기준을 둡니다.
요즘 금값이 사상 최대로 비싸졌다고 합니다.

셋째는, 금 면류관은 왕권, 통치권을 의미합니다.

넷째는, 금 면류관은 지배력과 주권을 상징합니다.
그리스도의 존귀하신 신분을 상징해 줍니다.

예수님께서는 온 세상의 통치를 지휘하실 분이십니다.
이를 이루시기 위해서 세상에 다시 재림하실 것입니다.
새로운 창조를 위하여 오십니다.
새 하늘과 새 땅을 창조하실 것입니다.
　"또 내가 새 하늘과 새 땅을 보니"(계 21:1)

지금 우리는 무엇을 소망하며 삽니까?
근심하십니까? 걱정하십니까? 염려하십니까? 고민하십니까?
삶에 흥미를 잃었습니까? 믿음의 기쁨을 잃었습니까?
그리스도께서 우리를 위하여 예비하신 새 하늘과 새 땅을 바라보십시오.
예수님이 예비하신 세계는 인간의 머리나 지혜로는 감히 상상조차 할 수 없을
만큼 위대하고 놀라운 세계입니다.

추수할 낫을 가지고 오십니다.
'그 손에는 예리한 낫을 가졌더라'고 했습니다.
추수할 때 밭에서 곡식을 거두는 데 반드시 있어야 할 농기구입니다.
'낫'은 '익은 곡식을 거두어들이기 위해서 잘라 베는 기구'입니다.
이것은 '심판'을 의미하는 것입니다.

'세상'은 '추수할 밭'입니다.
지금까지 가꾸었던 밭을 추수할 것입니다.
이 추수를 위하여 예수님은 세상에 오실 것입니다.
추수를 위하여 추수할 밭에까지 오신 주인의 모습을 말씀합니다.
추수 밭에 오신 주인은 이제는 작업을 시작하실 것입니다.

구원받을 성도들을 모으는 일입니다.

"또 다른 천사가 성전으로부터 나와 구름 위에 앉은 이를 향하여 큰 음성으로 외쳐 이르되 당신의 낫을 휘둘러 거두소서 땅의 곡식이 다 익어 거둘 때가 이르렀음이니이다 하니 구름 위에 앉으신 이가 낫을 땅에 휘두르매 땅의 곡식이 거두어지니라"(15, 16절)

이 말씀에서 중요한 것을 깨닫습니다.

첫째는, 구원받을 자들이 확정되었다는 뜻입니다.

"땅의 곡식이 다 익어 거둘 때가 이르렀음이니이다"

이 말씀은 알곡만을 생각하고 쭉정이를 생각하지 않습니다.
알곡을 거두어들이는 데만 관심을 가집니다.
구원받을 사람들을 보시고 그들을 불러 모으시는 것입니다.

"당신의 낫을 휘둘러 거두소서!"

잘 익었습니다.
잘 자라주었고, 열매가 잘 익었습니다.
쭉정이가 아닙니다.
농부는 잘 익은 곡식밭을 바라볼 때 그 기쁨은 이루 말할 수 없습니다.
안 먹어도 배부를 만큼 만족할 것입니다.
주님은 구원받은 성도들을 바라볼 때 참으로 기쁘고 기쁠 것입니다.
이들은 복음의 말씀을 잘 듣고, 잘 믿고, 잘 순종했고, 충성했습니다.
복음전도를 잘 했고, 서로 사랑했고, 몸을 아끼지 않고 헌신했습니다.
경건했고, 인내했고, 간절한 마음으로 기도했습니다.

시험을 이겼습니다.
환난과 시련 중에서도 낙심하지 않습니다.
불평하지 않았습니다. 원망하지 않았습니다.
게으르지 않았습니다.
핑계를 대거나 꾀를 부리지 않았습니다.
오직 주님을 위하여 살고, 주님을 위하여 믿음을 지켰습니다.

주님이 오실 날을 기다리며 준비했습니다.
구원을 받기에 합당한 성도들이었습니다.

둘째는, 세상에서 천국으로 옮겨집니다.
　　"땅의 곡식이 거두어지니라"(16절)

조금 전에는 밭에 있었습니다.
'밭'은 '세상'입니다.
성도들이 세상에 있었던 것입니다.
그런데 추수하는 이가 낫을 휘두르니까 곡식이 거두어졌습니다.
거두어진 자들은 천국으로 이동하고 옮겨진 것입니다.

세상에서는 때가 다 되었습니다.
더 이상 머물러 있을 이유가 없습니다.
우리가 가야 할 '영원한 세계, 새로운 세계, 하늘과 새 땅'으로 가야 합니다.
그것은 '하나님의 나라요, 구원받은 성도들의 영원한 안식처'입니다.

다시는 고통을 받지 않을 것입니다.
경건하지 않은 자들에게 학대를 받지 않을 것이고, 굶주리거나 추위에 떨지도
않을 것이고, 질병이나 사고로 인하여 아픔을 당하지 않을 것입니다.
이제는 다시는 유혹을 받지 않을 것이고, 죄악에 시달리지 않을 것입니다.
악한 것에 위협을 당하지 않을 것이고, 죽음에 대한 공포가 없을 것입니다.
다시는 눈물을 흘릴 일이 없습니다.

지금까지는 얼마나 많은 괴로움과 고통과 아픔으로 인하여 눈물을 흘렸습니까?
한시도 눈물 마를 날이 없는 세월을 살아왔습니다.
세상 살기가 어려워서도 눈물이 있었지만 믿음을 지켜 내기 위해서 흘린 눈물
이 있었습니다.

　　옛날에 한 젊은이가 아주 무거운 짐을 지고 고통스럽게 먼 길을 걸어 무제대사
　　를 찾아갔습니다.
　　젊은이는 무제대사를 보자마자 자신의 고충을 털어놓았습니다.

"대사님, 저는 조금 전까지 고통스럽게 무거운 짐을 지고 고독과 싸우며 오랫동안 먼 길을 와서 너무 피곤합니다. 신발은 다 해졌고 양쪽 발은 온통 상처투성이입니다. 그런데도 저는 왜 아직까지 제가 가야 할 목표를 찾지 못한 것입니까?"

그러자 무제대사는 젊은이에게 물었습니다.

"자네, 그 봇짐 속에 무엇이 들어있는가?"

"이것은 아주 중요한 것입니다. 이 안에는 제가 시련과 좌절을 겪을 때의 고통과 상처와 눈물과 고독과 괴로움 등이 들어 있습니다."

그 말을 들은 무제대사는 조용히 젊은이를 데리고 강가로 나가 배를 타고 강을 건넜습니다.

강을 다 건너 온 후에 젊은이에게 말했습니다.

"이 배를 메고 가게."

"농담이시지요?' 이렇게 무거운 배를 제가 어찌 들고 살 수 있단 말입니까?"

그러자 부제대사는 빙그레 웃으면서 말했습니다.

"자네 말이 맞네. 젊은이, 강을 건너는 사람에게 배는 꼭 필요한 것이지. 그러나 강을 건넌 뒤에는 배를 버려야 한다네. 만약 그렇지 못하면 이것은 우리에게 짐이 될 뿐이지."

그 말을 들은 젊은이는 지금까지 짊어지고 있던 무거운 짐을 내려놓고 가벼운 발걸음으로 다시 길을 떠났다고 합니다.

"수고하고 무거운 짐 진 자들아 다 내게로 오라 내가 너희를 쉬게 하리라"(마 11:28)

우리가 구원받았을 때 무거운 짐을 예수님께 맡긴 것입니다.
우리는 구원받은 천국 백성들입니다.
다시는 눈물 흘릴 일이 없습니다.
구원의 기쁨을 믿음으로 지키고, 감사하고, 찬양하고, 하나님께 영광 돌립시다!

불신앙자들의 심판
(요한계시록 14:17-20)

. . . . .

"또 다른 천사가 하늘에 있는 성전에서 나오는데 역시 예리한 낫을 가졌더라 또 불을 다스리는 다른 천사가 제단으로부터 나와 예리한 낫 가진 자를 향하여 큰 음성으로 불러 이르되 네 예리한 낫을 휘둘러 땅의 포도송이를 거두라 그 포도가 익었느니라 하더라 천사가 낫을 땅에 휘둘러 땅의 포도를 거두어 하나님의 진노의 큰 포도주 틀에 던지매 성 밖에서 그 틀이 밟히니 틀에서 피가 나서 말굴레까지 닿았고 천육백 스다디온에 퍼졌더라"

요한계시록 14장 14-20절 말씀은 '두 가지 추수를 행하시는 장면'입니다.

첫째는, 추수해서 곡식을 거두어들이는 것을 말씀했습니다.
이 때 곡식을 거두어들이는 추수는 인자(人子)이신 그리스도께서 직접 하십니다.
'믿는 자들을 모으셔서 하나님의 나라로 인도하시는 것'을 의미합니다.

둘째는, 포도 수확할 때는 천사를 통하여 행하게 하시는 것을 말씀하셨습니다.
'믿지 않는 불신자들을 거두어서 영원히 심판받게 하시는 것'을 의미합니다.

요한계시록 14장 17-20절 말씀은 포도 수확을 비유로 한 '불신자들'에 대한 말씀입니다.
심판하실 천사가 성전에서 나옵니다.

"또 다른 천사가 하늘에 있는 성전에서 나오는데 역시 예리한 낫을 가졌더라"(17절)

이 말씀 중에 세 가지 중요한 것을 생각합니다.

첫째는, 천사의 나타남입니다.
'천사'(天使)는 '하나님이 부리시는 사역자'입니다.

언제나 하나님의 명하신 말씀을 일점일획이라도 어기거나 감추거나 불순종하지 아니하고 반드시 그 말씀대로 순종하는 천사입니다.

천사의 사역은 하나님의 영광을 위해서 하는 것입니다.

하나님의 영광을 위해서 언제나 일꾼의 사역이 필요합니다.

둘째는, 하늘의 성전에서 나오는 천사입니다.

'하늘의 성전에서 나온 것'은 '하나님이 직접 보내셨다는 것'입니다.

하나님의 명령을 받아 그 일을 수행하기 위해서 보내심을 받은 천사입니다.

'성전'은 '하나님께서 임하여 좌정하신 곳'입니다.

온 우주의 모든 일들은 이 하나님의 성전에서 명령되어져서 이루어집니다.

셋째는, 천사는 '예리한 낫'을 가졌습니다.

주님께서 곡식을 거두어들이실 때에도 '예리한 낫'을 가졌습니다.

'예리한 낫'은 '드레파논 옥쉬스'(δρέπανον ὀξὺς)로서 '날카로운 낫'이라는 뜻인데, '날이 선 낫', '단번에 잘라버리는 낫'입니다.

천사는 이렇게 무서운 낫을 가지고 포도송이를 수확합니다.

이 천사는 하나님의 명령을 받아서 세상을 심판하기 위해서 출현했습니다.

그의 손에 무섭게 날이 선 낫을 들고 왔습니다.

하나도 남김이 없이 단번에 베어 버릴 것입니다.

또 다른 천사의 지시 명령입니다.

> "또 불을 다스리는 다른 천사가 제단으로부터 나와 예리한 낫 가진 자를 향하여 큰 음성으로 불러 이르되 네 예리한 낫을 휘둘러 땅의 포도송이를 거두라 그 포도가 익었느니라 하더라"(18절)

이 천사에 대해서 연구해야 합니다.

첫째는, 불을 다스리는 천사입니다.

이 천사는 특별한 특명을 받은 사명자입니다.

'바람을 다스리시는 천사'(계 7:1)
'물을 차지한 천사'(계 16:5)
'불을 다스리는 천사'(계 14:18)

"천사가 향로를 가지고 제단의 불을 담아다가 땅에 쏟으매 우레와 음성과 번개
와 지진이 나더라"(계 8:5)

둘째는, 제단으로부터 나온 천사입니다.

"불을 다스리는 다른 천사가 제단으로부터 나와"

이 천사가 어디로 불을 담아 쏟았습니까?

요한계시록 8장 5절에 성도들이 제단에서 기도하고 있을 때 그 불이 붙는 향로
의 불을 담아다가 쏟았습니다.

성도들의 기도가 그만큼 강하고 능력이 있었고 힘이 있었고 역동적이었고 적극
적이었습니다. 순교자들의 기도가 하나님께 상달된 것입니다.

기도를 들으신 하나님은 '교회를 박해하고 성도들은 피 흘려 죽인 자들에게 불
을 쏟아 심판을 행하게 하실 것'을 명하셨습니다.

순교자들의 기도의 응답으로 '불의 심판'이 임했습니다.

셋째는, 포도송이를 거두라고 큰 소리로 외쳤습니다.

"땅의 포도송이를 거두라"

'포도송이'는 '불신자들'을 상징합니다.

불신자들은 세 가지 유형이 있습니다.

먼저는 처음부터 하나님의 복음을 받아들이지 않는 사람들입니다.

복음에 대해 전혀 무관심한 사람들입니다.

다음은 교회생활도 하면서 믿는다고는 했으나 중도에 타락하고 믿지 않는 사람
들, 그리고 교회와 성도들을 핍박하고 심지어는 죽이기까지 한 악한 자들입니다.

이런 불신자들은 심판을 받게 됩니다.

하나님의 공의는 이때 나타납니다.

'구원받는 성도들과 심판을 받아 멸망 받는 자들의 차이점'은 오직 '믿음'입니다.

믿음을 가진 성도들은 구원을 받지만, 믿음이 없는 자들은 심판을 받습니다.

넷째는, 포도가 다 익었다고 합니다.

"그 포도가 익었느니라"

'때가 다 되었다'는 뜻입니다.

14-16절의 '곡식'은 주님이 거두어들이는 '알곡'이었습니다.

18절의 일꾼들이 거두어서 버리는 '포도송이들'은 '적그리스도'를 상징합니다.

포도송이 같기는 한데 써서 먹을 수 없는 것입니다(사 5:2; 렘 2:21).

천사의 심판은 피바다를 이루었습니다.

  "천사가 낫을 땅에 휘둘러 땅의 포도를 거두어 하나님의 진노의 큰 포도주 틀
  에 던지매 성 밖에서 그 틀이 밟히니 틀에서 피가 나서 말굴레에까지 닿았고
  천육백 스다디온에 퍼졌더라"(19, 20절)

여기서 '포도를 거두시고 틀에서 밟는 것'은 '불신앙으로 회개하시 않는 자들에
게 임하는 하나님의 심판'을 의미하는데, '포도주 틀의 피'는 '심판으로 인해서 죽
음을 당하는 자들의 피'를 묘사한 것입니다.

우리가 상식적으로 포도를 수확할 때는 포도나무에서 한 송이씩 따는데, 성경
말씀의 경우는 날이 선 낫으로 포도나무를 송두리째 잘라버립니다.

이 말씀을 어떻게 이해해야 할까요?

  "이미 도끼가 나무뿌리에 놓였으니 좋은 열매를 맺지 아니하는 나무마다 찍혀
  불에 던져지리라"(마 3:10)

'좋은 열매가 아닌 것은 나무를 통째로 찍어버린다'고 했습니다.

그리고 '포도송이는 진노의 포도주 틀에 던져버린다'고 합니다.

'진노의 포도주 틀'이란 상징적인 비유로 '먹을 수 없는 것들을 쓰레기 처리장
에 버려서 불 태워버리는 것'입니다.

'하나님의 무서운 심판의 엄정하심'을 나타내시는 말씀입니다.

  "성 밖에서 그 틀이 밟히니 틀에서 피가 나서 말굴레에까지 닿았고"

'성'(城)은 문자적으로는 '예루살렘'을 말하는데, '하나님 나라'를 상징합니다.

'하나님이 계신 집'입니다.

'하나님의 보좌 앞'입니다.

그런데 '성 밖'이라고 했습니다.

'하나님의 눈으로부터 볼 수 없는 곳, 하나님의 관심 밖에 있는 것'을 말합니다.

하나님의 심판을 받는 것은 하나님의 관심으로부터 영원히 멀어지는 것입니다.
영원히 심판을 받아 버림을 받기 때문입니다.
진노의 포도즙 틀은 무서운 피로 강물을 이루었습니다.
포도즙이 피로 변했습니다.
'심판을 받는 자들의 피'입니다.
이들은 그리스도인들을 무참하게 죽이기까지 한 '적그리스도의 세력들'입니다.
심지어는 예수 그리스도까지도 십자가에 피 흘려 돌아가시게 했습니다.

피가 강물처럼 되었는데 깊이가 말굴레까지 닿았다고 했습니다.
그 넓이는 '일천육백 스다디온'에 퍼졌습니다.
이 넓이는 184마일이고, 300km인데 상징적인 수입니다.
이것은 '철저한 심판의 결과'를 말하는 것입니다.
지옥의 현장입니다.

이제는 저들이 피 값을 지불해야 합니다.
하나님은 벌하시는 하나님, 진노하시는 하나님, 영원히 심판을 철회하시지 않으시는 하나님이십니다.
최후 심판의 그 날은 피할 수 없습니다.

우리가 지금 뜨거운 마음으로 몸부림치는 결단을 가져야 할 때입니다.
최후의 날에 불신자들은 피할 수 없는 무서운 심판을 받을 수밖에 없습니다.
그런데 아직은 그 날이 이르지 않았습니다.
이 날이 오기 전에 불신자들에게 하나님의 복음을 전해야 합니다.
믿음으로 그들을 양육해야 합니다.
예수 그리스도를 영접하여 구원에 이르도록 복음전도의 사명을 다해야 합니다.

요한계시록 14장 17-20절 말씀을 상고하면서 이 점을 깨닫는 것이 은혜를 받았다는 증거가 됩니다.
내가 은혜를 받았다면 이 은혜의 복음을 전하는 불타는 마음이 있어야 합니다.
주님의 사랑의 인도를 받으며 다 같이 천국에 이르도록 해야 합니다.

| 제5부 |
일곱 천사의 재앙과 일곱 천사의 대접
(요한계시록 15:1-17:18)

. . . . .
돌아보기와 둘러보기

요한계시록 말씀은 '구원받는 자들과 구원받지 못하는 자들'을 분류합니다.

요한계시록 말씀을 잘 이해하는 데는 여덟 편으로 구분할 수 있습니다.

첫째는, 서론입니다(1:1-8).

둘째는, 일곱 교회에 보내는 편지입니다(1:9-3:22).

셋째는, 일곱 인으로 봉인된 두루마리입니다(4:1-7:17).

넷째는, 일곱 나팔을 부는 일곱 천사입니다(8:1-11:19).

다섯째는, 하늘에서 일어나는 큰 이적입니다(12:1-14:20).

여섯째는, 마지막 재앙을 일으키는 일곱 천사입니다(15:1-16:21).

일곱째는, 마지막 대 심판입니다(17:1-20:15).

여덟째는, 새 예루살렘의 임재입니다(21:1-22:5).

마지막 결론입니다. 속히 오실 그리스도를 기다림(22:6-21).

15장과 16장은 일곱 천사가 재앙의 대접을 받아 들고 성전으로부터 나와서 땅 위의 짐승들에게 무서운 진노를 쏟게 합니다.

이 짐승들은 악인들과 거짓 선지자들에 대한 심판을 상징합니다.

특히 15장에서는 일곱 대접의 재앙이 내리기 전의 그 준비 단 계를 묘사함으로 무서운 재앙의 서막을 열고 있습니다.

15장의 내용을 보다 더 구체적으로 살펴보면, 첫째, 하나님의 마지막 진노를 퍼부을 일곱 천사의 모습과 그 놀라운 섭리를 찬양하는 성도들의 환호가 기록되고 있습니다(1-4절).

둘째, 맑고 빛난 세마포 옷을 입고 가슴에 금띠를 띠고 성전에서 나온 일곱 천사가 하나님의 진노를 담은 일곱 금대접을 받는 모습이 기록되고 있습니다(5-8절).

그러므로 성도들은 "그들의 진노의 큰 날이 이르렀으니 누가 능히 서리요?"(계 6:17)라는 말씀에 귀를 기울이며, 아무도 이처럼 무시무시한 하나님의 진노를 막을 수 없음을 깨달아 자기에게 아직 기회가 주어졌을 때에 철저히 회개하고 주님을 위해서 살아야 할 것입니다.

15-16장은 12장과 같은 맥락에서 보아야 합니다.

그것은 그리스도의 초림 즉 탄생과 승천의 순간을 보여주는데, 그리스도의 초림부터 재림 때까지의 전 기간을 보여주고 있다는 것이 가장 옳은 견해입니다.

16장에서는 일곱 인의 재앙과 일곱 나팔의 재앙이 끝나고 마지막 하나님의 진노의 재앙인 일곱 대접의 재앙이 진행되고 있습니다.

일곱째 인의 재앙은 일곱 나팔의 재앙을 포함하고 있으며, 일곱째 나팔의 재앙은 일곱 대접의 재앙을 포함하고 있습니다. 따라서 일곱째 인을 떼면서 일곱 나팔의 재앙이 시작되고 일곱째 나팔을 불면서 일곱 대접의 재앙이 시작되고 있습니다.

"각 섬도 없어지고 산악도 간 데 없더라"(16:20)고 했는데, 지구의 지진으로 인하여 지각 변동이 일어나서 땅들이 물속에 잠겨 사라지게 된다는 것입니다. 그럼에도 불구하고 악한 자들은 그들의 죄악을 깨달아 회개치 않고 끝까지 하나님을 훼방하고 있습니다. 이와 같이 회개하지 않은 강퍅한 심령 그 자체가 바로 그 어떤 재앙보다도 가장 무섭고 심각한 재앙입니다.

17장에서는 음녀와 그녀가 탄 짐승에 대해 설명하고 있습니다. 즉 17장의 내용은 큰 음녀에 대한 환상(1-6절)과 그 환상에 대한 설명(7-18절)으로 구성되어 있습니다.

하나님을 떠나서 우상 숭배에 몰두하는 자들은 어느 시대이든지 영적인 면에서 작은 음녀들이 되어서 결국 '큰 음녀'의 지배를 받게 됩니다.

그러나 모든 성도들은 악의 최종적인 멸망을 바라보며, 거룩하신 뜻을 성취하시기 위하여 악의 세력까지도 이용하실 수 있는 전능의 하나님을 믿으며 늘 승리하는 삶을 살아야 할 것입니다.

제15장 일곱 재앙을 가진 일곱 천사

■ 주제성구 "하나님의 영광과 능력으로 말미암아 성전에 연기가 가득 차매 일곱 천사의 일곱 재앙이 마치기까지는 성전에 능히 들어갈 자가 없더라"(8절)
■ 주제찬송 ♬ 606장 해 보다 다 밝은 저 천국 믿음만 가지고 가겠네

서론

본 장은 일곱 대접 재앙이 시작되기 전의 서론적인 계시로 하나님의 공의와 심판의 정당성을 찬양하고 있습니다. 즉 잠시 후에 있을 엄청난 재앙의 서곡에 대한 기록인 것입니다. 먼저 하나님의 재앙을 퍼부을 일곱 천사의 모습이 묘사되고, 이어 그 섭리를 찬양하는 성도들의 환호가 기록되어 있습니다. 다음으로 빛나는 세마포 옷을 입고, 가슴에 금띠를 띤 채 성전에서 나온 일곱 천사가 하나님의 진노를 담은 일곱 대접을 받는 장면이 묘사되고 있습니다. 이처럼 본 장에는 하나님의 심판의 긴박성을 보여주는 동시에 하늘에서는 모든 환난에서 승리한 성도들이 어린 양 예수 그리스도를 찬양하는 전경이 제시되어 있습니다.

본론

일곱 재앙을 가진 일곱 천사(1-4절)

하나님은 불신자에게는 진노의 재앙으로 갚으시지만 그의 백성들에게는 영원한 구원과 승리의 노래를 부를 수 있는 특권을 주십니다. 계속되는 환상 속에서 요한이 발견한 것은 사탄의 하수인인 짐승과 그의 우상, 그를 상징하는 '666'이란 숫자의 세력을 이기고 벗어난 성도들의 모습이었습니다. 그들은 불이 섞인 유리 바다에 서서 거문고를 가지고 모세의 노래와 어린 양의 노래를 부릅니다. 이들의 찬양은 사탄을 이기게 하신 하나님의 능력과, 왕 되심과, 공의로우심과, 거룩하심을 노래합니다. 여기 불이 섞인 유리 바다는 악인에게 내릴 심판에 나타나는 하나님의 공의를 상징하며, 구속받은 지들이 유리 바닷가에 서서 노래함은 마치 이스라엘이 홍해를 건넌 후 구원의 하나님을 찬양하는 것과 같습니다.

하나님의 진노의 시작(5-8절)

하늘에 있는 성전은 영광스럽고 아름답기만 한 것으로 생각했는데 그 곳에서부터 하나님의 진노가 준비되고 있다는 사실을 보며 놀라게 됩니다. 인류 역사의 마지막에 심판할 일곱 재앙을 담은 일곱 대접이 일곱 천사에게 전달되는 장면을 볼 수 있습니다. 하나님의 진노를 담은 금 대접을 일곱 천사가 전달받아서 이제 그것을 쏟아버리려고 하는 장면입니다. 일곱 대접은 네 생물 중의 하나에 의하여 전달되었습니다. 네 생물 중의 하나는 모든 피조물의 대표입니다. 그들이 시행할 재앙은 하나님의 의로우신 율법을 나타내고 주의 법을 무시할 자에게 임합니다. 하나님의 진노를 담은 금 대접 일곱이란 인류의 죄에 대한 하나님의 용서 없는 최후 진노를 말합니다.

일곱 대접의 심판을 위한 준비(5-8절)

요한이 본 성막은 거룩하신 하나님의 임재를 증거하는 것입니다. 이곳에서 거룩하신 하나님은 자신을 나타내시고 또 자기 백성들과 만나셨습니다. 그러나 여기서는 공포의 두려움을 보게 됩니다. 성전이 열렸으니 이제 보여 질 것은 하나님의 진노입니다. 열린 성전으로 일곱 재앙을 가진 일곱 천사가 나옵니다. 이 때 네 생물 중의 하나는 엄숙한 심판권을 일곱 천사에게 주었습니다. '하나님의 진노가 가득히 담겨 있다'는 말은 '하나님의 진노의 맹렬함과 누그러지지 않는 상태'를 말합니다. 성전이 열렸을 때 성전에 연기가 가득 찬 것은 하나님의 진노의 철저함과 충분한 효력을 상징합니다. 그리고 '아무도 성전에 들어갈 자가 없다'고 했는데 이것은 '중재의 불가능'을 의미합니다.

결론

이처럼 본 장에는 일곱 천사에 의한 일곱 대접 재앙의 준비가 상징적으로 묘사되고 있습니다.
일곱 천사가 일곱 대접 재앙을 쏟기 전에 하늘로부터 새로운 노래 소리가 들렸는데 곧 어린 양의 노래였습니다. 이 노래는 구원의 노래로 재앙이 쏟아진 후에 그 재앙에서 승리한 성도들이 부를 노래를 앞당겨 들려주신 것입니다.
어린 양의 노래 주제는 전능하신 하나님의 구원과 만왕의 왕이며 거룩하신 하나님이십니다.
이 세상에서는 오직 하나님 한 분만 거룩하십니다. '오직 주만 거룩하다'는 이 고백이야말로 오늘 우리 성도들이 계속해서 불러야 할 찬송입니다. 우리도 어떤 형태로든 사탄의 영향을 받고 있으며, 주님께서는 그 때 그 때 그것을 이기게 해주십니다.

■ 장명가 "불 섞인 유리 바닷가에 승리의 노래가 들리네 · 칠 천사 칠 대접 받으니 성전은 연기로 차도다 주님이 오신다 흰 예복 입고 주 맞으라 · 주님이 오신다 등불을 켜들고 맞으라"(♪ 270장 변찮는 주님의 사랑과)

불이 섞인 유리 바다
(요한계시록 15:1-4)

. . . . .

"또 하늘에 크고 이상한 다른 이적을 보매 일곱 천사가 일곱 재앙을 가졌으니 곧 마지막 재앙이라 하나님의 진노가 이것으로 마치리로다 또 내가 보니 불이 섞인 유리 바다 같은 것이 있고 짐승과 그의 우상과 그의 이름의 수를 이기고 벗어난 자들이 유리 바다 가에 서서 하나님의 거문고를 가지고 하나님의 종 모세의 노래, 어린 양의 노래를 불러 이르되 주 하나님 곧 전능하신 이시여 하시는 일이 크고 놀라우시도다 만국의 왕이시여 주의 길이 의롭고 참되시도다 주여 누가 주의 이름을 두려워하지 아니하며 영화롭게 하지 아니하오리이까 오직 주만 거룩하시니이다 주의 의로우신 일이 나타났으매 만국이 와서 주께 경배하리이다 하더라"

자동차를 타고 지방을 여행하고 서울로 돌아올 때 서울 톨게이트에 이르면 이런 표어가 쓰인 현수막을 볼 수 있습니다.

'다 왔다고 방심 말고 끝까지 안전 운행하자'

사실이 그렇습니다. 집에 도착하여 방 안으로 들어와서야 다 온 것입니다.

요한계시록은 하나님께서 이 땅에 나타내시는 계시의 말씀입니다.

'성경 전체 말씀의 결론'은 '요한계시록'입니다.

성경말씀을 다 통달했다고 해도 요한계시록의 말씀에서 보여주시는 바른 신앙에 도달해야 합니다.

요한계시록 15장은 '마지막 재앙의 날에 일어나는 사건에 대한 계시'입니다.

이 계시 말씀은 이 시각 이후 앞으로 일어날 일에 대해 예언해 주신 것입니다.

어떤 일이 일어날 것을 말씀하셨는지 확실하게 보아야 하고, 알아야 하고, 깨달아야 합니다. 그래서 철저하게 대비하는 바른 신앙에 도달해야 합니다.

하늘에서 크고 이상한 이적이 일어날 것입니다.

"또 하늘에 크고 이상한 다른 이적을 보매 일곱 천사가 일곱 재앙을 가졌으니 곧 마지막 재앙이라 하나님의 진노가 이것으로 마치리로다"(1절)

'하늘에 크고 이상한 다른 이적'이라고 했습니다.

'세메니온 엔 호 우라노스 메가스 카이 다우마스토스'(σημεῖον ἐν τῷ οὐρανός μέγα καὶ θαυμαστός)라고 했습니다.

하나님은 사람을 살리기도 하시고 죽이기도 하십니다.

그 살고 죽이는 수단을 '이적'(異跡)으로 행하십니다.

'이적'은 하나님께서 죽을 자를 살리실 때 '병원에 입원시키거나 약을 먹이거나 수술하게 하는 것이 아니라 하나님의 신비한 능력으로 살리시는 것'을 말합니다.

하나님께서 이스라엘 백성들이 애굽에서 노예가 되어서 수욕을 당하고 있을 때 그 백성들을 살리시고 구원하실 때의 일을 봅니다. 백성들은 매일 어린 수양을 잡아서 양의 피를 문지방과 문설주에 바르고 문을 안으로 걸어 잠그고 양고기를 구워서 먹었습니다. 그런데 그 밤에 하나님의 무서운 죽음의 진노가 애굽에 임했습니다. 문설주에 양의 피가 발려져 있는 집에는 하나님의 죽음의 진노가 임하지 않았으나 집의 문지방에 양의 피가 발리지 않은 집에는 처음 난 것들이 다 죽었습니다.

하나님께서 애굽 사람들의 처음 난 장자들이나 짐승들까지라도 죽이실 때 때려서 죽인다든지, 목을 매 죽인다든지, 칼로 쳐서 죽이시지 않았습니다.

하나님의 이적으로 죽이셨습니다.

이스라엘 백성들이 출애굽 해서 가나안으로 향해 갈 때 홍해에 이르렀는데 애굽 군사들이 추격했습니다. 그 때 하나님은 홍해를 육지와 같이 갈라지게 하셔서 좌우로 벽을 이루게 하시고 가운데 길을 내셨습니다. 이스라엘 백성들은 사람들과 수레와 짐승들을 이끌고 하나님께서 갈라지게 하신 바닷길로 건너갔습니다.

그런데 애굽 군사들이 그 뒤를 쫓아서 따라 갔습니다. 이스라엘 백성들은 다 건너갔고, 애굽 군사들은 아직 홍해 가운데 있을 때 하나님이 홍해 물을 다시 합치게 하심으로 애굽 군사들은 모두 몰살당하고 말았던 것입니다.

이에 성경은 '일곱 천사가 마지막 재앙의 날에 나타나서서 행하시는 이적'은 '죽을 자를 살리시고 살고자 하는 자들이라도 죽이는 장면'을 보여주시는데, 이것을 '하늘에서 이적을 보인다'고 했습니다.

"일곱 천사가 일곱 재앙을 가졌으니"

이 천사들은 하나님이 보내신 천사들로서 사람들을 죽이는 재앙을 일으키는 무서운 임무를 수행합니다.

성경의 궁극적인 가르침은 살리시는 것과 죽이는 것입니다.

태초부터 사는 것과 죽는 것을 선언하셨습니다.

"여호와 하나님이 그 사람에게 명하여 이르시되 동산 각종 나무의 열매는 네가 임의로 먹되 선악을 알게 하는 나무의 열매는 먹지 말라 네가 먹는 날에는 반드시 죽으리라"(창 2:16, 17)

이 법은 취소되지 않았으며, 앞으로도 결코 취소되지 않을 것입니다.

오직 사는 자가 있고 죽는 자가 있을 뿐입니다.

어떤 사람들이 살고, 어떤 자들이 죽을까요?

하나님의 말씀을 믿는 자들은 살고, 믿지 않는 자들은 죽을 것입니다.

"곧 마지막 재앙이라 하나님의 진노가 이것으로 마치리로다"

하나님의 일곱 천사들은 하나님의 진노의 재앙을 가지고 성도들을 박해하고 교회를 핍박하는 자들과 하나님을 믿지 아니하는 자들을 심판해서 죽이기 위해 보냄을 받아서 온 자들입니다.

마지막 날이 오기 전에 회개하고 돌아와야 합니다.

불신자들을 하나님께로 돌아오게 해야 합니다. 마지막 죽음의 그 날이 이르기 전에 돌아오게 해야 합니다. 하나님을 알지 못하여 성도들을 박해하고 교회를 핍박하고 믿지 않았던 죄를 회개하고 돌아오게 해야 합니다.

'마지막 그 날이 오기 전에 성도들이 해야 할 사명'이 있습니다. '전도'입니다.

내가 전도하지 않으면 내 사랑하는 가족이 죽습니다.

부모가 믿지 않음으로 죽습니다. 형제자매들이 믿지 않음으로 죽습니다.

남편이라도 아내라도 믿지 않음으로 죽습니다.

일평생을 한 지붕 아래서 한 솥밥을 먹고 잠을 자고 일어나며 한 가족으로 호흡하면서 어찌하여 가족을 전도하지 못하는 것입니까?

"인자야 내가 너를 이스라엘 족속의 파수꾼으로 세웠으니 너는 내 입의 말을 듣고 나를 대신하여 그들을 깨우치라 가령 내가 악인에게 말하기를 너는 꼭 죽으리라 할 때에 네가 깨우치지 아니하거나 말로 악인에게 일러서 그의 악한 길을 떠나 생명을 구원하게 하지 아니하면 그 악인은 그의 죄악 중에서 죽으려니와 내가 그의 피 값을 네 손에서 찾을 것이고 네가 악인을 깨우치되 그가 그의 악한 마음과 악한 행위에서 돌이키지 아니하면 그는 그의 죄악 중에서 죽으려니와 너는 네 생명을 보존하리라"(겔 3:17-19)

하나님의 마지막 심판의 날이 임하는 날이 다가오고 있습니다.
그 날이 이르기 전에 믿는 성도들이 해야 할 사명이 있습니다.
죽어가는 사람들을 전도하여 사는 길로 돌아오게 해야 합니다.
불이 섞인 유리 바다에서 노래 부르는 사람들입니다.

"또 내가 보니 불이 섞인 유리 바다 같은 것이 있고 짐승과 그의 우상과 그의 이름의 수를 이기고 벗어난 자들이 유리 바다 가에 서서 하나님의 거문고를 가지고"(2절)

'불이 섞인 유리 바다'에 서 있는 사람들입니다.
유리 바다가 아니라 '유리 바다 같은 것'이라고 했습니다.
'투명성'을 강조하는 뜻입니다.
거기는 많은 무리들이 모여 있었습니다.
'유리 바다 가에 모인 무리들'은 '승리한 교회'입니다.
그들이 서 있는 곳은 유리 바다 같이 투명하고 정결하고 깨끗한 곳입니다.

"보좌 앞에 수정과 같은 유리 바다가 있고 보좌 가운데와 보좌 주위에 네 생물이 있는데 앞뒤에 눈들이 가득하더라"(계 4:6)

하나님의 나라는 이처럼 투명하고 거룩한 곳입니다.
계속해서 '불이 섞였다'고 했습니다. '하나님의 심판'을 뜻합니다.
불의한 자와 악인에 대해 '형벌'을 내리실 것입니다.
마지막 재앙의 날이 도래하기 전에는 하나님의 긍휼이 있고, 자비가 있고, 용서가 있고, 사랑이 있습니다.
그러나 막상 재앙의 그 날이 임하는 순간에는 하나님의 긍휼이 없습니다.
화살이 목표를 향하여 이미 시위를 떠났습니다. 피할 수 없는 일입니다.
불은 심판을 나타냅니다. 불로 심판을 하실 것입니다.

'거문고를 가지고 서 있는 무리들'입니다.
'유리 바다에 서 있는 무리들'입니다.

"짐승과 그의 우상과 그의 이름의 수를 이기고 벗어난 자들이 유리 바다 가에 서서 하나님의 거문고를 가지고"(2절 하)

짐승과 우상 숭배자들에게 박해를 받던 교회들이 믿음을 지키고 끝까지 이긴 성도들이 찬양을 하며 어린 양이신 주님께 영광을 돌리는 예배의 모습을 보여줍니다.

이들은 하나님의 거문고를 연주합니다.

모세의 노래를 부르고(출 15장; 시 90편), 어린 양의 노래를 부릅니다.

하나님께 영광을 돌립니다.

"내가 여호와를 찬송하리니 그는 높고 영화로우심이요 말과 그 탄 자를 바다에 던지셨음이로다"(출 15:1)

모세는 이 노래를 불렀고, 이스라엘 백성들도 이 노래를 불렀습니다.

교회의 모든 성도들이 지금도 이 '승리의 노래'를 부릅니다.

'죽음을 이기고 벗어난 자들'은 '믿음으로 승리한 성도들'입니다.

적그리스도의 세력에서도 믿음을 지키고 이겨 낸 성도들입니다.

적그리스도인 짐승의 유혹이나 우상 숭배에서 넘어지지 않았습니다.

짐승의 표도 받지 않아서 666의 수에도 들어가지 않는 성도들입니다.

오직 '십사만 사천 인 택한 자들의 수에 들어간 성도들'입니다.

이들이 유리 바다에 서 있습니다.

하나님의 영광을 찬양하기 위해서입니다.

하나님의 영광을 노래합니다.

"하나님의 종 모세의 노래, 어린 양의 노래를 불러 이르되 주 하나님 곧 전능하신 이시여 하시는 일이 크고 놀라우시도다. 만국의 왕이시여 주의 길이 의롭고 참되시도다. 주여 누가 주의 이름을 두려워하지 아니하며 영화롭게 하지 아니하오리이까 오직 주만 거룩하시니이다. 주의 의로우신 일이 나타났으매 만국이 와서 주께 경배하리이다 하더라."(3, 4절)

믿는 성도들과 교회를 박해하며 많은 순교자들을 내게 한 적그리스도의 세력들이 마지막 날 하나님의 심판의 재앙으로 멸망에 이르는 것을 보는 성도들이 하나님의 공의로우신 심판 앞에서 하나님의 영광을 노래합니다.

2-4절을 보면 네 가지를 묵상해 봅니다.

첫째는, 하나님의 보좌 앞 유리 바다 위에 순교 당한 성도들이 서게 될 것입니다.

유리 바다 같은 거룩한 곳에 믿음을 지키다가 순교 당한 성도들이 그 자리에 굳게 서게 될 것입니다.

둘째는, 적그리스도를 이긴 승리자들입니다.

짐승 같은 사탄의 박해를 받았어도 믿음을 저버리지 않고 승리한 성도들입니다.

육체가 살기 위해서 믿음을 저버렸다면 순교자가 될 수 없었을 것입니다.

순교를 당할지라도 믿음을 지켰을 때 죽음이 아니라 영생하는 길이 있습니다.

셋째는, 거문고 악기를 들고 하나님을 찬양하는 성도들입니다.

'거문고'는 '키다라'(κιθάρα)인데, 'harp', 일명 '수금'(竪琴)이라고도 합니다.

악기로 노래를 합니다.

거문고 악기소리는 무엇보다 마음을 달래며 위로하는 음악으로 표현이 됩니다.

거문고를 치며 위로와 평강을 누리며 하나님을 찬양하고 경배합니다.

믿음을 지키기 위해서 육체적으로 고통과 고난을 당했고, 순교한 성도들입니다.

그러나 그들의 영혼의 생명은 죽음을 당하지 않았습니다. 그들의 영혼은 안식을 누리며 하나님의 제단 앞에서 경배하며 찬양하며 기도했습니다.

넷째는, 하나님의 영광을 찬양합니다.

전능하신 하나님을 찬양합니다.

만왕의 왕이시며 만국의 하나님을 찬양합니다.

하나님을 영화롭게 하며 찬양을 합니다. 거룩하신 하나님을 찬양합니다.

하나님의 공의는 거룩하십니다.

의로운 자를 신원하여 주십니다.

믿음을 지킨 성도들을 신원하여 주십니다.

그리스도를 부인하고 성도들을 박해하고 교회를 핍박하던 불신자는 영원히 멸망을 받지만, 그 박해와 핍박 중에서 믿음을 지킨 성도들은 영생을 얻었습니다.

마지막 날에 하나님을 찬양하는 승리자가 되었습니다.

최후의 심판 후에 승리한 교회는 찬양과 경배로 하나님을 영화롭게 합니다.

하늘에서 열리는 성전
(요한계시록 15:5-8)

. . . . .

"또 이 일 후에 내가 보니 하늘에 증거 장막의 성전이 열리며 일곱 재앙을 가진 일곱 천사가 성전으로부터 나와 맑고 빛난 세마포 옷을 입고 가슴에 금띠를 띠고 네 생물 중의 하나가 영원토록 살아 계신 하나님의 진노를 가득히 담은 금 대접 일곱을 그 일곱 천사들에게 주니 하나님의 영광과 능력으로 말미암아 성전에 연기가 가득 차매 일곱 천사의 일곱 재앙이 마치기까지는 성전에 능히 들어갈 자가 없더라"

예나 지금이나 분명한 것 한 가지는 인류에게 주는 '하나님의 언약'입니다.
그 언약은 '종말의 날이 있다는 것'입니다.
그 날은 인간은 역사의 종말이요. 인류의 종말이라고 채 왔습니다.
그런데 모든 사람들이 '인류의 종말'이라는 말을 자연스럽게 말하면서도 그 날을 대비하는 사람은 그리 많지 않다는 것입니다.

종말의 날을 대비하는 그리스도인들마저도 그 종말의 날을 진실한 마음으로 대비하는 신자들이 적다는 것을 지적할 수 있습니다.

우리가 알아야 할 것은 우리는 그리스도인입니다.
그리스도인으로서 꼭 기억해야 할 것은 '종말의 그 날은 다가오고 있다'는 것을 믿어야 합니다.
그리고 그 날을 대비해야 합니다.
종말의 그 날은 하나님이 정하신 언약의 날입니다.
성경의 말씀을 기억하고 깊이 묵상해야 합니다.
"잠시 잠깐 후면 오실 이가 오시리니 지체하지 아니하시리라"(히 10:37)

이 말씀 역시 약속에 근거한 말씀입니다.

"이 묵시는 정한 때가 있나니 그 종말이 속히 이르겠고 결코 거짓되지 아니하리라 비록 더딜지라도 기다리라 지체되지 않고 반드시 응하리라"(합 2:3)

예수님께서 말씀하셨습니다.

"이러므로 너희도 준비하고 있으라 생각하지 않은 때에 인자가 오리라"(마 24:44)

그 날은 반드시 다가오고 있습니다.
성경 말씀이 '그 날 그 때'를 제시하여 주십니다.
'그 날'은 '구원받은 성도들과 심판받을 불신앙자들을 구별하는 날'입니다.
구원받은 자들은 주님이 직접 챙기실 것입니다.
심판받을 자들은 천사들을 통하여 진노의 잔을 쏟으시므로 심판의 형벌을 받게 할 것입니다.

요한계시록 15장 3, 4절에서 구원받은 성도들이 마지막 그 날에 하나님을 찬양하고, 구원의 기쁨을 찬양하고 노래하는 모습을 보았습니다.
요한계시록 5-8절에서는 하늘의 성전 문이 열리는데 하나님의 명령을 받은 천사들이 그 성전에서 나오는 장면을 보여주십니다.

마지막 재앙을 가진 일곱 천사들입니다.

"또 이 일 후에 내가 보니 하늘에 증거 장막의 성전이 열리며 일곱 재앙을 가진 일곱 천사가 성전으로부터 나와 맑고 빛난 세마포 옷을 입고 가슴에 금띠를 띠고"(5, 6절)

'일곱 천사'는 '하나님의 명령을 받은 사자들'입니다.
이 천사들은 성전으로부터 나옵니다.
각각 재앙을 담은 대접을 들고 나옵니다. 성전 문이 열리고 천사들이 성전으로부터 나왔는데 다시는 번복할 수 없고, 번복하지도 않을 것입니다.
'마지막 심판의 긴박성'을 보여주십니다. 마치 총을 든 사수가 실탄을 장전하고 목표물을 향하여 방아쇠를 당기는 동작을 취하는 순간의 모습을 연상하게 합니다.
성전 문이 열렸습니다.

"하늘에 증거 장막의 성전이 열리며"

'증거 장막'은 모세가 하나님의 지시를 받아서 성전인 장막을 세웠습니다.

솔로몬 이후 시대는 '성전'(聖殿)으로 불렀습니다. 그 성전에는 지성소가 있는데 그 '지성소'(至聖所)는 하나님이 임재해서 계시는 곳으로 상징되었으며, 거기에는 '하나님의 구원의 계획과 언약을 실현할 것'을 승거물로 두셨습니다.

그 지성소에는 '증거 궤'가 있었습니다.

다른 말로는 '법궤'라고 합니다(레 16:2).

거기에는 '하나님의 임재를 상징'한 것 세 가지인 '십계명과 광야에서 내린 만나와 아론의 지파에서 바친 싹 난 지팡이'가 들어 있었습니다(출 26:16, 21).

이것은 '하나님의 말씀과 영생하는 양식과 생명을 상징'하는 것입니다(히 9.4).

성전의 지성소의 증거 궤와 같은 것은 솔로몬 성전에서만 볼 수 있었습니다.

이스라엘이 바벨론에 멸망한 때 성전이 훼파되고 성전 안의 모든 기물들은 바벨론에게 빼앗겼습니다. 이스라엘 멸망 이후 70년 만에 이스라엘 백성들이 예루살렘으로 돌아 올 때 성전이 다시 세워졌습니다. 그 때 옛 성전에 있던 기물들의 일부는 돌아왔으나 성전 안에 있던 여호와의 증거 궤는 돌아오지 않았습니다.

지금까지도 그것을 발견되지 못하고 있는 것입니다.

그런데 예수 그리스도께서 오신 이후에는 이와 같은 성전과 기물들은 없어지고, 성전도 다 없어지고 말았습니다. 예수님께서는 '성전이 없어질 것'에 대해서 제자들에게 말씀하셨습니다.

"네가 이 큰 건물들을 보느냐 돌 하나도 돌 위에 남지 않고 다 무너뜨려지리라"(막 13:2)

예수님께서 세상에 오신 목적 중에 또 한 가지는 사람의 손으로 지은 성전을 헐어버리기 위함임을 암시하시면서 "너희가 이 성전을 헐라 내가 사흘 동안에 일으키리라"(요 2:19)고 하셨습니다.

유대인은 의아하게 여겼습니다.

이 성전은 헤롯 왕 때에 건축하기 시작한 것인데 46년 동안이나 공사가 진행되고 있었기 때문입니다.

그런데 그 성전을 사흘 동안에 세우겠다고 하셨습니다.

'예수는 성전 된 자기 육체를 가리켜 말씀하신 것'이기 때문입니다(요 2:21).

이는 '성전은 예수님 자신을 가리키는 것이므로 예수님께서 십자가에서 피 흘려 죽으신 이후에는 건물로 지어진 성전이 필요 없어질 것을 말씀하신 것'입니다.

십자가에서 죽으시고 부활하신 예수님은 하늘의 성전에 계십니다.
그 곳에서 세상을 심판하시기 위해서 다시 오실 것입니다.
다시 오시기 위하여 먼저 심판의 사역을 수행한 천사들을 성전으로부터 재앙의 대접을 가지고 내보내신 것입니다.

일곱 천사가 일곱 재앙을 가지고 나옵니다.
> "일곱 재앙을 가진 일곱 천사가 성전으로부터 나와 맑고 빛난 세마포 옷을 입고 가슴에 금띠를 띠고"(6절)

하나님의 심판의 사명의 임무를 가진 천사들입니다.
이 천사들은 하나님의 명령을 받고 하늘의 성전에서 나왔는데, 하나님 보좌 앞에서 명령을 받아서 수행하는 천사들입니다.
이 천사들은 하나님의 권위와 특권을 받아 가졌습니다.
'맑고 빛난 세마포 옷을 입고 가슴에 금띠를 띠고'라고 했는데, 이는 두 가지를 의미해 줍니다.

> 첫째는, '맑고 빛난 세마포 옷'은 '하나님의 거룩하시고 성결하심'을 나타냅니다.

> 둘째는, '가슴에 금띠를 띠었다'는 것은 '하나님의 권위와 권세를 가진 것'을 의미합니다.

'하나님의 뜻을 수행하는 사명자'를 '사자'(使者)라고 하는데 '메신저'(messenger)입니다.
하나님의 뜻을 일점일획이라도 과감하지 않고 그대로 수행해야 합니다.
하나님의 심판의 진노를 담은 대접을 가진 천사들입니다.
> "네 생물 중의 하나가 영원토록 살아 계신 하나님의 진노를 가득히 담은 금 대접 일곱을 그 일곱 천사들에게 주니"(7절)

'심판의 불을 담은 대접'을 일곱 천사가 받았습니다.
'일곱'의 수는 '완전한 수'를 의미합니다.
이들은 온 인류에게 일순간 동시에 '심판의 재앙'을 쏟을 것입니다.

이 진노를 피할 자는 그 누구도 없습니다. 예수 그리스도를 영접하지 아니한 자들은 어느 누구도 심판을 피하지 못할 것입니다.

심판이 끝날 때까지는 성전에 들어갈 수 없습니다.

> "하나님의 영광과 능력으로 말미암아 성전에 연기가 가득 차매 일곱 천사의 일곱 재앙이 마치기까지는 성전에 능히 들어갈 자가 없더라"(8절)

몇 가지 사실을 깨달을 수 있습니다.

첫째는, 하나님의 성전을 하나님의 영광으로 가려지게 합니다.
하나님은 아무에게도 그 형상을 보여주시는 분이 아닙니다.
  어떤 이는 환상 중에 하나님이 나타나셔서 자기에게 말씀하셨다고 말합니다.
  어떤 이는 꿈에 하나님을 만났다고 말합니다.
  어떤 이는 하나님의 나라를 가봤다고 말합니다.

그러나 이러한 이야기들은 성경적인 이야기는 아니기 때문에 그런 일들을 두고 '그렇다, 아니다' 시비할 것은 아니고, 참고로 들을 뿐입니다.
  분명한 것은 성경적이어야 한다는 것입니다.
  하나님은 당신의 형상을 보여주시는 분이 아닙니다.
  모세도 하나님의 형상을 보지 못했습니다.
  엘리야도 하나님의 형상을 보지 못했습니다.
  사도 바울도 하나님의 형상을 보았다고 말한 적은 없습니다.
  하나님이 모세에게 말씀하실 때 시내 산에서 하나님의 영광이 나타나셨는데 연기가 옹기점 연기같이 떠오르고 크게 진동하였고, 백성들은 하나도 산에 가까이 오르지 못하게 하셨고, 하나님을 보려고 하면 죽을 것이라고 합니다(출 19:18-21).
  요한계시록 15장에서도 하나님의 영광이 나타났으나, 보이지 않게 하셨습니다.

둘째는, 연기가 성전에 가득 차게 합니다.
'보이지 않게 한다'는 뜻입니다.
  연기는 보이지 않도록 가리게 하는 연막입니다.
  성전도, 성전의 문도 보이지 않고, 하나님의 형상도 보이지 않게 하셨습니다.
  성전에 연기가 가득한 것은 '하나님의 진노가 계속되고 있음'을 보여줍니다.

셋째는, 천사의 심판하는 재앙이 끝날 때까지입니다.

'하나님의 성전에 문이 닫히는 순간'은 재앙의 심판이 끝날 때까지입니다.

'심판이 이루어지고 있는 기간'에는 성전 문이 닫힙니다.

그만큼 '하나님의 진노가 무섭다'는 것을 의미합니다.

진노의 심판을 행하시는 하나님은 그 순간에는 긍휼이 없고, 자비가 없고, 사랑을 행하시지 않습니다.

오직 약속을 행하시는 하나님이십니다.

"아들을 믿는 자에게는 영생이 있고 아들에게 순종하지 아니하는 자는 영생을 보지 못하고 도리어 하나님의 진노가 그 위에 머물러 있느니라"(요 3:36)

"하나님의 진노가 불의로 진리를 막는 사람들의 모든 경건하지 않음과 불의에 대해 하늘로부터 나타나나니"(롬 1:18)

"진노로 자신을 가리시고 우리를 추격하시며 죽이시고 긍휼을 베풀지 아니하셨나이다 주께서 구름으로 자신을 가리사 기도가 상달되지 못하게 하시고"(애 3:43-44)

심판이 다 끝난 후에는 성전 문이 열립니다.

누구를 위하여 성전 문이 열립니까? '하나님의 영광'을 위해서입니다.

예수 그리스도의 십자가의 피 흘리심이 헛되지 않기 위해서입니다.

택하신 자녀들을 구원하시고 영광의 나라로 들어가게 하기 위해서입니다.

구원받은 성도들은 열린 천국 문으로 들어가게 됩니다.

불신자에게는 천국 문이 열리지 않습니다.

그러나 믿는 성도들에게는 천국 문이 열립니다.

우리를 위하여 성전 문을 열어 놓았습니다. 그리스도 안에서 이미 심판을 받았습니다. 정죄함이 없습니다(롬 8:1). 죄 사함을 받았습니다(롬 8:2).

믿는 자들에게는 이미 천국에 들어갈 수 있는 길을 열어놓으셨습니다.

"주께 힘을 얻고 그 마음에 시온의 대로가 있는 자는 복이 있나이다"(시 84:5)

믿음으로 구원의 문으로 들어갑니다.

오직 믿음으로 열린 문으로 들어가게 될 것입니다.

제16장 일곱 대접 재앙

■ **주제성구** "세 영이 히브리어로 아마겟돈이라 하는 곳으로 왕들을 모으더라"(16절)
■ **주제찬송** ♬ 176장 주 어느 때 다시 오실는지 아는 이가 없으니

서론

본 장에는 일곱 대접의 재앙이 구체적으로 열거되고 있습니다.
일곱 대접의 재앙은 일곱 나팔의 재앙과 비슷합니다. 일곱 나팔 재앙은 모든 것의 삼분의 일에만 내리며, 회개를 촉구하였으나, 일곱 대접의 재앙은 전체적이며, 그냥 하나님의 진노를 퍼붓는 것입니다.
또 나팔 재앙 시에는 교회가 복음을 전하였으나, 대접 재앙 시에는 그리스도와 교회의 원수들에게 내리는 재앙입니다. 하나님의 진노가 담긴 일곱 대접들을 천사들이 신속하게 쏟아 버림으로써 마지막 재앙의 무서움과 격렬함이 극치를 이룹니다. 즉, 이제까지 있어 왔던 하나님의 모든 진노들은 본 장에 나오는 일곱 대접의 재앙으로 드디어 종말이 되는 것을 볼 수 있습니다.

본론

첫째에서 넷째 대접 재앙 – 질병과 자연현상을 통한 진노(1-8절)

심판으로 인한 영원한 형벌을 내리기 전에 주님께서는 이 세상에 그의 진노를 보여주십니다. 천사들이 일곱 개의 대접을 쏟을 때마다 니타나는 재앙들은 오늘 우리가 목격하는 것으로서 장래의 심판이 얼마나 두려운 것인지 미리 깨닫게 합니다. 첫째 대접이 보여준 재앙은 사람들의 몸에 직접 나타나는 것으로서 하나님을 대적하고 세상의 우상들에게 경배하는 죄에 대한 심판입니다. 이어서 계속되는 둘째, 셋째, 넷째 재앙은 자연에게 행해진 것이나 결국은 사람들에게 영향을 미치게 됩니다. 바다와 강물이 피로 변하는 것은 성도들의 피를 흘린 사람들을 향한 심판의 표이고, 태양의 불로 사람을 태운 것은 하나님을 섬기지 않고 그에게 영광을 돌리지 않는 사람들을 향한 심판의 표입니다.

넷째에서 여섯째 대접 재앙 – 구원의 완성(10-16절)

천사들이 계속해서 대접을 쏟으면서 보여주는 재앙들의 장면은 하나님께서 이스라엘 백성을 구하기 위해서 애굽에서 베푸신 재앙과 비슷합니다. 시실싱 그 의미노 비슷해서 마치 바로가 하나님의 재앙 앞에서 계속 버티다가 결국 이스라엘 백성을 내어 주고 만 것처럼, 세 더러운 영으로 나타나는 사탄이 계속 하나님을 향해 싸우다가 결국 그 세력은 무너지고 말게 됩니다. 이제 소망을 가진 성도들은 그 날이 어느 때가 될지는 모르지만 항상 거룩한 생활로 준비해야 합니다. 또한 우리의 삶에서 계속되는 아마겟돈의 전쟁에서 영적인 전투를 벌이게 되는데, 그 때마다 주님의 편에서 이기도록 해야 합니다.

일곱 번째 대접 재앙(17-21절)

일곱 번째 천사가 그 대접을 공기 가운데 쏟았습니다. 그 때 큰 음성이 성전에서 보좌로부터 나서 다 되었다고 말합니다. 그리고 번개와 음성들, 뇌성과 큰 지진이 일어나고, 큰 성 바벨론이 세 갈래로 갈라져 무너져 멸망합니다. 만국의 성이 파괴되고 맙니다. 섬도 산악도 온데간데없어졌습니다. 아무것도 남지 못합니다. 이 때 악인들은 회개하지 아니하고, 오히려 하나님을 욕합니다. 이런 무서운 재앙에도 불구하고 불신 세력들은 하나님을 대적합니다. 이처럼 하나님은 우상 숭배자들과 불신 세력에 진노의 대접을 쏟으십니다. 이스라엘을 바로의 손에서 구원하시고, 성도들의 구원을 예수 그리스도의 십자가의 피로 다 이루신 하나님께서 이제 마지막으로 사탄의 세력을 무너뜨리면서 '되었다'고 선언하십니다.

결론

이처럼 본 장에 나오는 일곱 대접의 심판은 앞에서 이미 언급된 일곱 나팔의 재앙과 많은 유사성을 가지고 있으나 이 일곱 대접의 재앙은 일곱 나팔의 재앙보다 그 강도가 심화되고 대상이 분명해진 것을 볼 수 있습니다. 오늘날 바다와 강들이 더러워져서 사람들이 마실 수 없게 되어 가는 현상이나 기상의 변화로 인한 이상 난동은 사람의 욕심으로 인해 생긴 결과이지만, 결국 하나님께서 이 땅을 향해 행하시는 재앙이기도 합니다. 이런 상황을 보고 있는 우리 성도들은 이 상황을 통해서 하나님의 분노하심을 깨닫고 새로이 주님께 돌아가야 합니다. 또한 주님을 모르는 사람들이 회개할 수 있도록 전해야 합니다. 항상 깨어 있으면서 하나님 앞에 떳떳한 삶을 살아야 합니다.

■ **장명가** "칠 대접 큰 재앙 내리네 깨어서 제 옷을 지키고 · 벗고 다니지 않는 자들 복 있고 거룩한 자로다 주님이 오신다 흰 예복 입고 주 맞으라 · 주님이 오신다 등불을 켜들고 맞으라"(♪ 270장 변찮는 주님의 사랑과)

진노의 대접
(요한계시록 16:1-7)

· · · · ·

"또 내가 들으니 성전에서 큰 음성이 나서 일곱 천사에게 말하되 너희는 가서 하나님의 진노의 일곱 대접을 땅에 쏟으라 하더라 첫째 천사가 가서 그 대접을 땅에 쏟으매 짐승의 표를 받은 사람들과 그 우상에게 경배하는 자들에게 악하고 독한 종기가 나더라 둘째 천사가 그 대접을 바다에 쏟으매 바다가 곧 죽은 자의 피 같이 되니 바다 가운데 모든 생물이 죽더라 셋째 천사가 그 대접을 강과 물 근원에 쏟으매 피가 되더라 내가 들으니 물을 차지한 천사가 이르되 전에도 계셨고 지금도 계신 거룩하신 이여 이렇게 심판하시니 의로우시도다 그들이 성도들과 선지자들의 피를 흘렸으므로 그들에게 피를 마시게 하신 것이 합당하니이다 하더라 또 내가 들으니 제단이 말하기를 그러하다 주 하나님 곧 전능하신 이시여 심판하시는 것이 참되시고 의로우시도다 하더라"

지구상에서 가장 무서운 사건은 전혀 예상치 못했던 재앙이 일어나서 순식간에 사람들이 멸망하는 일들입니다.

그 재앙 중에서도 가장 두려운 것은 '지진'입니다.

지구상에서 지진이 가장 많이 일어나고 있는 지역은 아시아권을 비롯하여 아시아권에 인접하고 있는 유럽권이 아닌가 생각합니다. 최근까지 동남아시아 등지에서 지진이 일어나서 수백 명이 사상을 입었는데, 특별히 인도네시아, 일본 등지에서 일어난 지진의 여파는 두려움을 안겨 주었습니다.

이와 같은 재앙들은 이미 예수님께서 말씀으로 예언하신 일입니다.

"민족이 민족을, 나라가 나라를 대적하여 일어나겠고 곳곳에 기근과 지진이 있으리니"(마 24:7)

이런 일들은 마지막 날을 예고하는 부분적인 사건에 불과한 것입니다.

그런데 정말로 무서운 일은 '최후의 심판의 사건'입니다.

요한계시록 16장은 최후의 하나님의 심판 날에 일어날 사건의 기록입니다.

요한계시록 15장에는 하늘의 성전이 열리고 성전으로부터 일곱 천사가 나오고 그 천사들은 재앙의 대접을 받아들고 나타난 사건이 기록되어 있습니다.

요한계시록 16장에서는 재앙의 대접을 받아 든 천사들이 그 대접을 땅에 쏟으므로 땅에서는 대 환난의 심판이 일어나는 상면을 보여주고 있습니다.

첫째 천사부터 넷째 천사가 재앙의 대접을 쏟으시는 장면입니다.

하나님의 명령이 내렸습니다.

1절에서 '일곱 천사들'에게 "너희는 가서 하나님의 진노의 일곱 대접을 땅에 쏟으라"고 명령하셨습니다.

'성전에서 명령하시는 음성'은 '하나님 아버지의 말씀'입니다.

'역사의 종말을 고하시는 분'은 하나님 아버지뿐이십니다.

일곱 천사들을 특별히 훈련시키시고 그들로 하여금 '심판의 재앙을 들고 신판을 받을 교회를 박해한 불신앙자들에게 쏟으라'고 명하셨습니다.

교회를 박해한 불신자들은 '진노의 재앙을 당하게 될 것'입니다.

'불신자들'은 아예 믿지 아니하는 자들입니다. 성도들과 교회를 박해하고 핍박하던 악한 자들입니다. 이들은 세상에서 즐기는 쾌락으로 만족을 심고, 교회와 성도들을 박해하고 핍박하는 것을 흥미로 삼았던 자들입니다.

그러나 하나님은 이들을 기억하시고, 반드시 무서운 재앙으로 심판을 하십니다.

첫째 진노의 대접이 쏟아집니다.

> "첫째 천사가 가서 그 대접을 땅에 쏟으매 짐승의 표를 받은 사람들과 그 우상에게 경배하는 자들에게 악하고 독한 종기가 나더라"(2절)

여기서 "악하고 독한 종기가 나더라"고 했습니다.

천사가 진노의 대접을 쏟을 때 독종이 발하여서 몸의 원형을 잃어버리고 고통과 고난을 당하게 됩니다.

이 심판의 재앙은 하나님의 말씀을 믿지 않고 마음이 굳고 교만하여 하나님의 무서운 심판을 예고했음에도 반항하는 불신앙인들에게 선언하신 것입니다.

> "모세와 아론이 여호와께서 명령하신 대로 행하여 바로와 그의 신하의 목전에서 지팡이를 들어 나일 강을 치니 그 물이 다 피로 변하고 나일 강의 고기가

죽고 그 물에서는 악취가 나니 애굽 사람들이 나일 강 물을 마시지 못하며 애굽 온 땅에는 피가 있으나 애굽 요술사들도 자기들의 요술로 그와 같이 행하므로 바로의 마음이 완악하여 그들의 말을 듣지 아니하니 여호와의 말씀과 같더라"(출 7:20-22)

이 말씀은 그 당시 애굽에만 국한된 사건이 아닙니다.

지구의 종말의 날까지 이미 예언된 것입니다.

요한계시록 16장 2절 말씀은 '애굽에서 이미 보여주신 피의 심판이 현재적이면서도 장차 다가올 심판'임을 교훈적으로 보여주신 것입니다.

하나님께서 애굽에서 재앙을 내리실 때 '독종의 재앙'을 내렸습니다.

그 때 애굽의 모든 백성들 몸에 독종이 발해서 큰 고통을 당했습니다(출 9:8-11).

이 고통의 악종은 사람이 치료할 수 없는 무서운 재앙입니다.

'짐승의 표를 받는 자들과 우상을 숭배하는 자들'(불신앙자들)이 당할 것입니다.

인간의 세계에는 선과 악이 있습니다. 저주와 축복이 있습니다.

선한 자는 믿음의 사람입니다.

믿음으로 사는 성도는 구원의 축복을 받을 것입니다.

그러나 악인은 불신앙인들입니다.

불신자들에게는 무서운 저주의 심판이 있을 것입니다.

'짐승의 표를 받는 자'는 사탄의 음성을 듣거나 꼬임을 받는 자들입니다.

이들은 선지자의 말씀을 거절합니다. 하나님의 말씀으로 받지 아니합니다.

재앙의 진노를 피할 수 없습니다.

둘째 진노의 대접이 쏟아집니다.

"둘째 천사가 그 대접을 바다에 쏟으매 바다가 곧 죽은 자의 피 같이 되니 바다 가운데 모든 생물이 죽더라"(3절)

이 말씀은 '바닷물이 피가 된다'는 것이 아니라 '피바다를 이룬다'는 것입니다.

하나님이 '바닷물을 죽은 자의 피 같이 되게 하신다'는 것은 의미가 없습니다.

하나님은 자연을 심판하시는 것이 아니라, 악한 사람들을 심판하시는 것입니다.

하나님의 무서운 진노의 재앙으로 인하여 인간들의 죽음은 피바다를 이루게 될 것입니다.

세계 제1차 대전과 제2차 대전이 그러했고, 자연에서 일어난 재앙으로 인하여 수많은 사람들이 멸망을 당해서 피바다를 이룬 일이 역사적으로 있습니다.

현재의 금세기에도 지중 해안을 비롯하여 걸프 만에서 일어났던 전쟁을 비롯해서 여기저기에서 일어나는 전쟁을 통한 피해도 역시 마찬가지입니다.

전쟁으로 인해 일어나는 피해만으로 끝나지 않습니다.

전쟁의 여파는 온갖 오염의 재앙이 일어납니다.

각종 희귀한 질병들이 발생하고, 오염으로 인하여 자연히 파괴되고 훼손됩니다.

이로 인하여 사람이 살 수 없는 환경이 되어 버리고 맙니다.

사람들의 죽은피가 바다로 쏟아져 들어간다고 보아야 합니다.

땅은 바다보다 높습니다.

재앙은 높은 곳에서 낮은 곳으로 흘러갑니다.

거기에는 죽은 것으로 오염이 되는 것입니다.

그로 인하여 사람은 살 수 없습니다.

자연에서 일어나는 오염된 재앙은 사람들의 악한 행실과 더러운 생활로 인하여 발생하는 것입니다.

셋째 진노의 재앙이 쏟아집니다.

"셋째 천사가 그 대접을 강과 물 근원에 쏟으매 피가 되더라"(4절)

물을 차지한 천사는 계속해서 외칩니다(16:5-7).

천사가 쏟은 물의 근원이 피로 변했습니다.

바닷물이 피가 되었고, 이제는 육지의 강과 물의 근원이 피가 되고 말았습니다.

애굽의 바로가 하나님의 말씀에 불순종하고 회개하지 않았을 때 하나님께서는 모세를 통하여 여호와의 지팡이로 바로 왕 앞에서 "하수의 물을 치라!"고 명령하셨습니다.

모세가 하나님의 명령대로 하수의 물을 쳤더니 애굽의 온 천하의 물이 피로 변하여 썩어서 마실 수 없게 되었습니다(출 7:17, 18).

성경 말씀에 물의 천사가 대접의 물을 쏟았습니다.

하나님의 말씀에 회개하지 않는 자들에게 이런 방법으로 심판하신다는 하나님의 공의로우심을 선포하시는 것입니다.

옛날에는 우리나라를 '금수강산'(錦繡江山) '산 좋고 물 좋은 나라'라고 했습니다. 그런데 지금은 90%가 오염되어 버리고 말았습니다.

몸을 씻을 수 있었던 물이 몸을 씻을 수 없는 물이 되었습니다.

먹을 수 있었던 물이 농업용수로도 쓸 수 없을 만큼 오염되어 버렸습니다.

100% 물 때문에 고통당하는 첫 번째 나라가 '아프리카'입니다.

두 번째가 '중동지역'이고, 셋째가 '우상을 섬기는 아시아권'입니다.

살기 좋은 곳으로 알려진 나라는 기독교를 믿는 나라들인 선진국들입니다.

아프리카나 중동 아시아권의 나라들 일부는 적그리스도의 나라입니다.

한국을 비롯하여 일본, 중국, 태국, 대만과 같은 나라들은 우상을 섬기는 나라들입니다. 이런 나라들이 다 더럽게 오염되었습니다.

6절에 '피를 흘린 자들은 피를 마시게 한다'고 했습니다.

박해자들은 수많은 성도들을 박해하며 피를 흘리게 하여 순교를 당하게 했습니다.

순교자들의 영혼들이 어린 양의 제단 아래에서 "죽임을 당한 영혼들이 제단 아래에 있어 큰 소리로 불러 이르되 거룩하고 참되신 대 주재여 땅에 거하는 자들을 심판하여 우리 피를 갚아 주지 아니하시기를 어느 때까지 하시려 하나이까"(계 6:9, 10)라고 기도했습니다.

하나님은 이 기도에 응답해 주신 것입니다.

"또 내가 들으니 제단이 말하기를 그러하다 주 하나님 곧 전능하신 이시여 심판하시는 것이 참되시고 의로우시도다"(7절)

피를 흘린 자들은 죽음의 물을 먹고 마실 것입니다.

물이 없어서 마실 수 없는 것은 죄 값입니다.

하나님의 재앙입니다.

심판의 일종입니다.

최후의 그 날에는 참으로 비참할 지경이 될 것입니다.

적그리스도가 하나님의 교회와 성도들을 핍박하고 박해했던 벌을 받을 것입니다.

'하나님의 심판을 집행하시는 이'는 '천사들'입니다.

천사들의 외침이 있었습니다. 우리는 천사들이 이 무서운 심판에 종사한다는 것에 아연실색(啞然失色)하지 않을 수 없습니다.

하나님께서 땅이나 바다가 근원을 잃어버리고, 그로 인하여 사람들이 고통 중에 심판받는 것을 지켜보는 천사들까지도 원하지 않으시며, 도리어 한 죄인이 회개하고 돌아오는 것을 기뻐하십니다. 그러므로 그 자연에 속한 피조물들이 해를 입는 것에 대해서 하나님께서 심판하시는 것이라는 것을 인정했습니다.

왜냐하면 하나님의 심판은 의로우시며, 공의로우시기 때문입니다.

우리는 이 무시무시한 심판을 당하는 세상을 생각할 때 두렵고 떨립니다.

세상이 왜 심판받는 지경에까지 이르게 되었습니까?

어떤 이들은 '하나님은 사랑의 하나님이신데 왜 이 세상을 심판하시는가?' 반문할 수도 있으나 '하나님의 사랑은 보편적 사랑이 아니며, 하나님은 선택된 자를 위하여 사랑을 행하시는 분이시기 때문에 심판하시는 것'입니다.

하나님의 선택된 자들은 하나님의 말씀을 듣고 순종하고 돌아옵니다.

> "문으로 들어가는 이는 양의 목자라 문지기는 그를 위하여 문을 열고 양은 그의 음성을 듣나니 그가 자기 양의 이름을 각각 불러 인도해 내느니라 자기 양을 다 내놓은 후에 앞서 가면 양들이 그의 음성을 아는 고로 따라오되 타인의 음성은 알지 못하는 고로 타인을 따르지 아니하고 도리어 도망하느니라"(요 10:2-5)

택한 백성은 양으로서, 목자의 음성을 듣고 따릅니다.

그러나 따르지 않는 자들은 심판의 대상이 될 수밖에 없는 것입니다.

천사들이 하나님의 명령을 집행하면서 '옳은 일이요. 하나님의 심판은 지극히 의로우신 일'이라고 찬양합니다. 그리고 제단 아래 외치는 순교자들의 영혼들도 역시 "전능하신 이시여 심판하시는 것이 참되시고 의로우시도다"(7절)라고 합니다.

그러나 그 심판의 날이 우리 눈앞에 일어나지 않았기에 우리의 기준은 세속에 속한 현실을 매일 접하고 있는 동안 물들어가고 비뚤어지기 쉽습니다.

이러한 때에 우리는 성령의 도우심을 힘입어 강하고 담대한 믿음으로 제단 아래 순교자들의 신앙고백을 우리도 고백해야 합니다.

끝까지 회개하지 않는 자
(요한계시록 16:8-11)

• • • • •

"넷째 천사가 그 대접을 해에 쏟으매 해가 권세를 받아 불로 사람들을 태우니 사람들이 크게 태움에 태워진지라 이 재앙들을 행하는 권세를 가지신 하나님의 이름을 비방하며 또 회개하지 아니하고 주께 영광을 돌리지 아니하더라 또 다섯째 천사가 그 대접을 짐승의 왕좌에 쏟으니 그 나라가 곧 어두워지며 사람들이 아파서 자기 혀를 깨물고 아픈 것과 종기로 말미암아 하늘의 하나님을 비방하고 그들의 행위를 회개하지 아니하더라"

이런 이야기가 있습니다.

옛날 어느 마을에 심술 많은 한 청년이 있었습니다.

그런데 그 마을에는 앞을 보지 못하는 맹인이 한 분이 있었습니다.

이 맹인은 마음은 착하지만 앞을 못 보는지라 어수룩한 점이 있었습니다.

심술궂은 청년은 이 맹인을 놀려 주었습니다.

어느 해 설날 심술궂은 청년은 심심해서 맹인을 조금 놀려봐야겠다고 생각하고 맹인을 찾아갔습니다.

"여보게, 점식이! 오늘은 설날인데 집에 가만히 있으면 쓰나? 우리 동네 어른들에게 세배나 다니세."

맹인은 "그래, 참 잘 됐네. 그렇지 않아도 세배를 다녔으면 좋겠다고 생각했는데 자네 마침 잘 왔네. 나를 좀 같이 데리고 다녀 주게."라고 했습니다.

심술궂은 청년은 어느 집으로 가서 마구간 앞에 서서는 "점식이! 세배를 드리게."라고 했습니다.

맹인은 "아니, 밖에서 말인가?"

"마 참봉께서 지금 밖에 나와 계시네."라고 했습니다.

맹인이 절을 했는데, '마 참봉'은 '마구간에 매여 있는 말'이었습니다.

또 다음 집으로 가서 개장 앞에서 '세배를 하라'고 했습니다.

맹인은 '누구냐'고 물었습니다.

"강 씨 어른이 나와 계시네."

바로 강아지였습니다.

다음 집 돼지우리 앞에서 "도씨 어른이시네."라면서 세배하라고 했습니다.

그래서 돼지 앞에 세배를 했습니다.

그리고 마지막으로 동네 입구의 천하장군이라는 벅수 앞에 서서 "천하장군께 세배를 하게. 그러면 한 해 동안 만사형통할 것일세."라면서 세배하라고 합니다.

맹인은 천하장군이라는 벅수 앞에 절을 했습니다.

맹인은 그 때 '다음부터는 동네 어른들에게 세배하는 것을 다시 생각해 봐야겠다'고 생각했습니다.

이 이야기에서 깨닫는 것이 있습니다.

'마귀'는 '심술궂은 청년'과도 같은 것입니다. 모든 사람들을 소경으로 만들고 온갖 어리석고 바보 같은 짓을 다 하도록 이끌고 다닙니다.

여러분은 얼마나 끌려 다니며 어리석은 짓을 했습니까?

요한계시록 16장 8-11절 말씀에서 '사탄에게 이끌려 다니던 사람들이 하나님의 무서운 진노를 당하는 장면'을 보여주시는데, 두 가지 교훈을 깨닫게 됩니다.

하나는 '하나님의 말씀과 선지자들을 훼방하고 심판받는 개인들'을 지칭하고, 또 다른 하나는 '하나님을 훼방하고 회개하지 않는 국가들'을 지칭합니다.

넷째 선사가 불로 사람들을 태우는 재앙입니다.

> "넷째 천사가 그 대접을 해에 쏟으매 해가 권세를 받아 불로 사람들을 태우니 사람들이 크게 태움에 태워진지라 이 재앙들을 행하는 권세를 가지신 하나님의 이름을 비방하며 또 회개하지 아니하고 주께 영광을 돌리지 아니하더라"(8-9절)

넷째 재앙의 대접을 쏟았습니다.

> "넷째 천사가 그 대접을 해에 쏟으매 해가 권세를 받아 불로 사람들을 태우니 사람들이 크게 태움에 태워진지라 이 재앙들을 행하는 권세를 가지신 하나님의 이름을 비방하며 또 회개하지 아니하고 주께 영광을 돌리지 아니하더라"

하나님은 말씀에 불순종하는 자들에게 회개할 기회를 주십니다.

그러나 회개하지 않으면 "여호와께서 폐병과 열병과 염증과 학질과 한재와 풍재와 썩는 재앙으로 너를 치시리니 이 재앙들이 너를 따라서 너를 진멸하게 할 것이라"(신 28:22)고 했습니다.

그런데 이들은 회개할 기회를 가지지 않는 자들입니다.

회개하지 않았기에 결정적인 심판의 진노를 피할 수 없습니다.

마지막 진노는 불로 태워버리는 것입니다. 극에 달하는 '지옥의 심판'입니다.

회개할 기회가 없었던 것은 아닙니다. 회개할 기회는 수없이 주어졌습니다.

늘 하나님의 말씀이 전해집니다.

아직 종말의 시한을 내리지 않고 참아 주셨음에도 회개하지 않았습니다.

회개하지 않음으로 최후의 심판을 피할 수 없는 것입니다.

핍박과 박해를 이긴 성도들은 제단에서 기도합니다.

'하나님의 심판은 의로우시다, 합당하시다, 참되시고 의로우시다'고 찬양하고 감사하며 영광을 돌렸습니다. 핍박과 박해를 이겨낸 성도들과 함께 구원을 받는 믿음을 가지는 성도와 교회가 되어야 합니다.

믿음이 없는 자는 진노의 재앙을 당하고, 믿는 자는 구원을 얻습니다.

다섯 번째 천사가 쏟는 재앙입니다.

> "또 다섯째 천사가 그 대접을 짐승의 왕좌에 쏟으니 그 나라가 곧 어두워지며 사람들이 아파서 자기 혀를 깨물고 아픈 것과 종기로 말미암아 하늘의 하나님을 비방하고 그들의 행위를 회개하지 아니하더라"(10-11절)

이 말씀에서 세 가지 중요한 것을 살펴봅니다.

첫째는, '짐승의 왕좌에 쏟았다'고 했습니다.

이 '짐승의 왕좌'는 '용의 권세와 능력'을 나타나는 말입니다.

> "내가 본 짐승은 표범과 비슷하고 그 발은 곰의 발 같고 그 입은 사자의 입 같은데 용이 자기의 능력과 보좌와 큰 권세를 그에게 주었더라"(계 13:2)

'용'은 '짐승'이라고도 했는데, '사탄의 세력'을 말합니다.

'사탄의 능력과 보좌의 권세'는 '세상 권세의 중심과 근원'을 상징합니다.

여기서 '짐승의 보좌'를 구체적으로 설명할 수 있는데, '각 시대마다 다양하게 나타나는 정치적인 세력과 권력들'입니다.

어느 시대를 무론하고 세상 권세를 숭배하는 곳은 어떤 곳이든지 사탄의 지배 아래에 있었음을 알 수 있습니다.

이렇게 볼 때 사도 요한 당시의 '보좌'는 '로마 제국'을 지칭한 것입니다.

그 이유는 '그 당시 로마 제국 이외의 다른 권력 세계가 있을 수 없었기 때문'입니다. 초대교회 당시 로마 제국은 사탄의 지배를 받는 세력으로 교회를 대적하는 강력한 사탄의 세력이었습니다.

사탄은 교회를 해치려고 할 때 '인간적인 방법'으로 공략을 합니다.
먼저, '물질적'으로 공략합니다.
어느 때에는 물질을 탐하게 하고, 어느 때는 가난하게 하여 믿음을 버리게 하고, 어느 때는 물질적으로 인색하게 하여 믿음의 능력을 상실하게 합니다.
또한 '권력이나 명예'로 공격하며 무너지게 합니다.
그리스도인들이 명예를 탐하게 될 때 교회를 유익하게 하지 못하고 많은 손해를 보게 합니다.
때로는 '쾌락과 즐거움'으로 타락하게 만듭니다.
이렇게 사탄은 다양한 유혹의 능력을 가졌습니다.

그러나 이토록 강력한 세력을 가진 나라일지라도 하나님의 진노를 당할 때는 무너질 수밖에 없는 것입니다.

둘째는, "그 나라가 곧 어두워지며"라고 했습니다.
'어두움'은 '흑암'(黑暗)을 말합니다.
어느 시대든지 권력의 세력을 가진 자들은 '자신들의 세력이 무너지고 종말을 맞이할 것'이라는 상상조차 할 필요가 없었을 것입니다.
그러나 하나님이 진노의 잔을 쏟으시면 여지없이 무너지고 맙니다.

출애굽기 10장 21-29절에서 하나님께서 애굽의 바로 왕이 무너지게 하기 위해서 내리신 '열 가지 진노의 재앙' 중에 '첫 번째 피 재앙, 두 번째 개구리 재앙, 세 번째 이 재앙, 네 번째 파리 재앙, 다섯 번째 악질 재앙, 여섯 번째 독종 재앙, 일곱 번째 우박 재앙, 여덟 번째 메뚜기 재앙'에 이어서 '아홉 번째 재앙'으로 '흑암의 재앙'을 내리신 내용을 볼 수 있습니다.
흑암이 임해서 태양의 빛도 없고, 달빛도 없고, 별빛도 없었습니다.
사람들이 인공적으로 어떤 불빛도 밝힐 수 없었습니다.
사람이 등불을 밝혀놓아도 꺼져 버리고 말았을 것입니다.
이런 무시무시한 흑암이 '밤낮 사흘 동안' 계속되었습니다.

그런데 놀라운 것은 같은 애굽 땅에서도 이스라엘 백성들에게는 '광명'(光明)이 있었습니다(출 10:23). 참으로 하나님의 능력은 신비합니다.

사탄이 능력이 있다고 해도 하나님이 행하시는 일을 행할 수는 없습니다.

이 '흑암'은 말 그대로 어두움입니다(요 1:5).

'어두움'이란 '죽음'을 강력하게 나타내고, '전혀 소망이 없는 것'을 말합니다.

셋째는, "사람들이 아파서 자기 혀를 깨물었다"고 했습니다.

이것은 반복적인 아픔으로 오는 고통을 말합니다.

첫 번째 재앙 때에는 악질과 독종으로 몸이 헐었습니다(16:2).

모세 때 애굽의 바로 왕과 그 백성들이 독종으로 인하여 고통을 당했는데 회개하지 않았습니다. 신약시대에 헤롯이 하나님의 영광을 가로챘을 때 충(일명 독종)이 먹어서 죽었던 것입니다(행 12:23).

둘째 재앙 때에는 바다가 죽은 자의 피 같이 되어 버렸습니다(16:3).

셋째 재앙 때에는 강물과 생물들이 다 피가 되어 버렸습니다(16:4).

넷째 재앙 때에는 불로 태워 버렸습니다.

성경에 다섯째 재앙은 얼마나 아픈 고통인지 견딜 수 없어서 '자기 혀를 깨물었다'(10절)고 합니다.

이 같은 재앙으로 심판 당하는 것은 무슨 이유 때문입니까?

선지자들과 교회와 성도들을 박해하고 피 흘려 순교 당하게 했던 악인들에 대한 하나님의 보응으로 이 악인들이 심판을 받은 것이라고 합니다(16:6).

심판의 재앙을 내리시는 이는 하나님이십니다.

"전에도 계셨고 지금도 계신 거룩하신 이여 이렇게 심판하시니"(계 16:5)

하나님이 내리시는 재앙은 이 재앙으로 인하여 고통에 고통을 더 깊게 당하게 하려는 데 깊은 뜻이 있습니다.

매를 하나 맞을 때와 두 개를 맞을 때가 다릅니다.

열 번, 백 번을 맞을 때가 그 고통이 깊고 깊은 것입니다.

왜 이와 같은 재앙으로 인하여 고통이 깊어지게 했는지 그 이유가 있습니다.

회개를 촉구하시는 진노입니다.

"아픈 것과 종기로 말미암아 하늘의 하나님을 비방하고 그들의 행위를 회개하
지 아니하더라"(11절)

인간이 사탄의 유혹에 넘어가서 불신앙적인 악한 행위를 저지르게 되어 하나님의 무서운 진노의 재앙을 피할 수 없게 된 것입니다.

'진노(震怒)'는 '매를 맞는 것'이었습니다.

매를 때리는 이유는 크게 두 가지입니다.

하나는, 잘못을 벌하는 것입니다. 절대로 미워하거나 싫어서가 아닙니다.

'잘못한 것이 얼마나 잘못인지를 알게 하는 벌'입니다.

또 다른 하나는, '잘못을 깨우치고 회개하게 위한 것'입니다.

사랑으로 매를 맞을 때는 회개하고 바른 마음을 찾게 됩니다.

그런데 사탄은 매 맞을 때 더 악한 마음을 갖고, 잘못을 인정하지 않습니다.

이것이 사탄의 행위입니다.

사람이 현행 범죄를 저지르면 형을 받아서 감옥살이를 삽니다.

감옥살이를 시키는 것은 '잘못을 깨닫고 선하고 착한 마음으로 새사람으로 교화되라'는 데 그 목적이 있습니다. 그런데 감옥살이를 하는 동안 더 이를 악물고 악한 생각을 키우거나, 더 나쁜 짓을 지능적으로 배웁니다. 그래서 출소하면 더 나쁜 짓을 행하고, 또 잡혀서 감옥에 가고, 또 나왔다가 또 잡혀 들어갑니다.

그런 결과로 20번도 더 들어갔다가 나오는 사람들이 있고, 평생 감옥살이를 하는 사람들도 있습니다. '사탄의 사슬에서 벗어나지 못하는 것'입니다.

"아픈 것과 종기로 말미암아 하늘의 하나님을 비방하고 그들의 행위를 회개하지 아니하더라"

이처럼 사악해져 버립니다.

고난이 있고, 아픔이 있고, 고통이 있고, 시련이 있을 때는 회개할 때입니다.

부족하고 어리석은 것을 시인하고 죄인 됨을 회개할 때 하나님은 그리스도의 십자가에서 피 흘린 대속을 돌아보며 사해 주십니다.

하나님은 우리의 죄악을 보시지만 예수님의 십자가의 피 흘리신 대속을 보시며 우리의 죄와 허물을 사해 주십니다. 이것이 '하나님의 사랑'입니다.

영원히 심판의 그 날이 오기 전에 회개하는 자는 사함 얻고 구원을 얻습니다.

아마겟돈 전쟁
(요한계시록 16:12-16)

. . . . .

"또 여섯째 천사가 그 대접을 큰 강 유브라데에 쏟으매 강물이 말라서 동방에서 오는 왕들의 길이 예비 되었더라 또 내가 보매 개구리 같은 세 더러운 영이 용의 입과 짐승의 입과 거짓 선지자의 입에서 나오니 그들은 귀신의 영이라 이적을 행하여 온 천하 왕들에게 가서 하나님 곧 전능하신 이의 큰 날에 있을 전쟁을 위하여 그들을 모으더라 보라 내가 도둑 같이 오리니 누구든지 깨어 자기 옷을 지켜 벌거벗고 다니지 아니하며 자기의 부끄러움을 보이지 아니하는 자는 복이 있도다 세 영이 히브리어로 아마겟돈이라 하는 곳으로 왕들을 모으더라"

하나님의 무서운 진노는 계속해서 쏟아지고 있습니다.
세상은 지금도 계속해서 하나님의 심판을 받고 있다는 것을 실감합니다.
하나님의 심판의 진노는 어느 시대를 무론하고 처처에서 일어나고 있습니다.
기근이 일어나고 있습니다. 지진들이 일어나고 있습니다.
환난이 일어나고 있습니다. 전쟁이 그치지 않습니다.
이러한 일련의 일들은 분명히 '하나님이 내리시는 재앙과 심판'의 일종입니다.
궁극적으로 '진노'(震怒)는 '죽음의 멸망'입니다.
어느 시대에, 어떤 경로로 진노를 당해서 죽었든지 간에 영원히 멸망하고, 지옥의 형벌에서 벗어날 수 없다는 것입니다. 그리고 마지막 날에는 온 인류가 종말의 그 날을 맞을 것인데, '지옥의 형벌'에 처해지게 될 것입니다.

성경 말씀은 '여섯 번째 천사가 진노의 재앙의 대접을 쏟아 붓는 장면'입니다.
그때 어떤 일이 발생하였습니까?
강물이 말라버렸습니다.

> "또 여섯째 천사가 그 대접을 큰 강 유브라데에 쏟으매 강물이 말라서 동방에서 오는 왕들의 길이 예비 되었더라"(12절)

'유브라데 강'은 '창세기 2장 14절에 나오는 강'입니다.

에덴동산을 만드신 하나님은 그 에덴동산의 사방에 네 개의 강이 있게 하셨는데 '네 번째 강'이 유브라데 강입니다.

이 강은 서아시아에서 가장 긴 강으로 알려져 있습니다.

길이 2,800km, 넓이 1,100km, 깊이는 3-9m나 되는 엄청난 강입니다.

그런데 하나님의 진노로 이 강이 말라버려서 광야 사막같이 되고 말았습니다.

하나님은 왜 이 큰 강물을 말라버리게 하셨습니까? 그 이유가 있습니다.

'동방의 왕들의 길이 예비 되었다'고 했습니다.

'전쟁터의 길이 터지게 한 것'입니다.

전쟁하는 지역에서 가장 큰 장애물은 바다 같은 강물입니다.

전쟁에서 강물이 적군에게는 장애가, 아군들에게는 방어선이 될 수 있습니다.

우리나라에 6·25 한국전쟁이 일어났을 때 서울에 있는 한강의 한강교를 폭파시켜서 끊어버렸기 때문에 공산군의 남하를 지연시킬 수 있었던 것입니다.

'강물'은 '적의 침입을 막는 방어선'이 될 수도 있습니다.

'하나님께서 강물을 말라버리게 하셔서 동방의 왕들의 길이 되게 했다'고 합니다.

이 상황은 동방의 왕들은 전쟁을 일으키는 대연합군사들이 몰려오는 군사들의 길이 열리게 했습니다.

평화는 하나님께로부터 오는 것이지만 전쟁도 하나님께로부터 오는 것입니다.

"전쟁은 여호와께 속한 것이라"(삼상 17:47)고 했습니다.

16절에 전쟁이 일어나는데 '아마겟돈'(Armageddon)이라고 했습니다.

'인류의 가장 무서운 전쟁'은 '아마겟돈 전쟁'으로 알려지고 있습니다.

개구리 같은 더러운 영이 일어났습니다.

> "또 내가 보매 개구리 같은 세 더러운 영이 용의 입과 짐승의 입과 거짓 선지자의 입에서 나오니"(13절)

'개구리 같은 더러운 영'은 말 그대로 '더럽고 추접한 것'을 지적합니다.

하나님께서 애굽에 '개구리 재앙'을 내리셨습니다(출 8:5-11).

'개구리 같은 더러운 세 영'이라고 했는데 첫째는, '용의 입'이라 했고, 둘째는, '짐승의 입'이라 했고, 셋째는, '거짓 선지자의 입'이라고 했습니다.

이것들은 '사탄의 영이며, 마귀의 영'입니다.

이 더러운 영들은 세계를 돌아다니며 '적그리스도의 집단'이 되었습니다.

이 더러운 영들은 정치하는 권력자들을 이용합니다.

'왕들의 길'이라는 뜻이 바로 그렇습니다.

마귀의 영은 권력의 세력들을 규합해서 교회를 핍박하고 해칩니다.

'거짓 종교'를 만들기도 하는데, 이것들을 '귀신의 영'이라고 했습니다.

> "그들은 귀신의 영이라 이적을 행하여 온 천하 왕들에게 가서 하나님 곧 전능하신 이의 큰 날에 있을 전쟁을 위하여 그들을 모으더라"(14절)

세상에서 가장 거짓된 것들이 있습니다.

첫째는, 우상 종교입니다.

우상 종교들은 믿을 것이 못 됩니다.

그런데 이것들은 '믿음으로 복을 받는다'고 유혹합니다.

둘째는, 왕들입니다.

'정치하는 세력들'입니다. 거짓말의 앞잡이들이 정치하는 자들입니다.

순진하던 사람들이 정치만 하면 거짓말을 합니다.

현실 정치하는 사람들 중에서 공의와 정의를 위한 자기 소신과 양심을 지키는 분들이 몇이나 됩니까?

그 당의 이념에 추종자들이 되어야 정치적인 목숨이 유지되는 것입니다.

당의 이념은 거짓을 만들어 냅니다.

셋째는, 폭군들입니다.

폭군들이 거짓말을 합니다.

이 더러운 영들이 대 전쟁을 일으킬 것입니다.

> "세 영이 히브리어로 아마겟돈이라 하는 곳으로 왕들을 모으더라"(16절)

'아마겟돈'(Armageddon)이라는 지명은 구약성경의 '므깃도 산'(מְגִדּוֹ)인데, 헬라어로는 '아마겟돈'(Ἁρμαγεδών)이라고 합니다.

이 '므깃도 산'의 해석에 대해서는 여러 가지 설(說)이 있지만, 가장 바른 해석을 따르자면 상징적으로 보는데, '하나님을 대적하는 세력들이 모이는 장소'입니다.

'므깃도'는 '군대를 소집하는 장소'를 의미합니다.

이 '므깃도'가 군대를 소집하는 장소로 '마게돈'이 된 것입니다.

하나님의 성경말씀은 항상 역사적이며 현재적이고 미래에 인용되고 적용됩니다.

먼저 역사적으로 보면 '므깃도'는 구약 사사시대에 바락의 군대와 가나안 왕과 싸웠던 곳입니다(삿 5:19).

이곳에서 아하시야 왕이 예후에게 **죽임**을 당했습니다(왕하 9:27).

유대 왕 요시야가 바르느고에게 멸망했습니다(왕하 23:29).

스가랴 선지자는 '므깃도'를 크나큰 '애통의 상징'으로 묘사했습니다(슥 12:11).

성경의 역사는 현실적이면서 그 시대로만 끝나는 사건이 아닙니다.

역사적인 현실이 반드시 현재적이면서 또한 미래에 응할 예언적인 말씀입니다.

이 전쟁은 어느 시대, 어느 특정한 지역에서 일어나는 전쟁을 말하는 것이 아니라, 온 인류가 이 전쟁에 휘밀리게 될 것입니다.

이 전쟁은 '예수 그리스도께서 재림하실 직전에 있을 대환난이 될 것입니다.

그러므로 그리스도인은 마지막 날 대환난의 날에도 이겨낼 수 있는 믿음을 준비해야 합니다. 우리 주님은 분명히 오실 것입니다.

인류의 과거의 역사를 돌아보면 무서운 환난의 때가 있었는데, 그 사건이 한 번이 아니었습니다. 전쟁으로 말하면 사람들의 시대마다 '이번 사건이 최악의 무섭고 두려운 일'이라고 슬퍼하고 애통했지만, 그러한 무서운 일들이 늘 반복되어 일어났고, 현재 진행형이며, 또 앞으로도 계속해서 일어날 것입니다.

언제까지입니까? 종말이 오는 그 날까지 이어질 것입니다.

인류가 당하는 환난은 사회적이며, 국가적이며, 또한 개인적이기도 합니다.

아무도 이것을 피할 수 없습니다.

지금 우리가 직면한 이 시대에는 어떤 환난이 진행되고 있습니까?

'적그리스도의 세력'이 세상을 지배하고 정권을 장악합니다.

적그리스도의 종교가 일어날 때입니다.

이 집단들은 '더러운 용이며, 짐승들'입니다.

'거짓 선지자들과 교회가 대결하는 최후의 전쟁'을 일으키며 모여들 것입니다.

이때 하나님의 자녀들은 억압을 당하고 어려움에 처하게 될 것입니다.

이 고난 중에서 그리스도인들은 구원을 위하여 애통하며 부르짖을 것입니다.

이러한 때에 주님께서 언약을 이루시기 위하여 '최후의 환난 날에 영광중에 구름을 타고 오셔서 택한 성도들을 구원하시는 역사'가 바로 '아마겟돈'이 될 것입니다.

아마겟돈에 모인 세력들은 기독교의 전 시대를 통하여 박해를 가해왔습니다. 지금도 아마겟돈에 모인 더러운 무리들에 의해서 박해를 받습니다.

이 무리들은 멸망의 날이 될 것입니다. 그리스도인은 승리의 날이 될 것입니다.

예수 그리스도는 예고 없이 오실 것입니다.

> "보라 내가 도둑 같이 오리니 누구든지 깨어 자기 옷을 지켜 벌거벗고 다니지 아니하며 자기의 부끄러움을 보이지 아니하는 자는 복이 있도다"(15절)

몇 가지 정리해 봅니다.

첫째는, 주님은 예고 없이 오십니다. '도둑같이 오신다'고 했습니다.

> "그러므로 깨어 있으라 어느 날에 너희 주가 임할는지 너희가 알지 못함이니라"(마 24:42)

둘째는, 깨어 있으라고 하십니다.

잠들어 있지 말아야 합니다. 수다한 사람들의 믿음이 잠들어 있습니다.

> "그런즉 깨어 있으라 너희는 그 날과 그 때를 알지 못하느니라"(마 25:13)

셋째는, 옷을 벌거벗고 있지 말라고 합니다.

예수 그리스도를 믿는 믿음을 입어야 합니다.

> "누구든지 그리스도와 합하기 위해서 세례를 받은 자는 그리스도로 옷 입었느니라"(갈 3:27)

'그리스도를 믿는 것'은 '믿음의 옷을 입는 것'입니다.

넷째는, 복 있는 자가 되어야 합니다.

의의 옷을 입고 기다리는 자가 복이 있습니다.

신부가 신랑을 기다리는 믿음이 있어야 합니다.

예수 그리스도께서는 우리가 평안하고 영광을 누리고 있을 때 재림하지 않으실 것입니다. 핍박이 가장 극심하고, 삶이 가장 구차스럽고 괴로우며 고통스럽고, 세상일에 바쁘게 쫓기며 살아갈 때 홀연히 오실 것입니다.

밤에 도둑이 오는 것 같이 불시에 임하실 것입니다.

이때에 주님을 맞을 준비를 못한 자는 부끄러움을 당할 것입니다.

주님을 맞을 준비된 믿음을 가져야 합니다.

심판으로 사라지는 세상
(요한계시록 16:17-21)

. . . . .

"일곱째 천사가 그 대접을 공중에 쏟으매 큰 음성이 성전에서 보좌로부터 나서 이르되 되었다 하시니 번개와 음성들과 우렛소리가 있고 또 큰 지진이 있어 얼마나 큰지 사람이 땅에 있어 온 이래로 이같이 큰 지진이 없었더라 큰 성이 세 갈래로 갈라지고 만국의 성들도 무너지니 큰 성 바벨론이 하나님 앞에 기억하신바 되어 그의 맹렬한 진노의 포도주 잔을 받으매 각 섬도 없어지고 산악도 간 데 없더라 또 무게가 한 달란트나 되는 큰 우박이 하늘로부터 사람들에게 내리매 사람들이 그 우박의 재앙 때문에 하나님을 비방하니 그 재앙이 심히 큼이러라"

일곱 번째 천사가 나팔을 부는데 마지막 천사의 나팔입니다.
그 나팔 소리와 함께 일곱째 천사가 진노의 대접을 쏟았습니다.
이 닐은 하나님의 최후의 심판이 세계적으로 일어나는 날입니다.
그 날에 세상은 어두워지고, 인류는 불안과 공포에 휩싸이게 될 것입니다.

우리는 강남의 삼풍백화점이 무너지던 날을 기억합니다.
그 화려하고 웅장한 건물이 무너지리라고는 그 누구도 예견하지 못했습니다.
영업이 끝난 깊은 밤 시간에 사고가 났다면 그나마 다행이 아니었겠습니까?
그런데 하필이면 물질적으로 여유가 있고 좋은 물건 좋아하는 사람들이 쇼핑을 즐기던 시간이어서 가장 손님이 많았을 때 그 건물이 무너졌습니다.
그래서 수많은 사람들이 순식간에 참변을 당하고 말았던 것입니다.

우리는 두 유형의 사람들을 생각합니다.
'구원을 받는 사람들과 구원을 받지 못하는 사람들'입니다.
예수 그리스도를 믿고 구원을 소망하는 믿음의 사람들은 비록 육체는 죽었을지라도 그분들의 생명은 구원을 얻고 하나님의 나라에 이르게 되지만, 불신앙자들은 육체도 멸망하고 영혼의 생명도 영원히 멸망에 이르게 되었다는 것입니다.

성경의 '인류 최후의 심판의 날'에도 이와 같을 것입니다.

하나님의 천사가 진노의 대접을 쏟는 그 날에 인류는 최후의 재앙을 당하게 될 것이고, 그 재앙의 날에는 모든 사람들이 죽음에 이르게 될 것입니다.

어느 누구도 이 육체의 몸을 그대로 존속시킬 사람은 없을 것입니다.

그 날에는 이 육체가 존속해야 할 이유가 없습니다.

어차피 이 육체는 다 버려야 하는 것입니다.

다만 구원을 얻는 사람과 멸망을 당하는 사람들이 구별되는 것입니다.

구원을 얻는 사람들은 예수 그리스도 안에서 구원을 얻는 성도들입니다.

성도들은 '죽은 자들은 부활되고, 이 육신의 몸은 변화될 것'입니다.

이 육체의 몸은 버려지고 새로운 몸으로 변하게 됩니다.

그러나 불신자들은 영원히 멸망하게 됩니다.

그렇다면 하나님의 마지막 재앙은 어떻게 임하며, 그 결과는 어떻게 될까요?

진노의 대접이 공중에 쏟아집니다.

하나님의 성전에서 외치는 음성과 함께 진노의 대접이 우주 안에 쏟아집니다.

'진노의 대접을 공중에 쏟았다'고 했습니다.

여기서 '진노의 공기'(ὁ φιάλη αὐτός ἐπὶ ὁ ἀήρ)는 '무서운 독성'을 말합니다.

그 무서운 독성이 공기를 타고 사람들의 호흡기를 통하여 그 육체를 괴롭게 하고 고통하게 하며, 결국에는 그 육체는 죽음에 이르게 될 것입니다.

무서운 전염병이 발생하고, 그로 인하여 수많은 사람들이 죽음에 이르게 됩니다.

세상에서 가장 무서운 무기는 핵무기입니다.

핵은 공기를 통하여 인간의 호흡기로 들어가게 합니다.

이 공기를 마시는 자는 죽음에 이르게 됩니다.

때로는 데모가 일어날 때 정부는 최루탄 가스를 쏘아 데모대들을 진압합니다.

최루탄은 인명살상용은 아니지만 이것도 많이 마시게 되면 죽음에 이르게 되고 육체적으로 치명타를 입게 됩니다.

이 같은 무기들은 적을 공격하고 적을 멸망시키기 위해서 사용되는 것입니다.

그러나 전쟁으로 인해 핵무기 같은 것이 터진다고 해서 그것이 성경적인 것은 아닙니다. 종말의 심판은 아니기 때문입니다.

인류의 마지막 진노의 재앙은 인간의 손을 통하여 행하시는 것이 아닙니다.

하나님께서 직접 나타내시고, 천사를 통하여 그 일을 행하십니다.

하나님께서 애굽을 치실 때에 "내가 그 밤에 애굽 땅에 두루 다니며 사람이나 짐승을 막론하고 애굽 땅에 있는 모든 처음 난 것을 다 치고 애굽의 모든 신을 내가 심판하리라 나는 여호와라"(출 12:12)고 하셨습니다.

이는 요한계시록 16장 17절 말씀과 맥락이 통하는 말씀입니다.

모든 불신앙자들을 멸망시킵니다.

19절 말씀에 바벨론을 멸망시킵니다.

세상의 신과 같은 존재입니다.

불신앙자들과 우상의 신은 다 같이 멸망당하고 말 것입니다.

'바벨론'은 대표적으로 '예루살렘'이고, '로마'를 상징합니다.

그리고 성전에서 외치는 음성입니다.

"다 이루었다"(요 19:30)고 하셨습니다.

인류 종말이 **날**이 되었습니다.

악에 대한 심판의 날이 되었습니다.

믿는 성도들에게는 구원의 날이 되었습니다.

대 지진이 일어납니다.

　"번개와 음성들과 우렛소리가 있고 또 큰 지진이 있어 얼마나 큰지 사람이 땅
　에 있어 온 이래로 이같이 큰 지진이 없었더라"(18절)

천사가 진노의 대접을 공기 가운데 쏟았는데, 하늘에서는 번개가 치고 뇌성이 나고 땅에서는 대 지진이 일어났습니다.

역시 17절 "다 되었다"는 말씀과 결부시켜서 깨달아야 할 말씀입니다.

"다 되었다"는 말씀은 결정적으로 '종말'(終末)을 강력하게 표현하는 것입니다.

인류 역사가 시작된 이래 지금까지 이와 같은 무서운 일이 없었습니다.

'큰 지진'이라는 말을 생각해 봅니다.

오래 전에 인도네시아에서 지진이 일어났고, 일본에서도 지진이 일어났습니다.

지진이 일어나면 이미 있었던 것이 없어지게 됩니다.

성경이 말씀하신 대로 큰 지진이 일어난다면 '지금 존재하고 있는 지구가 사라져버리고 말 것이 아닌가' 생각합니다.

참으로 무섭고도 무시무시한 일입니다.

믿음으로 그 날을 준비하며 대비하는 성도들이 되어야 합니다.

무엇을 소망하겠습니까? 잘사는 것이 소망입니까? 재물을 많이 모으는 것이 소망입니까? 성공하는 것이 소망입니까? 건강한 것이 소망입니까?

종말의 그 날에는 이 모든 것들이 소망이 될 수 없습니다.

"큰 성이 세 갈래로 갈라지고 만국의 성들도 무너지니 큰 성 바벨론이 하나님 앞에 기억하신바 되어 그의 맹렬한 진노의 포도주 잔을 받으매"(19절)

'바벨론'은 자기의 영광으로 '하나님의 가장 강력한 대적'이 되었으나, 그 영광이 영원할 수는 없었습니다.

하나님의 진노로 인하여 무너졌습니다.

오직 하나님의 나라만이 소망이 있습니다.

믿음으로 하나님의 나라를 얻을 수 있습니다.

천지가 변하게 될 것입니다.

예수님은 '천지는 없어진다'고 말씀하셨습니다(마 24:35).

요한계시록 6장 14절에서 이미 선언하셨습니다.

"하늘은 두루마리가 말리는 것 같이 떠나가고 각 산과 섬이 제 자리에서 옮겨지매"

"처음 하늘과 처음 땅이 없어졌고 바다도 다시 있지 않더라"(계 21:1)

요한계시록 16장 20절에 "각 섬도 없어지고 산악도 간 데 없더라"고 했습니다.

분명히 종말의 그 날은 현존하는 세상을 없애는 날입니다.

지금 존재하고 있는 세상은 없어질 것이고, 이 세상에서 자랑하는 모든 영광들이 다 사라질 것입니다.

아무것도 남을 것이 없습니다.

그 어떤 것도 귀한 것이 될 수 없는 것입니다.

이미 하나님의 창조의 섭리는 '두 개의 세상'으로 나누셨습니다.

'천국과 지옥'을 나누었습니다.

이 세상에 속했던 사람들 중에는 '천국을 갈 수 있는 사람'이 있는가 하면 '지옥의 형벌을 받아야 할 사람들'로 나누어지게 하셨습니다.

천국으로 가겠습니까? 지옥의 형벌을 받겠습니까?

지옥은 피해야 하는데, 어떻게 지옥을 피할 수 있습니까?

예수 그리스도를 영접하고 믿어야 합니다.

믿음으로 구원을 얻습니다.

우박이 쏟아집니다

> "또 무게가 한 달란트나 되는 큰 우박이 하늘로부터 사람들에게 내리매 사람들이 그 우박의 재앙 때문에 하나님을 비방하니 그 재앙이 심히 큼이러라"(21절)

'쏟아지는 우박의 무게가 '한 달란트'라고 했습니다. '한 달란트'는 '70kg'입니다.

'우박'(雨雹)은 '쇠 덩어리처럼 굳게 뭉쳐진 것'입니다.

이것이 하늘로부터 떨어졌을 때 이것을 맞으면 온전할 수 없습니다.

축구 공만한 고무풍선에 물을 넣어서 100m 공중에서 떨어뜨릴 때 사람이 그것에 머리를 맞으면 죽게 된다고 합니다.

그만큼 파괴력이 강합니다.

그런데 70Kg 우박이 떨어졌을 때 무엇인들 견뎌낼 수 있겠습니까?

그 크고 무거운 무게가 수십 Km 상공에서 떨어질 때 그 중력은 폭탄이 될 것입니다. 그것이 한 두 개가 떨어지는 것이 아닙니다.

그 우박이 비 오듯 쏟아질 것입니다. 어떻게 되겠습니까?

높은 빌딩이 무너지고, 집들이 무너지고, 날아가는 비행기가 추락하고, 달리는 열차가 파괴되고, 자동차가 무슨 소용이 있겠습니까?

강물을 막았던 댐들이 무너지게 될 것입니다.

세상이 어떻게 될 것인지 상상해 봅니다. 말 그대로 '종말'이 되고 말 것입니다.

악인들은 그 악을 회개하지 않는 것을 봅니다.

> "하나님을 비방하니 그 재앙이 심히 큼이러라"

하나님이 진노의 대접을 쏟으시는 이유가 무엇입니까?

'악인을 심판하시기 위해서'입니다.

하나님의 진노가 임하여 인간이 재앙을 당하여 이 무서운 심판을 받으면서도 악한 인간은 도리어 회개하지 아니하고 하나님을 대적하며 원망합니다.

재앙의 번개와 뇌성과 음성이 지금까지 있었던 것보다 더욱 큰 지진이 일어날 것을 경고하셨습니다.

바벨론은 박살이 납니다.

적그리스도적인 왕권이 무너질 것입니다.

유혹의 중심 역할을 하는 전체적 세상 권력은 깨지고 멸망할 것입니다.

찬란하게 자랑하던 도시들과 나라들은 황폐해질 것입니다.

멸망할 자는 끝까지 회개하지 아니하고, 하나님이 행하신 진노에 대항하며 더욱 악해집니다.

출애굽기 7장-12장까지의 말씀을 보면 하나님께서 애굽과 바로 왕에게 무서운 진노의 재앙을 내리셨음에도 불구하고 바로는 마음이 완강하여서 이스라엘 백성들을 내보내지 않았습니다.

사탄의 영이 끝까지 죽을 자들의 마음을 사로잡고 악하게 만든 것입니다.

믿음으로 성장하지 못하는 사람은 악한 사탄의 영에 끌려 다닙니다.

믿음으로 구원의 자리로 나오지 않습니다.

회개하는 영을 부인합니다.

우리에게 불신앙적인 것이 없는지 돌아보아야 합니다.

회개하지 않는 것이 무엇인지 돌아보고 회개하는 영을 받아야 합니다.

회개하지 않는 자는 사함을 받지 못하지만, 회개하면 사함을 받습니다.

회개하는 자는 진노의 심판을 면할 수 있고, 구원을 받습니다.

그러나 이 세력은 '잠시 동안'(계 17:10)이고, '한동안'(계 17:12)입니다.

이들의 세력은 "이는 하나님이 자기 뜻대로 할 마음을 그들에게 주사 한 뜻을 이루게 하시고 그들의 나라를 그 짐승에게 주게 하시되 하나님의 말씀이 응하기까지 하심이라"(계 17:17)고 합니다.

제17장 큰 음녀의 심판

■ **주제성구** "그들이 한 뜻을 가지고 자기의 능력과 권세를 짐승에게 주더라"(13절)
■ **주제찬송** ♬ 351장 믿는 사람들은 주의 군사니 ‖ 38장 예수 우리 왕이여

서론

본 장에서는 바벨론에 대한 심판으로 큰 음녀로 상징된 바벨론의 모양과 멸망을 보여줍니다. 즉 본 장에는 큰 음녀와 큰 성이 동일한 의미로 묘사되고 있으며, 큰 성 바벨론이 누구이고 무엇인가를 다시 언급합니다. 음녀와 음녀가 탄 짐승이 어떤 의미를 갖고 있는가가 본 장에서 설명되고 있습니다.

한편 본 장은 큰 음녀 바벨론의 역사와 그 본질을 기록하고 있는데 1-6절은 큰 음녀와 짐승의 환상이 언급되고, 7-18절에서는 이 환상에 대한 해석이 나오고 있습니다.

이처럼 사도 요한은 문학적 양식을 빌어 먼저 음녀와 그녀가 타고 있던 짐승의 본질을 이야기한 후, 이어서 구약성경의 용어를 빌어 큰 음녀 바벨론의 멸망을 기술하고 있습니다.

본론

큰 음녀와 짐승(1-6절)

요한은 큰 음녀가 많은 물 위에 앉아 있는 모습을 보았습니다. 여기서 음녀가 앉아 있는 물은 이 세상 모두를 가리킵니다. 이는 곧 음녀가 온 세상을 장악하고 있음을 보여 줍니다. 이 음녀는 땅의 모든 왕들과 백성들을 유혹하여 음행하고, 포도주에 취하게 하였습니다. 그리고 또 성령의 감동으로 광야로 끌려가서 보니 음녀가 붉은 빛 짐승을 타고 있고, 짐승의 이름을 갖고 있었습니다. 자주 빛과 붉은 빛 옷을 입었고, 온갖 금, 보석, 진주를 꾸미고, 손에 금잔을 가지고 있었습니다. 이렇게 음녀는 휘황찬란하게 차장하고 술잔을 들고 유혹합니다. 음녀를 '바벨론'이라 부른 것은 하나님을 배반하고 거짓된 우상을 숭배하면서 방탕한 생활을 하기 때문입니다.

짐승의 상징(7-12절)

짐승은 사악한 권력을 상징한다고 할 수 있습니다. 세상의 모든 권세는 짐승과 연관되어 유지됩니다. 음녀를 보고 기이히 여기는 요한에게 천사는 그 이유를 묻고, 그 음녀와 그 여자가 탄 짐승의 일곱 머리와 열 뿔의 비밀을 가르쳐 주었습니다. 일곱 머리는 일곱 왕이라 하였고, 열 뿔은 열 왕을 가리킵니다. 그 중에 다섯은 망하였고, 앞으로 올 나라는 알 수 없다고 하였습니다. 그러나 그 나라가 오면 잘 되는 것 같으나 잠시 유지될 것이며, 그리스도의 재림 직전에 나타나서 교회를 괴롭힐 것입니다. 일곱째 왕인 적그리스도의 세력이 로마 멸망 이후부터 그리스도의 재림 직전까지 활동합니다. 성도는 한 생명을 천하보다 귀하게 여겨 짐승과 같은 존재로 전락하지 않도록 해야 합니다.

음녀의 멸망(13-18절)

짐승들은 여러 왕들과 세력을 규합하여 모든 영역, 즉 예술, 교육, 상업, 스포츠나 음악, 정권이나 권력 등을 지배합니다. 그래서 세상은 그 문화권에 굴복하며 허영을 들고 또 이렇게 그들은 성도들을 대항하며 그리스도를 대적합니다. 결국 음녀는 짐승에 의하여 멸망하게 됩니다. 그들의 계획조차 하나님의 간섭 안에 있습니다. 음녀의 활동은 하나님의 주권 하에서 천국 운동의 이용물이 될 뿐 결국은 망하고 맙니다. 음녀의 권세와 유혹에 빠져 향락, 유혹, 사치에 젖어 살던 자들이 그제야 자기들의 어리석음을 깨달을 때가 옵니다. 그 때는 이미 늦었습니다. 후회해도 소용이 없습니다. 그러므로 우리는 세상의 자랑거리에 미혹되어 세상 것들을 따르지 말고 주님을 따라 살아야 합니다.

결론

이처럼 본 장에서는 악의 본체라 할 수 있는 사탄의 세력이 하나님의 심판에 의해 무너져 내리는 멸망의 필연성을 다루고 있으며 사탄이 그 어떤 세력이나 위치에 있다 하더라도 어린 양의 권세 아래 놓인다는 사실을 강조하고 있습니다. 요한이 본 큰 음녀는 하나님을 대적하는 세속 문화를 의미합니다. 문화 자체가 죄악은 아니지만 그것이 사탄에 의해 사용될 때 하나님을 모르는 세상의 구석구석에 스며들어 큰 힘을 발휘하게 됩니다. 지금도 음녀와 같은 지저분한 문화가 많은 사람들을 죄악으로 몰아가고 있습니다. 그러므로 우리들은 우리가 접하는 문화, 새로운 풍조에서 바로 살아야 하며, 믿음으로 영원한 왕이신 그리스도만 믿고 따라야 합니다. 그래야 음녀와의 싸움에서 승리하게 됩니다.

■ **장명가** "대 음녀 심판을 받는다 짐승과 나라도 망하네·어린 양 승리하시리니 만왕 왕 만주의 주로다 주님이 오신다 흰 예복 입고 주 맞으라·주님이 오신다 등불을 켜들고 맞으라"(♪ 270장 변찮는 주님의 사랑과)

음녀가 받는 심판
(요한계시록 17:1-6)

· · · · ·

"또 일곱 대접을 가진 일곱 천사 중 하나가 와서 내게 말하여 이르되 이리로 오라 많은 물 위에 앉은 큰 음녀가 받을 심판을 네게 보이리라 땅의 임금들도 그와 더불어 음행하였고 땅에 사는 자들도 그 음행의 포도주에 취하였다 하고 곧 성령으로 나를 데리고 광야로 가니라 내가 보니 여자가 붉은 빛 짐승을 탔는데 그 짐승의 몸에 하나님을 모독하는 이름들이 가득하고 일곱 머리와 열 뿔이 있으며 그 여자는 자주 빛과 붉은 빛 옷을 입고 금과 보석과 진주로 꾸미고 손에 금잔을 가졌는데 가증한 물건과 그의 음행의 더러운 것들이 가득하더라 그의 이마에 이름이 기록되었으니 비밀이라, 큰 바벨론이라, 땅의 음녀들과 가증한 것들의 어미라 하였더라 또 내가 보매 이 여자가 성도들의 피와 예수의 증인들의 피에 취한지라 내가 그 여자를 보고 놀랍게 여기고 크게 놀랍게 여기니"

일곱 대접을 가진 천사 중에 한 천사가 사도 요한에게 다가와 말씀하셨습니다. "많은 물 위에 음녀가 앉아 있는데 그 음녀가 심판을 받게 될 것이라"(1절)는 내용을 사도 요한은 기록했습니다.

17장은 '음녀에게 내리는 심판'입니다. 이 음녀 세력들은 '사탄 집단'입니다.

이 환상은 악인들에게는 저주가 될 것이요. 교회는 하나님의 큰 축복이 될 것임을 보여줍니다. "일곱 대접을 가지고 마지막 일곱 재앙을 담은 일곱 천사 중 하나가 나아와서 내게 말하여 이르되 이리 오라 내가 신부 곧 어린 양의 아내를 네게 보이리라"(21:9)고 했는데, '신부'는 '교회'를 상징하는 것입니다.

성경학자들 중에 어떤 이들은 이 '음녀'를 '로마, 앗수르, 바벨론 등과 같은 나라들'이라고 말하는데, 역사적인 현실로 볼 때 부정할 수는 없지만 '음녀'(淫女)는 '포르네'(πόρνη)로, '창녀(whore), 우상 숭배자'를 뜻하는 말입니다. 물론 로마나 앗수르, 바벨론과 같은 나라들의 그 당시 사회는 '포르네'의 행위가 강물처럼 넘쳐날 정도로 더러웠던 것만은 사실입니다(창 6:2; 고전 6:16-18).

지금의 시대는 어떻습니까?

이 시대는 더 말할 수 없이 포르네 행위가 극에 달하는 시대라고 할 수 있습니다. 그러므로 '음녀'라는 말은 그 어느 한 시대에만 국한시킬 수 없는 것입니다.

'음녀'는 '세상'을 의미합니다.

하나님께서 사람을 지으실 때 남자와 여자를 지으시고 한 남자와 한 여자가 둘이 합하여 부부가 되게 하셨습니다.

부부는 남자가 둘이거나 한 여자와 하나가 되어 부부가 될 수 없습니다.

여자가 둘이거나 한 남자와 하나가 되어 부부가 될 수 없습니다.

오직 '일부일처'(一夫一妻)만이 부부가 되게 하셨습니다.

한 남자가 두 여자를 거느리는 것이 '음행'이고, 한 여자가 두 남자를 주인으로 삼는 것도 '음행'입니다. 동성애가 될 수 없습니다(레 18:22; 20:13).

'음행'(淫行)은 '부부의 관계를 떠나서 다른 이성과 관계를 가지는 것'입니다.

요한계시록 17장 1절 말씀에서 '음녀'라고 하는 말은 '한 여자가 본 남편을 떠나서 다른 남자를 따라가는 것'을 비유한 말씀입니다.

하나님과 이스라엘은 부부 같은 관계인데 '이스라엘이 한 하나님만을 섬기지 않고 다른 신을 따르며 우상을 섬기는 것'을 음행이라 했고, 그리스도와 교회는 부부 같은 관계인데, '그리스도'는 '신랑'이시며 '교회'는 '그리스도의 신부'로 비유하시면서 '교회가 그리스도를 버리고 세상을 따라가는 것'을 음행이라고 했습니다.

'음행'은 '그리스도를 섬기던 자들이 세상을 사랑하고 세상을 쫓아가는 행위'이고, '음녀'는 '세상과 짝하고 하나님을 거역하는 세속'을 말합니다.

세상은 그리스도인을 유혹하여 교회를 떠나게 하고 교회를 멀리하게 하여 세상을 사랑하게 하고, 좋아하게 하며, 세상에 빠지게 합니다.

이런 세상을 음녀라고 합니다.

이 세상을 하나님은 심판하실 것입니다.

그리스도인을 유혹한 음녀가 심판받을 것은 당연지사이지만 음녀의 유혹에 빠진 자들도 동일한 심판을 받게 될 것을 성경은 설명해 줍니다.

심판받을 음녀입니다.

"큰 음녀가 받을 심판을 네게 보이리라"(1절)

이 음녀는 하나님의 성도들을 미혹하는 악한 세력입니다.

이것들이 하나님의 성도들을 미혹할 때는 권력이 있었고, 권세가 있었고, 힘이 있었고, 능력이 있었고, 최고를 자랑하는 것들이 있었습니다.

그것이 로마 시대일 수도 있고, 바벨론일 수도 있습니다.

그러나 지금의 시대는 그 때의 세상보다 더 악합니다.

로마는 한 때는 하나님을 거역하고 원수의 행위를 일삼았지만 주후 3세기에 와서는 기독교 나라가 되었습니다.

세상은 음녀의 행위가 만연되어지고 있습니다.

음녀는 세상입니다.

그러므로 그리스도인이 세상을 좋아하면 음녀와 같아지고 음녀와 함께 심판을 받게 됩니다.

영적인 음녀입니다.

"땅의 임금들도 그와 더불어 음행하였고 땅에 사는 자들도 그 음행의 포도주에 취하였다"(2절)

영적인 음행을 하는 자들입니다.

음행을 '술 취한 자'로 비유합니다.

"바벨론은 여호와의 손에 잡혀 있어 온 세계가 취하게 하는 금잔이라 뭇 민족이 그 포도주를 마심으로 미쳤도다"(렘 51:7)

구약성경에서는 '이스라엘이 하나님의 사랑을 배반하고 우상을 숭배한 것'을 '간음'(姦淫)이라고 했습니다.

"그가 돌과 나무와 더불어 행음함을 가볍게 여기고 행음하여 이 땅을 더럽혔거늘"(렘 3:9)

"네가 누각을 모든 길 어귀에 건축하며 높은 대를 모든 거리에 쌓고도 값을 싫어하니 창기 같지도 아니하도다"(겔 16:31)

하나님과의 언약을 깨뜨리고 배반한 행위를 음행이라고 했습니다.

하나님 외에 다른 신들을 섬기고 우상을 섬기는 행위는 간음 행위와 같습니다.

육체적인 간음이 있는 것과 같이 영적인 간음이 있는데 이는 더 무서운 것입니다.

이 땅은 만연된 음행으로 가득한 세상입니다.

붉은 짐승을 탄 여자입니다.

요한은 성령의 인도하심을 따라 광야로 가서 '붉은 짐승을 탄 여자'를 보았습니다.

붉은 짐승에 대한 이야기는 요한계시록 13장에서 이미 설명했습니다.

그 짐승은 머리가 상했었는데 그 상처가 나아서(13:3), 용의 권세를 받아서(13:4), 세상을 무대로 삼고 적그리스도의 행위를 했습니다.

성경 말씀에 그 '짐승을 탄 여자'는 음녀인 '적그리스도'입니다.

요한계시록 17장 3절 말씀에서 세 가지를 살펴봅니다.

첫째는, 여자가 붉은 빛 짐승을 탔습니다.

'붉은 짐승을 탄 여자'는 '거짓 종교'입니다.

거짓 종교는 '진리가 없다'는 말입니다. '사이비'(似而非)입니다.

진리가 없고 사이비는 구원을 얻지 못합니다.

'구원'은 '하나님의 나라를 얻는 것'입니다. 하나님의 나라를 얻지 못하는 자, 천국에 가지 못하는 자는 거짓 종교이고, 사이비입니다.

거짓 종교는 세상에서나 권력을 가진 국가의 인정을 받습니다.

하나님을 부인하는 권력을 가진 국가가 그 종교를 이용할 목적으로 지원을 아끼지 않습니다. 이권을 바라고 국가 권력을 등에 업은 자는 비록 기독교의 이름을 가졌다고 할지라도 사이비인 것입니다.

사이비 정권은 사이비 종교를 비호합니다.

그 이유는 인기 세력을 모아 정권을 유지하기 위해서입니다.

사이비한 기독교의 형태를 많이 보아왔습니다.

하나님을 의지하지 않고 세상을 의지하고 자기의 이익을 도모하는 것은 하나님 앞에 음녀와 같은 것입니다.

둘째는, 붉은 빛 짐승은 적그리스도입니다.

'붉은 빛을 나타내는 짐승'은 '적그리스도'입니다.

'하나님을 모독하고 반역하는 권세와 권력을 의지하는 세력자'입니다.

하나님 섬기는 것보다 권력이나 국가를 숭배하는 것을 앞세우는 행위입니다.

정권에 아부하는 자들이 있습니다.

정권 혹은 이념 정권에 노예가 되는 자들이 있습니다.

국가의 행위를 종교적으로 섬기는 자들이 있습니다.

일본 같은 나라는 신사를 우상으로 섬기는 것을 국가적으로 행하고 있습니다.

일본 제국시대에 우리 기독교는 신사참배(神社參拜)를 강요당했습니다.

그러나 일부에서 신사참배를 거부하다가 순교를 당하신 성도들이 많았습니다.

다른 한편에서는 교회 지도자들이 앞장서서 신사참배는 국가의식이라고 하면서 기꺼이 신사참배를 하는 사람들이 있었습니다. 이 행위가 음녀입니다.

지금도 적그리스도의 유혹을 받는 음녀들이 있습니다.

셋째는, 일곱 머리와 일곱 뿔을 가진 짐승입니다.

'일곱 머리와 열 뿔'은 요한계시록 12장 3, 6, 14절에서 말씀했습니다.

어느 특정한 나라들을 말하는 학자들이 있지만 그 시대에는 그 해석이 가능했습니다.

그러나 성경은 종말론적으로 해석되어야 합니다.

'일곱 머리와 열 뿔'은 '교회를 대적하는 적그리스도 세력'을 말합니다.

예수 그리스도 이후 주님이 재림하시기 전까지 전 시대에 걸쳐 하나님의 이름을 욕되게 하고 훼방하고 스스로 하나님 자리까지 높아지려고 하는 세력들입니다.

'세상의 권력과 세력'입니다.

사치한 음녀입니다.

"그 여자는 자주 빛과 붉은 빛 옷을 입고 금과 보석과 진주로 꾸미고 손에 금 잔을 가졌는데 가증한 물건과 그의 음행의 더러운 것들이 가득하더라"(4절)

'사치스러운 것'을 세 가지로 보여줍니다.

첫째는, 붉은 옷으로 사치를 했습니다.

'붉은 빛의 옷'은 '왕의 제복'입니다.

'최고·최상의 의상을 취한다'는 것입니다.

어느 시대를 보든지 권력의 자리에 오르면 누구나 다 사치스러워집니다.

둘째는, 보석으로 사치를 했습니다.

인간의 가치를 보석을 소유한 것으로 평가받으려고 합니다.

'얼마나 좋은 보석을 소유했느냐'에 따라서 그 사람의 가치를 평가하려고 합니다.
보석을 몸에 끼거나 두른 사람들을 우러러 봅니다.
음녀들이 이런 사치를 좋아합니다.

셋째는, 먹고 마시는 것이 사치스러웠습니다.
　"손에 금잔을 가졌는데 가증한 물건과 그의 음행의 더러운 것들이 가득하더라"

이는 '물질의 부요'를 나타내는 말입니다.
'먹고 마시는 것을 풍성하게 쌓았다'는 것입니다.

세상에서 사탄의 속성으로 볼 때는 자랑스럽게 보일지 모르지만 하나님께서 보실 때에는 더러운 것으로 봅니다.
물질을 많이 가지는 것을 하나님보다 자랑스럽게 여기는 것은 축복이 아닙니다.
이것은 '저주'입니다.
기독교가 부를 추구하는 것은 사치스러운 것과 같은 것입니다.
기독교인은 재물을 왜 많이 가져야 합니까?
재물을 많이 가진다고 해서 죄는 아닙니다.
많이 가져야 합니다.
그러나 그것이 나를 자랑하기 위한 것이 되면 저주를 받는 것입니다.
소유한 재물을 '하나님의 영광을 위해서 사용'한다면 아무 문제없습니다.

다윗은 고백했습니다.
　"여호와여 위대하심과 권능과 영광과 승리와 위엄이 다 주께 속하였사오니 천지에 있는 것이 다 주의 것이로소이다"(대상 29:11)
　"나와 내 백성이 무엇이기에 이처럼 즐거운 마음으로 드릴 힘이 있었나이까 모든 것이 주께로 말미암았사오니 우리가 주의 손에서 받은 것으로 주께 드렸을 뿐이니이다"(대상 29:14)

다윗은 '자신과 본 나라 백성들이 가진 많은 재물들은 모두 다 하나님께서 주신 것'이고, 이것을 '주님께 즐거운 마음으로 드렸다'고 했습니다.
물질은 '하나님을 위해서 쓰는 거룩한 예물'이 되어야 합니다.
이것이 '축복'입니다.

음녀의 이마에 기록된 것이 있습니다.

"그의 이마에 이름이 기록되었으니 비밀이라, 큰 바벨론이라, 땅의 음녀들과 가증한 것들의 어미라 하였더라"(5절)

'비밀'(秘密)이라고 했습니다.

그것은 거짓 종교를 믿는 자들은 '자신들이 믿는 종교가 거짓이라는 것을 모르고 있음'을 의미합니다.

모든 종교를 믿는 자들은 그것을 믿음으로 다 잘되고 축복을 받을 것이라고 기대를 합니다.

그렇다면 과연 그렇게 될 수 있습니까?

종교를 믿는다고 축복을 받을 수 있는 것입니까?

그것을 믿음으로 망하게 됩니다.

그것을 모르는 것입니다.

그 이름의 이마에 '비밀'이라는 말을 누가 기록했는가를 생각해 보십시오.

그것도 이들은 모릅니다.

거짓 종교를 믿어서 망하게 될 것을 모르는 것입니다.

한 가지 분명한 것은 '그들은 망하고 멸망의 심판을 받게 된다'는 것입니다.

거짓 종교는 구원이 없습니다.

아무리 종교생활을 뜨겁게 한다고 할지라도 구원과는 전혀 관련이 없고, 그 결과는 '멸망'(滅亡)이라는 것을 모릅니다.

구원이 없는 종교가 이런 것들을 주장합니다.

사람의 업적이나 노력을 내세웁니다.

선행과 의를 내세웁니다.

의례와 의식을 내세웁니다.

자신의 생각으로 예배를 드립니다.

자선행위를 내세웁니다.

'사람이 종교를 가지는 목적'은 '구원에 도달하고자 함'입니다.

구원을 얻지 못하는 종교는 도리어 죄상만 깊어질 뿐입니다.
인간의 행위가 구원에 이르는 것이 아닙니다.
오직 예수 그리스도를 믿음으로써만 구원을 얻을 수 있습니다.
그리스도를 믿음으로 행하는 열심과 헌신과 충성이 있어야 합니다.
이것이 이웃을 위한 선행입니다.
하나님께 대한 헌신과 충성은 이웃을 위한 헌신과 봉사가 되는 것입니다.
'구원이 없는 종교'는 '음녀'입니다.

그리스도인의 사명이 있습니다.

　"또 내가 보매 이 여자가 성도들의 피와 예수의 증인들의 피에 취하지라 니가
　그 여자를 보고 놀랍게 여기고 크게 놀랍게 여기니"(6절)

세 가지를 생각합니다.

첫째는, 교회는 음녀에 의하여 핍박을 받습니다.
핍박은 교회가 피할 수 없는 시련입니다.
그리스도인은 피를 흘리는 신앙을 통과해야 합니다.

둘째는, 핍박 중에서노 전도의 사명이 있습니다.
전도는 그리스도인의 사명입니다. 그러나 전도가 쉽지만은 않습니다.
많은 방해가 있기 때문입니다. 그럴지라도 전도를 포기할 수 없습니다.

셋째는, 그리스도인은 세상을 적으로 간주할 수 없지만, 경계는 해야 합니다.
세상에서 많은 유혹을 받을 수 있습니다.
그러므로 깨어 있어서 경계를 해야 합니다.

깨어 있어서 하나님을 경배하고, 기도하고, 말씀을 상고하며, 묵상해야 합니다.
아무리 좋아 보이는 세상이라 할지라도 음녀입니다.
세상은 하나님의 심판을 받게 될 것입니다.
세상 나라들은 심판 받으나 그리스도인은 영원히 영생과 영광을 누립니다.

짐승의 비밀
(요한계시록 17:7-14)

. . . . .

"천사가 이르되 왜 놀랍게 여기느냐 내가 여자와 그가 탄 일곱 머리와 열 뿔 가진 짐승의 비밀을 네게 이르리라 네가 본 짐승은 전에 있었다가 지금은 없으나 장차 무저갱으로부터 올라와 멸망으로 들어갈 자니 땅에 사는 자들로서 창세 이후로 그 이름이 생명책에 기록되지 못한 자들이 이전에 있었다가 지금은 없으나 장차 나올 짐승을 보고 놀랍게 여기리라 지혜 있는 뜻이 여기 있으니 그 일곱 머리는 여자가 앉은 일곱 산이요 또 일곱 왕이라 다섯은 망하였고 하나는 있고 다른 하나는 아직 이르지 아니하였으나 이르면 반드시 잠시 동안 머무르리라 전에 있었다가 지금 없어진 짐승은 여덟째 왕이니 일곱 중에 속한 자라 그가 멸망으로 들어가리라 네가 보던 열 뿔은 열 왕이니 아직 나라를 얻지 못하였으나 다만 짐승과 더불어 임금처럼 한동안 권세를 받으리라 그들이 한 뜻을 가지고 자기의 능력과 권세를 짐승에게 주더라 그들이 어린 양과 더불어 싸우려니와 어린 양은 만주의 주시요 만왕의 왕이시므로 그들을 이기실 터이요 또 그와 함께 있는 자들 곧 부르심을 받고 택하심을 받은 진실한 자들도 이기리로다"

'닭의 목을 비틀어도 새벽은 온다'는 말이 있습니다.
닭은 새벽에 울어서 날이 밝아오는 것을 알립니다.
그러나 닭이 죽고 울지 않는다고 해서 새벽이 오지 않는 것은 아닙니다.
닭 우는 소리와 상관없이 새벽은 옵니다.
이것은 '하나님의 창조의 법칙'입니다.

또 하나의 법칙이 있는데, 그것은 '이 세상의 종말의 날이 온다'는 것입니다.
'세상의 종말의 날'은 '예수 그리스도께서 다시 오시는 날'입니다.
지금은 어두운 밤과 같은 세상이지만, 그리스도께서 재림하시는 그 날은 새로운 빛이 세상에 비추는 날입니다.
예수 그리스도는 새로운 세계의 '빛'이십니다.

'예수 그리스도께서 세상에 재림하시는 이유'가 있습니다.

'하나님의 의를 이루시기 위해서'입니다.

그 날은 하나님께는 영광을 받으시는 날이 시작되는 날이며 그리스도를 맞이하는 성도들에게는 영원한 영광스러운 축복의 날이 시작될 것입니다.

그런데 그리스도께서 오시기 전까지는 어두움의 세력들이 빛으로 과장합니다.

사도 요한은 요한복음 1장에서 "빛이 어둠에 비치되 어둠이 깨닫지 못하더라"(5절), "참 빛 곧 세상에 와서 각 사람에게 비추는 빛이 있었나니 그가 세상에 계셨으며 세상은 그로 말미암아 지은 바 되었으되 세상이 그를 알지 못하였고"(9, 10절)라고 말씀했습니다.

빛이 비추었지만 그 빛이 어두움에 가려서 빛의 능력이 나타나지 못했습니다. 어두움이 빛을 잠식하여 버렸기 때문입니다.

어두움이 무엇입니까?

'어두움'은 말 그대로 '세상'입니다.

'세상이 어둡다'는 말을 성경은 '짐승'으로 표현되고 있습니다.

"천사가 이르되 왜 놀랍게 여기느냐 내가 여자와 그가 탄 일곱 머리와 열 뿔 가진 짐승의 비밀을 네게 이르리라"(7절)

여기서 '짐승의 비밀'이 있는데 사도 요한은 그것을 알게 된 것입니다.

하나님의 천사가 요한에게 짐승의 비밀을 알려 주시겠다고 하셨습니다.

'짐승'은 '데리온'(θηρίου)인데, '위험한 동물, 사나운 독 있는 짐승(beast)'을 뜻합니다.

'정부와 국가'를 상징적으로 비유해서 표현한 말입니다.

5절에서 "그의 이마에 이름이 기록되었으니 비밀이라, 큰 바벨론이라"고 하고, 8절에서 '짐승'은 '전에 있었다가 지금은 없으나 장차 무저갱으로부터 올라와 멸망으로 들어갈 자'라고 합니다.

이 말씀은 역사적인 배경으로 몇 가지 설명이 필요합니다.

"네가 본 짐승은 전에 있었다가 지금은 없으나"(8절)

'짐승들'은 '나라와 그 정부와 지도자들'을 비유적으로 말씀합니다.

창세기 10장 8-11절과 11장 4절 내용입니다.

시날 땅에 니므롯 왕국이 있었습니다.

이들은 바벨탑을 쌓았습니다. 이들의 세력은 바벨론이었습니다.

앗수르의 니느웨 성과 같은 세력들이 있었습니다.

후대에 느부갓네살 왕과 같은 세력들이기도 합니다.

바벨론이 무너지면서 메대와 파사가 등장합니다.

그리고 수리아의 안디오커스 에피파네스 역시도 배제할 수 없습니다.

그리고 메대와 파사를 무너뜨리는 세력은 헬라요. 헬라를 무너뜨리는 세력은 로마 제국이었습니다. 그 세력들은 이전에는 있었는데 지금은 그 세력이 없어지고 모두가 멸망한 나라들입니다. 이 짐승의 세력들이 지금은 존재하지 않지만, 종말이 아직 이르지 않았다면 또 다시 등장할 수도 있습니다.

이것이 '사탄의 정체'이기 때문입니다.

다시 머리를 들어 일어나는 짐승입니다.

"장차 나올 짐승을 보고 놀랍게 여기리라"(8절)

짐승은 정부와 국가와 지도자를 비유한 말씀입니다.

"또 그것의 머리에는 열 뿔이 있고 그 외에 또 다른 뿔이 나오매 세 뿔이 그 앞에서 빠졌으며 그 뿔에는 눈도 있고 큰 말을 하는 입도 있고 그 모양이 그의 동류보다 커 보이더라"(단 7:20)

이 '환상'(幻想)은 '끊임없이 일어났던 이 땅의 제국들'입니다.

모든 역사상의 '적그리스도'로 '교회를 박해해 온 짐승들'입니다.

역사적 현재성으로 '로마'임을 보여줍니다.

국가와 정부와 그 지도자들은 종교화했습니다.

모든 백성들에게 국가를 내세워서 한 지도자인 사람을 경배하게 했습니다.

'일곱 머리와 열 뿔'이라는 말은 '국가와 지도들'입니다.

이 말씀을 세 가지 면에서 생각할 수 있습니다.

첫째는, 과거 짐승의 역사입니다.

과거나 현재의 역사를 보면 나라를 빙자하여 독재자의 통치가 하나의 종교를 만들었습니다.

국가를 말할 때는 그 나라의 국민을 말합니다.

국민이 없이는 국가가 될 수 없습니다.

국가를 위한 정책이라면 국민이 주인이 되어야 합니다.

국민 한 사람 한 사람을 생각해야 합니다.

그런데 독재자들은 나라와 국민을 위한다는 이론을 앞세우면서 결국은 군왕인 자신을 위한 독재자들이 되어 버리고 말았습니다.

결국 군왕은 그 나라 백성들의 우상이 되어버리고 만 것입니다.

사도 요한이 말씀하는 것이 바로 그 점입니다.

'바빌론, 앗수르, 수리아, 메대, 파사, 헬라, 로마 등'과 같은 나라들의 군왕들 모두가 권력자인 '우상'이 되었습니다.

시대적으로 이들이 건재했던 것은 사실이었으나, 그 세기가 지나기 전에 그 세대에 다 멸망하고 없어지고 말았습니다.

둘째는, 현재의 짐승의 등장입니다.

사도 요한은 '새로운 세력들이 일어날 것'이라고 합니다.

> "네가 본 짐승은 전에 있었다가 지금은 없으나 장차 무지갱으로부터 올라와 멸망으로 들어갈 자니 땅에 사는 자들로서 창세 이후로 그 이름이 생명책에 기록되지 못한 자들이 이전에 있었다가 지금은 없으나 장차 나올 짐승을 보고 놀랍게 여기리라"(8절)

요한의 시대에는 '없어졌던 짐승들이 다시 나올 것'이라고 합니다. 그렇습니다. '예수 그리스도께서 재림하시기 전에 짐승의 세력들이 다시 일어날 것'입니다.

도서에서 일어나고 있는 짐승들의 세력들을 보면 지난 20세기에는 '공산주의자'들이 짐승으로 나타났습니다. '구소련과 중국과 북한과 쿠바, 중동지역의 사회주의와 아프리카의 공산주의 국가들'이었습니다. 공산주의는 국가(백성)를 위한 정부가 아니라 군왕들의 세력 유지를 위한 독재국가였습니다.

우리가 피부로 느낄 수 있는 북한 땅이 바로 그것입니다.

권력기구를 완전히 종교로 만들어 놓고 그 독재자를 섬기도록 만들었습니다.

이들의 이론과 이념에는 하나님이 없고, 공산주의 외에는 그 어떤 신앙도 가질 수 없는 것입니다.

이 세력들은 '짐승들이며, 적그리스도의 세력들'입니다.

또 하나의 집단이 있는데, 세계 3분의 1을 지배하고 있는 '무슬림 집단'입니다.

'무슬림'(Muslim)들은 이론상으로는 '알라(Allah) 신'을 섬긴다고 하면서 '한 나라의 독재자 지도자를 신앙화' 하고 있습니다.

무슬림 백성들이 얼마나 가난합니까?

자원은 풍부하지만 독재자 세력들만 부를 누리고, 백성들은 헐벗고 굶주립니다.

'알라 신'은 '하나님'이란 말인데 그 알라 신을 섬기면서 온갖 테러와 전쟁을 일삼고 있습니다.

미국은 이 테러집단에 말려들어가고 있습니다.

미국이 걸프전이나 이라크 전쟁에 말려 든 일은 끝이 없었습니다.

너무나 많은 피를 흘렸습니다.

그러나 전쟁이 아니더라도 '하나님께서 망하게 하실 것'입니다.

영적으로 싸워야지 육체적으로 싸울 일이 아닙니다.

셋째는, 미래의 짐승의 등장입니다.

'미래'(未來)라고 말할 수 있는 것은 '오늘 이후에 일어나는 세력들'입니다.

지금은 예수 그리스도께서 재림하시지 않았고, 재림을 기다리는 시기입니다.

그리스도께서 재림하시기 전에 '짐승의 세력들이 활보'합니다.

세 가지 면에서 생각해 봅니다.

첫째, 정치 지도자들의 불신앙적인 세력들입니다.

지금도 세계 도처의 정치 지도자들 중에 하나님을 알지 못하고 하나님을 무시하거나 경시하는 지도자들이 많이 일어나고 있습니다.

이 세력들은 하나님을 알지 못하기 때문에 자연히 적그리스도의 역할, 짐승의 역할을 행하는 것입니다.

불신앙적인 정치 지도자들은 자신들이 하나님을 대신하려고 하거나 실제로 자신들의 정치 능력을 하나님처럼 행하면서 적그리스도의 행위를 일삼고 있습니다.

둘째, 물질문명의 세력들입니다.

물질문명은 하나님께서 세상에 허락하신 삶의 선물입니다.

인간이 살아가는 세상은 날로 새로워져야 하고 더 좋은 문명문화를 누리고 살아야 합니다. 그런 삶을 통하여 하나님께 감사하고 영광을 돌리며 즐거워하며 감사하며 살아야 합니다. 그런데 현실은 그렇지 못합니다.

좋은 것을 보면서 하나님께 감사와 영광을 돌리기는커녕 하나님을 잊어버리거나 멀리하고 말았습니다.

"하나님을 알되 하나님을 영화롭게도 아니하며 감사하지도 아니하고 오히려 그 생각이 허망해지며 미련한 마음이 어두워졌나니 스스로 지혜 있다 하나 어리석게 되어 썩어지지 아니하는 하나님의 영광을 썩어질 사람과 새와 짐승과 기어 다니는 동물 모양의 우상으로 바꾸었느니라"(롬 1:21-23)

물질문명의 사람들은 자꾸만 하나님을 잃어가고 있습니다.
경건을 잃어가고 있습니다.
예배가 소멸되고, 기도가 사라져 가고, 성령을 훼방해 가고 있습니다.
적그리스도의 행위로 변질되어갑니다.
이 시대에는 하나님을 찾는 자들이 없어져 가고 있습니다.

　　"기록된바 의인은 없나니 하나도 없으며 깨닫는 자도 없고 하나님을 찾는 자도 없고
　　다 치우쳐 함께 무익하게 되고 선을 행하는 자는 없나니 하나도 없도다"(롬 3:10-12)

이 시대는 그렇게 변질되어 가고 있습니다.

셋째, 믿음의 능력을 상실해 가는 불신앙의 세력들입니다.
'믿는 자들이 믿음을 상실해 가고 있는 것'이 '적그리스도'입니다.
교회 나오던 사람들이 교회를 안 나옵니다.
예배드리는 것을 거절합니다.
예배를 기뻐하지 않는 것입니다.
기도생활이 잠들어 버리고 있습니다.
참으로 안타까운 일이 아닐 수 없습니다.

믿음으로 산다는 것 자체를 부담스러운 일로 생각해 버립니다.
믿음을 하나의 정서생활로 생각합니다.
윤리나 도덕적인 생활로 여깁니다.
예수 그리스도의 구속해 주신 은혜가 없어져 버리고 말았습니다.
'그리스도의 구속의 은혜를 잊어버리는 것'은 '적그리스도가 되어버린 것'입니다.

현대에는 정치적인 세력과 물질문명의 세력이 불신앙의 시대로 잠식해 갑니다.
많은 그리스도인들이 이 짐승들의 세력에 잠식되어 버리고 있습니다.

'짐승의 강력한 세력이 일어날 것'입니다.

사도 요한은 12, 13절에서 말씀합니다.

지금까지의 세력보다 더 교활하고 미혹적인 세력들이 믿는 자들을 무너뜨리고 교회를 잠식하는 능력으로 나타날 것입니다.

"열 뿔은 열 왕이라"고 했습니다.

'정치, 경제, 산업, 사업, 예술, 교육, 권력과 같은 세력들'이 다 여기에 속합니다.

이것들 모두가 그리스도를 대적하는 세력들입니다.

짐승의 세력입니다.

모든 인간들이 이것들 때문에 하나님을 떠납니다.

하나님을 버립니다.

아직 주님이 재림하시지 않은 이 시기에 이 짐승의 세력들은 더 악하게 기승을 부릴 것입니다.

불신자들의 마음은 더 어두워지게 만들 것입니다.

믿는 자들에게는 점점 더 믿음을 저버리게 만들 것입니다.

짐승들의 세력들은 세상을 무너지게 할 만큼 무너지게 하는 데 세력을 쏟을 것입니다.

그러나 그 때는 길지 않습니다.

"한동안 권세를 받으리라"(12절)고 했습니다.

사탄의 운명은 때가 있습니다.

인간의 육체의 수명이 정해져 있듯이 사탄의 수명도 정해져 있는 것입니다.

짐승의 세력은 분명히 망할 것입니다.

멸망의 날이 올 것입니다.

그 날이 '그리스도의 재림하시는 날'이 될 것입니다.

짐승은 멸망하고 그리스도는 승리할 것입니다.

> "그들이 어린 양과 더불어 싸우려니와 어린 양은 만주의 주시요 만왕의 왕이시므로 그들을 이기실 터이요 또 그와 함께 있는 자들 곧 부르심을 받고 택하심을 받은 진실한 자들도 이기리로다"(14절)

짐승은 어린 양과 싸웁니다.

마귀의 세력인 짐승은 일시적입니다.

때가 되면 망합니다.

그러나 승리자는 어린 양입니다.

예수 그리스도께서 승리하실 것입니다.

17장 14절 말씀은 성경 전체의 핵심이며 요한계시록의 주제입니다.

모든 성경의 결론은 요한계시록입니다.

이 계시록의 중심은 17장 14절입니다.

어린 양이신 예수 그리스도께서 짐승의 세력을 이기실 것입니다.

'어린 양이신 그리스도의 이기심'은 '그와 함께 하는 믿는 자들의 승리'입니다.

누가 어린 양이신 그리스도와 함께 하는 이들입니까?

그리스도의 부르심을 받은 자들입니다.

세상으로부터 택함을 입은 자들입니다.

이들은 예수 그리스도를 구주로 믿고, 죄 사함을 받은 성도들입니다.

우리는 그 성도입니다.

우리는 그리스도 안에서 승리하는 성도들입니다.

하나님의 자녀들입니다.

우리는 믿음으로 사탄의 짐승의 세력을 이길 것입니다.

이미 이겼습니다.

우리는 이긴 자로 살아야 합니다.

패자 같이 살지 말아야 합니다.

이긴 자로 살아야 합니다.

하나님의 이름을 찬양하며 감사하며 기뻐하며 즐거워하며 경배하고 영광을 돌리는 믿음을 가지고 삽니다.

사탄의 짐승은 패망했습니다.

우리는 '그리스도와 함께 승리한 성도들'입니다.

짐승의 멸망
(요한계시록 17:15-18)

• • • • •

"또 천사가 내게 말하되 네가 본 바 음녀가 앉아 있는 물은 백성과 무리와 열국과 방언들이니라 네가 본 바 이 열 뿔과 짐승은 음녀를 미워하여 망하게 하고 벌거벗게 하고 그의 살을 먹고 불로 아주 사르리라 이는 하나님이 자기 뜻대로 할 마음을 그들에게 주사 한 뜻을 이루게 하시고 그들의 나라를 그 짐승에게 주게 하시되 하나님의 말씀이 응하기까지 하심이라 또 네가 본 그 여자는 땅의 왕들을 다스리는 큰 성이라 하더라"

요한계시록 17장 15-18절에서 '음녀는 멸망할 것'이라고 말씀합니다.

열 뿔과 음녀는 이제 불화를 일으켜서 서로 미워하고 벌거벗게 하며, 살을 먹고 서로 불로 태우게 될 것입니다.

이 역사는 인간을 향한 하나님의 뜻을 실현하는 하나의 장(場)입니다.

하나님은 인류 세계의 전 역사를 주관하고 현재와 미래에 대한 계획을 시행하시지만 실제로 이를 수행하는 데는 인간을 사용하십니다.

그러므로 인간들끼리 대립하고 극복하며 이끌어 온 것처럼 보이는 역사는 사실 하나님의 섭리를 그대로 실현한 것입니다.

역사에는 수많은 흥망성쇠, 희로애락이 나타나 있지만 어느 것 하나, 하나님의 섭리 없이 이루어진 경우는 없습니다.

하나님은 때로는 한 민족에게 강대한 힘을 부여하여 하나님의 심판을 대행하게 하셨습니다. 때로는 약소민족을 들어서 강대국을 멸망시키기도 하셨습니다.

소소한 인간관계도 이와 다르지 않습니다.

사도 요한은 '열국을 지배하던 큰 음녀의 멸망에 대한 환상'을 보았습니다.

실로 강대한 힘을 지닌 존재였기에 큰 음녀의 멸망은 깊은 의미를 말합니다.

성경은 음녀의 정체를 밝히고, 멸망하게 될 이유를 보여줍니다.

음녀의 정체입니다.

음녀의 정체를 밝힐 만한 실마리가 성경에 제시되어 있습니다.

"그의 이마에 (음녀의) 이름이 기록되었으니 비밀이라, 큰 바벨론이라, 땅의 음녀들과 가증한 것들의 어미라 하였더라"(5절)

이는 '음녀의 정체'를 분명하게 말해 줍니다.

고대 세계 초강대국이었던 '바벨론'은 불의한 권력 행사와 내부적인 타락상 때문에 '악한 세력의 상징'으로 여겨집니다.

어느 시대에나 막강한 정치력과 군사력을 발판으로 약소민족을 약탈하고 억압하는 국가 권력은 당대의 '바벨론'이라 말할 수 있습니다.

사도 요한 당시에는 '로마'가 '그 시대의 바벨론'이었습니다.

'로마'는 무력으로 주변 국가들을 정복하여 식민지로 삼았으며, 자국의 안정과 번영을 위해서라면 어떤 야비한 정책도 서슴지 않고 시행했습니다. 속국들을 본질적으로 부패하게 해서 영원히 식민지로 남아 있게 하기 위해 퇴폐와 향락 문화를 퍼뜨리고 황제 숭배를 강요했습니다.

이러한 권력에서 뜻있는 사람들이 정의를 지키려다 목숨을 잃었으며 특히 그리스도인들은 오직 하나님과 예수 그리스도만을 섬기려는 신앙 때문에 무수한 희생을 치렀습니다. 겉으로 보기에는 강자의 모습이지만 실상 로마 제국은 의인들의 피에 취하여 타락할 대로 타락해 있었습니다.

요한의 환상에 제국주의 국가 권력의 상징 '큰 바벨론'이 '음녀'로 나타나고 있다는 것은 '적그리스도의 세력들'을 말합니다.

본래 성경적인 의미에서는 '음행'을 '하나님 외에 다른 신을 섬기는 행위'로 말씀했습니다(겔 16:20; 23:49). 바벨론이나 로마나 또 어떤 제국주의 열강이든지 자국의 지배를 견고히 하기 위해서는 '지배 이데올로기'가 필요합니다.

'종교'(宗敎)는 '지배자들이 사용하는 최상의 이데올로기' 가운데 하나입니다.

로마는 '황제 숭배'를 속국들에게 강요했습니다.

우리나라를 지배했던 일본은 신사참배를 강요했습니다.

분명히 하나님에 대한 반역 행위인 우상 숭배를 온 세계에 퍼뜨리는 것은 인류를 음행하게 하는 죄악입니다.

성경에서 '음녀'는 자국뿐 아니라 주변 국가들까지도 우상 숭배에 물들게 했던 '로마'이며, '불의한 제국주의 국가 권력'입니다.

음녀가 앉은 물입니다.

15절에 '음녀가 앉아 있는 물'이란 말은 음녀가 앉아 있는 바다처럼 '큰물'은 곧 '백성과 무리와 열국과 방언들'을 지칭합니다.

'백성, 무리, 열국, 방언'은 '인류의 모든 인종과 민족과 국가와 풍습'을 나타내는 표현들입니다.

따라서 '음녀가 앉은 물'은 '악한 제국주의 국가에 점령당하여 자주권을 완전히 상실한 모든 국가들'을 일컫는 것으로 볼 수 있습니다.

이 말씀은 요한 시대에만 한정시켜 보면 로마의 지배 아래 있던 모든 속국들을 가리킨다고 볼 수 있습니다. 이들은 정치, 경제, 군사적인 힘의 열세로 로마에게 정복되어 로마의 타락한 문화에 점점 잠식되었습니다.

이들 중에는 처음에는 힘이 없어서 로마에 굴복했지만, 나중에는 로마의 강대한 힘에 미혹되어 스스로 패역한 풍습을 받아들인 국가들도 있습니다.

'불의에 항거하기를 포기하고 스스로 동화한 것'입니다.

하나님은 결코 강자에게 핍박당하는 약자의 고통을 간과하시지 않습니다.

하지만 끝까지 의롭게 살기를 포기하고 악의 편이 되어버리는 자는 하나님의 도움을 기대할 수 없습니다.

하나님은 '공의의 하나님'이십니다.

'음녀가 앉은 물'은 '악한 권력의 제 국가와 민족들'입니다.

음녀의 어리석은 행위입니다.

"네가 본 바 이 열 뿔과 짐승은 음녀를 미워하여 망하게 하고 벌거벗게 하고 그의 살을 먹고 불로 아주 사르리라"(16절)

이 큰 성, 음녀는 과거에 수하로 있던 열 뿔, 곧 열 왕에게 공격을 받아서 무너집니다. 그것도 처절하게 파괴당합니다.

파괴의 행동에 나타난 '살을 먹는다'는 표현은 '야만적이고 포악한 행위'를 의미합니다. 원수지간에만 행할 수 있는 행위입니다(시 27:2; 미 3:3).

우리는 여기서 음녀가 저들의 행위를 예측하지 못했음을 깨닫게 됩니다.

이처럼 악의 세력이 규합된 동맹은 스스로 분열하며 서로 망하게 합니다.

때문에 우리는 시편 기자가 왜 "복 있는 사람은 악인들의 꾀를 따르지 아니하며 죄인들의 길에 서지 아니하며 오만한 자들의 자리에 앉지 아니한다"(시 1:1)고 노래했는지를 여기서 깨달아야 합니다.

이것이 '생명을 살리는 참 지혜'입니다.

패역한 권력을 의지하고 온 세상을 범죄의 수렁으로 몰아넣던 음녀는 마침내 멸망하게 됩니다.

그런데 그 멸망의 과정은 매우 특별한 의미를 지닙니다.

'음녀가 멸망하게 된 주원인'은 '속국들의 증오'입니다.

이제껏 음녀의 지배 아래에서 죄악에 도취했던 열국의 백성들과 통치자들이 돌이켜 음녀를 미워하고 멸망시키는 것입니다.

성경에 묘사된 음녀의 최후는 실로 비참합니다.

대적자들은 음녀의 옷을 벗기고 그 살을 먹고 불살라버립니다.

결국 음녀는 완전히 초토화됩니다.

이것은 '악한 권력의 종말에 대한 예고'입니다. 이 말씀은 제국주의 로마가 위세를 떨치던 그 시기에 환상을 통해 로마의 멸망을 보았습니다.

하나님은 악한 세력들끼리 서로 싸우게 함으로써 타락의 단체, 죄악의 집합체를 무너뜨리십니다. 예수 그리스도께서 다스리시며 그 임재가 가까워질 때 음녀의 세력들은 무너지고 말 것입니다.

이 말씀은 하나님께서 악인을 벌하시는 방법을 보여줍니다.

곧 하나님께서는 불의에 대한 심판을 또 다른 불의를 통해서도 이루십니다.

하지만 악한 세대의 종말에는 하나님께서 직접 개입하십니다.

음녀는 어리석고 망합니다.

"이는 하나님이 자기 뜻대로 할 마음을 그들에게 주사 한 뜻을 이루게 하시고 그들의 나라를 그 짐승에게 주게 하시되 하나님의 말씀이 응하기까지 하심이라 또 네가 본 그 여자는 땅의 왕들을 다스리는 큰 성이라 하더라"(17, 18절)

표면적으로 볼 때 이 세상은 항상 악한 자들이 성공하고 부귀와 영화를 누리고 있는 듯 보입니다. 그렇기 때문에 성도들은 종종 의분(義憤)하고 실망하고, 갈등을 겪기도 하고, 낙망하게 되는 것입니다.

하박국 선지자는 "주께서는 눈이 정결하시므로 악을 차마 보지 못하시며 패역을 차마 보지 못하시거늘 어찌하여 거짓된 자들을 방관하시며 악인이 자기보다 의로운 사람을 삼키는데도 잠잠하시나이까"(합 1:13)라고 기도했습니다.

하나님은 눈이 먼 분이 아니시며, 귀가 먹은 분이 아니십니다.
하나님의 의는 잠들어 잠잠하시지 않습니다.
또한 악의 세력이 언제까지나 승승장구하는 것도 아닙니다.
그들 위에 하나님이 계십니다.

18절의 '여자'는 16절에서 말씀한 '음녀'입니다.
이 음녀는 '땅의 임금들을 다스리는 큰 성'이라고 했습니다.
이 '성'을 '바벨론'이라고 해석합니다.

'바벨론'은 예수 그리스도께서 재림하시기 전까지 전 세대를 통하여 '적그리스도'를 상징한 말입니다.
이 세력들은 하나님을 알지 못하고 또한 알려고도 하지 않을뿐더러 의도적으로 거역하여 우상 숭배와 더러운 각종 향락에 탐닉해 있는 '세상 그 자체'를 말한다고 볼 수 있습니다.
'불신앙의 집단적 세력들'입니다.

이 세상은 포악하고 패역한 향락에 빠진 더러운 집단적 세력이 장악하지만 결국은 망합니다.
왜냐하면 악은 그 자체에 이미 분열하고 망할 요소를 가지고 있기 때문입니다.
악의 세력이 아무리 강대하게 보인다 할지라도 '모든 악은 자멸의 공리(公理)를 스스로 안고 있다'는 사실을 성도들은 명심해야 합니다.

세상을 주관하시는 하나님이십니다.

하나님은 온 세상을 주관하십니다.
악한 권세자들의 마음을 움직이기도 하십니다.

이스라엘이 범죄했을 때 이를 징계하시기 위해서 악한 권력들을 사용하셨습니다.

'애굽, 바벨론, 앗수르, 메대, 파사, 헬라, 로마와 같은 나라들'을 사용하셔서 이스라엘을 징계하셨습니다.

17절에 "하나님이 자기 뜻대로 할 마음을 그들에게 주사 한 뜻을 이루게 하시고"라고 하였으나 그러한 권력의 시기는 '일시적'이었습니다.

12절에는 "열 뿔은 열 왕이니"라고 했습니다.

그들은 일시적으로 임금처럼 권세를 받으나 스스로 짐승에게 나라를 줍니다.

이와 같은 모든 역사는 그 배후에 하나님이 계십니다.

열 뿔은 자신들 스스로가 단합해서 하는 행위 같으나 사실은 그들 마음을 움직이고 계신 이는 하나님이십니다.

하나님께서 한 뜻을 이루도록 그들 마음을 움직이신 것입니다.

그들은 자신들이 뜻을 성취했고, 성공했다고 생각했을 것입니다.

하지만 실상은 전혀 그렇지 않습니다.

사실은 '하나님의 계획대로 되고 있는 것'입니다.

하나님의 목적이 이루어지고 있는 것입니다.

그들은 스스로 망할 길에 들어선 것입니다.

그러므로 성도들은 악인이 잘된다고 부러워해서는 안 됩니다.

그들은 오히려 '망할 길을 재촉하고 있는 것'입니다.

하나님이 인간을 지배하십니다.

> "그들의 나라를 그 짐승에게 주게 하시되 하나님의 말씀이 응하기까지 하심이라"(17절)

짐승, 곧 사탄에게 세상 나라를 주신 것은 하나님의 말씀, 곧 그의 경륜(經綸)을 이루시기 위함입니다.

그 이유는 '그 말씀이 응하기까지 주신다'는 것입니다.

그렇다면 모든 것은 명백합니다.

'세상의 주관자, 인간의 주관자'는 궁극적으로 '하나님'이십니다.

그분은 어느 시대, 어느 곳을 막론하고 그의 말씀대로 나라와 사람들을 움직여 가십니다. 사탄은 그의 손 안에 있을 뿐입니다. 제아무리 악한 인간이라도 하나님의 손 안에 있습니다. 자만하고 교만하여 스스로 승리하고 모든 것을 소유했다고 생각하는 그때에도 그는 여전히 '하나님의 손에 달려 있는 운명의 인간'입니다.

그러므로 그리스도인은 세상사를 보고 원망해서는 안 됩니다.

하나님은 쉬지 않고 의의 최후 승리를 위해 역사하고 계신 것입니다.

하나님이 역사하시기 때문에 악의 세력은 반드시 망합니다.

성경은 권면합니다.

> "그러므로 내 사랑하는 형제들아 견실하며 흔들리지 말고 항상 주의 일에 더욱 힘쓰는 자들이 되라"(고전 15:58)

하나님의 역사는 인류의 크고 작은 모든 일들을 주관하십니다. 어떤 특정한 사건에 한한다고 생각해서는 안 됩니다. 하나님은 우리의 생활 주변에서 쉽게 볼 수 있는 갖가지 사건들을 통하여 성도들을 깨우치며 하나님의 뜻을 보여주십니다.

하나님은 오늘도 변함없이 말씀하십니다. 자연을 통해서도 말씀하십니다.

믿음의 사람은 자연을 통하여 하나님의 음성을 듣습니다.

예수님께서 자연의 예를 들어 말씀하셨습니다.

> "실로암에서 망대가 무너져 치어 죽은 열여덟 사람이 예루살렘에 거한 다른 모든 사람보다 죄가 더 있는 줄 아느냐 너희에게 이르노니 아니라 너희도 만일 회개하지 아니하면 다 이와 같이 망하리라"(눅 13:4, 5)

지금도 자연에서 일어나는 사건들은 우리에게 하나님의 음성을 듣기에 합당한 일들로 계시되고 있습니다.

또한 성경을 통하여 말씀하십니다. 성경은 예언의 말씀입니다.

믿음으로 순종하지 않으면 다 망한다고 하십니다.

믿지 아니하는 자는 망합니다. 사탄만 망하는 것이 아닙니다.

음녀인 짐승만 망하는 것이 아닙니다. 믿지 아니하는 모든 자들이 다 망합니다.

오직 믿음으로 구원을 받습니다. 죄가 없어서 구원받는 것이 아니며, 죄를 짓지 않아서 구원받는 것이 아니라, 예수 그리스도를 믿음으로 구원을 받습니다.

'그리스도의 대속을 믿는 믿음'입니다.

| 제6부 |
바벨론과 짐승과 거짓 선지자의 멸망과 징벌
(요한계시록 18:1-19:21)

돌아보기와 둘러보기

요한계시록 18장에서는 '바벨론'에 대해 다섯 가지를 지적하고 경고합니다.

첫째는, 바벨론 백성들에게 경고했습니다(18:2). 이는 이미 이사야 선지자를 통하여 "열국의 영광이요 갈대아 사람의 자랑하는 노리개가 된 바벨론이 하나님께 멸망당한 소돔과 고모라 같이 되리니 그 곳에 거주할 자가 없겠고 거처할 사람이 대대에 없을 것이며 아라비아 사람도 거기에 장막을 치지 아니하며 목자들도 그 곳에 그들의 양 떼를 쉬게 하지 아니할 것이요 오직 들짐승들이 거기에 엎드리고 부르짖는 짐승이 그들의 가옥에 가득하며 타조가 거기에 깃들이며 들 양이 거기에서 뛸 것이요 그의 궁성에는 승냥이가 부르짖을 것이요 화려하던 궁전에는 들개가 울 것이라 그의 때가 가까우며 그의 날이 오래지 아니하리라"(사 13:19-22)고 선언했습니다.

둘째는, 행한 대로 보응을 받을 것이라고 했습니다(18:6). 이는 "멸망할 딸 바벨론아 네가 우리에게 행한 대로 네게 갚는 자가 복이 있으리로다"(시 137:8)라는 말씀대로 응한 것입니다.

셋째는, 이사야 47장 7, 8절에서 바벨론은 스스로 영화를 자랑하며, "결코 망할 일이 없으리라"고 자부했습니다. 그러나 요한계시록 18장 7절은 "바벨론이 영화롭게 사치한 만큼 고난과 애통을 당할 것이라"고 하신 말씀대로 응한 것입니다.

넷째는, 바벨론은 "한 힘 센 천사가 큰 맷돌 같은 돌을 들어 바다에 던져 이르되 큰 성 바벨론이 이같이 비참하게 던져져 결코 다시 보이지 아니하리로다"(계 18:21)라고 했는데, 예레미야 선지자가 "바벨론이 나의 재난 때문에 이같이 몰락하여 다시 일어서지 못하리니 그들이 피폐하리라"(렘 51:64)고 말한 그대로 응한 것입니다.

다섯째는, "신랑과 신부의 음성이 결코 다시 네 안에서 들리지 아니하리로다"(계 18:23)라고 했는데, 바벨론은 "내가 그들 중에서 기뻐하는 소리와 즐거워하는 소리와 신랑의 소리와 신부의 소리와 맷돌 소리와 등불 빛이 끊어지게 하리니"(렘 25:10)라고 하신 말씀대로 응한 것입니다.

19장에서는 바벨론의 멸망을 찬송하는 네 번의 찬양이 울려 퍼집니다. 그 후에 어린 양의 혼인 잔치를 축하하는 찬양이 계속됩니다.
그리고 흰 말을 타고 오시는 그리스도께서 짐승과의 최후의 격전을 치루고 유황불이 타는 불 못에 모든 악의 세력을 던지는 장면으로 끝을 맺고 있습니다.
따라서 우리는 본장을 통하여 악의 세력을 완전히 섬멸하시는 그리스도의 승리를 볼 수 있으며, 또한 그리스도의 최후 승리가 있기까지는 악의 세력이 충만하게 활동하고 있음을 깨달을 수 있습니다.

음녀(2절)와 짐승(20절)과 거짓 선지자들도 유황불 붙는 못에 던져지고(20절), 그 나머지는 말 탄 자의 검(말씀)에 죽어 새들이 그 고기를 먹는다고 했습니다.
이 놀랍고 놀라운 일은 예수 그리스도께서 심판하시기 위하여 재림하실 때 일어날 모습입니다.

"또 내가 하늘이 열린 것을 보니 보라 백마와 그것을 탄 자가 있으니 그 이름은 충신과 진실이라 그가 공의로 심판하며 싸우더라"(계 19:11)

특히 17-21절에 나오는 전쟁은 16장 12-16절에 기록된 전쟁과 밀접한 관계를 지니고 있습니다.
첫째, 16장 12-16절에는 최후의 전쟁을 위하여 모든 군대가 아마겟돈에 집결하는 것을 기록한 바 있습니다. 따라서 실제로 전쟁이 일어난 것은 아니고 마지막에 일어날 전쟁의 준비 작업이 끝난 것입니다.
둘째, 본장의 17-21절에 나오는 전쟁은 16장 12-16절이 예고한 것처럼, '그 짐승과 땅의 임금들과 그 군대들'이 백마를 타고 재림하신 그리스도와 그리스도의 군대로 더불어 실제로 싸우는 전쟁입니다. 바로 이 전쟁에서 '그리스도'는 '짐승'과 '거짓 선지자'를 잡아 유황 불 못에 던짐으로써 악의 세력을 멸망시킵니다.

제18장 큰 성 바벨론의 멸망

- **주제성구** "그의 죄는 하늘에 사무쳤으며 하나님은 그의 불의한 일을 기억하신지라"(5절)
- **주제찬송** ♬ 356장 주 예수 이름 소리 높여

서론

본 장에는 큰 성 바벨론이 멸망당할 수밖에 없는 이유와 멸망에 대한 내용입니다. 즉 17장에서는 주로 음녀 바벨론 성의 죄악상과 그 도성에 대한 하나님의 계획이 소개되어 있는 반면, 본 장에서는 이윽고 멸망당한 바벨론의 심판으로 멸망당하는 바벨론의 비극과 구원된 성도들의 환희가 같이 나열되고 있는 것입니다. 옛 음녀의 성 바벨론과 두로의 멸망에 관한 구약성경의 말씀을 특별히 이곳에 인용함으로써 성도들의 승리와 악한 자들의 한 서린 얘기를 동시에 결합시키고 있습니다. 뿐만 아니라 본 장은 본서 전체를 통해서 운율이 가장 아름답고 시적이며, 또한 장엄하기로도 유명합니다.

본론

큰 성 바벨론의 멸망이 선언됨(1-10절)

요한은 하늘에서 큰 권세를 가진 한 천사가 내려오는 것을 봅니다. 그는 큰 음성으로 바벨론의 멸망을 외칩니다. 하나님께서 바벨론을 멸망시키신 이유는 행음과 사치, 보화의 애착과 우상 숭배 때문입니다. 하나님은 성도들에게 바벨론에서 나와서 같이 재앙을 당하지 말라고 하십니다. 이런 경고는 시대를 초월하여 하나님의 자녀들에게 항상 주어졌습니다. 만약 하나님의 경고의 말씀을 무시하면 하나님의 심판을 받게 됩니다. 죄악에서 속히 떠나지 아니하면 하나님께서는 죄에 대하여 갑절로 갚아 주십니다. 가슴을 치며 울게 되고, 화가 있게 됩니다. 교만한 자에게 애통과 사망, 흉년을 주시며 불사릅니다.

바벨론에 대한 조가(弔歌)(11-20절)

바벨론의 멸망을 놓고 애통하는 자가 있는가 하면 즐거워하는 자도 있습니다. 먼저 애통하는 자들을 보면 임금들과 강한 자들, 곧 지상에서 영향력을 행사하는 자들이 애통하고 있습니다. 왜냐하면 그들은 바벨론과 음행하고, 그 유혹에 빠져 그 사치를 즐겼기 때문에 바벨론이 타고 불붙는 연기를 보고, 고난이 두려워서 울고 있는 것입니다. 그리고 땅의 상고들이 애통하고 있습니다. 그 이유는 더 이상 사치와 향락을 즐길 수 없기 때문입니다. 이번엔 또 바다를 향하던 자들이 애통합니다. 그러나 이들과는 다르게 세상에서 사치의 향락을 외면하고 멸시와 천대를 받던 성도들이 기뻐하고 찬양합니다. 이 땅의 권세와 부가 인간의 즐거움과 자랑이 못되며 다만 하나님만이 성도의 즐거움입니다.

바벨론의 완전한 멸망이 선언됨(21-24절)

하나님은 자기 백성들의 기도를 들으시고 그 원한을 갚아 주십니다. 그러나 주가 오시는 날에는 바벨론에 즐거운 잔치가 다시 있지 않습니다. 이 세상의 영광은 장차 소멸될 뿐 아니라 결코 다시 소생되지 않습니다. 맷돌과 같이 무겁고 큰 돌을 바다에 빠뜨리면 다시 떠오르지 않게 되듯이, 바벨론으로 상징되는 세속 문화는 결국 사라져 버릴 것입니다. 이 계시는 일찍이 예레미야가 바벨론 왕국에 대해서 했던 예언으로서, 그것이 그대로 이루어졌듯이 요한에게 보여주었던 이 예언 역시 분명히 이루어질 것입니다. 그러나 모든 사람들은 지금 화려하게 보이는 이 문화가 사라지리라고는 생각하지 않습니다. 오히려 이것들이 영원히 계속되리라고 생각합니다. 오직 주의 백성만이 영원합니다.

결론

이처럼 본 장은 바벨론이 멸망당할 수밖에 없는 이유를 설명합니다. 우리의 삶의 목표는 부(富) 그 자체에 있지 않습니다. 그런데 오늘날 부는 거의 모든 사람들에게 신이 되고 있습니다. 하지만 부와 사치와 세상 영광인 바벨론이 아무리 찬란하게 보여도 바벨론은 순식간에 망합니다. 바벨탑이 무너졌듯이, 사람들이 하나님을 대적하여 세우고 있는 세속 문화라는 바벨탑은 무너지게 됩니다. 하나님의 영광을 가로채는 인본적인 경향이야말로 영적 타락과 도덕적 타락의 모체가 되는 것입니다. 우리는 선악 간에 행한 대로 갚으시는 하나님 앞에서 부끄러움 없이 바르게 살아야 하겠습니다. 죄악으로 인한 심판은 예수님께서 받으셨으니 이제는 성도들에게 하나님의 축복이 임하는데, 이것은 바로 어린 양 예수님과 함께 누리는 축복입니다. 이러한 축복은 모든 믿음의 성도들에게 함께 합니다.

- **장명가** "죄악 성 바벨론 망한다 주님의 백성들 나오라 · 저 죄악 참예치 말고서 그 받을 재앙을 면하라 주님이 오신다 흰 예복 입고 주 맞으라 · 주님이 오신다 등불을 켜들고 맞으라"(♪ 270장 변찮는 주님의 사랑과)

무너지는 세상
(요한계시록 18:1-14)

· · · · ·

"이 일 후에 다른 천사가 하늘에서 내려오는 것을 보니 큰 권세를 가졌는데 그의 영광으로 땅이 환해지더라 힘찬 음성으로 외쳐 이르되 무너졌도다 무너졌도다 큰 성 바벨론이여 귀신의 처소와 각종 더러운 영이 모이는 곳과 각종 더럽고 가증한 새들이 모이는 곳이 되었도다 그 음행의 진노의 포도주로 말미암아 만국이 무너졌으며 또 땅의 왕들이 그와 더불어 음행하였으며 땅의 상인들도 그 사치의 세력으로 치부하였도다 하더라 또 내가 들으니 하늘로부터 다른 음성이 나서 이르되 내 백성아, 거기서 나와 그의 죄에 참여하지 말고 그가 받을 재앙들을 받지 말라 그의 죄는 하늘에 사무쳤으며 하나님은 그의 불의한 일을 기억하신지라 그가 준 그대로 그에게 주고 그의 행위대로 갑절을 갚아 주고 그가 섞은 잔에도 갑절이나 섞어 그에게 주라 그가 얼마나 자기를 영화롭게 하였으며 사치하였든지 그만큼 고통과 애통함으로 갚아 주라 그가 마음에 말하기를 나는 여왕으로 앉은 자요 과부가 아니라 결단코 애통함을 당하지 아니하리라 하니 그러므로 하루 동안에 그 재앙들이 이르리니 곧 사망과 애통함과 흉년이라 그가 또한 불에 살라지리니 그를 심판하시는 주 하나님은 강하신 자이심이라 그와 함께 음행하고 사치하던 땅의 왕들이 그가 불타는 연기를 보고 위하여 울고 가슴을 치며 그의 고통을 무서워하여 멀리 서서 이르되 화 있도다 화 있도다 큰 성, 견고한 성 바벨론이여 한 시간에 네 심판이 이르렀다 하리로디 땅의 상인들이 그를 위하여 울고 애통하는 것은 다시 그들의 상품을 사는 자가 없음이라 그 상품은 금과 은과 보석과 진주와 세마포와 자주 옷감과 비단과 붉은 옷감이요 각종 향목과 각종 상아 그릇이요 값진 나무와 구리와 철과 대리석으로 만든 각종 그릇이요 계피와 향료와 향과 향유와 유향과 포도주와 감람유와 고운 밀가루와 밀이요 소와 양과 말과 수레와 종들과 사람의 영혼들이라 바벨론아 네 영혼이 탐하던 과일이 네게서 떠났으며 맛있는 것들과 빛난 것들이 다 없어졌으니 사람들이 결코 이것들을 다시 보지 못하리로다"

'이스라엘과 유다 나라'는 '하나님의 택하신 백성들의 나라'입니다.

그만큼 축복을 받은 나라입니다.

그럼에도 불구하고 하나님의 미움을 받았습니다.

그 이유는 '온 나라가 하나님께 범죄했기 때문'입니다.

그 죄악들을 한 마디로는 다 표현할 수 없으나 그 죄악상은 참으로 비참했습니다.

"너희 못 듣는 자들아 들으라 너희 맹인들아 밝히 보라 맹인이 누구냐 내 종이 아니냐 누가 내가 보내는 내 사자 같이 못 듣는 자겠느냐 누가 내게 충성된 자 같이 맹인이겠느냐 누가 여호와의 종 같이 맹인이겠느냐 네가 많은 것을 볼지라 도 유의하지 아니하며 귀가 열려 있을지라도 듣지 아니하는도다 여호와께서 그 의 의로 말미암아 기쁨으로 교훈을 크게 하며 존귀하게 하려 하셨으나 이 백성 이 도둑맞으며 탈취를 당하며 다 굴 속에 잡히며 옥에 갇히도다 노략을 당하되 구할 자가 없고 탈취를 당하되 되돌려 주라 말할 자가 없도다"(사 42:18-22)

이렇게 죄악을 지적하고 책망하며 결과는 망하게 될 것을 선언하셨습니다.
이스라엘 백성들이 망할 것을 선언하셨습니다.
하나님께서 망하도록 매를 쳤는데, 그 매가 바벨론이었습니다.
바벨론이 강대국으로 일어나서 이스라엘과 유대 예루살렘을 침략하고 망하게 만들었습니다. 하나님은 바벨론을 들어서 매로 사용하셨습니다.
그렇다고 하나님께서 바벨론을 축복하셨다는 말씀은 아닙니다.
다만 포악한 매로 사용하여 이스라엘을 때렸던 것입니다.
그러나 하나님은 그 매를 꺾어서 내버리십니다.

여기서 '바벨론'은 세상을 비유하신 말씀이기도 합니다.
바벨론은 자신의 세상인 것처럼 교만하고 하나님의 백성들을 탄압하고 희롱하 며 괴롭혔습니다. 그러나 바벨론이 영원할 수는 없습니다.
바벨론은 문자적으로는 과거의 유다 나라를 망하게 했던 권세의 나라를 말합니다.
상징적으로는 사도 요한의 때 교회를 박해한 '로마'를 말합니다.
예언적으로는 '전 세계적으로 정치적 권력을 가진 나라들'을 의미합니다.
여기서 바벨론은 '현재의 세상'입니다.
그런데 '세상이 무너지는 때가 있다'는 것입니다.

성경은 '바벨론이 망하는 장면'을 보여주십니다.
바벨론인 세상이 망하는 장면입니다. 어떻게 망하는가를 봅니다.
사도 요한이 분명하고 확실하게 듣고 본 것을 기록한 것입니다.

심판하는 천사가 하늘에서 내려 왔습니다.
1-3절에 하늘에서 하나님이 보내신 천사가 내려옵니다.
그 천사가 내려올 때 놀라운 일이 일어났습니다.

첫째는, 영광과 큰 권세의 빛을 가지고 옵니다.

그 영광이 얼마나 찬란한지 '환해졌다'고 합니다.

마치 어두운 밤이 지나고 여명이 밝아오는 아침처럼 환한 광명으로 빛났습니다.

이 영광의 빛은 매일 아침 보는 빛이 아닙니다.

지금까지 볼 수 없었던 크고도 큰 영광의 빛이었습니다.

이것이 '하나님께서 나타내신 영광의 빛'입니다.

> "주께서 옷을 입음 같이 빛을 입으시며 하늘을 휘장 같이 치시며"(시 104:2)
>
> "오직 그에게만 죽지 아니함이 있고 가까이 가지 못할 빛에 거하시고 어떤 사람도 보지 못하였고 또 볼 수 없는 이시니 그에게 존귀와 영원한 권능을 돌릴지어다"(딤전 6:16)

둘째는, 세상이 무너졌다고 외쳤습니다.

> "무너졌도다 무너졌도다 큰 성 바벨론이여"(2절)

바벨론 즉 '세상이 무너지는 것'을 선언하십니다.

> "함락되었도다 함락되었도다 바벨론이여 그들이 조각한 신상들이 다 부서져 땅에 떨어졌도다"(사 21:9)
>
> "바벨론이 함락되고 벨이 수치를 당하며 므로닥이 부스러지며 그 신상들은 수치를 당하며 우상들은 부스러진다"(렘 50:2)
>
> "바벨론이 갑자기 넘어져 파멸되니"(렘 51:8)

바벨론은 현재적이며 미래적입니다.

권력의 세상을 상징합니다.

세상이 무너질 수밖에 없는 이유가 있습니다.

세상은 '귀신의 처소, 각종 더러운 영이 모이는 곳, 각종 더럽고 가증한 새들이 모이는 곳'이기 때문입니다(계 18:2).

세 단어들을 생각해 봅니다.

'귀신들', '더러운 영들', '가증한 새(hateful a Bird)입니다.

이는 '메미세메뉴 오르네온'(μεμισημένου ὄρνεον)이라는 말로 '사람들의 시체를 먹고 사는 새들'을 말합니다.

황폐한 황야에서 짐승들의 죽은 시체를 먹는 새들은 대단히 '불결한 것들'입니다.

사도 요한이 이상을 보고 말씀한 것은 세상에서 영화를 누리고 살던 '왕들과 재벌들과 사치한 자들'이 '가증한 새들'로 비유되는 말씀입니다.

그런데 이런 일들이 본질적으로 다 그렇다는 것은 아닙니다.

왕들이나 재벌들이 좋은 것을 취하고 사는 것이 나쁜 것만은 아닙니다.

사회 제도를 위하여 누군가는 통치자가 될 수도 있고 되어야 하고, 또 돈을 버는 재벌도 되어야 합니다.

그러나 깨끗하고 정직한 통치자가 되어야 합니다.

돈을 잘 버는 재벌이 되면 사회를 위하여 복지를 위하여 선하게 살아야 합니다.

왕의 권력이나 재물의 힘이 다 하나님께로부터 온 것임을 깨닫고 하나님의 영광과 뜻을 위하여 선용해야 합니다.

그럴 때 하나님께 칭찬을 받고 상을 받을 수 있습니다.

> 미국 '토크쇼의 여왕'인 '오프라 윈프리'(Oprah Gail Winfrey)는 "인생을 살다보면 많은 상을 받게 된다. 자신을 위해 자랑스럽게 여길 수 있는 것보다 훌륭한 상은 없다."고 말했는데, 그렇게 말한 이유가 있습니다.
>
> 미국의 최고의 명문대학인 하워드 대학교에서 명예 인문학 박사학위를 받았는데(2007.5.13), 학위를 수여하는 '패트릭 스위거트 총장'이 '오프라 윈프리'에게 "당신은 우주의 시민이다."라고 칭찬을 해 주었습니다.
>
> 박사학위 수여와 함께 '우주의 시민'이라는 칭찬을 받은 윈프리는 눈물을 쏟으며 위와 같이 말한 것입니다(5월 15일자 Metro).
>
> '오프라 윈프리'는 방송인이며, 영화배우이며, 프로듀서이며, 박애자이며, 교육자로서 많은 재물을 모았으나 그 재물을 하나님의 영광만을 위하여 사용하는 자선사업가요. 박애자입니다.
>
> 그래서 '오프라 윈프리'라는 한 대학교의 총장의 발언이 아니라 "하나님의 계시의 말씀과 같은 것이라 믿어집니다."라고 했습니다.

왕이 되었거나 재벌가가 되었거나, 예술가가 되었거나, 지식인이 되었거나, 과학자가 되었거나, 목회자가 되었거나, 전도자가 되었거나 그 결과는 하나님께로부터 칭찬을 받는 자가 되어야 합니다.

받은바 모든 은혜와 은총을 하나님의 영광을 위하여 사용해야 합니다.

성경은 하나님께 칭찬받을 수 없는 세상은 심판을 받게 될 것을 선언합니다.

하나님께 심판을 받는 것은 말 그대로 망하는 것입니다.

망한다는 것은 하나님의 심판입니다.
하나님이 미워하시는 것입니다.

셋째는, 우상 숭배로 인하여 하나님의 영광을 거절했기 때문에 망합니다.
"그 음행의 진노의 포도주로 말미암아 만국이 무너졌으며"(3절)

여기서 '음행'은 구약시대 '하나님을 버리고 우상을 섬기는 행위'를 말했습니다.
하나님보다 세상을 사랑하는 것이 음행입니다.
권세나 권력을 사랑하고, 재물을 자랑하고, 쾌락을 사랑하는 것은 음행입니다.
하나님과 택한 백성들은 부부와 같은 관계로 비유합니다.
그런데 그 하나님을 버리고 세상을 더 좋아하는 것은 음행입니다.
하나님을 버린 세상은 하나님으로부터 심판을 받아 망하게 됩니다.

많은 사람들이 쾌락을 즐기는 데 쓸 돈은 있고, 자신들을 위해 사치하는 데 쓸 돈은 있고, 권력을 위하여 부정하고 부패하는 데 사용할 돈은 있어도 하나님을 위해서 사용하는 돈은 아깝다고 생각합니다.
깊이 생각하며 돌아보아야 합니다.
하나님을 위해서 쓰는 것보다 나 자신을 위해 쓴 것이 많았는지 생각해봅시다.
자신을 위해서는 많은 것을 쓰면서 하나님을 위해서는 쓸 돈이 없다고 생각하지 않았습니까? 사치하는 세상은 망합니다.

둘째 천사가 하늘에서 외칩니다.
4-7절에서는 세상의 죄악상을 치시며 그동안 세상에 의해서 고난을 당했던 택한 백성들에게 간곡한 권면과 위로와 소망의 말씀으로 분부하십니다.

첫째는, 백성들을 향해서 '죄악 된 세상으로부터 나오라'고 하십니다.
"내 백성아, 거기서 나와 그의 죄에 참여하지 말고"(4절)

망하는 세상에서 하나님의 택하신 백성을 불러내시는 천사의 외침입니다.
망하는 세상에 택하신 백성이 있다면 하나님은 그들을 세상과 같이 망하도록 내버려 두시지 않을 것입니다.
반드시 거기서 불러내실 것입니다.

택하신 백성들이 그 곳에 있다면 그들 때문에 세상을 심판하시지 않겠다는 것이 하나님의 뜻입니다.

창세기 18장 16-33절 말씀을 보십시오.

하나님께서 아브라함에게 '소돔과 고모라를 심판하겠다'는 통보를 하셨습니다. 그 때 아브라함은 하나님께 간청합니다.

"이 성에 의인 50인이 있으면 의인을 함께 멸하시겠습니까?"

이에 하나님께서 말씀하십니다.

'의인 50인이 있다면 그들로 인하여 이 성을 심판하지 않겠다'

'45인이 있어도, 40인이 있어도, 30인이 있어도, 20인이 있어도, 10인이 있어도 멸하지 않겠다'

그러나 10인도 없었습니다. 그래서 망했습니다.

하나님은 롯의 가족을 구해 내신 것으로 만족했습니다.

그러나 롯의 아내는 중도에서 심판을 받고 망하고 말았습니다.

하나님께 대한 믿음이 부족했고, 세상을 사랑했기 때문에 망한 것입니다.

둘째는, 세상의 죄악은 하늘에 사무쳤습니다.

"그의 죄는 하늘에 사무쳤으며"(5절)

세상에 죄가 극에 달하면 하늘에까지 사무친다고 했습니다.

"여호와께서 사람의 죄악이 세상에 가득함과 그의 마음으로 생각하는 모든 계획이 항상 악할 뿐임을 보시고"(창 6:5)

인간 세상의 죄악이 극에 달한 것입니다.

하나님은 이러한 죄악 된 세상을 '홍수로 심판하실 결단'을 감행하신 것입니다.

"하나님은 그의 불의한 일을 기억하신지라"(5절)

악한 자들의 죄악을 보시며 기억하시는 하나님이십니다. 그런데 죄를 통회하고 회개하는 자의 죄는 사해주시고 다시는 그 죄를 기억하시지 않습니다.

그러나 죄를 회개하지 않는 자들의 악한 행위는 절대로 잊지 않으십니다.

그 죄악은 반드시 심판을 하십니다.

셋째는, 세상은 교만했습니다.

7절에서 말씀하시는 교만한 자들의 모습을 보십시오.

"그가 얼마나 자기를 영화롭게 하였으며"

세상 사람들은 무엇이든지 가지면 가질수록 교만해집니다.

지식을 가졌다고, 권세가 있다고, 재물을 가졌다고 교만해 합니다.

그러나 자연은 그렇지 않습니다.

자연은 가지면 가질수록 겸손해집니다.

들에서 무르익어가는 곡식들을 보면 알곡이 들어가면서 고개를 숙입니다. 알알이 들어갈수록 고개를 숙입니다. 이것이 자연의 법칙입니다.

그런데 사람들만은 그렇지 못합니다. 가지면 가질수록 교만해집니다.

교만한 자는 필시 망합니다.

"마음이 교만한 자를 내가 용납하지 아니하리로다"(시 101:5)

"여호와는 교만한 자의 집을 허시며"(잠 15:25)

"사람의 마음의 교만은 멸망의 선봉이요 겸손은 존귀의 길잡이니라"(잠 18:12)

모든 것을 가졌거나 많은 것을 가졌다면 겸손하고 감사해야 합니다.

이 모든 것이 다 하나님께로부터 왔다는 것을 시인하는 겸손한 신앙입니다.

다윗 왕은의 고백을 들어 보십시오.

"부와 귀가 주께로 말미암고 또 주는 만물의 주재가 되사 손에 권세와 능력이 있사오니 모든 사람을 크게 하심과 강하게 하심이 주의 손에 있나이다 우리 하나님이여 이제 우리가 주께 감사하오며 주의 영화로운 이름을 찬양하나이다"(대상 29:12-13)

다윗 왕은 모든 것을 가졌을 때 겸손한 믿음의 사람이 되었습니다.

세상은 죄 값으로 순식간에 망합니다.

세상 사람들이 영화를 쌓아 올릴 때는 오래 가지만, 망하는 것은 순식간입니다.

"그러므로 하루 동안에 그 재앙들이 이르리니"(8절)

하루 동안은 순식간입니다.

그 하루 동안에 망합니다. 짧은 시간에 망합니다.

망할 때에 사람들은 어떤 모습을 보입니까?

세상 바벨론은 스스로 교만합니다.

> "네가 네 마음에 이르기를 내가 하늘에 올라 하나님의 뭇 별 위에 내 자리를 높이리라 내가 북극 집회의 산 위에 앉으리라"(사 14:13)

스스로 영화롭다고 합니다.

"사치하고 평안히 지내며 마음에 이르기를 나뿐이라 나 외에 다른 이가 없도다"(사 47:8)라고 하며, '여호와를 향하여 교만한 자'(렘 50:29)가 되었습니다.

그런데 이 영화가 단 하루 만에 멸망합니다.

'하루 동안'이라는 말은 '순식간'(瞬息間)이라는 뜻입니다.

수백억, 수천억을 수십 년, 수백 년을 통해서 쌓았을지라도 망하는 것은 하루 이틀에 다 망하는 것입니다.

이런 예를 우리 주변에서 너무나 많이 보았고, 수없이 볼 수 있는 일입니다.

죄악의 세상은 심판을 받으나 하나님의 백성은 구원하십니다.

하나님은 죄인까지도 사랑하십니다.

그러나 죄를 회개하지 않는 자들을 사랑하지 않습니다.

회개하지 않는 자들은 심판하십니다.

그러나 하나님의 음성을 듣는 자들은 죄를 회개하고 돌아옵니다.

회개하고 돌아오는 백성들은 사랑하십니다.

이제 우리는 하나님의 음성을 들어야 합니다.

들을 귀를 열어야 합니다.

> "또 내가 들으니 하늘로부터 다른 음성이 나서 이르되 내 백성아, 거기서 나와 그의 죄에 참여하지 말고 그가 받을 재앙들을 받지 말라"(4절)

"귀신의 처소에서 나오라! 더러운 영들이 있는 곳에서 나오라! 더럽고 가증한 새들이 있는 곳에서 나오라!"고 하십니다.

"내 백성들아 죄에 참여하지 말라", "죄인들이 받는 재앙들을 받지 말라"

"그들의 죄는 하늘에 사무쳤다", "하나님은 그 불의한 일들을 기억하신다"

우리는 과거에 어떤 처지에 빠져 있었습니까?

귀신의 종들이었습니다.

더러운 영들이 우굴 대는 곳에 처해 있었습니다.

더럽고 가증스러운 구덩이에 빠져 있었습니다.

그런 우리를 하나님은 그 더러운 죄악에서 불러 내셨습니다.

예수 그리스도의 십자가의 보혈로 씻어 주셨습니다.

예수 십자가의 보혈을 믿음으로 구원을 얻게 하셨습니다.

하나님의 거룩한 자녀들로 삼아 주셨습니다.

하나님의 택하신 백성으로 살아야 합니다.

첫째는, 왕들이 가슴을 치며 통곡합니다.

9, 10절에서 사치와 영화를 누리던 왕들이 세상에서 자랑하던 것들에 불이 붙어서 타며 연기가 오른 것을 보면서 가슴을 치며 통곡을 합니다.

우리는 여기서 한 가지 '소돔과 고모라가 멸망해서 유황불에 탈 때 이것을 지켜보던 왕들의 심정이 어땠을지'를 생각해 봅니다.

심판의 불길은 먼 곳에서 타다가 꺼지는 것이 아닙니다.

이런 것들로 영광을 누리는 왕들에게 불길이 덮여 오는 것입니다.

바벨론이 망할 때 왕들이 이것을 바라보며 가슴을 치다가 왕들이 함께 멸망의 불 속에서 망했습니다. 로마가 그리하였고, 헬라가 그리했습니다.

어느 때든지 세상은 망합니다. 이 세상을 슬기던 자들도 망합니다.

오직 피할 수 있는 자들은 하나님의 음성을 듣고 믿으며 빨리 행동하며 거기서 빠져나오는 것입니다.

> "내 백성아, 거기서 나와 그의 죄에 참여하지 말고 그가 받을 재앙들을 받지 말라"(4절)

둘째는, 상인들과 재벌가들이 애통하며 웁니다.

> "땅의 상인들이 그를 위하여 울고 애통하는 것은 다시 그들의 상품을 사는 자가 없음이라 그 상품은 금과 은과 보석과 진주와 세마포와 자주 옷감과 비단과 붉은 옷감이요 각종 향목과 각종 상아 그릇이요 값진 나무와 구리와 철과 대리석으로 만든 각종 그릇이요 계피와 향료와 향과 향유와 유향과 포도주와 감람유와 고운 밀가루와 밀이요 소와 양과 말과 수레와 종들과 사람의 영혼들이라 바벨론아 네 영혼이 탐하던 과일이 네게서 떠났으며 맛있는 것들과 빛난 것들이 다 없어졌으니 사람들이 결코 이것들을 다시 보지 못하리로다"(11-14절)

이 말씀에서도 왕들을 비롯한 물질에만 최상의 마음을 둔 사람들에게도 망하는 절망을 보여줍니다.

나라가 망할 때 기업이 안 되고 상업이 불가능합니다.

돈을 잘 벌고 마음대로 돈을 벌어 모으던 상인들이 이제는 물건을 살 수도 없고, 팔 수도 없습니다. 그럴 물건들도 없어지고 말 것입니다.

그동안에 얼마나 많은 재물을 가지고 사치했습니까? 얼마나 교만하게 살았습니까? 약한 자들과 없는 자들을 얼마나 억울하게 했습니까?

우리는 이 사건을 대하면서 참으로 아픈 가슴을 쓸어내립니다.

왜냐하면 현대인들을 향해서 "부정적인 말을 하지 말라! 부정적인 설교를 하지 말라! 신자들이 들을 때 기분 좋은 설교를 하라! 부자 되는 말씀만 하라! 당신은 축복을 받을 수 있다는 설교만 하라!"는 주문만 요청되고 있습니다.

그렇다면 죄악으로 부패해가고 썩어져 가는 심판의 대상이 되는 세상을 정하게 하는 말씀을 누가 전한다는 말씀입니까?

그렇기 때문에 말씀하지 않을 수 없습니다.

현대사회의 구조적인 조직들을 보면 망할 짓을 일삼고 있습니다.

가장 많이 타락한 곳이 조직된 구조 속입니다.

정부가 조직된 구조입니다.

기업이나 교육계가 조직된 구조입니다.

그 속은 썩어가고 있습니다. 부패해 가고 있습니다.

놀면서도 잘 사는 사람들, 쉽게 알하면서도 사치를 누리는 사람들, 마음대로 하면서 원하는 것만큼 누리는 사람들이 모두 다 그 안에 있습니다.

그런 세상은 조만간 망합니다.

하나님께서 그 속이 부패하고 썩어가고 있는 것을 보시기 때문입니다.

하나님은 오래 참으시지는 않습니다.

심판을 하십니다.

세상은 망합니다.

'다 망하고 없어지는 그 날'이 '심판의 날'입니다.

믿는 우리 성도들은 세상을 부러워하지 말 것입니다.

인생의 일장춘몽
(요한계시록 18:15-20)

. . . . .

"바벨론으로 말미암아 치부한 이 상품의 상인들이 그의 고통을 무서워하여 멀리 서서 울고 애통하여 이르되 화 있도다 화 있도다 큰 성이여 세마포 옷과 자주 옷과 붉은 옷을 입고 금과 보석과 진주로 꾸민 것인데 그러한 부가 한 시간에 망하였도다 모든 선장과 각처를 다니는 선객들과 선원들과 바다에서 일하는 자들이 멀리 서서 그가 불타는 연기를 보고 외쳐 이르되 이 큰 성과 같은 성이 어디 있느냐 하며 티끌을 자기 머리에 뿌리고 울며 애통하여 외쳐 이르되 화 있도다 화 있도다 이 큰 성이여 바다에서 배 부리는 모든 자들이 너의 보배로운 상품으로 치부하였더니 한 시간에 망하였도다 하늘과 성도들과 사도들과 선지자들아, 그로 말미암아 즐거워하라 하나님이 너희를 위하여 그에게 심판을 행하셨음이라 하더라"

프랑스의 소설 작가 '에밀 졸라'(Emile Zola)가 쓴 '나나'(Nana)라는 장편소설은 '나나'라는 창녀의 인생을 다룬 이야기입니다.

가난한 집에서 태어난 그녀는 빼어난 미모와 매력적인 몸매를 가졌으나 천성적으로 음란한 여인이었습니다.

영화배우인 그녀는 연기로써는 호평을 받지 못했지만 미모와 매력적인 몸매로 뭇 남성들을 매혹시켰고, 인기가 많았습니다.

그녀는 돈을 위해서라면 어떤 남자든지 가리지 않고 몸을 팔며 매춘부의 삶을 살았으며, 남성들은 유명한 정치인, 백작, 은행가, 군인 장성들까지도 그녀에게서 벗어나지 못하고 쾌락의 포로가 되고 말았습니다.

'나나'는 돈을 위해서라면 매춘부 생활까지 마다하지 않았지만 그러한 그녀의 삶은 그녀에게 만족감을 안겨주지 못했으며, 천연두에 걸려 죽고 말았습니다.

결국은 돈도 다 소용 없게 되었고, 그녀의 미모와 매력에 미혹되어 살던 숱한 남성들도 다 함께 비참하게 망하고 말았습니다.

세상의 아름다움이나 재물이나 권력이나 쾌락은 영원한 것이 아닙니다.

도리어 생명을 앗아가는 사망의 지름길이 되고 맙니다.

인생은 일장춘몽(一場春夢)인 것입니다.

요한계시록 18장 15-20절은 '인생은 일장춘몽'이라는 것을 실감하게 됩니다.

사람들은 세상에서 자랑하고 소망하며 살았습니다.

그러나 세상은 인생의 사랑도, 자랑도, 소망도 지켜 주지 못했습니다.

'헛되고 공허한 세상'이 인생입니다.

성경(18:15-20)은 '세속적인 나라의 임금들, 상업인들, 무역업을 행하는 선박의 선장들이 최상의 권력과 권세를 누리는 즐거움을 누렸지만, 종래는 종말의 때를 당해서 자신들의 멸망으로 인한 고통으로 애통해 하며 슬퍼하는 장면'입니다.

이 말씀은 세 가지 유형으로 말하고 있습니다.

정치 지도자들의 멸망입니다.

성경에서 정치 지도자들이 축복을 받는 것과 망하는 것을 볼 수 있습니다.

9절에 '음행하고 사치하던 땅의 왕들이 그가 불타는 연기를 보고 위하여 울고 가슴을 치는 장면'을 보여주고, 15절 말씀 역시 '왕들, 혹은 강력한 세력자들이 지상에서 영향력을 행사하던 자들이 애통하는 모습'을 말해 주고 있습니다.

이 세력가들은 바벨론과 음행을 하고 그 유혹에 빠져서 사치를 즐겼습니다.

이들이 바벨론이 불타는 연기를 보면서 당한 고난을 인하여 두려워 떨며 슬퍼하고 울고 있는 장면입니다.

> "화 있도다 화 있도다 큰 성이여 세마포 옷과 자주 옷과 붉은 옷을 입고 금과 보석과 진주로 꾸민 것인데 그러한 부가 한 시간에 망하였도다"(계 18:16-17)

인생의 즐거움이란 영원한 것은 아닙니다.

얼마나 사치스럽게 꾸미는 인생들입니까?

우리는 이런 부류에 속한 자들의 이름을 대며 일일이 열거할 수 있습니다.

굳이 그 이름들을 열거하지 않아도 알 사람들은 다 알고 있는 사실입니다.

그들의 사치스러운 즐거움이 끝까지 자랑스러웠습니까?

그렇지 않습니다.

사도 요한이 말하는 '바벨론'은 당시의 '로마'를 상징한 것입니다.

하나님은 요한계시록이 세상에 존재하도록 '로마'라는 말을 문자적으로 계시하지 않고, 상징적으로 묘사하셨습니다.

만일 '로마'라고 문자적으로 계시했다면 이 말씀은 로마 권력자들에 의해서 불살라지고 말았을 것이 자명한 일입니다.

하나님은 이 요한계시록을 '교회를 박해하는 로마의 권세자들이 알아볼 수 없도록 하기 위해서 은유적이고 상징적인 묘사로 기록'할 수 있게 하셨습니다.

성경이 말하는 '바벨론 왕'은 '로마의 왕들'을 상징하는 것입니다.

망하지 않는 나라는 유대 왕국입니다.

> "여호와께서 내 일에 대해 말씀하시기를 만일 네 자손들이 그들의 길을 삼가 마음을 다하고 성품을 다하여 진실히 내 앞에서 행하면 이스라엘 왕위에 오를 사람이 네게서 끊어지지 아니하리라 하신 말씀을 확실히 이루게 하시리라"(왕상 2:4)

이 말씀은 하나님께서 '다윗'에게 하신 말씀입니다.

'다윗'은 하나님께로부터 받은 말씀을 자신이 그대로 믿고 순종하면서 그 아들 '솔로몬'에게 이 말씀을 그대로 전했습니다.

다윗에게 약속하신 '망하지 않는 나라'는 '교회'를 상징합니다.

'교회'는 '지상에서 보여주는 하나님의 나라'입니다.

지상의 교회를 통하여 하나님의 나라를 볼 수 있고, 알 수 있는 계시입니다.

교회는 하나님의 나라를 말씀으로 전파합니다.

> "예수께서 비로소 전파하여 이르시되 회개하라 천국이 가까이 왔느니라"(마 4:17)

> "너희는 온 천하에 다니며 만민에게 복음을 전파하라"(막 16:15)

성경말씀을 전하는 것으로 끝내지 않고, 이 말씀을 믿고 순종해야 합니다.

이 말씀은 '예수 그리스도의 시대가 이루어질 때까지'를 약속하신 것입니다.

다윗 왕국은 예수 그리스도께서 세상에 나실 때까지 그 왕조가 끊어지지 않았으나, 망하는 나라는 '이스라엘'입니다.

'이스라엘'은 솔로몬의 아들 '르호보암 때 분단된 나라'입니다.

'북쪽 이스라엘'은 하나님이 아닌 우상을 섬기는 배교된 '적그리스도'입니다.

세상을 사랑하는 권력구조였습니다.

이스라엘은 왕조가 계속해서 바뀌었습니다.

하나님을 버리고 세상을 사랑하는 나라는 망할 수밖에 없습니다.

"그와 함께 음행하고 사치하던 땅의 왕들이 그가 불타는 연기를 보고 위하여 울고 가슴을 치며"(9절)

하나님을 떠나서 인간이 생각하는 대로 사는 세상은 인간의 행복과 번영을 보장 받을 수 없습니다.

한 가지 분명한 것은 '망하는 것'입니다.

사업가와 상인들의 멸망입니다.

15-18절의 망하는 장면들과 11-13절 말씀을 보면 세상 사람들은 '금, 은, 보석, 진주, 세마포, 자주옷감, 비단, 붉은 옷감, 각종 향목, 상아기명, 값진 나무, 진유, 철, 옥석, 계피, 향료, 향과 향유, 유향과 포도주, 감람유, 고운 밀가루, 밀, 소, 양, 말, 수레, 종들'을 의지하며 소망을 삼았고, 사치스러운 생활을 했습니다.

세상의 물질과 사치 생활에 마음을 빼앗겼던 자들이었습니다.

이는 영광이 아니었고, 그 상품들의 가치가 없어짐으로 애통하며 슬퍼합니다.

누가복음 12장 16-21절에 보면 부유한 자들은 그 풍성한 것으로 스스로 자랑하며 만족했고, 그 풍성한 것들을 쌓아 둘 큰 창고를 지어서 거기에 쌓아 놓고 스스로를 위로하며 향락에 취했습니다.

그러나 하나님은 "어리석은 자여 오늘 밤에 네 영혼을 도로 찾으리니 그러면 네 준비한 것이 누구의 것이 되겠느냐 하셨으니 자기를 위하여 재물을 쌓아 두고 하나님께 대하여 부요하지 못한 자가 이와 같으니라"(20-21절)고 하셨습니다.

인간이 자신의 육체만을 위해 쌓아둔 모든 것들은 일순간에 망하게 됩니다.

사람들은 '행복한 삶의 기준'을 '재물'(財物)에 둡니다.

물론 사람에게 재물이 필요하지만, 재물이 삶의 목적은 아닙니다.

사람은 재물을 모을 목적을 가지고 세상에 태어나지 않았습니다. 세상을 살아가면서 사람이 재물을 따르는 것이 아니라, 재물이 사람을 따라오게 해야 합니다.

그런데 사람들은 오직 재물 모으는 것을 목표로 삼습니다.

재물을 가지면 인간의 지위가 높아진 것으로 생각합니다.

타락한 세상에서는 재물이 있으면 사람의 권위를 높이려고 하고, 존경받으려고 합니다. 재물을 '사람의 지위'로 생각하는 것입니다.

사람들은 돈을 벌기 위해서 정경유착(政經癒着)을 합니다.
정부의 권력을 등에 업고 장사를 하고 사업을 합니다.
권력층에서는 특정한 사람들에게 돈을 벌 수 있도록 힘을 실어줍니다.
정부의 힘을 입어서 사업하는 사람들이 많습니다.
이것이 '부정부패의 원인'이 되는 것입니다.

이런 일은 지연(地緣)이나 학연(學緣)으로 이어지고, 이해관계로 이어집니다.
이렇게 얽힌 관계는 장기집권으로 이어지기를 바라는 것입니다.
정부의 집권자가 물러나면 상고들은 사업하기가 어려워집니다.
그러다가 새로운 권력이 들어서면 그들에게 뇌물을 퍼주어야 합니다.
이 모든 일들은 정직하지 못하기 때문에 미래가 없습니다.
권력자도 영원하지 못하고, 상고들도 영원하지 못합니다.
우리는 이런 일들을 역사 속에서 얼마든지 볼 수 있습니다.

망할 줄 몰랐는데 망합니다.
망할 때 그 모습을 보고 탄식합니다.

  "바벨론으로 말미암아 치부한 이 상품의 상인들이 그의 고통을 무서워하여 멀
  리 서서 울고 애통하여 이르되 화 있도다 화 있도다 큰 성이여 세마포 옷과
  자주 옷과 붉은 옷을 입고 금과 보석과 진주로 꾸민 것인데 그러한 부가 한
  시간에 망하였도다"(15-17절)

세상을 사랑하다가 하나님을 버린 세상은 망합니다.
재물을 탐하는 자에게 성경은 말합니다.

  "네가 하나님의 선물을 돈 주고 살 줄로 생각하였으니 네 은과 네가 함께 망할
  지어다"(행 8:20)

돈을 사랑하는 자도 망하고, 권력을 사랑하는 자도 망하고, 세상을 사랑하는 자
도 망합니다.

한 시간에 망합니다.
"한 시간에 망하였도다"(18:10, 19)라는 말씀을 봅니다.
'한 시간'은 '시간적인 여유가 없이 삽시간'입니다.

전쟁으로 인해서 망하는 것도 아니고, 자연적인 재난이나 재해로 인해서 망하는 것도 아닙니다.

삽시간에 일어날 일입니다. 허무하고 허탈한 순간입니다.

그토록 소망하며 살면서 쌓아왔던 것들이 순식간에 망하게 되었으니 이 얼마나 허망한 일입니까?

이처럼 '처절하게 망하는 것'은 '하나님께 용서받지 못한 죄 값'입니다.

용서받지 못할 죄는 하나님을 부인하고, 말씀을 부인하는 것입니다.

자신의 고집대로 살아가는 것입니다.

자신의 고집이 하나님을 부인하게 하고, 말씀을 부인하게 합니다.

자신의 생각대로 사는 행위는 하나님을 떠나는 태도입니다.

하나님을 떠나는 자는 하나님이 보장해 주시지 않습니다.

> "너희가 많은 것을 바랐으나 도리어 적었고 너희가 그것을 집으로 가져갔으나 내가 불어 버렸느니라 나 만군의 여호와가 말하노라 이것이 무슨 까닭이냐 내 집은 황폐하였으되 너희는 각각 자기의 집을 짓기 위하여 빨랐음이라"(학 1:9)

하나님의 백성들에게 기쁨이 있습니다. 분명히 망하는 세상이 있습니다.

그러나 망하지 않는 세상도 있습니다.

> "하늘과 성도들과 사도들과 선지자들아, 그로 말미암아 즐거워하라 하나님이 너희를 위하여 그에게 심판을 행하셨음이라 하더라"(20절)

사도 요한은 하늘의 성도들과 사도들, 선지자들에게 하신 말씀을 들었습니다.

이들은 세상을 사랑하는 자들에게 고난과 핍박과 박해와 멸시와 천대와 굴욕을 받았습니다. 헐벗음과 굶주림을 당했습니다. 순교를 당했습니다.

세상을 사랑하는 무리들은 자신들 앞에서 쓰러져가는 성도들을 보면서 '저주'라고 생각했지만 하나님께서는 성도들과 사도들과 선지자들을 위하여 하늘에 영원한 처소를 예비하시고 그 곳에 거하게 하셨고, 성도들을 신원(伸寃)해 주셨습니다.

세상에서 자랑하는 인생의 부귀영화는 일장춘몽입니다.

영원한 것이 아닙니다.

믿음의 성도들만이 영원한 소망이 있습니다.

다시 볼 수 없는 세상
(요한계시록 18:21-24)

. . . . .

"이에 한 힘 센 천사가 큰 맷돌 같은 돌을 들어 바다에 던져 이르되 큰 성 바벨론이 이같이 비참하게 던져져 결코 다시 보이지 아니하리로다 또 거문고 타는 자와 풍류하는 자와 퉁소 부는 자와 나팔 부는 자들의 소리가 결코 다시 네 안에서 들리지 아니하고 어떠한 세공업자든지 결코 다시 네 안에서 보이지 아니하고 또 맷돌 소리가 결코 다시 네 안에서 들리지 아니하고 등불 빛이 결코 다시 네 안에서 비치지 아니하고 신랑과 신부의 음성이 결코 다시 네 안에서 들리지 아니하리로다 너의 상인들은 땅의 왕족들이라 네 복술로 만국이 미혹되었도다 선지자들과 성도들과 및 땅 위에서 죽임을 당한 모든 자의 피가 그 성 중에서 발견되었느니라 하더라"

세상을 보면서 사람들이 살아가는 모습을 봅니다.
사람들은 소망을 가지고 살아갑니다.
사람이 소망을 가지고 산다는 것은 참으로 아름다운 일입니다.
그런데 그 '소망이 무엇이며 어떤 것인가'를 제대로 알아야 합니다.
사람들이 찾고 구하는 소망을 두 가지 면에서 생각할 수 있습니다.
하나는 땅에서 잘 살고 성공하는 소망이고, 다른 하나는 영적인 소망입니다.
'하나님 나라에 소망을 가지는 것'입니다.

요한계시록 18:21-24절 말씀은 인간이 소망하는 현실의 이상도, 영적인 소망도 다 잃어버리고 말게 된다는 것을 경고합니다.
이 말씀은 이미 예레미야 선지자를 통해서 선언하신 말씀입니다.

"내가 그들 중에서 기뻐하는 소리와 즐거워하는 소리와 신랑의 소리와 신부의 소리와 맷돌 소리와 등불 빛이 끊어지게 하리니"(렘 25:10)

이 말씀이 사도 요한에게 다시 들려지고, 이 시대에 다시 응한 것입니다.

우리 시대도 우리나라에서 나라의 지도자들을 선거로 뽑습니다.

대통령을 하겠다는 사람들이 수십 명에 이릅니다.

대통령이 되겠다는 예비후보들이 나서서 저마다 공약을 내세우고 '자신이 가장 적임자'라고 자처합니다. 그런데 이분들의 주장에는 공통점이 있습니다.

'잘 사는 대한민국을 자신이 만들겠다', '자신만이 할 수 있다'는 것입니다.

이분들의 주장을 들으면서 대통령감이 하나도 없다는 것을 느꼈습니다.

왜냐하면 우리나라에서 대통령을 지낸 분들 중에는 전체 국민들의 마음에 남은 대통령은 한 분도 없습니다.

모두가 다 지지율이 30%에도 미치지 못한 분들이었습니다.

그것은 '인간인 자신이 무엇을 하겠다는 교만 때문'이었습니다.

인간의 소망은 하늘에 있습니다.

땅에서 잘 사는 것도 하나님이 주시지 않으면 불가능합니다.

하늘에 소망을 두어야 합니다. 아무리 땅에서 성공을 기대한다고 해도 하나님이 허락하지 않으시면 다시 볼 수 없는 종말을 맞고 마는 것입니다.

성경은 '다시 볼 수 없는 세상이 되고 말 것'이라고 선언하십니다.

사도 요한은 '다시 볼 수 없는 세상이 될 것'이라는 하나님으로부터 받은 계시의 말씀을 듣고 기록했습니다.

이것이 '요한계시록의 결론이며, 기록한 목적'입니다.

하늘에 소망을 두는 자만이 영원히 남습니다.

세상에는 소망이 없습니다.

그러나 하나님의 나라에 소망을 가지는 자는 영원히 남습니다.

사도 요한은 하나님이 말씀하시는 '다시 볼 수 없는 세상'을 봅니다.

어떤 것들을 다시 볼 수 없는지 봅니다.

세상을 다시는 볼 수 없을 것입니다.

> "이에 한 힘 센 천사가 큰 맷돌 같은 돌을 들어 바다에 던져 이르되 큰 성 바벨론이 이같이 비참하게 던져져 결코 다시 보이지 아니하리로다"(21절)

하나님은 한 힘센 천사를 보내셔서 큰 맷돌을 들어서 바다에 던져버리게 하시는데, 바다에 던져진 돌은 바닷물 속에 떨어져서 다시는 볼 수 없게 되었습니다.

상징적인 비유입니다.

'맷돌'은 '바벨론'을 상징한 것이고 바벨론은 '로마'를 상징하는데, 로마는 현실적이며 이 교훈은 '세상'을 상징한 것입니다.

하나님은 노아 때 홍수 심판으로 세상을 물속에서 쓸어버렸습니다.

소돔과 고모라가 불의 심판으로 불 속에서 다 타버리게 해 버렸습니다.

다시는 볼 수 없는 세상이 되고 말았습니다.

세상은 서서히 망하다가 없어지는 것이 아닙니다. '순식간'에 없어집니다.

18장 10, 17, 19절에서 '한 시간에'라는 말씀을 이미 들었습니다.

시간적인 여유가 없습니다. 총알이 목표물을 향하여 날아가는 순간입니다.

이미 총알은 목표물에 맞았습니다. 빛은 소리보다 빠른 것입니다.

성경은 "한 힘 센 천사가 큰 맷돌 같은 돌을 들어 바다에 던졌다"고 했습니다.

천사가 던진 맷돌은 순식간에 바닷물 속에 빠져 버립니다.

이것이 망하는 세상입니다. 세상은 이렇게 순식간에 망하게 될 것입니다.

다시는 볼 수 없을 것입니다.

예술을 즐기던 세상을 다시는 볼 수 없을 것입니다.

> "또 거문고 타는 자와 풍류하는 자와 퉁소 부는 자와 나팔 부는 자들의 소리가 결코 다시 네 안에서 들리지 아니하고 어떠한 세공업자든지 결코 다시 네 안에서 보이지 아니하고 또 맷돌 소리가 결코 다시 네 안에서 들리지 아니하고"(22절)

다시는 들을 수도 없고, 볼 수도 없습니다.

인생의 낙을 즐길 때는 음악이 있어야 합니다.

예나 지금이나 향락(享樂)에는 음악이 있어야 즐거움의 맛을 누립니다.

그러나 하나님의 심판을 받을 때 음악이 없어졌습니다.

음악이 없는 세상은 참으로 삭막합니다.

현대인들이 청소년들이나 젊은 층이나 노인층에 이르기까지 가장 많이 운집하는 곳이 영화관이나 연극장 같은 '예술을 즐기는 집합체'입니다.

주일이면 교회에는 사람들이 없지만 열린 음악회에는 사람들이 구름떼처럼 모입니다. 축구경기장이나 야구경기장에는 인산인해를 이룹니다.

사람들은 이곳이 '자신들의 소망을 이루는 곳'이라고 생각합니다.

그러나 이런 세상을 천사가 맷돌을 바다에 던져버리는 것과 같이 던져 버려서 망하고 다시는 볼 수 없는 세상이 되고 말 것입니다.

우리 성도들은 기도하고 찬송해야 합니다.
하나님께 예배하는 믿음을 가져야 합니다.
'세상은 없어질 것'을 알아야 하고, 잊지 말아야 합니다.

장인(匠人)들을 다시 볼 수 없을 것입니다.
  "어떠한 세공업자든지 결코 다시 네 안에서 보이지 아니하고"(22절 하)

'세공업자'(細工業者)는 '기술자, 전문인들'입니다.
현대사회는 과학자들, 엔지니어들, 공장에서 생산을 이루어내는 기능인들이 최고의 대우를 받으며 부요를 누립니다.
과학의 문화를 이루어 빛을 발했던 이들은 타락하지 않았지만 교만해졌습니다.
하나님을 무시하는 형태로 변질되었습니다.
그러나 이러한 모든 사람들이 마지막 그 날에는 다 같이 없어질 것이고 다시는 볼 수 없을 것입니다.

무엇을 자랑할 수 있습니까?
기술이 있고 재능이 있다면 육체를 위하여 쓰지 말고 인생의 올바른 목적을 위하여 쓰고 살아야 합니다.
'하나님의 영광을 위하여 사는 것'이 '인생의 최대 목적'입니다.
세상에서 인생들의 자랑은 다시는 들을 수도 없고, 볼 수도 없을 것입니다.

인간의 노동이 다시는 쓸모가 없을 것입니다.
  "등불 빛이 결코 다시 네 안에서 비치지 아니하고"(23절)

'등불 빛'은 '프호스 뤼크노스'(φῶς λυχνος) '인공적인 등불'이라는 뜻입니다.
'사람이 만든 등불'입니다. '전깃불'을 말합니다.
사람들은 생산성을 올리기 위해서 등불을 밝히고 야간에도 작업을 합니다.
그러나 이 자랑스러운 일들이 무익하게 될 날이 이를 것입니다.

하나님의 힘센 천사들은 그 권력자들을 맷돌을 바다에 던짐 같이 던져 버린다고 합니다.

깊은 바다에 떨어져 버린 맷돌은 다시는 볼 수 없습니다.

정치 권력자도 이렇게 망할 것입니다. 권력의 도성은 사라지고 말 것입니다.

즐거움이 없는 어두움, 기쁨이 없는 암흑이 될 것입니다.

다음은, 음악소리가 들리지 않습니다.

인간이 사는 세상에는 음악이 있어야 합니다.

얼굴에 웃음이 있고, 마음의 평안이 있어야 합니다. 그것이 음악입니다.

그러나 다시는 음악소리를 듣지 못하게 될 것입니다.

이 얼마나 삭막한 세상입니까?

그 다음은, 장인이나 기술자가 없어지게 될 것입니다.

지금은 소위 '4차 산업혁명 시대'라고 합니다. 인간의 기술력을 자랑합니다.

그런데 그 기술이 소용이 없습니다. 물건을 만들 수도 없고, 만들어진 물건을 팔지도 못합니다. 무역이 끊어지고 말 것입니다.

참으로 비참한 것은 등불의 빛이 끊어져 버리고 말 것입니다.

다시는 빛이 없고, 어두움의 세상이 될 것입니다. 바로 지옥이 될 것입니다.

이스라엘이 그렇게 되었고, 바벨론이 그렇게 망했고, 오늘을 비롯해서 내일의 미래에도 있어질 '심판의 사건'입니다.

인간은 '회개하지 않기 때문에(계 16:9, 10) 망할 것'입니다.

인간이 살아남기 위해서 밤잠을 자지 않고 야간작업을 하면서까지 힘을 쓰고, 땀을 흘리고, 노력을 하지만, 하나님이 심판하시는 그 날에는 인간의 등불이 소용이 없어집니다.

신랑 신부를 다시는 볼 수 없을 것입니다.

"신랑과 신부의 음성이 결코 다시 네 안에서 들리지 아니하리로다"(23절)

현대인들의 현실의 삶은 어떠합니까?

젊은 청년들이 연애를 포기하고, 결혼을 포기하고, 자녀 낳는 것을 포기합니다. 이것을 이름 하여 '엔포 세대(N抛世代)라고 합니다.

이것이 곧 세상이 망해 가는 모습의 일면이기도 합니다.

'신랑과 신부의 음성이 결코 다시 네 안에서 들리지 않는다'는 것은 결혼하는 사람이 없을 것입니다. 참으로 무서운 일입니다.

사람이 생육하고 번성해야 하는데, 결혼이 없는 세상은 소망이 없습니다.

그런 세상은 이미 끝난 것입니다.

부자들과 권력자들을 다시는 볼 수 없을 것입니다.

"너의 상인들은 땅의 왕족들이라 네 복술로 말미암아 만국이 미혹되었도다"(23절)

부와 권력을 누리던 자들도 없어질 것입니다.

"복술을 인하여 미혹된 자들"

우상(偶像)을 섬긴 것입니다.

이 모든 것들은 다 맷돌에 속한 것들입니다.

세상은 하나님의 진노의 심판을 받을 것입니다.

어느 것 하나도 남아서 존재하지 않을 것입니다.

다 망할 것입니다. 다 없어질 것입니다. 하나라도 남는 기적은 없을 것입니다.

오직 망하지 않는 세계가 있습니다.

"선지자들과 성도들과 및 땅 위에서 죽임을 당한 모든 자의 피가 그 성 중에서 발견되었느니라"(24절)

선지자들과 성도들은 세상의 악의 세력에 의해서 핍박을 당했습니다.

환난을 당했습니다. 고통과 고난을 당했습니다. 피 흘리는 순교를 당했습니다.

악한 자들이 볼 때 가장 저주 받는 자들처럼 보였습니다.

불신자들은 성공하고 부를 누리고 권세를 누리는데, 믿는 자들은 가난하고, 궁핍하며, 고난을 당하며, 박해를 받습니다. 저주 받는 자들 같아 보입니다.

하나님은 이 성도 한 사람, 한 사람을 돌아보시고 신원하시고 지켜주십니다.

영원한 하나님의 집으로 인도하셔서 하나님과 함께 영생과 영광을 누리게 하십니다.

세상은 심판을 받고 다시는 볼 수 없습니다.

하나님의 성도들은 구원을 받고 영생을 얻고 영원히 하나님의 집에서 영생을 누립니다.

제19장 어린 양의 혼인 잔치

■ 주제성구 "또 내가 하늘이 열린 것을 보니 보라 백마와 그것을 탄 자가 있으니 그 이름은 충신과 진실이
라 그가 공의로 심판하며 싸우더라"(11절)
■ 주제찬송 ♬ 175장 신랑 되신 예수께서 다시 오실 때 ‖ 247장 보아라 저 하늘에 백마 타고 계신 주님

서론

본 장은 악의 세력을 완전하게 소멸하시는 그리스도의 최후 승리가 소개되고 있습니다.
바벨론의 멸망을 찬양하는 하늘의 허다한 무리와 이십사 장로, 네 생물 그리고 큰 무리의 순서로 네
번이 찬양이 여기서 물려 퍼지며, 어린 양의 혼인 잔치 또한 여기에서 찬양되고 있습니다.
그리스도는 흰 말을 타고 오셔서 짐승과 최후의 격전을 치르시는데 악의 세력이 결국은 타는 불 못에
던져지는 장면이 본 장의 끝을 장식합니다. 특히 신랑 되신 그리스도의 위엄 있는 모습을 보게 됩니다.
그는 하나님의 영광과 존귀를 가진 자이시며, 만주의 주이십니다.

본론

어린 양의 혼인 잔치(1-10절)

요한은 많은 무리가 외친 큰 음성을 듣습니다. 그것은 하나님께서 그의 능력으로 악한 바벨론을 멸하
시고, 자기 백성의 원수를 갚으시고, 온전히 승리하셨기 때문입니다. 그들은 하나님의 의로우신 심판
을 찬양하고 있습니다. 이십 사 장로와 네 생물이 '아멘', '할렐루야'로 찬양합니다. 감사의 마음이 벅차
오르고 넘쳐서 '아멘', '할렐루야' 두 마디 밖에 못합니다. 허다한 큰 무리, 곧 모든 천사와 성도들이 찬
양합니다. 그들은 구원을 성취시키고 혼인 잔치를 베푸십니다. 어린 양의 혼인 기약이 이르렀고, 그 아
내가 예비 되어 깨끗하고 빛난 세마포 옷을 입혀 주었기 때문입니다. 이런 찬양은 한두 수일로 끝나는
것이 아니라 영원무궁토록 계속되는 것입니다. 혼인 잔치의 신부는 우리 성도들입니다.

그리스도의 재림(11-16절)

요한은 다시 하늘이 열린 것을 봅니다. 거기에 보니까 해의 상징인 백마 탄 자가 보입니다. 백마 탄 자
는 그리스도이십니다. 그리스도는 공의의 심판자로 불꽃처럼 빛나는 눈을 가지고 온 천하를 다스리는
왕이시므로 그 머리에는 많은 면류관을 쓰셨습니다. 옷은 피 뿌린 옷을 입으시고, 하늘에 있는 군사들
이 세마포 옷을 입고 그리스도를 호위하고 따랐습니다. 예리한 칼을 입에 무시고, 손에 철장을 들고 입
성하십니다. 주님이 세상에 계실 때는 나귀를 타고 평화의 왕으로 입성하셨는데 지금은 그 때와는 대
조적입니다. 악을 처리하시려고 만왕의 왕으로 오사는 주님을 아무도 피할 수 없습니다. 만민 앞에 주
님의 통치와 권세가 드러나며, 그 앞에 굴복당하지 않을 것은 하나도 없습니다.

아마겟돈 전쟁(17-21절)

요한이 또 보니까 주님이 완전한 승리를 거두시고 영광의 파티를 여십니다. 주님은 이 파티를 준비하시고
먼저 사람을 초청하십니다. 이 승전 파티에는 그리스도와 함께 전투에 참여한 성도들이 모두 참석하게 됩
니다. 그런데 요한은 그리스도의 대적자들이 그리스도와 그의 군대를 대항하기 위하여 모이는 것을 봅니
다. 악의 무리들은 이제 최후의 발악을 하며 힘을 합하여 마지막 공세를 취합니다. 온갖 이적과 기적으로
미혹합니다. 그러나 결국은 짐승과 거짓 선지자가 그리스도의 포로가 되어 지옥에 던져집니다. 세상을 미
혹하며 그리스도에게 대항했던 사탄과 적그리스도의 세력들이 모두 영원한 지옥에 던져지게 됩니다. 최후
의 승리는 그리스도에게 있습니다. 그리스도 외에 의지할 대상은 아무도 없습니다.

결론

하늘에 있는 허다한 무리가 찬양으로 주께 영광을 돌리듯이 우리 성도들도 우리의 삶 한 가운데서 찬
양으로 주께 영광을 돌려야 합니다. 찬양은 우리가 매일 매일 예수의 이름으로 하나님께 드려야 하는
제사이며, 주의 이름을 증거하는 입술의 열매입니다. 우리 중에 이 일을 할 수 없는 사람은 아무도 없
습니다. 주님은 우리를 악의 세력 가운데 건져내셨습니다. 그리고 우리를 양육하시고 정결하고 흠 없
는 자로 만드셔서 마침내 혼인 잔치를 베푸신 후 신부로 맞이하십니다. 주님과 성도들이 함께 하는 혼
인 잔치는 사탄과 그에 의해 조종되었던 세상 사람들과, 특히 이적으로 사람들을 미혹하던 거짓 선지
자들이 심판 받는 자리가 됩니다. 우리는 그리스도의 의를 입고 의롭고 경결한 삶을 살아가야 합니다.
그리스도인은 오직 하나님만 경배해야 합니다.

■ 장명가 "어린 양 혼인이 열리니 신부는 세마포 입었네 · 만왕 왕 흰 군대 데리고 원수를 싸워서 멸하네
주님이 오신다 흰 예복 입고 주 맞으라 · 주님이 오신다 등불을 켜들고 맞으라"(♪ 270장 변찮는 주님의 사랑과)

천국의 혼인 잔치
(요한계시록 19:1-10)

· · · · ·

"이 일 후에 내가 들으니 하늘에 허다한 무리의 큰 음성 같은 것이 있어 이르되 할렐루야
구원과 영광과 능력이 우리 하나님께 있도다 그의 심판은 참되고 의로운지라 음행으로
땅을 더럽게 한 큰 음녀를 심판하사 자기 종들의 피를 그 음녀의 손에 갚으셨도다 하고
두 번째로 할렐루야 하니 그 연기가 세세토록 올라가더라 또 이십사 장로와 네 생물이
엎드려 보좌에 앉으신 하나님께 경배하여 이르되 아멘 할렐루야 하니 보좌에서 음성이
나서 이르시되 하나님의 종들 곧 그를 경외하는 너희들아 작은 자나 큰 자나 다 우리 하
나님께 찬송하라 하더라 또 내가 들으니 허다한 무리의 음성과도 같고 많은 물소리와도
같고 큰 우렛소리와도 같은 소리로 이르되 할렐루야 주 우리 하나님 곧 전능하신 이가
통치하시도다 우리가 즐거워하고 크게 기뻐하며 그에게 영광을 돌리세 어린 양의 혼인
기약이 이르렀고 그의 아내가 자신을 준비하였으므로 그에게 빛나고 깨끗한 세마포 옷을
입도록 허락하셨으니 이 세마포 옷은 성도들의 옳은 행실이로다 하더라 천사가 내게 말
하기를 기록하라 어린 양의 혼인 잔치에 청함을 받은 자들은 복이 있도다 하고 또 내게
말하되 이것은 하나님의 참되신 말씀이라 하기로 내가 그 발 앞에 엎드려 경배하려 하니
그가 나에게 말하기를 나는 너와 및 예수의 증언을 받은 네 형제들과 같이 된 종이니 삼
가 그리하지 말고 오직 하나님께 경배하라 예수의 증언은 예언의 영이라 하더라"

이 세상을 살아오면서 사람으로서 경험해야만 했던 고난과 고통, 괴로움, 아픔,
슬픔, 걱정, 근심, 염려, 불안은 이제는 막을 내렸습니다.

많은 사람들이 이 얼마나 고대하며 소망하던 일입니까?

그렇지만 고대한다고 해서 누구나 이 행복을 누리는 것은 절대로 아닙니다.

천국의 혼인 잔치에 초대 받은 성도들만이 누릴 수 있는 행복한 축복입니다.

성경은 천국의 혼인 잔치가 열리는 장면을 보여줍니다.

사도 요한은 하나님의 성령의 인도하심을 받아 천국에서 혼인 잔치가 열리는
것을 보았습니다.

그 잔치는 아주 특이했습니다. 세상에서 보던 잔치와 같은 것이 아니었습니다.

물론 세상에서 일어나는 잔치에도 초대 받은 사람들이 갑니다.

그 곳에 갈 때는 옷을 곱게 차려 입고 축의금을 들고 갑니다.

잔치에서는 음식도 먹지만 술도 마시고 세속적인 춤도 춥니다.

그리고 술에 취한 사람들이 싸우기도 하고 서로 자기가 잘났다고 자랑하고 교만을 떨기도 합니다.

그러다가 잔치는 해산되고 각자 떨떨한 마음으로 돌아갑니다.

그러나 천국에서 베풀어지는 잔치는 전혀 다릅니다.

무엇이 어떻게 다른지 자세하게 살펴봅니다.

이 잔치의 광경을 지켜보면서 마음이 매우 흥분됩니다.

왜냐하면 그 잔치가 바로 우리를 위한 잔치이기도 하기 때문입니다

사도 요한이 천국에서 베풀어지는 잔치를 보고 기록했는데, 세상에서 일어나는 잔치와는 사뭇 다릅니다.

하나님이 베푸신 잔치입니다.

천국에서 성대하게 베풀어지는 잔치가 있습니다.

　"우리가 즐거워하고 크게 기뻐하며 그에게 영광을 돌리세 어린 양의 혼인 기약
　이 이르렀고 그의 아내가 자신을 준비하였으므로"(7절)

천국에서 열리고 있는 잔치는 혼인 잔치입니다.

이 '잔치'는 말 그대로 '즐거운 일이며, 기쁜 일이며, 영광스러운 일'입니다.

사도 요한은 천국 잔치에서 크게 외치는 즐거움과 기쁨과 영광을 돌리는 '세 번의 음성'을 들었습니다.

첫 번째 외치는 찬양의 음성입니다.

'알렐루야'(ἀλληλουϊά)라고 부르는 '찬양의 음성'이었습니다(19:1, 3).

구약성경에서는 히브리어로 '할랄루야(הַלְלוּיָהּ)라는 말입니다.

'할랄루'(הַלְלוּ)는 '자랑한다, 칭찬한다, 찬양한다'는 뜻입니다.

'야'(יָהּ)는 '주'라는 말입니다.

'주님을 찬양합니다'는 말로 우리말에는 '할렐루야'(Hallelujah)로 번역되었습니다.

혼인 잔치에 모인 천사의 무리들이 주님을 찬양합니다.

'하늘에 허다한 무리의 큰 음성이 할렐루야를 부르는 찬양이 있었습니다.

'알렐루야!' 구원과 영광과 능력을 주신 하나님께 찬양합니다.

'하나님을 찬양하는 이유'는 '구원을 베푸신 그 은혜를 찬양하는 것'입니다.

천사들은 하나님께서 행하시는 일을 처음부터 마지막까지 지켜보았습니다.

세상에서 죄악으로 시험과 시련을 받으며 그로 인하여 고난과 고통을 당하며 슬픔과 저주의 죽음을 당하는 지옥에까지 버려지는 인간 세계를 보았습니다.

하나님은 이 비참한 죄악에 빠진 택한 백성들을 구원해 내셨습니다.

예수 그리스도의 십자가에 대속하신 그 사랑과 능력으로 인간의 죄를 사하시고 인류를 구원하시는 하나님의 능력(계 19:2), 구원받은 성도들을 가장 아름답고 귀한 신부로 부르셔서 신랑이신 그리스도 앞에서 혼인 잔치를 행하시는 것을 보았습니다.

천사의 무리들은 하나님께서 이 혼인 잔치의 영광과 능력을 행하신 것을 찬양한 것입니다.

두 번째 들리는 찬양의 음성입니다.

두 번째 찬양한 곡은 '하나님의 승리를 찬양한 것입니다.

"두 번째로 할렐루야 하니 그 연기가 세세토록 올라가더라"(3절)

'연기가 올라간다'는 말은 세상을 심판하시는 장면을 연상하는 것입니다.

하나님의 백성들이 대적자들과 전쟁을 할 때 하나님께서 싸워주심으로 대적은 패하고 하나님의 백성들은 승리하는 장면을 연상하는 것입니다.

"내 영혼이 여호와를 자랑하리니 곤고한 자들이 이를 듣고 기뻐하리로다"(시 34:2)

"이 곤고한 자가 부르짖으매 여호와께서 들으시고 그의 모든 환난에서 구원하셨도다"(시 34:6)

"너희 성도들아 여호와를 경외하라 그를 경외하는 자에게는 부족함이 없도다 젊은 사자는 궁핍하여 주릴지라도 여호와를 찾는 자는 모든 좋은 것에 부족함이 없으리로다"(시 34:9, 10)

전쟁에서 승리를 했을 때 노래하는 찬양이었습니다.

천사들의 찬양과 함께 이십사 장로들과 네 생물이 엎드려서 찬양을 합니다.

"아멘! 할렐루야!"라고 합창을 합니다.

우리는 세상에서 많은 시험과 시련으로 인하여 고난을 당합니다.

고난 자체를 생각할 때 그 시간적으로나 그 사건으로 보면 너무도 힘들고 눈물이 마를 새가 없도록 어렵고, 감당할 수 없을 만큼 무거운 일들이었습니다.

그러나 주님께서 이 모든 시련과 고난에서 건져 주셨고, 보호하셨고, 지켜주셨습니다. 이제는 기쁨이 있고 즐거움이 있습니다.

이제는 "할렐루야!"를 찬양할 수 있는 것입니다.

세 번째 찬양의 음성입니다.

"보좌에서 음성이 나서 이르시되 하나님의 종들 곧 그를 경외하는 너희들아 작은 자나 큰 자나 다 우리 하나님께 찬송하라 하더라 또 내가 들으니 허다한 무리의 음성과도 같고 많은 물소리와도 같고 큰 우렛소리와두 같은 소리로 이르되 할렐루야 주 우리 하나님 곧 전능하신 이가 통치하시도다"(5-6절)

세 가지를 유의해 봅니다.

첫째는, 찬양을 해야 할 이유가 있습니다.

둘째는, 찬양하도록 독려합니다.

셋째는, 하늘에 모인 무리들이 찬양을 합니다.

찬양하는 폭을 늘어 봅니다.

'무리의 음성과도 같고 많은 물소리와도 같고 큰 우렛소리와도 같다'고 합니다.

찬양이 위엄이 있습니다. 웅장합니다. 영광스럽습니다. 존엄성이 있습니다.

'헨델'(Georg Friedrich Handel)의 '메시야'(Messiah)나 '하이든'(Franz Joseph Haydn)의 '천지창조'(The Creation)를 생각해 봅니다.

'헨델'이나 '하이든'이나 '베토벤'(Ludwig van Beethoven)이나, 교회음악가로 유명한 '바흐' 같은 음악가들은 하나님의 성령의 영감을 받는 분들이 틀림없습니다.

하나님은 창조주이십니다. 통치하시는 분이십니다.

인간을 죄악에서 구원하시는 분이십니다. 하나님의 자녀로 삼으신 분이십니다.

'생명의 주'가 되십니다.

그 하나님을 찬양합니다. 찬양을 받으시기에 합당하십니다.

우리가 찬양하는 이유는 '구원을 얻은 은혜를 찬양하는 것'입니다.

구원은 하나님께서 얻게 하신 것입니다.

혼인 잔치의 영광입니다.

> "우리가 즐거워하고 크게 기뻐하며 그에게 영광을 돌리세 어린 양의 혼인 기약
> 이 이르렀고 그의 아내가 자신을 준비하였으므로"(7절)

찬양의 이유와 목적을 깨닫습니다.

혼인 잔치의 주인공은 '어린 양과 신부'입니다.

'어린 양'은 '예수 그리스도'입니다. 예수 그리스도는 우리의 죄를 대속하시는
속죄의 제물이신 어린 양으로 상징했습니다.

> "보라 세상 죄를 지고 가는 하나님의 어린 양이로다"(요 1:29)

> "보라 하나님의 어린 양이로다"(요 1:36)

예수님은 우리의 죄를 대속해 주신 어린 양이십니다.

'예수 그리스도'는 우리의 '신랑'이 되셨습니다.

예수님이 찬양의 대상이 되시는 이유를 생각해 봅니다.

첫째는, 기쁨과 즐거움의 대상이 되십니다.

"지극히 높은 곳에서는 하나님께 영광이요 땅에서는 하나님이 기뻐하신 사람들
중에 평화로다"(눅 2:14)라고 하늘의 천군들과 천사들이 찬양했습니다.

둘째는, 존경과 존귀를 받으시기에 합당하신 신랑이십니다.

예수 그리스도가 없다면 우리에게는 아무런 소망이 없습니다.

셋째는, 예수 그리스도는 신랑이십니다. 영원하신 신랑이십니다.

날마다 신랑이시며 영원한 신랑이십니다. 권태도 없고, 변태도 없고, 싫증도
없고, 소홀함도 없습니다. 영원히 변함이 없습니다.

넷째는, 성도들을 신부로 삼아 주셨습니다.

"밤중에 소리가 나되 보라 신랑이로다 맞으러 나오라 하매"(마 25:6)

예수 그리스도는 신랑으로서 신부에게 장가들기 위해서 오셨습니다.

'신랑·신부'라는 말은 참으로 좋은 말이며 가장 축복된 관계입니다.

그런데 땅에서 인간은 '신랑·신부'의 의미와 관계를 변함없이 지키며 유지하며
그 축복을 누리는 경우가 거의 없습니다. '죄에 빠진 인간'이기 때문입니다.

그러나 천국에서 '신랑이신 그리스도와 신부인 우리가 누릴 영광'은 '기쁨이요
즐거움이요 영원한 것'입니다.

신랑의 아내 신부입니다.

신부의 단장된 모습을 봅니다.

누가 신부를 단장해 주었습니까? 신랑이 신부를 단장해 주었습니다.

빛나고 깨끗한 세마포(細麻布)를 입혀 주셨습니다(19:8).

빛나는 것은 찬란한 것이고, 깨끗한 것은 순결하고 정결한 것입니다.

세마포는 신랑이 마련해 주는 신부의 예복입니다.

사람의 일생에서 신부가 단장한 그 때의 모습만큼 아름다운 모습은 없습니다.

세상에서는 잠깐이지만 천국에서는 영원하다는 것입니다.

신랑·신부의 모습을 보고 천사가 사도 요한에게 말합니다.

> "기록하라 어린 양의 혼인 잔치에 청함을 받은 자들은 복이 있도다 하고 또 내
> 게 말하되 이것은 하나님의 참되신 말씀이라 하기로"(9절)

우리에게 가장 위대하고 자랑스럽고 놀라운 일이 있습니다.

'예수님은 신랑이 되시고 우리는 신부가 되어서 혼인 잔치의 주인공이 되는 날'입니다. '가장 복된 날'입니다.

이것을 성경에 "복이 있도다"라고 기록하라고 하셨습니다.

'교회'는 '그리스도의 신부'입니다.

그 날을 향하여 우리는 믿음으로 자라가고 있습니다.

우리는 사도 요한이 기록한 말씀을 하나님의 계시로 받습니다.

이 약속을 믿고, 믿음으로 자라가며 그 날을 기다립니다.

사도 요한은 천사 앞에 엎드려 경배하려고 하지만, 천사는 "나는 예수님의 증인일 뿐이다. 오직 하나님께만 경배하라"(계 19:10)고 하면서 말렸습니다.

우리 그리스도인들은 하나님 외에 어떤 누구에게도 경배하지 말아야 합니다.

오직 하나님께만 영광을 돌려야 합니다.

우리는 신랑 되신 그리스도를 맞이할 그 날을 바라보며 소망하며, 믿음으로 성장해 가는 교회가 되어야 합니다.

신부의 아름다움을 주님이 성령으로 자라게 하시며 가꾸어 주실 것입니다.

믿음으로 자라는 신부가 됩시다.

만왕의 만주의 주
(요한계시록 19:11-16)

• • • • •

"또 내가 하늘이 열린 것을 보니 보라 백마와 그것을 탄 자가 있으니 그 이름은 충신과 진실이라 그가 공의로 심판하며 싸우더라 그 눈은 불꽃같고 그 머리에는 많은 관들이 있고 또 이름 쓴 것 하나가 있으니 자기밖에 아는 자가 없고 또 그가 피 뿌린 옷을 입었는데 그 이름은 하나님의 말씀이라 칭하더라 하늘에 있는 군대들이 희고 깨끗한 세마포 옷을 입고 백마를 타고 그를 따르더라 그의 입에서 예리한 검이 나오니 그것으로 만국을 치겠고 친히 그들을 철장으로 다스리며 또 친히 하나님 곧 전능하신 이의 맹렬한 진노의 포도주 틀을 밟겠고 그 옷과 그 다리에 이름을 쓴 것이 있으니 만왕의 왕이요 만주의 주라 하였더라"

옛날에 '폴'(Paul)이라는 양치기 소년이 양을 치고 있었습니다.

하루는 양떼를 몰고 산골짜기에 들어가서 양떼를 먹이고 있었습니다.

그 때 한 사냥꾼이 나타나서 양치기 소년에게 '사냥을 나왔다가 길을 잃었다'면서 양치기 소년에게 '마을로 가려면 어디로 가며, 거리는 얼마나 되는지' 물었습니다.

양치기 소년은 '거리는 십 오리쯤 되는데 그 길은 양떼만 다니는 길이라서 길이 분명하지 않고 혼자서는 길을 잃어버리기 쉽다'고 말해 주었습니다.

사냥꾼은 한참 생각하다가 "내가 피곤하고 배도 고파서 길을 찾아갈 수 없으니 양떼를 놔두고 나를 마을까지 인도해 주면 돈을 주겠다."고 했습니다.

그러나 양치기 소년은 "그럴 수 없습니다. 양들은 잠시라도 버려두면 양들이 이리저리 다니다가 길을 잃고 늑대와 사나운 짐승에게 물리고 맙니다."라고 했습니다.

사냥꾼은 "양떼들은 네 것도 아니고 설사 한 두 마리 잃었다고 하더라도 상관이 없지 않느냐? 내가 네가 받은 1년 치 품삯을 주겠다."고 했습니다.

양치기 소년은 "그렇지 않습니다. 나는 주인과 계약을 하였기에 내게 있는 시간은 나의 것이 아니고 주인의 것이고, 만약 양 한 마리라도 잃어버리면 나의 책임입니다."라며 거절했습니다.

사냥꾼은 "양떼들은 나에게 맡기고 마을로 가서 안내자 한 사람과 음식을 조금 얻어가지고 오라."고 부탁했지만, 양치기 소년은 "내가 지키는 양들은 다른 사람의 목소리를 알아듣지 못합니다." 하고 정중하게 거절을 했습니다.

이 말을 들은 사냥꾼은 "내가 도둑인 줄 아느냐?"고 화를 냈습니다.

그러나 양치기 소년은 "내가 어떻게 나와 내 주인 사이의 일을 이야기해도 중요하게 생각하지 않는 분의 말을 믿을 수 있습니까?"라고 말했습니다.

그 때 사냥꾼은 웃으며 양치기 소년을 "훌륭한 사람이다."라고 칭찬했습니다.

사냥꾼은 양치기 소년이 길을 가르쳐 준 대로 마을로 내려갔습니다.

훗날에 왕궁으로부터 한 관리가 양치기 소년을 찾아와서 '왕이 부르신다'고 왕궁으로 데려 갔습니다.

양치기 소년을 찾은 사람은 사냥을 나왔다가 길을 잃었던 왕(사냥꾼)이었습니다.

왕은 양치기 소년을 자기의 왕자로 삼고 훗날에 왕이 되게 했습니다.

예수님은 "나는 선한 목자라 선한 목자는 양들을 위하여 목숨을 버린다"(요 10:11)고 하셨습니다.

우리의 '믿음의 목적'은 '예수 그리스도를 믿는 것'입니다.

성경이 말씀하신 핵심은 '예수 그리스도의 재림'입니다.

예수님께서 재림하는 날에는 두 가지 사건이 일어납니다.

첫째는, 택한 성도들의 구원이 완성되는 축제의 날입니다.

육신이 죽어서 무덤에 있던 성도들이 부활하여 새로운 생명으로 일어납니다.

천국의 완전한 백성들로 영광의 세계가 이루어집니다.

둘째는, 주님의 군대가 사탄의 대적들을 쳐부수고 완전히 멸망하는 날입니다.

사탄과 더불어 믿지 않았던 불신자들은 영원히 멸망하는 심판을 받게 됩니다.

성경은 바로 이 장면을 생생하게 말씀하고 있습니다.

재림하시는 날에 일어날 사건들을 드라마로 엮어놓은 듯합니다.

'예수님께서 재림하시는 그 날 어떤 모습으로 임하시는지'를 말씀해 주십니다.

예수 그리스도는 백마를 타고 오십니다.

"또 내가 하늘이 열린 것을 보니 보라 백마와 그것을 탄 자가 있으니 그 이름은 충신과 진실이라 그가 공의로 심판하며 싸우더라"(11절)

첫째는, 백마(白馬)는 승리의 상징입니다.

전쟁에서 적을 파멸시키고 정복하고, 승리의 장군으로 개선하는 모습입니다.

예수 그리스도는 사탄의 대적을 물리치고 정복하고 승리하며 백마를 타고 오시는 분으로 말씀하셨습니다.

예수 그리스도는 승리의 왕이시며 정복자이십니다.

온 세상을 다스리시는 왕으로서 오십니다.

둘째는, 불꽃같은 눈을 가지신 분이십니다.

12절에 "그 눈이 불꽃같고"라고 했습니다.

두아디라 교회에 소개되시는 예수님은 '그 눈이 불꽃같고 그 발이 빛난 주석과 같다'(계 2:18)고 하셨습니다.

여기서 '불꽃같다'(φλὸξ πυρός)는 말은 '번갯불'(a flame of fire)을 의미합니다.

'그 눈이 밝다'는 뜻입니다.

주님의 눈앞에서는 그 어떤 것도 숨기거나 감출 것이 없습니다.

숨기고 감추어도 주님의 눈앞에서는 드러나지 않을 것이 없습니다.

동시에 이 눈은 파괴력을 가지신 능력이 있습니다.

> "그의 몸은 황옥 같고 그의 얼굴은 번갯빛 같고 그의 눈은 횃불 같고 그의 팔과 발은 빛난 놋과 같고 그의 말소리는 무리의 소리와 같더라"(단 10:6)

셋째는, 머리에는 많은 면류관(冕旒冠)이 있습니다.

'많은 민족들의 통치권을 가지신 것'을 뜻합니다.

세상을 지배하던 모든 악한 사탄의 세력들을 대파하고, 주님의 능력과 권세로 세상을 통치하시는 왕으로서 나타나시는 모습입니다.

넷째는, 피 뿌린 옷을 입으셨습니다.

> "또 그가 피 뿌린 옷을 입었는데 그 이름은 하나님의 말씀이라 칭하더라"(13절)

이 피는 주님이 십자가에서 고난을 받으실 때 흘리신 주님의 피가 아닙니다.

'주님께서 원수 마귀들을 격파하실 때 원수들에게서 튀는 피가 주님의 옷에 묻었다'는 뜻입니다.

> "만민 가운데 나와 함께 한 자가 없이 내가 홀로 포도즙 틀을 밟았는데 내가 노함으로 말미암아 무리를 밟았고 분함으로 말미암아 짓밟았으므로 그들의 선혈이 내 옷에 튀어 내 의복을 다 더럽혔음이니"(사 63:3)

소를 잡고 돼지를 도살하는 자의 옷에 피가 묻습니다.

예수님께서 원수들을 쳐 죽일 때 그 원수들에게서 튀는 피가 예수님의 옷에 묻었다는 뜻입니다.

예수님은 강력하게 원수 대적들을 물리치셨습니다.

심판을 받을 원수들에게는 가차 없이 멸망의 날이 되었으며, 주님은 '승리의 정복자요, 왕'이 되셨습니다.

천성을 다스리시는 주님이십니다.

"하늘에 있는 군대들이 희고 깨끗한 세마포 옷을 입고 백마를 타고 그를 따르더라"(14절)

이 말씀은 '주님은 홀로 계신 것이 아니라'는 것입니다.

'주님을 따르는 하늘의 군대가 있었습니다.

이 군대들은 창조 때부터 하늘나라에서 하나님의 군사들로 알고 있었습니다.

예수님께서 로마 군인들에게 체포될 때 베드로가 칼을 뽑아서 대제사장 종 말고의 귀를 쳐서 잘라버렸습니다.

그 때에 예수님은 베드로를 꾸짖고 책망하시면서 "너는 내가 내 아버지께 구하여 지금 열두 군단 더 되는 천사를 보내시게 할 수 없는 줄로 아느냐?"(마 26:53)고 하셨습니다. 이러한 말씀으로 '하늘에는 이미 하나님의 군대들이 활동하고 있었다'는 것을 증명해 주시는 것입니다.

하늘에서 군대들이 흰 옷을 입었고, 깨끗한 세마포를 입고 백마를 탔습니다.

주님과 같은 대우를 받고 신분의 보장을 받는 위엄성 있는 군사들입니다.

그 날에 또 한 가지 동시에 일어나는 장면을 생각해 봅니다.

하나님의 나라에서는 어린 양의 혼인 잔치가 이루어질 것입니다.

그 때에 신부들에게는 예복이 입혀질 것입니다.

흰 옷이며 깨끗한 세마포 옷을 입을 것입니다.

이 옷은 '성도들의 깨끗한 의'를 상징하기도 합니다.

주님의 입에는 검을 가지셨습니다.

"그의 입에서 예리한 검이 나오니 그것으로 만국을 치겠고 친히 그들을 철장으로 다스리며 또 친히 하나님 곧 전능하신 이의 맹렬한 진노의 포도주 틀을 밟겠고"(15절)

이사야 선지자는 "어찌하여 네 의복이 붉으며 네 옷이 포도즙 틀을 밟는 자 같으냐 만민 가운데 나와 함께 한 자가 없이 내가 홀로 포도즙 틀을 밟았는데 내가 노함으로 말미암아 무리를 밟았고 분함으로 말미암아 짓밟았으므로 그들의 선혈이 내 옷에 튀어 내 의복을 다 더럽혔음이니"(사 63:2, 3)라고 했는데, 이 말씀 앞에 심판하시는 이 "그는 나이니 공의를 말하는 이요 구원하는 능력을 가진 이니라"(사 63:1)고 했습니다.

주님은 '노하심으로 만민을 심판하신다'고 하셨습니다.

사도 요한은 심판하시는 주님을 만났고, 그 입에서 검이 나오는 것을 보았습니다.

그 검으로 만국을 다스리시며 심판하실 것을 들은 것입니다.

세 가지를 유의해 봅니다.

첫째는, 예수님은 무기를 가지셨습니다.

이 무기는 손에 든 무기가 아닙니다.

마태복음 26장 51-53절에서 예수님이 체포되실 때 베드로가 대제사장 말고의 귀를 쳐서 떨어뜨렸습니다. 그 때 예수님은 "네 칼을 도로 칼집에 꽂으라 칼을 가지는 자는 다 칼로 망하느니라"(52절)고 책망하셨습니다.

그런데 "검 없는 자는 겉옷을 팔아 사라"(눅 22:36)고 했습니다.

이 '검'은 '말씀'입니다.

"그 입에서 예리한 검이 나오고"(15절)라고 했습니다.

'주님의 입'은 '예리한 검'입니다.

요한계시록 2장 12절 버가모 교회에 나타나신 예수님은 '좌우에 날선 검을 가지셨다'고 했습니다.

'말씀의 검'이었습니다.

에베소서 6장 17절에는 "구원의 투구와 성령의 검 곧 하나님의 말씀을 가지라"고 했습니다.

'주님의 입에서 나오는 예리한 검'은 '심판의 도구'입니다.

둘째는, 만국을 철장(鐵杖)으로 다스리십니다.

완전한 정복자의 권세입니다. 만국을 다스릴 정복자이십니다.

어떤 세상의 세력도 예수 그리스도를 피하거나 벗어날 수 없습니다.

그리스도에 의하여 완전히 정복을 당하고 멸망할 것입니다.

"네가 철장으로 그들을 깨뜨림이여 질그릇 같이 부수리라 하시도다"(시 2:9)

셋째는, 맹렬한 진노를 발하시는 분이십니다.

마치 용광로에 들어간 것들이 순식간에 다 녹아 버리듯이 주님의 진노는 무섭도록 임하실 것입니다.

예수는 만왕의 왕이시며 만주의 주로 오십니다.

"그 옷과 그 다리에 이름을 쓴 것이 있으니 만왕의 왕이요 만주의 주라 하였더라"(16절)

'온 천하에 오직 한 분의 왕 예수 그리스도' 외에는 아무도 없습니다.

지옥은 하나님의 세상이 아닙니다.

마귀 세력들이 심판받는 멸망의 세상입니다.

구원받은 백성들은 한 나라입니다.

하나님의 나라 백성들이며, 시민들입니다.

이 천국의 왕은 오직 예수 그리스도이십니다.

그가 입으신 옷과 다리에 '만왕의 왕, 만주의 주'라고 이름이 쓰여 있었습니다.

예수님의 허락 없이는 살아남을 자가 없고, 영생을 얻을 자가 없습니다.

예수님의 허락 없이는 천국에 들어갈 자가 없습니다.

예수 그리스도는 우리를 위하여 영광의 나라 하나님의 천국을 건설했습니다.

"내 아버지께 복 받을 자들이여 나아와 창세로부터 너희를 위하여 예비 된 나라를 상속 받으라"(마 25:34)

"너희는 마음에 근심하지 말라 하나님을 믿으니 또 나를 믿으라 내 아버지 집에 거할 곳이 많도다"(요 14:1, 2)

우리의 집이 하나님의 나라입니다.

우리에게는 친절하신 왕이시며 위로의 왕이십니다.

사탄의 종말
(요한계시록 19:17-21)

· · · · ·

"또 내가 보니 한 천사가 태양 안에 서서 공중에 나는 모든 새를 향하여 큰 음성으로 외쳐 이르되 와서 하나님의 큰 잔치에 모여 왕들의 살과 장군들의 살과 장사들의 살과 말들과 그것을 탄 자들의 살과 자유인들이나 종들이나 작은 자나 큰 자나 모든 자의 살을 먹으라 하더라 또 내가 보매 그 짐승과 땅의 임금들과 그들의 군대들이 모여 그 말 탄 자와 그의 군대와 더불어 전쟁을 일으키다가 짐승이 잡히고 그 앞에서 표적을 행하던 거짓 선지자도 함께 잡혔으니 이는 짐승의 표를 받고 그의 우상에게 경배하던 자들을 표적으로 미혹하던 자라 이 둘이 산 채로 유황불 붙는 못에 던져지고 그 나머지는 말 탄 자의 입으로부터 나오는 검에 죽으매 모든 새가 그들의 살로 배불리더라"

헝가리 왕의 이야기입니다.

헝가리 왕의 얼굴은 항상 그늘지고 수심(愁心)이 가득했습니다.

그와 달리 그의 아우는 낙천적이고 쾌활한 성격이어서 늘 여유가 있었습니다.

하루는 왕의 아우가 형인 임금에게 "왕께서는 무슨 근심으로 그렇게 수심이 가득하십니까?" 하고 물었습니다.

그러자 형인 임금은 "아우여, 나는 하나님께 큰 죄인인데 어떻게 죽어야 할지도 모르고 마지막 심판 날에 어떤 모습으로 서야 할지 모르겠다."고 했습니다.

아우는 "그런 일들은 단지 우울한 생각에 불과할 뿐입니다."고 했습니다.

왕은 아무런 대답도 하지 않았습니다.

며칠이 지난 후 밤이 깊었는데 왕의 아우의 집 대문에서 그 나라의 사형 집행관의 나팔 소리가 울렸습니다. 이 밤중에 죄인의 집 앞에서 사형수의 나팔 소리가 울리면 그 사람은 죄가 있고, 그 죄로 인하여 사형을 받게 되는 것입니다.

왕의 아우는 형인 왕에게로 황급히 달려가서 "내가 무슨 죄를 범했기에 사형을 받게 되었는지 그 이유를 알고 싶습니다."라고 했습니다.

왕은 "아우여, 그대는 나에게 죄를 범한 일이 없도다. 그런데 사형 집행관의 나팔 소리가 그렇게 두려운가? 그렇다면 하나님 앞에서 큰 죄인인 내가 그리스도 앞에 끌려가서 심판받게 되는 것을 아우는 어떻게 생각하는가?"라고 물었습니다.

사람은 한 번 죽는 것만으로 절대로 끝나지 않습니다.

"한 번 죽는 것은 사람에게 정해진 것이요 그 후에는 심판이 있으리니"(히 9:27)

만일 흔히 사람들이 생각하는 대로 '사람이 한 번 죽는 것으로 끝'이라고 한다면 그것이야말로 행복한 일이라고 할 수 있습니다.

그러나 사람의 육체는 죽을지라도 결코 한 번의 죽음으로 끝나지 않고, 그 생명은 영원히 죽지 않고 심판을 받게 된다는 것입니다.

죽음을 맞는 사람들 중에는 두 유형의 사람들이 있습니다.

한 번은 죽으나, 두 번은 영원히 사는 사람이 있습니다.

"몸은 죽여도 영혼은 능히 죽이지 못하는 자들을 두려워하지 말고 오직 몸과 영혼을 능히 지옥에 멸하실 수 있는 이를 두려워하라"(마 10:28)

모든 사람들이 육체의 죽음은 피할 수 없습니다.

누구나 다 육신은 죽습니다. 그러나 영혼의 생명은 죽지 않습니다.

영혼이 구원을 얻고 영생을 얻는 사람이 있는가 하면, 육체도 죽고 그 영혼의 생명이 지옥의 형벌을 받는 자들이 있습니다.

이렇게 죽는 자들은 두 번 죽는 자들입니다.

'두 번 죽는 자들'은 '영원히 멸망하는 죽음'입니다.

'죽음'은 '죽어서 없어짐'이 아니라, '하나님으로부터 관계가 끊어지는 것'입니다.

하나님과 관계가 끊어지는 자는 고통과 괴로움과 형벌을 받는 것입니다.

그것이 '지옥의 형벌의 고통'입니다.

이에 성경은 '두 번 죽는 자들이 심판받는 장면'을 보여주십니다.

사형 집행관 천사의 등장입니다.

사도 요한이 보고 들었습니다.

17절에 "또 내가 보니 한 천사가 태양 안에 서서"라고 했습니다.

천사가 '태양 안에 섰다'고 하는 이 말씀은 놀라운 능력을 나타내 주십니다.

어떻게 태양 안에 설 수 있습니까?

'태양'(太陽)은 대단한 열기를 가지고 있습니다. 용광로를 생각해 봅니다. 뜨거운 용광로에 어떤 것을 넣는다고 했을 때 순식간에 녹아버리고 타 버릴 것입니다.

그런데 '천사가 태양 안에 섰다'는 것은 놀라운 능력을 보여주시는 것입니다.

'심판하시는 하나님의 능력과 권세와 권위와 위엄'을 표현하시고 보여주시는 비유적인 말씀입니다. 만물을 다스리시는 주님의 능력이요, 영광의 위치입니다.

주님이 서지 못하실 곳이 없습니다.

'해 같이 빛나는 곳에 심판의 위엄을 가지고 서신다'는 것을 알게 합니다.

"여호와는 모든 나라보다 높으시며 그의 영광은 하늘보다 높으시도다"(시 113:4)

"만군의 여호와여 그의 영광이 온 땅에 충만하도다"(사 6:3)

이것은 '태양 안에 서신 주님의 위엄성'을 보여주십니다.

태양 안에 서신 주님은 두 가지 일을 행하십니다.

첫째는, 믿는 자들을 구원하십니다.

구원받을 자들을 보호하시고 지키시고, 친히 함께 해 주십니다.

"능히 너희를 보호하사 거침이 없게 하시고 너희로 그 영광 앞에 흠이 없이 기쁨으로 서게 하실 이"(유 1:24)

둘째는, 믿지 않는 자들을 심판하시는 주님이십니다.

이에 성경은 '믿지 않는 자들을 심판하시는 것'을 강조하십니다.

하나님은 의인과 악인을 심판하십니다.

"우리가 다 반드시 그리스도의 심판대 앞에 나타나게 되어 각각 선악 간에 그 몸으로 행한 것을 따라 받으려 함이라"(고후 5:10)

믿는 자들은 구원을 받지만, 믿지 않는 자들은 악한 행위로 심판받게 됩니다.

믿는 자와 불신자는 구별됩니다.

"주께서 경건한 자는 시험에서 건지실 줄 아시고 불의한 자는 형벌 아래에 두어 심판 날까지 지키시며"(벧후 2:9)

믿지 않는 자들을 심판의 날까지 기다리게 하십니다.

"이제 하늘과 땅은 그 동일한 말씀으로 불사르기 위하여 보호하신바 되어 경건하지 아니한 사람들의 심판과 멸망의 날까지 보존하여 두신 것이니라"(벧후 3:7)

천사들이 공중의 새들을 불러 모읍니다.

"공중에 나는 모든 새를 향하여 큰 음성으로 외쳐 이르되 와서 하나님의 큰 잔치에 모여라"(17절)

천사들이 공중의 새들을 불러 '하나님의 큰 잔치에 모이라'는 것이 특이합니다.
하나님의 잔치라고 하면서 새들을 불러서 잔치에 모이라고 합니까?
이런 잔치는 전에는 어떤 경우에도 볼 수도 없었고, 듣지도 못했던 일입니다.

새들을 불러 모은 이유가 있습니다.
'잔치'라고 하면 먹는 것을 생각하게 합니다.
'하나님의 큰 잔치에 새들을 불러 모아 먹게 하신다'는 것입니다.
사람들의 시체들을 새들에게 먹이는 잔칫날입니다.
그렇다면 하나님의 잔칫날에 새들에게는 무엇을 먹입니까?

> "왕들의 살과 장군들의 살과 장사들의 살과 말들과 그것을 탄 자들의 살과 자
> 유인들이나 종들이나 작은 자나 큰 자나 모든 자의 살을 먹으라 하더라"(18절)

여기서 '고기'는 '시체들'을 말합니다.
왕들을 비롯해서 믿지 않는 불신자들의 모든 시체들을 새들의 먹이가 되게 하
신다는 것입니다. 참으로 무서운 장면입니다.
심판 날의 죽음은 '비참한 죽음'이라는 것입니다.
죽은 시체를 장사지낼 처지도 되지 못합니다.
누가 장사를 치러주지도 않고 장사지낼 사람이 없습니다.
새들이 모여 와서 죽은 시체를 뜯어 먹게 합니다.
마지막 날에 불신자들의 죽음은 이렇게 비참하다는 것입니다.
성도들은 용과 짐승과 그 추종자들에게 모진 박해를 받고 순교 당했습니다.
'교회를 박해하는 자들'은 '왕들, 장군들, 말 탄 자들'입니다.
예수 그리스도께서 재림하시므로 교회를 가해하던 이 세력들이 '그리스도의 입
의 검으로 심판을 당할 것'입니다.

예수 그리스도께서 재림하시는 날에 죽음에 이르는 불신자들의 죽음은 신분고
하(身分高下)의 구별 없이 참으로 비참하다는 것을 실감하게 됩니다.

> '왕들의 죽음, 장군들의 죽음, 상업인들의 죽음, 전쟁에 끌려 나간 말들의 죽음,
> 말 탄 용사들의 죽음, 자유한 자들의 죽음, 종들이나 작은 자나 큰 자의 죽음'

이러한 모습은 동일하게 비참합니다.
그들의 죽은 시체들을 치워줄 자가 없으니 새들이 와서 잔치를 한다고 합니다.

최근에 들은 이야기입니다만 북한에서는 굶어 죽는 사람들이 수백만 명이나 되는데, 죽은 자들을 장사지낼 수 없으니까 트럭에 실어다 구덩이에 넣고 묻어버린다고 합니다. 독재치하이기에 그런 일들이 가능하다고 봅니다.

어느 나라든지 독재정권 하에서 행방불명이 된 사람들은 그렇게 죽었을 가능성이 큽니다. 그것이 독재정권에서 행하는 악한 일입니다.

이것 또한 '악의 세력들'입니다. 이들은 반드시 종말에 심판을 받습니다.

요한계시록 19장 17-21절 말씀에서 죽음에 이르는 무리들은 악에 의해서 죽는 것이 아닙니다.

불신앙인으로서 하나님을 거역하고 핍박하고 교회와 믿는 성도들을 해치던 자들이 심판을 받아 멸망당하는 것입니다.

이 말씀은 이미 에스겔 39장 17-19절에 예언하셨습니다.

이 말씀이 주님이 심판하시는 그 날에 그대로 이루어질 것입니다.

사도 요한이 그 현장에서 이루어질 것을 보고 들었습니다.

스스로 멸망하는 자들입니다.

심판의 날에 죽음의 멸망에 이르는 자들은 누구에 의해서 죽음을 당합니까?

그리스도께서 직접 칼을 들고 심판 대상자들을 죽이는 것입니까?

아니면 천사들을 동원해서 이들을 멸망시키는 것입니까?

> "또 내가 보매 그 짐승과 땅의 임금들과 그들의 군대들이 모여 그 말 탄 자와 그의 군대와 더불어 전쟁을 일으키다가 짐승이 잡히고 그 앞에서 표적을 행하던 거짓 선지자도 함께 잡혔으니 이는 짐승의 표를 받고 그의 우상에게 경배하던 자들을 표적으로 미혹하던 자라 이 둘이 산 채로 유황불 붙는 못에 던져지고"(19-20절)

'짐승과 땅의 임금들과 군대들'이라고 했습니다. '짐승'은 '사탄'입니다.

사탄의 정체를 짐승이라고 한 것을 이미 살펴보았습니다.

사탄의 세력은 땅의 권세를 가진 임금들과 군대들을 동원합니다. 이 사탄과 땅에서 집합되는 불신앙의 세력들이 총집합하여 그리스도를 대적하여 싸움을 일으킵니다.

그 때 '그리스도의 군대들'은 '땅에 있는 성도들'인지 아니면 '하늘에서 동원되는 천사들의 군대'인지는 알 수 없습니다. 그리스도의 군대들을 땅의 성도들이나 하늘의 천사들의 군대라고 단정하기는 어렵지만, 그리스도의 군대들임에는 의심할 여지가 없는 것입니다.

어떤 형태로든 그리스도의 군대가 동원되는 것입니다.

그리스도의 군대들이 승리를 얻을 것입니다.

분명한 것은 '그리스도의 군대가 이긴다'는 사실입니다.

멸망하는 세력들을 구별하여 말합니다.

첫째는, 짐승이 잡혔습니다. 사탄의 세력이 그리스도에 의해 사로잡힙니다.

둘째는, 거짓 선지자들이 사로잡힙니다. 이들은 그리스도의 이름으로 이적까지도 행하던 자들입니다. 그러나 그리스도의 능력으로 행한 이적이 아닙니다. 거짓 선지 자들이라는 것입니다. 이들 역시 심판의 대상입니다.

셋째는, 우상을 경배하던 자들입니다. 우상을 숭배하는 자들은 세상의 불신자들은 말할 것도 없고, 교회 안에서도 형식적으로 믿는 자라고 하지만 우상 숭배의 신자 들이 수없이 많고 많다는 것입니다. 이들은 익어가는 들녘이 '가리지'에 불과합니다. 가라지는 타작마당에서 가려질 것이고, 불타고 말 것입니다.

이런 세력들은 하늘의 군대들에 의하여 멸망하는 죽음에 이르게 될 것입니다. 그 시체들은 새들의 밥이 되고 말 것입니다.

전쟁을 일으켰던 짐승과 임금들과 군대들은 스스로 멸망을 초래하게 될 것입니다.

유황불에 던짐을 당할 것입니다.

"이 들이 산 채로 유황불 붙는 못에 던져지고 그 나머지는 말 탄 자의 입으로 부터 나오는 검에 죽으매 모든 새가 그들의 살로 배불리더라"(20절 하-21절)

죽음에 처하는 자들을 두 가지로 유의해 봅니다.

첫째는, 먼저 육체로 죽음에 이릅니다.

육체로 죽음에 이른 자들은 새들이 그 시체들로 잔치를 벌입니다.

둘째는, 육체와 영혼이 동시에 멸망의 죽음에 이릅니다.

"산 채로 유황불 붙는 못에 던져지다"

육체의 죽음과 영혼의 죽음이 동시에 불 못에 던짐을 당하는 자들입니다. 이렇게 인류는 종말의 날을 맞게 될 것입니다.

언젠가 텔레비전에서 '산 위에서 바위들이 굴러 떨어진다'는 방송을 했습니다. 산꼭대기에 있는 바위들이 언제 떨어질지 모르는 아찔하고 위험한 상황이 된 것을 걱정하는 프로그램이었습니다.

사실이 그렇습니다. 바위들뿐만 아니라 산들도 없어질 것입니다.
산 아래 평지에 사는 사람들도 어느 순간 죽음에 이르게 될 것입니다.
대책이 있습니까? 대책이 없습니다.
정부에서는 집값이 올라간다고 '깜짝 놀라는 대책을 세울 것'이라고 큰 소리 치고 협박하듯 말했습니다.
그러나 그 대책이라는 것이 결국 집값과 땅값만 더욱 치솟게 하고 말았습니다.

우리는 죽음 앞에서 어떤 대책을 세워야 합니까?

첫째는, 믿음으로 살아야 합니다.
죽음의 그 날이 옵니다, 심판의 그 날이 옵니다.
불신자들의 종말의 날이 오고 있습니다.
불신자의 죽은 시체가 새들의 잔칫날에 밥이 될 것입니다.
이 불행한 죽음을 피할 수 있는 유일한 길은 '예수 그리스도를 영접하고 믿음으로 구원을 얻는 것'입니다.

둘째는, 믿음이 떨어지지 않기 위해서 기도해야 합니다.
마귀는 우리의 믿음을 빼앗아버리려고 온갖 미혹을 합니다.
지금도 수많은 사람들이 믿음을 저버리고, 점점 믿음 없이 죽어가고 있습니다.
믿음을 지키기 위해서 기도하는 것은 사탄과의 전쟁입니다.
기도의 전쟁에서 패하면 믿음을 잃게 됩니다.
믿음을 지키는 기도가 있어야 합니다.

셋째는, 전도입니다.
믿는 자들에게 가장 중요한 것은 그리스도의 증인이 되는 것입니다.
증인은 전도입니다.
전도하는 자는 내가 살았다는 증거입니다.
전도함으로 죽음에 이른 자를 살리는 길입니다.
세상 나라들은 멸망합니다.
믿는 자들은 구원을 얻습니다.

| 제7부 |

예수 그리스도로 인한 승리

(요한계시록 20:-21:27)

돌아보기와 둘러보기

최종적으로 사탄은 그 운명이 마지막 종말을 맞게 됩니다.

요한계시록 20장을 보기에 앞서 19장 19절 이후에는 최후의 심판의 때, 심판의 날을 보여줍니다. 그래서 20장은 현 세대의 시작으로 돌아가고 있음을 발견합니다. 그러므로 19장과 20장의 사이에는 11장과 12장의 관계가 같은 맥락임을 발견할 수 있습니다.

11장 18절에는 '죽은 자의 심판의 때를 말하며 종말에 이르게 된다'고 합니다.

요한계시록 12장에서는 예수 그리스도의 탄생으로 돌아가는데, 신약시대의 시작을 말씀해 줍니다. 예수 그리스도의 탄생, 죽으심, 부활, 승천을 보여주고, 보좌에 앉으신 그리스도를 보여줍니다(12:5).

요한계시록 20장은 새로운 세계가 펼쳐지는 장면입니다.

20장에서는 '짐승'과 '거짓 선지자'의 멸망(19:17-21)에 이어서 '사단'이 무저갱에 결박당하는 천년 동안, 첫째 부활에 참여한 성도들에게 무한한 축복으로 주어지는 천년 왕국에 대해 기록하고 있습니다.

천년이 지난 후에 '사단'이 잠시 놓여 무저갱에서 나오고, 땅의 사방 백성을 미혹하여 성도들의 진(陳)과 사랑하시는 성(城)을 포위하지만, 사단의 세력은 하늘에서 내려온 불로 완전히 소멸되고 성도들의 진(陳)과 사랑하시는 성(城)은 '새 하늘과 새 땅'을 기다리게 됩니다.

요한계시록 21장에서는 악인들이 부활하여 크고 흰 보좌에 앉으신 분에 의해 심판을 받고 모두 다 불 못에 들어가며, 사망과 음부까지 불 못에 들어감으로써 모든 악의 세력이 제거되고 '새 하늘과 새 땅'을 위한 준비 작업이 마무리되고 있습니다.

사단에 대한 하나님의 진노와 악인들에 대한 최후의 심판이 끝나면서, 21장에서 사도 요한은 본서의 절정에 달하는 환상을 보고 있습니다.

"또 내가 새 하늘과 새 땅을 보니 처음 하늘과 처음 땅이 없어졌고 바다도 다시 있지 않더라"(1절)

이 말씀에서 성도의 궁극적인 소망이 완성된 상태를 보게 됩니다.

21장은 먼저 악의 세력이 완전히 제거된 새 하늘과 새 땅의 특징을 묘사하고, 이어서 거룩한 성 새 예루살렘의 외형과 재료와 그 생활상을 소개하고 있습니다.

궁극적으로 '이기는 자'(계 2:7, 11)만이 이와 같은 유업들이 풍성한 '새 하늘과 새 땅'에 참여할 수 있고, '나는 저의 하나님이 되고 그는 내 아들이 되리라'는 하나님의 약속의 보증을 소유할 수 있습니다.

이와 반대로 '두려워하는 자들과 믿지 아니하는 자들과 흉악한 자들과 살인자들과 행음자들과 술객들과 우상 숭배자들과 모든 거짓말하는 자들'은 불과 유황으로 타는 못 곧 둘째 사망에 참여할 수밖에 없습니다.

그러므로 '새 하늘과 새 땅'의 특징을 소개한 사도 요한은 우리에게 양자택일을 요구하고 있습니다. 우리는 과연 어느 편을 택해야 합니까?

한편 새 예루살렘의 외형은 한 마디로 새 하늘과 새 땅에서 하나님과 더불어 완전하고 순전한 교제를 나누는 성도들의 모임인 교회를 상징합니다.

새 예루살렘의 재료 또한 최상급의 보석들로서, 새 예루살렘의 아름다움은 우리의 경험과 상상을 완전히 초월하고 있음을 깨닫게 해 줍니다.

새 예루살렘에서의 생활 또한 성전이 없고, 해나 달의 비췸이 쓸 데 없고, 성문들은 도무지 닫히는 일이 없음을 통하여 속된 것이나 가증한 일 또는 거짓말하는 자는 결코 들어오지 못하되 오직 어린양의 생명책에 기록된 자들뿐이며, 미래의 새 예루살렘에 참여하는 유일한 방법이 '지금'(고후 6:2), 즉 주님이 재림하기 이전에 그리고 자신이 이 땅에 살아있는 동안에 회개하고 주님을 믿는 것임을 깨우쳐 줍니다.

제20장 천 년 왕국

서론

본 장에는 무저갱에 천 년 동안 결박당하는 사탄이 소개되고 있으며, 부활한 성도들은 무한의 축복으로 천 년 왕국을 누리게 됨이 기술되고 있습니다. 천 년 후에 사탄은 잠시 놓여 무저갱으로부터 나와 땅의 뭇 백성들을 미혹합니다. 그러나 그 세력은 하늘로서 내려온 불에 의해 완전히 소멸될 것입니다. 크고 흰 보좌에 앉으신 심판자로부터 부활된 악인들은 영원한 불 못에 던져지는 형벌인 둘째 사망을 언도받게 될 것이며, 이로써 새 하늘과 새 땅의 준비가 진행되어 갔습니다. 우리는 본 장을 통하여 세상의 유혹과 악의 핍박에도 불구하고 하나님만을 사모하며 그분의 뜻을 받들어 가야 하는 신앙 정절의 필요성을 절감하게 됩니다.

본론

천 년 왕국(1-6절)

요한은 천사가 무저갱 열쇠와 큰 쇠사슬을 그 손에 가지고 하늘로서 내려와 용을 잡아 천 년 동안 결박하는 모습을 보았습니다. 모든 죄악의 세력인 사탄이 천 년 동안 무저갱에 결박당합니다. 그러나 재림 직전에 잠시 놓입니다. 이렇게 잠시 놓임 받은 사탄은 마지막 때 교회를 억누르고, 박해하고, 교회를 없이 하려고 노력합니다. 사방으로 하나님의 백성을 미혹하고 싸움을 붙입니다. 여기서 왕 노릇 한다는 말은 그리스도의 통치하에 왕적 영광에 참여함을 의미합니다. 그리스도가 최후 승리하게 되면 성도들이 왕 노릇을 합니다. 즉 신실하게 악에 대항한 사람, 말씀을 따라 기꺼이 순교한 사람, 우상과 짐승에게 경배치 않고 이마와 손에 표를 받지 않은 사람들이 살아서 그리스도와 더불어 왕 노릇 합니다.

곡과 마곡의 전쟁(7-10절)

본문에서는 천 년 동안 무저갱에 감금되었던 사탄이 일시적으로 풀려나 곡과 마곡에서 하나님을 대적하나 결국 패하여 영원히 유황 불 못에 던져지는 것이 언급되어 있습니다. 이는 여태껏 계속되어졌던 하나님과 사탄, 성도들과 짐승을 경배하는 자들, 선과 악 사이의 투쟁이 영원히 종식되는 것을 보여주고 있습니다. 사탄은 술수와 간계의 대가(大家)로서, 그에 관한 분명한 이해와 지식이 없는 사람은 미혹될 위험이 매우 높습니다. 우리가 어떤 환경에서든지 항상 명심해야 하는 중요한 사실은 주께서 우리를 사랑하신다는 것입니다. 주의 법을 떠나서 어그러진 길로 행하며 합당하지 못한 일을 행하는 모든 사람들은 이에 대한 보응을 받도록 되어 있으며, 단 한 사람도 피하는 것이 불가능합니다.

하나님의 보좌에 의한 최후의 심판(11-15절)

주께서 재림하셔서 심판하실 때, 사탄과 그의 사주를 받은 세상의 모든 권세와 거짓 선지자들은 물론 주님을 모르는 사람들이 지옥 불에 들어가는 둘째 사망을 당하게 될 것입니다. 우리의 육신이 죽는 첫째 사망은 모든 사람들이 똑같이 당하지만, 이 둘째 사망은 성도들과는 무관합니다.

심판의 방법도 자기의 행위대로 심판을 받습니다. 판결 받아 불 못에 던져지고, 생명책에 이름이 있는 자는 혼인 잔치에 들어갈 수 있습니다. 사람은 멋대로 살면 끝나는 것이 아니고 꼭 심판이 있습니다. 자기 삶을 즐기기만 하다가 그 이름이 생명책에 기록되지 못하면 불 못이 그를 기다립니다. 속히 회개하고 주님을 믿어야 합니다. 믿는 자는 심판에서 제외됩니다.

결론

우리의 모든 행위는 이 세계에서는 완전히 감추어진 비밀한 것일지라도 주 앞에서 반드시 드러납니다. 주님께는 아무것도 숨길 수 없는 것입니다. 우리는 주의 말씀에 주의하여 그릇 행하게 되는 일이 없도록 조심해야 합니다. 하나님은 세상을 심판하심에 있어서 공의를 그 근본 원리로 삼으십니다. 따라서 주의 심판에는 편벽됨이나 불의가 있을 수 없음은 물론이고, 불의한 자들이 심판을 피하기란 기대할 수도 없는 노릇입니다.

누구든지 선을 행하면 이에 대한 보상을 받게 되고, 누구든지 악을 행하면 이에 대한 보응이 따릅니다. 주의 말씀을 좇는 사람이 칭찬을 받게 되고, 주의 사랑을 받는 사람이 그릇된 길에서 떠나게 됩니다.

천 년 동안 갇히는 용
(요한계시록 20:1-3)

. . . . .

"또 내가 보매 천사가 무저갱의 열쇠와 큰 쇠사슬을 그의 손에 가지고 하늘로부터 내려와
서 용을 잡으니 곧 옛 뱀이요 마귀요 사탄이라 잡아서 천 년 동안 결박하여 무저갱에 던
져 넣어 잠그고 그 위에 인봉하여 천 년이 차도록 다시는 만국을 미혹하지 못하게 했는
데 그 후에는 반드시 잠깐 놓이리라"

요한계시록 20장 1-3절 말씀은 두 부분으로 나눕니다.
첫째, 1-3절은 '영원한 천국을 위한 기초 작업'입니다.
둘째, 4-6절은 '천 년 왕국의 성취'입니다.

요한계시록 20장 1-3절 말씀은 '천 년 동안 갇히는 용'입니다.
영원한 천국을 위한 기초 작업이 어떻게 이루어지고 있는지를 보여 줍니다.
천국은 모든 것이 다 갖추어 있어야 합니다.
그런가하면 없는 것이 또 있어야 합니다. 그 없는 것이 없어야 천국이 됩니다.
없어야 할 것이 있다면 천국이 못될 것입니다.

그렇다면 천국에는 무엇이 없어야 합니까?
그것은 두말 할 것도 없이 '죄'가 없어야 합니다.
천국은 죄가 없는 곳입니다.
죄가 없는데, 죄를 짓게 만드는 원인이 없어야 합니다.
그것은 '사탄'입니다. 사탄이 없어야 죄가 없어지는 것입니다.
'영원한 천국의 기초 작업'은 죄를 짓게 만드는 '사탄을 제거하는 일'입니다.

그렇다면 어떤 일이 일어나고 있습니까?
천사가 내려옵니다.

> "또 내가 보매 천사가 무저갱의 열쇠와 큰 쇠사슬을 그의 손에 가지고 하늘로
> 부터 내려와서"(1절)

사도 요한은 하늘에서 하나님이 내려 보내신 천사를 보았습니다.
그리고 그 천사들의 활동을 보아왔습니다.
천사들도 각각 임무가 다릅니다.
천사들은 한 천사가 중복적인 사역을 하기보다는 각각 자신들에게 맡겨진 사명
들이 달랐습니다.

요한계시록 20장 1-3절 말씀은 19장에서 이어지는 사건입니다.
17절에 보면 '한 천사가 태양 안에 서서 세상을 심판하시는 사역을 행하시는
장면'을 보여주었습니다.
이 천사와는 달리 성경은 또 다른 천사가 하나님이 주신 큰 열쇠와 쇠사슬을
가지고 내려옵니다.
천사가 세상에 내려오는 목적이 있습니다.

> "무저갱의 열쇠와 큰 쇠사슬을 그의 손에 가지고 하늘로부터 내려와서"

여기서 '무저갱'(無底坑)은 어떤 곳입니까?
이 세상보다 더 크고 큰 공간입니다. 하나의 동굴이라고 생각하면 됩니다.
무저갱은 사방으로 막혀 있습니다. 오직 하나의 문만 있습니다.
이 문은 밖에서는 열 수 있지만 안에서 열 수 없습니다.
밖에서 열 수 있지만 아무나 열 수는 없습니다.

> 냉장고는 열쇠가 없습니다.
> 냉장고 문은 밖에서는 누구나 쉽게 열 수 있지만 안에서는 어느 누구도 열 수
> 없습니다. 그래서 어떤 때는 어른들의 부주의로 어린 아이들이 냉장고를 열고
> 안으로 들어가서 문을 닫았다가 열지 못하고 질식해서 죽는 일도 있었습니다.

무저갱이라는 동굴도 냉장고와 같은 형식으로 만들어진 것이라고 이해됩니다.
이 무저갱의 문은 손잡이도 있고, 자물통도 있습니다.
자물쇠의 키는 하나 밖에 없는데, 하늘에 보관되어 있는 것입니다.
하나님은 그 키를 천사에게 주셨고, 천사는 그 키를 가지고 내려왔습니다.
'무저갱의 문을 열기 위해서'입니다.

'무저갱'이라는 말은 헬라어로 '아비소스'(ἀβύσσος)인데, '지옥'(Abyss)입니다.

하나님이 보내신 천사는 그 지옥의 열쇠와 쇠사슬을 가지고 내려 왔습니다.

천사가 지옥의 문을 열기 위해서 내려 왔습니다.

이 무저갱에 대한 이야기는 사도 요한이 하나님께서 말씀하시고 보여주신 것을 오래 전부터 늘어왔습니다.

천사가 무저갱의 열쇠를 받아서 문을 열었는데, 천사들 외에는 그 누구도 열거나 닫을 수 없습니다.

이때 이 무저갱에는 연기가 가득 찼다고 했습니다(계 9:1, 2).

'연기가 가득 찼다'는 것은 '불이 붙는다'는 뜻입니다.

불이 붙는데 연기가 찬 것은 '괴로움이나 고통이 극심하다'는 것을 말해 줍니다.

그런데 천사가 그 무저갱의 문을 여는 이유를 말해 주십니다.

> "용을 잡으니 곧 옛 뱀이요 마귀요 사탄이리 잡아서 천 년 동안 결박하여 무저
> 갱에 던져 넣어 잠그고 그 위에 인봉하여 천 년이 차도록 다시는 만국을 미혹
> 하지 못하게 했는데 그 후에는 반드시 잠깐 놓이리라"(2-3절)

천사는 사탄을 잡습니다.

'사탄'은 '용이라 하고, 뱀이라 하고, 마귀'리고 하고, 사탄이라'고도 표현하지만, 실제로 용의 정체는 없습니다. 그런데 '용'은 '뱀 같이 생긴 것'으로 추상합니다.

'뱀'은 '마귀·사탄'으로 묘사되었습니다(창 3:1, 2).

사탄은 뱀이라고 할 때 형체가 보이는 것 같으나 사실은 보이는 형체가 아닙니다.

사탄은 영물(靈物)입니다.

이 세상의 모든 것들을 지배하려고 합니다.

권력과 권세를 지배하고, 재물을 지배하고, 지식을 지배하고, 오락을 지배하고, 쾌락을 지배하고, 재능을 지배하고, 온갖 것들을 다 지배하려고 합니다.

반드시 사람들이 이 모든 것들에 관련이 있게 만듭니다.

사람들이 이 세상의 모든 것들로 인하여 죄를 짓게 만들고 타락을 하게 만들고, 하나님을 부인하게 하고 배반하며 불순종하게 만드는 계교(計巧)를 부립니다.

그러나 사탄의 세력은 영원한 것이 아닙니다.

하나님의 생명은 영원하지만 사탄의 영물은 영원하지 못합니다.

사탄의 영의 생명도 영원히 죽지는 않지만 그 권세와 세력은 제한이 됩니다. 결정적으로 '형벌을 받는 심판'에 이르게 됩니다.

이 계획은 창세기 3장 15절에서 선언되었습니다.

> "내가 너로 여자와 원수가 되게 하고 네 후손도 여자의 후손과 원수가 되게 하리니 여자의 후손은 네 머리를 상하게 할 것이요 너는 그의 발꿈치를 상하게 할 것이니라"

'내가 너로'라는 말씀에서 '내가'는 '하나님'이시고 '너'는 '사탄'을 지칭합니다.

사탄이 아담을 미혹하여 죄에 빠지게 했습니다.

그 후로 사탄은 계속해서 인간이 죄 가운데서 죄를 짓게 합니다.

그렇지만 사탄의 정체는 머리가 부서질 날이 있습니다.

사탄의 종말의 날이 있습니다.

사탄이 천사에 의해서 사로잡히는 날입니다.

머리가 박살나는 날입니다(창 3:15).

사탄은 세상 모든 것들을 통하여 이 세상 모든 사람들을 타락하게 만들었으나 종말의 날이 있습니다. 이것을 잊지 말아야 합니다.

그렇다면 사탄의 정체는 무엇입니까?

첫째는, '용'이라고 했는데, 이 말은 상징적인 비유입니다.

'옛 뱀'이라고 하는데 '간사하고, 기만하고, 곧 마귀요. 중상자, 대적자, 거짓 송사자, 사탄'이라고 합니다.

이것이 영물입니다. 이 영이 사람들을 이용합니다.

이 사탄의 영물은 '권세, 권력을 가진 힘'을 상징하는 말입니다.

권세나 권력이나 재력은 물질적이면서 또 다른 영적인 면을 가지고 있습니다.

사탄이 뱀을 이용하였듯이 사람들을 이용합니다.

정치인, 교육자, 과학자, 언론인, 예술인, 기업인, 종교인, 부유한 자, 가난한 자 등 구별하지 않고 이들을 사탄의 도구로 사용하는 것입니다.

생각해 보십시오.

한 나라가 있습니다.

그 나라의 지도자가 있습니다.

한 나라는 그 나라의 백성들입니다.

미국의 16대 대통령이었던 '링컨'은 "국민에 의한 국민을 위한 정치를 해야 한다."고 했습니다.

대통령을 위한 나라가 아닙니다.

대통령을 위한 국민도 아닙니다.

그런데 요즘 정치세력들을 보면 나라도 대통령을 위해서 존재하는 것 같고, 국민도 대통령을 위하여 존재하는 것과 같이 되어 버리고 있습니다.

현재의 정치적인 권력은 정치인들을 위하여 만들어져 가고 있습니다.

바로 여기에 '보이지 않는 악령(惡靈)의 세력이 있다'는 것입니다.

권력이나 권세는 영적 세력인데, 이것이 부패하고 타락한 정치입니다.

정치권의 부패와 타락은 국가적인 부패요, 타락입니다.

정치는 그 나라의 백성들을 잘 살게 만들어야 함에도 불구하고 정치인들 때문에 국민이 살기가 어려워진다면 잘못되고 있는 것입니다.

'용'은 '타락하고 부패한 힘과 능력의 상징'입니다.

둘째는, '옛 뱀'이라고도 합니다. '뱀은 '간교하다'는 뜻입니다.

창세기 3장 1절에서 "뱀은 여호와 하나님이 지으신 들짐승 중에 가장 간교하니라"고 했습니다.

사람을 미혹하고, 유혹하는 세력을 가지고 있습니다.

'간교하다'는 말은 매우 나쁜 성질입니다.

나쁜 짓을 하게 만듭니다. 죄를 짓게 만듭니다.

사탄의 정체가 바로 그런 것입니다.

셋째는, 마귀(魔鬼)입니다.

마귀의 속성은 거짓말을 하게 합니다. 속이는 행위를 일삼게 합니다.

남을 헐뜯고, 비판하고, 비난하는 일을 일삼게 합니다.

심지어는 살인까지 행하게 합니다.

넷째는, 사탄이라고도 합니다.

하나님을 경배하고 믿는 일들을 부정하게 합니다.

하나님을 부인하게 만듭니다.

하나님을 찾고 믿고 구하는 일에 반대를 합니다.

사람들이 교회를 다니며 믿음을 가지는데 가장 가까운 데 있는 분들이 사탄에게 이용되어서 하나님을 반대하고, 교회 다니면서 믿음 가지는 것을 반대합니다.

또한 교회와 믿는 성도들에게 온갖 핍박을 가하며, 환난을 가해 오는 것입니다.

이것이 사탄의 정체입니다.

하나님은 이런 사탄의 세력들을 영원히 그대로 두지 않습니다.

이 사탄의 세력을 심판하십니다.

일천 년 동안 사탄을 무저갱에 가둘 것입니다.

이에 대하여 성경은 분명하게 보여주십니다.

천사가 열쇠와 쇠사슬을 가지고 내려옵니다. '열쇠'로는 '무저갱의 문을 열 것'이고, '쇠사슬'로는 '사탄을 사로잡아서 묶을 것'입니다.

이 사탄이 옛날에는 하나님의 선지자들과 사도들을 사로잡았고, 핍박을 했고, 쇠사슬로 묶어서 옥에 가두었습니다.

> "교회와 성도들은 희롱을 당하였고, 채찍질을 당하였고, 결박을 당하였고, 옥에
> 갇혔고, 시험을 받았고, 돌로 침을 당하였고, 톱질을 당하여 죽임을 당하였고,
> 칼에 죽임을 당하였고, 양과 염소의 가죽에 씌워서 맹수에게 찢기게 하였고,
> 궁핍과 환난과 학대를 받았다"(히 11:36-37)고 했고, 사도 바울도 "서른아홉 개
> 의 매를 다섯 번이나 맞고, 태창으로는 세 번이나 맞았고, 바다에서 배가 파선
> 하여 죽음의 위기를 당하고, 강의 위험과 동족의 위험과 이방인의 위험, 시내
> 의 위험, 광야의 위험, 바다의 위험, 거짓 형제들의 위험, 주리고, 목마르고,
> 춥고, 헐벗었다"(고후 11:24-27)고 했습니다.

이렇게 사탄의 세력들은 하나님을 대항하여 발악을 했습니다.

이제는 사탄이 당할 차례입니다.

하나님이 천사를 보내셔서 사탄을 사로잡아 무저갱에 던져 넣게 하셨습니다.

사탄이 무저갱에 던짐을 당하게 될 것입니다.

하나님의 천사는 이 사탄을 무저갱에 던져 버렸습니다.

성경에는 천사가 사탄을 사로잡아 무저갱에 던진 것이 '과거형'으로 쓰였습니다.

천사는 내려왔습니다.

사탄을 사로잡아서 무저갱에 던져 버렸습니다.
그리고 무저갱의 문을 잠가 버렸습니다.
'일천 년 동안 갇혀 있게 될 것'입니다.

사탄은 제거되었습니다.
사탄은 아담 때부터 예수 그리스도께서 공생애 사역을 하시기 위해 금식하며
40일 동안 기도하실 때까지 발버둥을 쳤습니다.
심지어는 예수님까지 넘어지게 하려고 시험을 했습니다.

"시험하는 자가 예수께 나아와서 이르되 네가 만일 하나님의 아들이어든 명하
여 이 돌들로 떡덩이가 되게 하라 예수께서 대답하여 이르시되 기록되었으되
사람이 떡으로만 살 것이 아니요 하나님의 입으로부터 나오는 모든 말씀으로
살 것이라"(마 4:3-4)

"이에 마귀는 예수를 떠나고 천사들이 나아와서 수종드니라"(마 4:11)

사탄의 세력은 예수님을 넘어뜨리지 못했습니다.
사탄의 세력은 예수 그리스도에 의해 사로 잡혔습니다.

'예수 그리스도께서 오신 목적'은 크게 두 가지입니다.
사탄의 세력을 물리치고, 택하신 백성들을 사탄의 세력으로부터 구원시키기 위
해서입니다.
이 천국이 도래된 것입니다.

"하나님의 나라는 너희 안에 있느니라"(눅 17:21)

사탄 마귀의 세력이 제거되었습니다.
천국을 망하게 하는 사탄은 제거되었습니다.
천국에는 사탄이 없고, 죄가 없습니다.
영원한 천국입니다.
우리 그리스도인들은 천국의 시민이 되었습니다.

왕 노릇 하는 순교자들
(요한계시록 20:4-6)

· · · · ·

"또 내가 보좌들을 보니 거기에 앉은 자들이 있어 심판하는 권세를 받았더라 또 내가 보니 예수를 증언함과 하나님의 말씀 때문에 목 베임을 당한 자들의 영혼들과 또 짐승과 그의 우상에게 경배하지 아니하고 그들의 이마와 손에 그의 표를 받지 아니한 자들이 살아서 그리스도와 더불어 천 년 동안 왕 노릇 하니 (그 나머지 죽은 자들은 그 천 년이 차기까지 살지 못하더라) 이는 첫째 부활이라 이 첫째 부활에 참여하는 자들은 복이 있고 거룩하도다 둘째 사망이 그들을 다스리는 권세가 없고 도리어 그들이 하나님과 그리스도의 제사장이 되어 천 년 동안 그리스도와 더불어 왕 노릇 하리라"

우리 그리스도인들은 믿음에 대한 본질을 놓치지 말아야 합니다.
믿음의 궁극적인 목적을 확신하며 믿음생활을 해야 합니다.
'믿음의 목적은 곧 목표'인데, '구원을 얻어 하나님의 나라에 이르는 것'입니다.
하나님의 나라는 가도 되고 안 가도 되는 곳이 아닙니다.
안 가면 영원히 지옥의 심판을 받을 뿐입니다.

하나님의 나라는 상상하는 곳이 아닙니다. 막연히 소망하는 곳도 아닙니다.
환상 속에 있는 것도 아닙니다. 하나님의 나라는 실제로 존재하는 곳입니다.
그것을 성경이 말씀해 주십니다.

성경은 '하나님의 나라'를 구체적으로 보여주십니다.
하나님의 나라에는 사탄의 역사가 없어야 합니다.
아직까지도 사탄의 영향력이 세상의 사람들을 미혹하고 있습니다.
그러나 사탄의 최후의 종말의 날이 있습니다.

사탄의 종말의 날이 옵니다.
사탄의 종말이 어떻게 올 것인가를 말씀합니다.

1-3절에서 천사가 무저갱의 열쇠와 쇠사슬을 가지고 내려 왔습니다.

'사탄을 체포하고 결박하기 위해서'입니다.

천사는 이 사탄을 결박하여 무저갱의 동굴에 던져서 가두었습니다.

그런데 자세히 보니 일천 년 동안 무저갱에 갇혀서 고난을 당하는 것입니다.

그 기간이 무려 일천 년입니다.

그런데 일천 년이 차면 무저갱에 갇힌 사탄이 잠시 놓입니다.

그렇다면 사탄이 놓인 이유가 무엇입니까?

'믿음이 완전하지 못한 자들을 아예 망하게 하기 위해서'입니다.

이것이 에덴동산에서 아담을 유혹하던 전술입니다.

사람들은 절대로 하나님의 말씀을 온전히 믿지 않습니다.

한 발은 세상에 그대로 두고, 한 발은 교회 안에 두고 믿는 척 합니다.

하나님은 이때 지상에 시련의 때가 이르게 합니다. 사탄이 전쟁을 일으킵니다.

바로 이때 믿음을 끝까지 지키지 못한 자들은 버립니다.

그러나 환난과 시련 가운데서도 믿음을 지키는 자는 구원에 이르게 합니다.

사탄과 함께 멸망할 자들은 하나님의 심판을 받게 됩니다.

이 날이 예수님께서 재림하시는 날입니다.

하나님의 나라가 완전히 이루어집니다.

여기에서 '천 년 왕국'이라는 표현을 발견합니다.

'천 년 왕국'이 완전한 천국은 아닙니다.

말 그대로 '천 년 동안 사탄은 무저갱에 갇히고 그리스도인들은 그리스도 안에서 천 년 왕국을 이루게 된다'는 뜻입니다.

천 년 왕국에 대한 해석이 세 가지가 있습니다.

첫째는, 후 천년설(後千年說)입니다.

이는 예수님의 재림 전에 천 년 왕국이 이루어지고 구원받은 그리스도인들이 천 년 동안 왕국의 삶을 누리게 된다는 것입니다.

이 시대를 그리스도인들의 황금시대라고 합니다.

교회가 세워지고 복음이 세상 끝까지 전파될 것이라고 합니다.

이 후 천년설을 지지하는 성경학자들은 '자유주의 신앙인들'입니다.

둘째는, 전 천년설(前千年說)입니다.

이 시기에 예수님께서 재림을 하시고 죽은 자들이 부활하고 그 때에 살아 있는 성도들이 변화되어 공중에 들림을 받아 올라간다고 합니다.

공중에서 예수님을 영접한 그리스도인들이 세상에 다시 내려와서 그리스도와 함께 천 년 동안 왕국에서 왕 노릇을 한다는 것입니다.

그리고 종말이 온다고 합니다.

이 해석은 '예수님께서 두 번 재림하신다'는 결론입니다.

이와 같은 전 천년설을 지지하는 성경학자들은 '보수주의 신앙인들'입니다.

셋째는, 무 천년설(無千年說)입니다.

무 천년설은 천 년 동안을 문자적으로 보기보다는 상징적으로 봅니다.

이미 구원받은 성도들의 영혼이 하나님의 나라에서 그리스도와 더불어 세상을 지배하고 다스리는 것으로 보는 견해입니다.

무 천년설의 입장은 '종말'(終末)이 현재의 교회 시대가 마감되는 때, 그 때가 예수님의 재림으로 실현된다고 보는 것입니다(마 25:31).

이는 '개혁주의 신앙인들'이 공통적으로 해석하는 견해입니다(고전 15:50-57).

그런데 이 모든 주장들이 다 옳은 것만은 아니고 그렇다고 다 그릇된 것만은 아닙니다. 우리가 한 가지 분명히 생각할 것은 사람이 해석할 것이 아니고 '하나님이 나타내실 것'입니다.

예수님의 제자들이 '하나님의 나라가 언제 임할 것인가'에 대해 매우 궁금하게 여겼습니다. 그래서 제자들이 예수님께 물었습니다.

"그들이 모였을 때에 예수께 여쭈어 이르되 주께서 이스라엘 나라를 회복하심이 이 때니이까 하니 이르시되 때와 시기는 아버지께서 자기의 권한에 두셨으니 너희가 알 바 아니요"(행 1:6, 7)

"천지는 없어질지언정 내 말은 없어지지 아니하리라 그러나 그 날과 그 때는 아무도 모르나니 하늘의 천사들도, 아들도 모르고 오직 아버지만 아시느니라"(마 24:35, 36)

우리가 확실하게 아는 것은 하나님의 하시는 일을 믿는 것입니다.

반드시 그 날이 올 것입니다.

하나님의 왕국이 영원한 왕국으로 이루어질 그 날이 있을 것입니다.

왕국의 보좌에서 왕 노릇 하는 이들입니다.

4절에서 천 년 왕국이 이루어졌고, 거기에서 그리스도와 함께 왕 노릇 하는 이들을 사도 요한이 본 것입니다.

이 말씀에서 세 가지를 살펴봅니다.

첫째는, 보좌들을 보았습니다.

'보좌'(寶座)는 '드로노우스'(Θρόνους)라는 말인데, '권좌의 자리, 권세의 자리, 군주의 자리'를 말합니다. '드로노스'(Θρόνος)라고 할 때는 단수입니다. 그런데 성경에서는 '드로노우스'(Θρόνους)라고 복수를 사용하였습니다. '보좌들'(Θρόνους)이라고 하였습니다. '많은 사람들이 앉았다'는 뜻입니다.

사도 요한은 수많은 분들이 이 영광스러운 보좌에 앉아서 그리스도와 함께 권세를 누리는 것을 보았습니다. 이 보좌에 앉은 이들은 특별히 심판의 권세를 가졌습니다. 예수님께서는 이들에게 세상을 심판할 수 있는 권세를 주어서 함께 세상을 심판하게 하셨습니다.

과연 이들은 어떤 분들입니까?

둘째는, 순교자들의 영혼들입니다.

"또 내가 보좌들을 보니 거기에 앉은 자들이 있어 심판하는 권세를 받았더라 또 내가 보니 예수를 증언함과 하나님의 말씀 때문에 목 베임을 당한 자들의 영혼들과 또 짐승과 그의 우상에게 경배하지 아니하고 그들의 이마와 손에 그의 표를 받지 아니한 자들이 살아서 그리스도와 더불어 천 년 동안 왕 노릇 하니"(4절)

'목 베임을 받았다'는 말은 '순교를 당했다'는 것입니다.

이분들은 무엇 때문에 순교를 당했습니까?

예수 그리스도를 증거하고, 예수 그리스도의 말씀을 전파하다가 사탄의 세력들에게 순교를 당했습니다.

믿음이라 해서 다 같은 믿음이 아닙니다.

어떤 이들은 예수를 평범하게 믿다가 죽어서 구원을 얻었습니다.

잘 먹고, 잘 입고, 주신 복을 누리면서 잘 살다가 죽은 이들도 있습니다.

그러나 예수 믿는다는 이유로 고생만 하고 환난 당하고 핍박을 받으며 매를 맞고, 고문을 당하기도 하고 총에 맞아 죽거나 칼에 찔려 죽은 성도들이 있습니다.

이들의 구원의 결과가 어떻게 같을 수 있습니까?

하나님은 순교자들의 영혼은 특별 관리하고 계신다고 믿습니다.

이들은 예수 그리스도와 함께 권세의 보좌에 앉았습니다.

예수 믿고 구원을 받는 것이 사실이지만 다 같은 구원이 아닙니다.

그리스도를 위하여 좀 더 헌신하고 희생을 당하신 이들의 구원은 분명히 상을 받는 구원이 된다는 것입니다.

"심는 이와 물 주는 이는 한가지이나 각각 자기가 일한 대로 자기의 상을 받으리라"(고전 3:8)

뜨겁게 믿는 사람과 적당하게 믿는 사람들과 어떻게 같을 수 있습니까?

"적게 심는 자는 적게 거두고 많이 심는 자는 많이 거둔다"(고후 9:6)

상 받는 원리를 말씀하셨습니다.

셋째는, 이마와 손에 표를 받지 않은 성도들입니다.

"또 짐승과 우상에게 경배하지도 아니하고 이마와 손에 그의 표를 받지도 아니한 자들이"라고 했습니다.

이 말씀은 '믿음을 더럽히지 아니하였다'는 뜻입니다.

깨끗한 믿음생활을 한 성도들입니다.

4절에서 강조하는 것은 '자랑스러운 성도들'의 두 유형입니다.

첫째는, 죽음으로 순교를 당하는 성도들입니다.

둘째는, 어떤 유혹에도 넘어지지 않고 강하고 담대한 마음으로 믿음을 지킨 성도들입니다. 충성스러운 믿음으로 살아온 성도들입니다. 순교는 당하지 않았지만 순교적인 각오와 결단으로 믿음을 지켜 온 성도들입니다.

천 년 동안 왕 노릇 하는 성도들입니다.

"살아서 그리스도로 더불어 천 년 동안 왕 노릇 하니"라고 합니다.

여기서 '살아서'라는 말씀을 깊이 살펴보고 바른 이해의 믿음을 가져야 합니다.

여기서 '살았다'는 말은 '육체가 살았다, 육체가 부활했다'는 의미가 아닙니다.

'영혼의 생명이 살아 있다'는 것입니다. '영적으로 살아 있는 상태'입니다.

사실상 '첫째 부활에 동참한 성도들'입니다.

여기서 우리는 '살아서 살아야 한다'는 두 가지 뜻을 깨닫습니다.

첫째는, 영적으로 살아 있는 믿음입니다.

둘째는, 예수 그리스도께서 재림하실 때 다시 부활하는 생명입니다.

예수께서 아직 재림하지 않으셨으니, 육체가 부활해서 살아 있는 것은 아닙니다. 육체는 순교를 당했지만 영적으로는 살아 있는 것입니다.

살아 있는 믿음과 죽은 믿음이 구별됩니다.

> "사데 교회의 사자에게 편지하라 하나님의 일곱 영과 일곱별을 가지신 이가 이르시되 내가 네 행위를 아노니 네가 살았다 하는 이름은 가졌으나 죽은 자로다 너는 일깨어 그 남은 바 죽게 된 것을 굳건하게 하라 내 하나님 앞에 네 행위의 온전한 것을 찾지 못하였노니"(계 3:1, 2)

살아 있는 믿음이 있는가 하면 거의 죽어가고 있는 믿음이 있습니다.

살기 위하여 힘쓰는 믿음을 포기하면 죽음에 이르게 됩니다.

> "몸은 죽여도 영혼은 능히 죽이지 못하는 자들을 두려워하지 말고 오직 몸과 영혼을 능히 지옥에 멸하실 수 있는 이를 두려워하라"(마 10:28)

'살아서'는 '영적으로 첫째 부활의 생명을 누리는 성도들'을 말하는데, 그분들은 육체는 땅에서 순교를 당하고 죽었으나 그 영혼의 생명은 살아서 그리스도와 함께 천 년 동안 왕 노릇 하고 있습니다.

'천 년 왕국'이란 믿음의 배경을 확실하게 해 주는 말씀입니다. 여기서 '왕 노릇 한다'는 뜻은 '지상에서 육체적으로 왕 노릇 하는 것이 아니라 하나님의 나라에서 구원받은 성도들의 영혼들이 살아서 그리스도와 함께 왕 노릇 하고 있다'는 뜻입니다. 그래서 '천 년 동안'이라는 말은 '그리스도께서 초림(初臨)하셔서 사역을 이루시고, 승천하셔서 보좌 우편에 계시다가 다시 재림하시는 신약시대의 전 역사의 시대를 의미하는 기간'입니다. 그러나 성도들의 육체가 부활하고 천 년 동안 왕 노릇한다면 예수님께서 이미 재림하셨는데, '사탄이 잠깐 놓인다'(20:3)는 말은 앞뒤가 맞지 않는 모순이 됩니다.

예수님께서 재림하시는 날은 사탄과 불신자들은 완전히 지옥에서 심판의 형벌을 받는 날입니다. 믿는 성도들의 육체는 흙으로 돌아가지만, 영혼의 생명은 구원을 얻어 그리스도의 왕국에 이릅니다.

'예수님께서 사탄을 정복하시고 구원의 사역을 완성하시고 승천하셨다가 다시 재림하시는 그 날까지'를 '천 년 동안'으로 보는 것이 바른 견해입니다.

죽었으나 살아 있는 자
(요한계시록 20:4-6)

・・・・・

"또 내가 보좌들을 보니 거기에 앉은 자들이 있어 심판하는 권세를 받았더라 또 내가 보니 예수를 증언함과 하나님의 말씀 때문에 목 베임을 당한 자들의 영혼들과 또 짐승과 그의 우상에게 경배하지 아니하고 그들의 이마와 손에 그의 표를 받지 아니한 자들이 살아서 그리스도와 더불어 천 년 동안 왕 노릇 하니 (그 나머지 죽은 자들은 그 천 년이 차기까지 살지 못하더라) 이는 첫째 부활이라 이 첫째 부활에 참여하는 자들은 복이 있고 거룩하도다 둘째 사망이 그들을 다스리는 권세가 없고 도리어 그들이 하나님과 그리스도의 제사장이 되어 천 년 동안 그리스도와 더불어 왕 노릇 하리라"

현대인들이 '산다'는 의미는 지극히 현실적인 것만을 생각합니다.

산다는 것은 '현실적으로 잘 살아야 한다'는 생각을 가지게 됩니다.

지금 살아야 있어야 하고, 건강하게 살아야 하고, 많은 재물을 가지고 부를 누리며 살아야 하고, 현실적으로 누릴 수 있는 모든 구조를 통하여 산다는 생각을 버리지 못합니다.

이렇게 사는 것이 '육체를 중심으로 사는 것'입니다.

그러나 성경에서 '살아서 산다'는 말은 '영적 생명이 살았다'(ἔησαν)는 뜻이지, '육체적인 생명이 살았다'는 뜻은 아닙니다.

'육체적으로 살았다'고 한다면 '아네제산'(ανεζησαν)이라고 해야 합니다.

그러나 '살았다'는 말씀을 '에제산'(ἔησαν)이라고 기록했습니다.

이는 '영적 생명이 살았다'는 뜻입니다.

육체를 입고 부활했다는 말은 한 군데도 없습니다.

그러니까 '첫째 부활'은 '예수 그리스도만이 육체적인 부활'을 하셨고, '모든 그리스도인들'은 그리스도의 부활에 '영적 생명이 부활한 것'입니다.

이 부활 신앙이 육체의 부활이 없어도 육체의 부활의 은혜를 누리게 됩니다.

첫째 부활에 참여한 신앙의 사람은 반드시 둘째 부활의 은혜를 입기 때문입니다. 첫째 부활이 없으면 둘째 부활도 없는 것입니다.

부활의 생명은 중생(重生)의 신앙입니다.
예수님께서는 "물과 성령으로 거듭나지 아니하면 하나님 나라를 볼 수 없고, 갈 수도 없다"(요 3:3, 5)고 하셨습니다.
'중생했다'는 의미는 '첫째 부활에 속한 것'입니다.
첫째 부활의 생명이 없으면 중생도 못한 신앙입니다.
그러므로 '4절 말씀의 핵심'은 '영혼들이 살아서'라는 말씀입니다.
이 말씀은 첫째 부활에 생명을 얻는 이들입니다.
이들은 '살아서 그리스도로 더불어 왕 노릇 한다'고 했습니다.
살아서 왕 노릇 하는 이들은 그리스도 안에서 영적인 생명이 살아 있어 왕 노릇 하는 성도들입니다.
우리의 믿음의 수치는 바로 여기에 도달해야 합니다.

예수님을 믿습니까? 어떤 예수님을 믿습니까?
귀신같은 예수 믿습니까? 점쟁이 귀신같은 예수 믿습니까?
육체적인 복을 주시는 예수 믿습니까?
사업이 잘되고, 장사두 잘되고, 돈 많이 벌게 헤 주시는 예수 믿습니까?
믿으면 마음이 평안해지는 예수 믿습니까? 부처 같은 예수 믿습니까?
이런 예수는 지상 어디에도 없고, 천국 어디에도 없습니다.

그렇다면 어떤 예수님을 믿어야 합니까?
나의 죄와 허물을 대속하여 십자가에 피 흘려 죽으신 예수님을 믿어야 합니다.
죽으셨으나 다시 부활하신 예수님을 믿어야 합니다.
'예수님의 부활 승천은 역사적인 사실'입니다(행 1:9; 고전 15:4).
나의 생명이 구원받게 하신 예수님을 믿어야 합니다.
나를 하나님 아버지의 자녀로 거듭나게 하신 예수님을 믿어야 합니다.
하나님의 권능의 우편으로 승천하신 예수님을 믿어야 합니다.
성령을 보내 주신 예수님을 믿어야 합니다.
성령의 은사를 주신 예수님을 믿어야 합니다.
성령은 예수 그리스도의 인격이 영으로 임하여 믿는 자와 함께 하십니다.

성령을 받은 믿음은 예수 그리스도와 함께 하는 믿음입니다.

다시 재림하실 예수님을 믿어야 합니다.

예수님이 재림하실 때 믿는 자들을 둘째 부활에 참여하게 하십니다.

육체로 있는 자들은 변화하여 주님을 영접하는 예수님으로 믿어야 합니다.

이런 신앙이 중생한 믿음입니다.

죽은 자들은 천 년 동안 살지 못합니다.

　"그 나머지 죽은 자들은 그 천 년이 차기까지 살지 못하더라"(5절)

'그 나머지 죽은 자들'은 '살아서 왕 노릇 못하는 자들'입니다. 죽었기 때문입니다.

죽은 자가 어떻게 왕권이나 권세나 특권을 가질 수 있습니까?

죽은 자들은 어떤 능력도 가질 수 없습니다.

'죽은 자들'은 '불신자들'입니다.

4절과 5절 말씀을 비교하면 대조가 됩니다.

'살아서 왕 노릇 하는 이들'과 '죽은 자들'을 말하고 있습니다.

영혼들이 산 자들은 천 년 동안 왕 노릇을 합니다.

그러나 죽은 자들은 천 년 동안 살지 못한다고 합니다.

첫째 부활에 속하지 못한 자들입니다.

첫째 사망은 죄로 인하여 죽은 자들입니다.

사람의 죽음과 생명 사이에 중간 상태란 없습니다.

'연옥'(煉獄)을 주장하는 이들이 있는데, 이 말은 성경에 없는 말입니다.

인간이 상상해 내는 억측일 뿐입니다.

오래 전에 성경을 해석하는 이들은 '예수님의 재림이 A.D.2,000년에는 이루어질 것'이라고 공언했고, 그렇게 기대하고 믿었습니다.

그러나 옳지 못한 해석이었습니다.

천 년 왕국에 대한 해석도 마찬가지입니다.

'천 년 동안 그리스도와 왕 노릇 한다'는 말은 문자적으로 해석할 것이 아니라 상징적으로 봐야 할 말씀입니다.

요한계시록의 기록은 상징적인 용어로 기술되었습니다.

오히려 '천 년'은 '오랜 세월 동안'을 의미하는 뜻으로 보아야 합니다.

'천 년'을 '문자적으로 해석하는 것이 옳지 않다'는 증거는 예수님이 재림하셔서 성도들이 공중에서 예수님을 영접하고 부활하여 천 년 동안 왕 노릇을 한다면 지상에는 불신자들이 천 년 동안을 살아가게 될 것인데, 그 때에 불신자들이 하나님을 믿지 아니하는 자들이 한 사람이나 있겠습니까?

그렇다면 누구나 다 예수님을 믿게 될 것입니다.

안 믿을 사람이 한 사람도 없을 것입니다.

그렇게 된다면 '하나님은 공평하신 하나님이 아니신 것'입니다.

하나님은 산 자들과 죽은 자들을 구별하십니다.

사탄은 천 년 동안 무저갱에 던짐을 당하여 영혼들이 지옥의 고통을 당합니다.

불신자들의 영혼들도 다 마찬가지입니다.

사도 요한은 '하나님이 보내신 천사가 열쇠와 쇠사슬을 가지고 내려온 것'을 보았는데, 그 천사는 '사탄인 짐승을 사로잡아 결박하여 무저갱에 던지기 위해서' 하나님의 보내심을 받고 내려온 것입니다

이때 모든 불신자들이 다 무저갱에 던짐을 받아 고통을 당하게 될 것입니다.

그 때는 '예수 그리스도께서 성육신하셔서 십자가에 피 흘려 죽으시고 부활의 영광을 그 때로부터 재림하실 그 날까지'를 '천 년'으로 보아야 옳은 해석입니다.

한 번 십자가에 못 박혀 죽으신 예수님은 다시 십자가에서 죽으신 일이 없습니다.

예수님은 사망 권세를 깨뜨리시고 부활하셨습니다.

사실상 '사탄의 역사는 종료'되었습니다.

천 년 왕국을 누리는 이들입니다.

> "이 첫째 부활에 참여하는 자들은 복이 있고 거룩하도다 둘째 사망이 그들을 다스리는 권세가 없고 도리어 그들이 하나님과 그리스도의 제사장이 되어 천 년 동안 그리스도와 더불어 왕 노릇 하리라"(6절)

이 말씀이 보여주고 안겨주는 것을 누려야 합니다.

첫째는, 첫째 부활에 참예한 신앙입니다.

예수님은 죽으신지 사흘 만에 부활하셨습니다. 첫째 부활입니다.

그리스도의 부활은 그리스도 안에서 택함을 입은 모든 성도들은 이 부활에 속한 자들이 되었습니다. 아담으로부터 주님께서 재림하실 그 날까지 믿는 자들은 모두 다 이 첫째 부활의 생명을 얻게 된 것입니다.

현대교회 안에 신자들 모습을 보면 첫째 부활에 속하여 살아 있는 생명을 가진 성도들이 있습니다. 분명히 살아 있는 믿음을 가진 분들임을 봅니다. 그러나 어떤 이들은 교회는 다니기는 하지만 죽은 자의 모습을 벗어나지 못하고 있습니다.

둘째는, 첫째 부활의 복이 있습니다.
'복이 있다'는 말은 헬라어로 '마카리오스'(μακάριος)라고 하는데, 연장된 의미로는 '최고의 축복'입니다. 이것은 '영원한 생명의 축복'입니다.
육체적인 것은 연장된 축복이 아닙니다. 물질적인 것은 단회적인 것입니다.
육체는 죽게 되어 있고, 육체가 죽으면 물질도 다 소용이 없기 때문입니다.
그러나 생명의 축복은 끝이 없습니다. 종말이 없습니다.
'영생(永生)하는 축복'입니다. 참으로 가장 위대한 최고의 축복입니다.

셋째는, 거룩한 자들입니다.
"거룩하도다"라고 했습니다. 믿음으로 의롭다 함을 얻는 것입니다.
거룩한 신분이 얼마나 자랑스러운지는 '하나님과 그리스도로 더불어'라는 말씀이 뒷받침이 됩니다.
우리 믿는 자들을 성도(聖徒)라고 합니다.
    "여호와께서 시내 산에서 오시고 세일 산에서 일어나시고 바란 산에서 비추시고 일만 성도 가운데에 강림하셨고 그의 오른손에는 그들을 위해 번쩍이는 불이 있도다"(신 33:2)
    "고린도에 있는 하나님의 교회 곧 그리스도 예수 안에서 거룩하여지고 성도라 부르심을 받은 자들"(고전 1:2)

'성도'(聖徒)는 '거룩한 사람', '하나님이 보실 때 거룩한 사람'이라는 뜻입니다.
이 얼마나 위대한 사람입니까? 아무나 천 년 왕국을 누릴 수 없습니다.
거룩한 성도라야 천 년 왕국을 누릴 수 있습니다.

넷째는, 두 번 죽는 일이 없습니다.
    "둘째 사망이 그들을 다스리는 권세가 없고"(6절)
사탄이 지금까지는 육체는 죽일 수 있었지만 둘째 생명인 영적인 생명을 다스리지는 못합니다. 예수님의 육체를 십자가에 못 박아 죽일 수는 있었지만 영적인 생명을 다스리지는 못한 것입니다.

믿음으로 사는 성도들은 사탄의 권세로부터 자유를 얻은 것입니다.

"그러므로 이제 그리스도 예수 안에 있는 자에게는 결코 정죄함이 없나니"(롬 8:1)

이 말씀은 다시는 죽음의 권세가 다스리지 못한다는 뜻입니다.

"사망아 너의 승리가 어디 있느냐 사망아 네가 쏘는 것이 어디 있느냐"(고전 15:55)

"우리 주 예수 그리스도로 말미암아 우리에게 승리를 주시는 하나님께 감사하노니"(고전 15:57)

다섯째는, 하나님과 연합되었습니다.

왜 둘째 사망이 없습니까? 하나님과 그리스도에게 연합되었기 때문입니다.

하나님은 죽지 않으신 분이십니다.

믿음으로 그리스도 안에서 하나님과 연합되었습니다.

하나님 안에서는 다시 죽음이 없습니다.

여섯째는, 천 년 동안 왕 노릇 합니다

"그들이 하나님과 그리스도의 제사장이 되어 천 년 동안 그리스도와 더불어 왕 노릇 하리라"(6절)

여기서 '제사장이 되어'라는 말씀을 놓칠 수 없습니다.

"그러나 너희는 택하신 족속이요 왕 같은 제사장들이요 거룩한 나라요 그의 소유가 된 백성이니 이는 너희를 어두운 데서 불러내어 그의 기이한 빛에 들어가게 하신 이의 아름다운 덕을 선포하게 하려 하심이라"(벧전 2:9)

누가 택하신 백성입니까? 누가 왕 같은 제사장입니까? 누가 거룩한 나라입니까?

누가 하나님의 소유된 백성입니까? 누가 예수 그리스도를 믿는 성도들입니까?

이들이 누리는 영광이 천 년 동안 그리스도와 더불어 왕 노릇 하는 성도들입니다.

이보다 더 큰 자랑이 없고, 더 위대한 축복이 없고, 더 이상 소망이 없습니다.

지금 믿음으로 이 영광스러운 특권을 누리는 믿음의 본질을 소유해야 합니다.

오직 믿음으로 이 영광을 누릴 수 있습니다.

천 년 왕국에서 왕 노릇 하는 성도가 영원한 천국의 주인공이 됩니다.

영원한 천국 백성이 됨을 잊지 말 것입니다.

예수 그리스도의 은혜로 누릴 수 있습니다.

사탄의 멸망
(요한계시록 20:7-10)

. . . . .

"천 년이 차매 사탄이 그 옥에서 놓여나와서 땅의 사방 백성 곧 곡과 마곡을 미혹하고 모아 싸움을 붙이리니 그 수가 바다의 모래 같으리라 그들이 지면에 널리 퍼져 성도들의 진과 사랑하시는 성을 두르매 하늘에서 불이 내려와 그들을 태워버리고 또 그들을 미혹하는 마귀가 불과 유황 못에 던져지니 거기는 그 짐승과 거짓 선지자도 있어 세세토록 밤낮 괴로움을 받으리라"

우리가 성경을 상고하면서 때로는 답답한 마음을 가질 때가 있습니다.

말씀의 뜻을 알 수 없을 때 문제가 발생하게 됩니다.

하나님으로부터 문제가 발생하는 것이 아닙니다.

말씀을 급하게 해석하려는 사람들의 생각 때문에 문제가 발생하는 것입니다.

성경말씀을 상고하면서 그 뜻을 잘 모르고 알 수 없을 때 억지로 해석하려고 하면 문제가 됩니다. 억지 해석은 사람의 판단이요, 생각이기 때문입니다.

"또 그 모든 편지에도 이런 일에 관하여 말하였으되 그 중에 알기 어려운 것이 더러 있으니 무식한 자들과 굳세지 못한 자들이 다른 성경과 같이 그것도 억지로 풀다가 스스로 멸망에 이르느니라"(벧후 3:16)

성경은 사람의 억지 생각으로 해석하려고 하면 문제가 됩니다. 이단이 됩니다.

그러므로 성경을 해석하는 데는 크게 두 가지 양면이 있습니다.

하나는, 성경은 성경으로 해석합니다.

성경은 예언의 말씀이므로, 먼저 예언 된 말씀이 있어서 그대로 이루어집니다.

그래서 먼저 예언 된 성경을 잘 연구해야 합니다.

또 다른 하나는, 기다리는 것입니다. 조급하면 안 됩니다.

"사랑하는 자들아 주께는 하루가 천 년 같고 천 년이 하루 같다는 이 한 가지를 잊지 말라"(벧후 3:8)

사람의 생각에는 천 년 같이 긴 세월처럼 느껴지지만 하나님은 '하루'입니다.

하나님은 '하루'이지만 사람은 천 년 같이 여겨지는 것입니다.

여기서 우리는 조심스러운 마음으로 말씀을 묵상해야 합니다.

왜냐하면 문자적인 말씀대로라면 '천 년이 지나면 예수님이 재림하시는데 그때 예수님이 오셔서 마귀와 전쟁을 하게 된다'는 이야기가 됩니다.

예수님께서 마귀와 전쟁을 하러 오시는 것입니까?

그런 일은 아니라고 믿어집니다.

그런데 천 년이 지난 후 사탄이 놓인다고 합니다.

"천 년이 차매 사탄이 그 옥에서 놓여"(7절)

'천 년 동안 사탄이 무저갱에 갇혀 있게 되었다'는 말씀을 생각해 보십시오.

이 말씀도 문자적으로만 볼 것이 아니고 상징적으로 보면 '사탄의 활동영역이 지극히 제한된 상태'를 의미한다고 볼 수 있습니다.

예수님께서 세상에서 구속 사역을 이루시기 위해서 성육신하실 때 이미 사탄이 활동무대는 공중의 권세 잡는 자의 세력에서 갇히는 자 같이 되어 버리고 말았습니다.

이 기간이 '천 년 동안 주님이 재림하시기까지'라고 보아야 합니다.

이때에는 사탄이 지극히 제한적입니다.

사실상 그리스도께서 통치하시는 기간입니다.

그리고 그리스도 안에서 택함을 입은 성도들이 그리스도와 함께 사탄의 세력 앞에서 왕권을 가지고 통치합니다.

4절, 6절 말씀이 그 배경이 되고 있습니다.

"도리어 그들이 하나님과 그리스도의 제사장이 되어 천 년 동안 그리스도와 더불어 왕 노릇 하리라"(6절)

그리스도인은 언제부터 왕 노릇 하는가를 생각합니다.

그리스도를 영접하고 믿는 그 순간부터 왕 노릇을 합니다.

"나는 포도나무요 너희는 가지라 그가 내 안에, 내가 그 안에 거하면 사람이 열매를 많이 맺나니 나를 떠나서는 너희가 아무것도 할 수 없음이라"(요 15:5)

그리스도를 영접하고 믿는 순간부터 그리스도와 하나로 연합된 것입니다.

"이제부터는 너희를 종이라 하지 아니하리니 종은 주인이 하는 것을 알지 못함이라 너희를 친구라 하였노니 내가 내 아버지께 들은 것을 다 너희에게 알게 하였음이라"(요 15:15)

"이것을 너희에게 이르는 것은 너희로 내 안에서 평안을 누리게 하려 힘이라 세상에서는 너희가 환난을 당하나 담대하라 내가 세상을 이기었노라"(요 16:33)

언제부터 이런 영광을 누릴 수 있습니까?
예수님 영접하고 믿을 때입니다.
사탄의 시험의 때가 있습니다.

"나와서 땅의 사방 백성 곧 곡과 마곡을 미혹하고 모아 싸움을 붙이리니 그 수가 바다의 모래 같으리라"(8절)

'사탄이 감옥에서 놓여나와서' 활동을 합니다.
욥기 1장 6-12절을 보면 하나님의 아들이 여호와 앞에서 회의를 하는데, 사탄이 거기에 등장을 합니다. 여호와께서 사탄에게 "네가 어디서 왔느냐?"(7절)고 물으시니 사탄은 그 때에 '욥을 괴롭게 하면 하나님을 부인하게 될 것'이라고 합니다. 하나님은 '욥의 생명은 해하지 말고 그를 괴롭혀 보라'고 용인하시면서 사탄이 욥에게 고난을 가하는 것을 허락하셨습니다.

종말에 가서는 사탄이 옥에서 잠깐 놓이게 됩니다.
지금도 사탄이 놓임 받아 활동하는 무대가 되고 있다는 것을 알 수 있습니다.
그런데 '종말의 때에 어떤 일이 일어날 것인가' 하는 것입니다.
사탄은 온갖 수단과 방법을 동원하여 교회를 압박하려고 하는 적그리스도의 세력이 매우 격렬하게 핍박하도록 선동할 것입니다.
사탄은 곡과 마곡을 선동하여 교회를 공격할 것입니다.

에스겔 38장에 곡과 마곡이 등장한 것을 인용한 것입니다.
'곡과 마곡'은 유대인을 괴롭혔던 '안디오커스 에피파네스 시대'를 의미합니다.
사도 요한은 '신약시대에 교회가 당하는 환난의 때를 예고하여 주신 계시'를 듣고 보았습니다.
문자적으로 '에스겔 38-39장의 예언의 말씀'입니다.
이스라엘을 침략하기 위해서 북방 메섹 왕과 두발 왕이 공격해 오던 때입니다.

이 사건은 역사적인 일이면서 동시에 예언적인 사건인데, 장차 '메시야 시대에 일어날 일'을 상징적으로 말씀한 것입니다.

> "어찌하여 이방 나라들이 분노하며 민족들이 헛된 일을 꾸미는가 세상의 군왕들이 나 서며 관원들이 서로 꾀하여 여호와와 그의 기름 부음 받은 자를 대적하며"(시 2:1-2)

어느 나라 왕들이리고 단정할 수는 없습니다.

'열방의 군왕들'이라고 했습니다.

이미 요한계시록 13장 '바다에서 나온 짐승에서 열 뿔을 가진 자, 머리가 일곱 이라는 괴물과 같은 짐승'은 '열방의 왕들의 정체'를 상징적으로 말씀한 것입니다.

사탄은 열방들의 세력들을 이용하여 교회와 성도들을 시험합니다.

예수 그리스도를 영접하고 믿어서 거듭난 성도들은 시험은 당하시만, 죽음에는 이르지 않습니다.

우리는 그런 믿음의 수치에 노달해야 합니다.

> "몸은 죽여도 영혼은 능히 죽이지 못하는 자들을 두려워하지 말고 오직 몸과 영 혼을 능히 지옥에 멸하실 수 있는 이를 두려워하라"(마 10:28)

비록 그리스도인의 육체가 죽임을 당할지라도 영혼의 죽음은 당하지 않습니다.

그러므로 그리스도인의 육체의 죽음은 죽음이 아닙니다.

영직인 죽음이라아 죽음입니다.

> "내가 그리스도와 함께 십자가에 못 박혔나니 그런즉 이제는 내가 사는 것이 아 니요 오직 내 안에 그리스도께서 사시는 것이라 이제 내가 육체 가운데 사는 것 은 나를 사랑하사 나를 위하여 자기 자신을 버리신 하나님의 아들을 믿는 믿음 안에서 사는 것이라"(갈 2:20)

그리스도인은 이미 죽었습니다. 이제는 더 죽을 것이 없습니다.

사탄이 놓여서 교회와 성도들을 시험하지만 죽이지는 못합니다.

그런데 믿음이 없는 자들은 죽임을 당합니다.

'접시 물에도 빠져 죽는다'는 말이 있습니다.

얼마나 사람이 시원찮으면 접시 물에 숙습니까?

믿음이 없는 자는 사탄의 기침에도 놀라서 죽을 수 있습니다.

마음에 죄 성을 가진 자는 뇌성벼락만 쳐도 무서워서 벌벌 떱니다.

사탄은 지금도 수많은 사람들을 미혹하지만, 그리스도 안에서 성령으로 충만한 성도들은 사탄의 미혹에서 흔들리지 않아야 합니다.

사탄의 세력이 아무리 바다 모래 같이 많고 강해도 그리스도의 능력을 이겨 낼 수 없습니다.

사탄의 종말의 순간이 있습니다.

9, 10절에서 사탄의 세력은 교회와 성도들을 둘러싸고 공격을 합니다.

창세기 3장 1절에서 말씀하신 대로 사탄의 정체는 아주 교활하며 간교합니다.

할 수만 있으면 수단과 방법을 가리지 않고 교회와 성도들을 무너지게 합니다.

사탄의 세력은 싸움을 일으킵니다.

교회와 성도들은 사탄의 싸움에서 시달려야 합니다.

그런데 '전쟁'(戰爭)에도 두 가지가 있습니다.

육체적인 전쟁이 있고, 영적인 전쟁이 있습니다.

영적인 전쟁이 육체적인 전쟁보다 더 무섭고 치명적입니다.

영적인 전쟁은 자신이 망하는 줄도 모르면서 치명적인 타격을 입는 것입니다.

교회와 성도들은 사탄의 정체를 항상 분별하고 단단히 무장을 하고 대처해야 합니다. 사탄은 자신의 때가 긴박한 것을 알고는 최후의 발악을 할 것입니다.

그러면서 사탄도 교회와 성도들을 인격적으로 공격합니다.

권력을 통해서, 권세를 통해서, 물질을 통해서, 성공적인 삶의 생활을 이용해서, 세상의 쾌락을 통해서 미혹을 합니다.

지금의 시대가 그런 때가 아닌가 생각합니다.

세계적으로 교회가 쇠퇴해가고, 능력과 힘을 상실해가고 있습니다.

사탄의 세력이 강하게 역사하고 있는 때라고 보아야 합니다.

'영적인 전쟁에서 교회가 시달리고 있는 것'입니다.

예수님은 말씀하셨습니다.

"그러므로 깨어 있으라"(마 24:42)

"근신하라 깨어라 너희 대적 마귀가 우는 사자 같이 두루 다니며 삼킬 자를 찾나니"(벧전 5:8)

그러나 사탄의 때는 길지 않습니다.

하늘에서 불이 내려와서 사탄의 세력을 소멸합니다(20:9).

최후의 심판은 불의 심판입니다.

사람들은 '아마겟돈과 같은 전쟁에서 핵무기의 불이 심판의 불'이라고 말하기도 합니다.

그러나 그것은 합당하지 않은 말입니다.

하나님의 심판은 인간의 손에 의해서 행해지지 않습니다.

하늘에서 내린 불로써 세상을 심판하실 것입니다.

소돔과 고모라가 하늘에서 내린 유황불로 심판을 받았습니다(창 19:24).

'하늘에서 유황불이 떨어질 때 비가 오는 것같이 쏟아졌다'고 했습니다.

종말의 그 날에도 이런 불이 심판을 하시게 될 것입니다.

교회와 성도들을 미혹하고 하나님을 대적하는 사탄의 세력이 첫 번째 목표물이 될 것입니다.

"그들을 미혹하는 마귀가 불과 유황 못에 던져지니"(10절)

그 다음은, 거짓 선지자들입니다.

사탄의 앞잡이 노릇하던 거짓 선지자들이 지옥의 불에 던짐을 당할 것입니다.

마지막으로는, 불신앙자들입니다.

사탄과 거짓 선지자들에 의해서 하나님을 믿지 아니하고 불신앙으로 살았던 자들은 지옥의 형벌을 받게 됩니다.

이 사탄과 불신앙자들은 영원하도록 밤낮으로 괴로움을 당하는 고통의 형벌을 받게 됩니다.

이 악의 세력들은 무저갱의 지옥의 형벌에서 버림을 받습니다.

하나님의 나라 천국에는 사탄이 없는 동시에 죄가 없고, 죄인이 없습니다.

천국은 사탄이 없는 곳이고, 죄가 없는 곳이며, 죄인이 없는 곳입니다.

그리스도와 더불어 천 년 동안 왕 노릇 하던 성도들은 이제는 영원히 천국에서 그리스도와 함께 영광을 누리게 됩니다.

우리 성도들이 누릴 곳은 저 '영원한 천국'입니다.

생명책에 기록된 이름
(요한계시록 20:11-15)

• • • • •

"또 내가 크고 흰 보좌와 그 위에 앉으신 이를 보니 땅과 하늘이 그 앞에서 피하여 간 데 없더라 또 내가 보니 죽은 자들이 큰 자나 작은 자나 그 보좌 앞에 서 있는데 두루마리들이 펴 있고 또 다른 두루마리가 펴졌으니 곧 생명책이라 죽은 자들이 자기 행위를 따라 두루마리들에 기록된 대로 심판을 받으니 바다가 그 가운데에서 죽은 자들을 내주고 또 사망과 음부도 그 가운데에서 죽은 자들을 내주매 각 사람이 자기의 행위대로 심판을 받고 사망과 음부도 불 못에 던져지니 이것은 둘째 사망 곧 불 못이라 누구든지 생명책에 기록되지 못한 자는 불 못에 던져지더라"

'성경의 모든 말씀의 결론'은 '요한계시록'입니다.

사도 요한이 보고 받고 기록한 요한계시록은 구약성경 말씀을 배경으로 했기 때문에 가장 위대하고, 위엄이 있고, 영광스러우며, 아름답기도 한 말씀입니다.

또 한편 위기감이 감돌고 있는 장면을 봅니다.

현대인들은 현실적으로 위기감을 느낄 때 "말세다, 종말이다."라는 말을 합니다.

이 말은 '다 되었다'는 의미입니다.

그 위기감이 무엇입니까?

바로 요한계시록 20장 7-9절 말씀에서 본 장면입니다.

이 내용에서 드라마의 한 장면이 연출되고 있는 것입니다.

보십시오! 어떤 일이 일어나고 있습니까?

천 년이 지나는 동안 무저갱 속에 갇혀서 제한을 받던 사탄이 천 년이 되었을 때 옥(무저갱)에서 놓입니다. 이 사탄의 세력은 지상에서 전쟁을 일으킵니다.

이 전쟁의 대상은 불신 세상이 아닙니다. 바로 '그리스도 교회'입니다.

사탄은 불신 세상을 싸움터로 삼을 이유가 없습니다. 불신 세상은 이미 사탄의 지배 아래 있습니다. 오직 교회만이 싸움의 대상이 됩니다.

사탄은 교회를 무너뜨리려고 합니다.

9절을 보면 사탄은 "성도들의 진과 사랑하시는 성을 두르매 하늘에서 불이 내려와 그들을 태워버렸다"고 했습니다.

이는 '사탄의 세력은 멸망하고, 교회의 승리를 나타내시는 말씀'입니다.

사탄이 이 땅의 교회들을 해쳐서 넘어지게 하려고 둘리치고 있지만 이제는 사탄의 세력은 망한 것입니다.

현대교회는 '사탄과 영적 전쟁에 돌입하는 위기 상황'에 처해 있습니다.

금세기에 세계 처처에서 교회가 쇠퇴해가고 복음전파의 길이 막히고 있거나 복음을 전해도 예수 그리스도를 영접하지 않고 믿지 않는 세상을 봅니다. 현대 그리스도인들은 적그리스도인 사탄의 공세에 속수무책(束手無策)으로 당하고 있습니다. 물질이 있어서 가장 배부르고 문명문화가 발달해서 살기가 가장 편리하고 배우는 지식이 풍부하여 모르는 것이 없고, 교만함이 하늘을 찌를 듯이 높아지고 있어서 "예수 믿읍시다!" 하고 전두하는 말씀에 비아냥거리는 세상입니다.

교회의 일부 신자들은 세상과 다를 바 없습니다.

어떻게 보면 믿는 사람인지 아닌지를 분별하기 어렵습니다.

이 세상을 살아가면서 현실적으로 닥친 삶에 여유가 없을 때는 잊고 살다가 생각이나 시간적으로 약간의 여유가 생기면 잠시 예수를 믿어볼 생각을 하거나, 교회로 발길을 돌리게 되는 정도입니다.

사탄의 계교는 교회를 이렇게 만들고 있는 것입니다.

지금 교회가 사탄의 전쟁으로 인해 믿는 성도들이 점점 죽어가고 있습니다.

동서 유럽 지역들의 교회들을 보십시오.

독일에 참된 교회는 없어진지 오래 되었습니다.

영국의 수백 년 되는 교회들이 문을 닫았고, 미국의 오래 된 교회들도 문을 닫았습니다. 한국에도 문을 닫는 교회들이 많습니다.

목사 안수를 받았지만 목회하지 않는 사람들이 수없이 많습니다.

바로 사탄의 전쟁에서 죽어가고 있다는 것입니다.

예수님은 "인자가 올 때에 세상에서 믿음을 보겠느냐?"(눅 18:8)고 탄식하셨습니다.
예수님 앞에서 수많은 사람들이 배신하고 떠나가 버렸기 때문입니다.

예수님은 하나님이시며 신적인 능력과 힘과 권세를 가지시고, 사람으로서 인성을 가지셨습니다. 완전한 사람으로서 인격을 가지시고, 사람들 앞에서 말씀을 가르치시고 하나님의 복음을 전파하셨고, 초자연적인 능력을 행하셔서 바람과 파도를 잔잔하게 하셨습니다. 귀신들을 쫓아내시고 병들어 죽어가는 자들을 살려내셨습니다. 나면서부터 보지 못하는 소경들의 눈을 뜨게 해 주셨습니다.

사람들은 이런 예수님 앞에서 그 말씀도, 행하시는 능력도 믿지 않았습니다.

그 때 "인자가 올 때에 세상에서 믿음을 보겠느냐?"라고 탄식하셨습니다.

이 말씀은 그 때나 오늘이나 세태는 '믿음을 부인하고 있음'을 지적하십니다.

많은 사람들이 최후의 심판을 부인하고 있습니다.

장차 이 세상이 죄로 인하여 심판을 받을 것이라는 것을 비웃고 있습니다.

세상은 지옥과 천국에 대한 설교를 비웃고 있으면서도 죽은 후에는 좋은 곳으로 가기를 소망하고 있습니다.

사람이 죽으면 '명복을 빈다'고 하지 않습니까?

사후에 좋은 곳에서 평안하기를 소망한다는 이야기 아닙니까?

사탄이 이런 불신앙을 조장하고 있습니다.

사탄이 교회와 성도들을 무너뜨리려는 싸움을 일삼고 있다는 것입니다.

이 시대는 교회와 성도들이 사탄에게 공격을 당할 위기에 직면해 있습니다.

이것을 잊지 말 것입니다.

사탄이 마지막 심판을 받습니다. 사탄이 놓여서 싸움을 거는 때는 '잠깐'입니다.

"무저갱에 던져 넣어 잠그고 그 위에 인봉하여 천 년이 차도록 다시는 만국을 미혹하지 못하게 했는데 그 후에는 반드시 잠깐 놓이리라"(3절)

사탄이 싸움을 걸던 시기는 '잠깐'이라고 했습니다.

그 후에는 사탄과 불신자들에 대한 예수 그리스도의 심판이 있습니다.

이미 믿는 성도들에게는 심판이 지나갔습니다.

"내가 진실로 진실로 너희에게 이르노니 내 말을 듣고 또 나 보내신 이를 믿는 자는 영생을 얻었고 심판에 이르지 아니하나니 사망에서 생명으로 옮겼느니라"(요 5:24)

믿음으로 구원 얻은 성도들에게는 심판이 이미 다 지나간 일입니다(롬 8:1, 2).

심판은 사탄과 불신자에게 해당되는 일입니다.

심판의 그 날은 세상이 서서히 망해 가는 것이 아닙니다.

순식간에 세상이 없어져버리는 것입니다.

"내가 크고 흰 보좌와 그 위에 앉으신 이를 보니 땅과 하늘이 그 앞에서 피하
여 간 데 없더라"(11절)

사도 요한은 심판의 그 날을 이미 보았습니다.

새 하늘과 새 땅이 도래되기 위해서는 이미 있었던 세상이 없어져야 합니다.

이 세상은 붕괴됩니다. 땅도, 재물도, 집도, 지위도, 권력도, 명예도, 인기도,
쾌락도, 술도, 마약도 다 없어지고 말 것입니다.

이 모든 일들은 불신앙인들과 이들을 미혹했던 사탄에게 일어날 것입니다.

"천지는 없어질지언정 내 말은 없어지지 아니하리라"(마 24:35)고 말씀하셨습니다.

아직도 세상 사람들은 현실을 자랑합니다.

소망을 현실에 두고 있습니다.

이 좋은 세상에 종말이 온다는 것을 믿지 않을 뿐 아니라, 이렇게 발전해 가는
세상을 볼 때 종말의 심판이라는 것은 있을 수 없는 말장난이라고 주장합니다.

그러나 명심해야 할 말씀이 있습니다.

"이제 하늘과 땅은 그 동일한 말씀으로 불사르기 위하여 보호하신바 되어 경건
하지 아니한 사람들의 심판과 멸망의 날까지 보존하여 두신 것이니라"(벧후 3:7)

아무리 외양간의 송아지가 주인에게 사랑을 받고 잘 자란다고 해도 그 결과는
'도살장으로 끌려가게 될 것'이라는 것입니다.

'심판'(審判)은 '불신자와 사탄을 멸망시키는 형벌'입니다.

12절을 보면 사도 요한은 '보좌 앞에서 펴져 있는 책들'을 보았습니다.

'책들'이라는 단어가 '복수'로 사용되었다는 것을 잘 생각해야 합니다.

한 권의 '책'이 아닌 '책들'이라고 했으니 '두 가지 이상의 책'을 말합니다.

확실하게 두 종류의 책이 펴져 있었습니다.

첫째는, 심판받을 자들의 이름과 그들의 행위를 기록한 책입니다.

이 책에는 하나님을 믿지 아니하고 예수 그리스도를 영접하지 않았던 세상의
모든 남녀들의 이름이 기록되었고, 이들의 행위가 그대로 기록된 것입니다.

이 책에는 평범하게 살던 보통 사람들의 이름이 있습니다.

누가 보아도 그렇게 나쁜 짓도 안 하고, 모나게 악한 일도 행하지 않고, 도리어 고생과 땀 흘리는 수고를 하며 열심히 살았던 사람들의 이름도 빠짐없이 기록되어 있습니다.

또한 세상에서 내로라하고, 뛰어난 사람들의 이름이 기록되어 있습니다.

왕들도 있고, 권세를 누리던 지도자들, 재벌인들, 정치인들, 교육자들, 연예인들, 과학자들, 지식인들, 경영인들, 군인들, 법을 집행하는 사람들 등등 모든 사람들의 이름들이 기록되어 있습니다.

물론 이들은 다 불신자들입니다. 이들은 다 심판을 받게 될 것입니다.

사람들의 생명들이 지옥에서 받는 형벌은 동일합니다.

지옥에서도 영원히 죽지는 않습니다.

'멸망'이란 말이나 '죽음'이란 말은 '하나님으로부터 버림을 받았다'는 뜻이지 '아주 죽어서 없어진다'는 뜻은 아닙니다.

지옥에서 영혼의 생명이 죽지 않고, 영원히 살아서 형벌 받으면서 존재합니다.

그러므로 그 고통이 얼마나 크다는 것을 깨닫게 합니다.

지옥도 생명이 영원히 살지만, 고통 받는 영원한 삶입니다.

얼마나 무서운 곳입니까?

둘째는, 생명의 책입니다.

이 생명의 책은 예수 그리스도를 영접하고 믿음으로 구원받은 성도들의 이름이 기록된 책입니다. 죄인임을 시인하고 예수님을 구주로 믿고 영접한 사람들은 그 이름들이 생명책에 기록되어 있습니다.

구원받은 자들의 이름이 생명책에 기록된다는 것은 이미 오래 전부터 계시된 말씀입니다. 모세는 하나님 앞에서 기도할 때에 "그러나 이제 그들의 죄를 사하시옵소서 그렇지 아니하시오면 원하건대 주께서 기록하신 책에서 내 이름을 지워 버려 주옵소서"(출 32:32)라고 했습니다.

구원받은 성도들의 이름들이 이 생명책에 기록되어 있습니다.

여기서 우리는 '더 많은 상을 받을 수 있는 성도들과 상을 덜 받을 사람들의 이름이 구별된다'는 것과 '예수를 믿되 죽기까지 목숨 걸고 환난과 핍박을 받으면서 믿었고, 많은 시간과 봉사와 물질을 바쳐 섬기며 살았던 성도들이 분명히 상 받는 자들로 대접받을 것'을 잊지 말아야 합니다.

다섯 달란트, 두 달란트, 한 달란트를 받은 종들이 생활하고 살았던 결과에 따라서 받은 보상이 달랐다는 것을 말씀해 주셨습니다.

"무릇 있는 자는 받아 풍족하게 되고 없는 자는 그 있는 것까지 빼앗기리라"(마 25:29)

믿는 자들에게는 구원과 상급의 날입니다.
불신자들에게는 멸망으로 심판을 받는 날입니다.
'영생의 부활'과 '사망의 부활'이 있습니다.

"바다가 그 가운데에서 죽은 자들을 내주고 또 사망과 음부도 그 가운데에서 죽은 자들을 내주매 각 사람이 자기의 행위대로 심판을 받고 사망과 음부도 불 못에 던져지니 이것은 둘째 사망 곧 불 못이라 누구든지 생명책에 기록되지 못한 자는 불 못에 던져지더라"(13-15절)

사람들에게 일반적으로 동일한 것 두 가지가 있습니다.

첫째는, 인생이 세상에 태어났다가 다 같이 죽었습니다.
사람들은 누구나 죽는 것은 동일합니다.
죽는 것을 겁내고 두려워하지만 때가 되면 죽을 것입니다. 그러나 두려워할 일이 아닙니다. 문제는 '얼마나 맛있게 살다가 맛있게 죽느냐'는 것입니다.
'맛있게 산다'는 것은 부귀영화를 누린다는 의미가 아닙니다.
'인생의 존재를 아는 것'입니다.
'하나님께로부터 와서 하나님께로 돌아갈 줄 알고 사는 것이 맛이 있는 삶입니다.
예수 믿고 살아야 맛있는 삶입니다.
'맛있게 죽는 것'은 '병들어서 고통당하지 않고 남에게 피해 주지 않고 살다가 제명에 따라 죽는 것'입니다.
어떤 이들은 밥 먹고 나서 죽습니다. 잠자다가 죽습니다. 고통 없이 죽습니다.
맛있는 죽음입니다. 어쨌든 누구나 다 죽는 것입니다.

둘째는, 다시 부활하는 것입니다.
죽었던 사람들이면 다 부활합니다.
언제 죽었거나, 어디서 죽었거나, 어떻게 죽었거나 불문하고 다 살아납니다.
사람에게 피할 수 없는 것 세 가지가 있습니다.
첫째는, 세상에 출생하는 것을 피할 수 없습니다. 필연적으로 세상에 출생합니다.

둘째는, 죽는 것입니다. 필연적으로 죽습니다.

셋째는, 다 부활합니다. 이 일 역시 필연적으로 부활합니다.

여기서 생각할 것은 어떤 부활로 살아나느냐 하는 것입니다.

성경에서 '어떤 부활로 다시 살아나느냐'를 말씀해 주십니다.

> "바다가 그 가운데서 죽은 자들을 내주고 또 사망과 음부도 그 가운데서 죽은 자들을 내주매 각 사람이 자기의 행위대로 심판을 받고"(13절)

이 말씀은 죽은 자들이 다시 살아나는 것을 강력하게 말씀하신 것입니다.

어떤 부활로 살아나느냐가 중요합니다.

성도들은 영생의 부활을 하지만, 불신자들은 심판받을 목적으로 부활합니다.

심판을 받는다는 것은 얼마나 무섭고도 두려운 일이며 불행한 일입니까?

이 불행의 심판을 받지 않을 수도 있었습니다. 그들이 죽기 전에 예수 그리스도를 영접하고 믿었더라면 심판이 아닌 영생하는 부활을 얻게 되었을 것입니다.

다시 부활하는 목적은 심판입니다.

> "사망과 음부도 불 못에 던져지니 이것은 둘째 사망 곧 불 못이라 누구든지 생명책에 기록되지 못한 자는 불 못에 던져지더라"(14-15절)

부활(復活)도 두 가지가 있습니다.

첫째 부활은 예수 그리스도께서 죽은 자 가운데서 부활하심으로 믿는 자들은 그리스도의 부활에 연합된 것입니다.

둘째 부활은 주님이 재림하실 때 육체와 생명이 다시 하나 되어 완전히 부활하는 것입니다. 성경은 이 부활을 말해 주고 있는 것입니다.

죽음도 두 가지입니다.

첫째 죽음은 예수 믿지 않고 육체가 죽을 때 육체가 영혼과 함께 음부에 던짐을 당하는 죽음입니다.

둘째 죽음은 예수님이 재림하실 때 영원한 심판을 위하여 다시 살아나지만 영원한 심판으로 불 못에 던짐을 당하는 죽음입니다.

다시는 소망이 없습니다. 이들은 생명책에 명단이 없습니다.

생명책에 이름이 기록되지 않는 자들은 천국에 이를 수 없습니다.

예수님을 영접하고 믿음으로 구원받은 자들만이 천국 백성이 됩니다.

제21장 거룩한 성 새 예루살렘

- 주제성구 "또 내가 새 하늘과 새 땅을 보니 처음 하늘과 처음 땅이 없어졌고 바다도 다시 있지 않더라"(1절)
- 주제찬송 ♬ 236장 우리 모든 수고 끝나 세상 장막 벗고서 ‖ 606장 해 보다 더 밝은 저 천국

서론

본 장은 새 하늘과 새 땅, 그리고 새 예루살렘이라는 성도들의 궁극적 처소가 구체적으로 설명되어 있습니다. 사탄에 대한 하나님의 진노가 절정에 달하고 악에 대한 최후의 심판이 정리되어 이제는 자기 백성에 대한 하나님의 거처 제공이 본 장에서 설명되고 있는 것입니다. 새 하늘과 새 땅은 성도들의 궁극적 소망이 완성됨을 뜻합니다. 새 하늘과 새 땅에서는 사랑과 고통이 없고 슬픔은 잊혀 질 것이며 어두움이 종말을 고하고 시간의 임시성은 영원으로 바뀌게 될 것입니다. 이는 종말에 가서 인간의 본래적 소망이 성취될 것을 말하고 있는 것으로 불멸과 죄의식의 소멸, 더 좋은 바탕에 깔려 있는 기본적인 심성이라고 할 수 있습니다.

본론

새 하늘과 새 땅(1-8절)
사탄의 세력이 소멸되는 것을 보여주신 주님께서는 이제 마지막으로 지금까지 사람이 살던 이 세상과는 완전히 구별된 새 하늘과 새 땅, 새 예루살렘을 보여주셨습니다. 이 나라는 성도들이 계속해서 소망하던 완성된 나라로서, 이제 이곳에서 성도들은 하나님이 백성으로서 하나님과 완전한 연합을 누리게 되고, 세상에서 당하던 슬픔과 아픔, 눈물, 사망, 애통, 곡, 아픈 것이 없습니다. 만물이 모두 새롭습니다. 모든 사람이 새 하늘과 새 땅을 추구하지만 이 축복이 모두에게 임하는 것은 아닙니다. 하나님 나라의 유업은 이기는 자라야 얻습니다. 악전고투의 쓰라린 경험이 없이는 영생의 유업을 얻을 수 없습니다. 우리는 옛것, 육체의 소욕, 불의 마귀와 대항하여 힘써 싸워 이겨야 하겠습니다.

거룩한 성 새 예루살렘(9-21절)
요한은 하늘로부터 내려온 예루살렘 성을 좀 더 자세히 보게 되었습니다. 이 성에는 열두 문이 있으며, 동서남북에 각 세 문 씩 있습니다. 성곽은 열두 기초석이 있으며, 그 위에 구약과 신약의 모든 성도들을 대표하는 열두 지파와 열두 사도의 이름이 있습니다. 성의 크기는 일만 이천 스타디온입니다. 모양은 네모반듯하고 장과 광과 고가 같으며 그 기초의 구조도 완전하고 훌륭합니다. 성의 크기는 무한합니다. 이 같은 성의 모양은 역사를 통하여 예수 그리스도의 생명책에 기록된 모든 사람들이 거주할 수 있는 영원한 성임을 상징적으로 보여주고 있습니다. 또한 온갖 금은보석으로 꾸며진 성의 모습은 사람의 입술로는 다 표현할 수 없는 하나님의 영광을 보여주고 있습니다.

성 안에는 성전(22-27절)
하늘의 예루살렘은 현재 우리가 살고 있는 이 세상과는 많이 다릅니다. 하나님과 어린 양이 친히 계셔서 경배를 받으시므로 하나님께 예배드리기 위해 구별된 거룩한 곳(성전)이 따로 없고, 하나님의 영광의 빛이 충만한 곳이기에 지상 생활에서 필수적인 해와 달이 필요 없습니다. 정치권력이나 온갖 부도덕한 것들은 찾아볼 수 없고, 하나님과의 교제가 항상 열려 있습니다. 하나님이 충만히 임재해 계셔서 언제든지 만날 수 있습니다. 정말 아름다운 천국입니다. 이 천국에는 더러운 자는 들어갈 수 없습니다. 거룩하고 영광스러운 자리이기에 더럽고 거짓된 자들은 들어올 수 없습니다. 어린 양의 생명책에 기록된 자만 들어올 수 있습니다. 구속함을 받고 변화된 사람만이 들어갈 수 있습니다.

결론

이처럼 본 장에서는 새 하늘과 새 땅, 그리고 새 예루살렘에 대한 환상을 보여주고 있습니다. 성경이 증거하고 있는 역사관은 종말론적입니다. 바로 창조가 있고 종말이 있다는 직선적인 역사관을 가지고 있습니다. '역사의 수레바퀴는 영원히 굴러간다'는 윤회적 역사관이 아닙니다.
말씀으로 세상을 창조하신 하나님은 "보라! 내가 만물을 새롭게 하노라!"는 말씀으로 이 세상의 종말을 고하고 새 하늘과 새 땅을 선언하십니다. 새 예루살렘에서의 삶은 영원한 안식의 삶입니다. 인생의 괴로움이 전혀 침범할 수 없는 곳에서 그리스도의 신부인 성도들은 하나님으로부터 위로를 받고 영원한 안식을 누리게 됩니다. 이런 모든 축복을 누리려면 꾸준히 하나님을 신뢰하며 이겨내야 합니다.

- 장명가 "새 하늘 새 땅이 보이니 사망과 애통이 없는 곳 · 알파와 오메가 되신 생명수 샘물로 주시네
장엄한 새 예루살렘 성 금강석으로 꾸미었네 · 만국 영광 존귀 가지고 주 백성 기업을 받아라
주님이 오신다 흰 예복 입고 주 맞으라 · 주님이 오신다 등불을 켜들고 맞으라"(♩ 270장 변하는 주님의 사랑과)

새 하늘과 새 땅
(요한계시록 21:1-8)

. . . . .

"또 내가 새 하늘과 새 땅을 보니 처음 하늘과 처음 땅이 없어졌고 바다도 다시 있지 않더라 또 내가 보매 거룩한 성 새 예루살렘이 하나님께로부터 하늘에서 내려오니 그 준비한 것이 신부가 남편을 위하여 단장한 것 같더라 내가 들으니 보좌에서 큰 음성이 나서 이르되 보라 하나님의 장막이 사람들과 함께 있으매 하나님이 그들과 함께 계시리니 그들은 하나님의 백성이 되고 하나님은 친히 그들과 함께 계셔서 모든 눈물을 그 눈에서 닦아 주시니 다시는 사망이 없고 애통하는 것이나 곡하는 것이나 아픈 것이 다시 있지 아니하리니 처음 것들이 다 지나갔음이러라 보좌에 앉으신 이가 이르시되 보라 내가 만물을 새롭게 하노라 하시고 또 이르시되 이 말은 신실하고 참되니 기록하라 하시고 또 내게 말씀하시되 이루었도다 나는 알파와 오메가요 처음과 마지막이라 내가 생명수 샘물을 목마른 자에게 값없이 주리니 이기는 자는 이것들을 상속으로 받으리라 나는 그의 하나님이 되고 그는 내 아들이 되리라 그러나 두려워하는 자들과 믿지 아니하는 자들과 흉악한 자들과 살인자들과 음행하는 자들과 점술가들과 우상 숭배자들과 거짓말하는 모든 자들은 불과 유황으로 타는 못에 던져지리니 이것이 둘째 사망이라"

요한계시록 21장 1-8절 말씀을 열면서 20장 11절 말씀을 다시 기억해 봅니다.

"또 내가 크고 흰 보좌와 그 위에 앉으신 이를 보니 땅과 하늘이 그 앞에서 피하여 간 데 없더라"

그 이유는 '21장 1절 말씀이 성립되기 위한 것'입니다.
우주가 새롭게 창조되는 세상입니다.
땅에서 보던 것들이 불에 녹아 없어지고(벤후 3:10), 새롭게 됩니다(마 19:28).
만유가 회복되고(행 3:21), 세상이 썩어지는 것으로부터 해방되는 것입니다(롬 8:21).
세상의 만유가 헛된 것에 머물러 있지 않게 되는 것입니다.

보좌에는 심판의 주님이 앉아계십니다.
모든 백성들은 심판대 앞에 모여 있습니다.
생명책에 기록된 대로 심판을 행할 것입니다.

성경은 영원히 살만한 곳을 소개하여 줍니다.

이곳을 좀 더 자세하게 구체적으로 확실하게 알아보아야 합니다.

언제라도 그 곳으로 이주할 준비가 되어 있어야 합니다.

그 곳을 '새 하늘과 새 땅'이라고 했습니다. 신도시의 개념이 아닙니다.

이 땅에서 생각하는 신도시의 개념은 아무리 좋은 도시라고 해도 입주하고 나면 옛날 살던 곳이나 다를 것이 없습니다. 도루묵이 될 뿐입니다.

그러나 성경이 말씀하신 새로운 나라는 전혀 다른 곳입니다.

세상과는 구별되는 새로운 나라입니다.

1절에서 사도 요한은 "새 하늘과 새 땅을 보았다"고 했습니다.

사도 요한은 이미 2천 년 전에 하나님이 보여주신 새로운 세계를 보았습니다.

하나님은 그런 세상을 이미 창조하여 두셨다는 뜻입니다.

반면에 '처음 하늘과 처음 땅이 없어졌다'는 말씀의 의미를 잘 새겨 봅니다.

'없어졌다'는 '파렐코마이'(παρέρχομαι)로 '지나가버렸다, 사라져버렸다'는 뜻입니다.

지나간 나의 과거처럼 다시는 볼 수 없이 사라져버린 것입니다.

"땅과 하늘이 그 앞에서 피하여 간 데 없더라"(20:11)고 했습니다.

아무리 찾아보아도 옛 것은 찾을 수 없는 세상이 되고 말았습니다.

요한계시록 20장 9절에 "하늘에서 불이 내려와 그들을 태워버렸다"고 했는데, 이 말씀의 의미는 '있어서는 안 될 것들이 다 없어졌다'는 뜻입니다.

죄와 허물이 없어지고, 사악한 것들이 없어지고, 상처가 없어졌습니다.

죄가 될 일이 없어졌기 때문에 죄 지을 일이 없습니다.

왜냐하면 사탄이 없어졌기 때문입니다.

짐승과 용이 없어지고, 거짓 선지자가 없어지고, 음녀도 없어졌습니다.

지금까지 세상에서 보아왔던 모든 불완전한 것들은 다 없어진 것입니다.

오직 새 하늘과 새 땅이 도래된 것입니다.

새 세상은 지금 새롭게 창조하신 것이 아닙니다.

이미 창조된 세상이었습니다.

그것은 저 다른 위성에 있는 것이 아닙니다.

이미 하나님께서 예비하신 세상을 구원받은 성도들에게 공개해 주신 것입니다.

마태복음 13장은 천국의 비유를 여러 가지로 말씀하셨습니다.

천국은 감추어져 있다고 했습니다.

> "이는 선지자를 통하여 말씀하신바 내가 입을 열어 비유로 말하고 창세부터 감
> 추인 것들을 드러내리라 함을 이루려 하심이라"(35절)

이미 창세전에 예비 된 곳이 있다는 것을 말씀하셨습니다.

> "여호와 하나님이 동방의 에덴에 동산을 창설하시고 그 지으신 사람을 거기 두
> 시니라 여호와 하나님이 그 땅에서 보기에 아름답고 먹기에 좋은 나무가 나게
> 하시니 동산 가운데에는 생명나무와 선악을 알게 하는 나무도 있더라"(창 2:8-9)

이 얼마나 풍성하고 살기 좋은 곳입니까?

그 때 그 동산에서 살던 사람들은 아무 염려나 걱정이나 근심이 없었습니다.

병드는 일도 없고, 늙는 일도 없고, 죽는 일도 없는 하나님의 나라였습니다.

그러나 인간이 하나님의 언약을 깨뜨리고 범죄를 했습니다.

그 후에 하나님은 에덴동산에서 인간을 추방해 버렸습니다.

> "여호와 하나님이 에덴동산에서 그를 내보내어 그의 근원이 된 땅을 갈게 하시
> 니라 이같이 하나님이 그 사람을 쫓아내시고 에덴동산 동쪽에 그룹들과 두루 도
> 는 불 칼을 두어 생명나무의 길을 지키게 하시니라"(창 3:23, 24)

에덴동산이 없어지거나 철폐하신 것이 아니라, 다만 인간을 쫓아내셨습니다.

그리고 천사들에게 '화염검'(라하트; לַהַט)으로 에덴동산을 지키게 하셨는데, '불의
칼'로 생명나무의 길을 지키게 하셨습니다.

그렇다면 언젠가는 동산을 다시 개방할 날이 올 것을 말해주신 것 아닐까요?

그래서 '창세전에 준비하신 것을 감추어 두신 곳을 새 하늘과 새 땅이라고 하
신 것이 아닌지' 생각해 봅니다.

성경말씀대로 믿으면 에덴동산은 회복될 것입니다.

새로운 세상은 바다도 다시없습니다.

"바다도 다시 있지 않더라"(21:1)고 했습니다.

'바다'는 '불안과 갈등의 상징'입니다.

바다를 부정적인 입장에서 생각해 보면 사람들이 살아가는 데 가장 불안정한
관계를 의미하기도 하고, 이질적이고 이간적인 일을 만들어 냅니다.

출렁대고, 으르렁대고, 요동하며, 파도치는 불안정한 세상을 상징하기도 합니다.

예수님은 갈릴리에서 해지는 저녁에 제자들을 배에 태워서 먼저 건너편으로 건너보내고 예수님은 산에서 기도를 하셨습니다(마 14:22-33).
밤이 깊어갈 때 갈릴리 바다에 큰 풍랑이 일어났습니다.
이 풍랑으로 제자들은 죽을 위기에 처하게 되었습니다.
제자들의 판단으로는 살아날 가능성이 없었습니다.
멀리 산에서 기도하시던 예수님은 이 사실을 아시고 물 위를 걸어서 제자들에게 오셔서 바람과 풍랑을 잔잔하게 하시고 제자들을 구원해 주셨습니다.
예수님이 계신 곳에는 바다와 같은 두려움도 갈등도 없어지는 것입니다.

사도 요한은 바다에서 짐승이 나오는 것을 보았습니다.
"바다에서 한 짐승이 나왔다"(13:1), "물에서 큰 음녀가 나왔다"(17:1)고 했습니다.
이것들은 '사탄, 마귀의 세력들'을 의미합니다.
이들은 '현재의 이 땅, 이 세상에서 일어나는 불안전한 이들'을 말해 줍니다.
이 세상은 죽음으로 삼키는 짐승의 세력들입니다.
현재도 세계를 놀라게 하고 있는 적그리스도의 무장세력 무슬림들을 보십시오.
이것이 '바다에서 나온 세력들'입니다.
죄악 된 인간이 살아가는 세상에는 비다가 있습니다.
새 하늘과 새 땅이 도래되는 영원한 천국에는 바다도 다시 존재하지 않습니다.

거룩한 새 나라가 세워질 것입니다.

> "또 내가 보매 거룩한 성 새 예루살렘이 하나님께로부터 하늘에서 내려오니 그 준비한 것이 신부가 남편을 위하여 단장한 것 같더라"(2절)

'거룩한 성 새 예루살렘은 신부가 남편을 위하여 단장한 것 같다'는 구절에서 '신부'는 '교회'를 의미합니다.
'현재 존재하고 있는 택한 백성들의 공동체'는 '교회'입니다.
교회는 하나님과 교제를 갖는 거룩한 하나님의 가족들입니다.
하나님은 교회와 함께 하시며, 교회는 하나님의 소유가 됩니다.
하나님과 교제하는 교회는 거룩하고 영원합니다.
하나님의 교회는 영원한 즐거움이 넘칩니다.

사도 요한이 본 '거룩한 새 예루살렘'은 아직 도래되지 않았습니다.

전체의 개념에서 볼 때 '종말론적이며 미래적'입니다.

그래서 앞으로 다가올 일에 대해 그림자로서 말씀해 주고 있습니다.

미래적이라고 해서 희미한 것이나 불확실한 것이 아닙니다.

이 거룩한 성은 하나님께로부터 계속적으로 가까이 내려오고 있는 것입니다.

세상과 하나님의 나라는 구별됩니다.

이 세상에는 있어서는 안 될 것들이 있습니다. 그러나 하나님의 나라가 이루어지는 그 날에는 이 세상에 있는 것들이 다 없어질 것입니다.

부패한 사회, 부패한 정치, 썩어진 정부, 부패한 종교가 없어집니다.

거짓 종교가 없어집니다. 사악한 지도자들이 없어집니다.

하나님의 자녀들을 아프게 하는 조건들이 없어집니다.

아프게 하는 일, 고통을 당하게 하는 일, 걱정도 염려하는 일들도 없어집니다.

슬픔도, 눈물로 울음도, 아픔도, 죽음도 없어지는 것입니다.

이 새로운 나라에서는 하나님만이 주인이 되십니다.

"내가 들으니 보좌에서 큰 음성이 나서 이르되 보라 하나님의 장막이 사람들과 함께 있으매 하나님이 그들과 함께 계시리니 그들은 하나님의 백성이 되고 하나님은 친히 그들과 함께 계셔서"

"두려워하지 말라 내가 너와 함께 함이라 놀라지 말라 나는 네 하나님이 됨이라 내가 너를 굳세게 하리라 참으로 너를 도와주리라 참으로 나의 의로운 오른손으로 너를 붙들리라"(사 41:10)

하나님이 함께 하시는데 무슨 걱정이 있습니까? 아무 염려가 없습니다.

구원받은 성도들을 해치고 괴롭히는 사탄의 세력들을 완전히 소탕하셨습니다.

요한계시록 20장 14, 15절에서 보여주셨습니다.

사망과 음부도 불 못에 던졌고, 생명책에 기록되지 못한 자들까지도 다 불 못에 던져 버렸습니다. 둘째 사망에 던져 버렸습니다.

그러므로 이제부터는 하나님을 반역할 세력이 다시는 없을 것입니다.

'하나님만이 주인'이십니다.

하나님이 지으신 새 하늘과 새 땅은 어떤 방해도 없고, 침해도 받지 않습니다.

어떤 오염도 없습니다. 재앙도 없습니다. 전염병도 없습니다.
늙는 일도 없습니다. 다시는 죽을 일이 없습니다.

새로운 세상에서 기업을 누리는 일입니다.
그렇다면 새로운 세상은 어떻게 달라졌는지를 봅니다.

첫째는, 하나님께서 만물을 새롭게 하십니다.
어떻게 새롭게 됩니까?
옛 것은 다 죽었고, 불태웠고, 멸망을 했습니다.
예수 그리스도를 영접하고 믿는 자는 예수 안에서 새로운 것이 되었습니다.
"새 포도주는 새 부대에 담으라"(마 9:17)고 하였고, 예수님은 "새 언약을 주셨고"
(눅 22:20), "새 계명을 주셨습니다"(요 13:34).
　"누구든지 그리스도 안에 있으면 새로운 피조물이라 이전 것은 지나갔으니 보라
　새것이 되었도다"(고후 5:17)

지금 이 세상은 완전히 심판을 받지 않았기 때문에 우리 성도들이 살아가기에
아직은 불안전한 곳이지만, 세상이 사탄과 함께 심판을 받은 후에는 완전한 천국
의 생활이 됩니다.

둘째는, 풍성하고 만족한 생활을 누립니다.
　"내가 생명수 샘물을 목마른 자에게 값없이 주리니"(6절)

'생명수'(生命水)를 마시게 합니다. 이는 '히다토스 테에스 조에스'(ΰδατος τῆς ζω
ῆς)라는 말로, '생명을 살리는 물'(water of life)입니다.
예수께서 약속하신 말씀을 기억해 보십시오.
　"내가 주는 물을 마시는 자는 영원히 목마르지 아니하리니 내가 주는 물은 그
　속에서 영생하도록 솟아나는 샘물이 되리라"(요 4:14)
　"나는 생명의 떡이니 내게 오는 자는 결코 주리지 아니할 터이요 나를 믿는 자
　는 영원히 목마르지 아니하리라"(요 6:35)
　"내 살은 참된 양식이요 내 피는 참된 음료로다"(요 6:55)

생명수를 목마른 자들에게 값없이 마시게 하십니다(사 55:1).

세상의 모든 사람들에게 마시게 하시는 것은 아닙니다.

하나님의 나라에 초청하면 거절하지 않고, 믿음으로 그리스도를 영접하는 자들에게만 해당되는 것입니다.

셋째는, 믿음으로 이기는 자만이 누릴 수 있습니다.

"이기는 자는 이것들을 상속으로 받으리라 나는 그의 하나님이 되고 그는 내 아들이 되리라"(7절)

'이기는 자'는 '믿음으로 살고, 믿음을 지키는 성도들'입니다.

이들은 '하나님의 아들의 신분으로 거듭난 성도들'입니다.

믿음의 성도들은 믿음으로 세상을 이겼습니다.

악의 세력 사탄을 이겼습니다.

하나님의 나라에서 제외될 자들입니다.

8절에서 말씀합니다.

"그러나 두려워하는 자들과 믿지 아니하는 자들과 흉악한 자들과 살인자들과 음행하는 자들과 점술가들과 우상 숭배자들과 거짓말하는 모든 자들은 불과 유황으로 타는 못에 던져지리니 이것이 둘째 사망이라"

믿지 아니하는 자들은 하나님의 나라에 입성할 수 없습니다.

불신자들 중에서 흉악한 자들, 살인자들, 행음하는 자들, 우상 숭배하는 자들, 거짓말하는 자들은 불 못에 던져지고, 둘째 사망에 버려지게 됩니다.

지금까지 그리스도를 믿지 않는 자들은 이와 같이 더럽고 추한 생활에서 벗어나지 못하고 도리어 자랑거리로 여깁니다.

그러나 비록 악한 일에 빠졌더라도 예수 안에서 회개하고 믿음으로 거듭난 자는 영원한 나라에서 생명수를 마시는 기업을 누리는 하나님의 아들들이 됩니다.

우리는 믿음으로 하나님의 아들들이 되었습니다.

생명수를 마시는 영생하는 아들들이 되었습니다.

거룩한 성 새 예루살렘
(요한계시록 21:9-16)

. . . . .

"일곱 대접을 가지고 마지막 일곱 재앙을 담은 일곱 천사 중 하나가 나아와서 내게 말하여 이르되 이리 오라 내가 신부 곧 어린 양의 아내를 네게 보이리라 하고 성령으로 나를 데리고 크고 높은 산으로 올라가 하나님께로부터 하늘에서 내려오는 거룩한 성 예루살렘을 보이니 하나님의 영광이 있어 그 성의 빛이 지극히 귀한 보석 같고 벽옥과 수정 같이 맑더라 크고 높은 성곽이 있고 열두 문이 있는데 문에 열두 천사가 있고 그 문들 위에 이름을 썼으니 이스라엘 자손 열두 지파의 이름들이라 동쪽에 세 문, 북쪽에 세 문, 남쪽에 세 문, 서쪽에 세 문이니 그 성의 성곽에는 열두 기초석이 있고 그 위에는 어린 양의 열두 사도의 열두 이름이 있더라 내게 말하는 자가 그 성과 그 문들과 성곽을 측량하려고 금 갈대 자를 가졌더라 그 성은 네모가 반듯하여 길이와 너비가 같은지라 그 갈대 자로 그 성을 측량하니 만 이천 스다디온이요 길이와 너비와 높이가 같더라"

'현대인들의 가장 큰 관심사'는 '어디서 얼마나 좋은 집에서 사느냐'입니다.
요즘에 집값이 천정부지(天井不知)로 올라가고 있지 않습니까?
좋은 환경, 좋은 저택에 사는 것을 자랑거리로 생각하는 시대입니다.
그러나 아무리 좋은 곳, 좋은 집이라고 할지라도 땅에 있는 장막들입니다.
'땅에 있는 것은 내 소유가 아니라는 것'을 알아야 합니다.
그리고 이 땅은 영원히 거주할 곳이 아니라는 것입니다.

"만일 땅에 있는 우리의 장막 집이 무너지면 하나님께서 지으신 집 곧 손으로 지은 것이 아니요 하늘에 있는 영원한 집이 우리에게 있는 줄 아느니라"(고후 5:1)

이 말씀을 믿으십니까?
그 집은 하나님이 지으신 집입니다. 그 집은 영원한 집입니다.
그 집은 우리의 소유입니다. 나의 소유입니다.
그 곳은 재개발도 없습니다. 재건축도 없습니다. 너무나 완전합니다.
그것이 우리들의 집입니다. 영원한 천국입니다.

사도 요한이 그 곳을 이미 가서 보았고 성경에 기록했습니다.

왜 이 성경을 기록하였습니까? 보고 믿으라고 한 것입니다.

'하나님의 변함없으신 약속'이기 때문입니다.

사람은 부자간(父子間)이라도 변합니다.

몇 해 전 정초에 산에서 기도한 적이 있습니다.

기도실에 들어가니까 이미 두 주일째 기도하고 계시는 목사님이 계셨습니다.

어느 날 짧은 대화를 했습니다.

"목사님은 무슨 목적으로 금식기도를 하십니까?"

"예배당 건축하는 것 때문에 40일 금식기도를 합니다."

교회당 짓기 전에 40일 금식기도를 한다는 것은 참으로 존경스러운 일입니다.

"40일을 금식하며 기도하는 동기라도 있습니까?"

그러자 목사님은 이렇게 말합니다.

"장로님이신 우리 아버님이 교회당을 지어 주신다고 했는데, 지금은 마음이 변해서 못 지어 주겠다고 합니다. 그래서 금식기도를 하는 것입니다."

육신의 아버지는 사람입니다. 변할 수 있습니다. 못 믿습니다.

그러나 하나님은 믿습니다. 절대로 변하지 않습니다.

내가 받을 그릇만 준비되어 있다면 하나님은 틀림이 없습니다.

말씀에 변함없는 하나님이 우리를 위하여 예비하신 천국을 보여주십니다.

사도 요한은 천사의 안내를 받았습니다. 그 천사는 다름 아닌 얼마 전에 만나 보았던, 놀라운 직책을 가지고 일하시는 천사였습니다.

요한계시록 17장 1절에서 일곱 대접을 가지고 음녀들을 심판하시는 광경을 보여주던 천사인데, 이 천사를 다시 만나게 된 것입니다.

이번에는 새로운 세계인 '영원히 빛나고 영광스러운 천국'을 보여주었습니다.

크게 두 가지를 대조되는 것을 보여주었습니다.

이전에는 '심판을 받아야 할 곳과 무리들'을 보여주었는데, 이제는 그와는 정반대로 '빛나고 영광스러운 천국'을 보여주는 장면입니다.

우리는 '가서는 안 될 무저갱의 지옥이 있다는 것'을 깨닫습니다.

지옥의 형벌을 받아야 할 무리들이 있다는 것입니다.

그리스도를 영접할 기회가 수없이 많았지만 거절했고, 부인했고, 믿지 않았습니다.

왜 믿지 못했을까요?

육체를 자랑하기 때문이었습니다. 세상을 좋아하고 사랑하기 때문이었습니다.
돈을 좋아하기 때문에 천국을 우습게 여긴 것입니다.

사탄의 유혹으로 세상이 맛있어 보였습니다. 그래서 못 믿은 것입니다.
그러나 믿는 자들에게는 천국이 기다리고 있었습니다.

천사는 구원받을 자들을 환영하고 있었습니다. 편히 거할 곳으로 안내했습니다.
우리도 그런 안내를 받을 수 있는 믿음의 성도들이 되기를 소망합니다.

신부가 있는 곳으로 안내를 합니다.
9절에 "이리 오라 내가 신부 곧 어린 양의 아내를 네게 보이리라"고 합니다.
이 문장에서 '과거·현재·미래를 다 포함하는 뜻'으로 말씀합니다.
첫째는, '현재형'인데 사도 요한을 신부들이 있는 곳으로 안내합니다.
'예수님'은 '신랑'이시고, '성도들'은 '그이 신부'입니다(마 25:10).
둘째는, 신부들이 있는 곳으로 가자는 것은 '과거형'입니다.
'이미 신부들이 다 와 있다'는 뜻입니다.
셋째는, '보이리라'고 하십니다.
'미래형'입니다. '가보면 알게 된다'는 것입니다.

> 오래 전에 히브리 대학교에서 짧은 기간 동안이지만 공부한 적이 있었습니다.
> 이스라엘의 역사를 공부한 것입니다.
> 처음 일주일 동안은 계속해서 강의실에 앉아서 공부만 했습니다.
> 그리고 그 다음 주간부터는 오전에는 강의를 받고 오후에는 현장으로 나갔습니다.
> 그런데 사전에 그 곳에 대한 구체적인 역사적 배경을 공부한 이후에 가보니까
> 오래 전에 와보았던 곳 같습니다.
> 마치 이미 전에 살았던 것 같은 느낌을 가지게 되었습니다.

'어린 양의 아내'는 '그리스도인들'을 말합니다.
성경은 '그리스도인들'을 '예수 그리스도의 신부'로 비유했습니다.
구약에서는 '하나님'을 '남편'으로 묘사하였고 '성도들'은 '아내'로 묘사했습니다
(사 54:5). 호세아서의 말씀은 '호세아'와 그의 아내 '고멜'과의 관계를 하나님과 그
의 아내인 성도들을 상징적으로 말씀하시면서, 실제적으로 호세아로 하여금 창녀
인 고멜을 아내로 맞이하게 한 것입니다(호 1:2).
우리는 창녀인 고멜 같은 여인입니다.
그럼에도 불구하고 하나님은 우리를 사랑하셔서 아내로 맞이해 주셨습니다.

이것이 하나님의 긍휼입니다. 자비입니다. 용서입니다. 사랑입니다.

우리가 예수 그리스도의 신부가 될 자격은 그의 긍휼, 자비, 용서, 사랑을 받았기에 주어진 것입니다.

성령으로 인도하셨습니다.

"성령으로 나를 데리고 크고 높은 산으로 올라가 하나님께로부터 하늘에서 내려오는 거룩한 성 예루살렘을 보이니"(10절)

하나님 나라를 갈 수 있고 하나님 나라를 볼 수 있는 방편을 말씀해 주십니다.

사도 요한은 어떻게 하늘나라로 올라갔습니까?

성령의 인도하심으로 갔습니다.

"주의 날에 내가 성령에 감동되어"(계 1:10)

"내가 곧 성령에 감동되었더니 보라 하늘에 보좌를 베풀었고 그 보좌 위에 앉으신 이가 있는데"(계 4:2)

사도 요한이 하늘에 올라간 것은 '성령의 인도하심'으로 가능했습니다.

예수님께서 "물과 성령으로 거듭나지 아니하면 하나님 나라를 볼 수 없고, 물과 성령으로 거듭나지 아니하면 하나님 나라를 들어갈 수 없다"(요 3:3, 5)고 하셨습니다.

계시록의 이 말씀도 같은 뜻입니다.

"성령으로 나를 데리고 크고 높은 산으로 올라가"(10절)

이는 상징적인 표현입니다.

낮은 땅에서 저 높은 하나님의 나라로, 이 땅에서 영원히 빛나는 천국으로, 이 망할 세상에서 거룩한 성 예루살렘으로 인도했습니다.

우리가 하나님 앞으로 나올 수 있는 것은 성령의 인도하심으로만 가능합니다.

성령이 아니면 교회도 알 수 없습니다. 믿음도 가질 수 없습니다.

죄 사함도 받을 수 없습니다. 구원도 받을 수 없습니다.

성령의 인도하심을 받아야 천국을 볼 수 있고, 갈 수 있습니다.

'성령'(聖靈)은 '예수 그리스도'입니다. 성령을 영접해야 합니다.

성령을 영접했으면 성령의 지시를 받고, 성령의 이끌림을 받아야 합니다.

성령을 떠나보내고 나 홀로 믿음생활을 하는 이들이 많습니다.

성령 없이는 믿음생활이 안 됩니다.

거룩한 성 예루살렘을 보여주었습니다.

신부가 있는 집을 보였습니다.

'신부들이 있는 집'은 '하늘에서 내려오는 성 예루살렘'입니다.

그 신부들의 집이 어떤 곳인가를 설명해 주십니다.

첫째는, 영광의 빛이 빛나고 있었습니다.

　"하나님의 영광이 있어 그 성의 빛이 지극히 귀한 보석 같고 벽옥과 수정 같이
　　맑더라"(11절)

'세계적으로 가장 유명한 집'은 '두바이 왕궁'입니다.

'두바이 왕의 저택'이 요즘 세계에서 가장 두각을 나타내고 있다고 합니다.

우리나라 호텔에서 최고 비싼 방값은 하루 지녁에 수 천 만원이라고 합니다.

얼마나 잘 꾸며서 그렇게 비싼지 모르겠습니다.

세계에서 가장 유명하고 두각을 나타낸다는 화려한 왕궁이나 방값이 최고로 비
싼 호텔이라도, 요한계시록 21장 11절에서 보여주는 우리 집만 하겠습니까?

그 집이 '빛나는 성이었고, 빛이 지극히 귀한 보석 같고, 벽옥과 수정 같이 맑
다'는 말은 '하나님의 본성'을 나타내시는 말씀입니다.

하나님의 마음이나 집은 모두 빛이 납니다.

둘째는, 성문으로 들어가는 문에는 천사들이 지키고 있었습니다.

그 집에 들어가는 '열두 문이 있고 열두 천사가 지킨다'고 합니다.

왜 지킵니까?

외래 인이나 잡상인이 못 들어가게 하기 위해서입니다.

외래 인이 마귀입니다.

잡상인이 마귀들입니다. 불신자들입니다.

그들은 들어갈 자격이 없습니다.

우리 집은 천사들이 관리하기 때문에 관리비를 안 냅니다.

돈 걱정할 것 없고, 안심하고 집을 비워도 괜찮습니다.

걱정 없이 놀러 다녀도 도둑이 없습니다.

　"오직 너희를 위하여 보물을 하늘에 쌓아 두라 거기는 좀이나 동록이 해하지
　　못하며 도둑이 구멍을 뚫지도 못하고 도둑질도 못하느니라"(마 6:20)

누구에게 돈 빌릴 필요도 없고, 빌리러 오지도 않으니 귀찮은 일이 없습니다.

셋째는, 구원받은 사람들의 이름이 기록되어 있었습니다.
  "이스라엘 열두 지파의 이름과 열두 사도들의 이름이 있더라"(12, 14절)

'열두 지파, 열두 사도들의 이름'은 '하나님의 택한 백성들의 대표성'을 상징합니다.
'공동체의 대표성'입니다.
그 이름이 바로 '믿는 자들의 이름'입니다.
'하나님의 택한 백성들의 이름을 기록한 책'을 '생명책'이라고 했습니다.
이 생명책은 전능하신 하나님께서 그의 택하신 백성들의 이름을 기록하신 것인데, 창세전부터 예비해 두신 것입니다(엡 1:4).

모세는 구원을 받은 자들이 기록된 책이 있다는 것을 확인했습니다(출 32:32-33).
다윗의 고백과 하나님의 응답입니다.
  "그들을 생명책에서 지우사 의인들과 함께 기록되지 말게 하소서"(시 69:28)
  "내가 지을 새 하늘과 새 땅이 내 앞에 항상 있는 것 같이 너희 자손과 너희
  이름이 항상 있으리라"(사 66:22)

이에 성경은 "구원받을 성도들은 그 이름이 생명책에 기록된다"(계 13:8; 17:8; 20:12, 15; 21:27)고 했고, 사도 바울은 "복음전도자들의 이름들이 생명책에 기록되었다"(빌 4:3)고 했습니다.

넷째는, 완전한 성(城)입니다.
16절에 '만 이천 스다디온'이라고 했습니다.
'스타디온'(σταδιων)은 '넓다', '끝이 없고 제한이 없다'(fur longs)는 뜻입니다.
시작도 끝도 보이지 않는 무한대의 천국입니다.
그 어느 인간의 손으로도 도저히 건설할 수 없습니다.
오직 전능하신 하나님만이 창세전에 건설하여 택하신 자들에게 유산으로 제공해 주신 곳 '영원한 천국'입니다(마 25:34).
하늘에 계신 나의 아버지께서 내게 주신 천국입니다.

어린 양의 성전
(요한계시록 21:17-22)

· · · · ·

"그 성곽을 측량하매 백사십사 규빗이니 사람의 측량 곧 천사의 측량이라 그 성곽은 벽옥으로 쌓았고 그 성은 정금인데 맑은 유리 같더라 그 성의 성곽의 기초석은 각색 보석으로 꾸몄는데 첫째 기초석은 벽옥이요 둘째는, 남보석이요 셋째는, 옥수요 넷째는, 녹보석이요 다섯째는, 홍마노요 여섯째는, 홍보석이요 일곱째는, 황옥이요 여덟째는, 녹옥이요 아홉째는, 담황옥이요 열째는, 비취옥이요 열한째는, 청옥이요 열두째는, 자수정이라 그 열두 문은 열두 진주니 각 문마다 한 개의 진주로 되어 있고 성의 길은 맑은 유리 같은 정금이더라 성 안에서 내가 성전을 보지 못하였으니 이는 주 하나님 곧 전능하신 이와 및 어린 양이 그 성전이심이라"

어느 해 정월 설날에 치악산을 등산했습니다.
그 해 따라 눈이 많이 와서 쌓여 있었습니다.
새벽기도를 마치고 치악산으로 갔는데 눈을 밟으며 힘들게 산에 올랐습니다.
산 정상에 올라보니 산 아래의 온 천지가 하얀 눈으로 덮여서 지금까지 살아왔던 세상이 아니라 딴 세상에 온 것 같았습니다.
그 설경(雪景)의 아름다움을 "와아! 와아!"라는 감탄사로 밖에는 달리 표현할 말이 없었고, 태양빛에 반짝이는 눈(雪)에 마치 보석을 깔아놓은 것 같았습니다.

기회가 있으면 그런 자연을 한 번 누려 보십시오!
새로운 세계를 동경하게 될 것입니다.
그 때 하나님의 나라가 빛나는 보석으로 꾸며졌는데 "맑은 유리 같은 정금이더라"(21:21)는 말씀이 생각나서 '참 아름다워. 주님의 세계는 저 솔로몬의 옷보다 더 고운 백합화 주 찬송하는 듯 저 맑은 새소리 내 아버지의 지으신 그 솜씨 깊도다'라는 찬송이 저절로 나왔습니다.

현대인들은 땅값이 비싸고 집값이 비싼 좋은 집을 가졌다고 자랑하지 않습니까?

자랑하는 사람들의 마음을 한 번 헤아려 봅니다.

　얼마나 넉넉할까? 얼마나 여유 만만할까?

　얼마나 자부심이 강할까? 얼마나 자랑스러울까?

그래서 그렇지 못한 사람들은 부러워합니다.

그러나 나에게는 누구보다 더 자랑스럽고 위대한 나의 집, 천국이 있습니다.

그 집이 성경에 소개되어 있습니다.

천국의 성읍은 열두 개의 문들이 있습니다.

열두 문들이 있는데 특별한 것 세 가지를 유의해 봅니다.

첫째는, 이스라엘의 열두 지파의 이름이 새겨져 있었습니다(21:12).

문이 '열둘'이라고 한 것은 상징적인 수로서 '완전수'를 의미합니다.

'천국은 택한 백성들이 쉽게 들어갈 수 있도록 문이 열려 있다'는 것입니다.

이 '문'은 '예수 그리스도'를 의미합니다.

예수님은 "문이다"라고 하셨습니다.

　"내가 문이니 누구든지 나로 말미암아 들어가면 구원을 받고 또는 들어가며 나
　오며 꼴을 얻으리라"(요 10:9)

　"내가 곧 길이요 진리요 생명이니 나로 말미암지 않고는 아버지께로 올 자가
　없느니라"(요 14:6)

　예수님께서 제자들을 선발하실 때 열두 사도를 세우신 것도 이 '열 둘'에 의미
를 두었습니다.

'예수님은 천국으로 입국하는 문'입니다.

　둘째는, 열두 문을 천사들이 지키고 있습니다.

'천사가 문을 지키고 있다'는 것은 '천국으로 입성할 수 있는 자격자만이 들어
갈 수 있다'는 뜻입니다(21:12).

　예수의 속죄로 죄 사함을 받은 믿음의 표가 없는 사람은 들어갈 수 없습니다.

　오래 전에 갈릴리 '디베랴 바다'에서 수영을 하고 쇼핑하기 위해서 슈퍼에 간
적이 있었습니다. 그런데 출입구에 문지기가 서 있으면서 못 들어가게 합니다.
'왜 못 들어가느냐'고 했더니 표지판을 가리키면서 '유대인만 들어갈 수 있다'고
합니다. 굉장히 도전을 받았습니다.

유대인들만 들어가는 백화점을 만들었다는 것은 충격적이었습니다.
할 수 없이 작은 슈퍼에서 음료수를 사마시면서 '우리 아버지의 집 천국에는 구원받기로 정한 사람들만이 들어갈 수 있음'을 생각했습니다.

천국은 구원받은 성도들만 들어갈 수 있습니다.
그래서 천사들이 지키고 있는 것입니다.

셋째는, 열두 개의 문들은 동서남북으로 각각 세 개씩으로 나눠져 있었습니다.
동쪽에 세 문, 서쪽에 세 문, 남쪽에 세 문, 북쪽에 세 문으로 되어 있었습니다.
이 땅에서 구원받은 백성들이 편하게 들어갈 수 있도록 편리하게 문을 준비해 두었습니다.

천국의 성읍은 끝이 없이 넓었습니다.
16, 17절에 천국의 성읍은 "길이와 너비와 높이가 같더라 그 성곽을 측량하매 백사십사 규빗이니"라고 했습니다.
'백사십사 규빗'이라는 수는 '이스라엘의 열두 지파를 합한 수'입니다.
상징적이며 완전한 수를 의미합니다.
천국의 성읍은 길이와 넓이가 끝이 없다는 것입니다.
하나님의 택한 백성들이 입국하기에 족한 곳입니다.
입성하는 이들이 많아서 염려되는 일 없고. 어느 누구도 불편한 점이 없습니다.
성벽은 벽옥으로 쌓았습니다.

　"그 성곽은 벽옥으로 쌓였고 그 성은 정금인데 맑은 유리 같더라"(18절)

일단 천국으로 들어가려면 성곽 안으로 들어가야 하는데 문들을 통하여 들어가게 했습니다.
성을 쌓았는데 벽옥으로 쌓았다고 했습니다.
'벽옥'(碧玉)은 초록빛이 나는 보석입니다.
얼마나 빛나는지 정금 유리같이 빛난다고 합니다.
현대인들은 수백, 수천만 원을 들여서 옥 침대를 놓고 잠을 잡니다.
그런데 하나님의 나라는 울타리가 순 벽옥으로 쌓아졌습니다.

성읍은 보석으로 꾸며졌는데 유리 바다 같습니다.

19-20절에 보석으로 꾸며진 성읍들을 보여주는데, '열두 보석들'입니다.

① 벽옥입니다. 초록색의 수정 같은 보석.

② 남보석입니다. 금박이 박혀 있는 하늘색 보석.

③ 옥수입니다. 공작의 꼬리에 있는 파란색의 보석.

④ 녹보석입니다. 진한 녹색 빛을 띠는 진녹색의 보석.

⑤ 홍마노입니다. 흰색의 바탕에 적색과 갈색의 층을 이루고 있는 무늬 있는 보석.

⑥ 홍보석입니다. 빨간 빛을 띠는 보석.

⑦ 황옥입니다. 말 그대로 금빛으로 반짝이는 순황금색 보석.

⑧ 녹옥입니다. 맑은 바다의 녹색과 같은 보석.

⑨ 담황옥입니다. 투명하고도 맑은 녹색의 보석.

⑩ 비취옥입니다. 신록색의 보석.

⑪ 청옥입니다. 보랏빛과 남보석 빛의 보석.

⑫ 자수정입니다. 보랏빛과 남보석이지만 청옥보다 더 화려한 보석.

성읍으로 출입하는 문들은 진주로 만들었습니다.

"그 열두 문은 열두 진주니 각 문마다 한 개의 진주로 되어 있고 성의 길은 맑은 유리 같은 정금이더라"(21절)

이 문에 열두 지파의 이름들이 새겨져 있었습니다(21:12).
열두 지파는 우리 성도들입니다.
우리는 열두 지파에 속하는 '택함을 받은 성도들'입니다.
그 문에 '이름이 새겨져 있다'는 것은 '문패가 붙어 있다'는 뜻입니다.
문패가 있는 그 집은 나의 집입니다.

기대해야 합니다.
소망해야 합니다.
감사해야 하고 감격할 일입니다.
우리 집을 예비하신 예수님께서 말씀하셨습니다.

"내 아버지께 복 받을 자들이여 나아와 창세로부터 너희를 위하여 예비 된 나라를 상속 받으라"(마 25:34)

"너희는 마음에 근심하지 말라 하나님을 믿으니 또 나를 믿으라 내 아버지 집에 거할 곳이 많도다…내가 너희를 위하여 거처를 예비하러 가노니"(요 14:1-2)

보석으로 새겨진 성 안에 성전이 있었습니다.

"성 안에서 내가 성전을 보지 못하였으니 이는 주 하나님 곧 전능하신 이와 및 어린 양이 그 성전이심이라"(22절)

이 '보석'의 의미는 '한 분이신 예수 그리스도'입니다.

천국이 이처럼 화려하고 빛나고 아름다운 것은 예수 그리스도께서 '보석의 근원'이기 때문입니다.

그리스도가 없으면 흙덩어리에 불과합니다.

그러나 그리스도께서 계시기에 보석들이 된 것입니다.

내 마음에 그리스도께서 계심으로 보석이 되는 것입니다.

출애굽기 38장에 대제사장의 옷을 만들 때 이 요한계시록에 나오는 말씀처럼 보석으로 만들었습니다.

예수 그리스도를 '보화'(寶貨)라고 했습니다.

"우리가 이 보배를 질그릇에 가졌으니 이는 심히 큰 능력은 하나님께 있고 우리에게 있지 아니함을 알게 하려 함이라"(고후 4. 7)

예수 그리스도는 보배요, 보화이며, 보석입니다.

다이아 보석을 빛나게 하기 위해서 보석으로 링을 만듭니다.

예수 그리스도께서 보화이시기에 천국을 보석으로 꾸몄습니다.

우리는 예수님과 함께 그 보석으로 꾸며진 천국에서 살게 될 것입니다.

생명책에 기록된 성도들
(요한계시록 21:23-27)

· · · · ·

"그 성은 해나 달의 비침이 쓸 데 없으니 이는 하나님의 영광이 비치고 어린 양이 그 등불이
되심이라 만국이 그 빛 가운데로 다니고 땅의 왕들이 자기 영광을 가지고 그리로 들어가리라
낮에 성문들을 도무지 닫지 아니하리니 거기에는 밤이 없음이라 사람들이 만국의 영광과 존귀
를 가지고 그리로 들어가겠고 무엇이든지 속된 것이나 가증한 일 또는 거짓말하는 자는 결코
그리로 들어가지 못하되 오직 어린 양의 생명책에 기록된 자들만 들어가리라"

사람들은 누구나 좋은 곳을 찾습니다.
'좋은 곳'은 '교육, 문화, 예술, 교통, 주거 등···' 좋은 환경을 갖추어야 합니다.
이런 좋은 조건을 갖춘 곳들이 있지만, 가장 치명적인 문제점이 있습니다.
그것은 사람들의 인심이 좋지 않다는 것입니다.

요즘은 같은 아파트, 같은 동에 벽을 사이에 두고 살면서도 옆집에 사는 사람
이 김 서방인지 박 서방인지도 모른 체 인사조차 주고받기가 힘듭니다.
사람들이 모여 사는 곳은 한 가족이 되어야 합니다.
그래도 시골 인심은 한 가족 같았습니다.
아마도 천국 사람들의 인심은 시골 사람들 인심 같지 않을까 생각해 봅니다.

아무리 사람들이 살기 좋은 곳을 찾지만, 이 세상에 살기 좋은 곳은 없습니다.
천국이라야 살기 좋은 곳이 됩니다.
이에 살기 좋은 천국이 어떤 곳인지 소개합니다.

천국에는 하나님의 영광이 비칩니다.
  "그 성은 해나 달의 비침이 쓸 데 없으니 이는 하나님의 영광이 비치고 어린
  양이 그 등불이 되심이라"(23절)

천국에는 태양도 없고, 달도 없고, 별도 없습니다.
오직 하나님의 영광이 빛이 되십니다.
태양 빛이 아무리 밝게 비춘다고 해도 한편에는 그늘이 있고 밤이 생깁니다.
세상에서는 태양이 빛이 되었고, 밤에는 달이나 별들이 빛이 되었습니다.
그러나 천국에는 그런 것들이 다 없어졌습니다.
오직 하나님의 영광이 빛이 되십니다.

'하나님의 영광'이라는 말을 해석하기가 참 어렵습니다.
'영광'(榮光)은 헬라어 '독사'(δόξα)인데, '거룩, 찬양, 경배'라는 뜻입니다.
'하나님의 거룩하심'이 바로 영광이라는 뜻입니다.
하나님의 영광이 온 성읍을 환하게 밝히는 빛으로 나타나는 것입니다.
여기에는 그림자도 발생하지 않기 때문에 어두움이 없습니다.
어두움이 없으니까 감추는 것도 없고, 숨기는 것도 없습니다.

하나님의 나라는 보석과 보화들로 꾸며졌다고 했습니다.
보석에는 자연히 빛이 발생합니다.
그 보석들의 빛은 아주 투명합니다.

예수님은 빛입니다.
  "그(예수님) 안에 생명이 있었으니 이 생명은 사람들의 빛이라"(요 1:4)
  "참 빛 곧 세상에 와서 각 사람에게 비추는 빛이 있었나니"(요 1:9)
  "나는 세상의 빛이니 나를 따르는 자는 어둠에 다니지 아니하고 생명의 빛을 얻으리라"(요 8:12)

요한계시록 21장 23절 "하나님의 영광이 비치고 어린 양이 그 등불이 되심이라"는 말씀에서 '어린 양이 그 등불이 된다'는 것은 '하나님의 영광과 그리스도는 동일하신 능력이 되신다'는 것입니다.
죄에 빠진 인간을 구원하시는 분으로서 영광의 빛이 되십니다.

택한 백성들이 만국에서 모여 오는 곳입니다.
  "만국이 그 빛 가운데로 다니고 땅의 왕들이 자기 영광을 가지고 그리로 들어가리라"(24절)

만국(萬國)은 세상에 흩어져 있던 백성들이 하나님의 택하심을 받고 그리스도를 영접한 모든 사람들은 다 돌아오게 될 것입니다.

이때 돌아오는 사람들은 차별이 없습니다.

누구나 하나님의 사랑을 받고 누리는 데 차별이 없습니다.

천국에 모여 온 성도들은 빛 가운데서 다닐 것입니다.

몇 가지 의미를 생각합니다.

첫째는, 하나님의 빛이신 영광이 함께 하신다는 의미입니다.

하나님이 함께 하시는 일이 영광이요, 빛이 되십니다.

둘째는, 하나님을 아는 지식이 넘치게 된다는 의미입니다.

믿음이란 하나님을 아는 지식이 넘쳐야 합니다.

천국에 모여 온 성도들은 승리의 기쁨을 하나님께 바칩니다.

24절에 "땅의 왕들이 자기 영광을 가지고 그리로 들어가리라"고 했습니다.

이 말씀은 '땅에서 지내는 동안 악한 사탄의 세력과 싸워서 승리했는데, 그 승리의 기쁨과 영광들을 하나님께 바치기 위해서 가지고 왔다는 것'입니다.

"사람들이 만국의 영광과 존귀를 가지고 그리로 들어가겠고"(26절)

전쟁에서 싸우던 용사가 승리하고 돌아왔을 때 그 나라의 왕에게 승리의 영광을 돌리는 것입니다.

우리가 믿음으로 승리하는 기쁨을 하나님께 영광으로 돌려 드리는 것만큼 귀하고 자랑스러운 것이 없습니다. 하나님은 우리에게서 물질적인 선물이나, 명예의 선물이나, 권력의 선물을 받으시기를 원하지 않으십니다.

오직 믿음으로 사는 승리를 바라시는 것입니다.

믿음의 승리가 하나님께 바칠 수 있는 가장 큰 선물입니다.

천국에는 항상 문이 열려 있습니다.

"낮에 성문들을 도무지 닫지 아니하리니 거기에는 밤이 없음이라"(25절)

여기서 '문과 낮과 밤'을 생각합니다.

문은 열고 닫는 것입니다.

낮에는 문을 열지만, 밤에는 문을 닫습니다.

'천국의 특징'을 말합니다.

낮에는 문을 닫지 않습니다. 밤이 없기 때문입니다.

천국으로 입성하는 데는 제한된 시간이 없습니다.

들어갈 자격을 획득한 사람이면 언제든지 수시로 들어갈 수 있습니다.

한 번 들어가면 다시 나갈 수 없습니다.

어떤 분은 '천국에 갔다 왔다'는 말을 합니다.

천국은 왔다 갔다 하는 곳이 아닙니다.

문이 열려 있다고 해서 들어갔던 사람이 다시 나올 수 있다는 말이 아닙니다.

믿음의 사람들이 들어가는데 신분의 제한도 안 받고, 시간의 제한도 받지 않고, 인격의 제안도 받지 않습니다.

단 한 가지 믿음의 표를 가진 자만이 자유롭게 들어갈 수 있습니다.

천국에는 다시 문제가 될 일이 없습니다.

'거기는 밤이 없다'는 말씀이 중요합니다.

'밤'은 '어두움'을 말합니다.

'어두움'은 '인간의 괴로움, 고통, 아픔, 슬픔, 근심, 걱정 등'과 같은 것입니다.

사람들은 세상에서는 이런 밤 때문에 많은 눈물을 흘리고, 아파하고, 한숨을 짓고, 두려워하기도 하며 무서워하기도 합니다.

그런데 천국에는 이런 밤 같은 불행이 없습니다.

우리 성도들은 밤이 없는 천국에서 살게 됩니다. 할렐루야!

온전하고도 완전한 삶을 누리는 곳입니다.

이 세상에 사는 사람들은 아무리 살기 좋은 곳이라도 할지라도 늘 불안합니다.

사람들이 사는 곳이면 사람들이 무섭고 두렵습니다.

'저 사람 믿어도 되나? 믿을 수 있나?' 일단은 경계해야 합니다.

쉽게 마음을 주고받는 교제가 이루어지기가 어렵습니다.

현대교회는 어떻습니까?

목회하면서 교회에 나오는 성도들을 처음부터 믿고 대하기가 어렵습니다.

처음부터 사기를 치는 사람도 있습니다.

"이사를 왔습니다. 무슨 아파트 ○동 ○호에 삽니다."

전화번호까지 댑니다.

그리고 사기를 칩니다.

어떤 사람은 교회생활을 잘하면서 일단 안심시켜 놓고 사기를 칩니다.

온 교회를 뒤집어 놓고 사라집니다.

어떤 사람들은 '교회다운 교회를 찾았다, 설교다운 설교를 들었다, 이제는 이 교회에서 죽는 그 날까지 신앙생활 할 것이다'라고 합니다.

그러나 몇 개월 후에 어디론가 사라져 버립니다.

어떤 이들은 처음부터 성가대도 하고 '무엇이든지 하겠다'고 합니다.

그도 역시 마음을 아프게 합니다.

이렇게 교회도 불안전하고 평안하지 않은데, 하물며 세상은 오죽하겠습니까?

여러분은 세상을 살면서 얼마나 두렵고, 무섭습니까?

세상은 천국이 아니기 때문에 그렇습니다.

천국은 그렇지 않습니다.

천국은 완전한 곳입니다.

  "무엇이든지 속된 것이나 가증한 일 또는 거짓말하는 자는 결코 그리로 들어가
  지 못하되 오직 어린 양의 생명책에 기록된 자들만 들어가리라"(27절)

성령 안에서 거듭나고 죄인임을 깨닫고 죄를 회개하고 예수 그리스도를 믿고 구주로 영접하는 자들만이 생명책에 이름이 기록될 수 있습니다.

천국은 아무나 들어갈 수 있지만 누구든지 들어갈 수는 없습니다.

'믿는 자'만이 들어갈 수 있습니다.

  "하나님이 세상을 이처럼 사랑하사 독생자를 주셨으니 이는 그를 믿는 자마다
  멸망하지 않고 영생을 얻게 하려 하심이라"(요 3:16)

누구든지 들어가는 것이 아니라, 믿는 자만이 들어가는 곳이 천국입니다.

흠이 없는 자가 아니라, 죄를 회개하고 예수 믿는 성도가 천국 백성이 됩니다.

죄를 짓지 않았고, 죄가 없어서 천국 가는 것이 아닙니다.

죄를 고백하고 예수 그리스도의 십자가의 공로를 믿어서 사함을 받은 확신을 갖는 믿음으로 들어갑니다.

·····
돌아보기와 둘러보기

    요한계시록 22장은 '구약에서 예언하신 모든 말씀과 신약에서 성취된 모든 말씀의 결론'입니다.

    특히 본장은 타락 전에 인간이 에덴동산에서 거할 때보다 더욱 풍성한 영광의 상태를 묘사하고 있습니다.

    먼저 1-5절에서는 구원받은 성도들이 새 예루살렘에서 누릴 축복 가운데서, 생명수의 강과 생명나무에 대하여 기록하고 있습니다.

    6-21절은 요한계시록의 결론 부분으로서, 계시록의 내용과 그리스도의 재림의 참되고 확실함에 대해 증언하는 내용을 기록하고 있습니다.

    사도 요한은 일곱 대접에 일곱 재앙을 담은 일곱 번째 천사에게 새 예루살렘으로 안내를 받습니다. 사도 요한은 새 예루살렘을 자세히 살피면서 돌아보았고, 천사는 생명수 강이 흐르는 강가로 인도했습니다(22:1, 2).

    이것은 곧 하나님과 어린 양이 영원한 '생명의 근원'임을 깨닫게 합니다.

    한편 성경에서 '물'은 언제나 하나님의 구원 및 성령의 사역과 관련되어 있다는 점에서도 교훈을 얻을 수 있습니다.

    강 좌우에 생명나무가 있어 열두 가지 실과를 달마다 맺히고 그 나무 잎사귀들은 만국을 소성케 한다는 것은 구속받은 성도들에게 하나님께서 영원한 생명을 주시고 과거의 모든 죄를 치유하심으로 창세기 3장 22-24절에서 금지된 상태를 회복하심을 뜻합니다.

다시 저주가 없으며 하나님과 그 어린 양의 보좌가 그 가운데 있기 때문에, 그 종들이 그를 섬기며 그의 얼굴을 보고, 저희의 이마에는 고의 이름이 새겨져 있다는 것은 구속받은 성도들이 어떤 제한도 없이 직접 하나님의 영광을 볼 것이며, 완전한 교제를 나눌 것을 뜻합니다.

사도 요한은 최후의 언약의 말씀을 듣게 되었습니다.

"보라 내가 속히 오리니 이 두루마리의 예언의 말씀을 지키는 자는 복이 있으리라"(계 22:7)

"보라 내가 속히 오리니 내가 줄 상이 내게 있어 각 사람에게 그가 행한 대로 갚아 주리라"(계 22:12)

이는 본서의 결론 부분은 종말론적 신앙이 너무 약화되어버린 채 현세 중심적이고 기복(祈福)적인 신앙에 물들어가는 한국 교회에 커다란 경종을 울려 줍니다.

마지막으로 사도 요한은 "내가 진실로 속히 오리라"고 말씀하신 주님께 "아멘 주 예수여 오시옵소서"라는 확신과 기쁨이 넘치는 응답을 하고, "주 예수의 은혜가 모든 자들에게 있을지어다 아멘"이라는 축도로 본서를 마감합니다(20, 21절).
한 마디로 말해서 본서의 결론은 예수 그리스도의 재림입니다.

성도의 유일한 희망도 오직 '예수 그리스도의 재림' 뿐입니다. 그러므로 우리는 언제 어디서나 재림의 주님을 맞이할 준비를 갖추고 "아멘 주 예수여 오시옵소서"라는 환희의 응답을 할 수 있는 자들이 되어야 마땅합니다.

지금까지 모든 말씀들을 증거하신 이가 다시 언약하셨습니다.
"내가 진실로 속히 오리라"고 하셨습니다.
사도 요한은 "아멘! 주 예수여 오시옵소서!"(Ἀμήν ἔρχομαι Κύριος Ἰησοῦς)라고 고백합니다.

제22장 수정 같이 맑은 생명수 강

■ 주제성구 "보라 내가 속히 오리니 이 두루마리의 예언의 말씀을 지키는 자는 복이 있으리라 하더라"(7절)
■ 주제찬송 ♬ 243장 저 요단강 건너편에 화려하게 뵈는 집 ‖ 246장 나 가나안 땅 귀한 성에 들어가려고

서론

본 장은 구원받은 성도들의 새 예루살렘 축복이라는 전반부와 본서 전체의 결론이라는 후반부로 구성을 이루고 있습니다. 전반부는 성도들이 새 예루살렘에서 생명수의 강과 생명나무 속에 영원의 축복을 누림에 대해서 소개함으로써 구약과 신약에 계시되어 온 모든 사안을 종결짓고 있습니다. 이 축복된 낙원은 인간이 타락 이전에 거하던 에덴동산보다 더 풍요롭고 완벽한 환경이 틀림없습니다. 이어서 본서의 결론이 되는 후반부에서는 계시록의 내용과 그리스도의 재림이 확고한 사실임을 증언하고 있습니다. 특히 본서에 기록된 예언의 산실성에 대한 확증과 예수 그리스도의 재림의 긴박성 및 우상 숭배에 대한 경고와 새 예루살렘에의 초대에 관한 내용이 다루어져 있습니다.

본론

생명의 물과 생명나무(1-5절)

성도들은 천국에서 항상 생명의 소생함을 얻고 즐거움을 누리게 됩니다. 에덴동산이 회복됩니다. 열두 가지 실과가 달마다 열리므로 만족합니다. 지루하거나 따분하지 않고, 항상 새롭고 달콤합니다. 하나님께 예배드림으로 기쁨의 생활을 누립니다. 어린 양의 보좌가 그 가운데 있으며, 하나님이 가까이에서 하나님의 얼굴을 보며, 하나님과 사귀며, 기쁨으로 섬기는 생활을 합니다. 어두움이 없습니다. 밤이나 등불이나 햇빛이 쓸데없습니다. 슬픔, 불안, 불만이 전혀 없습니다. 그것은 하나님께서 자신이 영광의 빛으로 충만하시기 때문입니다. 세세토록 왕 노릇 하게 됩니다. 왕과 같은 자유함과 고귀한 신분을 갖게 됩니다.

참된 경배의 대상(6-15절)

천사를 통해서 사도 요한에게 전달된 말씀은 참되고 신실한 것이요 속히 이루어질 말씀입니다. 주님은 이 책의 예언의 말씀을 이루시려고 오십니다. 계시록의 절정인 거룩한 성에 압도된 요한은 너무나 감격한 나머지 천사 앞에 엎드려 예배하는 자세를 취하였습니다. 그러자 천사는 요한을 막으면서 자기도 종이니 하나님께만 경배하라고 하였습니다. 그리고 '말씀을 인봉하지 말라'고 하셨습니다. 그것은 주님의 재림의 때가 가까이 왔기 때문입니다. 우리도 예언의 말씀을 읽고 그 약속에 귀를 기울이고 분발해야 합니다. 말씀을 인봉하지 말고 읽고 전해야 합니다. 주님께서 오시면 그 성품이 드러나며, 일한대로 갚아 주시기 때문입니다. 그리스도는 구속사역을 시작하신 분이며 완성하신 분입니다.

마지막 경고(16-21절)

예수께서 '다윗의 뿌리요, 자손'이란 말은 '주님이 약속된 메시야요, 하늘과 땅에 있는 모든 원수를 받으신 신령한 왕'이시라는 것이며, 광명한 새벽 별은 초림 시에는 주님이 다윗의 자손으로 오셨지만 재림 시에는 주를 통하여 새로운 영원한 여명의 시대가 열린다는 의미입니다. 주님의 재림을 대비하여 그리스도인들의 의무는 사람들이 그리스도에게 머리를 들도록 사람들을 그리스도에게 오라고 초청해야 합니다. 한편 예언의 말씀은 계시의 말씀이기 때문에 성경말씀에 인간적인 사상이나 어떤 단체의 주장이나 소위 계시 받은 것을 첨가하지 말아야 합니다. 반대로 중요한 약속들을 삭제하지 말아야 합니다. 또 그리스도를 믿고 권을 얻은 자는 그리스도의 재림을 간절히 기다려야 합니다.

결론

이처럼 본 장은 계시록의 절정으로, 그것은 모든 성도들의 소망이 궁극적으로 성취되는 모습입니다. 사탄이 멸망한 후 세계는 완전히 새로워집니다. 즉 창세기는 낙원 상실로 시작된다면, 계시록은 영광스런 낙원의 회복으로 완성됩니다. 요한이 이 계시를 보여주던 천사에게 경배하려 했듯이, 성도들은 이 계시와 관련해서 예수 그리스도가 아닌 피조물에게 이끌리거나 그들에게 의존하기 쉽고, 심지어 그들에게 경배하게 되기 쉽습니다. 또한 이 예언의 말씀이 어렵기 때문에 때로는 인간의 상상을 덧붙이기 쉽고, 인간의 생각으로 이해되지 않거나 맞지 않는 부분은 삭제해 버리기도 쉽습니다. 그러나 성도들이 범하기 쉬운 이러한 실수에 대해 우리 주님께서는 엄히 경고하십니다. 그리스도의 재림과 관련해서 우리의 눈은 항상 주님께만 맞추어져야 하며, 그가 계시한 말씀에만 맞추어져야 합니다.

■ 장명가 "생명 강 좌우에 흐르고 생명과 다달이 열리네 · 해와 달이 쓸데없는 곳 주님이 영광 빛 되시네
영광의 계시가 끝난 후 예수 친히 증거한 말씀 · 진실로 속히 오시리라 아멘 주 예수여 옵소서
주님이 오신다 흰 예복 입고 주 맞으라 · 주님이 오신다 등불을 켜들고 맞으리" (♪ 270장 변찮는 주님의 사랑과)

치료하는 생명나무
(요한계시록 22:1-5)

• • • • •

"또 그가 수정 같이 맑은 생명수의 강을 내게 보이니 하나님과 및 어린 양의 보좌로부터 나와서 길 가운데로 흐르더라 강 좌우에 생명나무가 있어 열두 가지 열매를 맺되 달마다 그 열매를 맺고 그 나무 잎사귀들은 만국을 치료하기 위해서 있더라 다시 저주가 없으며 하나님과 그 어린 양의 보좌가 그 가운데에 있으리니 그의 종들이 그를 섬기며 그의 얼굴을 볼 터이요 그의 이름도 그들의 이마에 있으리라 다시 밤이 없겠고 등불과 햇빛이 쓸 데 없으니 이는 주 하나님이 그들에게 비치심이라 그들이 세세토록 왕 노릇 하리로다"

'새 예루살렘, 하나님의 나라'라는 주제를 생각합니다.

컴퓨터 사이트나 홈페이지에 들어가려면 회원가입을 해야 합니다.

회원가입을 하려면 몇 가지 요구조건을 제시하는데, 그중에서 '가보고 싶은 곳이 어디입니까?' '기억되는 곳이 어디입니까?'라는 질문에 대답해야 합니다.

저는 '기억되는 곳'은 '스위스'라고 대답합니다.

스위스의 자연은 참으로 이색적이고 아름다웠던 기억이 있습니다.

스위스 제네바의 '레만 호수'는 제가 바다로 오인할 만큼 넓은 호수입니다.

호수의 주변은 은빛으로 빛나는 들판처럼 느껴졌고, 잔잔한 물결이 호수에 가득 넘쳐흐르고, 원색적인 꽃들이 만발해서 아름답다는 차원을 넘어서 '찬란하다'고 표현할 수 있는 분위기입니다.

우리나라 초대 대통령이셨던 '이승만 박사'는 '프란체스카 여사'와 레만 호수를 거닐면서 열애한 끝에 결혼했다고 알려지고 있습니다.

또 하나 '가보고 싶은 곳이 어디냐?'는 물음에는 '하나님의 나라'라고 대답하고 싶습니다.

세상이 아무리 아름다운 곳이라 해도 하나님 나라만큼 아름다울 수 없습니다.

저는 이곳에 꼭 가려고 비자 받아서 그 곳을 향하여 여행을 하고 있습니다.

요한계시록 22장 말씀은 바로 '하나님의 나라'를 보여주고 있습니다.

하나님의 나라는 어떤 것인지 자세하게 말씀해 주십니다.

하나님의 나라는 생명수 강물이 흐릅니다.

"또 그가 수정 같이 맑은 생명수의 강을 내게 보이니 하나님과 및 어린 양의 보좌로부터 나와서 길 가운데로 흐르더라"(1-2절)

에스겔 선지자도 하나님의 성전에서 흘러나오는 생명의 강물을 보았습니다.

"이 강물이 이르는 곳마다 번성하는 모든 생물이 살고 또 고기가 심히 많으리니 이 물이 흘러 들어가므로 바닷물이 되살아나겠고 이 강이 이르는 각처에 모든 것이 살 것이라"(겔 47:9)

이와 같이 하나님의 나라에는 실제로 생명의 강이 있다고 합니다.
문자 그대로 믿어야 합니다.
두 가지 의미를 말씀해 주십니다.

첫째는, 실제로 생명수 강이 있다는 것입니다.
좋은 도시는 맑고 살아있는 강물이 흘러야 합니다.
하나님께서 에덴동산을 창설하실 때 가장 아름다운 강 네 곳을 만들어 사방으로 흐르게 했습니다.
　　첫째 강, '비손 강'(Pishon River), 금이 강바닥으로 만들어졌었습니다.
　　둘째 강, '기혼 강'(Gihon River),
　　셋째 강, '힛데겔 강'(Hiddekel River),
　　넷째 강, '유브라데 강'(Euphrates River)이었습니다(창 2:1-14).
하나님의 나라에도 맑고도 아름다운 강이 있다고 했습니다.
그러나 이 강은 하나님의 백성들이 풍요로운 삶을 살게 하는 데 아주 유익한 환경이 될 것입니다.
그러나 조금도 방해가 되는 일은 없으리라 믿습니다.

둘째는, 구원받은 백성들에게 생명을 주고 살리는 강이 있다는 것입니다.
단순히 산골짜기에서 물이 흐르는 강물이 아닙니다.
자연에 있는 강은 깊은 산 샘에서 흐르는 물이 근원이 되어 강물이 되지만, 하나님의 나라의 생명수 강은 다릅니다.

생명수 근원부터 다릅니다.

생명수 강물은 '하나님과 어린 양의 보좌'로부터 흘러나온다고 했습니다.

예수님께서 계신 '보좌에서 흘러나오는 생명수'라고 했습니다.

여기서 유의해야 할 말씀은 '생명수 강'이라는 점입니다.

이 물을 마시면 살고, 마시지 않으면 죽습니다.

말씀 그내로 생명수입니다.

이 물을 마시면 갈급해하지 않습니다.

예수님께서 말씀하셨습니다.

> "네가 만일 하나님의 선물과 또 네게 물 좀 달라 하는 이가 누구인 줄 알았더라면 네가 그에게 구하였을 것이요 그가 생수를 네게 주었으리라"(요 4:10)

> "내가 주는 물을 마시는 자는 영원히 목마르지 아니하리니 내가 주는 물은 그 속에서 영생하도록 솟아나는 샘물이 되리라"(요 4:14)

이 말씀은 성경의 이 말씀의 때를 두시고 하신 말씀입니다.

이처럼 하나님의 나라에는 생명수 강물이 흐르고 있습니다.

또한 하나님의 나라에는 '생명나무'가 있습니다.

2절에 "생명나무가 있다"고 합니다.

이 생명나무는 창세기 2장 9절에서 이미 말씀하셨습니다.

에덴동산을 창설하시고 그 곳에 생명나무를 두어 먹게 하셨습니다.

이 생명나무 열매는 죄 없는 자가 먹을 수 있게 하셨습니다.

에덴동산에서 인간이 죄를 범하면서부터는 생명나무 열매를 먹지 못하게 했고, 쫓겨나고 말았습니다.

이 '생명나무의 열매'는 '생명의 자양분'이었습니다.

죄를 회개하지 아니한 죄인은 먹을 수 없습니다.

> "이 사람이 선악을 아는 일에 우리 중 하나 같이 되었으니 그가 그의 손을 들어 생명나무 열매도 따먹고 영생할까 하노라 하시고 여호와 하나님이 에덴동산에서 그를 내보내어 그의 근원이 된 땅을 갈게 하시니라"(창 3:22-23)

죄를 범한 죄인은 먹을 수 없게 하셨습니다.

인생이 영생할 수 없는 것은 바로 이 죄 때문입니다.

죄로 인해 생명의 열매를 먹을 수 없어서 영원히 죽음에 이르게 되는 것입니다.

생명나무의 열매에는 특징 두 가지가 있습니다.

첫째는, 달마다 열매가 열립니다.
달마다 똑같은 열매가 열리는 것이 아니고, 달마다 각각 다른 열매가 열립니다.
1년이면 열두 가지 종류의 실과가 맺히게 했습니다.
항상 새로운 맛을 보게 했고, 풍성한 생명의 자양분을 얻어 영생하게 했습니다.
여기서 한 가지 영적인 상징을 깨닫게 합니다.
그것은 '성령의 열매를 맺게 하시는 것'을 생각합니다.
생명나무의 실과를 먹는 자는 성령의 열매를 맺게 되는 것입니다.
지금 우리는 9가지 성령의 열매를 맺고 있습니까?
"사랑과 희락과 화평과 오래 참음과 자비와 양선과 충성과 온유와 절제"(갈 5:22, 23)

둘째는, 생명나무의 잎사귀는 만국을 소성하게 합니다.
　"그 나무 잎사귀들은 만국을 치료하기 위해서 있더라"(2절)

생명나무의 열매를 먹을 뿐만 아니라 잎사귀도 먹습니다.
생명나무의 잎사귀를 먹음으로 소성하게 된다고 합니다.
'소성한다'는 말은 '테라페이아'(Θεραπεια)인데, '치료한다'(healing)는 뜻입니다.
이 생명나무의 잎사귀를 먹음으로 질병과 질고가 다 고쳐질 것입니다.
다시 말하면 늙지도 않습니다. 병이 들지도 않습니다.
아프지도 않습니다. 죽지도 않습니다.

지금 우리는 생명나무의 열매를 맛보고 먹으며, 잎사귀를 먹고 있지 않습니까?
예수 그리스도입니다.
예수 그리스도를 믿음으로 그의 말씀을 먹고 마십니다.
예수 그리스도는 생명나무 열매요. 그의 말씀은 잎사귀입니다.
믿음으로 먹어야 합니다.
먹으면 영생합니다.

저주(詛呪)가 없는 곳입니다.
　"다시 저주가 없으며 하나님과 그 어린 양의 보좌가 그 가운데에 있으리니 그
　의 종들이 그를 섬기며"(3절)

하나님의 나라는 사탄이 없으므로, 죄가 없는 곳입니다.
'죄가 없다'는 말은 '죄인이 없는 것'입니다.

우리가 이 땅에 있는 날 동안은 죄 가운데 살고 따라서 죄인입니다.
그렇지만, 천국에 입성하는 순간부터 죄인이 아닙니다.
엄밀히 말하면 지금 예수 그리스도를 영접하고 믿음으로 의롭다 함을 얻었습니다.
죄인이 아닙니다.
예수 그리스도 안에서 죄 사함을 받았기 때문에 죄인이 아닙니다.

"그러므로 이제 그리스도 예수 안에 있는 자에게는 결코 정죄함이 없나니"(롬 8:1)

하나님의 나라는 사탄이 없고, 죄가 없습니다.
죄인이 없는 곳이기에 저주를 받는 자가 없습니다.
하나님의 나라는 저주를 받는 자들이 없습니다.
주께서 십자가에서 죽으심으로 우리가 받아야 할 저주를 대신 받으셨습니다.

"그리스도께서 우리를 위하여 저주를 받은바 되사 율법의 저주에서 우리를 속량하
셨으니 기록된바 나무에 달린 자마다 저주 아래에 있는 자라 하였음이라"(갈 3:13)

천국에 입성하는 백성들에게는 이미 저주의 형벌이 내려졌습니다.
이것이 하나님의 은혜입니다(요 5:24).

어린 양의 보좌에 앉으신 주님을 볼 수 있습니다.

"그 어린 양의 보좌가 그 가운데에 있으리니"(3절)

보좌는 권세의 자리입니다.
주인의 자리입니다.
보좌는 예수 그리스도께서 좌정하신 자리입니다.
그 앞에는 수많은 성도들이 찬양하고 섬기며 영광을 돌리게 될 것입니다.

"그의 얼굴을 볼 터이요 그의 이름도 그들의 이마에 있으리라"(4절)

'하나님의 얼굴을 볼 수 있다'고 하셨습니다.
지금까지 하나님의 얼굴을 볼 수 없었지만, 천국에서는 하나님의 얼굴을 볼 수
있다고 했습니다.

구원받는 자들의 이마에 하나님의 이름이 기록되어 있습니다.

　"그의 이름도 그들의 이마에 있으리라"(4절)

하나님의 소유(所有)라는 표지가 되어 있습니다.

　"내가 너를 구속하였고 내가 너를 지명하여 불렀나니 너는 내 것이라"(사 43:1)

내 이마에 하나님의 이름이 기록되어 있다는 점이 중요합니다.

하나님 자신이 영광의 빛이십니다.

　"다시 밤이 없겠고 등불과 햇빛이 쓸 데 없으니 이는 주 하나님이 그들에게 비
　치심이라 그들이 세세토록 왕 노릇 하리로다"(5절)

요한계시록 21장 20-24절을 보면 '천국에는 어두움이 없다'고 했습니다.
해와 달과 별들과 같은 '빛'이 없습니다.
이 거룩한 낙원에 살 수 있는 자들은 어떤 분들입니까?
'하나님의 아들이 되는 자들'(요 1:12; 롬 8:16, 17; 계 21:7)입니다.
'생명책에 이름이 기록된 성도들'(계 21:27)입니다.

그리스도께서 왕(王)이십니다.
왕이신 그리스도는 택하신 자녀들을 주 안에서 함께 왕 노릇 하게 하십니다.
'왕 노릇 한다'는 말씀은 세속적인 용어가 아닙니다.
세속적인 왕은 정치를 해야 합니다.
정치는 권력에 중심을 둡니다.
거짓말쟁이가 되고, 야비한 자가 되고, 치졸한 자가 됩니다.
이런 곳이 '지옥'입니다.

하나님의 나라는 최상의 공원으로 창조된 낙원입니다.
최고의 위치에서 최고의 영광을 누리는 삶을 사는 곳이 천국입니다.
그리스도와 더불어 왕의 생활을 누리며 사는 것이 구원받은 자의 천국생활입니다.

다시 오시는 그리스도
(요한계시록 22:6-9)

• • • • •

"또 그가 내게 말하기를 이 말은 신실하고 참된지라 주 곧 선지자들의 영의 하나님이 그의 종들에게 반드시 속히 되어 질 일을 보이시려고 그의 천사를 보내셨도다 보라 내가 속히 오리니 이 두루마리의 예언의 말씀을 지키는 자는 복이 있으리라 하더라 이것들을 보고 들은 자는 나 요한이니 내가 듣고 볼 때에 이 일을 내게 보이던 천사의 발 앞에 경배하려고 엎드렸더니 그가 내게 말하기를 나는 너와 네 형제 선지자들과 또 이 두루마리의 말을 지키는 자들과 함께 된 종이니 그리하지 말고 하나님께 경배하라 하더라"

우리가 흔히 '복'(福)이라 하는 것은 '땅에서 육체적으로 잘되는 것'을 말합니다. 일반적으로 세상 사람들이 '오복'(五福)이라 하는데 다 일치하지는 않습니다. 크게 두 유형을 말하면 다음과 같습니다.

첫째는, ① 건강(健康)이고, ② 치복(妻福)이요, ③ 재물(財物)이요,
④ 일이 있어야 하고, ⑤ 친구(友)가 있어야 합니다.

둘째는, ① 장수(長壽)해야 하고, ② 부유(富裕)해야 하고,
③ 건강(健康)해야 하고, ④ 덕(德)을 베풀어야 하고,
⑤ 고종명(考終命), '제명대로 살다가 제명에 죽는 것'이라는 것입니다.

그런데 여기에 한 가지 더 추가해서 육복(六福)이 되어야 한다고 합니다.

서울대학교 학생들에게 설문조사를 한 결과 '6복이라야 한다'는 것입니다. 그 마지막 6복은 '조실부모(早失父母)하는 것'이라고 합니다. '부모가 일찍 죽어야 하는데 반드시 일찍 죽는 부모는 돈이 많아야 하고 많은 재산을 남겨 두고 죽어야 한다'는 것입니다. 남의 이야기니까 나와는 상관이 없다고 하겠습니까? 그 설문조사에 6복을 주장했던 그 학생의 부모는 "내 자식은 절대로 안 그럴 것이다."라고 했다는 것입니다. 그런데 그 자식이 그런 주장을 했답니다.

사람들은 '세상에서 잘 사는 것이 복'이라고 생각합니다.
이런 복은 쓰레기 같은 복입니다.
쓰레기가 쌓인 곳은 악취가 날 뿐입니다.

그렇다면 성경에서 말하는 '복'은 무엇을 말하는 것입니까?

"보라 내가 속히 오리니 이 두루마리의 예언의 말씀을 지키는 자는 복이 있으
리라 하더라"(7절)

이 '복'은 세상에서 말하는 쓰레기 같은 복이 아닙니다. '참된 복중의 복'입니다.
여기서 '복'이라는 말은 최고의 축복의 의미인데, 헬라어 '마카리오스'(μακάριος)
는 '최고의 행복', '하나님의 축복을 받은 사람'이라는 뜻입니다.
하나님의 축복을 받아야 그것이 참된 복입니다.
그렇다면 우리는 "어떻게 이런 복 있는 사람이 되는가?"입니다.

'복의 근원'은 '하나님'이십니다.
'복'이라는 말을 생각할 때 앞에서 '오복'이라는 말을 부인하지는 않습니다.
사람이 세상을 살기 위해 태어난 존재라면 그와 같은 환경에서 살아야 합니다.
장수하고, 부유하고, 건강하는 것이 복입니다.
덕을 베푸는 것, 제명대로 살다가 제명에 죽는 것(고종명: 考終命)이 복입니다.

그러나 이런 것들은 다 지엽적인 것입니다.
도리어 이런 것만을 추구하다 보면 최상의 축복을 상실하게 됩니다.
세상의 대부분의 사람들이 다 그렇습니다.
세상에 속한 것들이 복의 전부라고 생각하다가 최상의 복, 가장 행복한 복을
얻지 못합니다.

그러나 최고의 복, 최상의 복이 있음을 잊지 말아야 합니다.
그 복을 어떻게 얻을 수 있습니까?
성경이 말씀해 주고 있습니다.
가르쳐 주고 있습니다.
분명하게 안내해 주고 있습니다.
최고의 복, 최상의 복을 받는 비결을 성경은 말씀해 주고 있는 것입니다.

우리에게 성경이 있는 것이 얼마나 자랑스럽고 위대한 일인지 알아야 합니다.

"또 그가 내게 말하기를 이 말은 신실하고 참된지라 주 곧 선지자들의 영의 하나님이 그의 종들에게 반드시 속히 되어 질 일을 보이시려고 그의 천사를 보내셨도다"(6절)

'이 말은 신실하고 참되다'는 것은 앞에서 말씀한 '1-5절까지의 말씀'입니다.
하나님의 나라는 생명의 강이 흐르고 거기에는 열두 달마다 새로운 생명 과실이 열리고, 생명나무의 잎사귀는 만국을 소성케 한다고 합니다.
하나님을 만나고 그의 얼굴을 보게 될 것입니다.
그리스도와 함께 왕 노릇을 할 것입니다.

이 말씀이 사실이라는 것입니다.
이 축복보다 더 귀한 축복은 없습니다.
이미 하나님이 영원한 천국에서 누릴 수 있도록 하기 위해서 예비하셨습니다.
절대로 거짓이 아닙니다.
변경될 수도 없습니다.
헛되지 않을 것입니다.

실망할 일이 없습니다.
하나님은 신실하시고 참되십니다.
예언의 말씀을 듣는 복입니다.
하나님의 나라에 대한 소식을 선지자들을 통해서 전하게 했습니다.

"선지자들의 영의 하나님이 그의 종들에게 반드시 속히 되어 질 일을 보이시려고 그의 천사를 보내셨도다"

하나님이 선지자들을 세워서 영원한 천국의 소식을 그들에게 계시하셨습니다.
그러므로 '성경'은 '선지자들이 하나님께로부터 받은 계시의 말씀'입니다.
그것을 우리에게 전한 것입니다.
이 계시의 말씀에서 최고의 축복이 하나님께로부터 예비 되어 있다는 것을 알게 됩니다.

예언의 말씀을 지키는 복입니다.

7절 말씀을 다시 새깁니다.

"보라 내가 속히 오리니 이 두루마리의 예언의 말씀을 지키는 자는 복이 있으
리라 하더라"

'이 두루마리의 예언의 말씀을 지키는 자가 복이 있다'고 합니다.
약속을 믿고 기다리는 신앙입니다.

예언의 말씀은 이미 정해진 하나님의 뜻을 전하는 것이고, 듣는 것입니다.
우리 그리스도인들이 듣는 예언의 말씀은 이미 기록되어진 성경말씀입니다.
성경말씀 외에 더 들으려고 하지도 말아야 하고, 들은 말씀을 안 들은 것처럼
해서도 안 됩니다.
요한계시록 22장 18, 19절에 이미 "예언하여 기록된 말씀 외에 더하지도 말고
빼지도 말라"고 했습니다.

그러나 듣고 보는 것만으로 그치거나 만족해서는 축복이 아닙니다.
중요한 것은 '지키는 자가 복이 있다'고 했습니다.
'지킨다'는 것은 '행하는 것'입니다.

"이 예언의 말씀을 읽는 자와 듣는 자와 그 가운데에 기록한 것을 지키는 자는
복이 있나니 때가 가까움이라"(계 1:3)
"그가 빛 가운데 계신 것 같이 우리도 빛 가운데 행하면 우리가 서로 사귐이 있
고 그 아들 예수의 피가 우리를 모든 죄에서 깨끗하게 하실 것이요"(요일 1:7)

믿음은 삶입니다.
믿음의 삶은 행하는 것이고, 행동하는 것입니다.

그리스도의 다시 오심을 기다리는 복입니다.
우리들의 믿음생활 중에 가장 아름다운 행동은 '기다림'입니다.
"보라 내가 속히 오리니"라는 말씀은 '성경의 핵심이요. 요점이요. 결론'입니다.
'우리의 믿음의 목표'는 '다시 오시는 그리스도를 기다리는 것'입니다.
기다리는 믿음의 사람이 복이 있는 사람입니다.

영국에서 있었던 일입니다.
아주 건망증이 심한 사람이 있었습니다.

이 사람이 사업차 중요한 일이 있어서 먼 곳에 마차를 타고 다녀와야 했습니다.

그에게는 어린 아들이 있었는데 아버지가 멀리 마차를 타고 출타한다고 하니까 그날따라 아들이 아버지를 꼭 따라간다고 합니다.

아버지는 하는 수 없이 아들을 데리고 갔습니다.

가서 일을 보고 아들과 함께 돌아오다가 한 가지 깜박 잊고 돌아온 것이 생각났습니다.

아버지는 다시 돌아가서 그 잊었던 일을 처리하기 위해서 아들에게 "여기서 꼼짝 말고 기다리고 있으면 아버지가 일을 보고 네게로 돌아올 것이다."라고 말하고, 아버지는 다시 가서 일을 다 보고는 곧장 집으로 돌아왔습니다.

마차로 달려서 수십 시간이 걸리는 거리의 집으로 돌아왔는데 아내가 "아니! 아이는 어떻게 하고 혼자만 돌아왔어요?"하는 것이 아닙니까?

아버지는 그제야 아들에게 '기다리면 데리러 오겠다'고 약속한 것이 생각났습니다.

그 사이에 해는 지고 어두워졌고, 비까지 내립니다.

그 아이는 그 자리에 꼼짝하지 않고 서 있었습니다.

지나가는 사람들이 웬 아이가 서 있는 것을 보고 "너 왜 비를 맞고 거기 서 있느냐? 집으로 돌아가라."고 했지만, 그 아이는 "아니에요. 우리 아빠가 여기 꼼짝 말고 서 있으면 데리러 온다고 했어요." 하며 밤새도록 서 있었습니다.

아버지가 마차를 몰고 밤새 달려가서 보니 아들이 그 자리에 그대로 서 있는 것입니다.

밤새도록 아버지를 기다린 것입니다.

그 아이가 밤새워서 비를 맞고 추위에 떨면서도 아버지의 약속을 믿고 기다렸기에 아버지를 만난 것입니다.

우리가 기다리는 주님은 건망증이 없고, 실수하거나 망각하시는 일도 없습니다.

반드시 다시 오실 것입니다.

우리는 그 때가 긴 세월이라고 생각하지만 주님에게는 짧은 시간입니다.

때가 되면 반드시 오시되, 속히 오십니다.

우리는 기다리는 믿음의 자세가 있어야 합니다.

하나님을 경배하는 복입니다.

사도 요한은 어떻게 하였습니까?

8, 9절에 천사는 사도 요한에게 "하나님께 경배하라"고 말씀하셔서 하나님께 경배를 드렸습니다.

사도 요한이 자신에게 천국을 보여주기 위하여 인도해 주시고, 말씀을 전해 주고, 보게 해 주신 그 천사에게 엎드려 경배하려고 했습니다.

그러나 천사는 말리며 "나는 너와 네 형제 선지자들과 또 이 두루마리의 말을 지키는 자들과 함께 된 종이니 그리하지 말고 하나님께 경배하라"(9절)고 했습니다.

그리하여 사도 요한은 하나님께만 경배했습니다.

하나님을 경배하는 그 믿음이 복입니다.

하나님을 경배하는 자는 하나님을 사모합니다.

하나님을 찾고 찾습니다.

하나님을 찬양합니다.

엎드려 감사를 드립니다.

하나님을 사모하는 믿음의 사람이 하나님을 만납니다.

하나님을 찾고 구하는 믿음의 사람이 하나님을 만났습니다.

하나님께 찬양하고 경배하며, 엎드려 기도하는 믿음의 사람이 은혜를 받습니다.

"오라 우리가 굽혀 경배하며 우리를 지으신 여호와 앞에 무릎을 꿇자"(시 95:6)

"아름답고 거룩한 것으로 여호와께 예배할지어다 온 땅이여 그 앞에서 떨지어다"(시 96:9)

"여호와의 이름에 합당한 영광을 그에게 돌릴지어다 제물을 들고 그 앞에 들어갈지어다 아름답고 거룩한 것으로 여호와께 경배할지어다"(대상 16:29)

"하나님은 영이시니 예배하는 자가 영과 진리로 예배할지니라"(요 4:24)

예배는 하나님을 만나는 순간이요. 존귀와 영광을 그에게 돌리는 것입니다.

하나님을 경배하는 믿음이 축복입니다.

천국에는 이런 복 있는 사람들만 모이는 곳입니다.

천국은 복 있는 사람들이 아니면 들어갈 수 없습니다.

복 있는 사람들만 입성할 수 있는 자격이 주어져 있습니다.

나는 천국에 갑니다.

그러므로 나는 복 있는 자 중에 복 있는 하나님의 아들입니다.

하나님의 거룩한 자녀입니다.

상급이 있는 하나님의 나라
(요한계시록 22:10-16)

· · · · ·

"또 내게 말하되 이 두루마리의 예언의 말씀을 인봉하지 말라 때가 가까우니라 불의를 행하
는 자는 그대로 불의를 행하고 더러운 자는 그대로 더럽고 의로운 자는 그대로 의를 행하
고 거룩한 자는 그대로 거룩하게 하라 보라 내가 속히 오리니 내가 줄 상이 내게 있어 각
사람에게 그가 행한 대로 갚아 주리라 나는 알파와 오메가요 처음과 마지막이요 시작과 마
침이라 자기 두루마기를 빠는 자들은 복이 있으니 이는 그들이 생명나무에 나아가며 문들
을 통하여 성에 들어갈 권세를 받으려 함이로다 개들과 점술가들과 음행하는 자들과 살인
자들과 우상 숭배자들과 및 거짓말을 좋아하며 지어내는 자는 나 성 밖에 있으리라 나 예
수는 교회들을 위하여 내 사자를 보내어 이것들을 너희에게 증언하게 하였노라 나는 다윗
의 뿌리요 자손이니 곧 광명한 새벽 별이라 하시더라"

영원한 천국의 문이 열리는 시간이 임박(臨迫)했습니다.
"보라 내가 속히 오리라"(계 1:3, 7; 22:12)는 말씀이 '말씀의 주제'입니다.
이 말씀은 '언약의 성취'입니다.

"너희는 마음에 근심하지 말라 하나님을 믿으니 또 나를 믿으라 내 아버지 집에
거할 곳이 많도다 그렇지 않으면 너희에게 일렀으리라 내가 너희를 위하여 거처
를 예비하러 가노니 가서 너희를 위하여 거처를 예비하면 내가 다시 와서 너희
를 내게로 영접하여 나 있는 곳에 너희도 있게 하리라"(요 14:1-3)

이 말씀은 성취될 시간이 임박했음을 말해 주십니다.
성경은 "주님께서 속히 오신다."고 하셨습니다.
주님이 오시는데, 오시는 그 일로 끝나는 것이 아닙니다.
주님이 오실 때에 일어날 일들을 말씀해 주십니다.

"이 두루마리의 예언의 말씀을 인봉하지 말라 때가 가까우니라"(10절)

우리는 주님께서 분부한 이 말씀에 유의해야 합니다.

'주님이 계시해 주신 말씀을 덮어두지 말라'는 것입니다.

주님이 하신 말씀을 항상 읽어야 합니다. 연구해야 합니다.

가르치고, 전파해야 합니다. 삶의 변화를 위해서 새로운 삶을 살아야 합니다.

왜 말씀을 가르쳐야 하고, 그 말씀으로 삶을 새롭게 변화되도록 살아야 하는지 그 이유를 말씀해 주십니다.

> "보라 내가 속히 오리니 내가 줄 상이 내게 있어 각 사람에게 그가 행한 대로 갚아 주리라"(12절)

상을 받아야 할 사람이 있으면, 벌을 받아야 할 사람이 있습니다.

말씀이 가르치시는 대로 삶이 새롭게 변화되어 살면 상을 받게 될 것입니다.

그러나 변화의 삶을 살지 못하면 영원한 천국에 입성하지 못할 것입니다.

그러기에 말씀에 유의하여 살아야 합니다. 항상 말씀을 읽고, 듣고, 연구하고, 가르치고, 전파하고, 새로운 삶을 살아가도록 최후의 순간까지 준비해야 합니다.

사람이 세상에서 육신이 살아가는 것만으로 영화를 누리고 살았다고 할지라도 영원한 천국의 삶이 허락되지 않는다면 영원한 불행입니다.

세상에서 삶은 길어야 70이요 80입니다. 그 세월 눈 깜짝하는 순간일 뿐입니다.

> "나의 구원은 구름 같이 지나가 버렸구나"(욥 30:15)
>
> "나의 날은 베틀의 북보다 빠르니 희망 없이 보내는구나"(욥 7:6)
>
> "사람이 만일 온 천하를 얻고도 자기 목숨을 잃으면 무엇이 유익하리요"(막 8:36)
>
> "대저 행악자는 장래가 없겠고 악인의 등불은 꺼지리라"(잠 24:20)

최후의 날, 마지막의 삶을 위하여 준비되어야 합니다.

주님의 계시하신 말씀을 항상 유의하여 준비해야 합니다.

그 날이 오기 전에 새로운 변화의 삶을 살아야 합니다.

> "불의를 행하는 자는 그대로 불의를 행하고 더러운 자는 그대로 더럽고 의로운 자는 그대로 의를 행하고 거룩한 자는 그대로 거룩하게 하라"(11절)

주님이 오시기 전에 준비되지 못하면 변화될 기회가 없다는 것입니다.

죄에 빠진 사람들의 마음은 완고합니다.

그 완고한 마음이 일찍 변화되지 못하면 더욱 더 완고해지고 고집불통이 됩니다.

회개할 기회를 가지지 못할 때 마음이 완고해집니다.

죄악에서 떠나 하나님께로 돌아오지 않을 때 완고해집니다.

하나님의 말씀을 받아들이지 않을 때 완고해집니다. 주님이 오실 때까지 완고한 마음이 변화되지 않으면 영원한 천국의 백성이 될 수 없습니다.

> "너희는 이 세대를 본받지 말고 오직 마음을 새롭게 함으로 변화를 받아 하나님의 선하시고 기뻐하시고 온전하신 뜻이 무엇인지 분별하도록 하라"(롬 12:2)

주님이 오시기 전에 변화되고, 새로운 삶을 사는 그리스도인이 되어야 합니다.

주님이 오시는 그 날에는 심판이 있습니다.

주님이 오시는 그 날에 두 가지 사건이 선명하게 나타날 것입니다.

상을 받는 자들과 형벌을 받는 자들이 구별될 것입니다.

구원을 받는 자들과 버림을 받는 자들이 구별될 것입니다.

> "보라 내가 속히 오리니 내가 줄 상이 내게 있어 각 사람에게 그가 행한 대로 갚이 주리라 나는 알파와 오메가요 처음과 마지막이요 시작과 마침이라"(12-13절)

주님이 오셔서 각 사람의 행한 대로 갚이 주신다고 하십니다.

영생의 구원을 얻을 상급이 주어지는 것입니다.

여기에 이르지 못한 자들은 영원히 형벌의 심판을 당하게 될 것입니다.

> "그 때에 임금이 그 오른편에 있는 자들에게 이르시되 내 아버지께 복 받을 자들이여 나아와 창세로부터 너희를 위하여 예비 된 나라를 상속 받으라 내가 주릴 때에 너희가 먹을 것을 주었고 목마를 때에 마시게 하였고 나그네 되었을 때에 영접하였고 헐벗었을 때에 옷을 입혔고 병들었을 때에 돌보았고 옥에 갇혔을 때에 와서 보았느니라"(마 25:34-36)

주님은 일한 대로 갚아 주시는 분이십니다.

> "죽은 자들이 자기 행위를 따라 책들에 기록된 대로 심판을 받으니"(계 20:12)

천국에서 대 환영을 받을 축복입니다.

> "자기 두루마기를 빠는 자들은 복이 있으니 이는 그들이 생명나무에 나아가며 문들을 통하여 성에 들어갈 권세를 받으려 함이로다"(14절)

이 말씀에서 유의해야 할 말씀들을 발견합니다.

첫째, '나아가며'라는 말씀이고, 둘째, '문들을 통하여'라는 말씀이고,

셋째, '성에 들어갈 것'이라는 말씀이고, 넷째, '권세를 얻으려 함'이라는 말씀입니다.

그렇다면 이 성(城)에 무엇이 있다는 것입니까? '생명나무'입니다.

그런데 생명나무를 향하여 나아가는 문들이 열렸습니다.

그 성으로 들어갈 수 있는 권세가 주어졌습니다.

이렇게 대환영을 받는 성도들이 되었습니다. 최고의 상급이요, 영광의 상급입니다.

주님은 태초부터 이 순간까지 구원받을 백성들을 위하여 생명나무를 지켰습니다.

> "여호와 하나님이 에덴동산에서 그를 내보내어 그의 근원이 된 땅을 갈게 하시니라 이같이 하나님이 그 사람을 쫓아내시고 에덴동산 동쪽에 그룹들과 두루 도는 불 칼을 두어 생명나무의 길을 지키게 하시니라"(창 3:23, 24)

이 생명나무는 영생하는 백성들의 영원한 양식이 되게 하기 위해서 지켜오셨습니다.

주님이 오시는 그 날에는 구원받은 모든 백성들에게 먹이시고 영생하게 하십니다.

두루마리를 정결하게 빤 이들이 이 성에 들어가게 되고, 이 생명의 열매를 먹을 수 있게 됩니다. '두루마리'는 '우리가 입어야 할 의의 옷'입니다(갈 3:27).

예수 그리스도의 십자가의 보혈로 이 두루마리를 빨아야 합니다.

그리스도의 십자가의 대속을 믿음으로 정결하게 되는 것입니다.

믿음으로 깨끗함을 입은 자들만이 영원한 천국에 입성할 것입니다.

깨끗함을 입은 자들은 죄를 회개하고 사함을 받은 성도들의 믿음입니다.

천국에서 거절당할 자들이 있습니다. 가장 불행한 자들입니다.

생명으로 태어났다가 멸망으로 영원히 버림당하는 자들은 참으로 불행합니다.

예수님은 이런 자들에게 말씀하셨습니다.

대표적인 예로 가룟 유다에게 "그 사람은 차라리 태어나지 아니하였더라면 제게 좋을 뻔하였느니라"(마 26:24)고 하셨습니다.

생명으로 나서 영생에 들어가지 못하는 것은 불행한 일입니다.

> "개들과 점술가들과 음행하는 자들과 살인자들과 우상 숭배자들과 및 거짓말을 좋아하며 지어내는 자는 다 성 밖에 있으리라"(15절)

이 말씀은 이미 21장 8절에서도 경고했습니다.

이들은 '둘째 사망에 버림을 당하게 될 것'이라고 했습니다.

이들은 어떤 무리들입니까?

'개 같은 자들'이라 했습니다. 일명 '들개, 늑대'와 같은 것들입니다.

이 짐승들의 특징이 있습니다. 천합니다. 무례합니다. 추합니다.

남을 해치며 피를 흘리며 자기 배를 불리고 채웁니다.

사회에 이 개와 같이 아주 '부도덕한 자들'이 있습니다.

'술객'(術客), '속이는 자들'입니다. 마술사, 마법을 행하는 자들은 남을 속입니다. 요즘도 마술을 행하는 이들이 있습니다.

마술은 사실이 아니고 남의 눈을 속이면서 신기하다고 생각하게 만드는 것입니다. 마치 신적인 행동처럼 행합니다.

예수님의 이름을 팔아서 이렇게 행동하는 자들이 있습니다.

이렇듯 마술을 행하듯 남을 속여서 사기를 치는 자들입니다.

행음자들과 우상 숭배자들과 거짓말하거나 거짓말을 지어내는 자들입니다.

이러한 자들은 영생하지 못할 자, 영원한 천국에 입성하지 못할 자들입니다.

그 이유가 무엇입니까? 이들의 죄 때문입니까?

죄 때문이 아닙니다.

죄 없는 자들이 어디 있습니까? 죄 없는 자들이 없습니다.

그런데 왜 못 들이깁니까?

죄를 회개하지 않는 자들입니다.

죄를 회개하지 않는 죄는 죄 중에 죄이며, 용서받을 길이 없습니다.

하나님은 죄인임을 시인하고 죄인 됨을 회개하는 자는 끝없이 용서하십니다.

죄를 회개하기만 하면 사해 주십니다.

> "여호와께서 말씀하시되 오라 우리가 서로 변론하자 너희의 죄가 주홍 같을지라도 눈과 같이 희어질 것이요 진홍 같이 붉을지라도 양털 같이 희게 되리라"(사 1:18)

만일 자신을 의롭다고 생각하면 죄를 회개할 생각을 가지지 못합니다.

누가복음 18장 9-14절을 보면 한 바리새인이 자신을 의롭다고 여기며 "하나님이여 나는 다른 사람들 곧 토색, 불의, 간음을 하는 자들과 같지 아니하고 이 세리와도 같지 아니함을 감사하나이다 나는 이레에 두 번씩 금식하고 또 소득의 십일조를 드리나이다"(11-12절)라고 자신의 의를 자랑했습니다. 그런데 한 세리는 멀리 서서 감히 눈을 들어 하늘을 쳐다보지도 못하고 나단 가슴을 치며 "하나님이여 나를 불쌍히 여기소서. 나는 죄인이로소이다"(13절)라고 회개했습니다.

예수님은 이 두 사람 중에 자신을 의롭다고 자랑하는 바리새인은 구원을 받을 수 없고, 죄인임을 회개하는 세리는 구원을 받는다고 하셨습니다.

죄가 없어서 구원을 받는 것이 아닙니다.

죄인 됨을 회개할 때 믿음으로 구원을 얻는 것입니다.

죄 없는 자가 구원받고 영생을 얻는다면 한 사람도 구원을 얻을 수 없습니다.

죄인 됨을 회개하여 믿음으로 구원을 얻는 것입니다.

죄를 회개하는 자들을 받으시기 위하여 예수님께서 오십니다.

"나 예수는 교회들을 위하여 내 사자를 보내어 이것들을 너희에게 증언하게 하였노라 나는 다윗의 뿌리요 자손이니 곧 광명한 새벽 별이라 하시더라"(16절)

예수님은 교회를 위하여 선지자들을 보내셨습니다.

'모든 선지자들의 마지막은 사도 요한까지'입니다.

선지자들은 그리스도의 계시를 선포하면서 택하신 자들을 모았습니다.

택한 백성들의 모임이 교회입니다.

교회는 그리스도의 택하심을 받는 성도들의 무리입니다.

예수님은 택한 백성들에게 생명을 주시는 생명이십니다.

"다윗의 뿌리요 자손이니"라는 말씀은 '생명의 근원이 되심'을 의미합니다.

예수님은 생명의 근원이시며 생명의 뿌리이십니다. 광명의 빛이십니다.

예수님은 '광명한 새벽 별'이라고 했습니다.

어두움에서 가장 먼저 밝은 빛이 새벽 별입니다.

새벽 별은 날이 밝았다는 것을 예언해 줍니다.

영원한 천국은 다시는 어두움이 없습니다.

"그 성은 해나 달의 비침이 쓸 데 없으니 이는 하나님의 영광이 비치고 어린 양이 그 등불이 되심이라"(계 21:23)

"다시 밤이 없겠고 등불과 햇빛이 쓸 데 없으니 이는 주 하나님이 그들에게 비치심이라 그들이 세세토록 왕 노릇 하리로다"(계 22:5)

예수님은 이 거룩하고 찬란한 천국으로 우리를 맞이하기 위해서 다시 오실 것이라고 하셨습니다.

다시 오실 주님을 맞이하여 저 영원한 천국으로 갑시다!

영광의 초대를 받은 나라
(요한계시록 22:17-21)

. . . . .

"성령과 신부가 말씀하시기를 오라 하시는도다 듣는 자도 오라 할 것이요 목마른 자도 올 것이요 또 원하는 자는 값없이 생명수를 받으라 하시더라 내가 이 두루마리의 예언의 말씀을 듣는 모든 사람에게 증언하노니 만일 누구든지 이것들 외에 더하면 하나님이 이 두루마리에 기록된 재앙들을 그에게 더하실 것이요 만일 누구든지 이 두루마리의 예언의 말씀에서 제하여 버리면 하나님이 이 두루마리에 기록된 생명나무와 및 거룩한 성에 참여함을 제하여 버리시리라 이것들을 증언하신 이가 이르시되 내가 진실로 속히 오리라 하시거늘 아멘 주 예수여 오시옵소서 주 예수의 은혜가 모든 자들에게 있을지어다 아멘"

요한계시록 22장 17-21절 말씀의 주제는 '영광의 초대'입니다.
약속을 기대해 보신 일이 있습니까? 아마도 한 사람도 없을 것입니다.
사람은 누구나 상대방으로부터 약속을 받은 일이 있기 때문입니다.
그 약속이 그대로 이루어졌습니까? 아니면 아쉽게도 별 재미를 못 봤습니까?
사람들이 약속한 것에 대해서는 실망할 일이 많습니다.

목회하면서 약속하는 사람들을 많이 만나 봤지만, 그 약속을 이행하는 이들은 그리 많지 않았습니다. 목회자도, 장로도, 권사도, 집사도 그렇고, 일반 성도들도 약속을 하고 지키지 않는 분들이 많았습니다.
또한 사람과 사람과의 관계에서 이루어진 약속이 아니고, 하나님을 위해서 하나님과 교회 앞에서 약속한 것임에도 안 지키거나 못 지키는 이들이 많습니다.

제가 개척교회를 할 때입니다. 신학교 동기생 하나가 '자신이 사는 2층이 비어 있는데 이 집에서 개척을 했으면 좋겠다'고 합니다.
저도 마침 기도하고 있었는데, 그 집세가 40만원이라고 했습니다.
그 때 '40만원을 마련해 줄 테니 걱정하지 말고 가서 개척하라'는 기도하는 동지인 다른 동기생 친구의 말을 믿고 수원으로 내려갔습니다.

집세 40만원을 줘야 하는데 '그 돈은 한 달 후에 마련될 수 있다'고 하니 집주인인 신학생 동기생이 '돈은 한 달 후에 내고 지금 이사를 오라'는 것입니다.

그래서 한 달 후에 집세 40만원을 주기로 하고 이사했습니다.

그런데 이사한 지 사흘 만에 집주인인 신학생 동기생이 '집세는 어떻게 할 것이냐?'고 합니다. '무슨 이야기냐? 한 달 후에 받는다고 했고, 이사 오는 날도 그렇게 약속을 했지 않았느냐?'고 했더니 '안 된다'는 것입니다. '지금 내든지 안 그러면 그동안 월세를 내라'는 것입니다. 아픈 가슴을 쓸어내리면서 '그렇게 하자'고 했습니다. 그런데 돈을 마련해준다고 한 그 친구가 그 집주인인 신학생 동기생의 부인을 찾아와서 '돈을 안 준다고 그랬다'는 것입니다.

그 때 제 입장이 어떻게 되었겠습니까?

'아! 이럴 수가 있을까? 하나님은 이러지 않으실 텐데, 하나님은 이런 시험도 하시지 않으실 텐데……'

'그 사람들의 마음에는 하나님이 없다'는 것을 깨달았습니다.

그런데 이 사람들이 목회를 하고 있습니다.

이제까지 이 사람들은 한 마디 변명도 해 주지 않았습니다.

저도 듣고 싶지도 않고, 보고 싶지도 않았습니다.

그래서 아내와 둘이 "사람은 믿지 말고, 하나님만 믿자."고 했습니다.

우리가 믿어야 할 분은 오직 하나님 한 분 외에는 없습니다.

요한계시록 22장 17-21절 말씀은 말씀 중에 최후의 말씀입니다.

여기에 기막히게 감동적인 약속이 있는데, 이 약속은 '영광으로 초대'입니다.

"성령과 신부가 말씀하시기를 오라 하시는도다 듣는 자도 오라 할 것이요 목마른 자도 올 것이요 또 원하는 자는 값없이 생명수를 받으라 하시더라"(17절)

주님의 초대는 영광의 초대입니다.

하나님의 거룩한 나라입니다.

누구나 갈 수 있지만 아무나 갈 수 없는 곳입니다.

초대를 인정하고 응하는 자들만이 들어갈 수 있습니다.

어떤 사람들이 초대를 받았습니까?

첫째 조건은, 초대의 말씀을 듣는 이들입니다.

"듣는 자도 오라"고 했습니다.

둘째는, 목마른 자들입니다.

가물어서 마른 땅의 식물들이 시들다 못해 말라버리듯이, 사람이 세상에 살면서 영과 육이 갈할 대로 갈하여 심령까지 말라버린 상태입니다.

사람들에게 '인심이 없다'는 말이 있습니다.
'인심이 없다'는 말은 마음이 말라버린 상태입니다.
정신이 말라버리고, 생각이 말라버리고, 성이 말라버리고, 의욕이 말라버리고, 희망이 말라버리고, 인격이 말라버리고, 의롭고 선한 행위가 말라버리고, 충성이 말라버리고, 사랑이 말라버린 상태이고, 영혼이 말라서 죽어버린 상태입니다.

> "하나님이여 사슴이 시냇물을 찾기에 갈급함 같이 내 영혼이 주를 찾기에 갈급하니이다"(시 42:1)

하나님은 주님을 찾고 구하는 이들을 거절하지 않습니다.
오히려 준비해 놓고 기다리십니다.

셋째는, 값없어도 오라고 하십니다.
세상에는 돈 없이 되는 일이 없습니다.
단칸 방 하나라도 구하려면 돈 없이는 안 됩니다.
한 잔의 물도 돈 없이는 마실 수 없습니다.
그러나 하나님은 절대로 돈을 받지 않으십니다.

> "너희 모든 목마른 자들아 물로 나아오라 돈 없는 자도 오라 너희는 와서 사 먹되 돈 없이, 값없이 와서 포도주와 젖을 사라"(사 55:1)

넷째는, 조건 없이 생명수를 마시게 합니다.
하나님의 거룩한 초대에서 가장 귀하고 값진 선물은 생명수를 마시는 것입니다.
비록 우리가 천국에 가득한 보화를 다 얻는다고 해도 생명수를 마시지 못한다면 다 소용이 없는 것입니다.
생명수를 마시는 것이 가장 귀한 선물입니다.

예수님의 언약을 절대로 의심하지 말라고 합니다.

> "내가 이 두루마리의 예언의 말씀을 듣는 모든 사람에게 증언하노니 만일 누구든지 이것들 외에 더하면 하나님이 이 두루마리에 기록된 재앙들을 그에게 더하실 것이요"(18절)

우리에게 소망이 있는 것은 성경이 하나님의 말씀임을 믿는 것입니다.

성경의 저자는 하나님이십니다.

그러기에 성경은 인류의 베스트셀러입니다.

하나님의 말씀은 오류가 없습니다.

완전하고 확실한 말씀입니다.

그래서 성경을 해석할 때도 바른 해석이 되도록 해야 합니다.

그러기 위해서는 기도를 해야 합니다.

하나님의 말씀을 가지고 오락을 해서도 안 됩니다.

코미디를 해서도 안 됩니다.

사람이 인기 중심으로 성경말씀을 전달하려고 해서도 안 됩니다.

기록된 성경말씀 외에 더해도 안 됩니다.

만일 그렇게 한다면 악인에게 내리기로 한 재앙을 당하게 될 것입니다.

현재도 이런 유형의 사람들이 있습니다.

'자신이 스스로 계시를 받았다고 하는 사람들'입니다.

하나님의 말씀인 성경 이외의 것들을 하나님의 말씀처럼 적용하려고 하는 것은 기록된 성경말씀 외에 더하는 처사입니다.

사람의 생각이 하나님의 말씀에 도움이 될 수 없습니다.

성경말씀도 다 듣지 못하고, 다 받지 못하고, 다 따르지 못하면서 무슨 계시를 받았다고 합니까?

이런 자들은 '재앙'(災殃)을 받아 마땅합니다.

이간배자는 하나님의 나라에 들어갈 수 없습니다.

> "만일 누구든지 이 두루마리의 예언의 말씀에서 제하여 버리면 하나님이 이 두루마리에 기록된 생명나무와 및 거룩한 성에 참여함을 제하여 버리시리라"(19절)

또 이런 자들이 있습니다.

'기록된 성경말씀을 부분적으로 제하여 버리는 자들'입니다.

심지어는 '구약성경은 필요 없으니 그것을 버려야 하고, 신약성경만을 믿어야 한다는 어리석은 자들'이 있습니다.

이들 역시 중생하지 못해서 성령의 음성을 듣지 못하는 우매한 자들입니다.

'구약성경의 말씀'은 '예수 그리스도에 대한 그림자'입니다.

'예수 그리스도께서 어떻게, 왜 오실 것인지에 대해 예언해 주신 것'입니다.

구약을 바로 알아야 예수 그리스도를 알 수 있습니다.

'성경말씀에 더하는 자들이나 기록된 말씀을 제하는 자들'은 '이간배자'라고 봅니다.

'이간배'가 무엇입니까?

'사실을 사실대로 보지도 않고 말하지도 않고 본질을 왜곡해서 말을 더 보태고, 본질을 왜곡시켜서 말을 빼버리는 것'입니다.

이런 이간배자들이 예수 믿는 사람들 중에 많습니다.

평신도나 목회자들을 가리지 않고 이런 부류에 속한 자들이 있습니다.

이런 자들은 성경말씀도 필요에 따라 자신에게 유리하도록 적용합니다.

그렇기 때문에 교파가 생기고, 교단이 생기고, 교회가 분열되고 싸우는 현상이 일어납니다.

또한 이런 사람들도 있습니다.

교회에 와서 '어느 교단에 속했느냐?'고 묻습니다.

제 개인적으로는 '진실 된 교회를 찾겠다는 생각'이라고 봅니다.

진실로 성경대로 진리를 구하고 찾는다면 묵묵히 다녀보면 됩니다.

성경대로 믿지 않으면 가버리면 될 것이고, 성경대로 믿으면 믿음생활을 잘하면 됩니다.

많은 사람들이 성경말씀대로 믿지 않고 자기 생각대로 믿으려고 합니다.

이런 사람들은 대부분 정착하지 못하고, 떠돌이가 되고 맙니다.

신자들 중에 가장 딱한 것이 떠돌이 신자들입니다.

뿌리를 내려 정착하고 가정 같이 교회를 섬기는 믿음이어야 합니다.

자기 생각대로 믿지 말고 성경말씀대로 믿는 믿음이어야 합니다.

성경대로 믿고 않고 살지 않으면, 하나님 나라에서 거절당하고, 생명나무의 열매를 먹을 수 없습니다.

예수님의 말씀은 보증인서입니다.

"이것들을 증언하신 이가 이르시되 내가 진실로 속히 오리라 하시거늘"(20절 상)

"내가 속히 오리라!"

이 약속은 주님의 언약입니다.
반드시 오십니다.
때가 임박했습니다.

그렇다면 얼마나 오래 걸릴까요?
저는 '내게 시간이 다할 때가 주님을 만날 순간이라는 것'을 깨닫습니다.
나의 시간이 얼마나 되는지는 알 수 없습니다.
지금 숨을 호흡하는 마지막 호흡이 나의 최후의 시간이라고 깨닫습니다.
내 마지막 호흡이 끊어질 때 주님을 영원히 만나는 것입니다.
"내가 오리라"고 말씀하시는 그 순간입니다.

주님을 사모하며 기다리는 신부입니다.
  "아멘 주 예수여 오시옵소서. 주 예수의 은혜가 모든 자들에게 있을지어다. 아
  멘"(20절 하-21절)

어떤 마음과 결단으로 기다립니까?
  "아멘, 주 예수여 오시옵소서!"

더 이상 여운을 남길 말이 없습니다.
설명이 더 필요 없습니다.
주 예수님을 기다렸습니다.
어서 오시옵소서!

이 믿음!
이 준비된 믿음으로 오늘도 기다립니다.
주 예수여 오시옵소서! 아멘!